共和国地产印迹

上

中国房地产报社　著

作家出版社

编 委 会

目 录

序

70 年前，中华人民共和国成立，从此翻开了中国历史的新篇章。

70 年砥砺奋进，70 年春华秋实。一个个奇迹改变了中国的面貌，汇聚成中华民族伟大复兴的盛大景象。

唐代诗人杜甫有过一个梦想：安得广厦千万间，大庇天下寒士俱欢颜，风雨不动安如山！

70 年以来，尤其是改革开放后的 40 年，关乎人民安居乐业、生活幸福的居住水平的房地产行业，从无到有，成为国民经济支柱产业；从经历城市住房资源十分短缺到满足人民日益增长的美好生活需要；到"房住不炒"写入党的十九大报告。千年前先人的美好梦想，现正在逐步实现。

中国房地产行业的每一步发展都见证了中国城乡发生的巨变与居民住房不断改善的历史轨迹。

1981 年 1 月，国务院批准组建了我国第一家全国性的房地产开发公司——中国房屋建设开发公司（中房集团的前身），之后全国 100 多个地市相继组建了全民所有制事业单位性质的房地产开发公司，负责各个城市的房屋开发建设，为改善城市居民的居住水平开启了新的征程和新局面。

1988 年 1 月第一次全国住房制度改革会议，将中国住房制度改革正式推进历史舞台。

为顺应国家住房制度改革的需要，全国各地先后组建了 8 万多家房地产开发公司，投身到住房及城市开发建设当中。

在这个伟大时代的历史进程中，原建设部副部长杨慎、刘志峰同志对中国房地产业国家政策法规的制定进行了长达 30 多年的推动，为房地产行业的健康发展奠定了基础。聂梅生、顾云昌等同志曾到几十个国家考察学习取经借鉴；奔赴全国各地调查研究、演讲、宣传，推动了中国房改、房地产业绿色建筑、科技进步的发展。

众多的中国房地产企业及地产企业家们在党和国家的关心支持下，不忘初心、牢记使命、创新开拓、辛勤耕耘。几十年来有成功的欢欣，也有挫折的痛苦，但一直都在总结经验教训和修正错误中不懈奋斗，砥砺前行。许多企业从零起步到目前年度开发销售达数万亿元规模。涌现了大批有使命、有担当、为社会发展作出突出贡献的企业。有不少企业已经进入世界500 强、中国 500 强企业行列，如恒大集团、碧桂园控股、万科、保利发展、融创中国、星河湾、华润置地、龙湖集团、世茂房地产、华夏幸福、富力地产、绿城中国、荣盛发展、雅居乐、金地集团、金科地产、中国金茂、融信中国、泰禾集团、正荣集团等房地产开发企业。

还有一些龙头房地产企业：如建业集团、大连亿达、福星惠誉、紫薇地产、中铁置业、天朗地产，等等。

这些企业的掌舵人成长为国家改善人民居住环境、改变城市面貌的带头人、贡献者。如全国政协常委、恒大集团董事局主席许家印，全国政协委员、碧桂园集团董事局主席杨国强，万科集团董事会主席郁亮，世茂集团董事局主席许荣茂，全国人大代表、蓝光控股集团主席杨铿，禹洲集团董事局主席林龙安，阳光控股董事局主席林腾蛟，北京林达投资集团董事局主席李晓林，中南控股集团有限公司董事局主席陈锦石，连续三届的全国人大代表、天明集团董事长姜明，中国金茂董事长宁高宁，华润集团董事长傅育宁，宝龙集团董事长许健康，富力地产集团联席董事长兼总裁张力，荣盛房地产发展股份有限公司董事长耿建明，新华联集团董事局主席傅军，福建正荣集团董事局主席欧宗荣，观澜湖集团主席朱鼎健，银泰集团董事长沈国军，金辉集团董事长林定强，招商局集团董事长李建红，香江集团总裁翟美卿，房天下董事长莫天全，富力地产集团联席董事长李思廉，朗诗绿色集团董事长田明，五矿地产董事长何剑波，中交地产董事长赵晖，中国铁建地产集团董事长吴仕岩等著名企业家。

全国各地还有近千名企业家担任各省、市人大代表、政协委员；有多人入选全国劳动模范、五一劳动奖章获得者；有数十个企业成为扶贫标杆企业；有数十人在福布斯中国慈善榜、胡润慈善榜榜上有名。

使命引领未来，使命呼唤担当。

在中华人民共和国成立70周年之际，我国城市发展已经进入了新时期，中国房地产行业也处在改革与发展的转型关键时期，伟大的社会变革和发展对中国房地产行业提出了更高的要求，需要一大批房地产企业按照中央部署和要求，面对国内外环境提供的难得机遇和严峻挑战，总结历史的经验教训，继续深化改革，坚持以人民为中心的发展理念，践行五大发展理念，突出人民主体地位，始终把便民、利民、惠民，切实增强人民群众的获得感、幸福感摆在突出位置，依靠科技进步，在智慧城市和智慧社区建设等方面解放思想，凝心聚力，开拓前进，争取转型发展的新成就，向更高水平持续健康发展迈进。

"与国同梦"是坚持，是信仰，是久久不变的情怀。站在新的时代起点，相信中国房地产企业及地产人仍将披荆斩棘、风雨兼程，继续努力行走在为实现民族复兴梦想的伟大征程。

回顾70年历史，展望广阔的未来。《共和国地产印迹》一书记录了中国房地产企业那波澜壮阔、跌宕起伏不断发展、成长的历史；集中展示了中国房地产行业为社会主义建设所做努力、所达的成就和贡献；也是中国房地产报社新闻人为恢宏时代所尽的一些责任。本书将为深刻洞察中国房地产行业发展趋势提供借鉴和启示。我相信它对于了解新中国房地产行业发展的历史，研究和观察房地产业发展的未来，会提供一些帮助。

栗文忠

2019 年 9 月

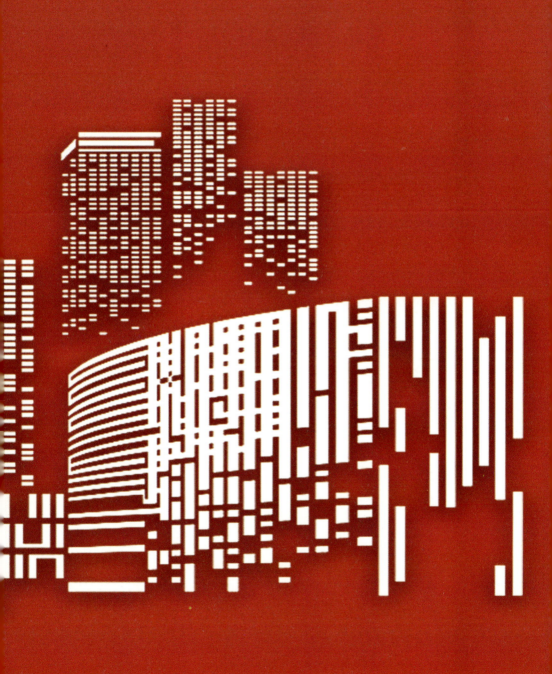

写在前面

　　他是中国住房制度改革的重要推动者之一，从 20 世纪 60 年代开始著书立说，研究中国建筑业与房地产业发展问题一直至今，在这个过程中，他不仅关注房地产行业的发展，还最早提出了建设廉租房的改革主张，希望在实行"年功补偿、货币分配"的同时，对城市中少数生活困难、住房也困难的"双困户"予以特别重视，从而实现居者有其屋的社会目标。对于如今的房地产行业，他更是表示，要牢牢抓住"房子是用来住的、不是用来炒的"定位，不能脱离民生，脱离民生就容易走偏。

　　如今，已 88 岁高龄的他依然心怀这个行业，这里的百姓，这个国家。

▲ 原建设部副部长杨慎

中国房地产业奠基人杨慎

许倩 / 文

2019年7月16日，北京三里河。中国房地产报社社长栗文忠率记者一行6人前去拜访原建设部副部长杨慎同志。和很多部委机关大院里的房子一样，杨老所住的楼并不起眼。客厅里的沙发，还是20多年前让人打造的，屋内陈设还保留着上世纪80年代的风格。

88岁高龄的杨老，腿脚已经不是很利索，但他还是亲自带我们参观了住宅楼的地下室。走过略显逼仄而陡峭的楼梯，20多平方米的地下室，一直是杨部长的藏书室，也是他读书、剪报、做笔记、写书的工作室。那里树立着五六个大书架，里面整齐地码放着杨部长的著作以及一沓沓厚厚的剪报，每个书架的门上都标有编码，对应着相应的钥匙。这些钥匙一直是杨老自己保存着，开关每个书架，杨老都亲自来，不假手于人。

对于自己的每一本著作，杨老都能回忆起当时所作的背景、主要思想以及它的重要意义。

杨慎被誉为中国房地产业发展的历史与政策领域权威，是中国房地产业的重要见证人。他从20世纪60年代开始研究中国建筑业与房地产业的发展问题，探求中国建筑业改革出路，参与并主持制订了建筑业的改革方案，不断著书立说。他的著作有《房地产与国民经济》《建筑业与国民经济》《中国建筑业的改革》等，这些著作对推动国家住房商品化、促进房地产业发展起到推动作用，深受业界重视。

现在的老部长仍然非常重视房地产业发展，关心老百姓的住房问题。

他说，中国房地产行业问题的症结在于，没有完全放在解决民生问题上，脱离民生就容易走偏。

"我住的房子，对过儿是某设计院，窗子上全部装有钢管等材料的笼子，把房子弄得监狱似的。若发生安全事故，没治；发生火灾，没救。全国的房子，都把这些铁笼子去掉，换上好的门窗，解决防盗、防蚊虫、防雾霾的问题，企业能不能解决这个问题？"言语之间，可见这位老部长对解决关系老百姓切身利益的住房问题的殷切之情。

中国房改的重要推动者

1948年，由于解放战争的节节胜利，国家急需培养大批干部。当时的杨慎，刚满17岁，高中还没有毕业，他毅然从山东老家只身来到解放区，进入华北大学学习，也就是现在的中国人民大学。

4年后，他转入建筑行业工作，曾长期从事基层施工管理。直到1959年，被调入国家机关工作，先后在建筑工程部、国家建委任处长、副局长、局长、副部长，及中国房地产开发集团公司董事长等职。从此开始了这一生对中国房地产行业思想和政策的研究、制定与实践。

1980年4月2日，是房地产界值得纪念的日子。这天，邓小平同志发表《关于建筑业和住宅问题的谈话》重要讲话，对我国长期规划中建筑业的地位问题和住宅问题提出了指导性的意见。这一讲话经过杨慎等人的努力，在1984年公开发表。此后，中国房地产业一步步按照邓小平所讲走了下来。

1996年10月，国家体改委、建设部、国家计委、国家科委及中国房协等单位联合成立了《住宅建设成为国民经济新增长点的研究》课题组（该课题被列为国家重点软科学计划），杨慎是该课题组顾问。

1998年，我国正式启动房改，是年，杨慎执笔起草的《关于住房分配体制改革的政策建议》（以下简称"建议"）送交建设部。建议从取消实物

▲ 杨老很喜欢看报，做剪报，一摞一摞累积起来，如今已有几箱子

分房、放开二级市场、调整信贷政策、完善产业主体等方面提供了相关政策建议。这些政策建议包括实行"年功补偿、货币分配"模式下的住房改革方案、建立住房社会保障、理顺住房价格体系，等等。

当年，杨慎极力主张"年功补偿、货币分配"的住房改革方案，就是对过去工资中未包括的住房含量，按照参加工作年限和规定标准进行补偿，同时将国家用于建房的资金纳入个人工资，实现住房分配货币化的新办法。

按他的测算，当初（1998年），如果采取这种办法，平均每人每年可有2464元（按当时水平）的资金来源，占平均工资的42%。而且无须财政另增支出，通过财政体制和投资体制的转换，即只需将过去国民收入中用于建房的投资二次分配，还原到初次分配中去即可。这样不仅解决了房改资金来源问题，同时也提高了个人购房、租房的能力，一举两得。

在建议中，杨慎还最早提出建设廉租房，他提出在实行"年功补偿、货币分配"的同时，对城市中少数生活困难、住房也困难的"双困户"予以特别的重视，从实现居者有其屋的社会目标出发，建议国家通过财

政转移支付，在大中城市建立廉租住宅的供应体制。这种廉租住宅供应体制只在 4 个直辖市、28 个省会城市及 46 个 50 万人口以上的大中城市实现。

回头来看，如果按照他当初提出的设计方案来走，后面房地产面临的许多问题或许就能迎刃而解。

重视建筑质量重视节能建材

2001 年，杨慎提出未来 10 年中国房地产全行业发展五大战略。其一，精品名牌战略，精品、名牌住宅的涌现再也不能靠行政命令、组织评比的方式，而是要靠市场经济中的市场竞争、消费者认同和优良的售后服务来实现；其二，多元投资战略，全行业将形成以国企为主导、民企为主体的投资体制；其三，大公司发展战略；其四，城乡一体化战略；其五，可持续发展战略，

7

必须把营造"绿色住宅"置于重要战略位置，创造舒适、优质、清洁的居住空间。

如今来看，这五大战略几乎一一应验。

2002年，杨慎最早提出了租售并举的政策。他在《房地产与国民经济》一书中提到，通过住房制度改革创立新的住宅消费方式，是催生房地产业实现最终消费的原动力。中国长期实行的住房实物分配体制使巨额资产陷入僵滞并成为国家的沉重负担，改革必须立足于体制创新。但单纯出售公房不能塑造新的经营机制，不能从根本上促进房地产业发展。新的住宅供给方式应当是按照市场机制由开发商向社会出售或出租住房，实现住宅生产、分配的良性循环。对住房商品化要全面理解，个人出资买房是商品化，按市场价格租房也是商品化，在现阶段，从我国购买力现状出发，要提倡租售并重，以租为主。当前的关键是结合房改进行工资制度改革，增加初次分配中的住房消费含量，提高个人购房租房能力。只有使广大职工有能力以货币形式购买或租赁自己需要的住房，住房商品化的目标才能实现。

杨慎说，随着住房商品化、市场化的推进，"我提出'从中国国情出发，实行租售并举，以租为主'。但是之后我们的政策'只卖不租'，我们自己政策把自己搞死了"，"我举了国外的例子，我们去德国考察，到北欧一些国家去考察他们的住房制度，他们都是租售并举。我们有些人认为'只卖不租'，'只卖'，老百姓没钱，没钱就银行贷款，银行的钱就都到了房地产里面了。老百姓的钱转来转去，拿来炒房了。"

杨慎非常重视建筑工程质量，并常以唐山大地震案例警示后人，"到现在全国地震死亡人数最多的唐山大地震，死亡26万，伤残16万，共计42万人。震后我在当地干了3年，对建筑安全问题有亲身体会。建筑安全没搞好，建筑是会置人于死地的。百年大计，质量第一"。

杨老一直在倡导开发资源性、节约型建设，并认为节能建材是我们国家唯一的发展之路。

杨慎认为，宁可造价高一点，一次性建好的房子，也不能建设那种节

▲ 中国房地产报社社长栗文忠就房地产行业的发展问题与杨慎老部长进行交流

▲ 中国房地产报社采编团队采访后与杨老合影

能低的房子，我们房子透风很低，都不合老百姓心意，在夏天的时候40%的能源都用在空调上。煤矿工人在地下冒着生命危险在工作，我们在这浪费掉了，这不是犯罪吗？哪是造福？今后不能建设这种房子，宁可不建，要盖就把它建设成有用的、让城市美观、个人舒适的房子。

房地产问题症结在于定位有偏

2017年是中国房地产行业市场化25周年，也是《中国房地产报》创刊25周年，这样一个时机之下，当时已经86岁的杨慎老部长来到中国房地产报社，与中国房地产报社社长栗文忠一起，对这个行业存在的问题进行了一番发人深思的剖析和对话。

杨慎同志谈到了中国房地产行业的定位问题，认为中国房地产行业在过去25年取得了很大的成就，也因为定位问题，在满足民生需求方面，在建筑质量方面，都存在急需改善的问题。一些基本的建筑安全问题，建筑质量问题，如何更好地满足老百姓的居住需求问题，都没有得到很好的解决。当前行业急需解决的，是思考好行业的定位和方向，明确房子是用来住的、不是用来炒的，进而通过各方面的努力让行业进入良性发展的轨道。

杨慎认为，中国房地产行业问题的关键在于，没有把解决民生问题放在首位。用银行的钱，贷款买房子、卖房子，有很多不正当的行为。定位定错了之后，房子的品质和居住属性就放到次要的位置，结果就是造出来的房子大小不合适，居住不合适，要不然就是居住安全不合适。

"脱离民生就容易走偏。各行各业炒房子，搞房地产行业的自己也炒房子，这样的结果，就是房价居高不下，房地产只有转变经营方式，才能改变这个行业的问题。今后，房地产行业一定要牢牢抓住这个定位，房子是用来住的、不是用来炒的。"杨慎谈道。

"当时我给总理写信，就针对性地提出房地产行业的四大问题：产业体制不伦不类，行业管理政出多门，房屋质量不精不细，统计数据不准不实。只有逐步改变这些问题，才能实现健康发展。"杨慎再次强调解决产业体制、产业理论、产业政策、产业法规四大问题的重要性和紧迫性。

言之谆谆，意之殷殷。一位老领导对改变房地产业问题的满心期许溢乎言表。

写在前面

　　他曾是中国城镇住房制度改革的推动者之一，作为国家经济体制改革委员会副主任兼国务院房改领导小组副组长、原建设部副部长，参与了房改重大问题的研究决策和重要文件的起草、部署、实施，主张停止住房实物分配，实行住房分配货币化，并提倡征收"物业税"。在担任中国房地产业协会会长期间，仍然为房地产改革建言献策"奔走呼号"。他也是百年建筑（住宅）、绿色建筑的倡导者，时刻关注老百姓的住房质量。

▲ 国家经济体制改革委员会副主任兼国务院住房制度改革领导小组副组长、原建设部副部长刘志峰

城镇住房制度改革推动者刘志峰

梁笑梅 / 文

访谈约在了下午两点半，我们一行人准时到达约定地点。

北京西城区百万庄大街，川流不息，一座座高楼拔地而起，西城区属于传统意义上的老城区，70 年前是另外一番景象。

新中国刚成立时，由于经历了长年的战争，可谓"一穷二白"，物质基础非常薄弱，为了尽快恢复国民经济，当时的选择只能是"先生产后生活"。"尽管在那样困难的情况下，党和政府依然十分重视住房问题。"国家经济体制改革委员会副主任兼国务院房改领导小组副组长、原建设部副部长刘志峰说。

由于城镇人口迅速增加，到了 1978 年，全国城镇人均住房建筑面积是 6.7 平方米，低于 1949 年 8.3 平方米的水平。加上知青返城潮，更是加剧了住房严重短缺局面。那时的住房现状是几代同堂全家老小挤一间房，住房严重短缺让广大老百姓缺乏基本的尊严。"新中国建立这么多年，城镇人均住房建筑面积反而降低，可见住房短缺的严重程度。"刘志峰说。

如何解决住房短缺的问题摆在了党和国家领导人面前。老百姓对于期待解决住房问题的呼声也越来越高。

针对住房问题，改革开放的"总设计师"邓小平同志发表了两次重要谈话。1978 年 9 月，邓小平指出，"解决住房问题，能不能路子宽些，譬如允许私人建房或者私建公助，分期付款"。1980 年 4 月，邓小平又就住房问题发表了谈话，指出"城镇居民可以个人购买房屋，也可以自己盖，新房、老房均可出售，可以一次付款，也可以分期付款"。

邓小平的两次谈话，明确指出住房实行商品化、社会化的总体构想，打破了住房公有制思想的长期禁锢，开辟了解决城镇住房问题的新道路，为城镇住房制度改革指明了方向，开启了中国城镇住房制度改革的伟大历程。

与房地产结缘

刘志峰出生于1946年，1966年初便加入了中国共产党。这位先于共和国出生的老党员，见证及参与了改革开放以来我国房地产发展的进程。

1970年8月，刘志峰被组织分配到北京燕山石油化工公司工作，从事与自己专业相关的工作。机缘巧合，1992年9月，刘志峰从北京燕山石油化工公司调到国家经济体制改革委员会担任副主任兼国务院房改领导小组副组长，主要职责是分管城镇住房制度改革、土地使用制度改革、社会保障制度改革、分配制度改革等。从此，刘志峰便与中国的房地产事业结下了不解之缘。

这位老党员把"一心跟党走，做党的红色工程师，大学毕业后为党工作50年"当作自己的目标。

刘志峰工作十分拼命。"996工作制度""白加黑""5+2"是他的工作常态。他坦言，"工作以来，晚上12点之前没有睡过觉，礼拜天没有休息过"。由于工作任务重，加上长期高强度的工作状态，1995年，刘志峰突发脑梗死，入院治疗了3个月。大病之后，由于身体需要调养，刘志峰的主要职责便只专管房地产领域。也正是这样，才让他更加专注于房地产领域。

1998年3月初，刘志峰从国家发展体制改革委员会调任至建设部。他参与了房改重大问题的研究决策和重要文件的起草、部署、实施。2007年初，刘志峰卸任建设部副部长。从1992年到2007年的15年间，他一直都是城镇住房制度改革的领导者、参与者、实践者。即便是后来担任第十一届全国政协常委、人口资源环境委员会副主任、中国房地产业协会会长等职，也一直都为住房制度改革、各项制度完善以及房地产行业的健康发展发挥着重要作用。

刘志峰多年来致力于推动住宅产业化发展，注重科技创新对房地产的改造和提升，强调房地产与信息技术深度融合，倡导运用新技术、新工艺、新材料为百姓盖"好房子"，亲自推动"百年住宅"项目落地，以实际行动诠释了一名老共产党员的铮铮誓言。

推动城镇住房制度改革

"城镇住房制度改革始于1978年9月小平同志关于住宅问题的第一次谈话，与整个中国改革开放进程是同步的。现在来看，整个房改的历程是极其艰辛和复杂的，它涉及国家、企业和职工切身利益的重大调整，涉及财政、税收、土地、金融等诸多领域的相关改革，既是一项重大的经济体制改革，也是一项重大的社会改革。"刘志峰表示。

1978年12月，党的十一届三中全会作出了把党和国家工作重心转移到经济建设上来，实行改革开放的伟大决策，古老的中国大地焕发了新的生机活力，进入了全新的历史时期。中国自古就讲安居乐业，如何才能安居？

刘志峰回忆道，为落实小平同志提出的住房社会化、市场化的改革思路，1979年，经国家批准，西安、南宁、柳州、桂林、梧州5个城市开展由政府统一建设住房，以土建成本价向居民出售新建住房的第一批试点。1982年4月，经国家批准，郑州、常州、四平、沙市4个城市开展由政府、单位、个人各负担新建住房价格三分之一向职工出售住房的第二批试点。

起初，房改的进展是缓慢的。原因在于，一是在当时的社会环境下，国家、地方政府、企业财力不足，没有足够的资金用于住房建设；二是长期福利分房、低租金使用的同时实行低工资制度，职工支付能力不足。

1986年，国务院成立房改领导小组。随后，经国家批准，烟台、蚌埠、唐山等城市成为实行提租补贴的第三批试点，主要内容是按照提租和补贴持平的原则，大幅提高租金，同时给予相应补贴。

在总结试点城市经验的基础上，1988年召开了第一次全国住房制度改革工作会议，形成了以提租补贴为核心的第一个全国性的住房制度改革方案。1991年10月，召开了全国第二次住房制度改革工作会议，确定了租、售、建并举，以提租为重点，"多提少补"或"小步提租不补贴"的租金改革原则。

用刘志峰的话说，1978年到1991年是城镇住房制度改革的探索试点阶段，为接下来房改的综合推进积累了宝贵的经验。

1992年初，邓小平南方谈话公开发表，为我国新时期改革开放指明了方向。同年，党的十四大召开，明确提出"我国经济体制改革的目标是建立社会主义市场经济体制"，要求"努力推进城镇住房制度改革"。

这一年9月，刘志峰从北京燕山石油化工公司党委书记调任国家经济体制改革委员会副主任兼国务院房改领导小组副组长。为继续推动城镇住房制度改革，刘志峰做了大量的工作。首先，他多次反复学习领会小平同志南方谈话的精神，认真研读党的十四大报告，不断提高政治站位，用新思想新精神新理论武装头脑和指导推动工作。其次，他查阅了大量国内外有关住房问题的资料，特别是对我国房改启动以来的基础性资料、试点城市的实施情况材料、历届房改会议文件等进行了系统性研究。另外，他还请教了专家学者和从事房改工作多年的老同志，当面听取意见和建议。

刘志峰强调，当时是国家没有钱，企业没有钱，老百姓也没有钱，如何筹集资金，加快住房建设是一大难题。另外，"左"的思想还影响着很多人，他们担心贴上"私有化"的标签，担心国有资产流失。

没有调查就没有发言权。刘志峰说，对待问题一定要实事求是，扎扎实实地把问题弄清楚才能制订相应的解决方案。从1992年底开始，他历时8个多月，走遍大半个中国，进行调查研究，其中召开座谈会上百次，参加人员2000多人。

在总结以往经验和大量的调查研究基础上，刘志峰提出了"以售为主"的改革方案，经国务院常务会议、房改领导小组会议讨论通过后，在1993年11月29日到12月1日召开的第三次全国城镇住房制度改革工作会议上正式提出。这次会议正式确立了"出售公房为重点，售、租、建并举"的新方案，实行住房商品化、货币化。

刘志峰提出，把单位或者大院规划区以外的成套的旧房，可以卖的房子统统拿来出售，然后筹集资金来建房子，建成后的房子再卖。通过这种方式来筹集建房资金。另外，过去实行住房低租金制度，工资中住房消费含量比较少，约为5%，而国外职工工资中一般住房消费含量约达20%。因此要增加职工的工资，调动老百姓的力量，把他们手中的钱集中起来。

1994年7月，国务院出台了《关于加快城镇住房制度改革的决定》，也就是"43号文件"。这个文件提出了住房制度改革两个目的，一个就是要建立与市场经济体制相适应的城镇住房新制度，第二个就是要加快住房建设，加快解决老百姓的住房问题。该文件第一次系统性阐述了市场机制和政府保障相结合的城镇住房新体制的基本框架。主要内容可以概括为"三改四建"，其中就明确了建立以中低收入家庭为对象、具有社会保障性质的经济适用住房供应体系和以高收入家庭为对象的商品房供应体系，以及建立住房公积金制度。数据显示，截至1996年底，全国住房公积金累计归集额已达393亿元，比1995年增加了近一倍。1996年全国城镇竣工住宅3.01亿平方米，为1979年的4倍，人均住房建筑面积由7.2平方米增加到16.94平方米。

1998年3月，朱镕基在当选总理后的新闻发布会上就宣布要下决心推进包括停止住房实物分配，逐步实行住房分配货币化在内的五项改革措施。

就在这一年的两会前夕，也就是3月初，刘志峰调任建设部副部长，继续分管城镇住房制度改革工作，领导并参与了"23号文件"的起草工作，为城镇住房制度改革顶层设计作出重要贡献。同年6月，国务院召开了全国住房制度改革与住宅建设工作会议，会后印发了《关于进一步深化城镇住房制度改革加快住房建设的通知》，即23号文件。23号文件的核心内容主要有以下几项：一、停止住房实物分配，逐步实行住房分配货币化，全面推行和不断完善住房公积金制度，对职工实行住房补贴。二、建立和完善以经济适用住房为主的住房供应体系，对不同收入家庭实行不同的住房供应政策，调整住房投资结构。三、继续推进公有住房改革，进一步搞好现有公有住房出售工作，培育和规范住房交易市场。四、采取扶持政策，加快经济适用住房建设。五、发展住房金融，扩大住房公积金贷款与商业银行贷款相结合的组合住房贷款业务。六、首次提出建立面向城市最低收入家庭的廉租住房制度。23 号房改文件的出台，标志着我国城镇住房体制的根本性变革，房改取得重大突破，实行近 40 年的住房实物分配制度逐步退出了历史舞台。

从 1998 年以来，房地产业增加值占国内生产总值（GDP）的比重稳定处于 4% 以上；房地产业投资的增加直接扩大了国民经济中的投资需求，并带动其他相关行业发展，对我国经济增长的总体贡献达到了 20% 以上。1998 年以后，我国的房地产市场进入了蓬勃发展时代。

总结经验深化城镇住房制度改革

刘志峰认为，始终要用唯物历史观、实事求是的态度来评价房改。

"虽然房改的进程是正确以及成功的，也取得了成效，但也有遗憾。主要是对于 23 号及相关文件精神的宣讲不够，配套文件出台有些滞后，还有一些地方执行文件不到位。"刘志峰说。

1998 年出台的 23 号文件就规定建立和完善以经济适用住房为主的住房供应体系，对不同收入家庭实行不同的住房供应政策，调整住房投资结构。"但由于一些地方经济适用房定位不明确，出现了单套面积过大、供应对象控制不严等问题，尤其是开宝马住经适房的现象受到社会舆论批评，经济适用房政策没能按照初衷很好地执行。"刘志峰表示。

此外，地方政府依赖土地出让，土地拍卖价格越来越高，房价也越来越高。经济适用房投资越来越少，经济适用房投资比例也开始大幅缩减，1998 年保障房投资占整个房地产投资比例为 16%，2007 年下降到 1%。"既要提倡住房商品化，保障房也要有一定比例。"刘志峰坦言。

还有就是物业税（房产税）。"其实在讨论23号文件的配套文件时，我就提出建立物业税，但个别部门不同意，认为操作复杂，导致文件迟迟没有出台，要是能够出台，对控房价、遏制炒房会起到积极作用。"刘志峰强调。

在房地产发展过程中，市场发展不平衡、房地产投资增长过快、供应结构不合理、部分地区房价涨幅过大和市场秩序混乱等问题逐渐显现。

从2003年到2013年，房地产进入了10年调控阶段。国家有关部门和各地方出台了许多房地产调控的文件，通过税收、信贷、土地、法律以及必要的行政手段，调控房地产市场。

2016年12月中旬，中央经济工作会议提出，要坚持"房子是用来住的、不是用来炒的"的定位，要求回归住房居住属性。一直到现在，这个总的要求没有变，今年（2019年）7月30日召开的中央政治局会议强调了"坚持房子是用来住的、不是用来炒的定位，落实房地产长效管理机制，不将房地产作为短期刺激经济的手段"。

如今，房地产进入了新阶段，房地产金融环境偏紧、房企融资压力进一步扩大、房价居于高位。新形势下，房地产行业该如何转型与发展？

刘志峰认为，加快发展新兴地产，改变传统的发展模式。加快与互联网互动。加快科技创新，推动住宅产业化。加快管理和服务创新，提高企业软实力。此外，刘志峰一直在倡导百年建筑（住宅）、绿色建筑。在他看来，房地产行业还要思考如何让老百姓住得更健康、更美好。他认为，好房子不在于面积有多大，关键在是否符合绿色建筑标准，具有安全性、耐久性，环境一定要好，具备新风系统。

高端·对话

中国房地产报：您是住房制度改革的推动者，并提出了住房商品化、市场化，说说您印象最深的一次经历？

刘志峰： 印象最深的是，我刚担任国家体改委副主任兼国务院房改领导小组副组长。那是 1992 年，我带队开展全国性房改工作调研，此次调研我们走遍了大半个中国，历时 8 个月，召开了上百次座谈会，既有政府部门、国有大企业负责人参加，也有普通老百姓参加，分别听取专家学者、实际工作者、企业及地方政府负责同志、国务院相关部门 2000 多名同志的意见。在上海调研时，当时上海人均住房只有 4 平方米，群众意见很大。通过实地调研后，我深刻感受到，各地经济发展不平衡，要实事求是，房改不能搞"一刀切"。

中国房地产报： 住房制度改革对中国经济发展的贡献有哪些？

刘志峰： 今年是新中国成立 70 周年，也是城镇住房制度改革 41 周年。城镇住房制度改革打破了传统的低租金福利分配制度，确立了市场机制配置资源的基础地位，实现了住房供应和分配制度的重大转变，为我国城镇住房建设和发展注入了巨大活力，为国民经济平稳健康发展、人民生活水平提高作出了重要贡献。主要成就体现在 4 个方面。

第一，新的住房制度基本建立。住房制度改革打破了以住房实物分配、低租金福利使用为特征的住房旧体制，确立了住房社会化、市场化改革方向，形成了以居民自有产权为主、多种产权形式并存的产权格局。房地产市场从无到有，住房二级市场和租赁市场逐步发育，中介服务加快发展，房地产金融不断创新，专业化的物业管理基本建立，市场规则不断完善，市场体系逐步健全。目前正朝着十九大报告提出的"坚持房子是用来住的、不是用来炒的定位，加快建立多主体供给、多渠道保障、租购并举的住房制度，让全体人民住有所居"的新要求，完善各个方面的配套。

第二，极大地改善人民群众的居住条件。城镇住房制度改革以来，在城镇人口大规模增加的情况下，城镇居民住房总体水平大幅提高，绝大多数家庭的住房条件得到明显改善。2018 年底全国城镇居民人均住房建筑面积接近 40 平方米，比改革之初翻了几番。广大群众纷纷告别漏屋危楼，入住舒适整洁楼房，生活质量全面提升。

第三，房地产业成为国民经济的重要行业。按国家统计局口径，2018年房地产对GDP的直接贡献为6.5%；房地产开发投资占固定资产投资的17.4%；另外，房地产是地方财政收入的主要来源，2018年土地出让金和房地产相关税收占地方综合财力的35.4%。在财力增加的同时，各地就有条件进行城市建设，完善各种配套。改革开放40多年来，我国城市面貌发生了翻天覆地的变化，城镇化进程大大加快。房地产业是钢铁、水泥、建材等行业关联度较高的行业，牵一发而动全身，已成为拉动国民经济增长的重要产业。

第四，促进城镇居民家庭财产结构重大改变。许多城镇居民通过购买公房、商品住房或自建住房方式拥有了住房，我国城镇居民住房自有率达到80%以上。原来由于住房严重短缺，加上家庭支付能力不足，很多家庭都没有住房。现在随着经济发展和收入提高，老百姓基本实现有房住，有的拥有一套以上住房，房产价值占家庭财产70%以上。

总之，城镇住房制度改革对中国经济社会发展的贡献都是巨大的，是值得充分肯定的。

中国房地产报：目前，您怎么评价房地产市场的现状？有哪些问题？

刘志峰：概括起来，主要是房价过高，供应结构不合理，供需不平衡，租售结构不合理，住宅属性被扭曲，目前杠杆过高，存在金融泡沫的风险。此外，行业作用被放大，企业发展持续性差、资源能源浪费大、住房质量通病没有彻底解决。

中国房地产报：有什么办法来解决这些问题？

刘志峰：总的来说，还是要按照十九大报告提出的，坚持"房子是用来住的、不是用来炒的"的定位，加快建立多主体供给、多渠道保障、租购并举的住房制度。要把顶层设计做好，要优先保障居民住房权利，要从土地、金融、财政、税收等多方面形成改革措施。

从政策层面要做到：一、供需基本平衡，既不短缺，也不过剩。二、杠杆基本合理，风险可控。三、供应结构基本合理。这包括两个方面，首先是大力发展租赁住房，增加租赁住房的供应；其次是改善住房供应对需求的适配度。四、价格相对稳定，与居民支付能力相适应。五、加大创新力度，努力实现"建筑长寿化、建设产业化、品质优良化、内装工业化、绿色低碳化"，切实提高住房品质。六、需求管理到位，优先保障居民家庭住房权利。

中国房地产报：怎么看房地产企业的迷茫？

刘志峰：有些企业迷茫很正常。过去住房短缺，有了房子不愁卖，房地产企业赚钱很容易。当前，中国进入了新时代，老百姓的需求已经从"有房住"阶段到了"住好房""住得健康"的新阶段，房地产企业要转变发展理念，满足老百姓多样化的需求。今后，住房还是有很大需求的，城镇化、城市更新以及人口增长会带来需求。

中国房地产报：今年是新中国成立 70 周年，在这个特殊节点，请您谈谈对行业的寄语。

刘志峰：今年是新中国成立 70 周年，房地产行业要坚持"以人民为中心"的发展思想，牢记习近平总书记在不同场合反复强调的"永远把人民对美好生活的向往作为奋斗目标"的殷切嘱托，切实贯彻五大发展理念，加强科技创新对房地产的改造和提升，强化企业管理，发扬工匠精神，提高住房品质，为老百姓盖好房子，让老百姓住得舒适、健康、安全，为新时代人民对美好居住生活的实现作出更大的贡献。

写在前面

聂梅生，被称为房地产界的"女中豪杰"。

自 1994 年起担任建设部科技司司长以来，主持建设部住宅产业化工作，参与过 1998 年房改工作；2001—2012 年任全联房地产商会会长（现任名誉会长），多年以来，她都关注房地产行业的发展。

她向来直言不讳，谏言高层。面对楼市调整，冷静思考，以一颗公平心站在市场和开发商中间；面对未来中国房价谜题，习惯以专业理性的目光洞察未来，思考走向。

对于如今的市场与社会，她认为不要争论，认同发展才是硬道理，切实地把人们的生活搞好才是正确的。

▲ 全联房地产商会创会会长聂梅生

聂梅生：一个坚定而又理性的地产推动者

马琳 / 文

"您自己哪个特点最让您觉得不舒服？"

她沉默了一下，想了想，而后干脆地说："无端地得罪人。"

这是实话。

最令人记忆深刻的是，2009 年全国"两会"期间，全国工商联向全国政协递交了一份名为《我国房价何以居高不下——房地产开发的总费用支出一半流向政府》的大会发言稿，引起极大争议。作为负责人之一的聂梅生被推到了风口，质疑不断；甚至被标签为"开发商的代言人"。

深入了解之后，她所想表达的观点是希望制度有效以及政府作为。这些深意，如今已在"房住不炒"的背景下慢慢实施。

"我是一个不按常理出牌的人，也较真儿，说话也直，有时也会得罪人。但事实告诉我们，必须要坚持说真话，说实话，这样做，才能做好。"聂梅生说。

眼前这个娴静、淡然的人，在中国房地产行业有着"女中豪杰"的称谓。

聂梅生，自 1994 年起担任建设部科技司司长以来，主持过建设部住宅产业化工作，参与过 1998 年房改工作；2001—2012 年任全联房地产商会会长（现任名誉会长），至今，她一直都关注房地产行业的发展。

每当房价波动、矛盾不断，社会各个阶层关注、焦虑最多的时期，她

▲ 全联房地产商会创会会长聂梅生获得功勋人物奖

总是站在前端，协调行业、市场与政府间的关系；直言不讳，谏言高层，推动问题的解决。

她回顾这几十年房地产行业生涯，她说了两句话："我不是利益代言人。因为商会是一个企业组织，代表民营企业和会员的合法诉求，而我身为会长，立场是反映企业的合法诉求。""我们要理性地评判房地产行业，它给这个社会、经济、城市、居住都带来了很大的改变。"

房改"前夜"

为推动养老产业，聂梅生现在住进了金手杖清朋华友学子园。不忙的早晨，她会随着一起居住的老人们练上一段自编的坐功程式，之后开始忙于一些工作上的事情。

生活依然多彩忙碌，但她的过往却颇有轰轰烈烈的意味。

1978 年 12 月底，中国对外宣布改革开放，久封的大门被推开了，沉闷的社会一下子沸腾了起来。为了使中国有远大的未来，一些年轻人开始走出国门留学。

1983 年，聂梅生被公派留学去了美国做访问学者。那一年她已经 43 岁。为了走出去，有俄语基础的她赶紧苦学英语，很快就具备了英语沟通和学习的能力。

"中国近代史也是这样的，她与外界的交流均是从教育开始的。对教育的深层次眼光实际上是民族兴衰的标志。"聂梅生说。"庚子赔款"事件，建立了清华学堂，100 多年前也是通过一批人出去，与外面世界的接触，将西方的文化、经济、科技带回来，如詹天佑等，成就了那一代中国的技术、经济的发展；抗战时期的西南联大，在那么艰苦的年代我们的国家都没有忘记教育，涌现出了杨振宁、李政道、钱学森等人才，对国家的发展有着重要的作用；改革开放以后，更是如此。对教育的深层次眼光实际上是民族兴衰的标志。

1986 年，聂梅生学成回国。回国后，她从事了一段时间的科研工作；1991 年起调任建设部，后任科技司司长；1998 年，开始参与到国家的房改工作。

聂梅生当时在党校写的毕业论文——《房地产业的两个转变》，内容涉及了房地产行业的一些问题，并提出房地产业要从外延型向内涵型转变；要从劳动力密集型向技术密集型转向。"当时我写的这篇文章很多报纸都转载了。"

"亚洲金融危机爆发后，国内市场出现了能源和钢铁的积压。当时还没有产能过剩这个词，政府决定通过建经济适用房来消化这些过剩的产能。这就有了 1998 年的那份文件。"聂梅生这样描述房改的起因。

受亚洲金融危机的影响，1998 年中国经济依然低迷，年增长率从双位数跌至 8.8%。

为了支持受金融危机冲击的亚洲国家尽快走出困境，中国政府作出了人民币不贬值的战略选择，刚刚当选的新总理朱镕基承担了巨大的风险和压力。

面对经济下行趋势和消费过冷的现状，如何寻找出路，朱镕基把目光瞄向了内需。朱镕基认为，拉动内需最好的方法就是启动住宅消费，能够让老百姓大把大把地掏出钱来购买的商品，唯有房子了。因为房地产产业链很长，涉及几十个行业，对建材、化工、钢铁等都会有推动作用。

其实，时任国务院副总理的朱镕基就提出过必须加快启动住宅消费，用它来拉动中国经济。在他的指示下，建设部等国家部委组织力量，加班加点研究取消福利实物分房制度，全力以赴加快住房制度改革的步伐。

1998年3月，房改办整建制合并到了原建设部（现住建部）住宅与产业司，成为未来房改的主力。

"风口下"的奔跑

1998年7月3日，国务院宣布福利分房的年代结束、住宅商品化时代正式开启。同时，把"建立和完善以经济适用住房为主的多层次城镇住房供应体系"确定为基本方向。

实行了几十年的计划经济下的分房体制被彻底打破，房子作为一种可以自由买卖的商品出现在老百姓的生活中。这是我国住房制度改革历史上划时代的一个变革，而且随着时间的推移，其意义显得愈加重大。

"1998年的房改主要是由福利分房政策改为货币化、商品化的住房改革。当时有一些争论，争论的焦点是'谁是受益者'。"聂梅生说，最后确定了以经济适用房为主体的住房供应体制，惠及中低收入者的改革方案。

但这一供应体制发展到后来，因为土地价格的上升，经济适用房渐渐被普通商品房取代。

当时普遍的看法是，普通商品房可以解决经济适用房的问题，没想到后来推高了房价，形成了蜗居，关于高房价的讨论也不绝于耳。

聂梅生说："实际上，当时如果坚持经济适用房解决中低收入者的住房问题，是可以平抑房价的，但中间断层了，有5年，这几年保障房又出来了，包括通过棚改解决老百姓的居住问题，来平抑房价，保障居住。"

2000 年初，聂梅生开始组织筹备成立房地产商会。几经努力，在 2001 年，这个商会成为全国工商联住宅产业商会。"全国工商联是统战和政协口的机构，作为隶属它的二级商会，我们找到了合法性的上一层级，因而得以运行，否则连发展会员都很艰难。"之后，经过 12 年的努力在民政部注册成全国性一级商会，即全联房地产商会。"这是最终的合法性，可谓修成正果。"聂梅生说。2012 年，聂梅生将商会会长的职务交到了继任者的手上，她希望新任会长要有责任，将商会带领发展好。

2003 年，为了抑制房地产投资过热，中央发布"121 号文件"，房地产宏观调控第一枪打响。随着这份文件的下发，央行首次进入房地产调控领域，标志着房地产的金融属性就此打开。自此，银行的货币政策文件对房价影响加大。

"当时的'121 号文件'一出台，商会马上就给中央写信，行业层面的压力都很大。"聂梅生说。

"121 号文件"出来后，聂梅生开始带领商会着手研究精瑞基金，这几乎是国内最早的将房地产基金引入房地产行业的想法。"初衷是想做房地产基金中的 REITs，并提出了中国 REITs 的第一份报告和建议，促成银监会的批准。"聂梅生说。

随后在 2005 年 3 月召开的全国"两会"期间，商会提案指出："发展房地产投资信托基金(REITs)，建立廉租房体系，解决低收入群体住房需求，防范房地产金融风险。"提案首次提出要用金融工具解决廉租房问题。

此后，中国 REITs 在全联房地产商会的推动下开始起步、演化，渗透到相关领域。

到了 2009 年，全联房地产商会与聂梅生被带到了一个风口。3 月，全国"两会"召开，全国工商联提交了一份有关房企开发费用的调研报告。该调研报告称，全国 9 个城市"房地产企业的开发费用"的调查显示，在总费用支出中，流向政府的部分(即土地成本＋总税收)所占比例为

49.42%。而上海的开发项目流向政府的份额最高，达到 64.5%。

这份发言稿引发上海及众多城市的反驳与质疑。

全国工商联发言稿之所以备受瞩目，是因为其牵涉到政府与开发商谁才是高房价推动者和受益者这一敏感话题。

"这里有一个理解的问题，可能是对'流向'和'拿走'有所混淆。占比 49.42% 的部分，除去土地出让金外，还有国税与地税，以及各种费用，并不等于说全是'地方政府拿走'。至于这些税费流向政府之后，二次分配再补回到什么地方，则是另外一个层面的问题。"聂梅生当年接受中国房地产报记者采访时表示，如果有人认为数据有误，可以拿出自己的数据来讨论，这本身就是一个学术研究过程。

她当时就提到了一个议题，当前政府需要考虑的是，如何在"高价馒头"和"低价面粉"之间建立一个过渡通道，这样市场才可能真正好转。她还呼吁土地改革，她表示，目前一次性收取 70 年土地出让金，是在高拍的基础之上，而且收了 70 年，还是一次性，这三个加在一起，土地出让就是"寅吃卯粮"还不算，"还高吃"，要想平抑房价，必须改革此土地出让制度。这一直是房地产行业的一个重要议题。

"我们要客观地评价房地产行业的功与过"

2019 年 8 月 11 日，知行书院，聂梅生以《中国房地产的前世今生》为主题讲了近 100 分钟，关于房改，关于房价高涨，关于房地产行业的发展以及房地产税的发展等内容，颇受好评。

聂梅生认为，不要纠结于限购、限价、限售等调控问题了，这些都是这一阶段需要做的事情。现在要提升一个视野来看待房地产行业的发展，要从供给侧的角度去看待它。

当然，供给侧改革，它与前几次的改革是相同的。比如 1998 年的房改，从福利分房到住房商品化；再到居住用地使用权 70 年的确立等。但供给侧改革对于房地产行业是一件非常重要的事情。具体而言，就六个字，"地根""银根"与"财税"。

在地根方面，地价下不来，房价是下不来的，而且招拍挂制度不改变，房价会永远往上走。在银根方面，主要是个贷与开发贷，分别是针对个人与企业的杠杆。当年个贷一出来就已经失控了，很快用于炒房。我们的按揭贷是照搬美国的，但有一件事忽略了，当时应该规定银行的按揭贷不能"炒房"，因为没有设计这个闸门，导致市场上出现了大量贷款炒房的情况，到调控的后期，政府才出台政策限制二套房、三套房的房贷。在开发贷方面，当时大部分开发商都是可以从银行拿到贷款，甚至市场出现了影子银行，导致出现了金融性质的房价上升，并形成了一种金融化现象。

从地根、银根来看，都高度倚靠房地产，甚至有一段时间出现了"中国经济被房地产绑架"的说法，这也有一定道理。到现在也没有办法解决，土地财政很难解决。

在财税方面，关于房地产税的征收还需要很长一段时间的落实；在需求端，要做好租购并举。

总之，将地根、银根、财税以及租购并举等这几方面做好就可以了。

聂梅生表示，对于房地产行业要认真客观地评价。从历史角度来看，房地产开发对于中国城市的建设和推动方面，以及对于人们的财富积累方面起了巨大的作用，是功不可没的。没有开发，哪有现代化城市？上海的浦东、北京的CBD、广州珠江边上的"小蛮腰"都是房地产企业建设的，它们的存在甚至引发了其他国家人们的惊叹，原来中国是这样的。

从人类历史上来讲，房子和历史是共生的，不同时代的建筑代表了不同时代的经济、文化，它们是有文化的、有积淀的、有历史的，它们留住了历史。

从资产层面来看，住宅是老百姓的基础性资产，中国人财富的积累还真是在房子上，是老百姓的底层资产。

房地产行业也是中国经济的基础，尽管中国房地产有金融化趋势，但政府已经在调控了，没有完全任由它金融化。

"所以，我们要认真客观地评价它的功与过。"聂梅生说，"在房地产行业发展方面，我认为对创造人们的美好生活，对促进中国经济的良性发展起到更好的作用，仍然离不开房地产。"

写在前面

　　他是中国房地产资深研究者、带头人，国家房改方案的主要执笔人之一。1966 年毕业于同济大学城市规划专业，20 世纪 80 年代初起，组织并参加了住宅商品化、城市土地制度、住房金融、住房消费、技术政策和小康住宅产业政策等国家重大项目研究，两次获得国家科技进步一等奖。

　　40 年来，作为房地产发展的亲历者、见证者、推动者，他始终积极为房地产健康发展建言献策、厘清方向。

▲ 全国房地产商会联盟主席、住建部住房政策专家委员会副主任委员顾云昌

"98"中国房改进程助力者顾云昌

"我这一辈子和房地产很有缘分，我是一个非常幸运的人，遇上这么一个伟大的时代，从事这么一项伟大的事业。"全国房地产商会联盟主席、住建部住房政策专家委员会副主任委员顾云昌如是说。

他和房地产的缘分从上大学之际就已经结下。

1966年，顾云昌从同济大学城市规划专业毕业。当时全国学城市规划专业的只有同济大学一个班级里的30多人（另有11人为越南留学生）。大学一年级时的一次实习，顾云昌得以在上海参观了很多房子，有被称作"滚地龙"的棚户区，有简单的民房、老式的里弄、新式的里弄，还有解放初期建的工人新村。尤其是简陋的棚户区对他触动很大。"我是搞规划设计的，将来要把城市规划好，首先要把老百姓的房子规划好、设计好，这是我心中的理想。"

但未出校门便赶上"文化大革命"，毕业后他被分配到了陕西一家建筑公司，和工人同吃同住同劳动，后来在政工部门工作了几年。十几年身处基层的历程，让他切身了解到中国住房到底是什么样子，为其日后的房地产理论研究工作打下了良好基础。

1978年底，党的十一届三中全会在北京召开，中国迎来改革开放的历史性伟大转折，新的时代呼唤人才。这一时期顾云昌进入国家建委、国家城建总局房地产住宅局工作，从此走上了中国房改与房地产发展的研究与

▲ 20 年前，中国住房制度改革方案出台之后，顾云昌参会并接受记者采访

推动之路。

在大部分人的记忆里，中国房地产的历史应该是从 1998 年房改开始的。这一年，中央宣布取消福利分房，全面开启住宅商品化时代。但鲜为人知的是，虽然 1998 年房改方案从酝酿到出台时间并不长，但却汲取了自改革开放以来近 20 年试点研究的成果。

顾云昌是房改全过程的见证者、亲历者与推动者。在 1998 年之前的近 20 年里，顾云昌始终在探寻房改之路。从 20 世纪 80 年代初开始，他参与的房地产改革方面的调研与研讨会是"多得数不过来"，直至参加 1997 年至 1998 年住房制度改革方案制订全过程，成为房改方案的主要执笔人之一。

在推动房改的过程中，他的某些文章和观点也曾受到质疑、批评甚至批判。但时间可以证明一切，也可以验证一切。在顾云昌看来，房改无疑是中国最成功的改革之一。一方面，老百姓住房解决得很快，1978 年至 2018 年 40 年间，中国城市人口从 1.8 亿增至 8.1 亿的同时，人均住房建筑面积从 7 平方米增加到了 39 平方米；另一方面，城市面貌日新月异，中国 GDP 快速增长，这些都和房地产密切相关。这期间，每个购房者都对中国城市建设和经济增长作出了贡献。

1998 年房改之后的 20 多年里，他亦从未缺席，时刻关注市场变化，为房地产健康发展建言献策，厘清方向。他善于用形象的比喻与浅显易懂的表达，以深入浅出的方式将复杂的房地产问题剖析开来。他曾将中国房地产问题比作一把火，一匹马，一只狼。在中国经济处于低迷之际，中国住房改革及房地产发展起到了一把火的作用，房地产成为国民经济新的增长点；房地产还是拉动经济的一匹骏马，拉动了上下游几十个行业的发展；但同时，房地产市场如果把控不好，会成为损害经济的一匹狼。

"要高度警惕房地产这匹'狼'会出来咬人。现在国家对楼市的调控就是为了防控房价过快上涨，防控一匹'狼'的产生。"顾云昌说。

20 年住房改革试点研究

1978 年，中国正式启动期盼已久的改革开放；这一年，中央也在同步推进住房改革工作。邓小平当年在视察大庆、北京新建公寓住宅楼时提出："解决住房问题能不能路子宽些，譬如允许私人建房或者私建公助，分期付款，把个人手中的钱动员出来，国家解决材料。"邓小平提出的关于探索住房问题的出路拉开了中国房改序幕。

那个时候，住房已经成为严重的社会问题，住房严重短缺、分配不均成为当时中国住房问题的真实写照。数据显示，1978 年城镇人均住房居住面积只有 3.6 平方米，而 1949 年解放初期人均居住面积为 4.5 平方米，也就是说，30 年过去了，人均住房面积不仅没有增加反而减少了。

"为什么会这样？国家当时要先解决吃饱穿暖的问题，顾不上也没有钱来发展住房，而 1978 年城镇人口比解放初期人口增加了，但是房子没盖多少，而且有些住房越来越破，就拆掉了。"顾云昌回忆道，所以当时邓小平提出，力争到 1985 年使我们人均住房居住面积达到 5 平方米。

当时国家城建总局房产住宅局刚刚组建，没有懂得规划的人，领导就把顾云昌从规划局调入房产住宅局，开始参与、调研和起草有关政策文件，从此他成为国家第一批研究住房政策和房地产改革理论的参与者。

为解决住房问题，当时国家提出发挥四个积极性的决定，即发挥国家、地方、企业单位和个人积极性，共同解决住房问题。顾云昌说，这是住房制度改革之前我们国家作出的最重要的决定之一。

这之后，中国的住宅建设如雨后春笋般多了起来。顾云昌说，"春笋"中长得最快的是企业建房，工厂、大学里面的空地都盖上了房子；最后个人也开始建房，但是个人积极性发挥得并不理想。

在1980年春天，邓小平有一个内部讲话，主旨是"房子可以租也可以卖，新房和老房都可以出售"。此后，从国务院到建设部再到城建局，一直在做试点和理论研究。

1981年，西安试点由国家补贴将新房卖给个人，顾云昌去当地做了调研。他回忆道，当时西安大概盖了几百套房子，开价150元／平方米，只卖掉了三分之一。对此，顾云昌专门召集买房者开会讨论，有个体户、专家教授，还有一些收入较高的群体。他们非常认同这样的做法，但是觉得房价太贵，能不能降到100元／平方米？"我们回来写了报告，后来将这个价格从150元／平方米降到100元／平方米，几百套房全卖光了。"

在全款买房试点行不通后，1983年，常州、四平等城市实行了"三三制"建房，个人、政府、单位各出三分之一购房款，但并没有大规模推行下去。

如何解决中国住房问题？1983年12月9日，中国住宅问题研究会成立，这是一个由政府机构主导的学术研究机构，也就是后来的中国房地产及住宅研究会，现改为中国房地产研究会。

作为中国住宅问题研究会的主要筹建者，顾云昌开始主抓研究会工作，为配合国家住房政策的制定及房地产改革的推进，每年都要组织很多全国性的关于住房问题的研讨会，会议多得数不清。

"最开始探讨的是住宅属性问题。"顾云昌说，住宅到底是商品还是福利品？传统观点认为，住宅是福利品，还有一种观点认为住宅是商品，当时这一观点被认为不可理喻；还有一种观点认为既是商品又是福利品。这个问题一直讨论了多年，直到20世纪80年代中期，才定下来一个基调，那就是住宅要走商品化道路。这一结论是经过各大科研院校、研究机构、政府部门经过多年共同研究的结果，也是房改起步和前期酝酿阶段。但商品化道路怎么走，各方分歧很大。

"我到现在也认为住宅是商品，但由于住宅的价格最高，不可能所有人都能通过商品房渠道买得起或住得起住房，所以一定要对部分群体的住房进行保障，这种保障就带有福利性，但这种福利性与过去低房租的福利是两个概念，应该叫'保障性'。"顾云昌说。

1985 年至 1986 年，住房问题进入"提租补贴"改革的新阶段。烟台、蚌埠等地打响了"提租补贴"试点"第一枪"。顾云昌回忆，那个方案是以提高租金为主要做法的住房改革。当时公有住房存在的问题是租金太低，不能养房；当时每平方米月租金 1 毛钱，而住房维修费、管理费两项最基本费用一个月每平方米 3 毛钱，收来的租金连管理费都无法覆盖，导致整个房地产部门是赔本的，房子盖得越多越赔钱。"国家经济不发达，地方财政收入也不多，不可能在这样的情况下形成良性循环。所以，我们当时研究提高房租的方案。但矛盾点是，老百姓收入很低，需要有住房补贴，所以从租金改革入手提出了租金补贴方案。"

顾云昌说，烟台、蚌埠开始做试点，取得了一定成效。那时他们还引进了德国住宅银行配合，但后来发现这个方案想得很周到但在实践中行不通。住公房的人群给补贴，但是补贴的钱从哪里来？有的工厂连工资都发不出来，哪有钱来补贴？没有钱，这个改革就没法转动起来，所以试点一两年后，这个方案实际上也就停下来了。

中国住房制度改革到底怎么改法？当时又陷入了难题。这个时期，顾云昌从房地产住宅局调到了建设部城镇住宅研究所，"当时根据部里要求招了很多新毕业的大学生和各种研究人才，当时我雄心勃勃，一定要好好地在房地产住宅发展上作出贡献。我们根据长期对中国和世界的住宅问题研究的经验和体会，提出增量改革方案，就是对每年新增住宅提高租金，最后实现住宅的维修管理费良性循环；老房还是用老办法。国家启动起来难度比较小一点。"

当时，这个方案曾得到国家最高领导人的认同，但因一些原因未能进行下去。1988 年，国务院有关领导提出从出售旧公房入手进行房改，为此，顾云昌还写了一篇关于旧公房出售的文章，提出"住房自有化"。这被当时有些人理解成鼓吹"住房自由化"，并对他的观点进行抨击。

直到 1991 年底房改工作会议又明确提出卖公房，并把德国、英国、新加坡、中国香港的住房制度方案综合起来考虑，但是没有执行又刹车了。反对的人认为这一方案涉及国有资产流失，使得改革的合理性受到质疑。后来及时采取措施，卖旧公房的问题暂时不推进。至此，我国住房制度改革方案都没有取得突破性进展。

在 1998 年以前，我国曾经进行了多项房改探索，多地房改试点，以提高房租提租补贴为主要思路的改革方案，也有以出售旧公房为主要思路的改革方案，但由于缺乏改革经验，加上传统思想观念和体制等种种矛盾，并没有取得突破性进展。

成就、遗憾与反思

转折点在 1998 年。

"1998 年对我来说是一个终生难忘的时间段。"顾云昌说，这个时期，恰逢 1997 年亚洲金融危机，中国经济处于低潮期，国家领导人对于房改的决心非常坚决。而经过此前近 20 年住房改革试点的经验教训铺垫，房改推出的时机终于成熟了。

时任国务院副总理朱镕基提出，要把住宅建设作为新的经济增长点和新的消费热点。而要成就这"两点"，必须大力推进城市住房制度改革。1998 年 3 月，朱镕基正式将"住房商品化"列为新政府五大近期改革目标之一，并明确规定了时间表。

1997 年国庆前，新一届全国住房制度改革领导小组正式成立，建设部部长任组长，由发改委、财政部、建设部、银行、土地等相关管理部门共同参与。当时，顾云昌是房改小组领导下的房改方案的主要执笔人之一。

从 1997 年 9 月份开始直到 1998 年房改方案出台，共经历了半年多时间的研讨、起草和不断修改的过程。1998 年 6 月 15 日，全国房改工作会议召开，1998 年 7 月 3 日，房改"23 号文件"正式下发，方案宣布：全国范围内城市住房停止实物分配，实行货币化分配。

"不仅中国改革开放的总设计师是邓小平，中国房地产改革的总设计师也是邓小平。"顾云昌说，实际上我们房改方案最终的实现都是按照邓小平 1980 年关于住房和建筑问题的讲话来做的，他在 1978 年就说，要动员个人手里的钱解决住房问题，个人建房可以，买房也可以。到了 1980 年的时候他又说，要鼓励大家买房，新房可以卖，旧房也可以卖。可以一次付款，也可以分期付款，对于低收入者给予补贴、抵押贷款等。这实际上把我们房地产住房分配体制进行了彻底改革，即原来是住房实物分配，后来则是住房货币化分配。

顾云昌将房改方案总结为四个轮子，第一个轮子是分配制度改革，将过去的实物分配转变为货币分配。第二个轮子是供给制度改革，从过去由国家、企业供应，变成了对不同收入家庭采用不同住房供应制度，低收入家庭提供廉租房，中低收入家庭提供经济适用房，中高收入家庭提供商品房。第三个轮子是房地产市场制度的建立和完善，开放二手房市场，全面启动房地产市场的各个环节。第四个轮子是房地产金融体系的建立和启动。发展房地产金融，特别是个人住房抵押贷款，使中国的住房制度发生了一个质的变化。

在顾云昌看来，尽管房改成功了，现在回过头看有一些意想不到的事情，比如，原来反复纠缠、非常难办的、恨不得吵架的事情，诸如购房补贴，在真正实施中反而没有想象的那么难，很快就推进了。相反，当时认为很容易的事情，比如供应体制的改革、经济适用住房的建设，现在看来问题还不少。"当时设计的时候没有考虑得那么细，也没想到会遇到执行当中许许多多的问题。现在看来，尽管我们的保障房盖了不少，但精准度不够，而且当中还出现了寻租行为、违规行为。"

在房改初期，许多城市对购买经济适用住房的人群没有限制。顾云昌曾专门对此做过调研。当年北京等地的经济适用住房是敞开供应，只要有钱就可以买。但在厦门、常熟等地，严格限制经济适用住房的购买群体及面积，只供应给中低收入家庭。

"在长沙及东北一些城市，经济适用住房的开发建造量占到住房总量的60%以上。从中央到地方很多人担心房子没有人买怎么办？想到的是先卖了再说。毕竟当时的主导思想是希望通过房改拉动经济增长，拉动基建规模，拉动购买力。"顾云昌回忆称。

房改推出后，有些人对由单位福利分房变为个人购房不能理解；对于住房贷款，更是难以接受。为鼓励人们买房，当时顾云昌讲了一个中国老太太和美国老太太天堂对话的故事，大致是这样的——一个中国老太太和一个美国老太太进了天堂，中国老太太垂头丧气地说："过了一辈子苦日子，刚攒够钱买了一套房，本来要享享清福，可是没住几天却来到了天堂。"美国老太太却喜滋滋地说："我是住了一辈子的好房子，还了一辈子的债，刚还完，也来到了这里。"——这个对话形象地说明，通过住房贷款解决住房问题要比攒钱买房划算。

"社会化完全开放的住房市场始于2000年。"顾云昌说，一旦大家醒悟过来了，接受了，就形成了房地产的购房热潮，2001年、2002年出现了房价上升最快的城市——杭州。为什么杭州房价上涨那么快？杭州主要是民营经济多，个人财富比较多，台州人、温州人富起来了。且苏杭有"天堂"之称，也吸引了有钱人前去投资。当时杭州还有一个特别的现象，叫"饥饿供地"，每年供应土地不多，供应的楼盘不多，但是需求很大，房价自然上涨很快。这引起了当时中央的密切关注。直到2003年后，上海房价涨幅超过了杭州。

2003年，上海、广州、深圳等大城市房地产市场热了起来，2004年后涨价势头逐步蔓延到其他大城市和全国中小城市。顾云昌认为，房价快涨与土地市场"8·31大限"有关，该政策要求从2004年8月31日起，所有经营性土地一律公开招标或竞价出让，各城市不得再以协议方式出让土地。"8·31大限"后土地价格开始上涨。加上居民购房热情高涨，住房市场出现供不应求现象，不断推动各地房价上涨。2004年，时任国务院总理的温家宝提出收紧两根（银根、地根），但楼市调控并未挡住房价上涨的步伐。

"房价高涨不是房改带来的直接结果。"顾云昌认为，其背后的推手是市场供求关系。深层次来看，房价上涨又与货币超发、土地财政、土地错配、个人投资渠道狭窄有着重要关系。当然不排除有些开发商、中介在背后炒作，但仅仅这一个原因是不够的。

房地产健康发展与时代新使命

"当前中国楼市调控的最终目的就是把房价稳定下来。实际上通过市场手段调整供求关系是稳房价的有效举措，但市场手段往往不可能一蹴而就，所以有些城市根据当地房地产市场特性还采取了一些行政手段。"顾云昌认为，在当前情况下，采取一定行政手段是可以理解的，但应尽可能使用市场手段调控楼市，少用行政手段。同时，他认为国家提出的"因城施策""一城一策"是完全正确的。

在顾云昌看来，过去楼市调控主要是调控需求，市场好的时候遏制需求，低迷的时候通过货币化补贴、政府奖励等手段鼓励买房。但市场经济是供求关系双方作用的结果，要让房价稳定下来，既要从需求端，更要从供给端发力做好房地产调控，所以国家提出供给侧结构性改革非常重要。

他不希望在房地产市场调控中过多使用行政手段，特别是限价这些纯粹的行政干预手段。顾云昌发现，如果把限价限到成本价以下，开发商和供应商不可能做好房子，他们会通过偷工减料或者降低档次来开发房地产，中国不缺差房子，而是缺少高质量房子。可以看到，有些城市在限价下出现几万人排队买几千套房子的现象，本来不炒房的人也加入了炒房队伍，这与"房子是用来住的、不是用来炒的"是完全相悖的。

他建议，决策部门对"限价"问题要慎重考虑，能不限价就不要限价，限价的做法也不符合市场经济商品房的法则。

怎样促进房地产市场的健康发展？顾云昌认为，要把短期调控与长效机制有效结合起来，而房地产市场长效机制建设要做到"三加一"，即市场体系和住房保障体系要结合起来，两个体系都要完善，同时，货币金融、土地制度、税收机制三方面都要完善，才能够真正形成长效机制。

中国房地产发展空间还很大，顾云昌认为，我国常住人口城市化水平只有60%，户籍人口城镇化率还不到45%，要达到户籍人口70%的城镇化率，还有一二十年的路要走。许许多多的老旧社区还在等待改善。进入老年社会以后，居家养老在住宅产业里也会变得非常重要。新兴产业地产方面要做的事情更多，空间很大，现在很难计算其中有多少增加值。

顾云昌将住宅地产比作"龙"，新兴产业地产比作"凤"。他说，中国房地产正经历龙腾万里、凤凰起舞的阶段。房地产要健康发展，必须做到"龙凤呈祥"，这是时代赋予房地产的新命题。

他说，实际上，在1998年之前住宅地产就开始萌动，但很长时间这条龙没有睡醒；由于住房制度改革这条巨龙被激活了，成为拉动中国经济新的增长点和新的消费热点。但由于总量大、能量大、调控多、争议大，社会对房地产的认识还不一致，甚至将房地产说成是虚拟经济。实际上，房地产是实实在在的实体经济，是众多制造业的总装工厂，这条巨龙平稳健康发展是我们追求的目标。

他给新兴产业地产下的定义则为"凤凰起舞"。他表示，文化、旅游、健康、体育、教育、养老等产业都离不开房地产，这些地产形成了"凤凰"。"凤"是为生产性服务的载体和地产，为生活性服务的就是"凰"，合在一起就是凤凰。凤凰起舞了，实际上将是我们追求的美好生活的综合体，是我们房地产发展的新天地。

他说，房地产不仅要解决居住问题，还要解决旅居养老，解决老百姓日常精神生活的方方面面，全面提高老百姓生活质量。这意味着，开发商的眼光要更开阔，要团结上下游产业一起来做这件事。中国房地产要"龙凤呈祥"，这是摆在我们这一代房地产企业面前的一个重大任务。

时代的轨迹不会停止运转，房地产的使命还没有完结。站在新的起点，房地产正踏上新的征程。

写在前面

　　从官员到企业家再到学者，这位有着丰富人生经验的历史参与者，在不同的人生阶段，从事着不同的工作岗位，不变的是他为中国经济改革、住房制度改革"摇旗呐喊""建言献策"的一颗心。从房改，到引进金融产品，到住房抵押贷款，到住房反向抵押养老保险这些住房领域的改革创举，都能看到孟晓苏的身影与思想。他既是政策的制定者、参与者，也是实践者。

▲ 原房改课题组组长、中房集团公司前董事长孟晓苏

"中国房地产教父"孟晓苏

马琳 / 文

北京 CBD，繁华如常。站在世纪财富中心 19 层向外望去，车流、人流不时交织闪过，后又融入不断变化的时代洪流中。

"这在 70 年前是不可想象的。"看到窗外的景致，原房改课题组组长、中房集团公司前董事长孟晓苏说。

孟晓苏出生于 1949 年 12 月 24 日，与共和国几乎同龄，经历过新中国成立头 30 年的那段很多人吃不饱饭的大灾荒年代，也经历过改革开放那个释放梦想、敢闯敢试的年代。

"那都是时代的标志。"孟晓苏说。

1977 年 12 月高考恢复，孟晓苏跟随一众学子考入了北京大学。在这些学子的背后，一个时代也正在拉开着序幕。到了 1978 年，党的十一届三中全会在北京召开，宣布中国进入改革开放的历史新时期，一个令人感到澎湃与欣喜的时代呼啸而来，"团结起来、振兴中华"也成为北京大学学生们高喊的口号。到了 1982 年，孟晓苏毕业，他被分配到中南海工作，20 世纪 80 年代那几场激动人心的改革他都亲自参与和近距离观察，包括市场经济改革、农村土地承包制改革和股份制改革，以及后来他又亲手推动了 1998 年的住房制度改革，"这些改革使人们看到了力量与希望"。

70 年时空转化，中国从贫穷、落后跃升为仅次于美国的第二大经济强国，GDP 年均增幅为 9.5%，"在改革开放初期，没有人想到后来会发展得这么快，是 70 年的奋斗改变了中国的面貌。"孟晓苏说，如果用一个词来形容新中国成立 70 年的变化，那就是"天翻地覆"；如果探讨这个变化的深层次根源的话，那就是"倒逼机制"。正是因为有当年安徽农民外出讨饭倒逼出了农村土地承包制改革；正是因为广东居民逃港倒逼出了对外开放；正是因为计划经济体制使经济发展停缓，倒逼出了市场经济体制改革；也正是因为单位福利性分配住房到连维修基金都无法支付，倒逼出了住房制度改革。

孟晓苏也完成了一个从官员到企业家再到学者的身份转变，一个始终为中国经济改革、住房制度改革"摇旗呐喊""建言献策"的思考者。

对于未来的房地产行业发展，孟晓苏表示改革仍要加快。新中国成立 70 年、改革开放 41 年来，中国人民的需求是什么？是"更舒适的居住条件""更优美的环境"；农民要进城，城里的人要出去，我们要想办法满足人民群众对美好生活的追求。

往事一幕幕，精彩一个个，"我们要始终牢记那些为建立新中国努力奋斗的革命先辈与改革开放先锋，让我们傲立于世界民族之林。"孟晓苏说。

孟晓苏是一个敢于说真话的人，他系统专业的思想对中国房地产业的发展产生过重要影响。他不仅见证、参与了改革开放 40 年来一系列重大改革开放政策的制定与实施，也曾不断地推进住房制度改革，给中国的房地产行业带来了很多新的想法与模式。

他也是一位风趣的人，《阿甘正传》他看过不止十次，他认为那是一个一辈子傻乎乎却不断成功的人，一个向前奔跑永不放弃的人生。

一个时代正在拉开序幕

"新中国成立的头 30 年，日子很紧巴的，再加上发生了大灾荒，很多人都吃不饱饭。我们家也是。虽然当时家庭环境不错，但依然填不饱肚子，父母为了让孩子们吃饱，将大部分吃的都留给了我们，后来他们因营养不良都得了浮肿病。那个时候整个社会都是坎坷的。"孟晓苏说。这是他抹不去的记忆。

当时，刚刚初中毕业的孟晓苏没有能够继续上学，在年轻人都涌入农村、部队、工厂的大洪流的背景下，他被分配到北京汽车制造厂工作。

工厂的工作单调而辛苦。在工厂，他什么活都干，车工、铣工、刨工，包括抡大锤，因为抡大锤，到现在他的胳膊都是一个长一个短。"我是比较幸运的，在工厂当了10年工人。如果按过去定阶级定成分的话，我应该是工人成分。"

1977年12月高考恢复，孟晓苏如愿地考上了北京大学。去北大报到时，工人师傅开着车将他送到了北大校园，"孟晓苏坐着自己生产的吉普车进入北大"一时成为美谈。

"那年我28岁，已触碰到了年龄线，本以为不能参加高考，没想到考上了。上了大学才知道我不是最大的，班上还有32岁的，有的人的孩子都已经很大了。我在班上排行老七。"1982年，孟晓苏从北京大学毕业，到中南海工作，随后担任时任中央政治局委员、国务院副总理万里的秘书。

"当时，推动改革是困难重重的。"孟晓苏说，但有两个人是改革开放的积极探索者，一个是万里，一个是习仲勋，他们都是改革开放的领导人、先锋和闯将。

他回忆，当时万里同志到安徽担任省委第一书记，发现安徽农村非常贫困，农民吃穿极其匮乏，有的甚至结队外出讨饭。新中国成立那么多年，农村生产与农民生活却停滞在非常低的水平，这是人民公社旧体制造成的灾难。万里毅然决然地决定支持农民改变生活状况，支持农民"借地度荒""责任到人"，实行"大包干"的联产承包制，一番动作下来，使安徽农村逐渐走向了农村改革的成功道路。

随后这一改革从安徽推广到全国。邓小平同志对此曾有过评价："中国的改革是从农村开始的，农村改革是从安徽开始的，万里同志是立下功劳的。"

▲ 中共中央政治局委员、书记处书记、国务院副总理万里同志视察农村工作，当时担任秘书的孟晓苏陪同前往

"1983 年，我到万里同志身边工作时，正是农村改革从安徽向全国推进的时刻。从 1984 年以后的文件起草、政策制定我都有参与。那是一个激动人心的时刻，当时都是随时采集农民群众的意见，在第二年就形成文件。那时制定方针政策非常快，及时反映人民群众的要求。"孟晓苏说。

从 1982 年开始，中央连续下发五个一号文件，推动农村承包制从安徽走向全国。1982 年的一号文件给土地联产承包责任制"上了户口"，结束了对包产到户 20 年的争论。这些举措使农业生产发生了根本性改变，逐渐为农村经济发展打开了大门，给市场带来了活力。

一个更令他们意想不到的结果是，上述举措使农村乡镇企业异军突起。原先被认为是最保守的一个群体成了改革开放的主力、最为踊跃的人。再加之农民工进城，也推动了城市化的发展与城市建设。

当万里在安徽进行改革时，习仲勋同志到广东主政，后来担任广东省委第一书记和省长。他带领省委提出，要利用广东的地缘和人脉优势，率先推行对外开放。邓小平肯定了这个意见，并称之为"经济特区"。随后设立的深圳、珠海、汕头与厦门等四个经济特区，三个在广东。

"这两位领导人各在两年半时间里为改革开放开了个好头，使改革开放成为不可逆转的历史潮流。"孟晓苏说。

启动住房制度改革

正当社会迷茫之际，1992年1月17日，一列火车从北京开出，向着南方奔驰而去，驶过武昌、深圳、珠海、上海。这是邓小平视察南方，在这一路的走访视察中，他发表了一系列重要讲话，时称"南方谈话"。南方谈话为新时期改革开放指明了方向。

这一年，孟晓苏主动要求调往中国最早成立的房地产公司——中国房地产开发集团有限公司，成为掌门人。

实际上，南方谈话后，中央便提出加快住房制度改革步伐，各地房地产投资迅速热了起来，特区海南一下子冒出2万多家房地产公司。先醒者都觉得机会来了，要投身市场经济，闯出一番事业。房地产是最好的端口，但人们对房地产的需求端显然毫不知悉，大干快上之后无法支撑陡然升起的高楼大厦，泡沫被吹起，高楼烂尾无法避免，直接引发了1993年第一轮的房地产宏观调控。当年年底，国务院副总理朱镕基主抓宏观调控，处理资产泡沫，银行收紧贷款，房地产行业陷入不安与沉寂中。

到了1996年，我国出现了有史以来的第一次"产能过剩"。那时全国钢铁产量仅1亿吨、纱锭仅5000万支就过剩，还有其他许多相关产业，也都出现了低水平的"过剩"。

"当时是做项目找死、不做项目等死，楼市和经济都受到了冲击。"孟晓苏说。

▲ 中房总经理孟晓苏在中房公司住宅小区项目奠基仪式上讲话

面对这种状况，孟晓苏大胆提议，"住房建设可以成为新的经济增长点"。孟晓苏的观点提出后，建设部、国家体改委、国家计委、国家科委很快予以呼应，并和中房集团共同设立课题组，启动住房建设成为国民经济新增长点研究与住房制度改革方案设计。这个房改课题组由杨慎、洪虎、郑新立、尚勇等人担任顾问，由孟晓苏担任课题组组长，成员中包括梁运斌、印坤华、高材林等专家。

"房改课题组从1996年10月开始工作，到北京、上海、广东、江苏等多地进行调研。到1998年3月完成课题报告，历时一年半。"孟晓苏说。

在这一基础上，1998年7月，国务院出台了《关于进一步深化城镇住房制度改革加快住房建设的通知》，该通知正式开启了我国城镇住房制度改革，结束了福利分房制度。提出的各项政策包括提薪降息鼓励消费、完善住房供应体系、开展住房抵押贷款、放开住房二级市场、支持住房企业发展等核心内容，将我国住房建设与分配推向商品化与市场化。

从1998年房改到2003年间，通过发展房地产业，并带动相关产业的

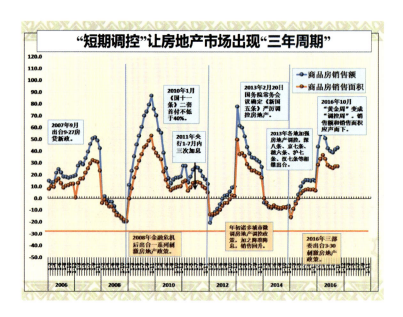

"短期调控"让房地产市场出现"三年周期"

发展，使整个国民经济恢复了活力。到了 2003 年，钢铁产业从供过于求变成了供不应求，产能达到了 2 亿吨。

"那时主管部门提到房地产可不像现在这样'火冒三丈'，而是非常小心地呵护着房地产业，到处讲房地产业的好话。那是房改以后，主导产业带动了国家的经济，带动了诸多产业后所应得的赞许。"孟晓苏表示。

但有一件事让孟晓苏觉得可惜。"当年的房改方案已经提出了住房双轨制，即由市场提供商品房，由政府提供保障房。原因是我们认为在经济发展与社会发展中，不可能没有低收入者，无论何时何地政府都要重点照顾好这部分人群的居住问题。靠什么照顾呢？主要是靠完善住房保障体系。"

但这一方案后来并没有有效实施，在众多专家的眼中，这一方案多年被主管部门忽略，这是发展中的失误。主管部门一度希望将保障房建设任务交由市场解决，期间推出了"90/70"等政策，希望房价有所下降。"但这样设计老百姓就能买得起房吗？他们以为老百姓 4 斤龙虾吃不起，1 斤的龙虾就应该吃得起。他们不知道老百姓要吃的是野山鸡炖蘑菇、大葱炒笨鸡蛋。"孟晓苏引用央视小品"不差钱"中的典故来比喻。

孟晓苏认为，因缺乏保障房，当低收入无房家庭发出抱怨时，舆论便被引导将矛头指向开发商，试图把房地产开发商形象"妖魔化"，其实提供保障房是政府的责任。"我认为房地产企业形象并不差，公道自在人心，不少房地产企业家很受人尊重。这些年人们对于房地产业逐渐有了正确认识，它是国民经济的支柱产业，是拉动经济发展的主导产业和先导产业。"

对于主管部门的忽略，孟晓苏和原建设部副部长杨慎也曾呼吁多年。"2010年李克强带着辽宁棚户区改造的经验进入国务院后，才在全国展开了保障房建设。"孟晓苏说。

房地产行业仍有美好的未来

目前，中央已经明确提出，要建立房地产市场长效发展机制，保持房地产市场平稳健康发展。

对于这一机制，孟晓苏比较认可："我们要把欠的账补回来。改革开放这么多年了，有很多记忆被人们淡忘了。当年房改的目的就是要把商品化与市场经济引入到住房建设与分配领域。今天我们要不忘初心。"

他还说："我们的主管部门能不能重读一下房改方案的最初设计，我们要走的是双轨制，由政府提供保障房，由市场提供商品房。现在，这样的设计也写入了国务院的政府工作报告中去，提出以市场为主满足多层次需求，以政府为主提供基本保障。如果从这个角度来看，我想调控者应该明白要做什么？是要更多地想办法解决住房保障问题。"

但孟晓苏始终看好房地产行业的发展。

他说，住房商品化推动房地产业迅速发展，使它成为新的国民经济主导产业。具体来看，中国的房地产投资规模从房改前的3580亿元，一路增长到2018年的15万亿元，20年间增幅达到40倍；由此拉动国内生产总值从1998年的7.8万亿元增长到2017年的82.7万亿元，20年间增长

▲ 2017 年 9 月 18 日，北京，"中国房地产界荣誉殿堂暨中国房地产报创刊 25 周年庆典活动"举行，住房和城乡建设部原副部长、中国房地产业协会原会长刘志峰与原国家房改课题组组长、中房集团公司前董事长孟晓苏在会前就中国房地产行业发展进行交流

了 10 倍。许多相关产业在房地产拉动下增长迅猛，纷纷成为世界第一。譬如中国钢铁产量占世界 50% 以上，水泥产量占世界 60%，电解铝产量占世界 65%，平板玻璃产量占世界 50%，化纤产量占世界 70%，建筑陶瓷产量占世界 52%，发电量、煤炭产量、工程机械、港口吞吐量等都是世界第一。房地产与相关产业对中国经济的巨大拉动作用不可低估。

　　房改所带来的另一个显著变化是居民住房条件的迅速改善。城镇居民人均住房建筑面积从房改前的 17 平方米提高到 2018 年的 39 平方米，户均一套住房。

对于房地产行业的未来，他说，房地产市场发展要注重供给侧结构性改革，着力解决人民日益增长的美好生活需要与不平衡不充分发展之间的矛盾。在管理上需要各地精准施政，更要有改革创新精神。

同时，要提倡"租购并举"，加快发展住房租赁市场特别是长期租赁，这就需要相关配套政策扶持；要用"共有产权房"降低购房门槛，让"夹心层居民"早日实现购房梦想，就需要政府减少一些当期地价收入，而把部分地价转为房屋产权；要加快推进农村集体建设用地改革，其中需要改革的方面更多；要通过建设"美丽乡村"把城市房地产投资与城市购买力引入农村，让乡里农民可以共享改革发展的成果，更要在试点突破与修改法律法规上有所作为。

写在前面

他大视野，大格局，坚持"民生为本、产业报国"，为给老百姓创造美好生活不懈努力，带领恒大在短短 23 年里跃居世界 500 强第 138 位，成为中国民营企业腾飞的缩影。

他大战略，大手笔，瞄准"核心技术世界领先，产品品质世界一流"的发展定位，整合世界顶尖资源打造全产业链，吹响中国新能源汽车集结号，助力中国从汽车大国迈向汽车强国。

他大胸怀，大境界，累计纳税超 2300 亿元蝉联行业"纳税王"，累计捐赠 146 亿元，四获"中国首善"，整市帮扶贵州毕节助 100 多万人脱贫，生动诠释了新时代中国民营企业家的责任和担当。

他，就是恒大集团董事局主席许家印。

▲ 恒大集团董事局主席许家印

"中国首善"的战略、格局与胸怀

曾冬梅／文

改革开放 40 多年，也是中国民营经济蓬勃发展的 40 多年。从 2019 年《财富》世界 500 强来看，中国民企上榜数量和排名稳步提升，从 2010 年的仅 1 家增加到今年的 39 家。其中，以恒大"三级跳"表现尤为抢眼，从 2016 年首次入榜位列 496 位，到今年跃升至 138 位，平均每 3 天赶超一家世界 500 强。

如果再将时间轴拉长，会发现恒大从无到有、从小到大、由弱变强的发展历程，可以看作是中国民营企业腾飞的缩影。

在掌舵人许家印的带领下，恒大经过 23 年健康快速发展，从只有七八个人的小公司，发展成为总资产 1.88 万亿元、年销售规模超 6000 亿元、员工 14 万人的世界 500 强企业。

23 年跨越发展成为中国民营企业腾飞缩影

1996 年，恒大在广州成立，当时是一家只有七八名员工、没有资源、没有背景的小公司，许家印选择了"小面积、低价格与低成本"的竞争战略，使得恒大开发的第一个楼盘金碧花园在两个小时内被抢购一空，收获了企业起步发展的第一桶金。之后，恒大继续坚持这种策略，迅速打开市

▲ 1997 年，金碧花园奠基，恒大集团正式进军房地产

场，做大规模，从 2000 多家房地产企业中脱颖而出，到 1999 年底跻身广州 10 强。

2003 年开始，恒大实施紧密型集团化管理模式，采用统一规划、统一招标、统一采购、统一配送的标准化运营模式，确立了全精装修交楼的民生地产定位。2004 年 5 月，恒大砸掉金碧世纪花园耗资千万元但不符合精品标准的中心园林，开始实施精品战略，不断实现产品升级换代。

现在看来，恒大在 1996 年进入房地产初期与 2004 年为全国扩张做准备的不同阶段，采取了两种截然不同的战略选择，许家印开始初步展示出其在战略上的敏锐与果敢。创建初期以"小面积、低价格与低成本"为核心战略，这是由恒大初创时的客观条件决定的，作为从零开始的企业，只有通过这种短平快的产品才能迅速打开市场、做大规模，完成企业发展最

▲ 2009 年，恒大集团成功在香港上市

基本的积累。而要拓展全国，恒大首先就要确保产品品质，许家印没有画地为牢，而是大刀阔斧进行自我变革，做出打造精品的战略决策。

在完成精品战略转型后，2006 年恒大正式开启全国扩张战略，拓展全国、迈向国际，并成功引进淡马锡、德意志银行、美银美林等国际战略投资者，成为中国房地产企业迈向国际的标杆。

2007 年起，许家印带领恒大开始了大跨越、大发展之路。2007 年，恒大做出上市的重大决策，并于 2009 年在香港成功上市，为恒大发展提供了强劲的动力。上市后，许家印再接再厉，到 2012 年带领恒大实现 923 亿元的销售额，无论是进入城市、项目数量、土地储备、在建面积、销售面积、竣工面积，还是利润等重要经济指标均进入行业三甲。到 2016 年，恒大跻身世界 500 强，并成为世界销售第一房企。

就在外界期待许家印接下来会带领恒大集团以最短时间冲刺万亿目标

时，许家印却敏锐地捕捉到中国经济去杠杆化的趋势，并在 2017 年年初的年度会议上，首次提出要从"规模型"向"规模＋效益型"战略转变，经营模式上从原来的高负债、高杠杆、高周转、低成本的"三高一低"，转向低负债、低杠杆、低成本、高周转的"三低一高"模式。2018 年进一步实施"新恒大、新起点、新战略、新蓝图"战略。"新恒大"亮相一年后，在2019 年 3 月交出有史以来最佳全年业绩：总资产 1.88 万亿元，销售额 5513亿元，核心净利润 783.2 亿元，净利润 722.1 亿元，实现了高质量增长。

恒大 23 年跨越式发展的背后，是许家印在战略、运营、组织等方面的教科书式管理方法论：战略上，永远保持着持续向上的战略进取心与宏大的战略格局；运营管理上，深入细节，注重实效，设计了目标计划管理、紧密型的集团管理与标准化管理三者精妙协同的系统管理体系；组织构建上，将人才、文化与制度的力量发挥到极致……许家印为恒大建立的特色经营管理模式和完善管理体系，是恒大健康快速发展的关键所在。

多元驱动换道超车再造"新恒大"

纵观美国通用、韩国三星、德国西门子等老牌世界 500 强企业，无一不采用多元化发展战略，意在通过多产业协同，推动整体高速增长，巩固领先地位。

恒大在提质增效、实现高质量发展的同时，也完成了以民生地产为基础，文化旅游、健康养生为两翼，新能源汽车为龙头的产业布局。秉承民生为本、产业报国理念，恒大地产板块实施"无理由退房"和"全精装修交楼"，为老百姓提供高品质、高性价比的精品住宅；新能源汽车板块助力国家节能环保和生态文明建设，助力汽车强国；文化旅游板块满足人们对美好幸福生活的向往；健康板块为老百姓提供全方位全龄化健康养生养老服务，以全民健康促进全面小康。

进军新能源汽车产业，更是成为恒大打造百年老店的重大战略决策。

▲ 2019 年 7 月，恒大与德国 hofer 成立合资公司

通过国际并购与技术合作，恒大完成了整车研发制造、动力电池、电机电控、智慧充电、汽车销售等全产业链布局：已获得有 75 年历史的瑞典萨博汽车核心技术，与世界顶级豪车制造商科尼赛克组建合资公司，获得强大的超级豪华整车研发制造能力；具备新能源汽车整车生产、销售资质，拥有瑞典研发生产基地和天津、广州、上海等多个生产基地；获得日本顶尖动力电池技术；与汽车动力工程领域国际龙头德国 hofer 成立合资公司，拥有了世界最先进的三合一动力总成核心技术和世界最高水准的研发制造能力；全面掌握商用车和乘用车领域的世界最先进的轮毂电机技术；入股广汇集团，拥有世界最大汽车销售渠道；与国家电网成立合资公司，聚焦社区停车库车位的智慧充电服务，破解新能源汽车充电难问题，助力国家能源战略。

当前，新能源汽车是汽车行业发展的方向，越来越多的企业"慕名而来"，然而能够脱颖而出的只有少数，许家印自然不会错过这个风口。通过买买买和技术合作，恒大新能源汽车已兼具完整产业链和多项高科技优势，成为行业的领跑者。值得一提的是，国能 93 车型整车量产下线，标志着除了在瑞典特罗尔海坦，恒大于国内的生产线也已具备了大规模量产的能力。公司还先后与广州、沈阳签署战略合作协议，进一步增强新能源汽车的技术及量产优势。

许家印曾多次在内部会议强调，恒大新能源汽车的发展定位，就是核心技术必须世界领先、产品品质必须世界一流，发展目标是力争用3~5年时间，成为世界规模最大、实力最强的新能源汽车集团，助力中国从汽车大国迈向汽车强国。

根据权威数据预测，到2025年我国新能源汽车销量将超过600万辆，市场规模超10万亿元。背靠潜力如此巨大的市场，加上行业绝对领先的优势，恒大的增长空间无限广阔，极有可能凭借新产业实现换道超车，再造一个世界500强。

捐赠 146 亿元四度获评"中国首善"

中国经济的持续向好，中国民营经济的蓬勃发展，推动中国民营企业家履行社会责任的意识不断觉醒和增强，许家印更是其中的佼佼者。2019年7月，《福布斯》发布2019中国慈善榜，许家印以40.7亿元的现金捐赠金额蝉联榜首。这是许家印继2012年、2013年、2018年后，第四次成为"中国首善"。

"穷则独善其身，达则兼济天下。"对于许家印来说，回报社会是一种责任，更是初心。许家印一直强调，企业一方面要做好自身的经营、管理和发展，多解决就业、多缴税、多创造社会财富；另一方面要饮水思源、回报社会，积极承担社会责任，投身慈善公益和脱贫攻坚。统计显示，创业23年来，许家印带领恒大已累计贡献税收超2300亿元，累计为民生、扶贫、教育、环保、体育等慈善公益事业捐款100余次超146亿元，为积累社会财富、创造就业岗位、促进经济社会发展作出了应有贡献。

其中，许家印把大部分的精力都倾注到精准扶贫上，这与他的成长经历不无关系。"对于贫困，我是有深刻体会的。"许家印出生在豫东一个最穷的地方，1岁零3个月的时候，母亲得病，没钱也没地方看病，就这么走了。从此，他就成了半个孤儿。从小吃地瓜、地瓜面长大，铺的、穿的、盖的补丁摞补丁。读小学时，在村里几间不遮风、不挡雨的破草房里面，雨天外面下大雨，里面下小雨。

上中学时，离家比较远，每星期背着一筐地瓜、地瓜面做的黑窝头，还有一小瓶盐。一日三餐，每餐吃一个地瓜、一个窝头，喝一碗盐水。夏天天热，黑窝头半天就长毛了，洗一洗继续吃……每次回顾自身贫困经历和成长历程，许家印都对党、国家、社会给予的帮助充满感恩："没有国家的恢复高考政策，我就离不开农村；没有国家每个月给我14块的助学金，我就读不完大学；没有国家改革开放的好政策，就没有恒大的今天。我一定要饮水思源，回报社会，一定要积极承担社会责任，一定要多帮助那些需要帮助的人。"

在全国政协的鼓励支持下，恒大从2015年12月开始结对帮扶贵州省毕节市，投入110亿元，选派2108人的扶贫团队常驻乌蒙山区。通过牢牢抓住精准扶贫的"牛鼻子"——产业扶贫、搬迁扶贫和就业扶贫，到2020年要帮扶全市103万贫困人口全部稳定脱贫。

恒大结对帮扶毕节3年多来，许家印先后6次前往毕节，从谋划扶贫方案、制定扶贫措施到检查扶贫进度，亲历、亲见、亲闻扶贫一线的各个重要节点。在许家印的带领下，恒大已捐赠到位70亿元，已协助毕节各级党委政府帮扶58.59万人初步脱贫，已助力大方县、黔西县成功脱贫摘帽。到2020年，恒大还要协助毕节各级政府帮扶44.41万人稳定脱贫。

恒大还复制、推广帮扶毕节的经验，积极参与广东、河南、陕西等多地脱贫工作。具体包括：为广东"扶贫济困日"活动捐赠约30亿元，累计为广东各项公益慈善事业捐赠约38亿元；已向河南省周口市捐赠16.5亿元，实施产业、教育、保障扶贫，兴建学校、医院和产业园区等，提升当地中小学教育及医疗水平；投入10亿元帮扶河南兰考县做大做强家居产业，巩固脱贫成果；向陕西省捐赠10亿元，实施教育扶贫，为教育基础设施紧

▲ 2018 年 9 月 13 日，恒大集团董事局主席许家印在第十届"中华慈善奖"表彰大会上作代表发言

缺的贫困县和重点区域捐建 32 所小学和幼儿园，阻断贫穷的代际传递。

许家印的善举获得了社会广泛认可，除多年获评《福布斯》"中国首善"外，许家印还荣获"改革开放 40 年百名杰出民营企业家""全国脱贫攻坚奖""全国劳动模范""优秀中国特色社会主义事业建设者"等多项国家荣誉，并连续 8 届荣获中国慈善领域的国家最高奖"中华慈善奖"。

2018 年 10 月 24 日，在"改革开放 40 年百名杰出民营企业家"发布会上，全国工商联党组副书记、副主席樊友山评价称，许家印等杰出民营企业家在我国民营经济发展过程中具有标志性意义，他们爱国敬业、守法经营、创业创新、回报社会，具有良好的道德品行和社会形象，社会影响广泛、示范作用突出。

"只有富有爱心的财富才是真正有意义的财富，只有积极承担社会责任的企业才是最有竞争力和生命力的企业。"《福布斯》杂志在报告中称，随着中国经济和社会的不断发展进步，越来越多的企业像恒大那样，其目标不再只局限于营收和利润，更关注并践行着公益慈善与社会责任。伴随慈善制度的日趋规范、专业化团队的积极推动，中国慈善事业将翻开崭新的篇章。

写在前面

生命无论长短，激情和好奇心很重要。站在整个人生角度，管理企业与登山不无关系，同样需要坚忍的意志和不懈的精神，而登山，更如人生一样，虽时常遭遇无常，但只要坚持初心和登顶的方向，终会成功。登山是人生的浓缩。曾经因为做企业而有机会登山，而我仍需要不断继续攀登一座峰，就是每个人心中的那座挑战自我的山峰。

▲ 万科创始人王石

王石：大道当然　以梦为马

方圆 / 文

过往的美好时代属于房地产。在行业群星闪耀的企业家中，万科创始人王石是那颗最亮的星星。随着那场记入中国商业史册的宝万之争落幕，他选择了淡出一手创办的企业。

然而，这个拥有传奇色彩的地产人从不曾远去。2019 年 8 月 18 日，王石现身 2019 亚布力论坛夏季高峰会，开场调侃了一天前柳传志号召青年企业家血脉偾张的演讲，自嘲年纪大了血管有点硬化，偾张也要有节度。

这样的表态显然与大众熟知的形象大相径庭。过往的王石无疑归属血脉偾张之列，之前他为自己生命意志的张扬而自豪，某种程度上带着某些炫耀的色彩。

如今他感兴趣的是演讲的水平和节奏，评价柳传志的发言节奏把握得非常好。这个曾经颇怵舞台、不善表达的地产大佬，对演讲的驾驭已然游刃有余且颇为享受。

稍早些的 2019 年 1 月 9 日，王石在深圳保利剧院发起了一场"回归未来　感恩时代"的跨年演讲。除了领衔演讲秀，王石还与嘉宾郭台铭、马蔚华、冯仑、俞敏洪、姚明、郎朗等进行互动，从不同视角讲述改革开放带来的光荣与梦想。这给好奇者增添了一个全新的观察视角。

他说，自己情商并不高，但一大优点是能够看到别人的长处。改革开

放 40 年我们积累了相当的智慧，足以构建对于未来的想象力。展望未来，尽管依然会历经风雨，但中国模式的企业终将崛起，影响世界。

相比这场宛如一个时代协奏曲的演讲，一年前的跨年演讲则是王石的独角戏。2018 年 1 月 23 日，他在水立方以"回归未来"为主题，从家庭与亲情、认知自己、创业生死、企业家精神和百战归来再读书等方面分享生命的起源，反思人生应该更多去表达爱，如何才能把自己看得更清楚，这将对每个人的生活产生影响。

他说，为此次演讲，自己准备了 30 年。

激荡岁月的里程碑

时针转回 30 年前的 1988 年——王石准备演讲的起点。他身上发生了两件大事。第一件是 1988 年 11 月 18 日，创立 4 年的万科参加了深圳威登别墅地块的拍卖，最终以 2000 万元竞标价胜出，楼面价大大超出周边售价。时任深圳市规划国土资源局局长刘佳胜质问王石：怎么出这么高的价格？不是在瞎胡闹吗？

在此一年前的 1987 年 12 月 1 日，深圳举行了新中国土地第一拍。一个月后，广东省人大通过《深圳经济特区土地管理条例》，规定土地使用权可以有偿出让、转让。王石关注到了这一变化，意识到土地制度的松动是一个机会，新的产业或将崛起。

王石承认拍的威登别墅地块是一张昂贵的入场券，但在行动上绝不收敛。一个月后，万科又与深圳市宝安县新安镇合作，投资固戍村皇岗岭万科工业区。

第二件是那一年万科进行了股权改造，由国营公司向市场经济转化，企业内部制度和核心动力发生了转变。"如何界定产权，创业者贡献怎么算？基于牌照是国家的，虽然它没有投资，也没有担保一分钱，最后形成国家股 60%、企业股 40% 的混合制。"王石事后回忆。

"作为独一的创始人，本来 40% 应该全归我，或者说至少占大头。但红头文件下来第二天，我非常明确宣布放弃，其他人哪还好意思要，后来这些股权被简单处理，作为种子基金投到万科的公益基金里。"

放弃股权的理由是，在中国名利只能取其一，王石更看重名，所以舍弃利。"我的志愿不是当所有者，而是管理者。"他仅拿出两万块钱存款买

▲ 1988 年万科股票首期发行新闻发布会

了一点股票。

1988 年 11 月 21 日，万科的股份化改造方案获得深圳市政府批准，发行了中国第一份《招股通函》，公开募集社会资金 2800 万元，由此成为最早完成股份化，以及率先上市的地产公司。

这次敢为人先的股份化改造，不仅让万科摆脱了上司"深特发"的控制，而且避免了许多民营企业创始合伙人之间的冲突和震荡，养成了系统的职业经理人文化。此外，还扩大了资金规模，为未来的成长奠定了坚实的基础。

行业标杆是如何炼成的?

从 1988 年年底投标买地开始,万科正式开启了地产经营的新纪元,随后王石对房地产行业一系列触及灵魂的影响事件依次上演。

万科在成长中绝不缺乏风浪。20 世纪 90 年代初,雄心勃勃的万科进入第一轮自发式的急速扩张,尤其是 1991 年确定"综合商社"发展模式,实施多元化和跨地域经营战略,触角延伸到了地产、零售、证券、工业、文化。1991 年,万科的营业额和利润分别达到 3.5 亿元和 0.3 亿元。

面对日益庞杂的"万科系",年轻的王石一度认为自己无所不能。他曾有过描述,"中国的改革开放给企业许多盈利空间,掩盖了企业的试错损失"。

1992 年,邓小平发表南方谈话。随后的 11 月 4 日国务院发布《关于发展房地产若干问题的通知》,明确指出房地产业是一个新兴产业,将成为国民经济发展的支柱产业之一。在文件精神的刺激下,房地产市场急速膨胀。万科确立了以房地产为核心业务的发展战略,把握住了机遇,广泛出击,投资遍及华南、长江三角洲,以及渤海三大经济圈的 13 个城市。

客观来说,万科之所以能实现第一轮扩张,与其率先在 1991 年发行 A 股、1993 年发行 B 股以及增资扩股等密切相关,为其他房企无法比拟。

多元化的弊端开始暴露。截至 1994 年底,万科已然拥有 24 家子公司,涉及房地产开发、物业管理、商业贸易、咨询服务、影视文化、饮料及食品生产、广告经营、印刷品设计、电分制版等若干行业。"多元化是原来的正确道路突然发生裂变的正常反应。"王石说。这也是一个创业之初没有经过工商管理科班训练的企业家,在行业选择上所必须走过的"弯路"。

给多元化"踩刹车"的转折点出现在 1993 年的上海务虚会上。背景是,1993 年 4 月 1 日以来,中央提出了"防止经济过热"的警告,一系列加强和改善宏观调控的措施先后出台,房地产行业也感觉到寒流的到来。万科提出了放弃综合商社的发展目标,确定了城市居民住宅开发为主导业务,并提出加速资本积累,形成专业化和规模化经营的发展方针。

  及至 1994 年一场"看不见硝烟的斗争"，王石被逼着下决心走专业化的道路。当年 3 月的一天，彼时国内最大证券公司君安证券掌门人张国庆去办公室看望王石，仅仅待了 5 分钟，他扭头就走了，只留下一句"我要对你投不信任票"。

  离开之后的张国庆写了一封《告万科全体股东书》，发起召开股东会，联合 4 家股东要求王石下台，理由是王石搞多元化经营，股东不知道万科是做什么的。

  "君万风波"是第一次有股东对一家上市公司的经营提出异议。侥幸过关之后，王石开始对主营业务进行了认真细致的思考，下定决心做专业化，对非核心企业关、停、并、转。这就是万科历史上著名的"减法理论"。

那些在日后创造辉煌的人从一开始就展现出专注和坚毅的个性。从1994年起，万科开始分期转让在全国30多家企业持有的股份。当时王石甩卖了很多资产，最后实际上主要剩下了两家：万佳超市和万科地产。举棋不定的王石在办公室拿了一张白纸，把能够想起来的公司里的人才，随意地写了满满一张纸。最后他惊讶地发现，原来他认为优秀的人才80%都在万科。决定在这一刻做出，王石毫不犹豫选择卖掉年销售额十几亿元的万佳超市。

万科的收缩与调整一直延续到2001年。变化在于，一是从多元化经营向专营房地产集中；二是从多品种经营向住宅集中；三是投放的资源由13个城市向北京、深圳、上海和天津集中。也就是说，万科走的不仅是经营领域的专业化，也是地域专业化战略之路。通过做"减法"，万科不仅成功度过了宏观调控带来的紧缩时期，更为今后的发展打下了坚实的基础。

2000年8月10日，万科获得华润配股融资6.25亿元，华润代替深特发成为万科第一大股东。这个安于扮演万科财务投资者角色的大股东，让管理层拥有充分施展空间。

在背景强大的股东金融支持下，万科又一次进入快速扩张期。短短3年万科先后进入成都、武汉、南京、长春、南昌、佛山、大连等12个城市，营业额跃升到63.8亿元，登上了上市房地产公司第一的宝座。

高度专业化、创造核心竞争力、推动大规模生产、全面提升产品质量与服务，这种清晰的公司战略，使万科在做"减法"的同时却完成了业绩稳步增长的"乘法"。

2004年万科交出了一份出色的成绩单，业务增长近80%，单一公司产量已交付117万平方米，位居世界前茅，营业额在国内房企夺冠。"房地产界思想家"冯仑写了一篇《学习万科好榜样》的文章，不吝溢美之词："今天看到一个优秀和正走向伟大的万科。"

这一年，王石提出了明确的扩张战略：由专业化到精细化，实现有质量的增长。也就是说，不仅要加快扩张的步伐，做大规模，还要提高资金的回报率。

这个定位为中国住宅行业领跑者的企业，开始引领行业发展的方向，全方位走到了行业发展的前沿。

此后的万科在规模上高歌猛进，只用了 3 年就做到了 500 亿元销售额。及至 2010 年，销售额首次突破千亿元的万科冠盖全行业，成为整个商界的巨无霸企业。

地产第一品牌的内在和外延

规模上的领先让万科成为房地产行业的老大，这是外在的面子；价值体系的确立和企业文化的积淀，塑造了万科个性清晰且内涵深厚的品牌，这是内在的里子。

王石性格里有不一样的洒脱、坚毅与抱负。与 1988 年股份制改造放弃股权一脉相承，从最开始的赚钱，慢慢过渡到做一家企业，最终奔向做一份优秀的事业。这一切被记录在如今万科深圳大梅沙总部一个近 200 平方米的展厅内。

位于深圳市黄贝路口的天景花园是万科第一个住宅项目。这个占地面积 1.2 万平方米、建筑面积 2.09 万平方米的项目一开始就进行得颇为坎坷，据说造样板房的 100 万元是向铁路支行借来的救济款，地块开发初始资金是从茶馆里找来的。最大的困难在于楼面地价已超过 2800 元／平方米，而周边房价仅为 1800 元／平方米……

为了把天景花园打造成为精品社区，1989 年初，万科派出冯佳任团长的香港物业考察团，到香港主要的任务是偷师香港的房地产经验。

在天景花园项目上，万科做了许多个堪称国内首创的模式。比如在项目工地现场建起了内地楼市最早的一套样板房；在工地导入了 VI 系统，是内地第一个进行工地包装的楼盘；完整借用华侨城旅游区的规划概念，宣告了国内小区概念规划的诞生。

此外，急于把项目快速地以理想价格售出的万科在1989年7月22日的香港《文汇报》打了一版广告，新中国成立以后内地第一本楼书应运而生。

更重要的是，初涉房地产的万科借鉴SONY的客户服务理念，在天景花园提出以"优质服务"为突破口，同时，天景花园还诞生了国内第一个业主委员会。这意味着王石已经开始构建企业价值观，直接影响到万科未来发展过程中的品牌形成和发展。在国内房地产公司中，万科是第一个将自己的品牌作为一整套体系来宣传和推广。

从全国首创物业管理概念而响彻全国，到全国第一个业主委员会的成立，万客会的诞生，到后来"建筑无限生活"品牌理念的提出，万科的企业价值理念得到切实的行为化，深入员工的内心，引发他们相应的行动，形成了具有强大力量的企业文化。

据称，万科的工作牌后面有个小卡片，上面印着万科的核心价值观：客户是我们永远的伙伴；人才是万科的资本；阳光照亮的体制；持续增长。这种价值观和文化，甚至成为万科产品的特色包装和特有的品牌价值。

确立企业价值理念、企业文化的积累、品牌的构建等软力量打造，使得万科如鹤立鸡群般站到了房地产企业难以企及的高度。

当然，这依赖于创始人王石，不仅以其个人价值观念构建起万科的企业核心价值观念，同时也通过个人的不懈努力推动品牌塑造和外部传播。

1998年，因为疾病之扰，王石制订了自己的登山计划，此后一发不可收，王石用文化的双脚走中国成为媒体关注的焦点，开创了一种逐渐广为金领阶层推崇的健康而富有品位的生活方式。

2001年6月，王石成了摩托罗拉A6288手机的形象代言人，媒体竞相报道，人人都惊愕不已。王石为中国移动全球通代言的广告在央视热播，同样令人惊羡。诸如此类广告、个人事件营销等在王石身上屡屡呈现，而王石在公众场合的每一次亮相都不同程度地演变为万科品牌的"路演"，媒体在像追星族一般追逐王石时都自觉不自觉地成了万科的义务宣传员。

王石的所作所为无形中丰富了万科的品牌内涵，并将万科品牌推向了新的高度。

一块特立独行的顽石

关于王石的特立独行，业内充斥着各种传说。王石曾在湖畔大学的演讲中将自己定位为"顽石"——一块有棱角的石头，有坚持的目标与原则。

他总结自己不断奋斗的两大动力源泉是自卑和自私。自小非常喜欢体育的王石尝试过各种球类和田径项目，都找不到感觉，这让他一直有自卑心态，也不服气，一直在寻找比较优势，成为个人与事业不断前进的一种动力。

在王石的别样解读中，不仅是自卑，自私也是一种前进的动力。1983年，已经在广州外经委做到副科长的王石决定辞去令人羡慕的工作，私心在于再往上升职完全是听天由命，几乎看到了这一辈子的尽头。不安于现状的他只身来到了深圳，要换一种活法，按照自己的愿望和想法，实现个人的野心和追求。

对于外界津津乐道于王石的独特，包括"不行贿""利润超过25%的项目不做""在年富力强时退位"(选择放手一线事务去发展个人兴趣爱好)，却被王石总结为成就事业的三条标准线，一度被解读为哗众取宠，却一鸣惊人，给王石增添了更多话题和传奇色彩。

在房地产行业钱权交织的灰暗背景下，"不行贿"无疑是石破天惊的说法。很多年以后，罗振宇见到王石提的第一个问题就是：都说你不行贿，这是真的吗？一个地产公司说不行贿，说破天我都不信。王石反问："我为了实现自我，为了有尊严，来到深圳创业，为什么要为了挣钱而失去自我呢？"

他将不行贿总结为底线。一句相对中肯的评价说，王石是一个"被逼

出来的圣人"，与其说是他感性选择的结果，不如说是他对长远的商业利益精明计算的结果。

客观地说，基于"不行贿"的阳光照亮的制度设计，万科不能靠拿地或者其他非市场因素来赚钱，只能专注于挖掘专业能力，打磨产品，做好服务，反面促动万科成为产品设计和研发的标杆。

从 1992 年开始，万科不做超过利润 25% 的项目。这同样是一句天方夜谭式的爆语。当时房地产行业流行的一个说法是，如果有一块地和别人合作，低于 40% 的利润基本没人考虑。

王石将之总结为做事业的中线。"超过 25% 怎么来的？凡是带有投机性的项目都不要做，要考虑长远发展。"他以当年万科做摄录像机举例，分析 8 年间做摄录像设备的整体财务状况，结果是惊人的赤字。"市场是非常公平的，原来超额利润怎么挣回来的，市场会全要回去，还会惩罚你。"

1999 年王石辞去公司总经理一职，仅保留董事长一职，在年富力强时选择放手一线事务，主动退出了万科的经营核心。在王石看来，在企业家很能干、头脑很清楚的时候要适当地让位，适当地让步，让年轻人去做下一代接班人，这是成就事业的高线。

"我曾经说过万科只做住宅，但如今的万科已经不纯做住宅，定位是城乡建设与生活服务商。这是郁亮带领的团队探索的路线，我是被动认可的，但我接受改变方向。"王石说。

在辞去总经理的一年前，王石受到时任国务院总理朱镕基的接见，他对房地产的市场走势和看法得到了最高层的充分肯定，无疑让王石光环加身。

之后的王石开始频频为行业代言，发起中城联盟，并被推举为首任轮值主席。2000 年 6 月，王石发起组织"新住宅论坛"上海大会，倡导和推动"新住宅运动"。

超脱于个体企业之外，致力于重建行业秩序和公信力，这让王石的一言一行成了行业表率，在房地产行业一度让人高山仰止。

是非人生：厚度与宽度

在地产行业的发展过程中，王石当仁不让成了主角。在地产之外，他的经历更堪称"开挂"，个人才艺涵盖登山、帆船、赛艇、拍广告，等等。

常人看来不可逾越的藩篱，却被王石视为需要拥抱的挑战。1999 年到 2004 年，从非洲到亚洲，从乞力马扎罗到珠穆朗玛峰，王石在短短 5 年里完成了对世界 7 大洲最高峰的攀登，似乎已没有他征服不了的高度。

一位明星企业家背起行囊，用双脚一步步去丈量各大洲的高峰，探索未知领域，在当时是一种很酷的行为。特别是 2003 年，王石以创纪录的52 岁高龄登上珠峰，被认为是将企业家领袖精神诠释到了极致，偶像就这样诞生了。

然而身处舆论的焦点，享受镁光灯的照耀，收获的不只是掌声和鲜花。一言一行的不当都会被放在放大镜下，接受口水和笔墨的讨伐。

王石第一次被声讨是"拐点论"。2007 年 12 月 13 日，王石在清华大学国际交流中心参加"中英低收入人群住房解决方案比较研究"新闻发布会，有记者问："楼市拐点是否出现了？"王石回应认可关于"拐点论"的说法。

直率的大白于天下之词，一石激起千重浪。最初只是王石对市场状况的研判，"拐点论"却在很长时间内成为各大媒体、街头巷尾的议论热点，甚至掀起市场的狂风巨浪。

提出"拐点论"之后，万科在上海、深圳、成都等地拉开了降价帷幕。这让王石背负了"行业叛徒"的骂名。因为降价，万科在杭州的售楼处被业主砸了。更大的压力来自各地政府。2008 年 5 月，某城市召集开发商开会，万科当地公司不在受邀行列；会议内容可以用 8 个字概括：不许降价，远离万科。

"同行的猜忌可以理解，地方政府的不情愿也可以理解，但是'远离万科'的说法令人担忧。"王石说。

更大的风波紧随其后。2008 年 5 月，万科为四川地震灾区捐款 200 万元。王石做出"万科捐出 200 万是合适的，普通员工限捐 10 元，不要让慈善成为负担"的表态引发了铺天盖地的质疑、不满、嘲讽、谩骂。迫于舆论压力，王石公开做了道歉。

实际上，王石骨子里不认为自己有什么不对。后来他在一次演讲中将此事称为至暗时刻，"对我来讲，2000 年之后各方面一直比较顺利，个人登上珠峰，企业也名气越来越大，感觉挺不错的，但 2008 年一下子归零了"。

此前一直享受着名和利的王石，57 年的人生进入了一个向内思考的阶段。

从神坛上跌落的王石此后沉寂了很久。尽管万科的发展一如既往的迅猛。2010 年 12 月，王石在万科中心一次青年创业学员的演讲中透露未来 3 年赴欧美游学的计划。2011 年，在千亿万科未来如何发展的喧嚣讨论中，王石奔赴哈佛求学。

"我只是完成'万科'这件作品的其中一人，不会把它当成我的儿子。能力尽到了，任务完成了，虽然有感情，还是要走的。"王石说。

尽管日益淡出具体的公司事务，王石仍旧是万科的精神领袖，影响超出时间和空间的跨度。2013年11月，全球最具影响力50大商业思想家榜单第一次出现了中国人的面孔，王石赫然在目。

两年之后，游离于万科之外的王石被拉了回来。一场股灾让资本市场价值被严重低估的万科成为宝能掌门人姚振华觊觎的猎物。宝能系利用前海人寿建仓万科，拉开了一场叠加使用保险资金和高杠杆资金控制目标上市公司的创新冒险。

在多次举牌之后，截至2015年12月11日，宝能系持有万科股份的比例达到了22.45%，坐上了第一大股东的位置。这让万科长久固守的利益格局被解构，命运走向未知。

6天后，王石在万科北京公司发表了一场内部讲话，陈述了自己与"宝能系"掌舵者姚振华一次私密的深夜会面，他描述称自己当面告知对方"你的信用不够"，"万科的管理团队不欢迎你这样的人当大股东"。这种僵硬、不留情面的反击将万科股权之争推向舆论焦点，被外界视作引爆危机的导火索。

围绕万科控股权的争夺，一度硝烟弥漫，好戏连台。宝能提请罢免万科全部董事；华润派驻董事举报万科管理层程序违规，并投票反对引进深圳地铁的"土地换股权"；中国恒大横插一脚中途杀入……

宝万之争的终局是，2017年1月12日和6月9日，华润和恒大先后将持有的万科股权协议转让给深圳地铁，将其推上了万科第一大股东的宝座，表态欢迎深圳地铁的宝能选择逐步退出。

2017年6月21日上午，王石在朋友圈中发表谢幕词：今天我把接力棒交给郁亮带领下的团队，我相信这是最好的时候。王石的名字没有出现在万科新一届董事会候选名单中。

如今解甲归田的王石徜徉在游学和赛艇中，时不时以演讲的方式回归。细心者可以从他的演讲中窥见一丝变化：前期蹦出来的往往是梦想和伟大这样的词语，后来逐渐增加的是挑战各种可能性，追求生命厚度和灵魂深度的话语，如今则能读出更多智者的平和、豁达和淡泊。

写在前面

他，开启万科新时代，在进入万科的第20个年头，提前将这家企业带入千亿元轨道，并引领万科在战略上持续领先。

他，首次提出地产"白银时代"，被行业认可并成为共识，并顺应时代变化，在内部推行"战略、机制、文化、组织、人"的"五位一体"变革，创新实践事业合伙人制度，率领万科转型为"城乡建设与生活服务商"，与城市同步发展，与客户同步发展。

他，是行业的乐跑者，坚持"健康丰盛"的企业文化，发起和推广城市乐跑赛，助力全民快乐运动的普及。

▲ 万科集团董事会主席郁亮

探索者郁亮

翁晓琳 / 文

没有出席 2019 年半年报发布会的万科企业股份有限公司（以下简称万科）董事会主席郁亮，8 月 30 日在 2019 世界人工智能大会亮相了。一家主业是地产的企业出现在科技型大会上，外人看着有些怪异，实际上这是万科与战略合作伙伴微软共同发起设立以未来城市为主题的"万科未来城市实验室"。

郁亮在 2019 年 3 月曾表示，万科转型的标杆之一是微软，因为微软探索转型的过程值得学习。万科作为危机感驱动的公司，在探索未来城市的路途上又走出了创新一步。

从 2012 年开始，万科在住宅开发和物业的基础上，开始探索租赁住宅、物流、商业、冰雪度假等领域。2018 年实现营业收入 2976.8 亿元，同比增长 22.6%；2019 年上半年公司实现营业收入 1393.2 亿元，同比增长 31.5%，创下历史新高。

25 岁就进入万科的郁亮，将生命中一半的时间、最宝贵的青春岁月奉献给这家公司，一直以坚韧、内敛、严谨、激情率领着万科不停攀登着一座又一座高峰。

36 岁的总经理

2001 年，36 岁的郁亮成为万科总经理。王石选郁亮因他是一个厚重、沉稳、专业、做多说少的人。

早年创业时，王石就因为挑剔和脾气大被员工称为"王老虎"，往往会因为言辞激烈，让员工压抑得喘不过气来，更有甚者还会紧张到双腿颤抖。但这样的一个人，却从来没有骂过郁亮。

郁亮早年时候就定了一个原则："第一不做不说，第二做多可以不说或者是少说，但是绝不可以说多做少。"

来万科之前，郁亮曾在深圳外贸集团公司工作，当时他的同学在万科，因此把他引荐给王石。当时郁亮带着一份"商业连锁模式建议书"到万科面试，并成为公司最老的一批员工。

郁亮遇到了愿意仔细看他商业建议书的王石，如同千里马遇到伯乐一样。郁亮在万科的第一份工作是证券和投资部门。

1992 年，万科拓展房地产项目的节奏加快，对资金的需要也更加急迫。郁亮在万科发行 B 股的准备工作中显示出了掌控、处理复杂事情的能力，被提拔为财务公司总经理，开始崭露头角。

1994 年 3 月的"君万之争"，以王石为首的创业团队，面临危机，郁亮承担着争取关键股东海南证券的公开支持的重任，并在万科申请继续停牌无果的同时，北上证监会获得了停牌许可。

郁亮在这场生死存亡之际表现出的淡定沉稳，使他 29 岁就被提名担任万科董事。也是这一年，王石开始对公司做"减法"，砍掉了不少业务线，专心运作地产项目。在这期间，郁亮也一直是王石政策坚定的执行者，凭借着出色能力，1996 年成为万科副总经理，2001 年更是接任总经理（总裁）。

▲ 郁亮获选 2012CCTV 中国经济年度人物

从百亿元到千亿元

2001 年，郁亮作为总经理（总裁）正式主持万科工作时，公司地产业务营业收入是 24.49 亿元。当时，郁亮为万科筹划 5 年要做到 100 亿元，10 年做到千亿元的大目标，连王石对此都十分震惊，称之为"年轻人不要浮夸！"

在经营上，郁亮的方法是拆解目标、小步快跑、只赚小钱，不贪图暴利，在公司制度上进行了变革，并在 2003 年推行区域公司管理制度，设立北京、上海、深圳 3 家区域公司。

同时，万科将以往总部、一线公司的两级管理架构调整为战略总部、专业区域、执行一线的三级管理架构，由总部负责的设计、工程、销售等管理职能也被部分下放到区域中心。

2004 年万科销售额突破百亿元目标，此后几乎连年翻番，到 2007 年左右，高涨的扩张情绪在公司上下弥漫。

然而 2008 年，全球金融危机之下，万科经历了首次负增长。公司净利润下降 16.74%。降价门、捐款门、质量门更是使得万科形象一下子跌入了谷底。

在这样的情况下，万科开始反思，"2008 年万科最大的变化就是回到企业经营的两个原点：一个点是客户与市场，一个点是股东与员工"，开始认清目标，规模不再是主要诉求。

所以，"不囤地、不捂盘、不当地王"成了万科经营的"定海神针"；在"宁可错过，绝不拿错"的谨慎投资策略下，万科当时 80% 的项目是通过并购、合作开发完成的。

万科还开始调整产品结构，"做有人住的房子"成为基本策略。万科 90% 以下的房子是 140 平方米以下的，并且在工程质量上有大幅度提高。

为了迅速去库存，万科进行了降价销售，快周转也成了此后的主旋律，当时设定了"5986"原则，即拿到地后 5 个月开工、9 个月开盘、普通住宅要占 80% 以上，开盘后当月销量要达 60%。

2010 年，中央政府出台史上最严厉限购政策，房地产进入漫长严冬，当其他房企因为中高端产品受调控而影响业绩时，凭借着高周转、控拿地、扩资本，万科实现销售面积 897.7 万平方米，销售金额 1081.6 亿元，同比分别增长 35.3% 和 70.5%，成为世界最大住宅开发商。

挑战和创新并存

在突破千亿元规模这一年，郁亮也在自身上下功夫，3 个月时间减掉 25 斤，开始尝试登山。在郁亮的办公区柜子上，至今还摆放着一长排石块，每块石头上都用黑色墨水写着时间、地点和高度——包括四姑娘山、黄河源，这是他每次登山后在峰顶上带回来的石块。

2013 年，经过 3 年计划、层层分解、精心准备、严格的管理，郁亮成功登顶珠峰，并且 2018 年在广州马拉松创造了 3 小时 08 分的个人最好成绩，这已经是国家二级运动员水平。

擅长做细致计划、精确管理的郁亮，将这种优点放在了工作中。在他看来，再难的事情都可以分成很多细项小事，然后一点点实现，没有想象中那么难。"我相信，一切事情只要做好充分的计划和准备，然后一步步去做，就一定能成。"

随着房地产行业进入"白银时代"，郁亮提出了"城市配套服务商"转型（2018 年定位升级为"城乡建设与生活服务商"），即便在"宝万之争"危急时刻，万科依然在租赁住房、物流、商业、冰雪度假、教育、养老等行业努力进行尝试。

但高处不胜寒，对手和其的差距已经越来越小。在这样的情况下，有创新性的郁亮启动了事业合伙人机制探索，其中的一项是持股计划，2014 年为提振股价，近 2500 名万科事业合伙人用递延的集体奖金购买万科股票。

不仅如此，从黑石考察回来后，郁亮还设计了项目跟投制度。项目所在一线公司管理层和该项目管理人员必须跟随公司一起投资项目，其他员

工则可选择自愿参与。

此外，他还设置了根据事件灵活调配合伙人参与工作任务的事件合伙机制。

以共担责任为核心的事业合伙人机制进一步强化了万科事业合伙人团队与股东之间共进退的关系，确保了公司员工和股东利益一致。而项目的经营效果直接和员工的投资收益挂钩，又激发了员工的责任心。这样的制度建设，成为万科持续发展壮大的制度基础。

保持危机感

当 2017 年"宝万之争"阶段性平息时，郁亮从王石手中接过了万科董事会主席的职务。那年的股东大会上，其曾表示自己所面临的压力巨大，因为过去两年的股权纷争，使万科的业务受到影响，市场表现和行业地位

▲ 2019 年万科 35 周年司庆运动会

受到挑战。

2018 年的房地产市场经历深度调整，一些城市土地流拍，楼市成交量下降，房企更名去地产化等现象出现。"房住不炒""租售并举"成了房企常提的字眼。

"危机感"一直是郁亮屡屡提及的词汇，"万科始终是一个如履薄冰、忧患意识特别强的公司，即便是市场最好的时候，我们也充满忧患"。

对于万科来说，2018 年成为调整的一年。9 月，在南方区域月度例会上的讲话中，郁亮首次提到了万科为应对行业变化正在做的四件事：战略检讨、业务梳理、组织重建、事人匹配。并于年底在内部正式提出了"收敛聚焦、巩固提升基本盘"的工作方向。

经过了此前试错期后，对每项业务万科都进行了复盘和反思，明确了每项业务要继续"巩固提升"的基本盘，比如四大区域事业部的房地产开发主业、物业事业部的住区服务等。同时，养老、教育等暂未找到明确商业模式的新业务，暂时转为配套业务。

"活下去"这三个字不仅体现在 2018 年，更是贯穿于 2019 年。"我们在做业务的时候，把问题想得艰苦一些，困难一些，没有什么坏处；如果准备不足反而会出问题。你以为你很强大，以为有反脆弱能力，其实是相当不堪一击。万科说活下去，其实还要活得好、活得久。"郁亮直言。

2019 年是万科成立 35 周年，这家企业蝉联世界 500 强，以郁亮为代表的万科事业合伙人团队显现出了惊人的进取心，将万科塑造成了时代企业的样本之一。

核心观点

一个企业的战略定位一定是基于对时代趋势的判断。大家都知道，我们正处在一个伟大的新时代，既然是新时代，我们就不要再用旧思维去思考。

六七年来，我们的判断没有任何改变，我们对转型艰巨性的认识没有任何改变，但我们的决心同样没有任何改变。

我们不需要在白银时代追问谁是老大的问题，因为黄金时代是一个青春期，青春期里长个子是第一任务，比个子就可以知道青春期好不好。过了青春期再用个子高低去衡量的话，就不合适了。

大家只看到万科"活下去"三个字，但实际上万科对自己说的是"活下去、活得好、活得久"。万科是危机感驱动的公司，而不是危机驱动的公司。

登珠峰看上去是件非常困难的事情，但有了分解动作后是完全可以完成的，所以我把它称为登峰计划而不是登峰梦想。登山与企业管理是互通的。企业领导要时刻保持危机感，把风险管住了，企业自然就好了。

写在前面

　　一个 18 岁前没鞋穿，曾经历难以想象贫穷的中国农民，在 1992 年创办了一家企业，经过 20 多年发展，目前已成为一家世界 500 强企业，最新排名第 177 名。这家民营企业叫"碧桂园"；这位农民，叫"杨国强"。

　　他长期务实低调，但每每都能把握住市场大势，做出非凡的决策、采取卓越的行动。他信奉"既选择前行，当风雨兼程"。现在，他正带领公司朝着高科技综合性的企业的目标进发，进军未来更具竞争力的机器人产业和现代农业。

　　公益扶贫是他最关心、也最舍得投入的事业，迄今累计捐款超过 55 亿元，碧桂园参与精准扶贫已成为中国扶贫经典案例。他的心愿是希望为社会进步、民族复兴做更多的事情。他希望社会因碧桂园的存在而变得更加美好。

▲ 碧桂园集团董事会主席杨国强

最大"农民企业家"的初心与担当

曾冬梅 / 文

奥普拉·温瑞说:"你梦想成为什么样的人,你就能成为什么样的人。你今时今日所处的位置都是基于你所信赖和梦想的一切。"

在地产行业,碧桂园集团董事会主席杨国强,正是这样一位有远见、有温度的梦想家。从1992年在顺德创立碧桂园开始,在20多年的发展历程中,碧桂园始终作为新型城镇化的身体力行者,以打造民生地产为己任,为超过1200个城镇带来现代化的城市面貌,超过400万业主选择在碧桂园安居乐业。

在杨国强的带领下,今天的碧桂园已经成长为总资产约1.75万亿元、权益年销售规模超5000亿元,员工总人数近20万人的世界500强企业。

碧桂园27年的发展历程,体现的正是一个"农民企业家""对人好,对社会好"的朴实初心和"让社会因我们的存在而变得更加美好"的使命愿景。

匠心耕耘 27 载 新型城镇化的身体力行者

"风起于青蘋之末,浪成于微澜之间。"1992年,在广东顺德碧江畔,碧桂园开启了传奇画卷。

当时，正逢改革开放春风，顺德的乡镇企业像雨后春笋一样纷纷从桑基鱼塘上崛地而起，为了有足够的力量承建越来越多的厂房工程，北滘经济发展总公司成立一支建筑队伍，这也就是碧桂园的前身。

1992 年，邓小平二次南行，再次到访顺德。受南方谈话的鼓励，顺德大胆地进行产权改革。杨国强积极响应号召，参与企业改制。1993 年 9 月，顺德北滘镇政府与杨国强等 5 位股东签署第一份转制协议，北滘建筑工程公司顺利转制为私有私营。同年，碧桂园第一期顺利开盘。

1995 年，碧桂园将酒店式物业管理模式引进了社区。入住碧桂园，就如入住酒店一样宾至如归。当时，酒店最高级别就是五星级，因此项目推出了"给您一个五星级的家"的广告语，成为碧桂园至今让人耳熟能详的 Slogan（标语）。

1999 年，广州碧桂园开盘，当时市场上大部分都是毛坯产品发售，广州碧桂园首推了全现楼带豪华装修的花园洋房，且社区配套、园林绿化同期交付。是年春节，广州碧桂园开盘轰动全城，创下当月销售 3000 套单位的惊人纪录，第一期 3 个月售罄。

在珠三角地区打下良好的口碑基础之后，2006 年，碧桂园在广东省以外的首个项目——长沙碧桂园威尼斯城在国庆期间开盘，标志着碧桂园正式迈开全国地产市场开拓的步伐。

2007 年 4 月 20 日，碧桂园在香港联交所主板挂牌上市，上市当天市值 1189 亿港元，为碧桂园接下来在全国各地开创更多的五星级生活社区夯实了资金基础。自此，碧桂园正式步入快速发展阶段。2014 年，碧桂园销售额跃至 1060 亿元，成为房企"千亿俱乐部"的大黑马。到 2016 年，碧桂园更是业绩增速领跑 10 强房企，正式进入全国前三甲，并且迈入福布斯全球上市公司 500 强。至 2017 年，碧桂园以 5500 亿元销售额，登顶中国房企销售榜冠军，登上《财富》世界 500 强榜单。

深究碧桂园 27 年的成长历程，始终伴随的是碧桂园对于中国城镇化进程的坚定看好和作为美好生活创造者服务社会、服务人民的坚定初心。

碧桂园自 1992 年正式起步，当时还是一家全民与集体联营企业。随着国家经济快速发展，一批先富起来的人对于更好的居住和教育条件会有很大的需求，那就是碧桂园的机会。碧桂园提出"给您一个五星级的家"，就是要更好地解决这些人的需求问题。

即便是已经登顶的当下，杨国强也从来没有把成为行业第一、世界第一作为公司的发展目标。社会发展永远都在路上，公司也永远都在路上，碧桂园就是一步一步踏踏实实做事，不断向社会提供好的产品和服务。

即便现在碧桂园在规模上已经是行业领先，那也不是杨国强所看重的。他关心的是公司的战略是否符合时代的发展方向，关心公司的安全、质量、效率，关心企业能不能持续提供有强大竞争力的产品和服务，关心企业是不是能够不断为全体股东、全体员工、国家和社会创造更多价值。

正是怀揣着这样的初心和理念，碧桂园每到一处都以工匠精神反复推敲房子的安全、美观、经济、适用和耐久，建造高性价比的好房子，同时在生活、教育、医疗、旅游、创业等方面提供更多产品和服务，满足人民群众对美好生活的需求。

碧桂园的成长伴随中国城镇化的进程，也推动了中国城镇化的进程。20多年来，一座座新建的碧桂园小区，成为当地城市一道亮丽的风景线和

▼ 碧桂园总部三期工地观摩现场

一张精致的名片。碧桂园地产倾力打造的园林景观、休闲广场使当地人民流连忘返，物业服务给人安全、舒适的生活。

迎合时代需要　变身科技创新的行业引领者

有学者认为，分析全球知名企业的成长历程可以发现，成功的企业都有一个基本特质，那就是在保存核心理念的同时实现进步，在外部世界发出改变要求之前，就寻求变革和改善。相较其他公司，他们更重视投资于未来，在科技知识、新技术、新管理方法和创新产业的投资方面，做得更早、更积极。

在 2019 年初，碧桂园提出了新的发展愿景——"为全世界创造美好生活产品的高科技综合性企业"，并确立地产、机器人、现代农业为三大主业，以多产业协同、多极创新突破传统产业的天花板，探索穿越周期的可持续发展路径。需要指出的是，碧桂园进军机器人和现代农业，不仅仅是在为企业构筑基业长青的第二增长曲线，更体现了碧桂园作为一家世界 500 强企业的责任与担当。

碧桂园总部大楼墙上有一句：希望社会因我们的存在而变得更加美好，这正是碧桂园的企业使命。社会在发展进步，碧桂园也要努力做到更好，而成为"为全世界创造美好生活产品的高科技综合性企业"，实际上并没有改变碧桂园自己的初衷，而是结合经济社会发展的新趋势进一步明晰了未来的发展方向，这也体现了企业的责任与担当，能够有机会参与这个伟大的时代，参与中国实施创新驱动发展战略、实现高质量发展进程，碧桂园要为国家、社会的进步去努力。

进入工业 4.0 时代，碧桂园积极探索传统建筑业转型升级，推进创新科技在工地场景的运用，打造智慧社区，实现有质量的发展。碧桂园高质量建造体系正是在行业发展和前沿科技协同迈进之下应运而生的中国特色高质量发展的具体实践，亦是在提高建筑质量的同时有效保障安全、节能减排的核心科技。

科学技术是第一生产力，在不断升级建造工艺的同时，碧桂园积极进行智能制造方面的探索。杨国强说："我是建筑工人出身，我知道工地上的工作是很辛苦的，尤其是现在这么热的天，你在地盘上，就是站在那里什么也不做都很热，现在也越来越少人愿意做这个。所以我就想能不能把机器人应用在建筑行业，以往工地上繁重、重复的劳动由机器人来做。我梦想着那一天——机器人在地盘上走来走去，我们像生产汽车一样生产房子，我期待着机器人建房子早日到来。它首先是符合我们对零伤亡和安全的追求，第二能使我们的质量提升，第三能使我们的效率提升。"

碧桂园积极投身智能制造，发展科学技术。作为一家拥有近20万名员工，1000多名博士的企业，碧桂园投入巨资，建机器人工厂，延请顶尖人才，做好孵化器，成立研发团队，把最先进的科研成果转化成实用又物美价廉的高科技产品，让人们的生活更美好，助力国家科技进步，造福全人类。

博智林机器人公司成立一年多以来，目前已拥有超1840人的研发团队，递交申请专利将近600项，在研机器人有30多款，其中有9款机器人已经投入到项目工地测试。2019年8月，央视新闻频道播出《共和国发展成就巡礼·广东篇》特别直播节目，其中顺德的直播现场就展示了博智林最新研发的地砖铺贴机器人、墙纸铺贴机器人及PC内墙板安装机器人。

发展现代农业，振兴乡村，则源于杨国强对农业农村的深刻感情以及为国家做事、回馈国家和社会的真挚梦想——"40年前我是农民，40年后我还是希望去做农民。"

2018年6月，碧桂园宣布进军现代农业，并成立碧桂园农业控股有限公司。目前，碧桂园农业正通过引入世界一流的农业生产技术、设备，同时利用机器人研发优势，布局农业全产业链，并通过对碧桂园的社区及全社会进入零售，与农民共享现代农业发展的红利，帮助农民增收致富，同时以较低的价格，为每个家庭生产和提供安全、好吃、实惠、丰富的农产品及常用生活用品。

碧桂园农业致力于从研发、生产、市场入手布局农业全产业链，做现代农业系统方案提供者和服务商，截至目前已投资运营海南润达等多个优质项目。如今，走进碧桂园的社区零售超市，已经可以看到产自海南润达的美月西瓜、水蜜桃等优质农产品。

碧桂园选择的机器人、现代农业方向完全符合国家政策，是国家积极鼓励的未来发展方向，更重要的是也能够与地产主业协同并进、有效互补：比如建筑机器人可以完成搬运、砌墙等重复、繁重、危险的工作，解决信息化和智能化程度较低、劳动力短缺等行业痛点；农业可以布局研发、生产、销售的全产业链，依托自有的社区零售门店，为消费者提供安全、丰富、好吃、实惠的农产品。

克而瑞地产研究分析，碧桂园"三驾马车"业务相互独立又相互支撑，一方面可以借助优势产业赋能，提升地产主业产品与服务的竞争力，抓住城镇化发展机遇；另一方面多元化业务在地产板块的支撑下发展难度相对降低，可以增强企业内生增长动力，进而大大降低市场风险和机会成本，减轻企业运营压力。

投身扶贫公益 "希望社会因我们的存在更美好"

创造经济价值的同时，起于微末、长于草莽、于逆境中奋斗而终有今日所成的杨国强，始终怀抱"达则兼济天下"的感恩之心，追求企业贡献社会的更大价值。

早在 1997 年，杨国强就设立了仲明助学金，每年匿名捐赠 100 万元。从 2006 年开始，每年的资助额度提高到 200 万元，2018 年增至 300 万元。这笔助学金迄今为止仍是广东省内数额最大的一笔个人捐资建立的助学金。

2002 年，杨国强捐出了一半身家创办国华纪念中学，之后还为国华纪念中学成立教育基金。这是全国唯一一所全免费、纯慈善的高中，招生范围是全国各地学习好但读不起书的孩子。

2019 年，杨国强以 16.5 亿元的总捐赠金额位列福布斯 2019 中国慈善榜榜眼。"我的理解是，慈善事业的真正含义是帮助别人自救，正如中国的一句古话：授之以鱼，不如授之以渔。"在接受福布斯中国的采访中，杨国强坦言，到今天，其所做的一切都是基于感恩之心。

经常自称"我是一个农民"的杨国强，毫不掩饰自己的草根出身。"我曾经穷过，知道贫穷是怎么回事。"杨国强出生在农村一个穷苦的家庭，18 岁以前，他没有穿过鞋子、没吃过糖果，念书时为了省 7 分饭钱中午走一个小时回家，务农一整天只换来 5 毛工钱……

随着中国改革开放和城镇化的不断推进，碧桂园既是参与者，也是受益者。杨国强始终感恩党、国家和社会，感恩这个伟大时代给予的改变命运的机遇，让这个第一代农民工有了成长和回报社会的机会。

从 1997 年首笔大额捐款算起，截至目前，碧桂园集团及其董事会主席杨国强、联席主席杨惠妍为全社会捐款累计超过 55 亿元，累计直接受益人数超 36 万人次，公益事业涉及教育扶贫、产业扶贫、救灾赈灾、科技研发、文化振兴等方面，包括创办 3 所慈善性质学校：国华纪念中学、广东碧桂园职业学院及国良职业培训学校。

2018 年，碧桂园进一步积极响应党和国家战略号召，将扶贫列为主业

▲ "社会扶贫共同体"代表签署承诺书

之一。2018 年 5 月 20 日，碧桂园启动了全面推进精准扶贫乡村振兴行动，目前已与甘肃省临夏州东乡族自治县、河北省石家庄市平山县、江西省赣州市兴国县等 9 省区 14 个县达成结对帮扶协议，助力 14 县 33.6 万建档立卡贫困人口的脱贫工作。

在当前大力倡导和推动精准扶贫事业的背景下，碧桂园集团明确"做党和政府扶贫工作的有益补充"的定位，在各级党委政府的指导下，发挥集团自身优势，立足贫困地区实际，坚持精准方略，因人因地施策、因贫困原因施策、因贫困类型施策，探索推进"4+X"扶贫模式，"4"是指党建扶贫、产业扶贫、教育扶贫、就业扶贫等集团统一部署的规定动作，"X"是指结合帮扶地区实际拓展的自选动作，切实做到精准扶贫，探索一条可造血、可复制、可持续的乡村振兴道路。

无论是建房子，还是做物业服务，抑或是研发机器人、发展现代农业，在致力于成为一家百年企业的同时，碧桂园始终将国家、社会和人民的需要放在第一位。在杨国强看来，百年企业首先是要能够持续为社会贡献价值，其次是在行业和市场上保持竞争力。对于碧桂园来说，要成就百年基业，就是始终要将"让社会因我们的存在而变得更加美好"的企业使命，和"对人好，对社会好"的企业精神铭刻于心，对国家社会、对业主客户常怀感恩，努力成为行业高质量发展的楷模。

写在前面

他，奋斗不止。商海沉浮几十载，始终磨灭不了他奋斗的激情。

他，低调务实。融创 16 年发展，有两个坚持。第一，深耕一二线城市，第二，主攻高端精品市场。

他，满怀激情。布局文旅，他要做"中国家庭欢乐供应商"，深信通过长期投入和运营，文旅的重要意义会在 5 ~ 10 年后逐步显现。

他就是融创中国董事会主席孙宏斌。

▲ 融创中国董事会主席孙宏斌

融创孙宏斌：新时代奋斗者

熊俊萍 / 文

坚持"高端精品"战略　让美好一直发生

2018 年，孙宏斌带领的融创中国连续两年位列全国房企排行榜 TOP4。2019 年上半年，融创营收利润劲增近 7 成，半年净利超 100 亿元，手握现金 1380 亿元。融创成立 16 年来，持续高质量的增长，站上行业第一梯队。这一切的背后，既有时代赋予的良好契机，又有对产品的高品质追求。

融创成立以来，始终坚持"高端精品"战略，敬重土地，以客户为中心，打磨产品细节，在产品品质升级的道路上不断攀升。

过去 16 年，融创营造了业内最好的产品。

融创认为，建筑是有性格的，南方烟水云气之清逸，北方醉揽江山之坦荡，一方水土滋养一方建筑，一方建筑映射一方人情，融汇在建筑肌理间的，不仅是砖石，更是趋于具象的文化符号和时代审美取向。

从北京西山壹号院开始，到目前已有 18 座融创壹号院。"壹号院系"是融创在业界最具竞争力的产品系之一，每一个壹号院都是独一无二的"城市封面"。

融创中式产品谱系，包括明清风格的桃花源系、源于宋朝的雅颂系，以及将传统精神进行当代表达的宜和系等。其中，雅颂系是一次从 0 到 1

的探索，捕捉宋代建筑形制，传承宋代审美文化，实现了宋式产品的新落地。

此外，融创还拥有面向城市中产、在城市核心居住区打造的府系产品；以阿朵小镇为代表的小镇系产品等。

最好的产品，不仅体现在土地价值和创新能力，质量是最基础的评价标准。2018年，融创·蠡湖香樟园荣获"鲁班奖"，这是我国建筑行业工程质量的最高荣誉。

高端精品的内涵是融创拥有完善的质量内控标准：1500多个高于国家要求的八大类质量管控标准；第三方专业检测机构，从设计施工，到交付，再到配套服务，进行全面检测；工地开放日，让业主参与监督——用"透明"的匠心让居住更加放心。

▼ 北京壹号院实景图

房地产业界，有一种交付，叫"融创式"交付。融创的产品，不仅体现在示范区和样板间，而且是可以将承诺落实到整个社区的呈现，甚至超出用户预期的呈现。融创交付不仅流程专业、服务贴心，更在交付前、中、后三个阶段，严格质量管控，预验新房、安排专业人员陪同验房并回访检查，只为交给业主最放心的家。

"地产＋"美好生活　全方位、全系统、全场景服务

随着时代的发展、社会的进步、中国居民可支配收入的持续增长，人们追求美好生活的愿望更加强烈，中国家庭消费升级的趋势更加明显。这也意味着当下市场环境与消费需求正在发生变化，人们除追求物质上的满足之外，丰富的精神文化生活与美好的情感体验，都是美好生活的重要内涵。

这种变化对于融创来说，既是挑战，也是机遇。2019 年，融创围绕"地产＋"美好生活，新增加了文旅、文化两大板块，形成融创地产、融创服务、融创文旅与融创文化四大战略板块。

其中地产作为核心主业，将继续为美好生活打造最好的房子和社区；融创服务将为美好生活提供优质的社区服务；融创文旅、融创文化，则以"内容＋平台＋实景娱乐"的整体战略，为中国家庭提供欢乐度假一体化解决方案，提供优质内容与家庭娱乐平台。

四大板块的布局，意味着家庭与社区场景之外，人们对于"诗与远方"的需求，也将在融创得到全面满足。四大板块也将发挥联动和协同效应，为中国家庭美好生活提供全方位、全系统、全场景的服务。

中国家庭，是融创服务的目标客户；美好生活，是融创始终不变的追求目标；整合服务商，是融创对自己的理解。融创希望能够通过整合企业内外的资源，整合企业各个业务板块的资源，更好地为中国家庭提供服务。

在全国布局上，目前，融创已布局北京、华北、上海、西南、东南、广深、华中和海南八大区域。

在服务上，融创打造了集成线上线下的一站式服务平台，线上包括融创归心 APP、融创会微信服务号、400 客服热线这三大服务平台；线下有融创归心服务中心，提供快速响应、超出预期的解决方式，以及全方位的贴心服务。

通过健走未来、果壳计划、邻里计划等长期品牌活动，目前，融创逐渐形成了融创特有的社群文化；从儿童，到中年，到老年，全面关爱客户的所有家庭成员——融创致力于打造持续生长的社区文化，懂中国家庭的快乐，满足中国家庭的快乐。

未来，融创将接入全资源服务，从地产、文娱、度假到商业、教育、医疗……为中国家庭提供美好生活的全面服务。

发力文旅文化　为中国家庭提供欢乐

融创中国"地产＋"美好生活中，最值得期待的就是融创在一个美好的时代，选择开创一份更美好的事业，将文旅和文化板块视为融创未来发展的第二曲线。在融创看来，经过长期潜心运营，它们的重要意义将会在5～10年后逐步显现。

其中，融创文旅的定位，是成为中国家庭的欢乐供应商，为中国家庭创造快乐。

在融创看来，欢乐是家的主语，家的欢乐情感价值是唯一不变的，不管世界怎么变，家庭的欢乐情感不会变。不管成人还是孩子，都渴望暂时逃离庸常琐碎的日常，在欢乐的场景中疏解生活压力、增进情感交流，重拾家的欢乐记忆。

当下，怎么让家庭成员之间，心与心的距离更贴近，这是中国家庭急需解决的问题。基于此，融创文旅，将为此提供产品和服务，点燃中国家庭的欢乐。

目前，融创文旅旗下的文旅城产品，可以为所有的家庭成员提供丰富多彩的场景体验：主题乐园、融创茂、剧场、秀场、高端酒店。在这里，吃住行、娱购游，六个维度都可以得到系统性的解决。而且，文旅城距离城市核心不远，就在中国城市家庭用户的身边，周末、假期就可以去到文旅城，获得点燃中国家庭欢乐的一体化解决方案。

发力文旅的同时，2018年，融创也成立了融创文化集团，立足于引领中国内容行业工业化标准升级，聚焦内容环节，深化产业布局，致力于成为"美好文化创造者"。其中，《流浪地球》《疯狂的外星人》《熊出没·原始时代》《罗小黑战记》《我和我的祖国》，它们的背后都有"融创文化"的影子。

目前，融创文化旗下涵盖国际领先的电影内容制作、宣发体系；设施先进、配套齐全的全球一流影视产业园——青岛东方影都，为影视拍摄提供国际标准的一体化专业服务平台；以智能电视为终端的家庭线上娱乐平台。

与此同时，融创文化还将结合融创文旅资源，搭建完整的IP孵化、制作、运营和实景化落地产业链，聚焦内容生产与线下实景IP的长链运营，助推中国文化产业的全面工业化升级。

融爱同行 让生活更美好

 除了持续为中国家庭的美好生活而努力做好产品和服务，一直以来，融创也非常重视公益的价值与力量，努力成为更有担当的企业。

 融创的公益理念是：首先做好产品、服务，对客户负责；然后在这个基础之上，承担更多责任，回馈社会。

 为此，融创发起了英苗培养计划、美丽乡村计划、古建保护计划等系列公益计划。他们希望通过汇聚融创周围星星点点的暖意，让小小的爱汇聚为大大的力量，让脉脉温情传递得更远，擦出更亮的火花，点亮中国，点亮更多人的生活。

▼ 融创英苗培养计划

其中，融创的"英苗培养计划"，致力于城乡教育均衡化发展，致力于推动贫困地区儿童获得更全面的教育资源。2015年以来，"英苗培养计划"跨越了30多座城市，汇聚了全国50000多份爱心，帮助了5000多名贫困地区儿童，捐建了30余座"英苗书屋"，30000本少儿图书及文具。2018年，"英苗培养计划"再次升级，公益版图不断扩大。

融创的"美丽乡村计划"，则致力于在尊重乡村原始风貌的前提下，挖掘和传承原生态文化，为中国呈现一个又一个美丽乡村。通过建立长效机制，融创公益"美丽乡村计划"像打磨产品一样，把各乡村的文化特点做透，形成可持续发展的综合产业，从而帮助村民彻底摆脱贫困，并以此为基础，带动周边区域发展，让整个区域的人们过上更美好的生活。

结合融创自身的产品优势，融创公益的"善筑中国"古建保护计划也做得非常有特色。

在融创看来，古建筑是文化遗产的重要组成部分，是不可再生的人文资源。保护中国传统建筑、传承古建筑中蕴藏的文化与技艺，这是"善筑中国"古建保护计划的初衷。

通过从不同地区选择有代表性的古建筑类型，借助融创的古建筑专家资源，帮助当地复原建筑历史风貌，融创"善筑中国"古建保护计划让古建筑在当代重新焕发生命力。在这个过程中，融创也为中式传统建筑的技艺传承和人才培养，作出了积极贡献。他们希望，中国精妙绝伦的古建筑可以重回公众视野，更多中国人可以感受到古建筑之美、中式文化之美。

经过在公益上多年的实践与探索，2018年融创公益基金会成立。

这意味着，融创将企业公益从单一的捐赠、救济，升级为可持续发展的复合模式——通过产业扶持，赋予当地自主造血能力。融创公益基金会围绕精准扶贫、乡村振兴、教育扶智、古建筑保护等领域开展公益行动，创造长远的社会价值。多年来，融创在教育、乡村振兴、环保、救灾等方面，累计投入6亿元人民币，捐赠"英苗书屋"30余座，捐建大凉山"红丝带爱心学校"；先后开展了海南排港村改造工程、贵州龙塘村整村打造等；同时形成一个包括业主、员工在内的，规模庞大的义工联盟。

融创做公益的起心动念，不是基于一时之兴。就像融创始终坚持"至臻·致远"的价值观，始终信奉长期主义，始终相信"慢，就是快"一样，他们相信，在公益上的持续行动，会带来越来越多的改变和惊喜。

一路向前 让梦想照进现实

16年来，融创孜孜以求，不断提升自己，为百万客户，呈现高品质的房子，呈现心贴心的服务，呈现越来越美好的生活。

融创让美好一直发生，不仅因为这家企业做对了一些事，还因为他们对这些事始终坚持。

作为中国家庭美好生活整合服务商，融创将始终以客户为中心，缔造美好生活。未来，孙宏斌也将以此为目标，引领融创一路向前，成就为新中国美好生活而来的优质企业。

写在前面

广州沙河路 17 号望星楼，8 个怀揣梦想的人，一间公司，在此启航。

他们守望相助，长于战略，精准规划，拓力发展。从 1995 年首个项目"红棉花园"面世，到 2018 年项目遍布国内外 100 个城市，27 年的发展使它实现了超过 4000 亿元销售额，雄踞央企第一、行业前 5 位置，位列福布斯世界 500 强第 245 位。特别是在浮躁摇摆的经济环境下、动荡起伏的行业变革中，它也踏出了一条又快又稳的发展轨迹。

它就是保利发展。

新中国成立 70 年，中国房地产市场化改革发展走了 41 年，保利发展与时代同频共振了 27 载。作为第一代、第二代管理者，李彬海、宋广菊在中国的城镇化大潮中都留下了奋斗的身影和足迹。

回首过往，保利发展一直铭记着 27 年前望星楼上的理想与情怀。

▲ 保利地产在上交所挂牌上市

望星楼上的理想与情怀

曾冬梅 / 文

1992 年，一个激情燃烧的年份，广州军区参谋部后勤部长李彬海感应到了时代的召唤，毅然抛下"铁饭碗"投入"下海"大潮。在广州沙河路 17 号望星楼一间 20 平方米的房间里，保利地产（现已更名为"保利发展"）顺势而生，8 名初创人员以军人特有的智慧和勇气，毅然投身于中国城市化进程。

从 1995 年首个项目"红棉花园"在广州面世，到 2018 年项目遍布国内外 100 个城市，实现超过 4000 亿元销售额，雄踞央企第一行业前 5 位置，位列福布斯世界 500 强第 245 位。在浮躁摇摆的经济环境下、动荡起伏的行业变革中，保利发展踏出了一条又快又稳的发展轨迹。

不同的企业文化，塑造了不同的企业灵魂，成就了不同的发展路径。保利发展脱胎于军队企业，一直以来长于战略，有精准的战略规划和自己的战略定力，并加以坚决贯彻执行。同时，该公司也是最有批判基因、市场化程度最高的央企之一，善于找到发展过程中公司与市场、公司内部的主要矛盾，解决问题。这是保利发展长期保持向上动力的核心所在。

创立 27 年来，保利发展经历了两任董事长，李彬海在前面的 18 年为企业选择了坚定发展地产主业的航道。已在任 10 年的宋广菊是当年第 7 个去望星楼报到的员工，她扮演了一个继往开来的角色，在更为复杂多变的环境中带领保利发展与时俱进、稳健前行。如今的保利发展已完成了新一

▲ 保利发展党委书记、董事长宋广菊

轮战略升级，产业边界被打通，战略骨架进一步舒展，主业与相关多元产业被赋予更广阔的战略空间和协同机会。

对于宋广菊而言，这是变，也是不变。正如保利发展25周年，她在《写给1992年的望星楼》的公开信里所说，天下之本在国，国之本在家，家之本在身。"我们以此为己任，一如25年前望星楼上的理想与情怀。"

南方风来　红棉花开

1992年1月17日，88岁的邓小平坐上南行列车，开始了他的南方之行。在随后的数天时间里，邓小平相继视察了武昌、深圳、珠海、上海等地并发表重要谈话，开启了市场化改革序幕。"革命是解放生产力，改革也是解放生产力"的发言，打开了强国兴邦的闸门。

南方谈话后，中国立即出现了大规模官员下海潮，据称那一年至少有10万党政干部下海经商，被称为"92派"。王石曾回忆，1992年春天邓小平视察南方后，全国掀起房地产热，万科的事业也迎来了重大机遇期。有统计数据显示，1992年全国房地产开发投资比1991年增长了117%，1992年土地供应量和面积分别是1991年及以前全国出让土地的3倍和11倍。

保利发展便是诞生在这样一个令人心潮澎湃的年代。李彬海曾透露，当时选择进入房地产行业有三个考虑，第一，住房是关系国计民生的大事，对老百姓至关重要，他个人深有体会；第二，当时中国正处于由计划经济向市场经济过渡的时期，在这中间各种制度的改革调整，使得人们对住房的需求会越来越大，房地产的市场会很广阔；第三，在当时房地产行业对国民经济有十分重要的贡献。

创业初期，他们跟所有门外汉一样，尝试拉过土方，也卖过钢材，但是一直未停止寻找项目的步伐。从1992年底到1994年底用了将近两年时间，保利发展迅速完成了1亿元左右的起步资金积累，开始操盘第一个项目——保利红棉花园。这是一个超过20万平方米的大盘，广州市最早的五大小区之一。针对中国城市居民刚刚萌芽的住房多样化需求，这个项目推出了大量小户型，一炮而红，1995年开盘当年就销售完毕。保利发展在红棉花园的销售过程中还试点企业自己做按揭购房，购房人买房时与公司签订按揭合同，交定首付款后，余款可以在两三年内付清。

据宋广菊回忆，当时整个行业都在摸着石头过河，房地产的买卖合同怎么签，国土房管局不知道；税收怎么收，税务局不知道；按揭怎么办，银行也不知道。一切都在实践摸索中进行。最早的时候，购房合同都是由保利发展自己负责起草，不过一两页纸。慢慢地，合同越来越厚，合同条款越来越多。

首战告捷后，广州人民便记住了这个品牌。1999年，作为国家首批"十大"康居示范工程之一的保利花园开盘，创下广州楼市七天七夜排队买房和当年广州楼市单日成交量的最高纪录。

▲ 1992 年，保利发展的初创团队

▲ 第一个项目——广州保利红棉花园

　　在积累了一定的品牌知名度后，2002 年，保利立足广州开始布局全国，走上规模化发展道路。2006 年公司在上海证券交易所挂牌上市，资本的力量推动保利发展进一步扩大布局优势。到 2010 年，该公司的发展战略已经升级为"三个为主、三个结合"。"三个为主"是：一是以房地产为主业，拓展相关产业；二是以省会及中心城市为主，逐步向二三线城市辐射；三是以住宅开发为主，有计划地增持中心城市的商业地产。"三个结合"即坚持扩大经营规模与提高开发效益相结合；开发性收入和经营性收入相结合；资产经营和资本经营相结合。

在创业、全国化进程中，保利发展的企业文化不断丰满，沉淀为红色、成长、奉献、拼搏、正气五大基因。在该公司内部看来，这五大基因是创立 27 年沉淀下来的奋斗文化，也是公司发展道路上的精神财富。

保利来自部队，企业上下有着浓浓的军队血统和 DNA。宋广菊在接受媒体采访时曾表示，房地产是一个涉及面特别广、整合需求很强的行业。从立项到交楼，起码要跟政府近 80 个部门打交道，既需要韧性，也需要应变之才。房地产的每一个链条都不能掉以轻心，必须齐头并进，一个大盘做下来，在体力脑力的消耗上，跟打一场海陆空全面进攻的长期战役没什么两样。而军人在协调作战、战略规划、决策能力等方面有自己的独到优势，无论从整合能力还是决策魄力而言，军人都适合做开发商。

据了解，保利发展每年都会从全国高校中吸收新鲜血液，安排新员工进行军事训练、野外拓展训练，还会安排高管当教官，给新员工进行培训，确保"军企 DNA"能够一代代地传承下去。

战略自信　行稳致远

宋广菊的时代从 2010 年 6 月开启，从那个时候起，她成为接任李彬海的第二任董事长。在此之前，作为保利的创业元老之一，宋广菊曾在多个岗位上历练过，自 2002 年开始担任总经理一职。

在 2010 年这一年，保利实现了行业排位的新突破，以 661.68 亿元的销售额跃至行业第二，较 2009 年上升一位。

离行业老大只有一步之遥，这一高起点对于继任者而言，无疑是不小的压力。可以看到，在宋广菊的任上，保利发展继续保持了稳健向上的发展态势，不断深挖产业链内涵、拓展经营边界。

2012 年，该公司首度实现千亿元签约金额，是继万科之后中国的第二家千亿元房企，同时提出以全产业链的形式进入健康养老产业，打造"以居家为基础、社区为依托、机构为核心"的三位一体中国式养老模式。

2014 年成立海外事业部，接连进入澳大利亚、英国、美国等国家及地区，稳健开拓海外市场。

2016 年，该公司内外齐发力，对内提出"一主两翼"的发展战略，以房地产开发经营为主，以房地产金融和社区消费为翼；对外启动央企重组大幕，收购中航地产。

2017 年，保利发展旗下的保利物业在新三板挂牌上市。同年，公司间接收购保利置业股权，对保利集团境内房地产业务进行整合。

2018 年，该公司将发展战略进一步升级为以不动产投资开发为主体，以综合服务与不动产金融为翼的"一主两翼"业务板块布局，通过三者的协同发展，打造不动产生态发展平台。

只是，在这期间，几家曾经在起跑阶段落后于万科、保利的民营企业，凭借过人的胆识和高杠杆、高激励战略迅速崛起，在规模竞赛中脱颖而出。而保利发展虽然选择的是高度市场化的发展道路，但毕竟还是一家央企，有很多无法跨越的体制限制和红线，再加上一贯稳健的战略思想，公司的行业地位便稳定在了 TOP5 之内。

大部分投资者关注的都是短期利益，在那个以规模论英雄的阶段，保利不可避免地要面临舆论的压力。但某种程度上，外界的期待既是压力也是动力。宋广菊心里有数，她对公司保持行业第一梯队的规划依然信心十足。在 2017 年 12 月 20 日的股东大会上，她坦言，碧桂园、恒大等民营企业确实跑得快，整个行业都在发展，保利也在加速，未来重回行业前三并非不可期待。

这种信心一方面源自对行业先进运营机制的学习与吸收。在股东大会后两天，保利发展董事会通过了《关于实施房地产项目跟投的议案》，意在消除激励不足短板，激发内生动力，提升运营效率。另一方面，则是来自央企重组带来的资源整合优势，收购中航地产、重组保利置业令公司开始收获政策红利。

有评论认为，宋广菊为人低调，近几年很少出席公共场合发表公开言论，但从她提出重返行业前三的口号，可以看出，保利发展引以为豪的战略自信在第二代董事长任上也得到了发扬光大。

在保利发展内部看来，只要抓住核心、保持正确的方向，坚定开发主业，关注规模、效益与速度的并重，公司就能在起伏不定的经济及行业环境中，走得又快又稳。这体现在，从1992年成立以来，公司每次中长期的发展规划都能提前完成。例如，从2002年股改到2006年上市之前，总资产年复合增长率达到88%，净资产增长率也超过了39%。进入到"十二五"规划阶段，公司提出"5年时间再造一个保利地产"、销售过千亿元利润过百亿元的经营目标，最后提前两年超额完成。"十三五"规划开局之年，保利发展也创下了半年过1000亿元、全年过2000亿元的新历史。2019年上半年，在全行业平均增速大为放缓的背景下，保利发展取得了TOP5房企中最高的销售增速，行业销售排名上升至第4位，强大的战略定力功不可没。

承前启后　继往开来

位于广州中心区东南部的琶洲，是河海交汇的出入口，也是与保利发展有着诸多故事的热土，该公司目前的总部大楼以及未来的新总部大楼都坐落在此处。

10年前，这里还是珠江岸边的落后村落，是保利发展的进入让旧村换了新颜。2009年10月，保利发展通过招拍挂的方式摘牌琶洲村地块，获得琶洲村旧城改造主导权。2010年3—9月，该公司仅用半年时间就快速完成2000多户村民签约，启动拆迁，在2010年10月亚运会前实现全面拆平。2014年，琶洲村回迁房全面完工，12月，村民拿到钥匙回新家。6600多套回迁房，面积从38～164平方米均有分布，满足村民自住和出租需求。

改造后的琶洲拥有高档住宅、311米超甲级写字楼、五星级酒店、地铁上盖大型商场、学校、医院、养老等高端业态，环境美丽、规划有序、繁荣发展、交通便利，彻底改变了以前拥挤的"脏乱差"面貌。3公里内，区域规划常住人口7.5万，未来增量达10万+，商务办公人口10万，未来增量达28万人。

这个项目创造了多项纪录：旧改规模最大、满意度最高、不良事件为零、旧改周期较短，是广东省城市更新探索阶段最成功的案例，为后续标准化流程化改造提供了丰富经验。

在这里，保利发展完成了第一代和第二代管理层的交接，宋广菊寄予

▼ 保利发展新总部大楼——保利天幕广场

▲ 琶洲保利广场

颇多期望的新业务版图也从此处徐徐展开。自 2014 年以来，每年的秋天，琶洲的广州保利世贸博览馆都会如期迎来一场养老产业的盛事——中国国际老龄产业博览会。这个展会被誉为是国内规模最大、层次最高、国际化水平最高、专业性最强的老龄产业博览会，而宋广菊几乎每年都会出席，阐释保利发展在健康养老领域进行的探索与尝试，助力"健康中国"的梦想和情怀。

据悉，宋广菊接任董事长两年后，保利发展便开始进入养老行业，于机构养老、社区居家养老、旅居养老、适老化产品、养老展会等领域开展了深入的实践。在保利发展"一主两翼"的发展战略中，养老业务已成为社区生活服务这一翼的重要组成部分。

实际上，保利发展很大一部分多元业务都是在宋广菊的任上培育成型的，这是时代发展使然。她曾表示，保利发展总是以市场为导向，以战略引领。如果社会矛盾发生转变，美好生活需求更加多元，那么公司一定会思考变化、驾驭变化。

新中国成立70年，中国房地产市场化改革发展走了41年，而保利发展也与时代同频共振了27载。作为第一代、第二代管理者，李彬海、宋广菊在中国的城镇化大潮中留下了奋斗的身影和足迹。宋广菊现年59岁，如无意外，保利发展的第三代董事长将在近一两年接棒，带领企业踏上新的征途，在更多元、精彩的未来，继续书写与美好生活同行的故事。

写在前面

　　龙湖集团创始人吴亚军亲自写就的"善待你一生"的理念，被一直沿用至今。这家始自重庆的企业，逐步走向全国，进入行业第一梯队，业务涵盖地产开发、商业运营、长租公寓、智慧服务四大主航道业务，并积极试水养老、产城等创新领域。

　　未来，龙湖将秉承"空间即服务"战略，以客户为视角，以技术为驱动，打造有生命的空间，有温度的服务，持续践行"善待你一生"的理念，成为以客户为中心的空间营造服务企业。

▲ 龙湖集团董事长吴亚军

龙湖：没有故事的好故事

万小强 / 文

"没有故事就是好故事"

在 2019 年 8 月的龙湖中期业绩会上，龙湖集团董事长吴亚军说了这句话。这些年来，龙湖的故事的确少了。提起龙湖，行业的印象大多是：稳稳地发展，行业前 10 名，财务稳健，融资成本低……这个曾经在行业掀起风浪的企业更多只是闷声前行，的确成了一家"没有故事"的企业。

但就在今年上半年，龙湖已经完成了 1256 亿元销售任务。"全年完成 2200 亿元销售目标是比较轻松的。"龙湖集团 CEO 邵明晓称。到 6 月底，龙湖的土地储备突破 7000 万平方米，归属股东的净利润 63.1 亿元，净负债率仅 53%，融资成本接近央企水平，商业地产和长租公寓贡献了近 26 亿元收入。这个没有故事的企业，就像乔布斯之后的库克时代苹果一样，在产品的超新星式的爆发之后，凭借稳定的边际改进和稳健的企业管理，进入了坚定的业绩增长阶段。

十几年前，龙湖打造的花团锦簇、层峦叠嶂的滟澜山在北京一亮相，石破天惊，以至于以品质闻名的绿城集团创始人宋卫平评价："房子比绿城做得好的，只有一家半，一家是龙湖，半家是星河湾。"彼时的龙湖，堪为国内楼盘品质的标杆，代表国内商品房品质的顶级水平，收获不少口碑。在地产业界全员"学习碧桂园"之前，龙湖一直是与万科并列的学习标杆。

而现在，这家始自重庆的房企，经过 26 年的发展，从重庆走向全国，从房企的第三梯队、第二梯队到一鸣惊人，进入第一梯队之后，稳定在前 10 强之列，年销售额超过 2000 亿元，却如吴亚军所说"没有故事"。

然而，吴亚军亲自写的"善待你一生"的龙湖口号，一直用到现在。这似乎可以看出这个女性领军企业的长情。那么，这个事实的背后，如今已经没有故事的龙湖，到底曾经有过什么样的故事？

不忘初心的"善待你一生"

一生很长，长到你根本没有信心相信任何不变的承诺。然而，"善待你一生"这个口号，经过 26 年，却一直保留下来。

在如今繁华的重庆新牌坊，树立着"龙湖花园"的门牌，一个小区绿树如茵，鸟语花香，环境清幽，湖水清澈，外立面干净整洁的别墅与洋房掩映其间，保安衣着整齐，对进出的业主敬礼。至今，这里仍然是重庆高端的居住小区之一。这就是龙湖 1997 年亮相的第一个项目——龙湖花园。而这个项目，在 1998 年销售时，均价仅 1000 多元。

吴亚军，1966 年出生在合川，也就是以阻挡蒙古大军 40 年闻名的钓鱼城所在地。正如大家在各种文章中看到过的吴亚军的经历，吴亚军毕业于西北工业大学，在重庆市仪表厂做过工程师，还做过《中国市容报》记者。1993 年下海创立重庆佳辰经济文化发展有限公司，做过建材和装饰行业。随后，因龙湖花园一战成名，她便将公司更名为重庆龙湖发展有限公司，正式杀入房地产行业。

那时候，恰逢重庆成为直辖市，福利分房结束，初生的重庆房地产市场一出生就遇到大时代砸下的机遇，市场非常火爆。火爆的市场之中，龙湖花园更是一枝独秀。这又与龙湖心思细腻的女掌门的坚持有关。

吴亚军凭借女性的坚韧和细腻，硬是把这个项目做成了重庆市场的标杆。在那个房地产的鸿蒙阶段，所有人都认为只要有墙有门有地板，能够遮风挡雨，就足够了，人们的需求就是有个安身之所。吴亚军却坚持认为，要做好房子，就必须注重细节，注重居住环境、配套和品质，因此对项目提出了当时看来不可思议的高要求。为此，她买来很多专业书籍，每天看书研究。为了实地研究，吴亚军就住在工地搭建的临时工棚里，夏天一身汗，还有蚊子的袭扰。平时她就住在办公室，在办公室买了一箱箱的方便面。她用女性的细腻，提出园林花木的搭配，还提出小区园林必须"鸟语花香"，为了吸引鸟来居住，吴亚军和园林工程师们细心研究哪种树木生长的果实更受鸟类喜欢，并对各种树木的高度进行了归类区分，让小区的树木既郁郁葱葱，又不遮挡居民的视线。

龙湖花园还在重庆首创了板式围合、样板景观。经过细心打磨的龙湖花园第一期南苑推出之后，一下子在房地产行业火了，该项目一出世便成为抢手货。为了能买到房子，不少市民甚至熬通宵排队等着放号，"那房子卖得简直比白菜还快"。

"任何一个决策都反复推敲讨论，本想第一个项目少犯点错误，结果一不留神居然成了精品。"这一建筑面积超过20万平方米的住宅项目品质、绿化和配套等均获好评，被评为重庆市"十佳住宅小区"第一名，成为重庆楼市标杆。这第一个项目也就奠定了龙湖高品质园林的核心竞争力。

"只要有人去重庆龙湖参观，我们都会带人去看这第一个项目，虽然每平方米售价只有1000多块钱，但是龙湖也没有糟蹋这1000多块钱。建出来的东西不被人骂。"吴亚军也对这个项目感到自豪。

2000年，一战成名的龙湖开始了大规模的品牌系列开发，也将公司正式更名为"龙湖"，开启了以项目品牌树公司品牌的先河。随后，在龙湖花园二期的湖边，龙湖建了香樟林别墅，这个别墅同样因其独树一帜的成品园林和对产品品质的打造而引起了业界的一致好评。当时国内地产老大万科的掌门人王石曾给出如此评价："要看地道的北美风格别墅，不用到美国、加拿大，只要到龙湖香樟林就行了。"

随后，重庆江北步行街地带的龙湖枫香庭、蓝湖郡别墅、观音桥北城天街，一个个标杆项目在重庆的楼市矗立，这些项目到如今，都在重庆知名的高级住宅和商业项目之列。

　　2003年龙湖的销售额是6.2亿元，两年后，龙湖的销售额已达23.6亿元，成为西南地区第一家销售额超过20亿元的地产公司，成了重庆地产界乃至西南地产界当之无愧的第一。

　　就在这个时期，龙湖尽管名不见经传，但在业界"产品品质厉害"的名声就已经在悄然流传。比较著名的段子是，2004年，当时号称国内住宅品质"第一"的绿城公司老板宋卫平，在偶然飞到重庆看了龙湖的楼盘之后，震惊于龙湖浑然天成的园林景观技法，第二天就花66万元机票钱把绿城100多名管理人员召到重庆考察龙湖。随后宋卫平就到处给龙湖"打广告"，称"吴阿姨厉害"，"产品质量媲美绿城的全中国只有一家半，一家是龙湖，半家是星河湾"。此外，还有房地产的高管在参观龙

▼ 首个别墅项目香樟林

湖的样板房之后发现自己的鞋子脚尖朝外放了，这是说龙湖的物业服务"厉害"的。

段子是真是假，传说演绎的成分有多少，我们不知道。我们知道的是，吴亚军是个产品控，她把女性细腻的情感与审美融入在龙湖产品与景观的细节里。

龙湖的服务也同样渗透了细腻的风格。仅举一个例子，每年春天龙湖都会组织老人去登山，为了确保老人的安全，出行前的半个月内，负责活动的小组至少要到现场踩点三次，并制订详细的方案。方案包括：路途中有多少个陡坡，预测老人走多长时间会觉得累，等等。

从 1997 年开始，吴亚军亲自为龙湖确定的"善待你一生"的口号，就一直延续到现在，其文化核心，善待初心，以客户为中心，坚持提供优质的产品和服务，让龙湖收获了市场的口碑和绵绵不绝的持续增长力。

标杆地位的奠定

从 2006 年开始，龙湖开始向全国进军。在 2007 年，以"五重园林景观"现身北京的滟澜山别墅轰动整个京城，奠定了龙湖在全国的知名度。

2009 年 11 月 21 日，龙湖在港交所上市。同年，吴亚军将公司架构调整为下设重庆、成都、京津、上海和西安 5 个地区公司，由中心城市向板块内其他城市渗透，重心集中于中高端市场。这一时期龙湖开发了多个被业界传颂的神盘，其中就包括 2010 年建成的北京颐和园旁边的颐和原著，成为中国顶级豪宅的标杆，引来当时的国内顶级富豪，包括李亚鹏王菲夫妇以及赵薇的购买。龙湖也因此奠定了"别墅专家"的名声。

2011 年，龙湖以 382 亿元的销售额，排名中国房企第 8 名。之后，龙湖以重庆、成都、京津、上海和西安 5 个地区公司为中心向外辐射扩散，形成了西部、长三角、京津冀、中部地区的几个城市群布局。

到 2019 年，龙湖已经走过 26 载历史。龙湖的年度销售规模也超过

了 2000 亿元，排名全国第 8 名，布局遍布全国 50 个城市，形成了"原著""香醍""滟澜"业内外知名的经典产品系，所到之处，受到了广大购房者的追捧。

"龙湖产品被大家认可的原因是什么？无论龙湖哪个产品系，给人的感觉都是舒适而且非常美观的，因为龙湖总是会站在客户的角度去思考问题。龙湖所有的产品设计都是根据客户敏感点来进行梳理的。"一位地产企业的高管这样表达对龙湖的看法。

没有故事的故事：四大主航道

"没有故事"的龙湖也并非没有故事，在 CEO 邵明晓的带领下，龙湖树立了新的 flag："空间即服务"战略及"四大主航道业务"。

除了地产开发主业这一主航道外，商业运营、长租公寓和智慧服务三大主航道在龙湖紧锣密鼓地布局。

2019 年上半年，龙湖一如既往坚持稳步投资持有物业的战略，期内集团物业投资业务不含税租金收入为 25.8 亿元，同比增长 39.2%。累计开业商场数量 29 个，建筑面积 296 万平方米，期末整体出租率 98%。商业租金增长 30% 至 21.9 亿元，总客流约为 2.2 亿人次，同比增长 16%。龙湖的"天街系"商业，已经成为国内最大的商业品牌之一。2019 年下半年，龙湖将迎来上海、杭州、南京等城市多座天街的开业亮相。明年，龙湖商业也将以新开业超过 10 家购物中心的速度持续发展，到 2020 年，累计开业商场数量将超过 50 家，实现商业收入超过 60 亿元。

龙湖布局的长租公寓冠寓，通过"轻、中、重"资产并举的资产获取模式，令"冠寓"品牌实现快速发展布局。根据克而瑞发布的《2019 年上半年中国长租公寓规模排行榜》显示，龙湖冠寓位列长租公寓行业第 2 名，仅次于万科泊寓。截至 2019 年 6 月，龙湖冠寓已开业房间超 6 万间，上半年累计租金收入 4.3 亿元。按照邵明晓的说法："在长租公寓领域里，可以说龙湖已经做到基本接近头部了。"

2019 年，龙湖智慧服务在重庆、成都、上海、深圳、广州、杭州、北京、厦门、苏州、无锡、青岛、安徽等省市入驻近 1000 个项目，除了住宅物业服务之外，业务触角已拓展至交通枢纽、医院、商业写字楼乃至城市公共空间服务。截至 2019 年 6 月底，龙湖智慧服务已在全国 73 个城市开展专业化的物业服务，服务家庭约 240 万户。

在"房住不炒"的时代背景下，龙湖布局基于服务产生现金流的新航道，也正在其房地产开发业务之外，给龙湖建立新的业务空间，使龙湖能够更稳健地面对行业变化。

"水大鱼大"时代的定力

值得一提的是，龙湖在 26 年的发展中，尤其是在 2015 年之后整个房地产行业的狂飙突进中，众多房企被"千亿元、5000 亿元"的目标诱惑得心旌摇曳、猛加杠杆、大举规模扩张的时候，龙湖未为所动，坚持不盲目加杠杆，不高价拿地，坚持财务稳健，使得龙湖在资本市场上一直保持着极高的信用度，融资成本一直保持在行业内的低水平，其平均融资成本甚至与央企相当。

而后来的事实证明，龙湖年利率为 4.56% 的超低借贷成本，对其后的快速发力提供了源源不断的子弹。保持定力的结果是，龙湖在稳健的财务保驾护航之下，后劲十足，在 2017—2019 年的行业调整时期，保持了稳健的增长，从 2015 年行业排名最低 14 名左右，到 2018 年稳步进入行业第 8 名，销售规模超过 2000 亿元，营业收入 1158 亿元，同比增长 60.7%，核心净利增 31.5% 至 128.5 亿元，资产总额突破 5000 亿元大关。在 2019 年 3 月份的业绩会上，吴亚军感慨："水大鱼大、蒙眼狂奔的时代注定一去不返。"

吴亚军，这个房地产行业罕见的白手起家的女企业家，凭借其女性特有的敏感、细腻、稳健的气质，将她一手创立的龙湖集团带入其历史上最好的时期。2019 年 2200 亿元的销售目标触手可及，而不忘"善待你一生"初心的龙湖，一个产品值得信赖的龙湖会越来越好，这个"没有故事"的龙湖，未来还有新的传奇故事在等着我们。

▲ 富力集团创始人李思廉

写在前面

　　成立于 25 年前的富力，凭借创始人的前瞻眼光和精准布局，与中国城市化同行，坚守初心，拥抱变化，夯实基础，果敢变革。始终稳扎稳打的富力，通过自身的探索和实践，为整个行业的进步提供了一条独特的发展路径，如今正坚定地向"成为国际领先的美好生活运营商"目标迈进。

▲ 富力集团创始人张力

富力集团：与时代同行　领跑城市更新

孙晓萌 / 文

20 世纪 90 年代，市场经济的急速推进带动了城市更新发展。成立于 1994 年的富力，正式开启了以房地产业务为主业的地产征途。

创立初期，富力顺应广州城市发展的需要，以"城市更新改造、建设宜居社区"为发展方向，通过对当时许多地产公司不愿参与的旧厂房、旧城区进行改造，帮助地方政府解决工矿企业迁址难题，令城市面貌焕然一新，同时也夯实了企业发展的基础。随后，富力挥师北上，成功打造北京富力城后，迅速在全国各核心城市和潜力地区实现品牌扩张，驶入发展的快车道。顺应城市竞争力提升的需要，富力积极投身城市 CBD 建设，构筑涵盖超甲级写字楼、国际豪华酒店、酒店式服务公寓、大型购物中心等业态的商业王国，以一个个地标建筑赋能城市核心商务区的繁荣。2005 年，富力于香港联交所主板上市，成为首家纳入恒生中国企业指数的内地房地产企业。

历经 25 年高速发展，富力已成为以房地产开发为主营业务，同时在酒店发展、商业运营、文体旅游、互联网产贸、医养健康、物业服务、设计建造及创新服务平台等领域多元发展的综合性集团。时至 2019 年 6 月，富力集团业务已经遍及超 140 个城市和地区，拥有土地储备超 6100 万平方米，并拥有 90 家运营中的豪华酒店，由知名的酒店管理集团管理，运营中投资性物业总建筑面积超 200 万平方米，企业总资产超 4000 亿元。

富力秉承着至善共生的社会责任理念，在居住、商务、文旅、休闲、康养、运动等各个领域为人们构筑美好的生活，为城市更新建设作出了重要贡献。

领跑城市更新，打造希望新城

城市更新是对城市未来的延伸。

1992 年，邓小平的南方谈话在全国各地刮起了变革的春风。当时城市里工厂遍地，人们在机器轰隆、尘土飞扬的环境中生活，医疗、教育、交通等基础设施普遍落后。新时代的到来，加快了城市发展的速度。

正是清楚城市在不同时期有着不同的发展诉求，富力敢为人先，承接了当时许多公司不愿参与的旧厂房、旧城区改造，将破损残旧的旧厂房变成了环境优美、配套齐全的高档商住区，打造出了充满希望的未来新城。

1996 年，富力地产开始建设富力广场项目。这里原是广州铜材厂和同济化工厂所在地，改造后摇身一变成为西关老城里崭新的宜居社区，无论社区环境还是户型都是当时老城区最漂亮的。这个项目在 8 个月内推出市场并实现资金回流，荣获当年"广州市最受欢迎楼盘"和"广州市十大明星楼盘"奖项，既彰显富力过硬的开发经营能力，也促进富力的销售业绩节节攀升。

如今的广州富力半岛花园，在上世纪 90 年代中期还是广州建材厂，经过富力的巧手改造，成为现代化的全江景文化社区。小区两面临江，景观超然，高层住宅的居民从家中远眺，就能一览楼下充满着亚热带风情的江边花园。周末驱车上桥，不到 10 分钟就能到达荔湾区的东风西路，找一家早茶店，便能惬意开启一天的生活。

到 2001 年末，富力已在广州市完成了包括富力新居、富力广场、富力半岛、富力环市西苑、富力千禧花园、富力顺意花园等大型旧厂改造项

▲ 2002 年，富力进军北京打造的首个项目——北京富力城

目，总面积超过 250 万平方米。富力也成长为广州最具实力的房地产开发企业之一。在这片南国的热土上，富力的成长与广州的发展交织互融。

2002 年，富力地产毅然开启布局全国的宏图，以 32 亿元投得当时国内有史以来最大的公开招标地块——北京广渠门外东五厂旧改地块，以独特的开发理念和开发模式打造北京富力城项目，实现当年买地、当年开发、当年销售，成为北京房地产界的传奇佳话。北京富力城涵盖了住宅、商业、办公、酒店、教育等全面配套，还首次将"精装修""南派水景园林""地下停车场"等设计理念引入北京，给北方地产界带来新风尚。北京富力城模式帮助富力地产快速实现了全国范围内的品牌扩张，陆续落子全国各核心城市和潜力地区，驶入迅猛发展的快车道。

同一时期，广州出台城中村改制工作意见，富力积极响应政府改善城中村城市面貌的号召，先后改造了猎德村、杨箕村。改造前的城中村，"握手楼"随处可见。由于楼间距太近，低层住户常年见不到阳光，村中窄巷阴暗潮湿，已经严重影响居民的生存环境、治安安全。2007年，富力联合合景泰富、新鸿基地产投入到猎德村的改造中，这也是广州市首个启动城中村改造的村落。改造后的猎德村，学校、幼儿园、文化活动中心、卫生服务中心、菜市场等基础配套设施一应俱全，原址安置的居民可以在此尽享城市核心地段的舒适生活。与此同时，富力围绕猎德村，打造了江景写字楼天盈广场、时尚购物中心天汇广场、星级酒店康莱德等多元商业形态。如今已经成为广州城市进步发展的"地标名片"之一。

同样风光回迁的，还有2011年启动改造的杨箕村。改造后的杨箕村蜕变成富力东山新天地，居民在家中就能看到珠江风景线和楼下的绿色园林。富力还通过对不同商业形态的打造，引领杨箕村商业升级，以城市发展的红利反哺原居民，使他们获得最大的收益，最终实现了和谐共赢的良性循环。

与此同时，改造后的猎德村、杨箕村全都保留并修复了传统的古庙、祠堂等文物建筑。逢年过节时族人们聚在祠堂一起庆祝，历史人文风貌得以传承延续。

城市更新的过程不仅是改造物理空间，还包括重新定位经济文化和升级空间内容。富力参与的旧改项目，在传承保留历史文化的同时，也实现了地区区域价值飞跃。

深耕 CBD 建设，开启城市未来想象

CBD（中央商务区），是城市经济繁荣发展的象征，也是最具代表性的城市名片之一。

从纽约曼哈顿、伦敦金融城、巴黎拉德芳斯、东京新宿到香港中环、北京国贸、上海陆家嘴、广州珠江新城等，CBD 已然成为城市经济中枢、功能核心及现代化象征。高耸的摩天大楼、纵横交错的街道、熙来攘往的人群、数不清的金融商业机构……这是属于 CBD 的独特魅力，也是为城

市带来繁荣发展的活力源泉。

上世纪 90 年代初，广州市提出建设珠江新城 CBD，此后经过多轮规划，直到 2003 年对规划定位的一次重大调整，才逐渐奠定了珠江新城"广州新城市中心区"的格局基调与未来版图。

也是在这一年，富力以 7.7 亿元一口气买下珠江新城 4 个核心地块，拉开深耕珠江新城 CBD 的序幕。紧接着，富力将更多地块纳入旗下，凭借前瞻性的眼光和超强的魄力，精心打造了超过 20 个项目，总建筑面积近 260 万平方米，涵盖五星级酒店、酒店式服务公寓及超甲级写字楼等业态，形成了立体而庞大的"富力城市价值体系"。

接连而起的广州富力中心、广州天盈广场，以及多个富力"盈"系列超甲级写字楼，吸引了多国领事馆和众多世界 500 强企业及金融巨头入驻，以强大的凝聚力共同构筑了南国花城的天际线，领航城市商务发展。

同时，富力还将丽思卡尔顿、君悦、柏悦、康莱德四家国际五星级酒

▼ 富力的珠江新城天际线——富力在珠江新城精心打造了超过 20 个项目

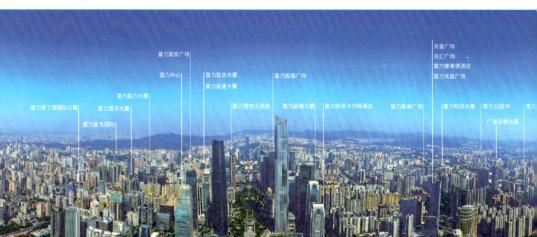

店引进了珠江新城，这也为珠江新城成为中国三大 CBD 之一带来了蓬勃发展的力量。

纵观世界级城市 CBD 与我国城市 CBD 的发展进程，核心商务区的繁荣还只是序曲，城市新增长中心的价值和潜力正在不断释放。当城市中心的产业生态已经足够成熟完善时，新的发展高地势必顺势而出。

在北京，顺应通州高速发展的轨迹和高端商务需求，富力打造了通州富力中心和通州富力运河十号两大项目，充分尊重运河景观构建绿色、人性化的商务空间，融合多元丰富的业态打消工作与生活的边界，在承接北京中心城区外溢资源的同时，展现出强大的产业吸附能力。

同样是一线城市，富力在上海虹桥核心商务区，打造了上海虹桥富力中心和上海富力环球中心两个城市综合体。并在上海富力环球中心引入复合型功能业态：甲级写字楼、高端商业广场、丽思卡尔顿酒店等，以高端城市综合体模式，为片区发展注入了全新活力。

如今，城市 CBD 已经成为经济社会发展的新引擎。在尊重、包容、多元化的心态下，寻求城市文化、社会、空间多层面的共生，是城市未来发展的一种新思路。

在新经济新观念的背景下，未来的 CBD，除了拥有金融商务商业、文化科研的繁华，还将兼具休闲、娱乐、居住环境的诗意。富力践行与城市共生的发展价值观，助力 CBD 在不同城市落地生根，推动核心商务区创新发展，以全新模样为城市赋能。富力正在打造的杭州富力中心，融"文、旅、娱、商"的多元化业态于一体，通过立体多维的建筑与景观园林的拾取掇叠，将多个功能分区的边界模糊，将形成一个人、社区、城市、区域层层发展的融合生态圈。

在一切都是飞速变化的时代背景下，富力牢牢把握历史赋予的契机与使命，紧贴城市脉搏，以城市 CBD 领创者、探索者、实践者的身份，不断推动城市的升级发展。

与城市共生，走多元化发展之路

　　事实上，富力一直将"共生"融于企业的发展战略，开发了多元化商业运营模式。在地产开发、酒店发展、商业运营、互联网产贸、物业服务、创新服务平台、设计建造、医养健康、文体旅游等领域的布局打磨中，通过多元、创新、融合、聚变的战术路径，为城市和更美好的生活赋能。

　　如果说建造是一座城市发展的起点，那么运营则是支持城市发展的动力能源。早在落子珠江新城伊始，富力便开启了酒店事业蓝图。2008 年广州富力丽思卡尔顿酒店、广州富力君悦大酒店、北京富力万丽酒店、北京富力智选假日酒店相继开业，规模化布局、高端化战略，确立了富力在国内豪华酒店行业的领头地位。此后富力酒店稳步发展，项目遍布国内主要

▼ 富力 90 家运营中的豪华酒店均由知名管理集团管理，图为广州柏悦酒店

城市及旅游目的地。2017 年，富力收购万达商业 70 余家酒店，一举成为全球最大的豪华酒店业主。目前，富力已拥有 90 家营运中的酒店，总客房数近 30000 间。

同时，结合城市发展的需求，富力在商业格局上规划涵盖了超甲级写字楼、现代购物中心、城市综合体、复合型社区商业、长租公寓和物流园等业务。

自 2003 年起，富力参与了国内多个城市商务区的建设工作。时至今日，广州富力中心、广州富力盈隆广场、广州富力盈泰广场、北京富力中心、珠海富力中心等超甲级写字楼的纷纷落成，满足了城市中心商务区对甲级写字楼的大量需求。

截至目前，富力商业打造了 15 个集写字楼、商场、酒店、住宅、公寓于一身的城市综合体，以及两条各具特色的产品线："富力广场"系列与"富力星光"系列，致力于推动文化发展的城市地标，开启城市全新的繁华商业时代。

在察觉到市场快供流通的发展诉求时，富力在广州空港经济圈核心区内启动了"富力空港物流园"项目，2009 年开业运营，通过高端物流平台为各个行业和企业提供最优质的仓储、物流服务，聚集了各行业板块内的多家龙头企业，已成为华南区域超大规模的一站式综合物流园。

此外，随着人工智能和物联网发展，富力物业还逐步实现了"互联网 +"的服务升级，社区用户可以通过智慧社区服务平台——"自在社区"，轻松享有移动物管、业主云服务平台、智慧车场、移动收费、智能门禁、社区共享配套等六大服务。

而在未来"新制造"大潮到来之前，富力已率先推出利用技术、流量和数据支撑的互联网平台——富力·环贸港，以"互联网 + 生态产业运营服务商"为定位，将"供应链优化 + 品牌整合"作为核心运营理念，为产业提供"快反供应 + 智能分销"的服务，并打造了"亿订"订货平台，向时尚行业供货商提供包括物业在内的全方位供应链服务。

城市之外，是更广阔的生活空间。运动、旅行、娱乐等休闲生活圈也

▲ 富力正在打造的 5G 智能全数字化展贸场馆——花都环贸港（效果图）

必不可少。

在文旅领域方面，富力整合地产＋旅游资源，打造了一系列具有滨水文化和养生特色的"湾"系、"谷"系旅游度假地等项目，同时正在海南打造首个纯生态海洋资源主题乐园，进一步满足人们对多元文旅项目的需求。

富力同样重视业主的文体健康发展，在社区内建造多种类型的运动场地，举办多元化的特色体育活动，例如 30k＋毅行活动、MINI 绿跑、"富力湾杯"精英帆船赛等活动，引导全民健身。

富力还将健康产业引入发展布局，开设健康地产、月子中心、高端医疗以及老年一站式养老服务生态链的全新业务。一方面从全龄段和全方位的层面上满足城市居民的健康需求，另一方面也为集团带来新的业务增长点。

夯实硬件基础，致力美好生活运营商

1994 年至今，富力集团已经走过了 25 个年头。在这 25 年里，富力以"城市建设 + 城市运营"为双核驱动，凭借雄厚的企业实力、成熟的旧改经验和与城市共生的旧改理念，在旧改项目中完成了数量和深度的双飞跃，成功打造了区域经济文化都市圈。

从成立初期就扎根旧改，富力这种看似不走寻常路的做法，事实上每一步都在稳打稳扎地奠定区域发展的硬件基础，通过开发优化空间布局拉动区域经济发展，推进城市竞争力的持续升级。

截至 2019 年 6 月，富力在全国已签约合作城市更新项目超过 60 个，规划总建筑面积超过 6000 万平方米，其中一二线城市占比达 95%，粤港澳大湾区占比达 70%。

从广州起步，富力的业务已拓展至北京、上海、天津、海南、太原等全国各核心城市及潜力地区。至今，已进驻超过 140 个城市和地区，累计拥有超过 420 个标杆精品项目。2018 年实现协议销售额超 1300 亿元，实现核心利润超 95 亿元，持有的酒店及商业资产市值超 800 亿元。

未来富力还将积极开拓更多具有潜力的城市及地区，持续推动城市更新改造进程，以产业培育和科技创新赋能城市经济发展。秉承"紧贴城市脉搏，构筑美好生活"的发展战略，用心创造美好和谐人居，致力成为国际领先的美好生活运营商。

写在前面

张玉良，"92派"企业家代表性人物。创建绿地，将一个几千万元注册资本金起步的公司发展成资产规模超过1万亿元的行业龙头；他重视现代企业制度建设，为绿地搭建了一个清晰的股权和管理架构，在新一轮国资国企改革中，绿地员工持股机制已成为混合所有制改革的样板之一。张玉良希望自己与绿地始终保持奔跑姿态，做新时代争创世界一流企业的追梦人。

▲ 绿地控股董事长、总裁张玉良

最早进入世界 500 强的中国房企——绿地

高欣 / 文

在很多人心中，1992 年很不平凡。那一年，南斯拉夫解体、捷克和斯洛伐克分裂，中国与苏联解体后的各共和国陆续建交，翻开了外交工作的新篇章。也是那一年，邓小平南方视察先后走过了武昌、深圳、珠海、上海等地，并发表了一系列重要讲话，为中国新时期改革开放指明了方向。

站在改革开放的转折点，中国房地产业在市场经济环境初创成型期的第一年，迎来了企业家精神觉醒的浪潮。放下"铁饭碗"，走上房地产创业的道路，大家口中的"92 派"也正是在此时走上了时代的风口。

1992 年 7 月，乘着邓小平南方谈话的春风，绿地控股集团的前身——上海绿地总公司正式成立。当时 36 岁的张玉良放下了在上海市政府农业委员会的稳定工作，领衔创建了上海绿地。不过，27 年前的他应该没有想过，27 年后绿地会从一个 2000 万元注册资本金起步的公司发展成资产规模超过 1 万亿元的行业龙头。

"2019 年是新中国成立 70 周年，是绿地发展的第 27 个年头，也是我个人与绿地共同成长的第 27 年。"绿地控股董事长、总裁张玉良在接受中国房地产报记者专访时感慨，"绿地的超常规发展历程也是我个人与房地产结缘、同呼吸共命运的成长经历，非常有幸能在其间为这个行业、为老百姓的美好生活贡献个人的绵薄之力。而我也将和所有的绿地人一样，始终保持奔跑的姿态，做新时代争创世界一流企业的追梦人。"

▲ 1992 年 7 月 18 日，绿地集团前身上海市绿地总公司成立，时任上海市副市长庄晓天，市农村工作党委书记、市政府副秘书长孟建柱为公司揭牌

商业·对话

中国房地产报： 走过 27 载，绿地在发展的同时也见证着祖国的成长与壮大，你觉得在这个过程中绿地有哪些受益？绿地发展的脚步又与国家发展的进程有哪些重合之处？

张玉良： 毫不夸张地说，绿地集团的发展史几乎就是一部企业版的中国改革史。

1992—1997 年，发展初期的绿地以提升城市绿化为己任，抓住了上海重大市政工程建设带来的动迁房建设机遇，成功探索出"以房养绿、以绿促房"的城市公共绿化建设新模式。

随着绿地逐渐通过"旧改"赢得市场，1997—2001 年，绿地按照现代企业制度要求完成改制，企业焕发出新的生机活力。在房地产领域，绿地坚持以"保民生、促旧改"为己任，积极参与上海"365危棚简屋改造"等大规模旧城改造工程，并以此为契机逐步投建商品房项目。

此后一直到2007年，伴随着城市化浪潮的迅猛推进，绿地的目光投向服务全国，从落子中西部开始布局全国，以"造城"之势投建了一大批大型综合社区。

为了响应"转方式、调结构"的政策导向，顺应城市功能升级的市场需要，2007—2011年，绿地大力投建大型高端城市综合体，提升商业运营能力，为增强产业集聚、拉动商业消费搭建载体。绿地还确立能源为第二支柱产业，以煤炭产业整合为契机迅速做大做强，金融产业链则以控股城商行为龙头。

进入发展的第五个阶段，绿地的脚步迈向海外。2011年起，绿地积极响应国家关于企业加快实施"走出去"战略的要求，加快自身国际化进程。首个独资海外项目成功落子韩国济州，积极利用国内、国际两种资源，充分拓展国内、国际两个市场。

当下，中国特色社会主义进入了新时代，中国经济正在从高速增长向高质量发展转型升级。绿地也在2017年进入"地产＋多元产业"升级发展的新阶段，朝着万亿级规模快速迈进，向着具有全球竞争力的世界一流企业进军，并形成"以房地产为核心主业，大基建、大金融、大消费、科创、康养等产业并举发展"的多元经营格局。

中国房地产报：那结合这些年的创业经历，在你心中绿地是一个什么样的企业？

张玉良：绿地集团成立于1992年7月18日，成立的初衷是用市场化的方法服务于上海城市绿化建设。随后的这些年中，在上海市委、市政府的关心支持下，绿地通过推动产业转型升级、实施经营管理创新、培育优秀企业文化、积极履行社会责任，实现了超常规发展。

▲ 绿地控股鸣锣整体上市

　　与此同时，绿地在多年的发展过程中，也在市场上逐渐形成了鲜明的企业形象。从规模与影响力来看，我们是"房企龙头"。从绿地积极顺应中国经济结构性、趋势性的机遇，加快发展相关多元产业的角度来讲，我们算是一个"转型典范"。基于深化混合所有制改革的成果，绿地可以说是当之无愧的"混改标杆"。而当企业的发展经历了"上海绿地""中国绿地""世界绿地"三个阶段后，随着企业内涵和外延的不断拓展、丰富，绿地也在积极充当、扮演着"国际化先锋"的角色。

　　绿地已经形成"以房地产为核心主业，大基建、大金融、大消费、科创、康养等产业并举发展"的多元经营格局。通过"地产＋"的商业模式，各产业互为支撑、相得益彰，形成了"1+5>N"的协同发展效应，构筑了独特的竞争优势。

中国房地产报：谈到"混改"，这些年来绿地在这部分成绩斐然，能不能具体谈谈都做过哪些努力？绿地成功的秘诀是什么？结合实践经验，你认为混改对于企业发展有何意义？

张玉良：绿地集团诞生于我国市场经济改革大规模启动的 1992 年，是中国市场经济改革大潮中涌现出的具有代表性的企业之一。自创立以来，绿地始终坚持"与改革同步、与时代同行"。不断推进体制改革和机制创新，是我们的一个鲜明"性格特征"。

发展过程中，绿地在不同的历史阶段，也先后进行了多轮体制改革。在 1992—1997 年的第一阶段中，绿地在纯国有体制下按照市场化规则运行。到了第二阶段（1997—2013 年），绿地建立并不断完善了国有控股、职工持股的股份制。在第三个阶段里，也就是 2013—2015 年期间绿地引进了战略投资者，形成了国有及非公有资本交叉持股、相互融合的混合所有制。而从 2015 年至今，属于第四个阶段，绿地已经完成了整体上市，成为公众公司，并进一步深化了混合所有制改革。

而在自身不断推进和深化混合所有制改革的同时，绿地集团也在积极发挥改革先行优势、复制改革成功经验，参与央企和地方国资国企改革。我们先后通过混改，投资入股了原宝钢建设、贵州建工、江苏省建、天津建工、西安建工、河南公路工程公司以及东航物流、上航国旅等国企，并取得了多方共赢的良好效果。举一个例子，就像贵州建工混改 4 年以来，各项指标均翻了一番多，在贵州省内已成为仅次于茅台的大型企业集团，并且至今仍然继续保持了快速发展的势头。

我认为真正的混改，应该是国有资本与社会资本之间的混合，通过搞"化学反应"，催生新的动力机制和发展活力。而且，从绿地集团的改革经验来看，国企混改最好应该形成国有资本、社会资本、员工持股"金三角"的股权结构，这样更有利于各种所有制资本取长补短、相互促进、共同发展。

经过长期的改革实践，我们也深深地感到，国企改革，特别是以发展混合所有制为核心的体制改革，对企业发展具有重大的意义。第一，它能激发"活力"，通过混改，企业能摆脱传统国企的束缚和局限，能够以市场化为导向，大胆地探索适合企业发展需要的经营管理机制。第二，它可以增强"动力"，特别是通过员工持股，把员工的利益和企业的利益紧紧捆绑在了一起，形成利益共同体，充分激发了员工的动力。此外，发展混合所有制为核心的体制改革也能够达到提升"实力"的目标，即通过增资扩股、股权多元化，提升了企业的资本实力、战略视野、治理水平等多方面的软硬实力。

中国房地产报：除了积极推进体制改革，最近几年绿地在新的行业趋势下也在自我转型。尤其是在科技产业的投入上有很多动作，能不能谈谈绿地究竟想要做什么？未来这一块业务的成长会与房地产主业有哪些互动？新一轮的创新转型会为绿地带来哪些改变？

张玉良："面向未来思考发展、拥抱科技构筑优势"，绿地新一轮创新转型发展中，拥抱"新科技"、转型"新物种"、抢跑"新未来"，已卓有成效。当下，绿地从科技战略合作、载体建设运营，到科创项目投资，再到创新科技赋能，逐渐搭建起了一个具有鲜明特色的庞大科创发展体系，为企业赢得未来市场竞争抢占了有利地形，也为上海科创中心建设和中国经济创新驱动发展作出了贡献。

目前，绿地旗下高科技企业及产业协同"矩阵"已初步成型。以大数据、云计算、人工智能、物联网、移动互联网为代表的前沿创新科技为核心投资领域，以核心科技领域有潜力的领军企业为战略入股对象，以"战略投资＋产业协同"双线模式为主要合作方式，以提升绿地作为领先的城市建设运营商在智能化、智慧化、数字化等层面的综合能力和运营服务质量为主要协同目标，绿地高科技企业"矩阵"已齐聚深兰科技、城云国际、涂鸦智能、佰才邦、瑞为技术，而这5家企业均是在各自优势领域拥有领先技术优势和市场份额优势的"独角兽"，并与绿地"地产＋"的产业体系高度协同，合作空间广阔。

下一步，在成为重要战略股东后上述企业均将推动在上海建立研发总部及市场总部，在提供产业、场景、市场等方面资源的基础上，绿地还将发挥集团平台整体优势，推动绿地系高科技企业之间的互动与合作，实现不同技术领域企业之间的优势互补，进而巩固并扩大"独角兽"企业在各自领域的领先优势和行业地位。

未来，绿地将围绕核心前沿创新科技领域，强化"战略投资＋产业协同"双线模式加速打造绿地系"独角兽矩阵"，搭建绿地特色科创发展体系，加速向"城市建设运营商"全面转型。

中国房地产报：问一个关于你个人的问题，2018 年你成功连任了绿地控股董事长，你现在每天的工作是怎么安排的？按照你对自己职业生涯的规划，你计划在一线奋斗到什么时候？着眼未来，你认为绿地更需要什么样的人才？

张玉良：我和所有的绿地人一样，始终保持奔跑的姿态，做新时代争创世界一流企业的追梦人，每天的工作忙碌而充实。就我个人而言，只要还有能力以及身体条件允许，股东支持我在董事长的位置上坐下去，我就会继续作出自己的贡献。因为之前做得还不够好，所以我要更加努力。

2019 年，绿地上下正围绕迈向"双万亿规模"的目标，着力在"进取、精准、落地、提升"上下功夫，保持着奔跑、奋斗、追梦的状态。

人才方面，绿地围绕企业"地产＋多元产业"产业协同战略和科技创新的转型升级战略也对人才提出了新的要求，并持续加强人才工作。未来绿地将持续强化"业绩挂钩、有进有退、能上能下"的制度刚性，刺激团队活力。加强中高层团队建设，加强营销总监、投资总监等专业队伍建设，提升各级人才的素质和能级。

中国房地产报：回到大环境，2019 年是新中国成立 70 周年，是全面建成小康社会的决胜期。对于绿地来说，2019 年将是怎样的一年？未来你希望绿地成长为一家什么样的企业？

张玉良： 2019 年，是新中国成立 70 周年，也是绿地集团推进企业高质量发展、推动四大产业规划落地并取得重大进展的关键之年。做好 2019 年的工作，对于绿地集团立足新的历史起点，向更高发展能级和更好发展水平跨越，具有十分重要的意义。

这一年里，绿地集团上下将全面辩证把握内外部环境的变化，以更加积极进取、更加主动作为、不断攻坚克难、持续向前奔跑的精神状态，狠抓发展不放松，提质增效不动摇，确保各项工作取得新的更大成绩，为迈向万亿元收入规模、进军世界一流企业打下决定性的基础。

2019 年，外部经济环境依然错综复杂，但综合各方面的情况来看，也有很多积极的因素正在增加，总体形势其实较上一年度将有所好转。从宏观经济来看，中国经济仍将面临较大的下行压力，为了提振市场信心，进一步稳就业、稳金融、稳外贸、稳外资、稳投资、稳预期，很多政策口径较去年将有不同程度的松动和调整，三大攻坚战将继续推进，但"一刀切"的去杠杆、防风险做法将改变。为了解决民营企业和小微企业融资难融资贵问题，流动性将保持合理充裕，市场资金面将适度宽松；另外供给侧改革将深入实施，但同时也将稳定总需求，并进一步挖掘投资潜力，发挥投资关键作用。

在突破全球行业制高点后，如何重塑发展模式、激发全新动力，成为绿地再谋突破的关键课题。积极进取、顺势而为，是绿地一以贯之的发展智慧。历经转型调整，绿地当前房地产主业及"1+3+X"综合产业的业务组合已经初具规模，协同效应逐渐显现，"公众化、资本化、国际化"的企业格局也基本形成。

我们相信，绿地的主动谋变必将推动企业再度踏准大势、领先时代。"成为具有世界级规模和竞争力的全球综合性地产开发运营企业"是我们的梦想。深感使命之重，但我们始终坚信，一个敢于梦想、更能够实现梦想的企业必将创造更大的奇迹。

写在前面

　　他被称为房地产行业的"战略家"，他对市场大局的把握非常精准，且每一次都能带领旭辉踩准节奏。从厦门到上海，从曾经的"永升"到如今的旭辉，在林中的带领下，旭辉发展势如破竹，于2018 年顺利跻身千亿房企阵营。

　　"行者"是旭辉的身份，"稳健"是旭辉的特质。秉承"用心构筑美好生活"的核心理念，旭辉不断迭代升级产品品质，并依托房地产主业优势，整合产业链上下游资源，深化"房地产 +"战略布局，以构筑良性发展的房地产生态圈。

▲ 旭辉控股董事局主席林中

"行者" 旭辉

"像金庸笔下的郭靖一样，傻傻坚持初心，默默努力前行，以实打实的'硬功夫'行走江湖"，这是林中对自画像的着墨。

带领一家千亿元规模的企业前行并不是一件简单的工作。

如果不出差，林中的一天会被各种会议塞满，从早上到公司一直到下班。中午时间允许的话，林中希望安排与各个条线、团队来一场轻松的午餐会。"参与的员工不分等级，都可以来。我跟大家聊聊工作中的困惑，行业的发展，也可以从他们身上感受到公司的状况。"林中说。

如果是到各个区域出差，林中也会要求安排员工进行座谈。

作为创始人，林中认为"公司再大，创始人都不能脱离一线"。

从公司成立，到搬迁上海，到港股上市，到突破千亿元，旭辉的每一步发展都离不开林中的身体力行。

林中更是被称为房地产行业最懂战略的人。说他是战略家，是因为他对市场大局的把握非常精准，且每一次都能带领旭辉踩准节奏。

在他的带领下，2018 年，旭辉的销售规模已达 1520 亿元，行业综合排名位至 TOP14。

当站在千亿元规模的新起点回望旭辉的发展历程，林中清楚地认识到，企业的命运与国家的命运休戚相关。"我们最应该感谢的，是这个时代。"林中说，纵观中国上下五千年，过去几十年，是从未有过的高速发展的太平盛世；横望世界近代的风云变迁，过去 20 年，10 多亿中国人口的城市化进程，也是人类有史以来规模最大的，这为中国房地产人提供了千载难逢的宏大舞台。

"我很庆幸能够出生在这个年代。从步行、牛车、绿皮火车到高铁，我们国家的一辈子能活过西方国家的几辈子。"林中将旭辉的发展归功于时代，认为"成果多半非战之功，只是顺风而翔、顺势而为"。

如今，跨过千亿元的旭辉在关注规模背后，也更加关注企业的均衡增长。林中认为，旭辉是一家追求均好发展的企业，稳健是旭辉的特质。"与其说旭辉是一匹'黑马'，我们觉得旭辉更像一位'行者'。"

"行者"旭辉，不要做走得最快的，但要做走得最久的。

纵观历史，能够走得久的企业不仅要能力出众，更要值得人尊重。旭辉的目标就是要成为世界一流的受人尊敬的企业，成为世界 500 强是旭辉现阶段的企业愿景。林中指出，旭辉很早就提出要做地产界的"华为"，学习其高效的战略执行力，包括组织、文化、人才、机制、管理等方面，只有这些方面全力发展，才能支撑企业不断进步，从优秀走向卓越。

"92 派"企业家

机会来敲门时，往往不会提前告知你它的到来。林中与房地产的结缘也并不像外界想的那般雄心壮志。

厦大毕业后，林中便在一个机缘巧合下进入一家房地产公司做销售。由于大学没有学习过房地产相关专业，不够了解，因此林中便拼命学习。

"当时公司并没有说要做市场调研，我自己却跑遍了厦门的大街小巷收集问卷；公司没有要求去了解竞争对手的产品，我就自己做足功课到处'跑盘'。"就这样，抱着积极的心态，林中很快就适应了这份工作，并且培养出了敏锐的市场洞察力。

1991 年，林中 23 岁。当时受到一位朋友的启发，林中用自己存下的

2万元，以及向亲朋好友借来的几万元买下了一套期房，当时市值9万元。据林中回忆，那时并没有明确的投资概念，纯粹想尝试一下。却没想到，等第二年期房交付，这套原本9万元的房子转眼翻至20多万元。通过转手卖掉房子，盈利了不少，这是林中第一次试水房产投资，也第一次感受了房地产业发展的蒸蒸日上。

有了这段经历，再加上此前在房地产公司做销售积累的行业认知，林中判断，彼时厦门市场潜力不小，想买房的人很多，但真正好的房子和好中介却不多。于是，一个念头萌生了——"不如干脆自己来做。"

1992年，是中国改革开放的一个重要坐标，对于一大批民营企业家来说也是一个重要坐标。时势造英雄，"92派"企业家们应运而生，林中便是其中的代表。

1992年，24岁的林中在厦门创办了"永升物业服务公司"，最初帮开发商做销售代理，一年之后便进入开发领域，投身时代洪流。

▼ 位于厦门的永升大厦——旭辉梦开始的地方

"当时创业的心态和动力很简单，就是想靠自己的双手改变命运。"林中回忆道。林中的家乡建瓯在福建山区，因家庭条件窘迫，林中从小就想着奋进拼搏，福建人最爱唱的一首歌是"爱拼才会赢"，歌中唱尽了闽商的精神——拼搏。

凭着一股拼搏劲儿，决定创业的林中租下一幢独栋楼房，一层作办公区，二层作会议室及经理办公室，三层则是自己的住处，吃住工作都在一起，这就是公司最初的模样。

对于初创公司，客户资源显得尤为珍贵。公司成立以后，林中一家家拜访原先的客户。由于林中一直给人踏实的印象，这为其赢得了不少信任，也因此结交了不少朋友。

"不久我就接到了第一单大生意。那时，一位台商在厦门投资了不少房产，其中一幢18层高的楼房就委托给我出售。面对这第一个大单，我可真是全力奋战，广告宣传、线下行销、拳打脚踢，经过一系列的折腾，大楼终于顺利卖出，我也赚到了第一笔代理费。"

这是林中和旭辉的第一桶金。

高速发展的 19 年

林中说，企业命运与国家命运休戚相关。如果说"永升"的诞生处在中国房地产萌芽启动期，即1978年到1998年，那么"旭辉"的成立与高速发展则完美契合了中国房地产高速发展的20年，即1998年到2018年，所有一二线城市最大的变化都发生在这20年。这20年中，旭辉经历了三次重要事件，也是旭辉历史上三次具有里程碑意义的时间节点。

第一个便是2000年。

2000年，当时还是永升服务的旭辉只在厦门和福州两个城市有项目，由于城市体量有限，厦门全市一年的销售额只有100亿元左右。

"我们想，一定要走出去。"林中说，当时的厦门是沿海开放城市，所以为企业较早进入房地产市场提供了契机。但随着市场完全放开，厦门的先发优势就逐渐减弱了。尤其是上海、北京这些大城市的规模是厦门无法相比的。

"为什么起步差不多的企业，后来在上海要发展得快？这引起了我的反思，在房地产的高地和洼地耕耘，同等条件下，业绩却可能相差甚远！你想成为房地产的大企业，你一定要到房地产的高地去，水深才能养大鱼，花盆难栽万年松。"

于是2000年，旭辉搬迁，将总部设在上海，这奠定了旭辉以上海为中心的全国化布局。从现在回头看过去，林中感叹，当初来上海的决定非常正确，这不但让旭辉能在一个更大的市场中去历练、成长，更有利于旭辉吸引行业的顶尖人才。

来到上海的旭辉发展正式进入快车道，做大做强是林中当时的想法。但是，2006年林中开始更深层次的思考。

"通过10多年的积累，衣食无忧了，人在没钱的时候想钱，但累积到一定程度的时候钱只是一个符号，因为你很忙，比杜甫还忙，你根本没有时间花钱，这个时候就开始想精神层面上的事了。人很难在物质没有得到满足的时候就思考精神方面的事，那一定不是一个普通人，而我们都是普通人。"

2006年是林中思想上的一个转折点。林中说，当时身边很多朋友做投资赚了很多钱就面临做企业家还是做资本家的选择。如果做资本家，可以既有钱又能过高品质的生活；而如果做企业家，就要有企业使命、愿景，要把企业做到百年企业，希望企业造福社会、客户、人类，这也就意味着选择苦行僧的生活。林中很羡慕那些资本家，但他最终还是选择做了企业家，原因就是在林中的企业愿景中，为客户创造更大价值、为员工创造更大平台、为社会作贡献、为后人留榜样才是发展企业的终极目标。

秉持这样的追求，2012年，旭辉迎来发展史上第二个里程碑事件——上市。登陆港股资本市场，成为一家上市企业，旭辉从此肩负了更多使命和责任。

▲ 2012 年旭辉在香港成功上市

　　上市为旭辉的发展提供了更大的发展空间，在资本的加持下，旭辉制定了"持续、稳定、有质量"的增长策略。在战略指引和员工的努力下，2017年，旭辉正式跨入千亿元阵营，这也是旭辉发展史上第三个重要的时间节点。

　　千亿元后的旭辉继续砥砺前行，2018年，旭辉销售规模突破 1500 亿元，行业综合排名也从刚进入 50 强上升至行业第 14 位；2019 年，旭辉为自己制定了更高目标，将完成年度销售额 1900 亿元。截至 2019 年上半年，旭辉已经完成 884 亿元销售额，完成全年目标是大概率事件。

　　除了规模上台阶，旭辉在产品和服务上不断升级，住宅产品 CIFI-5、CIFI-6 不断迭代，体现了产品精细化、科技化、人性化、时尚化的进步，商业和办公产品也开始轮动发展。

从零到一，从一到百亿元，再从百亿元到千亿元，旭辉的发展离不开员工的同心协力，而发展壮大后的旭辉也为员工提供了更大的成长空间和平台，实现了从人才引入，到人才自给、为行业培养人才的转变。"过去几年，我们从内部提拔大量优秀伙伴，现在全国各地的总经理大部分都是这几年从内部提拔上来的，集团的中高管也大都是从中基层干部提拔上来的。这得益于我们一直努力打造人才供应链，像管理供应链一样管理人才的引用育留。"林中表示。

作为一家上市企业，旭辉上市近 7 年以来坚持每年派息，将净利润的35% 用于回馈股东，为股东提供了丰厚的回报。

从百亿元到千亿元，旭辉稳步走了 18 年。而这 18 年也正好是房地产行业高速发展的 18 年，大浪淘沙中，旭辉正一步步"活成理想中的样子"。

二五战略到三五战略

2018 年到 2038 年，房地产发展将迎来第三个 20 年，这也是旭辉突破千亿元规模之后的第一个 20 年，如何度过？作为房地产行业的"战略家"，林中也为旭辉谋划了千亿元之后的战略打法。

林中认为，一个企业要制定正确的战略，关键要考量三个方面内容。

首先，要洞察战略环境，特别是对行业发展趋势有相对准确的判断。这个行业未来 5 到 10 年的趋势是什么？因为战略就是远见，战略是往这个方向走的时候，不会轻易发生变化，否则很多东西会朝令夕改。从长期来看，旭辉对房地产行业一定是坚定看多的，长期看好就意味着你考虑企业发展会更有长远视角，也就更能在短期市场波动时不会太过焦虑，而且甚至是看到调整背后的机会。

了解环境之后，第二步就要了解企业自身的能力和资源，以及企业所处的发展阶段。企业处在不同发展阶段的时候，选择会不一样。在企业发展的初期，在企业快速成长期，在企业发展的高速成熟期，在企业成熟期

以后，策略都会不一样。

最后，企业还要结合自己的战略目标来制订相契合的战略计划。

综合考量三个方面内容后，2017 年，在旭辉上市后的第 6 年，合同销售额首次突破千亿元大关。也正是在这一年，旭辉提出"二五战略"计划，稳健、持续、高质量成为这 5 年的关键词。在规模背后，旭辉更加关注均衡增长，更强调增长率、利率润和净负债率等方面的均衡，从而保持好的业绩和盈利能力。

在主业之外，旭辉围绕着为客户提供美好生活的出发点，开展房地产＋多元化业务布局，推动房地产生态圈的打造，借助房地产主业的优势，不断整合资源、开拓创新。目前，旭辉的房地产＋布局已逐步形成规模，业务遍及物业管理、长租公寓、教育、养老、商业管理、建筑产业化、基金管理、工程建设、装配式装修等方面。

在"二五战略"内，旭辉要成为城市综合运营商，成为美好生活服务商。"我们希望有美好生活的内容，所以才会有物业、养老、文旅这些内

▲ "行者无疆"，旭辉第三届戈壁远征

容，商业未来也要做自己的 IP。"林中说。

而要实现上述战略愿景，人力资源是不可忽视的关键因素。在旭辉"二五战略"中，人才战略也有所升级，提出要打造"六高"组织，即以追求高目标为出发点，实现高文化认同、高组织活力、高人才供应、高绩效结果、高激励机制，最终助力高目标的达成。"六高"既是旭辉组织和人才战略的顶层设计，同时也能够支撑旭辉的业务战略落地。

一直以来，旭辉在发展过程中就很重视人才，林中始终认为，人才是企业经营与发展之根本，员工是宝贵财富。在用人策略上，旭辉拒绝"人海战术"，拒绝用数量解决人才的质量问题，更看重业务量和人才发展的匹配度。人才获取方面，旭辉采用外部引进和内部培养相结合的方式，外部人才留得住、做得好，内部不同类别的管培生计划增强自身造血功能。

在人才之外，旭辉也在逐步进行组织架构优化。企业发展的阶段不同，对应的组织架构就不同。千亿元规模之后，旭辉开始推行"大平台＋小集团＋项目集群"的三级管控机制，集团总部更偏向战略管控，进一步放权到区域，使区域做大做强，进而孵化出更多百亿元级别的区域，以支撑旭辉未来实现战略目标。

实际上，"二五战略"旭辉只是"羽翼渐丰"，而真正转型将会在2022年开始的"三五战略"阶段。在"三五战略"期间，旭辉要实现从开发销售型企业向综合运营型企业的转变。对市场的运营能力、对不动产的管理能力，如何培养新的人才，构建新的技能等，都将是旭辉未来需要考虑的。

"我认为，一家真正成熟期的房企，租金收入要达到30%以上，开发占50%、60%，还有20%是其他业务，才是理想的状态。"林中说。

虽然目前旭辉的"三五战略"阶段还尚未来临，但"二五战略"的推进落地为旭辉"三五战略"甚至更多5年战略的落地实现提供了更为广阔的想象空间。

工作占据了林中大部分时间，但工作之外，林中热爱运动，尤其是徒步和滑雪。林中每天都坚持徒步，一年可以走完1800公里。不仅自己坚持徒步锻炼，林中还要求旭辉高管每周快走20公里。

"走路是个形式，最关键是要让大家保持一个健康的体魄。"

如今，徒步已经成为旭辉的一种习惯，一种企业文化。每年旭辉都要组织戈壁行走或城市徒步公益比赛，让更多的人加入到徒步中来，既能磨炼意志，又能强健体魄。

"行者"是旭辉的称号，"均好"是旭辉的特质，不希望有太多棱角的旭辉，却始终在追求平衡，因为平衡才能活得长久。林中说："我从来都不追求旭辉要跑得最快，但一定是追求成为走得最远的那个。"

写在前面

他立志"做一个陈嘉庚式成功的中国人"，虽出身豪门，却一直坚守个人耕艰之道，做金融、做地产、做教育，不惑之年便成为闽商一代翘楚。

他崇尚国学，信奉正心修身，致力于走"精英治理、三权分立"的管理路线，带领阳光城从无到有，成长为一家集环保、教育、地产、金融为一体的大型投资控股公司，连续两年入选《财富》世界500强。

在他看来，所有的成功都自有逻辑，那就是坚持。所以他每天坚持5点起床、锻炼、读国学，编写企业《文化手册》，而且坚持"每天把宝贵的时间见最重要的人，办最重要的事"。他就是阳光控股董事局主席林腾蛟。

▲ 阳光控股董事局主席林腾蛟

林腾蛟的"阳光"梦想

苗野 / 文

1995 年，林腾蛟回国创业，以教育起家，创办阳光控股。2006 年元旦，阳光召开"马堡战略研讨会"，作出"聚焦地产"的决策。从初创到现在，阳光城经历了 24 年的时间。围绕"规模上台阶、品质树标杆"的战略发展目标，阳光城已经构建了清晰的发展路径，以"三全"战略为引擎，全地域、全方式、全业态获取优质土地资源。

撕去了"激进"标签之后，阳光城从昔日的阳光跑车，到步入千亿元，再到绿色智慧家的品质战略升级，用业绩和实力实现着一次次华丽转身。

在不确定的市场环境中，阳光城提出，秉持高效、灵活、精准的管理作风，坚定贯彻公司既定战略方针，在保障公司现金流安全的基础上，全面提升发展质量与管理质量，稳步向行业标杆迈进。

初创：爱拼才会赢，开创房地产业新格局

出身于华侨家庭的林腾蛟，从小他就立志要做像"陈嘉庚一样成功的中国人"。1995 年他从新加坡留学归来，投资创办了福建阳光集团，以善谋者的姿态投资内地房地产，首进厦门与福州。

1996 年，林腾蛟在厦门开发了首个项目"阳鸿新城"，还在福州马尾创办了阳光国际学校。此后，林腾蛟探索出一条复合地产的开发之路。1997 年，他在福州市中心开发了地产与教育相结合的阳光城小区，这也是"阳光城"的名字由来。同年，阳光城开始投入教育兴办学校，几年间相继建成福州阳光国际学校、阳光学院、福州阳光国际幼儿园、福州阳光英语培训学校，形成从幼儿园、小学、初中、高中直至大学本科的教育体系，成为福建省民办教育的一个窗口。

2002 年，是林腾蛟回国创业 7 年后事业的第一次"起飞"，34 岁的他成功收购上市公司"石狮新发"，借壳上市，公司后来正式更名为阳光城集团。

2004 年，阳光城以"复合型地产运营商"的方略进军上海，以成功开发上海金桥碧云国际社区"天骄大厦"为契机，阳光城正式启动了"房地

▼ 阳光控股总部

产开发全国战略"。随即响应国家开发西部的战略，助推西安、咸阳一体化，开发占地 5 平方公里的"上林苑"项目，成为打造西安、咸阳城市副中心的标杆性项目。至此，阳光城复合型国际社区全国战略开始布局。

从房地产投资起步，顺应市场更引领市场，创造性地将教育、酒店等资源有机融入地产开发，倾力打造复合型地产运营实体，前 10 年的阳光城，以福建人骨子里敢打敢拼的精神，完美诠释了"爱拼才会赢"的真谛，开创了房地产业的新格局。而在此后的几年间，阳光城在全国范围内狂飙突进，成为闽系军团中的一匹"黑马"。

全国化："地王"疯狂拿地，进军第一梯队

林腾蛟是一个低调的人，很少在媒体前曝光。但他对国学的热爱是地产圈内人尽皆知的。他有一句名言："人品是最好的风水，也是最硬的关系。"

这源于他的家学渊源。"我出生在华侨家庭，家族对中华传统文化的启蒙教育很重视，我从小就会背诵《千字文》。"林腾蛟说，国学经典是数千年来中华民族生活方式、道德规范、审美情操的集中反映，是维系中华民族始终向前发展的内生力量。

他喜欢读王阳明的心学理论，每天早上都会把自己前一天读王阳明的心得发到管理层的微信群。在一次采访中，林腾蛟说，他的"小目标"就是让阳光城尽快实现世界 500 强的梦想，"大志向"是希望能够成为对社会进步、商业文明起积极推动作用的企业家。

2010 年，阳光城地产基本完成全国布局的战略目标，在福建、北京、上海、江苏、广西、甘肃、山西等省市均有已建、在建、待建项目。2011 年，阳光城砸下 40 亿元，将其势力范围拓展至海南、西安、太原等地。

但阳光城真正崛起始于 2012 年。当年林腾蛟将阳光城总部从福建迁至上海，开始全国化布局，并请来明星职业经理人陈凯做总裁。3 年时间，

从几十亿销售额做到200多亿元，跃升为中型房企，并制订了新一轮拓展计划，向房地产企业"第一梯队"进军。2015年，陈凯卸任总裁，仅保留联席董事长一职，逐渐淡出，最终跳槽。

2016年对于阳光城来说，是个特殊的年份，阳光城开启了"3+1+X战略"。彼时土地市场竞争愈演愈烈，阳光城却拿出205亿元进行并购，规模仅次于恒大、碧桂园和融创。这一年，阳光城频频拿下"地王"，这种战略也并不难理解，对于中型房企来说，只有努力向第一梯队靠近，才会有未来。

这个时候的阳光城，坚定"区域聚焦、深耕发展"的发展战略，深耕沿海经济带，逐步形成"一带多点"（一沿海经济带，多策略性布点）的发展布局。重点布局深具发展潜力的成长性城市，成功实现了高周转和保利润的互相补充。

2017年，中海三杰会师阳光城，在原有战略布局基础上，阳光城提出了"三全"投资战略，即：全地域发展、全方式拿地、全业态发展，这也是避免周期风险的基本保障之一。

据了解，阳光城有五大区域体系，分别是大福建、长三角、珠三角、京津冀、内地（中西部）。新战略确定后，阳光城的土地投资明显向内地倾斜，长沙、成都、武汉、郑州、西安、太原、南昌、昆明、贵阳、乌鲁木齐等战略性城市组成的内地区域开始成为贡献率最大的区域。

林腾蛟表示，作为企业家，一定要学会培养自己的判断能力，对这些环境的判断也是需要多方思考的，不要简单地人云亦云。

截至2017年底，阳光城已形成大福建、京津冀、长三角、珠三角等发达区域和城市圈的深耕布局，并在西安、成都、武汉、郑州等中西部二线核心城市实现突破，同时进入核心城市周边的机会型城市，实现了全国一二三线城市的广泛覆盖和平衡布局。

到了2019年上半年，阳光城已拥有土地储备总计4675.56万平方米（预计货值5834.87亿元），其中一二线城市土地储备面积占比73.86%（预计未来可售货值占比84.23%），累计成本地价4472.82元／平方米。

千亿元：迈入千亿元大关，财务指标大幅优化

阳光城在 2018 年 9 月悄然迈入千亿元大关，进入房地产第一梯队。而在 7 年前，阳光城 2011 年的销售额只有区区 23 亿元。不到 7 年时间，阳光城就做到了近 50 倍的增长。根据阳光城 2018 年的财报数据，公司 2018 年全口径销售金额为 1628.56 亿元，权益销售金额为 1183.25 亿元。当年实现营业收入 564.7 亿元，净利润 39.06 亿元。

伴随业绩高增速，阳光城同时实现财务指标，特别是偿债指标的大幅优化，2018 年有效降低扣除预收账款的资产负债率至 60.84%，同比减少 6 个百分点，有息资产负债率降至 42.75%，同比减少 10 个百分点，净负债率降至 182.22%，同比减少 70 个百分点，平均回款率达到 80.05%，为历史最高水平。

复盘这条良性扩张路径，可以清晰地看到阳光城策略性布局。围绕着"三收三支"的日常运营预算管理办法，阳光城严格遵循以收定支、先收后支、收大于支的现金流战略，确保了整个体系在回款方面的高效运转。其中，房地产企业财务指标中的重中之重——销售回款速度在这一管理办法之下，获得了突破性进展。

据了解，阳光城建立了从集团到区域、从全局到项目、从股权激励到经营评价、项目共赢等多维度、多层次的激励考评体系。在现金为王的时代，将关注点放到销售回款，回款率力求超过 2018 年平均水平，用回款拿地的做法显然没有问题。

数据的另一端，阳光城在以优秀城市运营服务商为目标的定位下，将地产主业与其他价值版图日趋成熟的结合。通过整合阳光控股六大产业，积极拓展更多业态和加速全产业链布局，积极拓展产业地产及园区运营、经营性物业运营等业务。并在产城探索上取得实质性突破，连续签约青岛童装小镇、常州影视小镇、延安教育小镇。

从调结构、高周转，到完整产业链、信息化建设，再到建立双赢机

制、梳理管理架构，对如今的阳光城而言，极速扩张已经不是其唯一的需求。在实现真正多元化布局的道路上，阳光城的心态很平稳，也更趋向于走一步一个脚印的踏实路线。

未来：文化引领，品质为王，全面回归人居品质

低调跨过千亿元大关后，规模之上，如何传承？千亿元之后，如何更强？对于下一步目标，阳光城做出的回应是用优质的产品和服务，为阳光城的客户创造一个舒适、安全、健康、智慧的家。

2016年，阳光城将产品核心理念从"以客户为导向"进阶为"以用户为导向"。所谓"以用户为导向"，就是阳光城产品设计及营销策略的角度转换，这两年业绩的激增，也反映了阳光城产品力的蜕变。

2018年9月，阳光城对外发布《绿色智慧家白皮书》，近200页的详细说明，充分体现出了阳光城进行品质革命的决心与野心。于是，以"绿色智慧家"为定位，阳光城的这场品质革命正式打响。"绿色智慧家"是以

▼ 阳光学院

"绿色健康、智慧生活，家文化"为主题概念，联合清华房地产协会研发新健康住宅产品标准与实施体系，并在全产品系的应用实施上，通过智能科技的嵌入与升级，为未来家庭带来更健康与智慧的住宅产品。

同时，阳光城开始更注重营销效率的提高。2018年阳光城营销已经形成了全攻全守的精准管控体系，体系内麦穗计划、光盘行动、品质101、红黄灯约谈机制，以及监控项目量价的阳光竞技榜等，对阳光城整体营销力的提升，起到了巨大的推动作用。

阳光城对公司治理、组织机制创新的目标是推进商业文明，成为商业文明的推动者和典范。比如在公司管制上，阳光城有很好的基础——董事会，三权分立，精英治理，而且还在继续迭代进化。

在这方面，阳光城老板林腾蛟是难得的舍得放权。他信奉的是：精英治理的企业经理人文化能做得比他本人更好。他强调三权分立的顶层设计，并且对自己的管理边界设置得非常好。而这样一个制度不管对老板还是对职业经理人来说都是最舒适的一个状态。在这样的组织框架下，阳光城建立起了现代公司治理制度，股权激励机制、合伙人机制。

阳光城专门有一本企业文化手册，"见贤思齐，谦卑自牧，良知清澈，光明磊落，意气风发，勇猛精进"是其中的20字箴言，这也是阳光城的工作状态和价值观。

从1995年到2019年，阳光城为缔造品质生活深耕24载，布局全国30大区域，匠筑百余座人居精品，以卓越傲人的"阳光城速度"实现企业成长"三级跳"，力拓核心战略区域，在短短的时间内迸发出巨大的能量。"阳光城速度"的背后，是阳光城集团精工筑城、匠心传城的坚守。砥砺前行的背后，凝结的是一批敢于担当、勇猛精进的职业经理人，他们于无形中生成一股力量，推动着阳光城的发展和蜕变。

用"一个信仰""两个坚持"和"三个自信的基因密码"配合战略落地，阳光城自然充满力量，一路向上。同时坚持"人力资源是第一战略"的定位，天下英雄都愿意来，来了都能尽显身手。

人才战略，是阳光城集团的第一战略。阳光城集团坚持给员工成就自我的平台：通过三权分立、精英治理，建立一支极具阳光特质的人才战队；通过光合工程，雕塑一批烙有阳光基因的中流砥柱。

有阳光，有梦想，阳光城依靠自身的不断努力，成长为身价"百亿"的金字招牌。如今，房地产行业正在经历国家经济增长换挡期、结构调整阵痛期及前期刺激政策消化期三重变革，行业新一轮竞争才刚刚开始，我们也拭目以待坚持品质回归的阳光城的未来。

写在前面

　　1989 年，许荣茂所创办的世茂集团进入内地房地产市场，他以独到的战略胆识带领世茂集团在房地产行业屹立 30 年。作为地产界"豪宅教父"，他所提出打造的"滨江模式"在业内影响深远，时至今日仍被广泛复制。在许荣茂的带领下，世茂集团已经成长为业务版图覆盖地产、酒店、商业、主题乐园、物管、金融、教育、健康、高科技等多元领域的"航母集群"。

　　他不仅是一名企业家，还是一位慈善家。许荣茂和他领导的世茂集团，持续不辍地投入慈善事业，专注医疗扶贫、教育交流、文化传承、扶贫济困、赈灾济难、社区发展等社会公益事业领域。2017 年，许荣茂曾斥巨资购回《丝路山水地图》赠予故宫，成为中国企业与个人参与公益的标杆。

▲ 世茂集团董事局主席许荣茂

与时代同行三十载 "勇立潮头"许荣茂

付珊珊 / 文

　　壮丽 70 年，奋进新时代。新中国 70 年奋斗征程中，中国共产党带领全国人民，从新中国诞生之日起，满怀"敢教日月换新天"的凌云壮志，用激情燃烧的岁月建起宏图伟业，经历一代代人的不懈奋斗，终于走出一条让中国人民站起来、富起来到强起来的复兴之路。

　　回望 70 载风雨历程，1978 年，波澜壮阔的改革开放大潮拉开了中国"以经济建设为中心"的大幕，开启了中国人民追求美好生活的时代。在这个万物复苏、春水初生的时代，世界各地无数心系华夏、怀抱报国之志的爱国华商，在改革春潮中找到了实现自己"中国梦想"的人生舞台，用"实业兴邦"脚踏实地助力"神州腾飞"！

　　全国政协常务委员、中国侨商联合会会长、世茂集团董事局主席许荣茂是最早的参与者之一，与改革开放同步发展。在河北、在甘肃、在四川、在广东，从纺织厂到塑料厂，许荣茂兴办了多家企业，走出一条"浩荡"的全国化路线，在物资匮乏的年代，竭力为国民提供各种生活用品。"一开始我就认定中国的改革开放政策绝对不会改变，也绝不是沿海的专利。"多年以后，许荣茂道出了缘由："谁先坚信中国的开放政策，谁就先获成功。"

矢志不渝投身时代大潮

时代敲响战鼓，风起云涌的改革浪潮不断推进着神州大地日新月异的变化，也振奋着那些在热土上奋斗的追梦人。20 世纪 80 年代，国家建委召开全国城市规划工作会议，会议明确提出中国城市的发展总目标是"要逐步建设成为具有高度文明的社会主义现代化城市"，说明中国开始向建设现代化的新型城市迈进。

"来而不可失者，时也。蹈而不可失者，机也。"在各地办厂致力国民生活所需的许荣茂，听到时代所发出的新召唤，感受到发展新机遇，开始向城市运营者的方向转型，在 1989 年正式参与到城市的开发和建设中。"改革开放，我们华商作为中华儿女的一部分，义无反顾响应国家号召。香港到处高楼林立，对比内地当时的基础设施、城市建设，我深有感触，觉得祖国需要繁荣、需要富强。以前，我们投资制造业是为了提升居民的生活水平，现在却可以实现更多的想法，比如从城市整体规划考虑，投资大型的项目，改善城市的面貌和人们的生活方式，缩短和发达国家居民居住环境的差距。"

轰轰烈烈的 20 世纪 80 年代走到了最后一个年头，一个城市运营者开启了筑梦的脚步。1989 年，是世茂集团的公司元年。这一年，中国第一次作为正式代表参加了联合国人类住区委员会第十二届会议，首次在联合国人居会议上介绍了中国住宅建设、住房制度改革所取得成就，以及住宅发展战略设想和相应措施。也是在这一年，福建省同意批准外商申办开发区。许荣茂大胆地把投资在工厂里的所有资金集中起来，申请了一个开发区，开发了集团的首个综合体项目，成为当时全省 27 个成片土地开发项目中动作最快的一个。世茂就此诞生，振狮开发区综合体项目，成为世茂 30 年不平凡历程的起点。

▲ 世茂集团董事局主席许荣茂80年代在内地投资签约照　　▲ 世茂集团90年代在内地投资项目奠基仪式

开拓探索建设改革开放窗口城市

　　1994年，世茂挥师北上，先行北京。此时的北京，正逢跨国企业竞相在华设立投资性控股公司，外商、外籍人士大量涌入，同时催生本土的外企及商务精英。他目光炯炯，洞悉到市场需求，矢志为这座城市打造出和亚运地标一样领先时代的住宅，重新定义千年古都的人居标准，为在城市中或源源不断涌入这座城市的高端人士，打造现代化、国际化的居所。见多识广的许荣茂，以经验、以眼光、以敢为人先的精神，聚焦高档住宅开发，先后投资开发亚运花园、华澳中心、紫竹花园、御景园等高品质项目，打造出"外销＋高档"的发展模式。世茂以持续保持高位的品质，占领北京外销房市场份额达三分之一。

　　在改革开放进程中，"入世"是里程碑式的一环，意味着中国与世界真正接轨。1999年11月，中美签署中国入世双边协定，标志着中国加入全球最大贸易组织迈出了重要的一步；也是在这一年，中国政府正式宣布上海申办2010年世博会。

　　在充满机遇与期许的世纪末，许荣茂第一次来到上海。陆家嘴在高楼崛起中出落成"东方曼哈顿"的气象，一江之隔的外滩，20世纪90年代中期开始的"筑巢引凤"重新拾回"远东华尔街"的金融属性。这个万商云集、因贸易而兴起的"世界主义城市"必将成为中国入世后的最大受益者，许荣茂做出了被他称作"公司转折点"的决定——进军上海。

在 21 世纪初期的上海，世茂打造出了中国豪宅史上绕不开的两大标杆之作——世茂滨江花园及世茂佘山庄园；在上海，世茂开始摸索出自己多元化发展的路径——商业、酒店、物业服务领域的全新起航；在上海，世茂建构起了强大的国际合作资源；在上海，世茂坚定了紧扣城市发展、构建城市未来的路线，为后来全面开花、在全国各地推动城市建设进程，指出一条熠熠生辉的开始之路。

与城市共成长　与人民同幸福

世茂快速发展的背后逻辑是许荣茂紧抓国家发展机遇，顺应大势所趋的战略胆识。世茂从东南沿海的成片土地开发起步，先行北京，惊艳上海。此后伴随城市群发展，在 21 世纪初，将足迹拓展至全国。目前，它的足迹遍布长三角、海峡西岸、京津冀、山东半岛、关中平原、中原、成渝、长江中游等中国核心城市群及粤港澳大湾区……让一座座城市在日新月异的开发下踏上蝶变之路，不断用"缔造生活品位，成就城市梦想"助力人民对美好生活的追求。

30 载深耕历练，世茂步履不停。在稳立房地产开发主业的同时，世茂集团董事局主席许荣茂始终在思考，企业如何为城市赋能，满足人们生活更美好的需求。而既可赋能城市发展，亦可为其高质量的增长注入可持续发展强劲内驱力的多元发展之路，成为他的选择。

2004 年，位于"中华商业第一街"的上海世茂广场投入运营，世茂从住宅地产扩展到商业地产；2005 年，世茂将法国艾美品牌首次引入国内，打造上海佘山茂御臻品之选酒店；2009 年，世茂酒店及度假村成立，全面负责世茂旗下酒店业务的经营、管理和发展，完成与凯悦、万豪、洲际、希尔顿等四大国际酒店管理集团战略携手；2014 年世茂开始布局主题娱乐等领域……世茂孜孜不倦地在多元业务拓展上探索、发力，为人们在居住、生活、消费、商务、旅游等方面提供高层次的品质体验，至今积累了具有品牌黏性的"超级流量"——包含240万的业主及用户、500万的酒店年客流、8560万商场年客流。

在世茂出品的多元代表作中，被美国《国家地理》杂志誉为"世界建筑奇迹"的上海佘山世茂洲际酒店成为上海新名片。它是世茂历时12年潜心打磨的匠心之作，下探地表88米，在被废弃的采石坑内，建成了一座"史无前例"的自然生态酒店，受到全球媒体的广泛关注。除了"向下"探索，世茂"向上"生长的生命力也很茂盛。2019年6月，总建面积约136万平方米的"世茂深港国际中心"亮相深圳，成为粤港澳大湾区首个战略落地的超级综合体。根据总体规划，该项目将建设成集深港国际会议展览中心、深港青年合作创业中心、深港国际演艺中心、国际化学校、超五星级酒店、智能办公、大型商业、公寓等于一体的综合开发运营项目，并建造一栋超高层建筑。

目前，世茂已布局了香港、上海、北京、广州、深圳、杭州、南京、武汉、厦门等全球超100座城市，拥有超300个臻品项目，25家国际知名品牌酒店（含筹建）、82家自主品牌酒店（含筹建）、48个商业项目，业务版图涉及地产、酒店、商业、主题娱乐、服务、金融、教育、文化、健康、高科技等领域，形成了多元化业务并举的"可持续发展生态圈"。

随着在中国本土的业务发展进入规模化，在2014年，世茂正式启动海外业务的投资与布局，把握全球化市场发展的潜力与机遇，吹响海外号角。"出海"的项目中，涉及农牧业、地产、大健康、商业、金融、酒店、物储和娱乐等八大领域，足迹遍及澳洲、亚洲和欧洲等地，搭建起了领先的国际化产业集群。目前，世茂已成为澳洲最大的畜牧公司拥有者，形成完整的肉牛产业链。在助力当地出口和经济发展的同时，也将为国内市场服务。

"莫为历史所羁绊，放手而为创绚烂"，唯创新求突破。在中国经济面临升级转化、产业新旧动能转换的机遇窗口，世茂已前瞻性地布局高科技、文化、医疗、教育、养老等新产业、新模式，并与多领域头部企业达成战略合作协议，以共赢的方式分享发展红利。如在高科技领域，世茂携手商汤科技、云知声等知名企业，充分拥抱新技术，把握人工智能未来发展趋势，将科技的活力充分渗透进集团的产业及服务中，实现效能提升及体验升级，以实现人工智能领域的战略布局。

世茂集团走过的 30 年，是勇立潮头、解答时代命题的 30 年，它将"缔造生活品位，成就城市梦想"作为砥砺前行的使命，义无反顾地在奋进中奔涌，在变革中澎湃。

在更高起点、更高层次、更高目标上推进改革开放的当下，世茂将继续以青春、以热血、以灵感，以坚忍、以格局、以理性，向"人民对美好生活的向往"担当作为；将成为"中国领先的生活服务商"新愿景，启世茂"三十而立"之年的时代新篇，向"百年世茂"踏实迈进。

融责任于血脉，以匠心为传承

达则兼济天下，世茂集团董事局主席许荣茂在带领企业高速发展的同时，时刻不忘回报社会，把慈善作为一生的事业。致力于公益事业 20 余载，许荣茂带领世茂集团持续不断地投身于诸如精准扶贫、文化保护传承、防艾抗艾、医疗救助、赈灾济难、教育等多个公益项目。截至 2019 年上半年，在他的带领下，世茂集团累计捐款逾 15 亿元，公益项目覆盖人口超过 2000 万。

2005 年，许荣茂牵头发起成立中华红丝带基金，并亲自担任执行理事长，重点支持偏远、贫困地区防艾、抗艾工作。包括专为艾滋致孤儿设立"红丝带栋梁班"；设立艾滋病治疗预防中心及村卫生室，在当地培训医护人员；发起"百校进千企""红丝带健康包"、捐赠奶粉支持"红丝带母婴阻断营养资助"等多个项目。目前，累计有 4000 余名艾滋病感染者、2 万名受艾滋病影响儿童、3 万名特殊困难怀孕妇女、37 万贫困地区村民、65 万名外来务工者直接受益。

▲ 2018 年 2 月，世茂集团董事局主席许荣茂携国宝《丝路山水地图》登上央视春晚舞台

2008 年汶川大地震后，许荣茂在四川、云南、甘肃、陕西等地陆续设立超过百家"世茂爱心医院"，为当地提供安全、有效、价廉的基本医疗卫生服务。2018 年，他还参与支持"'一带一路'消除白内障致盲行动"及"西藏包虫病专项防治"等多个项目，助力我国医疗扶贫事业。

2010 年，许荣茂牵头成立"香港新家园协会"并担任会长，致力于服务新来港及少数族裔人士。作为香港唯一一家在国家民政部注册成立的全国性社会服务组织，新家园协会通过 100 多项培训及活动等，吸纳会员已超 15 万人，服务超过 187 万人次。自 2015 年起，新家园协会每年举办品牌项目——"四海一家"香港青年交流活动，共组织超过 10000 名香港青少年赴内地参观交流，成功增进香港青年对伟大祖国、中华民族和中华文化的情感认知和理性认同。

2016 年，许荣茂捐助支持故宫"养心殿研究性保护项目"；2017 年再次出资将《丝路山水地图》购回并无偿捐赠故宫。2018 年，世茂集团与故宫博物院携手在石狮打造"故宫海上丝绸之路馆"，践行世茂对丝路文化的传承以及中华文化的弘扬。

让社会和谐是企业家的责任。谈及企业家社会责任，许荣茂颇有感触地表示："企业的成功离不开国家和人民，兼济天下、回报社会是不变的初心。通过自己的绵薄力量造福社会、积极传播慈善理念、促进社会和谐发展是企业家义不容辞的责任。"

世茂30年，是弄潮时代、引领创新、使命在肩的30年。与国家风雨同路，与时代命运与共。宛若手执时代巨笔，泼墨挥洒出一幅气势磅礴的奋斗画卷。书写生活的绚烂，书写城市的地标，书写新生的文化，书写宏伟的梦想，书写伟大的时代。

飞龙在天，风起千年。伴随大国崛起，交舞成天际线下的壮丽图腾，交舞成不容错过的城市风景。红旗猎猎，号角长鸣，心之所向，风雨兼程。世茂集团，将以奋斗响应时代与国家的共同召唤，与时代同行，向未来奋进。

写在前面

他，从国企工程师到南下深圳从商；他，从一名行业门外汉到带领金地进入"招保万金"第一阵营；他，让金地打上"文万科、理金地"的烙印；他，执掌 30 年的金地，成为中国地产行业的时代缩影；他，10 年前就说出：房子主要是用来住的，不是用来炒的。

在他的带领下，金地集团自 2001 年上市到 2017 年，销售收入从 5.34 亿元提升至 1408 亿元，增长了 264 倍。历经 30 年的发展，金地已经由诞生时的地域性品牌，发展成为全国性知名品牌。

▲ 金地集团董事长凌克

凌克：笃实的践行主义者

熊俊萍 / 文

20 世纪 90 年代初，从专业工程师到南下深圳

1959 年出生的凌克，给人最深的印象就是儒雅、谦和，只要见到他，脑子里便会自然浮现出这两个词。人的气质一半是与生俱来，一半则是源于后天的学识修养：出身于高知家庭，父母均是教师；从华中科技大学无线电专业大学毕业后，凌克被分配到一家国企武汉曙光电机厂做工程师。期间，他赴福建、广东等地出差。那时，广东等沿海城市已经处于高速发展时期，很多内地青年纷纷跑到沿海闯荡。

随着十三届三中全会的召开，国家提出了建设海南经济特区的宏伟设想，令凌克很受鼓舞，他感觉一个新时代到来了。"广州、深圳的快速发展让我眼花缭乱"，而内地国企盛行的体制经济就像老牛拉车发展缓慢，与广东的发展拉开越来越大的距离。不久后，他毅然辞去国企工程师的铁饭碗南下深圳。

人的命运总是很奇妙，如果没有此次南下，他应该就会像大学师兄们或者国企同事们一样，担任工程师、部门负责人，一路升为厂领导，在那里耕耘一辈子。

然而，随着南下，他的命运也在改变。

经人介绍，凌克在 1992 年加入深圳市上步区工业村建设服务公司的

二级企业商贸公司，做业务员。"刚到深圳的时候，什么都不会。以前我是做集成电路控制的，到深圳后他们要我去做一个生意！"华南地区有贸易气候，身边除了做贸易的还是做贸易的。凌克初来乍到，发现身边中学毕业的人一年都能赚好多钱，他一个大学生如果赚不到钱的话就很没面子，"我想了很久，想了几个月，生意要怎么做？最后就这样去做了，终于挣到钱了。"他说。

一路向前，带领金地走向房地产市场

1993年，改革开放的春风吹开了深圳这个小渔村通往国际化大都市的大门，这一年，深圳的房地产公司纷纷创立。深圳市上步区工业村建设服务公司也于这一年正式经营房地产，后改名金地集团，凌克从公司的二级企业商贸公司进入集团担任总经理。

当时，深圳的大片土地还是滩涂，就连现在最繁华的南山区也没几栋房子。这一年，房地产公司纷纷创立，买地开发建房的热潮澎湃，房地产行业正如火如荼地发展起来。虽说尚处萌芽状态，但处处都是一片热火朝天的景象，让所有行业人士都充满着希望。此时，王石带领的万科已然成为行业领头羊，因为"规范"而得名。

背靠福田区政府的金地是行业中的正规军，但是，毕竟对于那时才刚起步的金地来说要想在行业里立住脚，只有靠一个个项目的成功积累口碑，走自己的路子。

位于深圳河对岸的香港，彼时房地产行业已趋成熟，香港地产行业的鼎盛时期已然到来。那时，"四大家族"全部都发家于这个行业，李嘉诚的长江实业、李兆基家族的恒基地产、郑裕彤的新世界、郭得胜家族的新鸿基地产，他们把香港变成繁华之都。1997年，即香港回归的那一年，"四大家族"的财富总和超过440亿美元，相当于7个广东的财政收入；随之而来的是香港的房价扶摇直上，高攀不起。

深圳作为改革开放的桥头堡，又因近水楼台，房地产企业纷纷取经于香港，学习河对岸商品房的概念和经验。深圳速度此时崛起，深圳房企迅速成为中国现代房地产企业的发展原点，涌现出一批各具特色的地产企业。

金地由于背靠政府，有着非常充裕的资源，且成长快速，几年之内，凭借着"金地花园""金海湾花园"等项目的成功开发，在地产行业特别是高端住宅市场上逐渐打出了名声，2000 年前就获得众多国家级开发奖项，更赢得了"文科万科、理科金地"的标签。

有着国企血统，为何发展如此快速？其实，虽然是国企背景，但早在1996 年金地就实行了员工持股，凌克等人都持有股份，这或许也是金地虽有国企血统但依然机制灵活并能迅速壮大的内在原因之一。

2001 年，凌克携金地成功上市，从此步入全新发展轨道，这是金地发展历史上最具有里程碑意义的大事。

携手金地进入"招保万金"第一阵营

与此同时，金地也开始了全国化布局新篇章，在凌克品牌经营思路的主导下，金地通过全方位实施品牌工程，已完成以上海、深圳、北京为中心的华东、华南、华北的区域扩张战略格局；2002 年底，又完成了西进武汉的战略布局。凌克带领下的金地已经由地域性的品牌发展成为全国性房地产知名品牌。

2006 年，金地集团已基本完成了从华北、华东、华南、华中、东北、东南、西部等 7 大区域的全国化布局。随着金地实现全国化布局，企业的业务规模全面扩大，也使其品牌影响力从深圳迅速传播到全国。

2010 年，凌克提出"一体两翼"发展战略：以住宅开发业务为主体，以商业地产和房地产金融为两翼，积极探索新的发展模式，稳步提升综合盈利能力。

2016 年，金地销售收入破千亿元，进入千亿元阵营；2017 年销售收入创下新高，达到 1408 亿元。截至 2017 年底，金地销售规模比上市前猛增 264 倍。2018 年公司实现销售金额 1623 亿元，同比增长 15%，近三年复合增长率 38%。

不管外部环境如何变化，在凌克主导下的金地始终把握着市场的窗口期，通过制定合理的销售策略，开展销售行动，实现了销售与利润的均衡增长。

那些年，金地开启了一代房企的多种标杆：豪宅标杆、品质标杆、日光盘标杆，一度跻身"招保万金"房企第一阵营多年。

时至今日，金地已经在全国 7 大区域、54 座城市扎根，为超过 60 万户家庭提供最贴心的产品与服务，并形成了一套独特的企业发展经营理念——"平衡发展观"。

稳重从容的气质成就平衡发展的金地

回望金地集团 30 周年发展历程，规模并非是金地发展的唯一目标。正如凌克所言："我们始终坚持规模和效益平衡，不希望在哪个方面过于激进。"具体来说，金地在经营上，追求业务规模的不断壮大，但不唯规模论。讲究短期目标与长期目标的平衡，讲究利润与规模的平衡，讲究效益与责任的平衡。金地的生存之道正是凌克性情的写照。

作为掌舵者的凌克，其稳重与从容在业内有口皆碑，在他的带领下，金地一直是一家表现稳健的公司，从金地的负债率也能窥见一二。

翻看金地集团近 10 年的年度报告，在销售和资产规模稳步上涨的情况下，金地集团始终保持着稳健的负债率水平。负债方面，2018 年金地集团净负债率为 57.36%，较 2017 年增加 9.14%；2017 年末金地集团净负债率为 48%；2016 年末，金地集团的净负债率仅为 28%。

对于负债率，凌克强调："长期以来，金地集团总资产负债率在 70% 左右，扣除预收账款后的实际资产负债率在 60% 左右，净资产负债率在

30%～60%，不能把负债率抬得太高，太高的话总有一天会出问题。"

他认同技术推进下高周转的存在，认为提高周转率、资产负债率控制在合适范围内也很好，但担忧也很多："公司负债太高，政策、经济环境到时候变一下过不去就过不去了。"一家公司活得久，比突然辉煌一下更重要，凌克一直强调："这是金地公司的取向。"

这样的观点在如今地产行业略显保守，甚至是"老派"。凌克本人的气质也影响了金地的整体风格。但在这样一个急功近利的行业，金地的坐标在哪儿，它如何跟自己、跟环境达成和解？

查阅金地集团历年年报不难发现，金地集团高度重视现金流管理，强调销售及时回款。报告期内，销售回款率超过90%。截至报告期末，公司持有货币资金人民币274.06亿元。持续通过项目合作、拓宽融资渠道、保持良好的债务结构和资金状况来确保公司经营的安全稳定。

沉舟侧畔千帆过。站在改革开放最前沿的金地集团，走出了一条不为周期性利益诱惑，不为盲目性扩张而裹挟，坚持平衡发展的独特道路。三十而立，站在一个新的起点之上，金地的青春才刚刚开始。

对于金地的未来，凌克这样认为：展望未来，我们对国家的发展前景充满信心，我们把金地事业继续做大做强的决心坚定不移！在未来相当长的一个时期内，金地集团将仍然以住宅开发为主营业务，并将继续奋发向上，开拓创新。

观点

金地是一家读书人经营的公司。

"用心做事，诚信为人"，是金地集团长期坚持的核心价值理念。

树人重于树楼。

始终坚持规模与利润的平衡，讲求效益与社会责任的平衡。

金地集团发展历程

1988年1月20日，顶着一个老土的名字——深圳市上步区工业村建设服务公司，3年后，更名为深圳市福田区金地实业开发公司，并将公司主业转向房地产。

1996年，金地完成股份制改造。

1999年，"金地翠园"公开发售，创造了深圳高尚住宅小区当年开发、当年销售、当年售罄的纪录。

2000年，签下北京郎家园地区72000平方米土地，成为粤系"北伐"的先行者之一，比富力早了两年。

2001年，金地成功上市，是房企上市禁令松动后，得到推荐上市的三家房企之一。

2004年左右，金地继续迈开全国化步伐，先后进入上海、武汉、天津。

2009年，金地迎来最闪亮的发光时刻，首次进入地产百强榜前10，位居第9位，力压龙湖、招商。

2010年，正式确立"一体两翼"发展战略。

2012年，收购香港上市公司"星狮地产"，后更名为"金地商置"。

2014年，正式落子美国，布局地产全球化。

2016年，金地实现销售额过千亿元。

2017年底，金地销售额创出新高，突破1400亿元。

写在前面

1988 年，26 岁的陈锦石置身于时代浪潮中，心潮澎湃。个体经济、民营经济的蓬勃兴起，时时激励着这位想干一番事业的年轻人。

28 人、5000 元成为陈锦石的起步。30 余年后，他从年轻走向成熟，缔造出了一家营业收入上千亿元、利税上百亿元，拥有 7 万名员工的集团化企业，并位居 2019 中国房地产开发企业 17 强。

时势造英雄，抑或是英雄成就时势。陈锦石更愿把自我的成功归于时势。"中南能走到今天率先依靠的是国家的改革开放，靠的是政策扶持。"回顾陈锦石的创业史，几乎贯穿了中国经济发展史上疾风骤雨的 20 年。经济改革、国家转型、中国崛起和命运的淬炼，让这个拥有雄心壮志的人，以极大的魄力和果敢，不仅为创业者们"打开了一扇通往财富的大门"，更把自己历练成为一位房地产行业中颇具影响力的企业家。

▲ 中南集团董事局主席陈锦石

中南陈锦石：时势造英雄

秦龙 / 文

20世纪八九十年代是一个风云际会的年代。随着十一届三中全会的召开、邓小平南方谈话的发表，国家大力推进改革开放的步伐。彼时，改革总设计师邓小平提出了"鼓励一部分人、一部分地区先富起来，先富带动后富，最终实现共同富裕"等观点讲话，让中国的改革开放政策深入人心。

1988年，26岁的陈锦石置身于时代浪潮中，心潮澎湃。个体经济、民营经济的蓬勃兴起，时时激励着这位想干一番事业的年轻人。当年2月，陈锦石做出了一项决定，开始"招兵买马"筹资金、拉班子、建队伍。谁也没想到，在最初只有28名员工、5000元启动资金的情况下，经过30余年的发展，如今中南集团拥有员工7万余人，总资产逾2000亿元。这家位居2019中国房地产开发企业17强的大型上市公司，成了房地产行业典范企业。

时代召唤 做弄潮儿

1988年1月，陈锦石为了招募队伍，顶风冒雨，挨家上门沟通，原本谈好70余人的队伍，到出发时，只有28人。

"1987年，中央明确'一个中心，两个基本点'的基本路线，这是时代的变化，更是一次机遇。"陈锦石曾在接受媒体采访时说，"改变要从自身开始，我开始疯狂地学习。坐飞机也要带着一本书看。"此外，自从成立了自己的公司，每月两天，他都会邀请专家教授专门来单位授课。

在不断的充电和摸索中，包工队的业务逐步走上正轨。陈锦石脑海里或许永远忘不了这一幕，1988年2月23日，农历正月初七，陈锦石带着一支28人的队伍，怀揣全部家当5000元钱，从家乡海门常乐出发，坐上远赴山东东营的汽车，踏上了艰苦的创业之路。

28人的队伍成为陈锦石"打天下"的最初基础。到了1992年7月，中南承建了公司成立以来的第一个联营双包工程——潍坊富华大酒店，这一工程在中南的发展史上也十分具有里程碑意义，从此公司进入了独立市场化、规模化经营的发展阶段。

回顾过往，中南集团30余年的发展历经坎坷。1992年后，中南集团的市场逐渐打开，队伍逐渐壮大，公司首次进入了快速发展期，陈锦石开始寻求管理上的突破。1993年，中南在威海职工大会上，首次制定了132条规章制度，陈锦石开始对制度化建设、规范化管理的探索与尝试，为日后的健康发展打下了坚实的基础。

随着中南的队伍不断壮大，业务不断增加，但工程回款出现了问题，一些工程建设单位与合作方欠钱不给，甚至是有钱也不支付，给中南的发展带来巨大的压力。

与此同时，1998年国内开始实行货币化分房，住房制度改革如火如荼。为了让公司能够更好地发展，经过一番思想斗争后，陈锦石决定开发房地产。

但这一决定遭到了公司部分管理层的反对，管理层中出现了一些小富即安、故步自封、不思进取的思想，反对公司地产开发，陈锦石力排众议，果断进军房地产领域。

陈锦石说："当时公司不少人并不同意进入房地产，觉得有风险。在我的不断说服下，最终同意拿1000万元出来，进入房地产市场。"事实证明，当初陈锦石看准时机，力排众议是正确的。功夫不负有心人，多个重大项目相继获得成功。

1998年，这一年无论对于陈锦石还是中南集团，都是极其重要与具有

历史意义的一年。还是这一年，中南逐渐壮大、小有成就，但陈锦石并不甘于现状，他带领多位高管来到北京，统一思想，在长城上进行宣誓立盟，成为中南发展历史上的一个转折点。随后，中南顺利地开拓了北京建筑市场。

10 年后，到了 2008 年，房地产市场出现断崖式下跌，对中南的主营业务造成巨大影响，并由此引发了公司的第四次发展瓶颈，如果不转型升级，将可能跌入万丈深渊。为了改变现状，2008 年 7 月 9 日至 17 日，陈锦石带领中南集团高管在井冈山召开了为期 9 天的中高层"改革整顿暨战略研讨会"，并将 2008 年确定为中南"管理改革年"，由此吹响中南 3 年改革整顿的号角。一年后的 2009 年 7 月 15 日，中南集团在深交所成功上市。成功进入资本市场的中南集团，如虎添翼，从此迈上更加宽广的发展道路。

前行中的中南　坚守诚信与责任

时势造英雄，抑或是英雄成就时势。显然，陈锦石更倾向于前者。

创业多年后，陈锦石曾在接受中国房地产报记者专访时总结中南的创

业史表示："中南能走到今天率先依靠的是国家的改革开放，靠的是政策扶持，是先有了这个市场，才有了企业的发展；二是各级地方政府的关心、关怀；再次离不开全体员工的努力，中南集团今天的成就完全是艰苦奋斗出来的。"谦逊的他并不愿将成就归功于自己的眼光与经营之道。

1962年，陈锦石出生于江苏省南通市海门县常乐镇的一个农民家庭。他自幼家境贫寒，16岁起干过泥工、钢筋工、木工、技术员、生产经理、项目经理等建筑项目几乎所有工种和岗位，艰苦的成长经历磨砺了他坚强不屈的性格。

从江苏南通走出的陈锦石，更愿意把他与同为南通商人张謇作比较。张謇是南通历史上的地标性人物。南通人认为，张謇是近代南通的缔造者，是我国第一位被世界承认的企业家，他集士子、文人、状元、实业家、政治家、教育家、慈善家等多重身份于一身，创造了中国近代史上令人瞩目的成就，成为南通人最为敬仰的先贤。

作为海门先贤张謇先生的同乡，多年来，陈锦石一直坚持践行和发扬张謇精神。无论是在事业开创之初，还是如今集团业绩超千亿元之时，陈锦石始终把张謇作为标杆和引路者。陈锦石在集团的各类会议以及面对媒

▲ 中南集团总部大楼

体时，最多提及的就是张謇。

　　"要真正搞好一个企业必须要这样做，你不好好对待它，它也不会好好待你。"陈锦石曾这样对记者说。实际上，做好一个企业真是不容易，中南集团从设立之初发展到今天，30年来实现了1535亿元的总营业收入，利税额120亿元，拥有7万名员工和1万名管理人员，成为一个集团化企业。

　　自2013年当选为第十二届全国人大代表，到2018年再次当选人大代表，陈锦石深知要当好一名人大代表，一定要有社会责任感，要认真履职，为国家经济、社会发展多献良策。

　　2019年3月，陈锦石在北京参加全国两会期间，提出来两大方面的议案，分别为"多措并举，加快推动国民经济高质量发展""全力推动民生工程建设"，受到大会的广泛关注，江苏省代表团还单独把陈锦石的提案拿到大会上进行讨论，影响深远。这些有价值的建议，正是陈锦石长期在企业经营管理的实践和切身体会。陈锦石表示，将一如既往地坚决拥护党的领导，充分发挥代表作用，把两会精神宣传好，把企业发展好、管理好，为党和国家、为人民群众的美好生活贡献自己的力量。

30 年嬗变　人才是关键

"安得广厦千万间，大庇天下寒士俱欢颜"，这是自古以来，中华民族仁人志士的梦想。陈锦石亦深知，人才对于企业的重要性。

在长期的企业经营管理实践过程中，陈锦石表示，人才是企业最大的财富，人才的来源不能局限于一隅，要放眼世界，海纳百川，要让中南成为优秀人才的聚集地。陈锦石对人才舍得投入，是个思贤若渴、知人善任的伯乐。从 2007 年起，中南集团每年都要引进数百名大中专毕业生和各类专业技术人才，不仅提供优厚的薪金和良好的工作生活条件，还拨出大量资金送他们外出学习培训。

随着中南的改革推进与战略布局调整，中南的人才战略推进力度空前，2016 年初，中南集团就曾引进多位高管，为中南的产业升级助力。2017 年 2 月，中国建筑第五工程局有限公司原董事长、中国建筑股份有限公司总经济师鲁贵卿加盟中南。随着中南集团战略规划的推进，中南的人才格局不断升级蜕变。

"不拘一格用人才"是陈锦石的信条。在海门中南总部的办公楼里，聚集了来自五湖四海的人才。陈锦石说："其中只有 20% 的海门人，还有 40% 的南通人，40% 的人来自全国各地。"

在国家"两个一百年"伟大战略的引领下，中南各产业板块协力共生，四商联动，建立全集团发展生态圈，强调"实业经营、资本经营、资产经营"三轮驱动，通过"战略、投资、创新、文化、人才"五大引领推动企业健康、稳定、持续地发展。

对于企业未来的发展，陈锦石坚定地说："中南将以'同心共信'的企业文化体系，以及全产业链优势，参与和推动中国城镇化进程，向中国企业 500 强前 100 名、世界企业 500 强的战略目标迈进。"

写在前面

　　他曾是"92派"创业者的一员，起步于温州一隅，用3年时间让中梁实现从百亿到千亿的跨越，成为地产界进步最快的"优等生"。从进军上海，到布局全国，再到成功赴港上市，他说："中梁没有成功，只有成长。"他推崇独特的阿米巴生态经营模式，他主张战略柔性和投资精准性，使得中梁快速成长为根植于长三角经济区并布局全国的大型综合房企。这是一段拼搏奋进、追逐梦想的漫长征途，也是一部成长与荣誉交汇的持续进化史。

▲ 中梁控股董事长杨剑

中梁速度

苗野 / 文

任何事情在于持续，不在于狂风暴雨。

翻开 1993 年的日历，"国 16 条"的横空出世，给一路高歌猛进的房地产市场狠狠地泼了一盆冷水，中国楼市的"第一个黄金 10 年"以"硬着陆"的姿态收场。在这一波历史浪潮中，有一批人被房地产泡沫淹没，也有另一批人应运而生。彼时年方 22 岁的杨剑嗅到了房地产行业的商机，创办了温州华成房地产开发有限公司，即中梁控股的前身。

由"中梁地产"到"中梁控股"，杨剑坚持了 26 年。有过积蓄能量的漫长征途，有过激扬燃梦的奋力攀登，他成功地让这家温州企业成为资产超过千亿元的载体。

2019 年 7 月 16 日，从香港中环康乐广场铜锣声响的那一刻开始，中梁控股成功登上资本市场的舞台，成为近 9 年上市内房股中资产和规模最大的房企之一。

对于中梁控股董事长杨剑来说，这一刻是企盼已久的，但也是顺理成章的。对于中梁的成功上市，杨剑说："这主要归结于我们对市场周期的把握、全结构布局的战略，以及独特的阿米巴生态经营模式，使得中梁快速发展，已成为根植于长三角经济区并布局全国的大型综合房地产企业。"

这 26 年的地产生涯，伴随国内房地产行业经历由寒冷的冬蛰期，到全面腾飞的爆发期，再到如今逐渐平稳的后时代。我们看到的是一位白手起家、

▲ 2019 年 7 月 16 日，中梁控股在港上市

从无到有，带领中梁从一亿到百亿再到突破千亿，最终登陆香港资本市场的创业者对房地产行业的坚持；看到的是一位奋斗了 26 年的企业掌舵人，一路走来所沉淀的智慧和自信，充满了房地产从业者对这个行业精透的见解。

杨剑说："中梁没有成功，只有成长。"他喜欢站在未来看当下，他推崇独特的阿米巴生态经营模式，他主张战略柔性和投资精准性，使得中梁快速成长为中国房地产业增长速度最快的房企之一。

这是一段拼搏奋进、追逐梦想的漫长征途，也是一部成长与荣誉交汇的持续进化史。

中梁速度，3 年实现千亿元跳跃

1993 年，虽然比不上 1992 年的历史里程碑地位，但并不妨碍这一年仍以其独特的姿态在历史长河中留下不可或缺的一笔。

这一年，潘石屹和冯仑因万通新世界广场的热销在北京奠定了他们在房地产行业的"江湖地位"。张力和李思廉一起出资 2000 万元，成立了天力地产公司——富力集团的前身，两个没有血缘关系的人自此开始了他们人生中最重要的合作。李嘉诚则在北京落地了他在内地投资最大的一个房地产项目——东方广场。

凭借"敢于冒险"的温州商人特质，杨剑也于这一年正式创立温州华成房地产开发有限公司和浙江中梁。在温州这个曾经经历过炒房顶峰和泡沫破灭低谷的城市，中梁地产一路拼杀成为当地的龙头房企，并在 2016 年 2 月 27 日将总部正式迁往上海，完成了中梁地产由区域性房企向全国性房企的转变。

"追忆往昔，我满怀欣慰。"杨剑说，作为一家快速发展的大型综合房地产开发商，在阿米巴生态系统运用下，中梁凭借牢固、综合的标准化营运模块及程序，现已布局全国 23 个省市的 139 个城市，拥有 385 个项目，应占土地储备总量约为 5300 万平方米。站在千亿之峰回望，中梁的奋进之路将永不止步。

虽然起步于温州一隅，但杨剑不满足于中梁只是一家小型房企或是地方龙头，2002 年中梁进军苏州房地产市场，首个楼盘华成大厦在苏州园区一炮打响。此后，杨剑相继在苏州开发中梁·天御、中梁·亿象新天地、中梁·亿象城等多个热销住宅及商业楼盘，并在 2008 年成为在苏州市场占有率第三的开发商，仅次于中海与万科。

2009 年进入上海，谋求聚焦长三角，2014 年销售额突破百亿元。但在 2015 年之前，中梁的土地储备主要集中在浙江，当时其于浙江的项目高达八成。

对于中梁来说，2016 年是个转折点，杨剑将中梁总部迁往上海，并提出中梁的战略方向是深耕长三角，面向华东，辐射全国，放眼世界，未来将继续扩张长三角、珠三角、渤海湾、中西部版图。

这一年，杨剑开始招兵买马，并先后与民生银行、浦发银行、中信银行、鼎信长城等金融机构签订战略合作协议，获得超过 200 亿元的资金支

▲ 2016 年，中梁控股总部迁往上海

持。与此同时，首进安徽、福建、江西，深耕苏州、杭州、无锡等长三角重点城市，并继续瞄准三四线城市潜力地段。

2016 年，中梁以平均每周 1 宗的速度，拿下 68 宗稀缺优质地块，总价达到 246 亿元。2017 年，中梁更是以平均每 3 天一块地的速度，拿下百余块地。营业规模同样从百亿级，成倍增长为 300 亿级、800 亿级，乃至千亿级。

杨剑说："房地产靠轮动结构，复苏要抓周期节奏，冬天过去了春天总会来的。"

实际上，快速拿地的背后，是中梁快速周转去化能力的支撑。一方面，针对首次开盘项目初步形成了"456"运作模式：4 个月开盘、5 个月现金流回正、6 个月再投资。2016 年，中梁位于浙江瑞安塘下的项目为这一模式树立了典型。另一方面针对续期项目，中梁推进"321"模式，确保首期开盘至续期供货的间隔时间，冲刺 1 个月、常态 2 个月、红线 3 个月。

▲ 中梁开发的高端地产项目

这种"快进快出、小步快跑、低开高走"的运营模式，让中梁实现了快速成长。

在 2016 年至 2018 年，中梁避开房地产巨头争抢的一二线城市，侧重于向经济发展良好的三四线城市扩展，同时抓住三四线城市棚改政策产生的市场机遇，通过小地块、快周转的策略，缩短了销售周期和现金流周期，成功实现从百亿元跃升到千亿元规模。

对此，杨剑曾做过一个比喻："如果布局一二线城市是开大奔，布局三四线城市是开宝马 mini。你开 10 辆大奔，我开 50 辆宝马 mini，我还是大有机会。"

从温州到上海，从下沉三四线城市到布局全国，用 3 年时间让中梁实现从百亿元到千亿元的跨越，最终实现赴港上市。

杨剑说："在战略方面，我们要站在未来看当下，千万不要跟随主义，要有独立思考的能力和独立判断的能力。在香港的成功上市，为中梁控股未来的发展带来了雄厚的资本支持，标志着公司的经营跨上了一个新的高度。"

首创阿米巴生态经营体系，助力中梁跨越式发展

每一段荆棘荣耀之路，那些影响整个房地产行业的重大时刻、人物、事件总是在不经意间上演。

26 年，对杨剑来说，以数十年不变的初心，始终活跃在地产一线，一年一个脚印，以"价值地产创造者"的使命推动中国房地产行业供给侧改革，同时也映照出中国房地产行业发展的艰辛和坎坷，成长与收获。

如果把中梁、龙湖、富力、远洋……放在一起寻找它们的共同之处，那就是这些房地产企业都出现在 1993 年那个不确定的年份，并逐渐成长为行业的弄潮儿。

那一年，海南房地产市场泡沫破裂，大批淘金者跌得血本无归，"天涯、海角、烂尾楼"一时间成为海南的代名词。在另一端浙江温州，这个同样颇能代表房地产业的地方，开始见证中梁的成长。"温州每卖 2.5 套房，就有 1 套是中梁"，更是成为坊间谚语。

直到 2012 年前后，民间借贷危机导致温州房地产行业溃败，大量负债的温州老板集体跑路。温州房价随即高位回落，仅 3 个月的降幅便高达 30%，温州楼市泡沫破灭。

但杨剑巧妙地躲开了这场灾难。据了解，在房价下跌前，中梁位于外滩首府的 1000 多套房源被快速售空，并使中梁销售额首次突破 100 亿元。"房地产泡沫，来得快，去得也快。"杨剑趁楼市低迷连续抄底温州土地，并逐渐占据温州楼市的半壁江山。

这只是其中的一个故事，杨剑对中梁的战略指引还有很多。2018 年首次迈入千亿元门槛，2019 年圆了上市敲钟梦，这一切都绕不开创始人杨剑的努力。

杨剑说："战略思维和模式是一切经营发展及规划的前提。中梁战略和布局紧跟新型城镇化、美好生活两大国家战略。未来将继续落实全周期导向，全结构布局，全结构模板，轮动弹钢琴，倒逼练内功的经营方针，

持续聚焦住宅核心业务，计划扩张商用、产城、综合物业及其他类型物业的投资物业组合，打造组合拳优势。"

提到中梁的发展模式，就不得不提其独特的阿米巴生态经营体系。中梁首创并发展了阿米巴生态经营体系，成为国内地产行业阿米巴管理模式的典范。正是依靠这一经营体系，中梁才在竞争激烈的房地产市场中异军突起，连续3年获得中国房地产成长性10强企业。

"阿米巴经营管理体系"由日本"经营之圣"稻盛和夫提出。他带领日本的京瓷公司，实践以单位时间附加值的"阿米巴经营管理"模式后，调动了每一位员工的积极性，实现了50余年从不亏损的神话，成为调动员工积极性的典范。

其核心在于，把企业划分成一个个小的团体组织，通过独立核算制加以运作，在公司内部培养具备经营者意识的领导，实现全体员工参与经营的全员参与型经营。

具体到中梁的操作上，划分控股集团、区域集团、区域公司等多级管控架构，总部向区域充分授权，区域作为经营主体，自主经营。各个区域被激活，在良好的规则前提下，整个企业如同高铁运行，各个环节都是驱动主体，保证了中梁近几年的发展。

目前，中梁境内附属公司数量从2016年的223家增长至2018年的839家，同期雇佣人数也达到10000人以上。也是在这一高速发展过程中，中梁逐渐走出温州和浙江市场，将触角伸到了全国。

截至2019年6月30日，中梁已经进驻23个省份、139个城市，拥有总土地储备约5300万平方米，楼面价3400元／平方米，其中约50%位于长三角、28%位于中西部、15%位于海峡西岸。

杨剑说："机制、体制、商业模式就是一种技术加速器，要打造技术加速器的效果就是一种智慧，要学习、要融会贯通、要超越。"

这家创建于1993年的年轻企业，已经摇身一变成为地产界进步最快的"优等生"，也成为资本市场上的"新兵"。但未来，它将继续坚持稳健经营，追求负债率、增长率、收益率"三率均衡"下的无风险增长。

公益之路，从不止步，用书香连接更多人

发迹于温州，腾飞于上海，从100亿元量级的年销售规模到1000亿元，从房企"黑马"跃升为行业"千里马"，中梁地产仅用了3年时间，便成为内地销售额增速最快的房企之一。

随着房地产行业逐步从追求规模增长转向追求有质量的增长，中梁地产的迅速崛起，为房地产业乃至整个产业界，提供了积极去杠杆的同时，仍能够实现高速、高质量增长的优秀案例。

在规模化发展不断扩大的同时，中梁地产始终没有忘记助力社会公益。自2017年启动"书香中梁"以来，中梁地产接连携手光彩基金会、浙江省驻沪办、上海市浙江商会、上海合作交流办等单位，持续推动这一公益品牌在更广范围内落地。同时，积极参与精准扶贫、产业扶贫等各类公益事业，为中国公益事业的发展和进步贡献一分力量。

"共创价值，是中梁使命的核心，是中梁能够存在的核心要义。无论市场如何变化，春夏秋冬、寒暑枯荣、遵循规律、拥抱变化、整合资源、达成目标，心中始终绽放激情和正能量。"杨剑说。

做公益，房地产企业一直在路上，这关乎企业价值的选择，也是企业品牌发展的战略思考。

2018年，碧桂园、万科、恒大、中海、华润、金地等房企先后发布2017年度社会责任报告。从社会责任报告中可以看出，房企每年的慈善支出总额不断增加，在公益事业涉及的方面也越来越广。

从为贫困地区援建校舍、资助贫困学子、投建公共设施到设立文化、环保领域的公益基金，再到开厂引资、进行产业扶贫，房企在社会公益的尝试不断拓宽加深。

从设立"扶贫帮困""支教助学"等多项基金，到开展"书香中梁"爱心图书室公益行动，中梁扶贫过的地方从江南到远在万里的喜马拉雅山脚下，再到那荒凉偏僻的西南地区，中梁地产慈善的脚步从未停止，到更远的地区，去帮助更多需要帮助的人，为此中梁地产在更广阔的地方逐渐留

▲ "书香中梁"爱心图书工程公益行动

下了自己的踪迹。

对于企业社会责任、对于公益，中梁地产有着自己独到的认识和理解。伴随中梁实现百城战略格局，版图扩大的同时，中梁地产也必将让公益的足迹覆盖更多区域，让爱心公益之花在祖国大地上广泛绽放，践行"社会价值担当者"的角色定位，持续在公益维度"为美好生活创造价值"。

2017年，中梁地产启动"书香中梁"爱心图书工程公益行动，积极响应国家关于倡导"全民阅读、建设书香社会"的号召，助力城乡儿童阅读，并提出"五年百校"的公益计划。

3年来，"书香中梁"已在浙江、安徽、青海、西藏、上海、云南、福建、江苏、新疆等多个省市落地深耕。从起步到走过近3个春秋，"书香中梁"不仅让知识之香飘向偏远的地区，浸润更多孩子的心灵，也由此受到了来自业内外的广泛关注与支持。

鉴于"书香中梁"在改善有需求地区学习环境、助力区域教育事业发展上发挥的切实作用，在中央统战部光彩事业指导中心指导下，"书香中梁"爱心图书室项目正式纳入"光彩书屋"计划。其中，西藏日喀则项目得到了上海市政府合作交流办的肯定，被列为"对口支援与合作交流专项资金资助项目"。此外，中梁地产也与上海市浙江商会公益基金会达成了"书香中梁"教育慈善项目的合作。

除了坚持开展"书香中梁"公益项目外，中梁地产还通过各种形式，在教育扶持、体育投入、环境保护、赈灾援助等多方面持续开展公益活动。

当下，房企角力社会公益已进入下半场，其公益担当也从最初单纯的捐物捐资，发展到更加关注公益背后的价值长效化、领域多元化。公益活动不是企业捐了多少钱，也不是企业送了多少东西，而是希望通过捐钱、做公益活动等事件作为切入口，唤醒更多的企业，更多的人埋藏在心底深处的真善美。

让公益成为一种习惯，这正是中梁地产理解的社会责任和公益。

写在前面

他是一位实干者。

一个大时代来临了，一个创业的人也开始出击。他看准机会，带着三个合伙人，开着一辆普桑，沿着蜿蜒的山路，去到了重庆，开始了属于金科的"创世纪"。

起初，他在艰难环境下创业，坚韧推进；到紧紧抓住市场化变革和中国城市化进程机会，牢牢把握"建好房子"的产品至上的核心，以产品、服务为纲，以为国人提供"美好生活"为宗旨，一步一步将企业做大做强，从重庆到全国，并成长为资产超 2000 亿元、年销售额过千亿元的房地产行业领军企业，也成了城市化进程中最坚定的"美好生活服务商"。

这家企业就是金科，这个人就是金科控股董事局主席、金科股份创始人和实际控制人黄红云。在房地产行业，他与金科成了渝派地产的一面旗帜。

▲ 金科控股董事局主席黄红云

金科：为美好筑梦 21 年

万小强 / 文

改革开放 40 余年的波澜壮阔，中国从纯计划经济中走出，全面建立社会主义市场经济，生产力获得了大解放，中国经济跃升为世界第二大经济体，民生水平迅速提升。这 40 余年也是中国城市化飞跃发展的 40 多年，房地产行业从无到有，到现在蔚为壮观，市场规模达到 15 万亿元，短短 40 多年内，为全国人民盖了上亿套房屋，让全国人均住房面积达到了 39 平方米的规模。在房地产行业中，也诞生了多个世界 500 强，产生了数十个年销售千亿元级规模的地产领军企业。

这其中，2018 年新晋千亿元阵营的金科集团就颇具代表意义。

"最应该感谢的是这个伟大的时代。"初秋 9 月，金科控股董事局主席、金科股份创始人和实际控制人黄红云在回答关于"金科进入千亿元级房企，最应该感谢谁？"的问题时这样回答。

黄红云表示："赶上改革开放，我个人进入了建筑和房地产这个蓬勃发展的行业，积累了对这个行业的经验和认识。后来从涪陵到重庆，赶上1997 年重庆直辖之后的城市化大发展，1998 年全国结束福利分房，房地产进入市场化 20 年的高速发展期。金科很幸运，踩到了点上，加上我们坚持民生定位、坚持做好房子，从户型、园林、配套、物业服务上狠下功夫，顺应了市场，满足了各个层次消费者安居乐业的普遍需求，得到了重庆人民的认可，后来又得到全国人民的认可，就这样一步步做起来了。"

金科诞生于 1998 年，这一年恰为中国停止福利分房、全国房地产全面市场化起步之年，金科可以说是房地产市场化改革的全程见证者与参与者。金科从起初艰难环境下的创业，到紧紧抓住市场化变革和中国城市化进程的机会，牢牢把握"建好房子"的产品至上的核心，以产品、服务为纲，以为国人提供"美好生活"为宗旨，一步一步从重庆到全国，成长为资产超 2000 亿元、年销售额过千亿元的房地产行业领军企业，成为城市化进程中最坚定的"美好生活服务商"，这其中的种种故事，可谓是这个时代最好的诠释。

1998 年的春天

如今的千亿元级房企金科，起源于重庆，而金科控股董事局主席、金科股份创始人和实际控制人黄红云则起家于涪陵。1984 年，18 岁的黄红云在涪陵的一家建筑公司做学徒工，"说是学徒，其实就是在建筑工地上边干边学，当时我拿最低的工资标准：五角钱一天。"到 1996 年的时候，黄红云已经做到了这家建筑公司的总经理。

随后，一个大时代来临。1997 年，重庆直辖市成立。1998 年，中央宣布停止福利分房，商品房时代正式拉开帷幕。这两件大事合在一起意味着什么，很多人懵懵懂懂，也有一些人看得很清楚。面对这个大时代闪耀的机会，黄红云激动得辗转难眠，经过商议之后，他下定决心，带着三个合伙人，开着一辆普桑，沿着蜿蜒的山路，来到了新生的直辖市重庆。

黄红云在重庆市江北区租了一间 100 平方米的简陋办公室，拉起了十几个人的队伍，开始了属于金科的"创世纪"。

彼时的江北区，沿江一片都是吊脚楼和低矮的棚户区，再往北一点，就是莽莽的山地和荒野。江对面，是重庆传统的市中心渝中区。1997 年之前，重庆人所认为的市区指的就是渝中半岛；重庆人说的"进城"，则是指到渝中区，到解放碑、朝天门一带逛逛街。

当时的江北区五里店，隔条江就是渝中半岛解放碑和朝天门所在的

▲ 1999年，充满青春活力的蒋思海总裁　　　　▲ 2000年，金科第一个项目：在建设中的金科花园

　　"大千世界"，黄红云认定，江北这里定会是重庆即将到来的"闹市区""黄金地段"。于是，他和团队决定把在涪陵做建筑工程积累的3000万元都投进去，在五里店拿下一块地开发商品房，挖下了第一锹土。由此，金科的第一个项目金科花园诞生了。黄红云还给这个项目想了一句广告词："离解放碑最近的好房子"。

　　接下来，就是要确定做什么样的房子。黄红云提出，要做就做重庆最好的房子，做重庆人没见过的好房子！首先，在规划上将原定的建筑红线后退8米，这样金科花园的正街立面上，就多出了一条专为小区配套的交通道；将原市政路道的绿化隔离带增加了3米宽，做成了绿化草坪，绿树成荫的景观大道让交通干道与社区自然过渡、融合。在户型设计上，金科花园更是开重庆的先河，引进粤港经典户型，并进一步优化，方正实用、分区明晰、功能齐全，进门有玄关，宽大的大厅分客厅与餐厅区，卧室分主卧、次卧，双卫生间，主卧有独立卫生间，还有书房、保姆房，厨房分中式厨房和西式厨房两个功能区，这些刚刚在粤港流行的住宅形式与档次，可以说在当时的重庆闻所未闻。

　　金科花园高起点的小区规划和户型设计，很快赢得了重庆人的追捧。与此同时，幸运也很快降临。连接江北和渝中的黄花园大桥通车了，重庆的路桥年票制实施了，过桥不再单独收费。金科的广告词"离解放碑最近的好房子"变成了现实,从金科花园项目开车5分钟就可以到解放碑。金科花园的价值一夜之间暴增。这个楼盘2000年1月开盘,迅速售罄,销售额达到1亿元。

这个初生的房地产企业一战成名。

回忆这段历史的时候,黄红云认为这并不是运气,而是金科对大势和城市发展的准确判断。当时福利分房结束,住房需求必然涌向商品房市场,而重庆直辖之后,城市面临着大扩张,从城市发展空间来看,在渝中区已趋于饱和的情况下,重庆必然要跨过嘉陵江和长江,向广阔的江北腹地扩展,这只不过是时间问题。而当时金科从重庆的城市规划和跨江大桥的工程进展细节中,已经敏锐地判断江北的房地产市场爆发在一两年会成为现实。事实证明金科对城市化发展的战略判断是正确的。

2000—2006年:"产品专家"金科的炼成

一战成功的金科尝到了产品领先的甜头,于是开始了其在住宅产品上的精进之旅,并在市场上逐渐奠定了"产品专家"的地位。

2003年,金科天籁城诞生,这是金科的首个花园洋房项目,也成就了金科"洋房之父"的美誉。在这个项目中,金科创造出花园洋房的"退、院、错、露"概念,以"四度空间、五亲住宅"的理念第一次清晰地定义了花园洋房产品。首推的美社洋房均为全板式一梯两户,楼层为3+1、4+1层,每个单元仅6~8户,坐南朝北,通风采光俱佳。"错、跃、退、露"理念,把有限空间尽可能地放大,比如顶层跃层,可以将阳台挑空到6米。这一项目仅用一年的时间就揽金近10亿元。

2003年,金科浓缩中国建筑精华,融汇中国文化脉搏和神韵的项目金科·中华坊别墅开盘,开创了"原创中国洋房"的先河。一时间,中华坊成了外地开发商考察重庆的指定项目,还成了一些旅行社为游客指定的观光地。直到今天,这一传统民居标志性建筑,仍然被业内视作一个难以超

▲ 2002 年，年轻的领导者和他年轻的团队

越的标杆。

2005 年 11 月 26 日，金科廊桥水岸开盘，"长江岸上的院馆"创下景观园林之巅；首推"工法样板房"，成为工程质量行业标杆；以"空中院馆"独有的空间创新，金科获得企业历史上第一个国家知识产权专利。

正是对产品的执着和创新，让金科不断赢得包括重庆和全国各地购房者的口碑，也给金科赢得了更广阔的市场空间。

在长三角，2007 年，金科首次走出西南，落子江苏无锡，第一个项目金科观天下即以创新户型设计——"空中院馆"在当地市场一炮打响，这种"空中院馆"的设计，以空中私家花园连接公共区的客厅餐厅和私密区的书房卧室，还提供了茶室、阳光房、第二客厅的多样化空间，在高层中设计出"传统院落"的感觉，以规划、建筑、园林及服务全方位的突出表现赢得了无锡人的喜爱，这种独特的"空中院馆"的设计又让金科获得了国家专利。

在北京，金科 2009 年的别墅项目帕提欧则独创了"3+2"电梯联排别墅（地上 3 层、地下 2 层）。当时，北京高端别墅设计地下室普遍是 1 层，设计有二层的属凤毛麟角。此外，金科还为每户配备了私家电梯。在此之前，为别墅配置电梯的设计基本只出现在独栋别墅。更有甚者，金科帕提欧刚开盘，园林所有树木都是成品、全冠移植，为了呈现最佳景观效果，白桦、云杉、元宝枫等均来自长白山，园林工作人员平均行程 5000 公里才找到合适树木。这样的全成品景观的别墅，在当时的北京市场上可谓开了先河。

金科的洋房产品进行了 14 次更新迭代，从最初的洋房"院、错、退、露"的设计，到 3D 洋房、墅院洋房等新品，金科通过对洋房产品的执着打造，赢得了"洋房专家"头衔。第一个做花园洋房、第一个做原创中国洋房、第一个做空中院馆到第一个拥有住宅产品设计专利的重庆企业，获得国家知识产权局授予的"原创中国洋房""空中院馆""X+1 夹层住宅""别墅级洋房"等专利，最终让金科拥有了"花园洋房之父""中国民居文化旗手"的称号。

而金科显然并不满足于此，从"中国洋房专家"起步，它进一步发展成刚需高层住宅、低密度洋房、别墅、商业地产、旅游地产、产业地产等的"全业态产品专家"，业已成为以房地产产品创新和品质闻名的产品之王。

金科是标准的以产品为导向的"产品主义"的奉行者，对产品的细节打造非常执着，只要是金科的房子，户型设计一定是合理的，金科的景观园林通常也要比隔壁楼盘茂盛许多。

创始人黄红云就曾说过："一直以来，我都相信把事情做好才是最重要的。"造好房子，是他赋予金科的使命，"只有先造好的房子，才能在后期的服务等方面体现出品质，否则其他一切免谈"。

在金科集团内部，至今都流传着很多为了做好产品的趣事。金科东方雅郡项目，因为觉得园林"不够完美"，而在项目工程过半时推翻园林格局一切重来。很显然，推倒重来，意味着前期付出的成本付之东流，而且项目工期拉长，公司也将面临巨大的市场和财务压力。"这是必须要做的，房子是客户要住一辈子的，我们不可能让客户在未来几十年里天天面对不完美的房子和园林环境。"将近 20 年后，黄红云对记者谈起这件事时说得云淡风轻。而从这质朴的话中，我们不难看出金科身为"产品专家"的执着。

也恰恰是对产品的执着，让金科获得了市场上的广泛认可，也让金科在 20 多年的时间里不断扩张和赢得客户，终成渝派地产的一面旗帜，跻身全国一线房企之列。

▲ 2003 年，金科东成公司员工合影，这一年，金科成立三大子公司

2007—2016 年：布局全国

　　2007 年，金科开始走出重庆，征战全国。首次进入长三角，进入四川和湖南，2008 年布局北京。事实证明，金科全国化战略选择的时机非常精准。当时中国房地产企业正处在全国化布局的初始阶段，一线城市和众多二线城市市场空间非常大。金科的全国化战略一炮打响，当时金科以独特的渝派产品塑造和园林打造功夫征服了陌生城市的购房者，获得了成功，在无锡、在北京、在长沙、在成都，金科的项目无不成为当地的标杆项目。

　　从 2007 年起，短短两三年时间，金科已经形成了中西部、长三角、环渤海三足鼎立的全国化布局，先后进入数十个全国重点核心城市，从重庆的地方房企迅速成长为全国化房企，战略空间扩大了数倍。金科的知名度也从西南一隅走向了全国。与此同时，在重庆大本营，金科也将触角伸向了多个区县，这又与 2012 年之后中央制定的新型城镇化战略不谋而合。

　　2009 年，金科正式被授予"中国地产品牌 10 强"。也是在这一年，金科首次提出隔壁邻里文化"敬老、爱妻、亲子、睦邻、惜己"的邻里主张。2010 年，金科首次实现销售规模突破百亿元。2011 年，金科在深交所上市，跻身一线房企之列。2013 年，金科销售规模突破 200 亿元，土地储备达 2700 万平方米，2016 年，销售规模随即达到 319 亿元。

2016—2018 年：品牌升级，跨越式发展 3 年跻身千亿元阵营

2016 年底，全国的房地产行业进入白热化竞争阶段，数家千亿元级房企组成第一梯队，"千亿元"已经成为房企未来生存的生死线，中小房企面临着"不做大就淘汰"、被市场集中的趋势吞没的风险。与此同时，整个市场的需求也在悄然发生变化。

面对市场的格局变化，金科做出了两个决定：一是品牌焕新，定位于"美好生活服务商"；二是确立"跨越式大发展"的战略目标，布局"三圈一带、八大城市群"，实现规模化扩张。

从 2016 年开始，金科正式将原有的"做好每个细节"的品牌战略焕新升级为"美好你的生活"，企业 Logo 也由工业蓝变为温馨的红色，提出"健康更好、邻里更好、居家更好、成长更好、便利更好"的产品服务五大主张，打造"新地产＋新服务"的运营模式：以"地产＋服务"连接用户，打造优质生活方式，向多元化的美好生活服务商转型。

以前，金科"做好每个细节"，是制造业的思维；现在，金科"美好你的生活"，则是用户至上的思维。这种用户思维，直接倒逼了金科的升级。

比如产品战略上，2017—2018 年，金科在研究用户需求的基础上，围绕构建美好生活，提出了"三系一核"的产品战略，即在产品线与产品标准化的建设和研发的基础上，依托多年对人居需求的研究，提出以"东方人居"为核，构建全新三大产品线品牌，包括"琼华""博翠""集美"三大系列产品，用以重塑时代风潮下的东方人居典范。

与此同时，金科通过研究认为，未来 5 ~ 10 年还是房地产高位运行阶段，房地产对经济发展起到稳定器、压舱石的作用。这种情况下，如果

▲ 2011 年，金科股份在深交所上市

过于稳健就是保守，就要被市场淘汰，小而美是不行的，必须大而强。曾经偏安西南一隅的金科想要在众多房地产企业中占有一席之地，规模或将起到决定性作用。

于是，在 2017 年 6 月 14 日，金科正式发布《发展战略规划纲要》，提出"跨越式大发展"的目标：在 2017—2020 年期间，金科力争实现签约销售金额分别约 500 亿元、800 亿元、1100 亿元、1500 亿元，并力争在 2020 年冲击 2000 亿元。

在区域战略上，金科不再以单个城市为标准，而是以城市群的新眼光来规划布局，提出"三圈一带、八大城市群"的区域城市群深耕战略，即京津冀经济圈、长三角经济圈、珠三角经济圈和长江经济带，以及成渝、中原、长江中游、长三角、粤港澳、京津冀、北部湾、山东半岛等八大城市群。

金科的管理团队认为，在当前经济背景下，不同城市的房地产发展差异比较大，寻找稳定的发展区域是房地产开发的关键。金科主攻二三线城市，通过分析产业支撑、人口流入、市场需求等重点指标，并结合分析自身竞争优势，不同城市采取不同的拿地和开发策略。只要把自己的战术动作做好，保持资金充足、运营好、产品好，就可以保持平稳增长。

要实现跨越式的发展，在各个核心城市群进行深耕，在拿地策略上就要更加积极灵活。为了适应新的"三圈一带"和"八大城市群"战略，金科还对区域公司进行了变革，将原有的四大区域拆分成十几个区域，新设华南、深惠、浙沪、湖南、湖北、中原、云广等区域公司，以适应新的城市群战略。

同时，为了迅速进入这些区域和城市，金科一改以往的几乎全凭招拍挂和100%控股操盘的模式，而是加强在核心一二线城市收并购、联合拿地等方式积极获取项目，还通过与当地龙头企业建立战略联盟的方式进入区域市场，加速城市进入或加大公司在城市的市场占有率。在优质的三四线城市积极参与招拍挂，并通过收并购、合资合作、小股操盘、管理输出等多种方式，建立与土地方、资本方的合作机制。

事实上，从2016年起，在行业"规模焦虑"之下，提出冲击千亿元目标的中型房企不少，金科是少有的按照目标一步步完成的房企之一。从这次战略目标确定之后，接下来的3年时间，金科的销售业绩就以接近翻番的业绩稳步高速成长。从2016年的319亿元到2017年的658亿元，再迅速提升至2018年1188亿元的销售规模，金科实现了跨越式发展。

千亿新起点："四位一体"产业升级构建美好生活生态圈

在金科跻身千亿元阵营的同时，中国的房地产市场也正在发生巨大变化。经过十几年外延式增长的黄金时代之后，随着全国城乡家庭自有住房拥有率超过90%，消费者对住房的需求也在悄然发生变化，从仅仅满足基本居住需求渐渐向追求居住的环境、舒适性，更优的户型，齐全的商业、交通、医疗、教育配套，更好的居住服务等转变。

与以用户为核心的"美好你的生活"相呼应，从2018年底开始，金

▲ 2018年12月28日，20年金科"新时代 再出发突破千亿——产业升级发展大会"举行

科的企业战略进行了新的升级，从原有的"新地产＋新服务"的双核驱动战略，进一步升级到"四位一体"多元化协同发展战略，在做好民生地产开发和生活服务主业的同时，金科也加大对科技产业投资运营和文化旅游康养的布局，以地产主业延伸出四大产业板块的"美好生活生态圈"。

在民生地产开发方面，继实施"三系一核"产品战略后，金科又在原有的产品结构上，投入数千万元构建"生命建筑"体系，全面升级产品品质，打造金科产品的新内核：其核心是赋予产品更多的科技内涵，倡导把智慧社区、智能家居融合起来，用科技来提升房地产品质，为金科的产品赋予"智慧体、有机体、基因体"三大属性，让未来建筑更加优化空间、融合自然、贴近生命。为此，金科与总部位于美国西雅图的国际未来生命建筑研究所（ILFI）达成合作意向，启动标准制定及国际联合研究实验基地的建设。未来，金科将进一步联合世界一流研究机构、各大高校、建筑事务所、知名厂商等优势资源，共同推动生命建筑研发与落地。

生活服务板块方面。作为社区服务运营专家，21年来，金科服务不断在服务领域开拓创新，以精益求精的服务质量和良好的用户体验提升自身品牌，用户满意率持续保持行业领先水平。在优质的基础服务之外，金科致力于打造"邻里文化"，搭建了六大万系活动平台、六大亲情活动日，在无形中拉近业主与业主之间的距离，同时促进了服务商和业主之间的亲密关系。同时，金科继续坚持"以业主满意为核心"，深耕"金管家""金悦家""金慧家"三个子品牌，打造人、云、端的智慧社区生态。紧紧围绕以客户满意为核心的宗旨，继续做大规模、提升质效。

作为新型业务板块，金科产业则在近两年的重点培育下，发展迅速。金科产业紧跟国家战略部署和政策导向，围绕智能制造、数字科技、健康科技、智慧建造等产业方向，投资开发高标准产业新城和产业园区，目前已进入重庆、湖南、山西、四川、山东、辽宁、陕西等省市，开发和运营产业园区面积超1200万平方米，入园企业超过2000家，其中500强企业、千人计划企业和行业百强企业等标杆企业超过15%，入园企业年总产值超千亿元。

其中，以科技、人文、生态、智慧为特色的重庆两江健康科技城，以智能制造、环保科技为特色的长沙科技新城等项目均已投入运营使用；以智能制造、智慧城市、健康科技三大产业为主导的金科山西智慧科技城，成为山西首个集科技、生态、智慧为一体的国际化产城融合标志性项目。金科产业始终坚持"产城融合，以产促城"的发展理念，构建产业综合运营服务体系，推动区域产业结构升级，促进政府税收和社会就业，目前已发展成为中国领先的产业综合运营商，连续两年位列中国产业园区运营20强，在工信部权威机构测评中获评最具潜力产业新城运营商10强。

文旅康养方面，金科以"产业运营＋战略投资"作为双轮驱动，深度洞察消费者休闲度假需求，通过文旅产业链布局与资源整合，致力于成为"美好休闲度假引领者"。继成立文旅集团之后，2019年4月，金科集团与成都置信集团正式签订战略合作协议，联合发布金科置信新品牌，深耕文旅、康养等领域；8月，金科又战略携手澳洲威秀集团，规划震撼性的全国样板项目，引入国际超级文旅IP。未来，金科计划通过与世界知名IP、中国传统文化IP的深度合作，量身打造金科特有的文化旅游产品，引领中国文旅行业进入体验式文化娱乐消费的全新时代。

截至 2019 年 6 月，金科的"四位一体"战略已初见成效。据金科股份半年报数据显示，1—6 月，公司签约销售金额达 814 亿元、签约销售面积 839 万平方米；实现营收 261 亿元、归母净利润 25.9 亿元，较上年同期分别增长 68% 和 289%，两项指标均位居行业前列。当期公司毛利率提升 7.7 个百分点至 30.31%，创下了近年来的最佳水平。各项业绩指标持续攀升的同时，其财务指标也得到进一步优化。按照这个速度，金科全年完成 1500 亿元的目标已是大概率事件，到 2020 年力争实现 2000 亿元的规模跨越，也是一个近在眼前的目标。

迈向卓越企业集团 21 年坚持不懈做慈善公益

"致富思源，富而思进"，把"迈向世界一流卓越企业集团"作为愿景的金科，21 年来，在心无旁骛创新发展企业的同时，也始终将企业发展与公益及扶贫事业充分结合，长期坚持"社会价值大于企业价值"的经营理念，积极履行社会责任，投身于各项社会公益活动，先后创立了"红太阳"工程、"大社区志愿者日"等品牌公益项目，并积极响应国家"精准扶贫"号召，通过产业扶贫、就业扶贫、教育扶贫、公益慈善扶贫、医疗扶贫等方式，复合式、深层次开展扶贫工作。金科蹚出一条民营企业做好做实精准扶贫工作的新路子，在改善贫困地区和贫困人群的生产生活条件，以及推动扶贫事业健康发展方面奉献自身的力量。

截至目前，金科累计公益投入及捐赠超过 16 亿元，向国家级贫困县投资超过 300 亿元，近 3 年向国家纳税总额 200 多亿元；帮助贫困大学生 2100 多名、留守儿童 2000 多名、孤寡老人 1100 多名，帮助困难家庭超过 10 万户，帮扶困难群众覆盖区域 1.5 万平方米，在贫困地区修建道路 100 余公里。

例如在产业扶贫上，金科通过"产业项目公司＋合作社（村集体）＋家庭农场（致富大户）＋贫困户"发展模式，建立健全产业扶贫利益联结机制。产业扶贫项目遵循"两个优先"原则：优先让建档立卡贫困户的土地流转进项目，让其成为股东，享受土地流转收益；优先安排贫困家庭中有劳动能力成员进企业工作，让其成为员工，以就业带动其脱贫。同时对产业扶贫项目，金科均明确要求：要与贫困户签订帮扶协议。根据贫困家庭情况，结合企业生产经营实际和需要，采取土地流转、入股分红、订单种植、协议收购、劳务用工等多种方式进行点对点帮扶，使贫困户有一定的经济收入，早日脱贫。

金科持续的公益慈善事业也因此获得了广泛的肯定，先后被民政部授予"中华慈善奖"，中华全国工商业联合会、国务院扶贫开发领导小组办公室亦为金科颁发了"全国'万企帮万村'精准扶贫行动先进民营企业"荣誉称号。

21年来，金科能从一家小公司发展成为以民生地产开发、科技产业投资运营、生活服务、文化旅游康养四位一体协同发展的年销售规模上千亿元的大型企业集团，黄红云感慨良多。他曾多次在公开场合表示：无论是企业还是个人，一切发展成绩的取得都得益于党的坚强领导，得益于改革开放的大好政策，更得益于社会各界的关心厚爱。正是因为党中央始终坚持两个"毫不动摇"，不断深化改革、扩大开放，民营企业才有了发展的机会；也正是因为党的十九大以来，各级党委、政府持续优化营商环境，才有了民营经济的蓬勃发展。

"金科发展的每一步，都镌刻着时代的印记。因为改革开放，才有我们这些民营企业参与公平竞争、茁壮成长的机会。也正是因为身处伟大的时代，企业和个人才能汇入社会和历史发展的滚滚洪流。"黄红云表示，"这40多年来，从中央到地方，各级党委、政府不断为民营经济的大发展创造机会。对于我们民营企业家，当务之急就是把握时代大势，坚定发展信心，面对变化挑战，踏踏实实把企业做得更好。"

写在前面

他是一个执行力超强的工程兵出身的董事长，也是一个务实、进取、擅长逆向思维的深邃棋手。24 年前，一句"产业报国"，他带领荣盛，起于廊坊，深耕燕赵，布局全国，让企业从青萍之末，成为浩瀚江河。

他精于管理，大化无形，用独有的文化模式感召凝聚员工，打造了一支"荣盛铁军"，践诺守信，擅打硬仗，争为人先。面临危机时，他教导员工"向植物学习落叶，做适应性反应；向鸟儿学习换羽，做主动性反应"；面对机遇，他用超强的洞察力，提前落子，独辟蹊径，带领企业屡屡抢占先机。

他崇尚匠心，争为人先，所提"造园、造寸、造福"掷地有声，致力于为人们提供最优居所，开创"盛行天下"模式，力图缔造新型生活方式；他不忘初心、饮水思源，多年来投入无数，创新产业，着力扶贫，挥斥方遒，成效卓著，践行"服务社会，报效国家"的企业承诺。

▲ 荣盛控股董事长耿建明

耿建明的企业创新发展观

何可信／文

中国自改革开放以来新增的劳动力大军和消费人群，是全球企业界一直高度关注的对象。2005 年时，美国记者和商人 James McGregor 写了一本《十亿消费者》专门讲述中国的书，在这本书中，James McGregor 由衷地感叹称："重要的是'十亿'这个数量级，它代表着广袤而尚未开发的大片市场，无数等待着加入消费洪流的中国人，先行者对赚个盆满钵满的梦想，以及数个世纪以来烙印在外国商人和贸易者脑海中的遍地黄金的宣传和希望。"

房地产商业，说到底也是一门人口的生意，中国的城镇化和人口红利是房地产商业经济繁荣的基石。抓住这两大红利的房地产商人们，迅速成为改革开放以来的时代弄潮儿。而荣盛控股集团董事长耿建明，便是这批弄潮儿中的佼佼者之一。

2019 年，耿建明 57 岁，这时候，他于 1996 年创办的荣盛已从最初的专事住宅开发的房企，快速成长为集地产开发、康旅投资、产业园区、互联网创新等业务于一体的全国性知名大型多产业的千亿元级集团。

军人出身、家国情怀、产业报国、赤子之心，这是创业并在商海的大江大河里搏击了 23 年的岁月中，耿建明身上最鲜艳的底色。

外界对每一个企业家都是津津乐道，感兴趣他们的经历，对耿建明也不例外。从工程兵成长起来的耿建明感慨地说，今天的成长，个人的努力

是一小部分，更多的是社会给我们提供了大舞台，是改革开放机会好，所以他总是心怀感激。对荣盛发展今日的千亿地位，耿建明又谦逊地回答说："其实我自己觉得荣盛做得并不够优秀，无论是跟行业的巨头们比，还是跟我的要求比，都还有一定的差距。"

对于人们每谈到企业和企业家，就必会提到的企业文化，耿建明说："我们那个年代的人，从小受到的教育都是要把自己的一切才能都奉献给国家。"这一信条伴随他后来的创业过程，在荣盛发展的企业文化里，报效国家一直是一项基本宗旨。完整的说法为 16 个字：创造财富、服务社会、培育人才、报效国家。这是耿建明给荣盛发展定下的企业宗旨与文化格局。

远望风浪小，凌空海波平

现在的房地产市场已经进入调控密集期，有人说房地产病了，有人说房地产没有前途了，各种消息、各式谣诼，布满房地产市场。现在的房产市场局势，确实是呈现着紧张趋势，各种机构都对房地产做出下调的预测。

这种情绪充斥市场并且继续蔓延，耿建明对此并不十分忧虑，他认为，在未来的30年里，每年的新房产预计有10万亿元左右（销售额）。

耿建明给荣盛发展的定位是满足中产阶级的美好生活需求，这是改革开放之后不断庞大起来的一个群体，但耿建明进而要求公司，"我们未来要做的不是简单的扩张，而是成为一家最好的房地产商"。耿建明认为，公司不求规模最大，但要力争做到生活品质好、质量好的房地产商。"目前，中国工业化还在进行；城镇化也在加速；还有一些老房子也需要改造；人们收入不同产生差异化需求；这些都为房地产行业发展提供了发展空间。"

这种站在未来安排今天的洞见与行动，在荣盛发展和在耿建明身上，表现突出。他对宏观大势的深刻洞察和精准把握，就是荣盛这个品牌从无到有、从小到大的动力之源。试想可知，荣盛品牌发源于20世纪90年代的廊坊，一个三四线城市，但从地理空间瞻望，这个过去不起眼的城市地处京津和京沪走廊。起于"州县"的荣盛，经过23年的匠心工艺和完善的企业管理，由内而外，从文化浸润到产品输出，从大地产到多产业综合发展的集团公司。2018年，荣盛发展完成签约金额1015.63亿元，进阶千亿房企俱乐部。

数据还显示荣盛发展进入有质量发展的阶段。2019年8月14日晚间，荣盛发展发布2019年半年度报告，实现营业收入243.61亿元，同比增长25.65%；归属母公司所有者净利润29.44亿元，同比增长31.05%，各项经营指标稳健增长。

之前2018年年报中，2018年荣盛发展实现营业收入563.68亿元，同比增长45.64%；营业利润110.69亿元，同比增长42.51%；实现归属母公司所有者净利润75.65亿元，同比增长31.31%；2018年签订商品房销售合同面积983.4万平方米，同比增长54.73%。

捷报频传。2019年5月，荣盛发展荣膺2019沪深上市房地产公司TOP10综合实力第6位、财富创造力第6位、财务稳健性第8位；5月16日，美国《福布斯》网站发布2019年度"全球上市公司2000强"榜单，荣盛发展凭借11亿美元净利润，荣列全球上市公司利润排名第716位。

8月22日，全国工商联发布了2019中国民营企业500强榜单及《2019中国民营企业500强调研分析报告》。荣盛控股以728亿元营业收入名列第90位，与上一年相比前进了27位，并跻身地产类民营企业前10。

荣盛发展2021—2035年发展规划蓝图早已绘就。目标是："公司建设成为充满活力和创新、极具市场能力和竞争力、知名度和美誉度高、模式领先、机制完善、管理规范、运营健康、实力雄厚、多产业支撑的大型综合性集团公司。"从目前的发展态势来看，荣盛离耿建明描绘的蓝图渐行渐近。

却顾所来径，苍苍横翠微

回忆起创业之初的激情岁月，耿建明感慨地说："今天的成长，个人的努力是一小部分，更多的是社会给我们提供了大舞台，是改革开放机会好，所以我总是心怀感激。"他为荣盛确立了16个字的企业宗旨：创造财富、服务社会、培育人才、报效国家。

这种思维和认识，跟耿建明的人生履历有着深度的关联。1980年12月，耿建明光荣地成为一名基建工程兵。1985年，他所在的部队被裁撤，集体转业到邻近北京的河北廊坊，改制为"廊坊城建总公司"。两年后，20多岁的耿建明已经成为这家地方国企的中层骨干。在大家眼里，这个年轻人的前途一片光明。

20世纪90年代初期，中国社会的各个层面都涌动着激情和躁动。改革开放战略需要一批先行者和追随者，更需要一批创业家、实践家。市场经济的潮流，像一个巨型的旋涡，把那些旧体制的反对者，以及渴望冒险的活跃分子，一下子吸到了新的未知的万花筒中。

军人耿建明，正是在这个时代的节点上，雄心满怀，并不甘于过国企安稳升职的生活，他辞职了。从国企辞职时，耿建明手中仅有5000元钱，凭借之前积累下的诚信、踏实、努力的良好信誉，又从友人处借来5000

元，这 10000 元就成为他的创业启动资金。

从建筑施工起步，荣盛很快就凭借过硬的质量、高效的工期、诚信谦和的企业文化，敢打硬仗、能打硬仗的精神在廊坊及周边区域打开了一片天地，耿建明也收获了人生"第一桶金"。

1998 年，在中国房地产业的大历史中，是划时代的一个年头。这一年的 7 月 3 日，国务院发布《关于进一步深化城镇住房制度改革和加快住房建设的通知》指出，停止住房实物分配、逐步实行住房分配货币化，建立和完善以经济适用房为主的多层次城镇住房供应体系。这份房改通知还称，对不同收入家庭实行不同的住房供应政策。最低收入家庭租赁由政府或单位提供的廉租房，中低收入家庭购买经济适用住房，其他收入高的家庭购买、租赁市场价商品住房。

这份"23 号文件"开启了中国房地产行业的春天。这一年，荣盛发展的第一个房地产项目在南京六合诞生。耿建明抓住市场需求，凭借设计、资金、造价等优势，在吸取珠三角房地产开发经验的基础上，以别具特色的户型和精良的施工，首战告捷。

▼ 1999 年初，方州花园项目启动

南京项目成功后，荣盛承接了廊坊市的一个旧小区改造项目。耿建明回忆道，那时候老百姓对住房的需求非常大，市场空间很广阔。

随后的 2001 年，荣盛发展打造了具有里程碑意义的"锦绣家园"项目。通过精心谋划摘得项目后，又通过"小桥流水、曲径亭台"的江南园林景观，成功打动客户、赢得市场，在价格比周边竞品高出 50% 的情况下，依然销售火爆。

凭借"多一分嫌宽、少一分嫌窄"的设计理念，"做的比说的好，给予的比承诺的多"的客户体验，荣盛成功打造了廊坊第一个高端群体社区，并实现了单项目 1 个亿的销售额，一举打响了在廊坊乃至河北省的品牌认知度。

回忆起当年的创业岁月和廊坊项目，耿建明意气风发，"我们把在南京的一些成功经验移植过来，实现了当年开工、当年竣工、当年 100% 销售的业绩，为荣盛后来的发展打下非常好的基础"。

初心在方寸，咫尺在匠心

作为工程兵出身的千亿房企掌门，耿建明不仅执行力强，而且很懂建筑。他崇尚匠心，争为人先，所提"造园、造寸、造福"掷地有声。

"多一份嫌宽，少一分则嫌窄"是荣盛的产品设计理念，荣盛人把这个产品理念概括为"造寸"——把握居住尺度，力求寸厘之间达到面积、朝向、采光的最佳组合。

在造园方面，荣盛已经有 20 多年的经验，虽然总部在廊坊，但耿建明是南京人，欣赏江南园林的美景，为了建造江南园林，多次带着团队去苏州园林学习，目的是要营造出"宁静而富有生机，自然而富有艺术，健康而富有文化，惬意祥和而不失积极向上"的生活氛围，使得荣盛社区成为城市中难得的自然回归之所。

荣盛倾力于完备项目周边的交通、教育、商业和生活等配套设施，方便客户生活的同时，也极大方便了周边区域居民生活，为区域经济带来利好，甚至影响并形成全新生活圈，"造福"区域生活与经济。

凭借"造园、造寸、造福"的理念，荣盛的产品品质赢来了良好的市场口碑，为业主打造了一个个"自然的园，健康的家"。更为难能可贵的是，荣盛坚持为老百姓造买得起的好房子，在各个环节精打细算，产品性价比高，被业界称誉为"在同等价位下品质最好，在同等品质下价格最亲民"。

企业家是企业的天花板。这也是很多企业家要持续学习和要突破的时代局限性。耿建明早就洞察到，单纯依靠"卖房子"的时代已经过去。"2016年，我们就开始筹划企业的转型，希望重新定位自己，目标是成为国内领先的生活方式运营商。"

在耿建明的思维场景中，荣盛发展未来将致力于打造成一个互联网上的平台型公司，将地产和康旅逐步融合起来，为满足人们多样化的生活需求提供更全面的解决方案。

经过深思熟虑，耿建明把荣盛发展的新战略定义为"3+X"，即在保持房地产主业不断发展的同时，加大对产业新城、生态旅游、互联网及创业投资等领域的投资，形成大地产、大健康、金融和"互联网＋创新事业"的战略新格局。

在这样的新格局中，房地产仍是目前荣盛发展的主业，是公司主要的营收和利润来源。但耿建明认为，房地产未来在继续做大规模的基础上，更要集中精力继续发力，成为"最好的房地产企业"。

地产版图上，荣盛发展目前已形成了"两横、两纵、三集群"的战略布局，"两横"指沿着长江及陇海铁路沿线的布局，"两纵"指以京沪、京广铁路沿线的布局，"三集群"是指深耕"京津冀城市群"，稳步拓展"长三角城市群""珠三角城市群"周边城市的布局。在50多个城市，拥有200多个项目，产品形成了府邸系列、盛景系列、锦绣系列、花语系列的四大体系，每个系列在不同的城市根据不同的客群需求，全面演绎从馨居到奢享新生活，以臻品打造精品人居典范。

▲ 2017年荣盛上市

　　大健康是一种新流行起来的全局理念，是根据时代发展、社会需求与疾病谱的改变而崛起的一个新市场。马云曾经称："中国下一个首富，一定在大健康领域。"目前，荣盛发展的大健康板块别具特色。耿建明说，从2015年设立荣盛康旅投资有限公司，进军大健康领域以来，已相继完成在国内的秦皇岛、承德、野三坡、云台山、黄山、九华山、神农架、海南陵水等地以及捷克等国家的项目布局。

　　耿建明的抱负远不止于此。2018年10月，荣盛康旅在雄安新区注册设立了河北雄安盛行天下网络科技有限公司，这将成为荣盛地产和大健康板块的网上发展平台。"未来我们希望成为一个互联网上的平台型公司，将地产和康旅逐步融合起来，为满足人们多样化的生活需求提供更全面的解决方案。"耿建明说。

　　"盛行天下"这一计划的独特之处，在于购房者可以将其自身持有由荣盛发展开发的旅游度假物业与其他人共享，在保留物业保值增值功能的同时，将不动产赋予流动的功能，真正让购房者实现"一处置业、四季度假、旅居天下"的人生梦想。

而在转型创新成为整个房地产行业的主流趋势浪潮中，有房地产公司提出"去地产化"，但这已经被证明是一个伪命题。更准确的说法是，领先型房企围绕房地产这个基业和原点，进行新业务边界的拓展与构建。精于住宅地产开发的荣盛发展，在创新和转型的谋局上，已经做出了全方位、深度化的战略部署。

根据观察，从 2007 年上市至今的 12 年时间里，荣盛发展从地产本体出发，已经进军大消费、TMT 和医疗等领域，再到收购美亚航空，布局通航领域，再到辽宁振兴银行的筹建，通过多点、多层次的多元化投资拓展，拓展和深耕"地产"多元化这一产业链。"大地产、大健康、大金融"的"3+X"战略格局雄阔、清晰又实务。

能力取资格，业绩取资本

一个爱因斯坦 $E=mc^2$ 式的"美好生活商业王国"的新荣盛已经完成闭环并初步成型，只待花开烂漫。即使这样，对于公司的发展，荣盛人依然认为没有成功，只是在成长。

而深入地看，不管是"3+X"，还是"盛行天下"，这些都是战略和战术，要达成它们，最要紧的是需要成建制化的人才队伍，以支持公司长期稳定发展。在人才培养体系上，荣盛发展有"鹰飞计划"，主要围绕"一年优才、两年主管、三年经理"的目标，着力于培养年轻、优质、有发展潜力的骨干人才。在这个计划之下，设立雏鹰训练营，荣盛发展雏鹰训练营已经持续 18 年，是一个针对校招生的专项培养项目，这些人才中不少是来自 985、211 院校的毕业生。

"能力取资格，业绩取资本"，这是荣盛发展一直强调的企业奋斗文化，这与耿建明草根背景与军人出身有着强相关的关系。"鹰飞计划"之外，荣盛发展持续推出基于领导力梯队建设的多项培训和以梯队为核心的专业力培养项目，已经形成完整的从吸引人才到孵育人才，再到留住人才的闭环。

军人出身的耿建明，对队伍的能力建设打心底里重视，他看到公司员工年轻人多，文化水平又普遍不高，尤其是建筑方面的专业技能缺乏，萌生了把企业当学校办的想法。每天晚上下班后，他组织员工集体学习。至今，"企业是学校，领导是教师，人才是资本"仍是荣盛发展的核心文化。

搭班子，带队伍，定战略，这是耿建明23年创业立业最大的工作内容。创业不久即带队前往南洋理工大学商学院进修管理，引进丰田的管理方式"刚好及时"（Just In Time），并在企业管理实践中不断探索精进，在本土房企中管理模式领先。

在学习先进管理模式的同时，耿建明立足荣盛现实，创造出一套精细化管理方法，并用独有的文化模式感召凝聚员工，打造了一支践诺守信、善打硬仗的荣盛铁军。面临危机时，他教导员工向植物学习落叶，做适应性反应，向鸟儿学习换羽，做主动性反应；面对机遇，他用超强的洞察力，提前落子，独辟蹊径，带领企业屡屡抢占先机。

愿得长报国，谁言寸草心

谦者生存，这是耿建明给人的一个最大印象。但在公益事业上，他绝不含糊。他把公益事业当成一种使命与情怀，达则兼济天下，他认为这是企业家应该有的一个社会站位。

出生于20世纪60年代的耿建明，身上刻着那个时代的鲜明烙印。在荣盛的企业文化里，报效国家一直是一项基本宗旨。这也是他致力于公益事业的源头。

多年以来，荣盛发展在教育领域、产业扶贫等方面持续发力，探索造血式旅游产业扶贫、公益事业接力、特困群体生活保障扶贫等多管齐下的公益扶贫模式，在此过程中，开展多种回馈社会实践。

如今，荣盛已逐步探索出一条教育帮扶与产业扶贫并重，可持续实践为主要特色的中国企业责任发展之路，在开发中将环境生态与人文生态有机结合，寻找产业发展和社会责任实践互为促进的新路径。

根据《2018 荣盛发展社会责任报告》披露："从京西百渡到秦皇山海，再到坝上草原，围绕省市旅发大会，重点打造康旅度假区 9 个，特色小镇 10 个，特色民宿百余个，承接省级旅发大会 3 次，市级旅发大会 6 次，助力河北文化与旅游产业发展。推行'旅行＋民宿'产业扶贫新模式，惠及大范围贫困区人民、安置贫困户就业上万人。"

据荣盛发展 2019 年半年报显示，上半年精准扶贫共计投入资金 1.12亿元。通过"强根造血式"旅游产业精准扶贫，荣盛不仅打造了一个个扶贫项目范本，还在开发中将环境生态与人文生态有机结合，形成了一个个新的康旅 IP。

知识改变命运，从新中国成立到现在的 70 年间，这个口号每一代国人都深深地记在脑海中，只是有些地方因为落后，因为贫穷，导致这里的孩子没办法吸收到知识，耿建明深深知道知识的力量，在自己和企业取得成绩之后，他重视教育帮扶，让落后的地区也能尽快脱离贫困。

荣盛的扶贫助学很早就推行，2008 年，荣盛石家庄公司向河北慈善总会捐款 3000 万元，用于石家庄 23 中、荣盛实验小学、长安一幼新校区的建设和筹备工作。2014 年投资 1000 万元建设南京金陵中学；2014 年捐赠170 万元用于济南北全福小学建设、维修；2015 年、2016 年、2017 年分别出资 100 万元在南京六合区金陵中学龙湖分校设立奖学金；2017 年为南京玉带小学师生捐赠 200 万元用于午餐补助；2017 年，耿建明捐赠 1 亿元人民币，用于建设中国人民大学新校区音乐堂。2018 年向南京市六合区慈善协会——"荣盛慈善基金"捐赠 5000 万元现金，专项用于六合区内困难群众开展医疗救助、助学、支出型贫困救助及定向扶贫；投资 3000 万元建设六合区教师发展中心，资助六合区教育事业，等等。2018 年 5 月 22日，荣盛发展宣布每年向河北廊坊市慈善总会捐赠 1000 万元，连续五年共5000 万元，用于扶贫助学计划。

耿建明在一次捐赠仪式上说："精准扶贫，教育先行。"他希望，荣盛发展的捐赠能让更多贫困学生放心上学，安心读书，用知识去改变命运，用双手去创造未来，让更多因学致贫的家庭重拾生活的勇气。"教育决定着国家和民族的未来，重视教育就是重视未来，重视教育才能赢得未来。"

耿建明这样表示，创造财富是企业的基本天职，报效国家才是我们的最终目的，服务社会和培育人才是报效国家的重要手段。

一位华人企业家曾经这样说：如果是为对国家民族和人类有益的事，即使卑躬屈膝我也在所不辞。观察改革开放40余年以来中国企业家所做的慈善公益事业，我们发现，有能力从事公益事业，是中国企业家们的一种福分，从中他们得到了真正的快乐。

而目光回归到行业，当下，中国房地产行业要很好实现高水平发展和转型突围，关键是把资源交到真正的企业家手里。这好比是打仗，一定要把军队和武器，交给那些能够打胜仗的人。

房地产总被社会批判为没有技术含量的赚快钱赚大钱的行业。但鲜有人去了解并理解，房地产其实也是一个需要"板凳要坐10年冷"的事业，也要有决心，有毅力，耐得住各种风险、诱惑和挑战。

耿建明和荣盛发展的23年历史，就是一个缩影，也是一个代表。

这23年时间里，有很多同行和人们感兴趣地要从耿建明和荣盛发展的身上找出一点成功密码，这也难怪，因为耿建明的谦逊和低调，使得千亿规模之前的荣盛发展长期不是"网红"，耿建明讲过一句很有深意的话，"掌握了种棉、织布、印染、裁缝技术之后，还怕造不出比别人更好的衣服吗？"如果你明白了这句话，就明白了一家从建筑公司起身，进而发展成为现在拥有地产公司、设计公司、基金公司、互联网公司等齐头并进势头的综合集团的密码了。

而这些人才和发展的种种密码背后，都离不开董事长耿建明的逆向思维、敢想敢做和从自己口袋里往外掏钱搞激励的风格。对于未来，荣盛发展已经重新定位自己，目标是打造成一个互联网上的平台型公司，成为国内领先的生活方式运营商。耿建明的要求是，做"最好的房地产企业"。

写在前面

他，建筑科班出身的少年学霸，财技高超，被称为最懂金融的地产商。激进的闽系带头大哥，爱拼敢赢是外在的标签。曾在京城土拍一役，十取其七，笑傲群雄。

他，战略前瞻，站在未来看现在，看别人看不见的事，算别人算不清的账。

他是执拗的产品主义者，精益求精钻研中国风，十年磨一剑始成中国院子，扛旗中式建筑文化，终以院子 IP 独步行业。

▲ 泰禾集团董事长黄其森

黄其森：一个产品主义者的自我修养

方圆 / 文

在新中国成立 70 周年之际回眸，探寻中国经济奇迹的动力源泉，相当部分笔墨需要落在把个人理想融入民族复兴的伟大实践，在市场竞争中创新创业，进而成长成熟起来的一批优秀企业家。

这些经历改革开放和市场经济洗礼的企业家，敢为天下先，坚忍不拔，在大浪淘沙之后最终勇立潮头。

泰禾集团董事长黄其森是为其中代表。这个建筑科班出身的少年学霸，站位高远，对中国经济和金融周期变化具有精当的领悟，看好中国的消费升级给一二线城市带来的房地产发展机遇，坚定布局核心城市。

他战略前瞻，拥有决胜千里的魅力，站在未来看现在，看别人看不见的事，算别人算不清的账。以升维的眼光看待城市的发展。爱拼敢赢是外在的标签，曾在北京、上海、深圳屡创地王纪录，笑傲群雄。

他是执拗的产品主义者，精益求精钻研中国风，追求卓越，十年磨一剑始成中国院子，扛旗中式建筑文化，终以院子 IP 独步行业。财技高超，被称为最懂金融的地产商。

判断对了行业趋势，做好了城市布局，打造了独特的院子产品 IP，个性鲜明的黄其森大开大合，让规模并非最大、实力也非最强的泰禾成为一家网红房企。

肇始于 2013 年，黄其森做了两个决定。一是以激流勇进之势释放攻城略地的狼性，在福建、北京和上海花费了195.3亿元代价抢下12幅地块，被外界贴上了"激进"的标签。提起当年的"疯狂"行动时，黄其森则颇为自信："当时是志在必得，这是基于我们对大趋势的判断。"

二是"院子系"产品的开疆扩土，黄其森一直是中国文化的"发烧友"，并将之融汇于其产品之中，成为泰禾的灵魂产品线。

仅仅用了5年，泰禾的销售额从百亿元跃升至千亿元，从寂寂无闻的福建区域性企业摇身一变成为行业瞩目的闽系"带头大哥"。

"2013年和2014年我花800亿元拿的地，到现在1600亿元拿不下来，那时有几个人看得到？"黄其森说，当年很多人都说泰禾有点疯，但他看到了别人看不到的一面，并且为此"感到骄傲和自豪"。

在黄其森的蓝图中，消费升级，核心城市，一流的IP，这是一个相当精妙的布局，他毫不掩饰"对此感到自豪和骄傲"。但2017年以来"房住不炒"调控措施的细化落地，把泰禾的发展节奏打乱了。在过去一年多限购限贷限价的大势下，泰禾经历众多磨难，暂停公开拿地、裁员风波、股价暴跌、资金链危机、项目降价、甩卖资产，等等。

"从2013年我们在土地市场可以说攻城略地，到2016年、2017年，公开市场基本不参与，都是基于对政策的准确理解和预判。"黄其森表示。

在过去一年中，泰禾一定程度更弦易辙。黄其森称在2018年初就开始应对，不仅一块地都没拿，还清退了十几个项目。此外还拿出十几个项目合作。同时，加大销售回款力度，对既往融资负债集中梳理，实行精细化管理，改善现金流。在管理上，特别是在人才队伍上进行优化和升级。

这些变化，曾引发质疑，深交所连发19问；也收获理解和认同，全球三大国际评级机构之一的惠誉已将泰禾的长期主体评级展望由"负面"上调至"稳定"，主体评级确认为B-。

"接下来的应对方式，最关键是把产品、服务做好，这才是蕴藏着企业发展原动力的内核。"黄其森声称。经过一年多的调整，泰禾的人员与资金得到了很大改善，这家拥有独特院子IP的产品主义者进入了良性发展的轨道。

潮起天元花园

1996 年应该被视为闽系房企的发端年。这一年，时任国务院副总理朱镕基提出把房地产培育成新的消费热点和经济增长点。

房地产的春天降临已成闽企共识。当今一半主流闽系房企在这一年诞生。酝酿许久的黄朝阳放弃了开矿的想法，成立了中骏置业；新加坡留学归来不久的林腾蛟在厦门开发了首个项目"阳鸿新城"；30 岁的林定强在福州闽清创办了金辉；正荣集团的欧宗荣收获一块南昌市政府抵工程款划拨的地皮，阴差阳错进入地产。

31 岁的福建闽清人黄其森希望人生能有点改变，毅然离开中国建设银行福建分行，投身到浩浩荡荡的创业大潮中，在福州创建了泰禾。出生于 1965 年的黄其森 15 岁考上福州大学建筑系，是中国地产界少见的科班出身的专业型大佬。

"当时的时代主旋律是解放思想、加快改革步伐，和所有受此感召、纷纷主动下海的创业者一样，在这样一个巨大的历史机遇面前，我内心充满热情与激情，深信奋斗可以改变命运。"若干年后，黄其森谈及当年下海创业的初衷，不无感慨。

黄其森和同时代的企业家有着相似的"群像"：社会主流精英，放弃体制内的铁饭碗，带着英雄主义色彩，走上了创业的道路，在浩大的时代画卷里跌宕起伏，寻找理想和方向。

下海创业的黄其森正好赶上了房地产发展的关键时期。1998 年 6 月份，全国城镇住房制度改革与住宅建设工作会议召开。7 月 3 日，国务院发布了《关于进一步深化城镇住房制度改革加快住房建设的通知》，正式开启了中国以"取消福利分房，实现居民住宅货币化、私有化"为核心的住房制度改革。这波改革的浪潮让闽系房企能够顺应潮流，从此迈入发展的快车道。

从福州起步，黄其森凭借天元花园一战成名，这个依山而建的独创半坡式住宅开启了福州坡地建筑的先河。

这取决于黄其森早年的大胆决断。由于该项目用地坐落在山地上，彼时，出于成本和打造难度的考量，参与投标的6家设计单位中有5家都提议把这块"绝地"山体推平再建。但是黄其森选择说不。

黄其森采用了同济大学的设计方案，代价是投入了更高的研发和资金成本，还损失了部分容积率。顺着高低起伏错落的山地，泰禾把天元花园的建筑形态做成"骑楼"，很好地利用了地形地貌，独创了"过街楼"。

客观来说，当时的泰禾还只是一家刚创业的小公司，但黄其森在产品打造上舍得投入重金，邀请国际知名的贝尔高林做景观，设计部请了福建省建筑设计院的退休高工做指导，在产品设计方面更是花了重金。也正是因为此，该项目的过街楼、坡地设计、生态保护等产品细节，时至今日，依然不过时。

形成对照的是，据当时一位前去面试员工的回忆，泰禾办公场所和条件设施颇为简陋。彼时的总经理，现任泰禾董事副总裁廖光文的办公桌4个角中3个有残缺。可以想象，创业期的泰禾资金并不宽裕。

天元花园项目身上展现了泰禾舍得的气度、用心的执着、创新的精神，享受到由此带来的巨大溢价。据悉，天元花园的售价比周边项目高了30%以上，这也是后来泰禾走高溢价路线的逻辑触发源。

天元花园项目给泰禾产品打造描摹了浓墨重彩的一笔，从此确立了高起点、高站位、创新性的产品理念和发展战略。在福州立稳了脚跟后，泰禾在福建本土，除了福州、厦门、泉州等活跃城市外，甚至将触角深入到长乐、闽侯等县市。

"北伐"让中式院子成为行业图腾

在大本营福州的成功，让这家雄心壮志的房企开始伺机而动。2002年，黄其森看中了一个北京赴港招商项目。

如果说在福州市中心打造天元花园，让泰禾的精品战略初具雏形，那么在北京拿的这块地真正让黄其森前瞻的战略布局和果敢的决策初露端倪。

这个占地 3000 多亩的巨无霸项目，是一块连接故宫的长安街东起点，枕大运河而居的风水宝地。不利之处在于，位于通州区潞城镇堡辛村的位置非偏僻二字无以形容，周边则是什么条件都不具备的不毛之地。

更让人大跌眼镜的是，初涉京城的泰禾决意在那里打造高端的中式别墅。彼时别墅市场尚处于初级发展阶段，笼罩在一片欧风美雨中，挑战之大可想而知。

不出意外，打造的过程上演了跌宕起伏的戏码。首度面世的"运河岸上的院子"叫好不叫座。尽管 2005 年一期产品已是现房呈现，仍乏人问津。首期入市的 101 栋别墅，一卖就是好几年，成为北京市场上有名的"曲高和寡"者。

在价格高昂导致销售不畅的僵局下，黄其森的举动让人大吃一惊：封盘不卖了，投入重金改造。信心满满来自于黄其森前瞻性地看到这个项目的未来。若干年之后，这一格局被归纳为"站在纽约看北京"。

当然反思和改进也在进行中。黄其森带领着团队到全国各地进行考察，挖掘了很多中式文化的建筑表达手法。尤其是到福州三坊七巷，把坊巷文化和居住理念植入到项目中。一场强化"院子"的升级改造运动呼之欲出。得益于项目 0.33 的超低容积率，变化在于，新的"院子"产品都配置了一个真正的"深宅大院"：墙高提到了 4 米，营造出了庭院深深的感觉；面积也扩大到 400 ~ 1500 平方米，叠加的庭院设计烘托了院子的价值；门面升级为壮观的大宅门，装饰了由曲阳工匠专为明清两代皇宫手工定制的皇家雕塑。

2009 年 8 月 20 日，闭关修炼 5 年之后，运河岸上的院子二期重出江湖，终成院子产品的一个打造模本，给市场呈献了一连串的产品创新：中式院落、深墙大院、全精装院落、全成品墅王群……泰禾的工匠精神展现得淋漓尽致，产品打造能力得以脱胎换骨。

市场给予了热烈回应，创造了月销售 30 栋的成绩，成就了行业的一段传奇佳话。这个项目的一炮打响，也让泰禾集团霎时间从一个地方品牌

▲ 黄其森董事长与南开大学校长参观中国院子

一跃成为全国品牌。

据黄其森后来透露，为了集中资金和精力全身心做运河岸上的院子，泰禾一度主动退掉了呼和浩特当时颇为抢手的一块地。

在某种程度上说，当时对一家企业能否生存的最大考验不是来自于某个项目，而是来自于企业战略，这个企业最终要成为一家什么样的企业，它为自己的远大目标能否坚忍，以及为这个目标做出什么样的规划。

2014 年 4 月，运河岸上的院子启用全新案名"中国院子"。当天黄其森发表了"院子宣言"，扛起了打造新时代的新中式院落建筑，复兴中国院落文化，弘扬中式建筑园林精髓的大旗，由此文化筑居中国加持的院子为泰禾打造了一条深厚的护城河。

雄鸡一唱天下白，这家企业不再满足于成为行业的一个基因，而是希望将自身定义为中国房地产行业变化的图腾。

在院子宣言的冲锋号下，凭借"中国院子"这个超级 IP，泰禾开始全国到处插旗。短短几年内迅速实现了"23 城 45 院"的全国布局，迎来了它的黄金时代。

商业地产突围：战略制胜的一贯延续

如果说运河上的院子展现了黄其森抢占北京在全国楼市制高点的战略眼光，那么在商业地产上的征程则是泰禾战略制胜的一种延续。

按照黄其森的话说，2007—2009 年，泰禾没有抢夺一块高价住宅用地，而是将重心移到资本市场的战略构建，着力重组福建三农。

在 2010 年 9 月 30 日成功借壳上市之后，黄其森把新的战场选择在商业地产上。

2010 年 12 月和 2011 年 3 月，泰禾先后将福州五四北城市综合体宗地和东二环两幅商业地块收入囊中。彼时，尚无其他开发商愿意在福州拿商业用地。

以超 30 亿元的土地投入，同时打造两座超百万平方米、总投资额超百亿元的城市综合体项目。一时市场哗然，一个从未做过商业地产的新军，忽然高歌猛进，泰禾是在展开一场华丽的冒险吗？

很多人问黄其森，泰禾开发住宅不是相当成功吗，为什么要转而开发商业地产？

在 2012 年 7 月 18 日泰禾·Tmall 全球招商签约发布会上，黄其森曾有过一次明确的阐述。"原因很简单，中国经济的大环境是积极向上的，政府将通过扩大内需释放强大的居民消费力，调动经济持续稳定增长，这股消费力将产生难以预估的力量推动经济的发展。"

此外，基于对宏观形势的把握，黄其森隐约感知，下一步可能会针对住宅出台限购政策。同时发展商业地产也能平滑泰禾单一住宅开发模式的或有风险。

在这样的战略思维指引下，泰禾果断做出 2009—2010 年阶段性放弃住宅拿地计划，倾全力投入商业地产的前期开发。

这是战略制胜的一种延续。泰禾的发展战略独到而不神秘，"人家不看好时我们看好，人家看好的时候，我们却未必跟着看好"。

切入商业赛道之初，泰禾选择对标当时商业地产老大万达：学习万达，更要超越万达。私底下，黄其森一直对万达的千城一面、毫无个性颇有微词："多年以后，这样的建筑会给当地社会留下什么呢？"

黄其森的要求是，每一座泰禾广场都不同，每一城都有独特的精彩。沿着这一战略思路，泰禾实实在在地创新模式，在短时间内打通了商业全产业链，从拿地、开发、设计、营销、招商到运营管理，坚持全产业链紧密相扣、精耕细作，独创"精品商业模式"。在建筑形态上瞄准城市地标，品牌组合上引领城市时尚，运营管理上创造销售奇迹。

由于不限购，不限贷，加上福建当地民间经济发达，商铺投资意识强，泰禾的商业地产销售火爆，2012 年泰禾商业 SOHO、铺面产品每一次开盘几乎都创造即开即罄的奇迹。创造了泰禾一半以上的销售业绩，后续的运营还能持续带来稳定的现金流。

2013 年 9 月 26 日，五四北泰禾广场基本上以满铺开业。当天客流量超 35 万人次，全天 1200 万元的营业额创了福州购物中心开业新高。这不仅是泰禾"精品商业模式"的成功践行，更意味着泰禾商业王国的序幕正式拉开。此后，泰禾持续加码投资商业地产，以大手笔、大气魄将之作为战略发展的重中之重来抓。

商业地产一役，锻炼了泰禾整合资源的能力，也让之前高高在上的品牌，真正飞入了寻常百姓家。更重要的意义在于，通过商业地产的洗礼，泰禾的思路已经不再局限于某一个房地产项目，而是站在经营一座城市的高度，试图通过自身的实践和发展，为社会进步提供某种可能的路径。

产品主义启示录

泰禾 23 年的发展，是一家民企不断探索、追求、自新、进化的历史。它不仅仅是一个只输出中式院子产品的企业，还不断引领和推动行业的产品研发能力和创新能力，输出了"产品主义"价值观。

从天元系、红系、院子系到广场系，多年的探索、积累与检验，这家企业在产品打造上渐臻成熟，及至多元化产品线的形成，泰禾终成集大成者。

历史总是这么吊诡，当细水汇聚成奔流，人们才能回溯着找到一切的源头。泰禾产品主义的根源在于黄其森定的一条铁律：对于产品的细节，泰禾始终要走"精品战略"。

当然，从泰禾的实践来看，产品主义绝不是做好产品这么简单，而是要用品牌思维、战略思维、极致思维、信念思维来重新认识和解构产品。

沿着泰禾的发展脉络，从福州的天元花园发端，流淌在血液里的产品执念让泰禾走上了打造高品质、高溢价产品的路线。此后又从"天元系"逐渐升级为以泰禾红御、红树林为代表的"红系"。

经历商业地产一役，泰禾的整合能力得以锤炼，产品升级有了坚韧的注脚。站在经营城市的视角去看待一个项目，泰禾的战略、高度、思维更上层楼，产品的整合能力得以脱胎换骨。

北上打造运河上的院子则让泰禾蹚出了一条打造中式院子的独特道路，成为根植于泰禾产品骨髓中的 DNA，形成了无可复制的 IP，行业内"言院子必称泰禾"。

及至"院子宣言"的发表，挖掘中国传统文化内涵，赋予强烈的人文气质，成为泰禾产品品质塑造中最为核心的坚守。

随着全国化布局的日益深入，加之对客户需求的细致挖掘，产品线的拓展摆上了泰禾的议事日程。

产品线得以运作的背后，是泰禾独特的中式产品力。多年来，泰禾秉承产品极致主义，投入大量人力、物力，深入探究中国传统建筑的方方面面，通过大量史料的研究和精心研发设计，在院落营造形成了自己独特的

▲ 2017 年泰禾向中国器官移植发展基金会捐赠 1 亿元

体系。2017 年 11 月 11 日，泰禾发布了院子系 10 大专利营造工法，涵盖门头、壁灯、横梁、抱鼓石、门钹等产品专利。被誉为中国首家进入"知识产权时代"的房企。

以过往十数载造院经验为基石，泰禾进行了大胆创新与升华。园系、府系、大院系等多条成熟产品线相继面世。其中的"大院系"更是泰禾志在打造的城市第一豪宅产品系。

凭借多元化产品线，在设计、推广、开发、销售等一整套完善、熟练的程序支撑下，泰禾 2017 年销售额突破千亿元，实现了有质量的"高周转"。

当房地产行业的规模天花板逐渐显现，黄其森开始为下一个阶段的发展未雨绸缪。2017 年 9 月，依托自身在商业、健康、文化、教育、金融保险各领域的优质资源，泰禾推出"泰禾＋"全生命周期服务战略，以自持或合作方式提供一站式服务，为泰禾院子 IP 进行能量加持。

"泰禾＋"的提出，是泰禾全面实施战略升级，引领企业全面、健康、长远的发展，探索的一条将企业经营价值与社会价值结合的路径。

写在前面

李从瑞执掌的中国金茂，一直走在创新与升级的道路上；也凭借多年扎实的管理，带领中国金茂书写了一个个独特的传奇。

实际上，脱胎于中化集团，从酒店到住宅开发再到城市运营商，中国金茂给业界留下了一个"优等生"的印象。无论是战略管理、公司治理、组织建设，还是产品力、复合增长率、负债比等，金茂都是有口皆碑，并成功塑造了"金茂府"和"城市运营"两大IP。

进步永不止步，中国金茂，在城市运营的使命感驱动之下，不断践行着改变城市发展格局的战略目标。

▲ 中国金茂总裁李从瑞

金茂的市场化转身

苗野 / 文

时间是一条平行轴。

1999 年，新中国 50 年华诞，举国盛庆，成为中国人恒久难忘的记忆。

这一年，紧随"98 房改"，低迷的房地产市场在开展个贷、降息、公房允许上市等一系列刺激政策下逐渐升温。

这一年，海南成为处置积压房地产的试点城市，曾经遭遇重创的房地产市场迎来新生。

这一年，京、粤、闽、渝各派房企如佳兆业、时代地产、电建地产、和裕地产、北科建、阳光 100、东原地产等房企相继诞生。

这一年，中国金茂在上海用一个项目证明了自己。420 米高的金茂大厦在一片荒地的浦东新区拔地而起，问鼎全国第一高楼。一座金茂大厦，见证了上海浦东新区从小村落到 CBD 的蜕变，也见证了中国经济腾飞的大时代。

脱胎于中化集团，从酒店到住宅开发再到城市运营商，中国金茂给业界留下了一个"优等生"的印象。无论是战略管理、公司治理、组织建设，还是产品力、复合增长率、负债比，等等，金茂都是有口皆碑，并成功塑造了"金茂府"和"城市运营"两大 IP。

按照中国金茂首席执行官李从瑞的设想，中国金茂 5 年内要进入行业前 15 名。

石油行业出身的李从瑞，2009 年从浙江北上进京，出任方兴地产副总裁；2013 年 1 月出任方兴地产（2015 年更名为中国金茂）执行董事兼首席执行官。"石油和地产是两个完全不同的行业，但管理是相通的。"李从瑞说。彼时的这位地产门外汉，凭借多年扎实的管理，带领中国金茂书写了一个个独特的传奇。

过去几年，中国金茂焕发出高增长活力，从 210 亿元跨越至千亿元，年均复合增长率超过 50%，增幅位列 30 强首位。"今年的目标是 1500 亿元，2020 年的目标是 2000 亿元。"8 月 28 日，李从瑞在中国金茂的中期业绩会上表示。

李从瑞执掌的中国金茂，一直走在创新与升级的道路上，也在不断刷新自己的形象。"市场化"是金茂越走越远的重要保障，但金茂的市场化并非脱离央企属性的市场化，而是两者的有机结合。借用宁高宁的话就是："在保持央企属性的前提下，无限接近市场化。"

2019 年 7 月 26 日，金茂引入中国平安成为其第二大股东，中化集团持股比例被摊薄至 35.1%。"中国金茂不管怎样混改，中化集团保持中国金茂控股股东的地位是不会改变的。最终我们希望成为一个完全市场化的上市公司。"李从瑞说，"我们这算是国企中的民企，央企中的外企。"

而对于其自身定位，这位央企首席执行官希望被评价为一个职业经理人，一个比较接地气的职业经理人。

两大 IP 下的金茂模式

1999 年，由金融大鳄索罗斯掀起的金融风暴终于告一段落，中国终于从此前两年的亚洲金融危机中缓过一口气，但国内外形势依旧不容乐观。为了破解经济增长困境，促进楼市成交成为刺激经济发展的重要手段。

这一年，是国家取消福利分房的第二年，房地产市场全面进入个人消费时代。从中央到地方都出台了大量利好政策来刺激消费，政府和开发商都在为中国房地产市场升温而添柴加火。

当高约 420 米、重 30 万吨的高楼雄踞浦东时，1999 年让"金茂"这两个字，开始为人们所熟悉、认知。李从瑞提到，宁总说建金茂大厦的时候，他也代表华润集团到上海看了这块地，那时这里是一个肠衣厂，遍地污水横流，华润眼界比较高，觉得这里太脏了，没有来。

但是金茂来了，不仅在当年的上海，还有长沙梅溪湖，1040 万平方米，从规划到建成，只用了 5 年时间。在此前后，中国金茂先后打造了"城市核心综合体"项目——上海星外滩；"城市新城"项目——青岛中欧国际城、南京青龙山国际新城；"特色小镇"项目——丽江金茂谷镇等各具特色的城市运营级项目。

但让李从瑞记忆最深刻的，莫过于北京广渠门项目和长沙梅溪湖项目。

2009 年 4 月 30 日，李从瑞加入方兴地产，北京广渠门金茂府那块地，他就在拍地现场。当时，市场普遍不看好，现在看金茂是赢家，那里成为金茂府的发源地。这更加让李从瑞坚信一点，地产是个很特殊的行业，外行也有机会做好，新进入者通过创新也能成功。

历经 10 年发展，金茂府已落地 23 城 42 府，成长为货值近 4000 亿元的"超级物种"，被视为教科书级意义的产品线。"中国金茂"的品牌实力为更多城市带去了革新性的发展与改变，同时也支撑了金茂实现千亿以及千亿之后再出发。

在李从瑞看来，中国金茂领跑市场，并不是因为拿高价地就能卖高价房，而是坚持科技住宅，创造高舒适度，用科技带来价值增值。

2015 年 10 月 14 日，方兴地产宣布正式更名为中国金茂控股集团有限公司，在名称中"抹去"了地产二字。这一变化预示着中国金茂将由传统意义上的地产开发商向城市运营商转变。这是李从瑞在金茂的第 7 年，也意味着他要带领金茂转型。

"这样的战略路径选择是基于金茂对于未来形势的判断和对自身优势的分析而作出的。"李从瑞说，我们的逻辑是"城—人—产"，以城引人、以城促产。

在一次公开活动上，李从瑞提到了他定义的城市运营商。从时间的维度，一定是从一块处女地开始。通过规划、拆迁、建设、持有、销售，最终再运营，来管理这个城市，跨越从一块处女地到一个新城建设的全过程。从空间上它必须有足够的面积，大致在1000亩以上，建筑体量超过500万平方米以上。从内涵上讲，我们不是去建一片住宅，是要去建多业态、多配套、产城融合的城市，这才叫城市运营项目。

2019年，被中国金茂定义为"城市运营年"。李从瑞表示："我们预期到2021年以后，金茂60%的新增土地储备来自城市运营，金茂未来还会不断扩展城市运营项目。"

以城市运营为核心，每到一座城市，并不是以单纯的地产商身份拿地建房卖房，中国金茂看重的是可持续发展的城市运营，通过整合现有资源、综合地产开发、产业引入、持续服务为一体，实现一个城市的"新生"。

李从瑞在阐述金茂城市运营能力的时候提到："3年起势，5年成城。"这对他而言，是一个必须实现的时间表。

混改与市场化

从"让地"疑云，到平安入股，中国金茂近两个月一直活跃在聚光灯下。

"中国金茂的全面市场化是中化集团的一个方向，所以关于金茂混改还将继续进行。"李从瑞在2019年中期业绩会上表示。

随着国企混改、央企整合的热浪来袭，国家队逐渐成为房地产行业中的焦点。过往几年，绿地控股、中海地产、招商蛇口、中粮集团等纷纷进行重组与整合。2019年7月，中国金茂也进一步推进国有企业混合所有制改革，并引入平安做第二大股东，平安持股比例达15.2%，金茂第一大股东中化集团持股比例由49.71%降至35.1%，仍为控股股东。

"平安不介入经营管理，就是财务投资角色。金茂以前就和平安有合作，包括不动产、银行发债等方面，未来金茂还将跟平安的各个板块层面进行全面的对接。"李从瑞说。

实际上，早在10年前，中国金茂就踏上了混改之路。2009年，金茂还叫方兴地产时，就进行过一次配股。资料显示，控股股东中化集团以2.52港元的配售价，向不少于6名独立机构投资者配售7.69亿股旧股，并认购4.61亿股方兴地产新股，完成后中化持股量由69.74%降至62.87%。

李从瑞表示，金茂主要通过引进战投来实现混改目的，但他也知道，引进战投无法一蹴而就，很多事情还得慢慢来。

因此，在2015年、2018年金茂先后又进行两次配股。其中，2015年，金茂以每股2.73港元价格向新华人寿、新加坡主权基金GIC、私募基金华平投资以及新鸿基地产前主席郭炳湘控制的Dynasty Hill配售16亿新股。2018年，金茂又以先旧后新的方式折让配售9亿股现有股份，嘉里控股成为金茂此次新引进的社会资本。

李从瑞说："随着金茂的进一步混改，中化集团未来可能会不再并表金茂，但底线是要保持中化集团的控股地位，只要持股比例保持在30%以上就是控股股东。"

这也和中化集团董事长宁高宁的想法不谋而合。对于金茂来说，既要保持国有企业中化集团的控股地位，也要引进市场化机制，只有把这两个都做好，混改才具有意义。

显然，金茂一方面要保留央企对于稳健发展的要求，对短期利益与长期利益有效平衡；另一方面，通过无限接近市场化提高整体的效率与竞争力。市场化体制机制的助力，与充分发挥央企的属性、优势，是中国金茂"活下去"的制胜法宝。

8月28日，中国金茂交出了新晋千亿房企后的第一份成绩单。中期业绩报告显示，中国金茂上半年合同销售金额达到约785亿元，销售面积约358万平方米，营业收入147.41亿元，毛利率达到37%。排除2018年上半年大宗写字楼交易的影响，今年上半年实际合同签约销售净额同比增长约 79%，销售面积同比增长 114%。

"进入第一梯队，我们至少还要走 5 年。"李从瑞说。他对行业第一梯队的定义是复合的，签约规模的增长并非唯一要素。如今的地产行业已经不能仅依托一两个优势就能够打赢这场竞争，必须做到"均好"。金茂没有选择"高杠杆、高负债"的激进打法，而是强调"规模适度"，坚持"城市运营"和"双轮两翼"。

在李从瑞看来，到 2022 年，中国金茂的持有物业面积将增至 200 多万平方米，持有项目租金收入将达 50 亿元，可以排到行业前 5 名，但仍需要脚踏实地去学习。"永找不足"，是金茂的文化。2018 年 6 月 29 日，中国金茂"CEO 大讲堂"第一期上线，李从瑞从"永找不足"开始，聚焦未来战略、创新发展和自我激发。

李从瑞说："人们对美好生活的畅想已经打开了，未来需求会得到一个很好的释放。房地产行业还有一二十年的发展。"进步永不止步，中国金茂，在城市运营的使命感驱动之下，不断践行着改变城市发展格局的战略目标。

写在前面

"我们都是改革开放的参与者、贡献者、见证者、受益者。"从1989年打破铁饭碗走出时代弄潮者的第一步，到如今带领蓝光走出川蜀，走向规模房企的千亿征程，这个骨子里不甘安逸的企业家，在四十年的改革开放浪潮里，每一步都走得坚定，每一步都看得长远。

1992年的成都大型电子电器市场的建成，成为杨铿迈入房地产行业的开始。2002年，他带领蓝光以"阳光第一拍"迈向传统住宅新赛道，6年努力，厚积薄发，蓝光出蜀，2008年正式向全国性规模房企迈进，同时开启了多元化发展模式。

"想要争取更广阔的发展空间，就要顺时代而为。"在杨铿看来，拥抱时代才不会被时代淘汰，蓝光将与时代并进，坚定迈向更好的未来。

▲ 蓝光控股集团主席、蓝光发展董事长杨铿

蜀人杨铿不甘安逸

唐珊珊 / 文

蜀人喜茶，爱安逸，但杨铿却是个例外。从 1989 年自己打破铁饭碗下海，到 1990 年成立自己的公司，这个骨子里不太安分的四川人，每一步都走得坚定，不留回头的余地。而他一手创办的蓝光发展（以下简称"蓝光"）也犹如其名字一般，在川蜀之地迅速燃起，短短数年便突破百亿元规模，成为川派房企的领头羊。

2012 年，站在百亿元规模的路口，杨铿却将目光投向了川外更广阔的天地。这一年，他带领蓝光走向川外，从"四川蓝光"迈向"中国蓝光"。2013 年，蓝光制定了五大核心区战略，即以成都、重庆、昆明为核心的西南区域，以北京、天津为核心的环渤海区域，以上海、杭州为核心的长三角区域，以武汉、长沙为核心的长江中游区域，以西安、太原为核心的黄河中游区域，选择房地产市场发展前景良好的城市果断进入，迅速铺开。这一战略使蓝光在标杆房企厮杀激烈的全国市场中杀出一条"血路"。

2015 年，蓝光借壳迪康药业登陆 A 股市场，在上市公司融资渠道的加持下，其扩张步伐更趋迅猛。同年 11 月，蓝光旗下子公司蓝光英诺成功发布了全球首创的 3D 生物血管打印机，自此，蓝光的"人居蓝光 + 生命蓝光"双引擎战略也随之浮出水面。

"只会卖楼的公司肯定不是一家有前途的公司，但如果连卖楼的生意都做不好，无疑是一家没有生命力的公司。"在杨铿看来，蓝光的千亿元版图里必须要有超越传统行业，能够在未来形成新的引擎的业务板块。2018年3月，其旗下物业公司四川蓝光嘉宝服务集团股份有限公司（下称"蓝光嘉宝"）向港交所递交了招股书，开启赴港上市之路。纵观蓝光的产业版图，会发现其多元化结构中涉及住宅、医疗、生物科学、大健康、物业等多个板块，而这些板块又可以互相助力，在未来形成一张巨大的资源网络，这个不甘安逸的蜀人天生有着对新生事物超前的洞察力和资源整合能力。

不甘安逸的年轻人

"尽管任何一段历史都有它不可替代的独特性，可是，1978年到2008年的中国，却是最不可能重复的。在一个拥有近13亿人口的大国里，僵化的计划经济体制日渐瓦解了，一群小人物把中国变成了一个巨大的试验场，它在众目睽睽之下，以不可逆转的姿态向商业社会转轨……"在吴晓波的描述中，1978年是个特殊的年份。这一年，党的十一届三中全会拉开改革开放的序幕，民营企业在改革开放的浪潮中登上历史的舞台，中国企业格局也自此三分天下，国营企业、民营企业、外资企业，三股力量此消彼长，在相互博弈中一起走向市场经济，走向高速发展之道。

这一年，刚满16岁的杨铿正为进入国营企业而刻苦读书。两年后，他如愿被分配进入成都工程机械集团上游机械厂，端上了人人艳羡的铁饭碗，但这也意味着一眼看到头的生活。这一年5月，成都第一家民营企业成立，名为川开实业集团有限公司。这则消息在当时并未引起波澜，仅在本地报纸边栏刊登了一则广告，杨铿却从这条5厘米的边栏中看到希望，他偷偷剪下这条消息夹了在书本中。1988年，26岁的杨铿因为工作认真、专业技术过硬被破格提拔为成都工程机械集团技术开发部主任，然而升职带来的欣喜很快被随之而来的忧虑取代。在这个行业里，以他的资历，技术开发部主任可能已经是晋升的天花板，这时他想起了那片被剪下的报纸边栏。

彼时的成都，马路逐渐宽阔，汽车开始渐渐多起来，于是他做了一个决定，辞职下海。1989年，成都兰光汽车零配件公司在西城区成立，虽然仅做了2年，但是让杨铿尝到了做生意的甜头。1992年，春风悄然吹起，没人能预知，一场变革即将席卷全国。仿佛一夜之间，"胆子更大一点，步子更快一点"成了无人不知的街头标语。这一年，刚在汽配生意中尝到甜头的杨铿，习惯性地拿起报纸，一组数据跃入他的眼帘，也挑动了他的心跳。据他后来回忆，当时那组数据描述的是：1992年全国房地产开发投资比1991年同期增长了117%，地方房地产投资普遍增长50%以上，其中海南暴增211%；土地方面，1992年土地供应量和面积分别是1991年及以前全国出让土地的3倍和11倍。几乎是在放下报纸的同时，他开始着手注册新的公司，1992年9月12日，成都兰光汽车零配件公司正式变更为成都兰光房屋开发公司。

从"四川蓝光"到"全国蓝光"

颇为幸运的是，成都兰光房屋开发公司刚开张便拿到了它的第一个项目——开发成都大型电子电器市场。这个项目在改革开放之初的成都，如同创业者的天堂，刚建成便吸引了大量商户入驻，直到现在，这里也是成都颇具人气的电器批发市场。借着成都大型电子电器市场项目的成功开发，杨铿奠定了在成都商业地产领域的地位，从此开启了漫长而精彩的房地产征程。

1993年春天，杨铿的"蓝光大厦"正式开工。第二年春天，时任国务院副总理兼外交部部长的钱其琛到成都视察，并为"蓝光大厦"题字书名。也是在这一年，"兰光"正式改名为"蓝光"。

杨铿的商业地产生涯并非一帆风顺，1999年开发的世纪电脑城和

2001 年开发的罗马假日广场因产品形态问题，导致项目销售遇阻。虽然后来蓝光曾想了很多措施去补救，但仍未见效。这两个项目在带给蓝光教训的同时，也让杨铿意识到做商业项目不能按部就班，应该根据市场定位来明确产品形态。虽然此后开发的蓝色加勒比项目重现辉煌，但此时的杨铿心思已不在商业地产，他在思考蓝光未来的发展定位，是在商业领域继续深耕，还是转向传统住宅。此时的西南地区大地上，已陆续出现一些新生房企，刚起步的龙湖地产凭借龙湖花园南苑在重庆打响了入市第一枪，而金科也刚刚崭露头角，市场正呈现新的格局，于是杨铿心中有了答案。

　　2002 年 8 月 6 日，位于成都百花西路一号的国土局，可容纳 200 人的大厅被挤得水泄不通，46 家开发商拥聚一堂，蓝光也在其中。这里将进行成都第一次土地公开拍卖，相比 1987 年深圳举行的全国首次土拍，成都整整慢了 15 年。此次土拍一共出让 7 个地块，首个地块位于青羊区长顺下街和八宝街交叉口，总用地面积约 7.75 亩。在经过 30 多个回合的激烈较量后，手举 77 号牌的蓝光以 465 万元每亩的价格拿下。紧接着，蓝光再度斩获第二块地。在当天拿地的 6 家房企中，只有蓝光两次拿地，气势迫人。这次土拍被成都业界称为"阳光第一拍"。而杨铿也借此带领蓝光转型，正式由"商业开发"转向"住宅开发"。

　　然而此时成都已不是杨铿全部的计划，他将蓝光的版图画向了更川外更广阔的市场。2008 年，蓝光开始了全国化的布局战略，在杨铿看来，蓝光要发展，必须要走出川外。2013 年，蓝光制定了五大核心区域战略，围绕西南大本营、长江中游区域、黄河中游区域、环渤海区域四个战略核心区，选择房地产市场发展前景良好的城市果断进入，快速以 COCO 系产品入市打响市场度。每个项目，从拿地到销售，无不快人一步，且"快而不乱"。这一战略使得蓝光在短时间内完成全国性布局，根据资料显示，截至 2018 年底，蓝光已成功进驻 60 多个城市。

"双轮驱动"开启千亿征途

如果说转型住宅是行业大势所趋，那么进入生物医药领域则是一次颇具前瞻性视野的战略选择。2014年，刚刚跨过百亿元门槛的蓝光，投资成立了四川蓝光英诺生物科技股份有限公司（以下简称"蓝光英诺"），其核心产业是3D生物打印。对于这个决定，杨铿曾在接受媒体采访时表示："我年轻时就有一个建造一家最好医院的梦想。一次偶然的机会有幸结识医学界大名鼎鼎的康裕建教授，得知3D生物打印这一颠覆性创新技术后，我动心了。"

在杨铿的带领下，蓝光已悄然将版图扩展延伸至生物医学领域。2015年，蓝光借壳迪康药业登陆A股市场，在资本市场的加持下，蓝光开启"人居蓝光＋生命蓝光"双引擎驱动的顶层战略架构。新业务为蓝光带来了新的增长点，据年报数据显示，蓝光旗下的成都迪康药业OTC业务2018年实现营收为10.14亿元，同比增长29.60%；实现净利润0.9亿元，同比增长4.15%。物业服务公司嘉宝股份2018年实现营收13.99亿元，同比增长43.95%；实现净利润2.89亿元，同比增长49.15%。

2016年，蓝光英诺3D生物打印血管植入恒河猴体内实验取得成功，这一技术突破，不仅解决了器官修复与再生的难题，也填补了生物科技市场的空白，杨铿离他的生命科学梦越来越近了。与此同时，他的另一个梦也在紧锣密鼓地进行着。2012年，在蓝光销售额刚破百亿元时，杨铿曾提出了"9年内销售额达到千亿元"的目标。此后，蓝光开始提速，2013年，蓝光总销售金额突破206亿元，不仅稳居成都房地产市场冠军，更成为整个西部楼市的冠军。在坚守大本营的同时，蓝光强势布局的华东、华中区域也取得了亮眼的成绩。2016—2018年，其华东华中区域销售额分别突破100亿元、200亿元、300亿元大关，分别达到136.61亿元、206.1亿元、342.53亿元，3年复合增长率达到110.37%。2018年，蓝光终跨千亿元门槛。在克而瑞发布的《2018年中国房地产企业销售TOP200排行榜》中，蓝光发展首次冲进千亿元房企俱乐部，名列第27名。

然而，成功晋级千亿元赛道的蓝光并未止步。2019年，在杨铿的带领下，蓝光启动4.0战略，"定位中而强，坚持规模与利润并重，实现高质量增长"。与此同时，蓝光旗下物业蓝光嘉宝也收到分拆H股上市的证监会核准批复，如果蓝光嘉宝IPO成功，那么千亿蓝光将再添一翼。"以新经济思维和逻辑'以变迎变'。"这个从成都一路走来的不甘安逸的蜀人已准备好挑战下一个10年。

写在前面

他，创造中国奥园，发扬"更快、更高、更强"的奥林匹克精神，并在 2018 年将这家企业带入千亿元轨道，纳税额超百亿元的多元化跨国企业集团。

他，提出了复合地产模式，被行业认可并成为共识。从金业速度到广州奥林匹克花园成功，再到打造广州华南板块"中国名盘"，让房地产和其他行业有机结合，产生了 1+1>2 的效果。

他，将"构筑健康生活"作为奥园产业布局的逻辑起点，打造"地产、商业、科技、健康、文旅、金融、跨境电商、城市更新"八大产业板块，拥有"地产、商业地产、国际投资、健康生活、科技、文旅、金控、奥买家"八大二级集团。

▲ 中国奥园集团董事会主席郭梓文

中国奥园郭梓文：构筑健康生活的引领者

翁晓琳 / 文

郭梓文，中国奥园集团股份有限公司（以下简称奥园）创始人，带领着这家企业从第一单6000元的广告牌生意，到如今千亿元规模、百亿元纳税，受资本市场高度肯定的跨国集团，一路走来，栉风沐雨。

凭借复合地产的开发理念，"一业为主、纵向发展"的业务格局，奥园地产板块在2018年实现合约销售额912.8亿元，与非地产板块销售额合并后突破千亿元大关，正式迈入千亿元企业阵营。

性格低调的郭梓文，给奥园也注入了一种"低调生长的文明力量"。尝试过辉煌和低谷的他，并不沉迷于短暂的巅峰追求，而有着更长远的目标发展，2019年定下了要做到"世界500强"的目标。

大胆抉择

所有和郭梓文共事过的人都会觉得他是一个很有想法的人，知道自己要做什么，并且会一往无前地做好。

28年前，郭梓文作为当时少有的大学生，做事勤勉踏实、脑筋灵活，在番禺县旅游总公司做总经理助理，深受领导器重。但是，其也深感在国企做事程序烦琐，很难凭借个人的能力和想法去干一番事业，便毅然决然辞去了人人羡慕的"金饭碗"，下海创办自己的事业。

创业初期，郭梓文手头可供调用的流动资金不过是八百一千。没有资金、没有品牌、没有队伍的他为了尽快做出名堂，决定通过承包和搞活亏损国企的方式，"曲线救国"以实现自己的商业梦想。

然而，承包国企也需要缴纳5万元押金，他只能通过借贷等方法来凑齐首笔2.5万元押金，这才开始了艰难的创业历程。

困难才刚刚开始，由于公司经营压力大，负担沉重，又迟迟拿不到业务。甚至是别人看不上的银行户外广告牌的生意，郭梓文都把这个机会当作救命稻草，亲自参与设计。

这一笔6000元的广告牌生意让客户感受到郭梓文的认真精神，以后有了装修需求更是主动抛出橄榄枝。郭梓文就是这样凭借良好口碑，从建筑装饰材料公司开始做起，打开了市场。

从承包国企尝到甜头的郭梓文，开始接二连三地把经营亏损的国企承包过来，并且坚守着两个原则，一个是班子能力造成困境，但是产品还有市场；一个是负债率不超过70%。

"攻守兼备"的郭梓文早早地开始这种平衡风格，只用了5年时间就成了番禺当地排名较前的民营企业家。

地产开发创造奇迹

郭梓文并不满足于此。1996年，梅山地产招标大会举行，郭梓文兄弟成功拿下。在别人不看好的情况下，用"金业"品牌开启了自己的房地产开发事业。

凭借着专业而科学的管理，以及目标倒推、公开承诺等方法，金业用两个多月的时间就令烂尾数年的东发花园封顶，被称为是"金业速度"。金业别墅花园在1997年1月18日开售，第一期138套别墅只用了16天就被抢购一空。

▲ 1999 年，国家体育总局在北京人民大会堂授予广州奥园全国首个"阳光健身工程"称号

　　郭梓文当时将"快快快"三个字挂在嘴边，这也是后来奥园企业价值观"高效、诚信、责任"中的第一位，在保证质量的前提下，保持工作节奏的紧凑。

　　1998 年，郭梓文将目光投向洛溪。当年 5 月，金业体育花园开始筹建。这个项目规划了 35.5% 的绿地面积，加上健康步径围成的 5 个相互连接的圆。为了拿下"广州奥林匹克花园"这个案名，郭梓文历经万难拿到了官方的公开授权。1999 年 7 月开盘到 2000 年 1 月，广州奥园售出了 1111 套，销售额 3.5 亿元。

　　从最开始的地产开发，性格中好胜和冲劲的一面使得郭梓文迎难而上。当时的金业在广州华南板块要面临碧桂园、星河湾、锦绣香江、雅居乐、合生创展等高手，而后金业又带着南国奥林匹克花园加入其中，并凭借"体育＋地产"、"教育＋地产"的先进开发理念，创造了"开盘就封盘"的南奥现象，荣获"中国名盘"称号。

　　郭梓文不服输的性格在这场华南板块的竞争中可见一斑，其曾回忆说："我是背水一战，大家越认为我做不到，我越有动力要创造奇迹。"

艰难上市路

郭梓文的地产开发之路并非顺风顺水。其以"奥林匹克花园"系列产品声名鹊起，却也因为合作方的增多，利益格局变得复杂，最终使得郭梓文不得不放弃这个品牌。

当时郭梓文向合作方中体产业提出了"奥龙计划"，准备将奥林匹克花园的模式向全国进行复制。只是，2002 年 11 月，郭梓文辞去了中奥管理公司总裁一职，"奥龙计划"的主导权也转移至中体产业手中。

在这样的情况下，郭梓文将金业正式更名为"广东奥园置业集团"，为了延续品牌的影响力，奥园开始"新奥龙计划"，并成功开发了第一个品牌输出项目——佛山奥园。

也是这一年，郭梓文意识到奥园必须要上市，"现代企业竞争，具备强有力的资本运作能力也是极其重要的一项内容"。房地产是重资行业，企业由小变大只能从资本市场获得股权融资和债券融资。

然而，借壳诚成文化失败，拖累了奥园的销售业绩，使得公司经营一下子陷入了危局。在 A 股市场转了一圈后，奥园还是忍痛出售了诚成文化，上市计划宣告终止。

尽管深受煎熬，郭梓文并没有心灰意冷。他经常用"人生来这个世界上走一趟，一定要干一件大的事情，做人要宁死大海，莫死沟渠"这句话来鼓励下属。

为了挽救公司，郭梓文通过加快销售速度，快速回笼资金，寻找合作伙伴降低财务压力，同时调整组织架构，最终使奥园得以喘息，现金状况得到改善。

而郭梓文一直没有放弃公司上市这个梦想，设定了"火炬计划"谋求在香港上市。通过引入战略投资者，进行公司改制，平和的态度甚至获得了中介机构们的"开放、信任、配合度"高的评价。跨过了千辛万难，奥园最终在 2007 年 10 月 9 日成功在香港上市。

▲ 2007 年，中国奥园地产集团股份有限公司在香港联交所成功上市

"复合地产"实施

从广州奥园开始，郭梓文就总结出一个房地产创新理念——复合地产，大众置业不只是购置住宅本身，更是购买一种健康的生活方式。所以当时体育产业与地产行业复合一起，就能产生 1+1>2 的效果。

在郭梓文看来，"复合地产是将房地产和其他关联产业有机结合，从而在满足房地产对消费者的实用性功能价值外，为消费者创造出充满具体体验的生活感受和文化价值"。

复合地产要有功能价值，也要有生活体验，必须从顶层设计到细节把控。所以从"奥林匹克花园"品牌的打造，到番禺奥园广场试水商业地产开发，再到向文旅地产延伸，奥园在 2015 年主动实施多元化战略。

如今，奥园构建了地产、商业地产、国际投资、健康生活、科技、文旅、金控和奥买家八大二级集团，形成各业务板块你追我赶、齐头并进的

▲ 2019 年，奥园旗下健康生活集团在香港联交所成功上市

良好局面。

"实际上房地产主业占比是 96%，其他业务的占比是 4%。但我们投入的都是跟我们现有的产业有关联，而且能帮助我们现有产业更好地发展，我们才做。"郭梓文指出。

"一业为主、纵向发展"的业务格局，使得奥园以全新的公司形象，为股东和投资者带来更佳回报。2018 年，奥园地产板块完成了合同销售额912.8 亿元，同比增长 100%。加上非地产板块销售额，奥园销售规模突破千亿元，助推奥园夯实"一业为主、纵向发展"的业务格局。

而奥园在 2019 年上半年也取得了不错的成绩，业绩、股价表现良好，地产板块合同销售人民币 536.3 亿元，营业额同比增长 73%，净利润同比增长 90%，核心净利润同比增长 79%，每股基本盈利同比增长 87%，各项核心业绩指标均实现大幅增长。旗下健康生活集团也在香港联交所成功上市。

人才和品牌

奥园的成功没有偶然性。郭梓文创业初期经常考虑的长远问题，就是怎么样才能让企业不断攀登新高度，打造百年不倒的企业？

彼时，郭梓文就提出了两点。第一就是人才，"创业，没有家人的支持是很难成功的，但事业发展，必须要有高素质的人才扶助"。奥园吸纳了不少人才。

譬如，2015年先后加入奥园的两个明星经理人，目前担任执行董事兼营运总裁的马军和负责商业地产集团经营管理工作的高级副总裁张俊，分别曾在中海和万达两个地产巨擘有长时间的工作经历；负责奥园资本市场及投资者关系的集团执行董事、高级副总裁陈嘉扬于2013年10月加入奥园。

尔后在奥园高速发展中，对于外部成熟人才的吸纳速度明显加快，大量出身于行业前10甚至前5企业的职业经理人陆续加盟奥园，成为助力奥园腾飞的中坚力量。

郭梓文拒绝将奥园做成一个家族企业，而是招揽外部优秀人才，希望借助职业经理人的经验，帮助奥园实现超常规的发展，"奥园发展到现在，不是我一个人的奥园，是大家的奥园"。

第二则是品牌，"没有品牌，永远只能坐车厢，跟在别人后面赚钱；有了品牌后，自己就成了火车头，能带领别人发展。钱找钱的基础就是品牌"。于是郭梓文一直希望能把奥园打造成一个金字品牌。

郭梓文曾评价"外地企业家做企业是从头做到脚，广东的企业家是从脚做到头"，说明粤商做事踏实勤奋，但在品牌与营销层面水准不够。

从金业别墅花园"圆白领阶层别墅梦"到广州奥林匹克花园的"运动就在家门口"，再到现在的"构筑健康生活"，郭梓文一直看重品牌的打造和营销。尤其是奥园的诞生，就是将金业和奥林匹克花园品牌融合发展。

郭梓文从来就不是一个"留在原地"的人。在面临种种困难与挑战时，郭梓文和他的奥园可以找到无数个理由向下拖延。因为破釜沉舟、一往无前的勇气，郭梓文带领奥园走过了23个春夏秋冬。

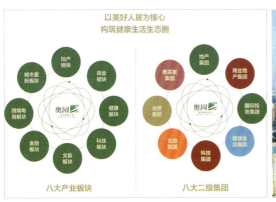

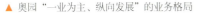

▲ 奥园"一业为主、纵向发展"的业务格局

▲ 2019年，中国奥园集团乔迁新址奥园集团大厦，向世界500强目标迈进

　　2019年，郭梓文称之是奥园风华正茂的一年，并设定了一个"世界500强"的目标。奥园的企业规模会变化，发展形态会变化，但是"构筑健康生活"的巨石会与岁月同在，历久而弥新。

核心观点

　　一切追求身心健康与精神和谐的人，一切追求品质生活与生命美好的人，不管身在何处，不管去向何方，都是奥园的朋友。

　　每一件你所面临的事都是自己的假想敌，如果没有它，你是长不大的；但当你超越它的时候，要赶快扔掉，另外树立一个新的假想敌。

　　奥园是由于梦想而成的，当初如果没有梦想，我们就不可能将金业体育花园变成奥林匹克花园。将来的奥园人，应该像传递奥运圣火一样，把梦想的种子世代相传。

写在前面

从一个默默无闻的类似"基建处"的央企分支机构，到总资产过 2000 亿元、年销售规模过千亿元的大型投融资集团，26 个春秋，远洋经历了房地产行业发展的起起伏伏，却始终拥抱变化、激流勇进，保持着蓬勃发展的态势。

1998 年，远洋开启了它的市场化变革之路。从治理结构到战略运营方针，远洋进行了果敢的变革，努力推陈出新、不断夯实基础。最终于 2007 年，远洋强势登陆国际资本市场，在港交所挂牌上市，正式跻身上市房企之列。

2018 年，远洋在开启市场化变革 20 年之后，协议销售额突破千亿元。

一次次的高光时刻，离不开背后的苦练内功和奋勇拼搏。从创立至今，远洋进行了数次大刀阔斧的改革，但始终将聚焦主业、精研产品、提升管理作为核心发展之道；同时，相关多元业务围绕房地产主业协同发展，使远洋在风云变幻的经济环境中形成了一盘棋式的经营格局，实现企业稳健发展。

时代在发展，远洋在前行。前行的道路上，与时代相互成就的初心和决心一直伴随着远洋。

▲ 远洋集团董事局主席李明

远洋集团：在变革中前行

刘帅 / 文

出发——怀揣"最初的梦想"，风雨兼程

新中国成立的 70 年，经历了翻天覆地的变化。70 年春风化雨，祖国焕然一新。人民群众的衣食住行都发生了质的飞跃。一栋栋现代化的楼房如雨后春笋般拔地而起，满足着人们日益提高的居住需求。这一栋栋的高楼所承载的不仅仅是一个产品、一所房子，更是一个个家庭的喜怒哀乐，一代代人的幸福生活。

鳞次栉比的高楼改变着城市风貌，也在讲述着城市快速发展的故事。然而，快节奏易于扰乱前进的步伐，在充满浮躁、焦虑的环境下，保持定力、坚守初心、保持步调稳健者仍是少数，远洋便是其中之一。

在 26 年的发展历程中，远洋集团未曾迷失在多变的环境中，始终因循国家方针政策，坚持面向市场，把握民众最关切、最期待的需求和愿望，通过聚焦住宅开发主业，积极践行"建筑·健康"理念，来满足民众愈加多样化的人居需求，在中国房地产行业史上抒写出亮丽的一笔。

"通其变，天下无弊法；执其方，天下无善教。"拥抱变化，使远洋保持开放的心态，更好地适应环境趋势。

1980 年 4 月，邓小平正式提出了"出售公房，调整租金，倡导个人买房"的设想，把房地产行业拉到了中国经济发展的舞台之上。1992 年，

邓小平南方之行的历史大潮更是推动着房地产业快步走向商业化。

1993 年 6 月 12 日，远洋集团的前身中远房地产在北京东长安街 6 号正式成立。最初，中远房地产作为中远集团发起成立的国有企业，主要业务就是代表母公司行使行业管理和系统内房地产投资职能，还承担着为母公司兴建家属宿舍楼的工作，有人甚至调侃称当时的中远房地产是中远集团的"基建处"。

或许，在普通人看来这是一个能拿到安稳的"铁饭碗"的单位。但是在远洋集团董事局主席、总裁李明看来，这却是一段艰辛的创业之路，最开始几年所有的一切都在摸着石头过河。

彼时，我国进行了多项房改的探索。直到 1998 年，政府宣布停止福利分房，集体购房退出市场，"住房商品化"成为政府当时五大改革目标之一，个人购房者成为房产购买的主力军。而此时的远洋，已经开始主动寻求市场化发展，准确地把握住了市场节奏，直接面向北京市场开发房地产项目，开启了真正意义上的市场化变革。

▼ 北京远洋国际中心

1999 年北京远洋大厦的竣工，标志着远洋具备了规模化开发能力。此后的三四年间，远洋雷厉风行地在北京落地远洋大厦、远洋都市网景、远洋风景几个项目后，迅速积累起品牌知名度，逐步由管理型向经营型转变，并紧抓市场变革的机遇，开始多项目、大规模并行开发，逐步发展壮大，正式跻身中国房地产行业的前列。

变革时代，不缺少机遇，但机遇永远只留给有准备的人。远洋集团，正是这样一个在变革时代抓住机遇的企业缩影。

李明曾坦言："远洋集团的发展没有什么法宝，只是充分理解和执行党和国家的大政方针，循着改革开放的路径去发展。可以说，远洋的每一步发展、每一次蜕变，都与国家改革开放的政策紧密相连。正因如此，我们感恩时代赋予我们的机遇。"

成长——主动求变，快速发展

拥抱变化的理念和开放的心态，让远洋在主动求变中不断前行，驶上快速成长的快车道。

2000 年，我国正式加入 WTO。为与国际市场接轨，政府推动国有企业建立现代企业管理制度，同时倡导企业"睁眼看世界"，以全球眼光进行战略性调整。

远洋再次率先做出改革动作，无论是战略发展方针的制定还是治理结构的调整，均从不同维度进行了大幅度的变革。回忆这段历史，李明很感慨："我们不仅是在做房地产，更是在改造一个传统意义上的国有企业。"

2001 年 12 月，远洋完成首次股份制改造，转变成有限责任公司，中远集团和中化集团持股各占 50%。而这次的变革仅仅只是一个开始，也是从此时开始，"顺势而为、以变应变"成为远洋集团重要的发展基因。

紧接着，2003 年远洋进行第二次改制，引入多家境外股东，重组成为

▲ 远洋集团总部办公区焕新升级

股权多元化的中外合资房地产企业。2006年，中远、中化先后将股权转移到其香港公司手中，远洋还通过私募基金引入摩根士丹利等多家国际知名投资机构。2007年，公司正式更名为"远洋地产"，远洋重组成为外商独资经营企业，形成面向市场化的公司治理结构。

这一场历时近5年的改制对远洋而言具有里程碑的意义。远洋精准把握内外变化，顺势而变，积极调整公司治理结构适应时代变迁，也印证了远洋紧跟时代发展的步伐，以变应变的理念，同时更为远洋集团随后的稳健发展夯实了基础。

时间来到2007年，这是远洋集团发展史上具有分水岭意义的一年。

香港回归10周年的大背景下，战略升级后的远洋以红筹身份于香港联交所挂牌上市。强势登陆国际资本市场，使远洋集团实现资本国际化，迈出了与国际接轨的重要一步。从此，远洋拥有了战略发展更为广阔的视角。同时，远洋手握充足资金，也继续坚定了全国化布局的策略。

正是因为紧紧抓住了改革的窗口期，远洋在上市第二年便被纳入香港恒生综合指数及恒生香港中资企业指数成分股，成为内地在港上市房地产公司十强之一。在早期率先跨越百亿元阵营的房企中，远洋赫然在列。

历经数次变革，如今焕然一新的远洋集团已经形成了包括主要股东中国人寿、大家保险以及公众股东在内的稳定的股权架构；在企业发展的过程中，也得到了来自两大股东的高度认可和大力支持，远洋与股东之间协同发展的优势进一步凸显，为集团的可持续发展注入了能量。

远洋在拥抱变化、主动自我变革的同时也形成了清晰的发展思路，即坚持聚焦主业发展，走精细化的高质量发展道路，让企业发展之路成为一场有逻辑、有方向的战略长跑。

坚守——不忘初心，聚焦主业筑广厦

在1998年我国取消福利分房之后，人民群众对购房的需求出现了爆发式增长，坐等福利分房的民众开始主动选择商品住宅。居住需求瞬间释放，人们开始对居住环境提出了更多、更高的要求。而读懂需求，为民筑宅，也成为房企的使命。

远洋读懂了新的市场需求，也承担起了时代赋予的使命，始终坚守着为民众打造好房子的"初心"，坚持聚焦住宅开发主业，不断持续提升产品的设计、研发、施工、建造、装修、服务、运营等综合能力，以"健康"作为品牌及产品内核，持续为民众带来优质的健康人居体验。特别是倾力打造的春秋系、万和系、山水系三大中高端健康住宅产品系，现已遍布全国，成为家喻户晓的住宅产品品牌。

最初，远洋在北京率先打造了"山水系"产品，这是带有明显刚需属性的产品。"山水系"产品一经推出，就以方正的户型、成熟的社区配套，抓住了人们的眼球，以简约、健康、自然、舒适为特色的商品住宅满足了刚从福利分房时代走出的人们的居住需求。

随着时代的发展，人们不仅满足于住宅的"居住"功能，买房者也更加重视居住环境和居住条件的改善。远洋顺势而为，抓住人们需求的变化，先后推出了"万和系"和"春秋系"两大高端产品品牌。其中，"万和系"

定位于高端改善型健康产品，面向城市精英群体。在地段选址上，项目一般落位于城市稀缺的核心地段或者潜力发展中心；在产品打造上，"万和系"以"生命共生、生活共振、生长共鸣"为标准，打造3大要素17项健康标准，用超过105个人性化细节，从用户健康出发，涵盖了"空气、水、营养、光、运动、热舒适、声环境、材料、精神、社区"10大层面。面对高标准的人居需求，"万和系"从健康理念、营造工艺、项目选址角度来锤炼产品，一击即中，赢得城市中产阶层的青睐。

如果说"万和系"从更高层次的人居体验来满足人们的居住需求，那么"春秋系"则超越了物质层面，上升到与时代人文精神共振，与城市发展同行的更高格局，为人们筑造兼顾传统文化精髓，引发精神共鸣的新时代人居环境。作为人文格调高端住宅的代表产品，"春秋系"致力于城市建设和建筑文化复兴的美好愿望，充分利用城市周边的生态保育区，铸造有人文意境的居所，实现城市、自然、文脉与建筑更好地结合。

多元化的、富有特色的住宅产品线使远洋精准地把握住了市场需求趋势，在住宅开发领域占据了一席之地，这也帮助远洋继续面向市场，满足人们更多元化的生活需求奠定了基础。

随着中国经济换挡加速，消费升级时代下的人们的需求也越来越多样化。由此为开端，远洋围绕其住宅主业，陆续启动了商业地产、养老产业、物流产业、资本运营等诸多新业务，打造出与住宅开发主业相互协同的多元产业格局。

在商业地产领域，远洋基于其住宅项目催生的生活、社交需求以及在开发建设领域积累起的经验，开拓出庞大的商业地产规模。目前，远洋的商业项目均位于一线和核心二线城市，产品涵盖写字楼、综合体、购物中心、酒店等丰富业态。其中，北京颐堤港、杭州远洋乐堤港、成都远洋太古里都已成为当地的商业地标，承担着引领周边区域转型发展的使命。

物业服务，则是基于房子衍生出的又一庞大需求，也是远洋伴随其开发业务很早就开始布局的业务。远洋旗下的物业品牌远洋亿家通过自身资源能力、整合优质第三方资源，匹配适宜的商业模式为用户提供"便捷、可靠、高性价比"的服务，已成为位居全国物业服务综合实力排名前列的知名品牌。目前，远洋亿家全服务生态链条上的产业已涵盖养老服务、健康医疗、智慧社区服务、社区商业等增值业务，以及工程服务、仓储服务等专业业务，为未来社区消费提供支持。

除此之外，在开发业务积累起的品牌效应以及在空间设计、营造、服务、运营等全链条形成的资源和经验沉淀，也为远洋发力养老服务提供了动能。目前，远洋旗下高端养老品牌"椿萱茂"已成为行业高端养老服务的标杆。椿萱茂以"服务"和"运营"为核心竞争力，致力于整合内外资源与养老产业进行融合互补，探索打造健康养老产业链，让更多长辈拥有高质量的晚年生活。针对不同的市场需求，椿萱茂提供的多元化的产品，为处于不同健康状态的长者打造了 CB 老年公寓、CLRC 长者社区和 CBN 护理院等多条产品线，逐步实现针对不同类型长辈的养老服务全链条覆盖。

与此同时，远洋集团在追求产品品质的道路上，让健康逐步成为远洋产品最为明显的标签，努力践行着人、建筑、环境三者的和谐发展。2015年 12 月，远洋在国内率先引入美国 WELL 健康建筑标准，在随后数年对

健康建筑的探索与研究后，逐步探索 WELL 标准的中国化实践，以及具有自身特色的健康标准。如今，远洋集团已搭建起一套围绕国人身心健康需求的《远洋健康建筑体系 1.0》，并成为远洋集团实现"建筑·健康"理念落地的主要举措和抓手之一。

目前，远洋大部分的新项目都采用了健康建筑标准，商品住宅的技术含量和建筑质量明显提升；截至 2019 年 9 月，远洋集团落地健康建筑体系项目共 66 个，面积达 1164 万平方米，遍及 36 个城市。在 WELL 标准落地方面，目前已有广州、上海、沈阳、杭州 4 个城市 5 个项目正式获得 WELL 金级认证，已注册及正在注册面积超过 130 万平方米。诸多健康建筑的落地，证明远洋一直以实际行动践行健康理念，创建能为用户带来价值的"健康生活时代"。

如今，从住宅开发业务到商业地产，从传统的物业服务到创新型的养老产业，从房地产实业到资本运作与实业发展的双轮驱动，从满足基础性人居需求到坚持"建筑·健康"理念引领中国人居环境变革，远洋紧密围绕住宅开发主业，不断打磨产品力，并逐步搭建起与主业实现协同发展效应的多元化业务体系，走出了一条"围绕主业、协同共进"的"远洋特色"发展道路。

前行——冲刺未来，前景可期

从 1993 年至今，远洋集团已经走过了 26 个年头，在这 20 多年的时间里，远洋集团已经成长为资产规模超 2000 亿元，以房地产实业为基础、多元业务协同发展、具有领先产业投资能力的投融资集团。目前，远洋已在京津冀、长三角、珠三角、长江中游、成渝 5 大城市群 47 座城市布局业务，实现全国范围内的谋篇布局。

2019 年，远洋集团提出"精耕细作、强身健体"的年度主题，坚持主业规模化和管理精细化的策略，从外延和内源两个角度谋求高质量发展。

迈入千亿房企阵营的远洋集团并没有就此停下脚步。2019 年上半年，远洋继续保持快速发展，销售节奏明显提升，上半年实现协议销售额约 600.8 亿元，较去年同期增长约 33%，创出历史新高；实现营业额人民币 164.74 亿元，同比增长 7%。

截至 2019 年 6 月 30 日，远洋集团的总土地储备达到了 5330 万平方米，充足的土地储备为远洋集团继续围绕 5 大城市群深耕发展，结合区域特点，挖掘区域潜能，释放区域价值、实现可持续高质量发展奠定了基础。

纵观远洋的发展史，调整、改革、蜕变是远洋一直以来的状态，于每一个风口处紧跟政策导向，精准发力，赢得起跑先机，才能真正成为时代发展大潮中的受益者。

当然，顺势而为不仅顺应的是国家政策，更要顺应的是民心。顺应当下时代市场与人民群众的需求，才是真正的顺势借势。

远洋集团能够发展壮大的另一个关键因素就是，始终牢牢抓住市场与把握民众最关切、最期待的需求和愿望，并以此调整自身的业务格局，才得以在激烈的市场竞争中立足、发展并打造出自己的核心竞争力。

不忘初心,在26年的发展历程中,远洋集团始终以坚持聚焦住宅开发主业为方向,并以此完善自身的产业格局,同时积极践行"建筑·健康"理念,来满足民众愈加多样化的需求以及市场趋势,正像远洋集团自己承诺的那样:"通过极致的品质与专业的能力赢得人们的尊重与认可,促进人与社会向更积极的方向转变。"

新中国成立至今已70年。70年,可以改变一座城市;70年,可以洗掉一代人的铅华;70年,可以看清一个行业的变迁。作为中国房地产行业的一员,远洋集团在这场时代大潮中留下了奋斗的身影和踏实的足迹,未来,也依旧在不断变革、不断前行,而这个时代终将赋予它最美丽的一抹亮色。

写在前面

他是一名退伍军人，拥有16年的军旅生涯；他34岁下海经商，30年一跃成为商业地产领军人物。他的观点掷地有声；他的商业运作敢为人先；他的市场判断敏锐准确。他执着创新，运筹帷幄，把万达打造成为超级商业帝国。

在中国顶级富豪中，他是一位引人注目的"先行者"，他的梦想是做最大的企业家，进而成为中国最大的慈善家。

▲ 万达集团董事长王健林

"商业大家"王健林

卢泳志 / 文

在中国房地产行业中，王健林可谓是一位炙手可热的人物。他是商业地产教父和领军人物，是不惜重金经营球队的冒险家，更是一名出手大方的慈善家。他出身行伍，却能在商业领域游刃有余，开拓创新于各个领域。有人把他称为商业时代的机遇猎手、百年难遇的商业奇才。

王健林是吃过苦的创业人，因此能屈能伸。想当年草创时，为了一笔贷款可以冒寒守候几天几夜；为了企业信用甘愿放弃几乎全年利润；为了长治久安宁愿从零开始也要坚持转型，从这般种种不足为外人道的困境中走出来的人和企业，其内在的强大和韧力，非普通人所能想象。也正因为曾经历尽劫波，故临大事可泰山崩于前而色不变，这种定力就是王健林浮沉商海 30 年的最宝贵资本。

想到部队的苦日子，心中的委屈与不满顿时烟消云散

1970 年，初中刚毕业、年仅 15 岁的王健林，毅然参加了解放军，被分配到了林海雪原。入伍不到一个月，部队就拉出去野营训练，其难度大到超出常人的想象。

野营训练的距离大概有 2000 多公里，环境是在冰天雪地中，温度在

零下 20 多摄氏度，穿的是胶鞋，负重 30 多斤，吃不饱，晚上还没睡觉的地方。在这种条件下，王健林在冰天雪地里，一走就是两个多月。

训练过程中还穿插着急行军。王健林经历过一次 3 天 3 夜的急行军，在茫茫雪海连续走了 700 里。如此高强度的训练，对人的体力和精神都是一种极度的挑战与折磨。

王健林后来回忆说："我们有的老兵，甚至还有的干部，实在走不动，都在那儿哭，我亲眼看到一个排职干部就在那儿哭，说什么也不走了，党也不要了，排干部也不要了……很多人都坚持不下来，1000 多人的团队，完全走下来的最后不到 400 人。"

作为一个刚入伍没多久的小孩，王健林走到了最后，他说就是一种信念——当五好战士。人生做任何事情，一定要有咬牙的精神，坚持到底的精神，不然是不会成功的。王健林就是这样，不管再苦再累，他坚持了 16 年。

多年之后，王健林创业的时候，为了启动某个项目，就要去找贷款，需要一笔 2000 万元的贷款，没有一家银行愿意贷给他。

后来政府指定他找某银行行长，但前前后后找了 50 多次，每次这个行长都躲起来。当时就为了拿到这笔贷款，王健林有的时候一站就是一整天。"当时站在走廊里面这种感觉，这种耻辱，觉得太卑贱了。"

每每遇到挑战和挫折，他就会想起这两个月。"想到在雪海里步履艰难，即使是睡在雪窝，能停下来休息就很幸福的苦日子，内心所有的委屈、不满顿时都烟消云散。"

投身创业大潮，从一栋楼开始了房地产生涯

20 世纪八九十年代，恰逢创业的大潮。王健林断然选择下海经商。他说有两个原因：一是赶上经商热，二是改善个人的生活。用他的原话来说就是："别人能当万元户，我凭能力应该不止万元户。"

刚好那时候一个刚成立不久的房地产公司因经济原因濒临破产，政府

▲ 王健林董事长在全国率先提出"三项承诺"

▲ 1998年开始，万达集团跨区域到成都、长春、南昌、昆明等多个城市进行开
发。万达开发的成都花园、长春明珠、昆明滇池卫城等都成为当时中国大型住宅
小区的代表。图为昆明滇池卫城

为了拯救这个"烂摊子"，面向大众招贤纳士——34岁的王健林决定抓住这个机会。

最开始做的时候需要一笔注册资金和指标，钱是从老战友任职的一家国有公司达成协议借到的，计划指标是从另一个老战友所在公司借到的，就这样他拿到了50万元。

除此之外，他还得去找当时的市领导批地，左一遍右一遍，都没人理。市领导被他找烦了，就给他处理一个题目："你不是想开发吗？把市政府的北侧那块地给你。"

市政府是一个老建筑，它的北侧正是居住区，房子差，设施差，是一个吃力不讨好的项目，很多公司都不愿意干。许多人劝他，但王健林执意要去做。他说："开发公司，只有开才能发，你都不敢开怎么能发呢？"

王健林当时对房子做了很大胆的创新：当时的房子都是一个过道，进去几间房，王健林做了一个明厅；当时只有县处级干部才允许配一间卫生间，王健林将房子每套配一间卫生间；把木头窗换成了铝合金窗，并加上防盗门。

房子一经推出后，均价1500元每平方米。1000多套房子一个月一扫光。这一单使王健林赚到了接近1000万元，同时，也使他找到了一个盈利的模式——旧城改造很有钱赚。

从一栋楼开始了他的房地产生涯。除了旧城改造王健林做得风生水起，再就是他率先改造企业制度，进退足球都是第一，以及万达商业地产崛起。

转战商业地产，一个商业地产帝国初具规模

2000年，王健林决定做商业地产，做不动产。刚开始从事商业地产的时候，因为不懂，只能是造一栋楼，然后卖出去。

到2004年，这3年多的时间里，王健林公司当了222次的被告，打

了 222 场官司。虽然只是输了两场官司，但忙于打官司就很难发展业务了。因为社会舆论很大，很多同事劝他说："我们住宅地产做得顺风顺水的，为什么要做商业地产？"

这时候的王健林犹豫过多次，后来他给自己、也给自己的团队订立了一个目标，做到 2005 年，做满 5 年，如果还是这样的结果，就撤。

终于，王健林找到了解决方法，他提出一个新的模式叫城市综合体。即做一个商业中心，商业中心旁边可能做写字楼，再做城市的商业街，再做一些公寓。把这些公寓、写字楼卖掉，现金流就有了。这样，就不用卖大楼里的商业铺位了，自己来经营，一下子生意就找到模式了。

商业经营旺了，旁边的楼也升值了，现金流问题也解决了，万达从此走向了一条康庄大道。

就是因为实践当中的坚持，万达推出了所谓的第三代万达广场的设计。上海的五角场，宁波的鄞州，北京现在的 CBD，这三个广场的开业，以及开业后的成功，王健林的坚持终于得到了该有的结果。

到 2014 年底，万达持有物业面积超过了世界第一的西蒙公司。别人走了 100 年的路，王健林用了 15 年就超过了他。面对当时的困境，如果没有百折不挠的坚持，就不会有现在的成功。

征战海外，万达影视体育成为全球第一

2012 年，王健林开始国际化。在美国，他收购传奇影业，加上此前收购的美国第二大院线运营商 AMC，万达成为世界上最大的院线运营商和最大的电影产业集团。

回转身，他以近 10 亿欧元的价格，并购全球著名体育媒体制作和转播公司，以 6.5 亿欧元的价格，买下美国世界铁人公司，运作商业项目，万达借此成为世界最大的体育公司。

▲ 2008 年 10 月，万达集团总部由大连迁往北京 CBD 万达广场，万达的发展平台、人才资源、国际化视野大幅提升

▲ 2014 年 10 月，第 100 座万达广场——昆明西山万达广场开业

坚定转型，万达华丽蜕变

纵观万达 30 年历史，有四次重大转型，每一次无不让万达踩中时代节拍，让万达实现跨越性大发展。万达的转型不是乱转弯，不是急转弯，而是经过长时间思考、有清晰目标的主动转型，每一次转型都是顺应时代，适应变化，主动求变，善于应变。

1993 年，万达突破区域限制，走出大连，由地方企业向全国性企业转型；2000 年，由住宅向商业地产转型，新的万达商业模式，使万达商业地产在中国一骑绝尘，成为全球不动产的领袖；第三次转型是从 2006 年开始，大规模进军文化旅游产业，使万达由单一的房地产企业发展为综合性企业集团。2015 年初，在万达集团 2014 年年会上，王健林提出万达的第四次转型，此次转型范围更广、力度更大，代表万达未来发展方向的全新转型升级；而转型主要内容是转向服务业为主的企业。

在 2018 年万达集团年会上，王健林透露，万达第四次转型已基本完成。

一是服务业收入占比提高。2018 年，万达服务业收入 1609 亿元，占总收入的 75.1%，房地产收入仅占 24.9%，应该讲万达已经不是房地产企业。服务业收入中，有稳定增长预期的租金收入达 328.8 亿元，占比 15.3%。再过几年，租金收入如达到千亿元，凭这一条，万达就能"任凭风浪起，稳坐钓鱼船"。

二是轻资产战略见到效果。2018 年开业的万达广场中，轻资产已达 19 个。新发展的 58 个万达广场中，轻资产达 50 个。从 2019 年起，开业的轻资产广场超过一半，以后占比越来越高。而且新开业的酒店全部是委托管理。

三是企业负债大幅下降。企业负债最重要的两个指标——负债率和有息负债。负债率因行业不同，统计口径不同，合理标准也有不同。但有息负债是硬杠杠。2018 年，万达有息负债大幅减少，同比 2017 年减少约

30%。应该是国内大型企业中，有息负债下降率最多的企业之一。

万达已走在正确的道路上，也一定会成为中国大型房企、中国大型民企转型成功的典范。

写在前面

　　他是中国杰出的民营企业家，也是著名的华人企业家；他是2018 年中国民营企业 500 强融侨集团的掌舵人，也是已故著名侨领、著名华人企业家、融侨集团创始人林文镜先生长子；他就是现任中国融侨集团股份有限公司董事长兼总裁林宏修。

　　在他的带领下，融侨围绕"医食住教，美好生活在融侨"，成为一家广受好评的企业。

▲ 融侨集团董事长、总裁林宏修

融侨林宏修：华人企业家圆梦福州

卢泳志／文

从 2013 年起，随着市场集中度不断提高，竞争越来越激烈，基于寻找下一个利润增长点的目的，越来越多的开发商积极拥抱多元发展。

进入 2019 年，有一批先行者可以说是"初有成就"，这其中就包括闽系房企。人们常常视之为"激进"的代名词，它们通过高周转快速扩张，在过去几年的规模竞赛中显露头角。

作为闽系房企，融侨精准布局、拿地决断、营销快准狠。但这家企业又有着不同的特质，极低的负债率、充沛的现金流、绝佳的口碑和稳健的发展。之所以有与众不同的特质，也许与这家企业的基因有关。

融侨集团由东南亚著名华人企业家林文镜于 1989 年以港资形式在福建投资设立，依托企业创始人家族在境外已投资运营的有工业制造、高端酒店、国际学校等比较成熟的产业资源。2018 年 7 月 2 日，林文镜在福州逝世，享年 91 岁。

林宏修是林文镜长子，现任融侨集团董事长、总裁，1951 年出生于印度尼西亚，在澳大利亚新英格兰大学取得经济学士学位。2010 年，林宏修开始担任融侨集团副董事长兼总裁。在他的掌舵下，融侨集团从 2011—2014 年确定了以福州、上海为双核心的城市战略，深耕省会城市和强二线城市核心地段。同时，融侨集团完成商业布局，坚持"深耕区域精耕细作"的开发原则，在企业发展道路上持续开拓。

从 1989—2019 年，融侨集团历经 30 载，美好持续发生，从城市运营商到城市美好生活综合服务商，从地产、物业、港口到商业、酒店、教育、医疗、农业、公益，融侨载着这些美好一路向前；30 载沉淀，融侨一路探索前行，每一次转身，每一次升级变革，只为更好的城市、更多的美好；30 年跬步，融侨已迈出里程碑式一步，正更深入而广泛地参与到城市、生活方式的创造与升级中，为城市赋能，为美好助力。

商业·对话

"一部融侨史，半座福州城"

中国房地产报：1989 年至今，融侨已经创立 30 年了，在您看来，融侨的发展可以分为几个发展阶段？

林宏修：1989—1996 年，创始人林文镜先生在福州注资成立融侨集团，此后，融侨陆续在福州开发建设多个经典地标，包括元洪购物广场、元洪锦江、融侨一区等，推动福州城市人居新发展。

1997—2004 年，融侨多元化产业布局初见端倪，福州融侨物业管理有限公司、福州融侨幼儿园等产业陆续成立。同时，融侨加大在福州的开发力度，开发建设 2800 亩大盘——江南水都，福州城市形象邮票楼盘、国家广厦奖楼盘——融侨锦江等系列标杆项目，成为福建地产领航企业。

2005—2010 年，融侨地产全国版图正式拉开，武汉、合肥、天津、福清、淮安、无锡等多地分公司陆续成立。

2011—2014 年，融侨确定以福州、上海为双核心城市，聚集、深耕优秀省会城市和强二线城市核心地段。同时，融侨完成商业布局，坚持"深耕区域、精耕细作"的开发原则，在企业发展道路上持续开拓。

2015—2017 年，企业运营机制不断创新，对内通过地产营销、合作拓展、金融战略、产品能级等方面的提升与变革，实现企业高速发展；对外加快"融侨＋"多元化产业布局，创办林文镜慈善基金会，并通过商业、物业、教育、医疗等产业提升企业实力。

2018 年至今，融侨集团围绕"城市美好生活综合服务商"定位，设立地产集团与产业集团两大核心板块，形成地产、商业、物业、酒店、教育、医疗、农业、港口开发、工业村等多元产业协同发展的企业新格局。

中国房地产报：大数据和荣誉的背后，蕴藏着融侨 30 年作为城市开拓先锋的发展史，也是福州城市规划拓展的缩影，融侨始终与福州血脉相连，才有了一句话："一部融侨史，半座福州城。"您能否结合福州的城市发展进程介绍下融侨的发展历史？

林宏修：第一阶段：拓荒时代。20 世纪 80 年代，福州启动大规模的旧城改造、拆迁棚屋区改造，先后有 50 多万居民搬进了新区。1990 年，融侨第一个项目元洪大厦与元洪花园拔地而起，成为福州首批高端住宅。1998 年福建省"十五规划"，"东扩南移，跨江面海"规划出台。1999 年，在五四北，融侨用一片常年积水无法耕作的低洼地和垃圾地，建设了融侨一区和融侨二区，使福州城市成功往北拓展，并将人们的眼光引向了今日有福州后花园之称的"五四北"。在刚兴建的西二环，融侨将一片原先是荒废鱼塘的土地，改造成品质楼盘融侨三区，引爆楼市西二环板块。

第二阶段：闽江时代。1998—2003 年，闽江两岸生态环境改造工程完成，滨江城市成为福州新名片。融侨将荒草丛生、常年存放垃圾的烂江滩，开发打造成为福州新地标融侨锦江，成为八闽唯一登上中国邮票的住宅小区，作为福州城市形象标志建筑永载邮票史。当人们的眼光聚焦在鼓楼台江老城区时，2000 年融侨修建了连接闽江南北两岸的金山大桥，2010 年投资超亿元全线升级改造了 4 公里长的南江滨景观大道和闽江公园。

第三阶段：造城时代。1999 年，国务院批准福州"十五规划"，实施"东扩南进"战略建设金山新城。2002 年，2800 亩新城融侨江南水都，撬动了整个金山片区的崛起，带动了福州南部区域的深度挖掘。2003 年，融侨水乡温泉别墅，成为福州市唯一的市内江畔别墅，成为八闽高端人士聚居地。而后陆续开发建设，屹立在南江滨的融侨外滩与融侨观邸，更刷新了福州滨江豪宅的新顶峰。2006 年，融侨集团挥师闽侯，在 5.3 万亩旗山版图开启了新一轮造城，融侨观山府别墅群、融侨宜家、融侨小院挖掘旗山居住价值，并引入大型商业街、一站式教育体系，催生闽侯南屿生态居住时代。

第四阶段：奥体时代。2015 年，福州承办全国第一届青运会，围绕海峡奥体中心，融侨建设奥体园著、方圆，打造千年人文历史沉淀的书香台屿。

第五阶段：融侨时代。2015 年，国务院正式批复建立福州新区，并上升为国家战略。自 2015 年起融侨与优秀房企开放合作，拿下光明港、台屿等百亩大盘，2016 年融侨又竞得闽侯高崎优质地块，2018—2019 年融侨在福州及周边城市持续拿地深耕，做大做强融侨的"大福州区域"，并立足于"医食住教，美好生活在融侨"，在福州加快落地民生产业发展。

中国房地产报：融侨的定位是什么？接下来对融侨有怎样的战略规划？

林宏修：近年来，客户的需求发生变化，以前是"有房住"，解决量的问题，现在是"美好生活"，是"住好房"。这是一个从量到质的变化，对开发商而言，就是从硬件到内容的变化，如居住配套的教育和社区服务等领域。未来房企真正的竞争力，就在于产品的溢价能力和服务的生命周期。

融侨集团角色定位由传统的地产开发、城市建造商向缔造城市美好生活的城市综合运营服务商转变。2018 年，融侨集团围绕"城市美好生活综合服务商"定位，设立地产集团与产业集团两大核心板块，在全产业开发链条中，融侨地产集团以房地产开发为核心，同时发展枢纽港口及大型工业村建设；融侨产业集团围绕国家政策鼓励的民生产业进行多元布局，下设商业、酒店、教育、医疗、农业等产业板块，服务人的全生命周期需求。

2019 年，融侨集团步入稳健发展 30 周年，提出全新品牌主张"医食住教，美好生活在融侨"，布局国家鼓励民营资本进入的民生产业，融侨品牌进入发展新纪元，正在成为覆盖人一生的品牌。

"构建理想城市生活"

中国房地产报：融侨对规模与质量、市场与调控、物质与精神的权衡?

林宏修：历经多年发展，融侨始终秉持"为居者着想，为后代留鉴"的经营理念，坚守"构建理想城市生活"的建筑理念，坚持深耕精作。从福州出发，及至布局全国，通过对不同城市的区位、土地属性、核心价值、客户需求、配置标准等方面精研细读，致力构建筑品与城市的共生共融，打造出一座座具有"融侨标志"的精品建筑，多个项目获得全国建筑顶级大奖，在中国城市建设上书写辉煌一页。

融侨始终坚持企业发展与公益责任并行的赤诚之心，以教育、城建、绿化、医疗救灾四大方面为主，在公益事业上累计捐赠逾 11 亿元。2016年，经福建省民政厅批准，以融侨集团创始人林文镜先生命名的基金会成立。林文镜慈善基金会定位为城乡社区服务的推动者和资源提供者，关注城乡社会发展问题，资助城乡社区服务，创新社区服务机制，培育社区组织和人才。

围绕"构建理想城市生活"的目标，融侨致力将企业责任传承至品牌理念中，以公益、康体、文化、艺术四大方向为载体，通过各种与城市精神发展共鸣的能量级活动，实现融侨社区文化生活圈，打造系列富有融侨特色的品牌文化。

中国房地产报： 融侨在规模追求和销售策略上有没有具体的调整性动作？

林宏修： 今年房地产市场还是以稳健为主，防止市场大起大落，所以下半年市场还是以平稳为主。2019年二季度中央政治局会议提出，坚持房子是用来住的、不是用来炒的定位，落实房地产长效管理机制，不将房地产作为短期刺激经济的手段。地产行业在政府去杠杆、企业去杠杆、居民去杠杆的态势下，未来地价、房价、房企必将回归理性。未来行业将处于下行的弱周期、长周期，房企应理性拿地、择优投资；抓住城市轮动机会、强化战略纵深；发展多元业务，在城市发展高度、帮助政府解决产业痛点和经济发展高度来拿地和发展。

对于企业来说，土地和投资是集团发展的依托。现阶段投资方面，融侨坚持"布局、深耕、合作、创新"：在国家中心城市、省会城市、强二线城市布局，提高公司抗风险能力；坚持在已进入的城市深耕，以集中优势资源，增加运营效率；加强合作，通过收购、参股、控股等方式实现"强强联合"；打造创新多元化业务、整合集团产业、小镇、文旅、农业、教育等全产业链资源。

在销售端，地产集团通过品牌输出，强化营销实效、狠抓销售和回款，上半年圆满超额完成既定指标，下半年还将继续围绕集团30周年进行一系列品牌营销端行动，强化营销一线作战能力，争业绩，抢回款，争取提前完成全年计划指标。在融侨深耕的福州大本营，融侨集团连续多年荣膺福州居民居住满意度、忠诚度双料第一。并在福州、龙岩、厦门、南京、无锡、淮安等深耕城市均取得了区域市场前3名的销售佳绩。

中国房地产报：众所周知，融侨是一个深耕福州的闽系房企，请问接下来，融侨在全国城市布局方面有怎样的战略规划？

林宏修：通过有效的产业布局与协助，融侨形成以中国大陆为主，涉及中国香港、中国台湾、新加坡、印度尼西亚及其他海外城市的全球化业务布局。

融侨地产集团以中国大陆布局为核心，坚持福州、上海双核心城市战略，布局省会级及强二线城市的核心地段，并辐射环热点城市群的三线城市。目前，融侨地产已拓展至福州、上海、天津、重庆、成都、合肥、南京、武汉、苏州、厦门、郑州、无锡、淮安、龙岩、莆田、福清等城市。

融侨产业集团通过教育、医疗、农业等多元产业的国际化融合与引进，构成更广阔的复合布局空间。目前，融侨产业通过投资与合作，在中国大陆之外，影响力辐射中国香港、中国台湾、新加坡、印度尼西亚及其他海外城市。

中国房地产报：融侨目前的资金情况以及对资金管控方面的思路和举措？

林宏修：融侨集团作为一家成立30年的地产企业，始终坚持做长跑者、稳健经营发展。公司高度关注现金流的情况，坚持做好科学专业的管理，确保现金流的健康。在资金管控方面，一是依托集团完善的预算管理制度，做好资金的收支测算，实现事前的有效控制；二是集团总部对资金进行集中管理，有效提高资金的周转和利用效率；三是始终保持危机意识，做好资金的压力测试，要求账上保有足够的现金流；四是始终与金融机构保持良好的合作关系。

30年来，融侨集团一直有着良好的信用记录，成为多家银行的总行级重点客户或白名单客户，同时也取得许多市场化机构的高度认同。融侨集团凭借良好的品牌实力，在银行和金融体系获得较高授信，与国有4大银行中农工建均有深度战略合作，与超过 20 家银行总部有直接授信关系。公司资金实力稳健、财务状况良好。

写在前面

　　他乘势而上，从香港"公路王"跨界进入地产；他收购顺驰，创下当时"中国房地产业有史以来最大并购案"，一时间风头无两。在地产领域，他稳扎稳打，从不冒进，带领企业稳健发展。如今他再一次跨界，欲造一艘文旅地产之船，时刻准备扬帆起航。

▲ 路劲基建董事局主席单伟豹

单伟豹：谨慎又敢言的地产老将

刘伟 / 文

公开场合下，单伟豹以敢言在业内闻名。

2019 年年初，单伟豹在一次发言中称，"2019 年我相信对房地产是好年，比 2018 年更好"。

7 月 28 日，单伟豹在博鳌房地产论坛表示，"未来 10 年，房地产行业没有大危机，可多元化发展但不必转型"。

就像一枚硬币的两面，企业经营方面，单伟豹又以慎行著称。

比共和国还年长 3 岁的单伟豹，在他几十年的职业生涯里，从香港"公路王"跨界进入地产领域，尽量并购拿地，很少触碰地王，在政策飘忽不定之际很少落子的风格，让路劲地产常年保持稳健发展的态势。

公众见到的单伟豹，总是眯起眼睛、面带微笑，显出一位长者的睿智。但就是这位年逾七旬的老将，自 2016 年跨界布局文旅地产后，一年还得盯四五个项目。繁重的工作压力下，唱歌是他最为重要的消遣方式之一。按照他的说法，"白天有活干，晚上有歌唱，我觉得就很好了"。

香港"公路王"

惠记集团、路劲基建董事局主席——这个在单伟豹名片上的头衔背后，是他领导的路劲基建，在业内获得口口相传的香港"公路王"称号。

1970年，单伟豹父亲创立了香港知名土木工程公司：惠记集团有限公司。经过20多年的发展，1994年，惠记集团与AIG（美国国际集团）联手创立路劲基建，主要开拓内地的收费公路业务，其中单伟豹担任董事局主席，其弟单伟彪担任执行董事。

仅用了两年时间，路劲基建于1996年在香港上市。打破了当时香港上市需要3年业绩的纪录，是香港第一家申请豁免3年期被批准的公司。

2005年，惠记公司名列香港土木工程业第5名，此外惠记还拥有一家上市建筑公司利基控股。这些都为香港"公路王"奠定了基础。

尽管幼年移居香港，家国情怀一直扎根于单伟豹家族的心里，对于单伟豹来说，获得成绩回到内地是他的必然选择。单伟豹说："我是从上海走出去的，在香港我们做一些建筑材料，有一些成绩了，觉得应该走回来了。"

1982年单伟豹回到内地投资。那时候海外木质地板等建筑材料价格高，而内地原材料有着价格优势，从建筑材料着手，在国内生产在海外售卖。

一直到了1992年，党的十四大正式提出建立社会主义市场经济体制和国有企业建立现代企业制度的目标，更加明确市场在资源配置中的基础性作用。

邓小平的南方谈话后，广州地区一片生机盎然，"要致富，先修路"，想要发展，交通必须发达起来，使得物流畅通无阻，才能让本地产品流通出去，外界产品流进来。

而单伟豹父亲创办香港惠记集团时传下来的主营业务——道路桥梁等土木工程建设，可谓是占了天时地利人和，从广州开始，搭乘着政策快车，很快成为中国公路行业的主要投资商和发展商。

经历十几年的发展，路劲并未放弃自己的老本行，公路收费每年为路劲提供着源源不断的现金流。

目前，路劲旗下有400公里的收费路段。单伟豹称，"高速公路的投资回报一直都比较稳定，不多也不少"。他透露，路劲正借力"一带一路"的政策东风，开拓布局海外市场。

掘金内地

2003 年，路劲地产趁势进入内地房地产市场。房地产业务作为路劲基建的两大业务之一，2012 年销售额突破百亿元。

"知止不殆"是单伟豹的人生哲学，他常说，看不懂的时候就停下来。因此，你几乎找不出这家房企快速扩张的冲动基因；拿地的时候，路劲几乎从不触碰地王；政策飘忽不定之际，路劲更是很少落子。

起初，路劲地产理想的土地是"体量不用太大，最好在城区，总价不要太高"。定下这样要求的原因是出于对现金回流与周转的速度问题考虑，城区相对较小的地块，销售和周转的速度都比较快，可以较快实现资金回笼。

很长一段时间里，路劲的模式都倾向于合作拿地。数据显示，2016 年路劲地产取得 15 宗土地，其中 10 宗为合资项目；2017 年 19 宗新增地块中，15 宗为合资项目；2018 年拿地数量减至 9 宗地，5 宗为合资项目。

即便是稳稳地站在百亿元门槛上，单伟豹也并不剑走偏锋。相对于动辄就要进军千亿元的"少壮派"房企，单伟豹慢条斯理地称，"估计到 2020 年，路劲会做到六七百亿元的规模"。

路劲的土地储备在同规模房企中并不低，且地块位置优越。年报披露的数据显示，截至 2017 年 12 月底，路劲土地储备面积大约 657 万平方米（不含产业部分），其中长三角土地储备面积占比 40% 左右，渤海湾土地储备面积占比 25% 左右，整体销售均价目前在 16500 元／平方米。

现如今，香港房企都纷纷在内地市场上做减法。单伟豹的路劲，是为数不多看好内地楼市的港企之一。

在负债率方面，路劲不像内地房企这么进取，也不会维持港资房企

20% 的杠杆，它更倾向于在这之间保持平衡。近两三年，路劲拿地明显加速，这也为 2019 年的业绩奠定了极好的基础。但是，细看拿地的方式，并购、联合拿地依然占据着主流。

未来，单伟豹表示路劲的扩展依然会集中在一、二、三线城市，并对新获取项目有两个基本的要求：一是最低要求回报率是 12%，二是能借到钱。

事实上，这家在内地房地产行业起家的企业，如今也已经回到香港拿地，与老牌港资开发商和其他进入的内资房企一较高下。

2017 年 2 月底，路劲联手平安不动产成功竞得香港黄竹坑站第一期物业发展项目。

进军文旅地产

截至 2019 年 6 月 30 日，路劲的半年物业销售包括已签订合同额人民币 195.78 亿元（上年同期为人民币 151.48 亿元），较上年同期上升约 29%。

此前路劲发布公告称，截至 2018 年 12 月 31 日，该集团（包括公司连同其附属公司及合作／合资企业）全年销售约为 375.82 亿元，其中包括物业销售 345.03 亿元，高速公路项目路费收入 30.79 亿元。

尽管近年来取得不错的业绩，但在单伟豹看来，跨界发展仍然是企业经营的源头活水。2016 年，路劲开启新的征途，单伟豹把目光投向文旅地产。

2016 年以来，单伟豹多次亲自带队，与政府谈判，与合作商谈判，与设计团队谈判，足迹遍布大半个中国。

年过古稀的单伟豹依然保留着他的一个小习惯。他不喜欢吃宾馆的菜，觉得它们"毫无特色"。每到一个地方，他都会品尝当地的家乡菜。或许出于对千篇一律产品的厌倦，他手下的几个文旅产品，都别具一格。

▲ 路劲地产路劲阳光城项目

▲ 路劲地产路劲阳光城项目

无锡梅村，路劲搞开发的时候，既保持着原来的古镇风貌，又加入了新的商业和文化业态。戏法人人会变，奥妙各有不同。文旅产业的风口浪尖上，每个玩家都花样百出，试图探索出一条可持续的发展模式，路劲同样也不能缺席。单伟豹对每个项目都如数家珍，并小心翼翼地传授着他的文旅经。

"现在必须挂羊头卖羊肉。"单伟豹说道。国家在规范特色小镇的发展，避免其过度房地产化。如果你要搞特色小镇，就必须实实在在地搞，房地产开发只能算一个配套。

路劲目前在做的，"一是因地制宜，结合地方特色；二是培养自己专业的团队，填补文旅产业的人才空缺"。

单伟豹很谨慎，也很看得开。他说："文旅产业我们还在试水，最后看到一个项目在你手下慢慢成形，慢慢赚钱，这种感觉很过瘾。"

语 录

房地产是非常务实的产业，没有虚的东西，必须全是实的。

只要坚持在房价上涨时卖房，在房价下跌时买地的原则，做房地产几乎是只赚不赔的生意。尤其是内地的房地产业几乎是唯一没有应收账款的行业。由于旺盛的刚性需求，房地产业的发展至少还可以维持20年。

未来10年、20年，传统房地产还是可以做的，但利润会由平均的12%降至10%、9%，不过与其他行业相比，还是一个很好的行业。

香港地区和内地最大的区别在于市场是完全不同的，香港就是一个城市，而在内地，很多开发商都是在很多城市经营的。

写在前面

感恩于心，责任于行。他当选全国人大代表，游走在商界和慈善之间，将民生和公益落实到行动中。他穿梭于沪港之间，从"禹洲新村"到扎根上海，从赴港上市到开启千亿征程，他说："禹洲起步虽晚，但起点要高。"

25 年的地产生涯，饱含了他的坚持、睿智和对未来的乐观。他坚信爱拼才会赢，只有肯努力，才会有收获，正如禹洲秉承的"大禹治水，荒漠成洲"的先贤精神；他深信诚以待人、行稳至远。这样，企业才能基业长青，才能为国家的强盛、复兴贡献力量。

▲ 禹洲集团董事局主席林龙安

林龙安：与国家共发展，禹洲再出发

苗野 / 文

感恩于心，责任于行。

他当选全国人大代表，游走在商界和慈善之间，将民生和公益落实到行动中。他穿梭于沪港之间，从"禹洲新村"到扎根上海，从赴港上市到开启千亿征程，他说："禹洲起步虽晚，但起点要高。"

1994 年底，三十而立的林龙安抛下了厦门财政系统公务员的"铁饭碗"，选择下海创立禹洲地产，成为时代的弄潮儿。他带着禹洲从厦门出发，沿着东海岸，去过合肥，最后落地上海，在短时间内复制了禹洲在厦门的开发模式。截至 2018 年底，禹洲战略性进入 28 个一二线核心城市和强三线城市，并提出 2020 年奔千亿元计划。这家向来以稳健并以股东收益最大化为经营目标的闽系房企，开始谋求规模加速增长。

2019 年是禹洲地产成立 25 周年暨公司上市 10 周年的重要里程碑，更是千亿征程中承上启下的关键一年。

"禹洲成立 25 年了，仿佛弹指一挥间，他就像是我另外一个孩子，我陪着他摸爬滚打到现在。"林龙安说，25 年来，禹洲的创立、发展，始终离不开国家的政治、经济、社会变革的进程。时代不断地变化，每一天起床都有物种的灭亡和更多的新鲜事物诞生，我们要有危机感，城市在更新，我们也要不断地更新自己。

25 年的地产生涯，饱含了林龙安的坚持、睿智和对未来的乐观。他坚信

▲ 1995 年，禹洲推出第一个产品"禹洲新村"

爱拼才会赢，只有肯努力，才会有收获，正如禹洲秉承的"大禹治水，荒漠成洲"的先贤精神。如今禹洲地产已经是"闽系地产"中很有影响力的一支生力军，以其独有的稳健之风，在中国地产百强榜中，排名在前 40 强。

从"禹洲新村"走向全国，坚持是最好的选择

创业之初，林龙安先是做了一个采石场，跟一所学校合作建房子，后来创立禹洲地产，才正式进入房地产行业。用他的话说，那个时代的创业都不容易，大家都是摸着石头过河。但也确实是真真正正的单枪匹马，靠自己的双手去闯出一片天地。

1995 年，禹洲推出第一个产品"禹洲新村"，地处厦门市岛内仙岳山麓城乡接合部，虽然并非城市的核心地段，但禹洲在产品上花了不少心思，以"推窗一片绿，我家在禹洲"的人居理念，注重建筑与自然，人与自然的和谐关系，在当时的厦门市场上赢得了一片美誉。

▲ 2009 年，禹洲地产在香港联交所上市

赚得第一桶金后，林龙安继续以稳扎稳打的方式在厦门市场开疆拓土，先后推出了华侨海景城、厦门世贸中心等多个标志性建筑。7 年后，禹洲走出厦门，第一站选在了省会福州。2004 年，禹洲开始进行版图扩张，在上海、合肥相继落子，从一家区域型房企向全国型房企转变。

林龙安说："一路走过来，禹洲从小到大，从弱到强，经历了许多重要的时刻。同样，我们也经历过困难和挑战。但无论是创业初期资金链紧张时的举债经营，还是 2007 年、2008 年经济危机时的融资考验，我们都走了过来。"

2009 年 11 月，禹洲地产在港交所成功上市，融资 19.15 亿元。这意味着禹洲从家族性企业走向社会综合性企业，也意味着禹洲的融资全面向资本市场靠拢，支撑禹洲从 100 亿元走向 500 亿元，继而迈向千亿之路。6 年后将总部搬迁至上海，2018 年全面启动"千亿征程、全国深耕"战略，同时于 8 月通过配股，引进华侨城亚洲占股 9.9%，成为禹洲地产第二大股东。这一合作也被视为民营房企和央企合作的典型案例。

"这仅仅是一个开始，搬到上海后，禹洲的战略目标自然就拉升起来了，到 2020 年要达到 1000 亿元。"林龙安如是说，"行稳才能致远，要实现有质量的增长。禹洲坚定秉持利润、规模及负债控制的'三驾马车'原则。"

"25，再出发"是禹洲地产 2019 年的年度主题，也是林龙安在社会公职上的再出发。香港中华出入口商会是香港五大商会之一、进出口界别最具代表性的商会，林龙安全票当选为商会会长。众所周知，进出口贸易是香港经济的主要支柱，占全港 GDP 的五分之一，从业人员约有 50 万人。林龙安于 2019 年履任后，率先促进了香港跟台湾的民间交流与商贸往来。此外，他积极支持香港的社会公益事业，将民生和公益的使命付诸行动。

站在新的起点，林龙安和禹洲还有许多需要跨越的路，但未来，前路可望。

商业·对话

中国房地产报：纵观新中国成立 70 年来，中国的经济、政治、文化都发生了翻天覆地的变化，房地产行业无疑是其中最亮眼的风景。从您个人经历及创办企业来谈谈您最难忘的是什么？

林龙安：国强则民强，国泰则民安。新中国翻天覆地的变化，我们这个年代的人都感同身受。我出生在福建泉州的惠安县，长在海边。儿时那个年代的生活水准是比较艰难的，特别是乡下整体水平比较低。当时我离开家乡到县城读书，那时候没有米吃，都是挑着地瓜作为三餐，这是比较艰难的过程。如果没有读书的成功，就很难离开乡下的环境。国家恢复高考是我们改变命运的契机，那是我们唯一一个能走向社会、出人头地的方式，也只有读书才可以走出乡下。

最后，我考进了集美大学，毕业时我们还是包分配的，并没有太多选择，我就到了厦门市财务系统做了公务员。大概在 1993 年，政府体系进行改革，出现了第二批公务员下海潮。我也从那时选择出去闯闯，看看能不能有机会多赚一些钱，支撑一下家里，孝敬一下父母。

那个时代的创业都不容易，大家都是摸着石头过河。创业之初，我做了一个采石场，直到 1994 年创立禹洲，开发"禹洲新村"，正式进入房地产行业。

今年是禹洲集团成立 25 周年，从厦门走向全国，禹洲一步步发展壮大。但禹洲的成长，始终离不开新中国成立 70 年来国家政治、经济、社会发生翻天覆地变化这个大的历史进程。教育的滋养和创业的契机，是祖国发展带给我记忆最深刻的两件事，因为它们改变了我，也重塑了我。

中国房地产报： 结合国家进程和房地产行业发展历程，您觉得在禹洲 25 年的发展过程里，您最大的体会和得失是什么？

林龙安： 禹洲创立于 1994 年，从厦门起步，从毗邻仙岳山的禹洲新村走向全国，直至启动"千亿征程、全国深耕"战略。这 25 年来，禹洲的创立、发展，始终离不开国家的政治、经济、社会变革的进程。

在战略布局上，禹洲坚定聚焦长三角、大湾区以及京津冀区域，持续深耕。截至 2018 年底，禹洲战略性进入 28 个一二线核心城市和强三线城市，土地储备约 1800 万平方米，货值超过 3000 亿元，其中 80% 分布在一线和二线城市。

从 1992 年 10 月，党的十四大明确我国经济体制改革的目标是建立社会主义市场经济体制。随后，大众创业积极性高涨，房企如雨后春笋般诞生。到 1998 年房改，再到 2003 年 8 月，国务院发文指出"房地产业关联度高、带动力强，已经成为国民经济的支柱产业"。这一系列政策支持房地产行业走上了发展的快车道。

禹洲的发展壮大，更是离不开国家的政策支持，也与禹洲不断完善内部管理及全体禹洲人的拼搏奋斗分不开。25 年来，国家不断强大，公司不断发展，从刚开始通过收购来获得项目，到后来能够与众多头部企业进行合作，再到 2009 年我们在香港联交所上市等等，在这个过程中，我们跟很多的商业伙伴建立了深厚的友谊。

我最大的体会，一个是闽南的那句俗语"爱拼才会赢"，只有肯努力，才会有收获，正如禹洲秉承的"大禹治水，荒漠成洲"的先贤精神；一个是要诚以待人、行稳至远。这样，企业才能基业长青，才能为国家的强盛、复兴贡献力量。

千亿路上，禹洲坚持"三驾马车"并行

中国房地产报：那么，在冲千亿的路上，禹洲地产怎么保证规模、负债和利润这"三驾马车"的平衡？

林龙安：我常年在香港生活，香港房地产企业保持了很好的规模、利润的增长，也做到了低负债，成功度过了多个经济周期，是我们学习的榜样。

禹洲有信心达成千亿目标，也更加重视追求利润、规模与负债控制这"三驾马车"平衡发展。只有行稳才可以致远，稳健经营才可以获得有质量的规模扩张和利润增长，品牌价值和产品等多方面的提升，均衡发展才能赢得客户口碑和资本市场的认可，才能从容应对供给侧改革下的深度变革的中国市场的波动。

禹洲的战略布局非常清晰，坚定聚焦长三角、大湾区以及京津冀，在具体地块方面关注符合快速供货、快速去化、高利润的标准。目前公司的货值，一二线城市占比达到 80%，三线城市均是位于特大城市周边的高潜力卫星城，与禹洲重点布局核心都市圈的理念高度契合。

长期来看，可以发现禹洲自上市 10 年以来，均维持了 30% 以上毛利率。这得益于我们以并购方式获得项目，土地成本相对较低，另外我们选择机会拿地，不拿地王，而且禹洲建立了严格的成本管控体系，将三费做到最低。整体考量，禹洲整个融资渠道还有现金水平、长短债、净负债率

一揽子都会管控。在现金流管理上，我们追求营收和支出的平衡，连续25年负债比维持在 60% ~ 80% 区间。

中国房地产报：如今的房地产行业发展到了一个新的阶段，您如何看待房地产行业的未来之路，有哪些思考？

林龙安：自 2017 年底，房地产市场"寒冬论"的论调就始终萦绕在行业从业者耳边。

从国家层面来讲，房地产作为民生产业影响千家万户，其平稳发展对经济整体有益。在增量市场逐渐见顶的过程中，房地产在产业转型比较成功或人口相对比较集中的城市，仍将获得稳定客源和需求。行业百强仍会获得一定的增速，但短期之内房地产市场保持平稳的发展，不会有大幅度的涨跌。

对标香港房企，为行业创造更大价值

中国房地产报：在房地产企业中，您比较推崇哪家，或者是对标哪家，理由是什么？

林龙安：前面我也提到，我一直推崇香港房企的风格，稳健增长，不盲目冲量。增量见顶，房地产下半场，企业规模不再具有决定性意义，而创造价值，具备盈利能力则成为核心能力。

另外，也有投资者称我们为"小中海"，中海的稳健发展和财务、成本方面的管控的确值得我们学习。

中国房地产报：如果做个人素描，您个人会如何着墨？可否谈谈个人兴趣爱好、工作的态度和管理的技巧？

林龙安：我出生在闽南，可能骨子里就有一股爱拼才会赢的劲儿吧。通过教育，我从闽南农村走向城市，并在城市扎根。顺应改革开放的大潮，我走上了创业的道路，虽然有心酸、有汗水，但"大禹治水，荒漠成洲"的精神，始终鼓励着我不断奋斗、拼搏。也正因为此，才有了禹洲今天的行业地位和社会荣誉。另外，我个人作为全国人大代表，也很荣幸能为国家的发展献计献策。

工作之余，我喜欢优哉游哉地爬山，也会去游泳。当然，更多的精力还是放在集团大的战略方向，以及社会公益、公共事务等方面。

中国房地产报：2019 年是新中国成立 70 周年，在这个特殊的时间节点，请您谈谈对国家、对房地产行业的寄语？

林龙安：中华民族五千年的历史证明，有国才有家，只有国家强盛，人民才能幸福。国家的繁荣富强、人民的安居乐业，离不开党的坚强领导，也离不开广大企业家兢兢业业的拼搏和奉献。

我一直相信，只有企业的发展，才有个人的成就，才有家庭的幸福美满，才有国家的兴旺发展。我们做企业，最终目的还是回馈社会、回馈国家，让每一个人在企业的平台上得到发展，让国家在企业的发展中走向振兴。

未来，我期待能和同行一起，以满足人民群众对美好生活的向往为初心，不断为客户提供更具匠心的产品、更优质的服务。站在这个特殊的历史时期，我衷心地祝愿祖国更加繁荣昌盛，我们都是追梦人，我们都能实现我们的中国梦！

写在前面

时光永远不会辜负心怀梦想、勤奋耕耘的企业家。

在房地产市场的朝阳挥手中，全国一批批房地产开发企业成立，尤其嗅觉一向灵光的闽系房企反应最为灵敏。

在这批企业中，有一家企业很快跻身闽系房企的佼佼者之列，后来因模式效果显著，还成为当时很多企业的学习对象。这家企业就是成立于1996年的金辉，一个顺势诞生并且逐渐探索出自己独特道路的福建房企。创始人是林定强，现任金辉集团董事长。

如今，23年过去了，金辉已发展成为一家全国性房地产企业，进驻全国30座核心城市，覆盖经济增长高水平、高潜力的6大区域，身后7000多名员工紧紧追随。

▲ 金辉集团董事长林定强

金辉林定强：潜心笃行　与市场共舞

祝延明／文

不同于如今房地产开发进入存量时代，20多年前这个行业还是一个新鲜的增量市场。那个时候，在房地产市场的朝阳挥手中，全国一批批房地产开发企业成立，尤其嗅觉一向灵光的闽系房企反应最为灵敏。

在这批企业中，有一家企业很快跻身闽系房企的佼佼者之列，后来因模式效果显著，还成为当时很多企业的学习对象。这家企业就是成立于1996年的金辉，一个顺势诞生并且逐渐探索出自己独特道路的福建房企。创始人是林定强，现任金辉集团董事长。

如今，23年过去了，金辉已发展成为一家全国性房地产企业，进驻全国30座核心城市，覆盖经济增长高水平、高潜力的6大区域，身后7000多名员工紧紧追随。

时光永远不会辜负心怀梦想、勤奋耕耘的企业家。时光回馈给林定强的是，当同时期一同诞生的不少企业被时代洪流裹挟而去的时候，金辉依旧活跃于大众视线之中。中国房地产开发企业综合实力36强、中国房地产开发企业综合发展10强等代表行业地位的数字，就是量化的最好证明。

如今，在市场和行业多重调控下，金辉依然保持稳定的发展节奏和平滑的上升趋势，年复合增长率30%左右。而借着主营业务快速而稳健地发展，金辉正在朝着千亿目标迈进。

2018年全集团的销售额达到700多亿元。2019年债券半年报显示，

▲ 1999 年的"金辉大厦"，是金辉的第一项目

金辉各项财务数据稳健增长：营业收入、净利润同比几乎翻番，预收款项上涨至 554.98 亿元，增幅 34.35%。同时在手现金 141.93 亿元，有息负债率较上年同期稳步下降。这一系列数据显示，金辉集团经营能力稳步提高，平衡增长优势逐步体现。

源起福建：乘着时代风帆开启地产征程

1996 年，是中国房地产发展历程中一个不可忽视的重要节点。那一年，中央提出，住宅建设成为新的经济增长点和消费点。

"契机来了！"这是身处在那个时代的"有心企业家"最自然的第一反应。也正是在这一年，凭借投身商海多年的敏锐嗅觉和爱拼才会赢的果敢

▲ 坐落于北京望京的金辉大厦，代表了金辉不忘初心的情结与决心

精神，林定强在家乡福州，一手创办了金辉集团。

1997年5月，经政府批准，金辉在位于福州火车站西南侧征地8.3亩开发建设"金辉大厦"。该项目楼高20层，是一座融三星级酒店、商场、办公写字楼为一体的综合性大厦，当时被评为福州市优质工程，日后甚至成为福州对外窗口的标志性建筑。

紧接着，1998年12月，在位于台江区排尾路218号金辉独立操盘兴建了"锦江花园"。要知道，1998 年是房改元年，"福利分房"向"商品房"过渡的住房制度改革背后，蕴藏的是老百姓居住上的巨大需求，而金辉紧抓这一大势顺势推盘正好与市场需求相吻合。

因此，锦江花园一经推出，便大受欢迎，至 2000 年元月建成交付业主入住时，楼盘早已销售一空。这在当时还一度成为行业的一段畅销佳话。

以首个商业项目金辉大厦为原点，随着首个住宅项目锦江花园的成功开发，确立了金辉以房地产为主营业务，正式开启了房地产行业征程。

随后几年间，金辉通过独立开发或合作开发的形式，接连成功开发了多个项目。凭借着逐渐树立起来的市场口碑，以及早期的开发速度，金辉在福建房地产市场中占有一席之地，以品质运营见长的"金辉速度"行业标签也由此而来。

敢为人先：从福建走向全国

从成立至 2000 年，金辉耕耘的市场一直在诞生地福建。直到 2001年，这种偏居一隅的状态被打破，在立足东南市场后，金辉开始放眼全国，启动了全国化扩张路径。

这在当时是一个非常超前且颇具魄力的举动。因为，那个年代，全国性房地产并不多，向全国扩张的仅是像万科、中海这样的几家大型房企，所以，一家中小型地方房企向全国扩张，还是引起了行业的极大关注。

当然，金辉做出的这个决定自有其道理和依据。在企业决策层看来，整个房地产行业形势一片欣欣向荣，这个市场值得进一步深挖，而企业要想做大做强，也必须要有全国性的眼光和行动力。

于是，2004 年，在重庆，金辉成功落地了第一个省外项目——金辉城，且之后还不断在这座充满人文气息的城市砥砺深耕，为当地老百姓引入一种全新的生活图景。金辉西南地区高位因此奠定。

此后的 2006 年，金辉又先后进入了西安、南京、合肥等地，这个年份对于金辉全国化扩张来说，是一个重要的关键节点。因为，这一年的挥师进驻，彻底实现了东西部中心城市的占位。至此，金辉的全国化扩张路径，东西南北，四面开花。

不过，真正意义上体现金辉全国格局的是总部搬迁。2009 年，金辉将总部迁至北京，并正式确立全国化扩张清晰框架。与此同时，开发项目进入北京、上海一线城市之列。而同时期的其他闽系房企大多 2015 年以后才开始迁往上海，可以说，金辉此举比同行提早了 6 年。时间累积差逐渐拉开的就是在全国的实力和差距。

秉承着"全国布局、区域聚焦、城市领先"的战略，截至目前，金辉已进驻 30 座核心城市，涵盖长三角、环渤海、华南、华东、西南、西北等 6 大区域城市群。其中，稳步布局北京、上海等一线城市，以及苏州、南京、合肥、重庆、成都、西安、福州、杭州、佛山等二线核心城市、环一线城市以及区域中心型城市。2019 年预计再完成 350 亿元的土地投资额。

金辉城市布局效果显著，在其进驻的多个城市市场份额都位于领先地位，目前在建项目的平均去化率达到了 87%。在市场占有率方面，根据克而瑞 2018 年数据显示，金辉在西安、重庆、福清等城市都处于前 10 阵营；而 2019 年，西安已提升至第二的位置。

在城市布局上，除呈现均好性外，金辉还格外注重风险控制。截至 2019 年 6 月底，金辉集团土地储备未售货值约 2800 亿元，策略性地分布于中国 30 个城市，且进驻的都是一、二线核心城市及都市圈，布局均衡。深耕重点区域的同时，也有效平衡了地域风险。而优质的土储，也成为未来业绩的有效保障。

从速度到态度：产品战略高瞻远瞩

成立之初，覆盖全国的金辉速度和"经济型精品楼盘"的市场开发定位，使得金辉客源群体不断增大。

这一结果背后支撑点是金辉创办之初定下的"造更多人买得起的房子"的战略理念。

根据"买得起"的定位，金辉的项目在户型设计、总价控制上，都尽量考虑到市民的接受度，所以每个项目都取得了良好的销售业绩。锦江花园、河滨花园、富华家园、东景家园、金辉东景、世纪金辉等住宅项目都是该理念之下的产物。

即便在房价已经有了较大幅度提升的今天，金辉依然坚持这个理念。

当然，这样的造房理念也反映出金辉对当时家庭住房状态的关注。

不过，时光荏苒，物换星移，当时代居住状态由"住上大房子"变为"住上好房子"时，敏锐的金辉再次感知到地产行业新的"小趋势"，在对时代居住做出了更深层次的考量后，金辉开始更加关注产品力的提升。

因此，2007年，在金辉进入新的10年发展周期时，新的地产环境使金辉开始了从"金辉速度"到"金辉态度"的转变，而"金辉态度"背后实则是企业以实际行动为业主创造更具价值、更有内涵、更具品质感和归属感的生活。"品质点亮生活"的品牌价值观在此背景下应运而生。

其实，从今天各大房企对产品和品质的重视程度去回望金辉当年的产品运营思路，也可以窥见金辉高层在制定新的品质定位方面的高瞻远瞩。更何况，2007年，整个房地产行业的形势是，房价飞涨，人们只记住了价格，鲜有企业对产品进行创新和升级。由此对比，"金辉态度"更加弥足珍贵。

执行层面上，集团更加有意识地强化产品的研发、细分。2017年，金辉开始规划和建设研发基地，2018年产品研发基地在北京顺义落地。研发基地主要用于标准化研究、产品封装展示、产品空间研究、智慧社区实景展示及产品创新研究等。

直到今天，金辉依然在持续聚焦产品力的提升、客户全生命周期产品线的打造，强调品质型、舒适型、精品型创新。目前金辉已形成了四大产品线，全面覆盖首置业、改善、高端等多重置业需求，它们分别是：契合城市主力中青年客群的"优步系"；改善型产品线、智能家居的引领者

"云著系"；聚焦一、二线城市核心地段与资源，面向城市高净值人群的"铭著系"高端住宅；城市综合大盘"大城系"。

金辉提升产品力的另一个方式是为住宅项目提供完整的配套与服务。金辉认为，写字楼、酒店、公建配套对住宅销售有很大帮助，对整个社区品质的带动效应更好。因此，在住宅地产之外，金辉还布局了商业地产作为住宅地产的有益补充，涵盖写字楼、购物中心、街区商业、底商及酒店等多种商业形态，并且已进驻北京、上海、福州、重庆、西安、苏州等核心城市。

2018年，金辉集团第一季度工作会议在井冈山召开，会上集团高管和外部专家一同研讨了金辉全新的企业文化并最终成型，会议上确定了企业使命、价值观和愿景。"用心建好房，让家更美好"的企业使命就是在这次

▼ 福州金辉淮安半岛，见证了金辉与这座城市的成长

会议上提出来的。

"井冈山会议"的召开是金辉发展的关键里程碑。因为，这标志着金辉全新的企业文化价值体系诞生，企业使命迎来更新迭代，金辉也更加明确了未来的发展重心和前进的方向。

物业"软硬兼施"：智能化升级服务体验

金辉打造产品，往往从居住客群视角出发看问题。金辉的考量是——一个楼盘的品质就看客户的感受如何。

因此，从客户需求出发，金辉精准把脉居住者的多方位情感诉求，构

建全产品线生长模式，以专业的设计指引客户体验的升级。通过研究 4 条场景价值曲线，24 个场景模块，5 大专业板块，以及 401 个设计子项，对每一个项目进行细心打磨。还通过推行全面精细化的工程管理，确保项目的高品质交付。

这些有效投入，让金辉的项目不断收获来自市场的认可。比如，作为金辉大城系在西安的扛鼎之作，金辉世界城 2019 年上半年累计销售额逾 50 亿元；2019 年 6 月，天津宝坻金辉城首开，一小时内房源全部售罄；8 月，苏州金辉润元名著雅苑首开，热销 10 亿 +。

在客户服务层面，金辉也是丝毫不含糊。金辉的物业服务特色是：科技赋能 + 人文关怀，前者从硬件着手，后者更聚焦软性文化。

物业管理作为传统的劳动密集型行业，社区、业主、服务项目的基数庞大且分散，在此情形下如何提升服务效率、统一服务标准是金辉物业发展的核心命题。为此，金辉物业紧跟时代的步伐，顺应市场潮流，依托已经成熟的智能化服务技术及互联网手段，在全国范围内，大力推进信息化社区建设。

CRM 服务管理系统，PC 端中枢系统，两大核心科技组成金辉物业的全国客户大数据库，搭配系统决策技术，实现全员全终端全场景的智慧社区线上管理，优化工作流程，减少人控，实现服务标准化。

"辉管家"员工 APP，采用"滴滴抢单"模式配合业主评价系统，根据业主评价定期对员工进行指标考核，进而提升员工的工作效率及服务品质，持续提升业主满意度。

引入 RBA 设备远程监管系统，全面记录社区中 5 大类 13 种设备系统的全生命周期信息数据，24 小时实时监测。精准识别、预测设备每一个异常点，一旦发生问题，瞬时弹屏，立即处理，为金辉业主提供安心的社区环境。

"365 在线"是金辉面向客户最直接、最前沿的服务窗口。利用集成电话接待窗口，为业主提供 365 天 24 小时不间断标准化服务；通过客户问题声呐系统，精准获取业主诉求并有效传递，指导金辉服务更加契合业主需

求；基于服务质量监督平台，分析整理全国服务效果数据，对典型案例进行分享和通报，进一步提升服务品质。

对人的高度关爱使得金辉物业将关注的触角延展至业主们生活的方方面面。其中，最引人关注的是金辉的"焕新计划"，即为了让老社区常住常新，金辉每年提取销售额的万分之三，用于升级改造已入住社区的环境。

以 2018 年为例，焕新服务覆盖公区缺陷改造、环境品质提升、休闲设施增设、门禁系统及监控设备改造等方面。全年完成全国 13 个城市、43 个老项目的改造维护，实施 184 项焕新改造，惠及 63114 户家庭。

2019 年是金辉社区"焕新计划"第三个年头，金辉物业整装再出发，在全国的老社区，翻新设备设施、改造公区环境、提升生活便利、升级监控设施、优化门禁系统。金辉通过改造升级提升社区活力，营造温馨社区环境，为提升业主们的生活品质与幸福生活继续不懈努力。

不忘初心：用美好行动回馈社会

落其实者思其树，饮其流者怀其源。沐浴着时代的春风，一批批房地产企业发展壮大，建立起自己的地产王国。在滚滚的时代洪流中，成为社会的中坚力量。

如今，这些成长起来的企业勇担时代责任，用更美好的行动回馈社会，用另一种爱的方式改变社会面貌，继续着社会中坚力量的担当精神。

金辉在发展壮大的同时，始终不忘身上的社会责任，多年来一直响应国家号召，积极投身公益，参与支持扶贫济困、兴教助学、恤病救灾等公益慈善事业。

金辉对扶贫脱贫的关注最早可以追溯到 2008 年。当年，金辉开展一对一帮扶重庆丰都县，并持续了 7 年之久，目前该县已经顺利脱贫。此后几年，金辉持续投入资源在连云港、西安、云南、盐城等地开展专项扶贫工作，并取得了一定成果。目前金辉集团及其创始人累积公益捐款总额已突破数亿元。

不过，历史、人口素质及自然环境等各方面的因素汇集导致中国贫困人口基数大，脱贫难度系数高，这意味着脱贫攻坚不能只靠某一方的单打独斗，而是要凝聚各方力量。金辉清晰认识到，政府在扶贫工作中起着带头作用，而专业机构因为有足够的资源和经验，能让扶贫更容易产生效果。

从参与扶贫事业之初，金辉集团就积极响应政府号召，主动联合专业机构。早在 2008 年，金辉就联合机构或依靠政府帮扶贫困地区和贫困人口脱贫致富、扶贫开发、贫困村基础设施改善等公益项目。

2018 年，金辉捐助 5000 万元资金，成立"金辉爱心基金"，用于开展精准扶贫。"企业在为国家经济增长贡献力量的同时，更重要的是承担社会责任，努力成为推动社会慈善公益事业发展的重要参与者、推动者、贡献者。"这是金辉集团董事长林定强在"金辉爱心基金"成立仪式上作出的承诺。

基金成立后的首笔 1000 万元捐款，用于在福建、云南、四川、陕西等地开展精准扶贫、教育、医疗等公益项目，支持中国华侨公益基金会开展"精准脱贫光明行"等公益活动。

同时，2018年"金辉爱心基金"捐赠1000万元，用于中央统战部的定点扶贫工作，在贵州省赫章县、晴隆县、望谟县、三都县等地，开展帮扶贫困地区脱贫致富、扶贫开发、改善贫困村基础设施等公益项目。

除了借助专业机构，用好外力，金辉还积极联合业主客户，激发内力，从而凝聚扶贫工作的内外合力。金辉多次组织业主参与到为贫困地区孩子们捐助书本、物资的爱心行动中。

2018年初，金辉携手中国扶贫基金会善品公社，在南京、合肥、盐城、淮安、连云港、扬州开展云南哈尼红米的线上商城秒杀、社区义卖等形式的公益活动，还被媒体列入"近年来品牌房企精准扶贫特色项目"上榜案例。

如今，金辉集团已经融入了公益基因，积极参与扶贫济困、兴学助教、环保、创业、文化等多项公益行动，从城市到区域再到集团，公益的"点"汇成了"面"。

行善无止境，金辉一直身体力行，走在公益的路上。回望来时路，金辉集团开展扶贫工作已有10余年，结下累累硕果。而站在2019年，这个打赢脱贫攻坚战与实施乡村振兴战略重要历史交汇期的新起点上，金辉也不会缺席，将加码投入去支持打赢脱贫攻坚战。

写在前面

改革开放后，上海经济高速增长。有这样一种说法，那时的上海日夜奋斗，第二天睁开眼时，可能就和前一天看到的事物不一样了。上海外滩的高楼林立、高端、繁华，深深吸引着你。而且上海一直是商业繁荣的代名词，这里有更好的人才环境、更大的发展平台，吸引着大大小小的开发者与运营者入局。

笑称自己是"怪人，比较喜欢工作"的宝龙地产总裁许华芳，无论是 2009 年地产在香港上市、2010 年决定将总部搬迁至上海，还是 2012 年确定"以上海为中心、深耕长三角"的发展战略，宝龙的很多个重要节点都由他在协助推进。

在许华芳看来，未来，商业将走向技术驱动、业态革新，不再有线上线下之分，传统企业和互联网公司的连接与融合是大势所趋。同时，他也希望通过合作，将宝龙打造成跨界融合的典范。

▲ 宝龙集团总裁许华芳

许华芳：宝龙的优势在于商业

孙晓萌 / 文

以父亲为榜样

在许华芳的成长过程中，父亲许健康一直是他的偶像，是他努力学习的榜样和超越的目标。

许华芳的父亲许健康是福建晋江人，勤奋、务实、低调，白手起家。初到澳门时，兜里只怀揣着 10 元钱。这 10 元钱对于一个移居他乡的年轻人来说，看似微不足道却又十分重要。

20 世纪 80 年代的澳门，出口加工业是主要发展的支柱产业之一，这也为初到澳门的许健康提供了机会。他获得的第一份工作就是在一间藤艺编织厂当编织工人，用微薄的收入维持生计。一个月后，靠姐姐的资助，许健康开始了人生的第一次创业——售卖手袋。

贫穷或许会将一个年轻人逼向绝境，但贫穷和困境并不能磨灭他的创业雄心。作为一名无牌小商贩，许健康每天徒步上下班，风吹日晒，每日几十元的收入。

不过凭借着泉州人爱拼敢赢的精神，许健康又在创业之路上迈进了一大步。1983 年，许健康投资 20 多万元在家乡晋江创办了制衣厂，把生产的成衣运回澳门，批发给以前与他一起做街边生意的小贩，销路通畅，获利颇丰。1986 年，他果断筹资近百万元，在珠海创建了一家制伞厂，并通过自己的贸易公司，把洋伞销往东南亚及世界各地。制伞的成功，为许健康提供了雄厚的资本。

于是在 1990 年，许健康与朋友在澳门成立宝龙集团发展有限公司，开始涉足房地产业，事业风生水起。

因为父亲创业的艰辛，许华芳小时候并不能经常见到父亲。虽然他曾经笑言：小时候父亲对他实行"三不"政策，即不打、不骂、不管。但也正是这种不设限制，才让许华芳能够开心地自由发展，对生意的兴趣也在不知不觉中培养起来，成就了如今成熟稳健、思路清晰的许华芳。

从一线做起　与宝龙共发展

1999 年，许华芳进入厦门宝龙集团基层实习，2003 年于厦门大学本科毕业后正式加入集团工作，在不同的岗位上历练多年，历任副总经理、总经理、副总裁、常务副总裁、执行总裁等职务。

尽管入职后的许华芳因"新人"身份遭到外界质疑，但他从未敢松懈，曾连续 3 个月做梦都在开会。他甚至这样评价自己："我是怪人，兴趣和爱好很少，比较喜欢工作。"

但在父亲眼中，他很杰出，也非常努力。"在他的同龄人中，我觉得他已经很难得，我在他那个年纪时可能还没有他做得成功。他还年轻，有些东西未必看得通透。但是年轻人有这样的本事，已经很不错了，所以我有信心，他会越做越好。"这是父亲许健康在接受媒体采访时对许华芳的一段评价，既是对儿子的肯定，也是父亲对儿子的期望和激励。

回看宝龙的发展历程，不论是 2009 年地产在香港上市、2010 年决定将总部搬迁至上海，还是 2012 年确定"以上海为中心、深耕长三角"的发展战略，宝龙的很多个重要节点都由许华芳在协助推进。

在社会经济演变的过程中，许华芳与父亲许健康注意到中国农村面貌的改变，特别对促进农村城市的协调发展，推进城市化进程和全面建设小

▲ 许健康、许华芳举杯庆祝成功上市

康社会有着强烈的使命感。他们经常在思考，企业应该为城市化进程做些什么？经过深入研究后，发现城乡结合的开发是大势所趋。但是，以往盖房子、卖房子的单一模式，根本不适应时代发展需要。而他们寻求的是一个可持续发展、能令多方共赢的发展模式——复合式商业地产的机会来了。

经过努力，他们探索出一个适合中国的崭新商业地产模式——宝龙广场，把业态复合、人流互动、资源分享等理念融入其中，把所有城市区域的配套功能，组成了完整的城市生活形态。宝龙广场集购物、膳食、餐饮、休闲、商务等多元消费组合于一体。

这一模式获得成功之后，宝龙迅速在全国复制这一商业模式，十几个宝龙城市广场在全国应运而生。

2008年5月，宝龙通过了香港联交所上市聆讯，2009年10月14日于香港主板成功上市，成为厦门首家发行H股的地产企业，也是内地第一家真正意义上在港上市的商业地产公司。上市后，许华芳协助父亲许健康重新梳理了宝龙地产的各项业务体系，并决定将宝龙地产的总部迁至上海。因为这里有更好的人才环境、更大的发展平台。许华芳甚至直言："上海是我们的唯一，是整个核心唯一的唯一。"

不惑之年　带领宝龙稳步提升

1992 年成立，2003 年发展商业地产，2009 年登陆香港资本市场，2013 年上海首家宝龙广场运营，2016 年七宝宝龙城和杭州滨江宝龙城两个项目相继落成。

2018 年，是许华芳的不惑之年，也是宝龙地产采用"369"，即"3 个月内动工、6 个月内开盘、9 个月内现金回笼"高周转模式正式执行的第一年。这一年，宝龙在高周转模式下，现金流、产品推出、土地储备和合约销售等方面都有了明显的增长。

现金流方面，截至 2018 年 12 月 31 日，宝龙的现金及现金等价物及受限制现金合共约为人民币 157.76 亿元（2017 年：约人民币 99.62 亿元），较 2017 年底增加约 58.4%；非受限现金较期初提升了 54.5 亿元至 148.4 亿元。

产品方面，除了签约销售的 232 万平方米住宅，2018 年宝龙完成了多个广场的开业任务。资料显示，厦门宝龙一城、上海青浦宝龙广场两个物业项目于 2018 年 9 月 30 日同时成功开业，同时轻资产项目四川江油宝龙广场也于 2018 年 11 月 30 日成功开业。

土地储备上，2018 年，宝龙新增土地储备 573.7 万平方米，拥有土地储备 2120 万平方米。其中，在建物业 1280 万平方米，在持待发展物业 840 万平方米。

宝龙全年持续发力，终于拿下了 410.36 亿元的合约销售额。至此，许华芳 2018 年 350 亿元的业绩目标完美达成。但他却不满足于此，马不停蹄地奔赴下一目标。2019 年是宝龙地产在港上市第 10 年，2018 年底宝龙地产总裁许华芳定下了 500 亿元的年度销售目标。

根据宝龙地产公布的 2019 年中期业绩显示，2019 年上半年宝龙地产的合约销售中，长三角地区销售占比 86%，其中浙江区域的销售额更突破百亿。此外，杭州、宁波等单城市销售贡献也在持续提高，加之新项目的持续入市以及新开工面积的增长，宝龙地产下半年的业绩可期。因此，宝龙地产总裁许华芳在业绩发布会上宣布，将全年合约销售目标上调至 550

▲ 七宝宝龙城效果图

▲ 许华芳在 2019 年宝龙商业年会上致辞

亿元，预期同比增长 34%，并表示有信心完成这一目标。

不惑之年的许华芳更清楚自己想要什么，也清楚未来宝龙该怎么走得更稳、更远。在宝龙有句名言，"模式，是用来被打破的"，许华芳与宝龙始终在发展中求变。2019 年 6 月，宝龙还发布了商业新规划，加速"新商业"综合体落地。

许华芳表示，商业将走向技术驱动、业态革新，不再有线上线下之分，传统企业和互联网公司的连接与融合是大势所趋，这是一个更加丰富多元的未来。与腾讯的合作只是个开端，未来宝龙与腾讯将展开更深入的合作，在商业地产领域的各个环节融合研究，共同打造最领先的应用成果，引导行业走向更广阔的未来，成为跨界融合的典范。

商业·对话

中国房地产报：您如何看待中国房地产行业这些年的发展、成绩与不足、调控与市场、造富与精神追求？能否讲讲您对中国房地产行业发展的评价与反思？

许华芳：房地产行业经过多年的高速发展，目前进入了"白银时代"；同时以房地产为基础的资产运营、增值服务、资产证券等新兴领域迎来蓬勃发展，后续将是有创新能力与核心优势的房地产企业领跑行业发展。房地产市场平稳运行也让整个行业可以冷静下来思考行业的核心：产品和服务，相信未来市场上会不断涌现出更好的产品和更好的服务。

中国房地产报：宝龙的企业灵魂和企业发展愿景是什么？

许华芳：宝龙的企业精神是"诚信、恭谦、创新、敬业"，发展愿景是"致力成为受人尊重、中国领先的城市综合体运营商"，希望能早日实现这一愿景。

写在前面

胡葆森，中原这块古老而又充满生机土地上的商道坚守者。

他心中有大理想，创立建业集团，从"让河南人民都住上好房子"到"让河南人民都过上好生活"，一路坚守；他首创"省域化战略"，深耕中原，身体力行地书写着一个企业家的家国情怀。

他厚重深远，不急一时之利，不争一时之勇，涓涓细流终汇聚成川。行商 40 年，始终保持本色，在房地产行业打造了一家广受尊重的企业，一个推动社会进步的企业力量。

他信奉"人生嚼得菜根香，则百事可为"。他的老朋友冯仑评价他，"待人很宽，做人很厚，立意很高"。

胡葆森，一个理想主义色彩的现实主义企业家。

▲ 建业集团董事长胡葆森

建业：广受尊敬企业的创造经历

马琳 / 文

　　终场哨响，全场比赛结束，胡葆森信步走出航海体育场，双手合一举过头顶向球迷致谢，心情大好。

　　7月27日，郑州航海体育场内，2019赛季中超联赛第20轮，河南建业坐镇主场迎战排名联赛第二的北京国安。面对强敌，河南建业队毫不畏惧，爆发出了强大的战斗力，不断通过反击机会来寻找进攻机会。终场哨响，主场作战的河南建业1∶0战胜来访的北京国安。一时间，场内响起了建业球迷此起彼伏的欢呼声，向成立25年的球队致敬。

　　比赛期间，胡葆森一直在，安静沉定地看着球员们奔跑飞跃进球。

　　足球25年，行商40年，胡葆森始终扎根在河南；他说，"河南是我的井冈山。"

　　1992年，站在人生的选择路口，胡葆森毅然选择归乡，以"港商"身份回到郑州，成立了建业房地产开发有限公司，这一做就是27年。在这个过程中，建业制定了省域化发展战略，不断深扎中原，至今在河南已布局18个地级市、覆盖120个县级城市，服务了数千万河南人民。

　　尽管很多时候，与建业同时期起步的企业已跨入3000亿元规模甚至有更大发展时，胡葆森从来不为所动，坚定地按照自己最初的既定战略前行。虽然建业内部也曾有过争议甚至反对的声音，但几十年下来胡葆森依然保持着他的战略自信。

▲ 建业集团新蓝海战略发布会

"从生存角度来看，规模也很重要，对于企业的发展来说生存还是第一要务，但我对我们的发展有双重标准，一是发展企业，二是成为中原区域城市化进程和社会全面进步的推动者，报效家乡。这是企业担当。"建业集团董事长胡葆森说，这是建业的使命和定位，也是个人的追求。

另外，胡葆森表示，西方哲学家培根说过，当欲望超过能力时，即使你是象、狮子、战神也是弱的，只有那些对自己能力感到满足的人才是强者。一定要去做小于你能力的事情而不是反过来做一个大于你能力的事情。

不过，建业最近启动了"外拓战略"，在胡葆森看来这并不是一般意义上的企业外拓，是希望建业将中原文化带向更远的又一重要战略。

新中国成立70周年之际，"50后"胡葆森已从商40年；商海40年，他无怨无悔，他感恩自己赶上了一个好时代。同时，他也表示，在这个变幻莫测的时代，企业人士一定要经得起喧嚣、耐得住寂寞、熬得住时间、驭得住名利。不让自己迷失方向，有正确的价值诉求，成为社会进步正能量的引导者，推动社会的改变与进步。

为什么要这样做？他说："有文字记载以来，只有一样东西没变，人性。你想赢取民心，那你觉得对人家好，怎么对人好，你把产品做好，把服务做好，你才能得到民心。商道，就是赢取民心。"

他的老朋友冯仑评价他，"待人很宽，做人很厚，立意很高"。

下海年月

1979 年，一个时代启幕。作为"末代工农兵学员"的胡葆森一毕业就赶上了改革开放"元年"。他学的是英语专业，当时就被分配到了中国纺织品进出口公司河南分公司工作，做国际贸易。

1982 年，他被派往香港，一口流利的英语让他的工作游刃有余。其间，他又从香港走向了国际，走访了 60 多个国家 100 多个城市。

到了 1991 年，香港房地产市场进入上升周期，市场一下子热了起来。身处其中、攒了几万元钱的胡葆森决定"下海"行商，尝试炒楼花。他的运气不错，一年之后，就赚了上千万港元。

这期间，内地房地产市场也是风起云涌：1988 年深圳已经拍卖了第一块土地，广州第一个商品房淘金花园已经出现；北京、上海及海南省的房地产市场开始兴起，甚至杭州、长沙也出现了商品房、开发商的概念。

到了 1992 年，随着中央提出加快住房制度改革步伐，全国的房地产开发热情得以释放，"已经热得一塌糊涂了。"冯仑回忆当年时表示。在河南，已有几家国营房地产企业出现，如郑州中房、河南省国际信托下属企业等。

这一年，胡葆森带着在香港赚到的钱回到了河南，与河南本地的建行合资成立建业房地产开发有限公司，成为河南省第一家中外合资房地产企业。"对于房地产行业在内地发展，我在香港是有过思考与实践的。"

1993 年 6 月 18 日，建业在郑州推出了第一个住宅小区——金水花园。它位于金水河两岸，是郑州第一高档小区，均价 1780 元／平方米，那时福利分房才 600 元／平方米，买一套这里的房子至少要 20 多万元。

1993 年下半年，海南剧烈增长的房地产行业泡沫引发中央担忧，中国房地产的首个调控政策出台——《关于当前经济情况和加强宏观调控意见》，被称为"国 16 条"，它最主要的政策就是全面紧缩银根，一路高歌猛进的海南房地产热顿时被釜底抽薪。海南房地产泡沫的破裂引发全国房地产硬着陆，全国房产价格纷纷大跌，房地产市场被冰封。

金水花园的销售遇到了难题，资金难以为继。无奈之下，胡葆森四处找方法，后来推出了"按揭卖楼"，在金水花园试水，没想到很成功，开盘第一个月就卖出了几十套房子。

但在香港有过从商经历的胡葆森异常敏锐警醒，他意识到这轮调控将不会马上过去，于是果断地把握住了一个合作机会，为当时中国三大期货交易所的郑州交易所建设办公楼，开发了 12 万平方米物业及 7 栋职工楼，回笼了 9000 万元资金。这对于刚刚起步两年的建业来说意义非凡，使他们安全度过了第一轮宏观调控，公司也进入了一个新的发展时期。

1996 年，在政府要求各地银行与企业脱钩的状况下，建设银行退出，建业成为一家香港独资企业。

深耕河南

2000 年，胡葆森将公司更名为建业住宅集团（中国）有限公司，并决意固守河南。到了 2002 年，建业正式实施"省域化发展战略"。

当年提出这一战略时，有声音质疑这是"政治策略"，胡葆森并没有回应，只是低头做事，

建业也一直坚守着"省域化发展战略"，聚焦一个省份，以全省地域为拓展目标，逐步、分级向下延伸至绝大多数乃至全部市县，努力形成覆盖 1 个省会城市、18 个地级城市、120 个县级城市，走出了一条可持续的、适应市场需求的、与国家大政方针相契合的发展路子，并在此过程中形成

▲ 19年坚守，三起三落，河南建业再次重回中国足球顶级联赛，老胡独扛河南足球大旗不倒，用坚守与热爱最好地诠释了河南精神

了"建业模式"。

"在决定深耕河南的时候，我就在想河南有一亿人口，有120个县市，还有那么多的乡镇，这件事，你做到死你也做不完。"胡葆森说。

这也是胡葆森回报家乡的内心情结。就如当年，河南足球请省内企业赞助却无企业愿意担此重任的局面下，胡葆森也是挺身而出。

2008年6月，建业集团成功在香港联交所正式挂牌上市，改名"建业地产"，成为内地中西部地区第一家在香港上市的房地产企业，并成功募集12.65亿港元资金。

彼时，正值全球金融风暴之际，建业的上市犹如一剂强心针，令灰暗的房地产市场一亮。回忆起上市时的情景，胡葆森感慨犹如昨日，"很多朋友来助阵"，包括王石、冯仑、潘石屹，以及柳传志、李思廉等商界人士。如此规模当时被媒体戏称为"八星助阵"。其中不少人还以个人名义认购了上千万美元的建业股票。

当时，王石说，建业成功上市，不仅仅是建业本身的影响力，也是建业创始人胡葆森先生个人魅力得到社会认可的结果。一语中的。

上市之后的建业在河南的二三线城市连续拿下 5 块地；到了 2012 年 12 月 24 日，建业集团成功实现年度合同销售额破百亿元的目标。这也坚定了胡葆森深耕河南战略。

2019 年 3 月 28 日，建业地产发布 2018 年成绩单：总资产破千亿，合同销售 723 亿元，在 2018 年中国房地产销售金额总榜中排名第 43 位。

"我希望企业做久做远"

实际上，多年来建业与胡葆森始终逃不出这样一个问题，那就是建业为什么不走出河南，不去追求规模？

对于第一个问题，他的回答始终是"要让河南人民住上好房子""回报家乡"。对于第二个问题，他的回答是"企业的追求不一样，有的人追求规模的快速增长，有的人追求行稳致远。我希望企业做久做远"。

目前，建业的战略也在发生着一些变化，首要的变化就是"走出河南"。3 月底，香港，在建业地产 2018 年度业绩会上，胡葆森首次松口表示"将会有条件地走出河南"。实际上，2018 年 12 月 28 日，建业地产和河北省邢台市的一个企业签订了战略合作协议，合作开发邢台市的一个小镇。在建业地产内部，2018 年 12 月 28 日是建业地产走出河南的一个时间标志。

对于"走出去"，胡葆森表示是有条件的：一是轻资产模式，建业不会做大投资，不分散建业的投资能力；二是以 500 公里为扩张半径，向周边城市扩展，这个半径仍位于中原经济区内，如山东、河北、陕西等省市；三是产品以中原文化小镇为主，让中原文化走向河南，走向全国。

"上市平台建业地产不会投资河南以外城市，目前对于投资河南以外

▲ 收购中民筑友新闻发布会

城市还处于谨慎阶段。"胡葆森说，"我的投资主体还是在中原，下一步会往乡镇去走。还有一种情况，比如在海南投资，项目还是卖给河南人，服务河南人。"

胡葆森的计划是，建业在河南的市场占有率在 2019 年达到 10%。到 2022 年建业集团 30 周年之际市场份额达到 15%，在 2027 年达到 20%。

另外一件事是建业拿下了中民筑友的全部股份，这也是胡葆森多年的夙愿。"投资住宅产业化这件事我已经思考了很长时间，至少有 15 年时间，从 2003 年经常去日本，去看住宅产业化已经开始。"

至于为什么关注住宅产业化与收购上述公司，胡葆森的解释是房地产这个行业缺乏产品基因、科技基因，他也希望提升建业在制造业、科技研发方面的创新能力。"得知这个机会，我 10 分钟就做了这个决定。"

"走出去"模式与轻资产战略是否意味着建业未来要在规模上进行突破？对于这一问题胡葆森再次进行了否认，"我并不羡慕那些规模性房企的发展，我希望将建业打造成一家持续盈利、稳定增长、广受尊重的企业。

创造价值，收获尊敬"。

新中国成立 70 年之际，这个"50 后"已在商海沉浮了 40 年，他很感恩这个时代。"要知道我们国家这 70 年是非常艰辛与不易的，在这个基础上我们要珍惜今天得到的一切。所以我希望不管遇到什么，无论你是'50 后''60 后'还是'90 后'，都要用阳光、积极的心态面对未来，不能坐等与消沉，要有所担当。""作为一个中国人，我愿我们的祖国越来越强大，愿每一个中国人走到世界上每一个角落的时候，能够昂首挺胸，无愧时代。"

包括足球事业，他也有远大的理想。

商业·对话

中国房地产报： 您怎么看待新中国成立 70 年经济社会的发展，以及您这一代人在这几十年的变化与收获？

胡葆森： 今年是新中国成立 70 周年，是值得纪念的年份，对于我们这一代人来说是非常重要的事情。我是"50 后"，自己的少年时期也是共和国初创时期，包括一些事件、三年自然灾害都是有记忆的，一路走来非常的不容易，我们的党非常伟大，带领"一穷二白"的国家成为世界第二大经济体、人口从 4 亿上升为 13 亿，人们的平均寿命从 40 多岁到现在的 70 多岁，城市化发展也是平稳向前，这都是令世人瞩目的。

包括我在与王石、冯仑、陈东升等交流时，都会感慨于这种变化与速度，同时也会有更多的自省，在这样急骤的变化中如何不让自己迷失方向，有正确的价值诉求，成为社会进步正能量的引导者，传播正能量，推动社会的改变与进步。比如建业的发展使命就是要做中原城市化进程和社会全面进步的推动者，这是企业的定位，也是个人的追求。

中国房地产报：现在，建业有哪些方面的问题是您比较担心的？

胡葆森：建业集团涉及开发、投资、新生活、教育等几大板块，现实的问题是这几个板块如何有效协调，让各个板块能获得最大化的发展，背后也就是管理、人与战略的问题。另外，建业发展 27 年可以说没有出现过危机似的时刻，这与我自己一直保守有关，但并不是说我没有忧患意识，在产品安全、资金链安全方面一直是充满了忧患，时刻保持着警醒。

中国房地产报：想过退休吗？您对自己的商业生涯打多少分？有什么遗憾？

胡葆森：至少还能干 10 年吧。对自己的从商生涯打 70 分，还有很大提升空间，包括产品、服务、管理，还有很多的问题。但是，在商业领域做了 40 多年，我是无怨无悔的。

中国房地产报：您如何评价与您同时期起步的企业家，你们这代人身上的使命与特点是什么？

胡葆森：回过头来看，一代人有一代人的责任，一代人有一代人的使命。我们这一代人的使命感、责任感都很浓烈，也有家国情怀，是与生俱来的，我们生下来就与共和国的命运紧密地联系在一起。有一句话我比较认同，"没有成功的企业，只有时代的企业"；套用到人身上也是一样，"没有成功的企业家，只有时代的企业家"。

中国房地产报：时至今日，中国房地产企业已经发展了几十年，您对于身处其中的同行有什么感言？

胡葆森：最近我在讲"深秋心态"，就是中原这个地区深秋多处在

23℃左右，那个时间是最美的状态。现在，社会比较浮躁，但我们一定要保持一个冷静的心态。包括在这个行业都比较悲观、消沉的时候，也不要轻易地放弃，要始终保持一个均衡的发展状态。我也曾说过要"驮得住"，房地产企业的财富增长非常快，自己要能够背负得起。

中国房地产报：您对于我们这个房地产行业有什么预测与发展建议？

胡葆森：我认为房地产行业在改善人们的居住需求、有效支撑国民经济快速发展等方面发挥了巨大作用。在这个过程中，房地产企业作为城市的建设者之一，也是功不可没的。

从1998年房改停止计划经济体制下的福利分房，到新一轮国家从产业、金融政策等支持老百姓住房改善需求，并将城市住宅开发、销售作为新的增长点，20多年过去了，中国房地产市场存量已达200万亿平方米，解决了人们的住房问题，推动了城市的发展。

另外，在未来的15～20年里，房地产行业将出现几大趋势性变化，分别是保障房分流"夹心阶层"的购房需求、未来房价将由市场决定、10年后开发商数量将不足3000家、住宅产业化将带来房地产业的革命、创新房地产金融将层出不穷。

信息化、工业化、农业现代化和新型城镇化所产生的巨大动力，使得我国房地产业稳定增长的"基本面"没有发生根本性改变，行业的基本属性和特征作为规律性的基础因素，决定着我国房地产业在未来15～20年仍会保持稳定增长的态势。

写在前面

　　他是一位有追求的企业家，做企业宁愿苦点、工程进度慢点，也一定要保证工程质量，让百姓买到放心的好房子。

　　他敬重人才，认为人才是企业最大的资本、资源和财富，坚持"与战略伙伴共赢，与优秀员工共享"的理念。福晟集团也始终坚持"美好生活，专筑为您"的品牌理念，不断提升自身的产品力、服务力、创造力。

　　正是因为这样的理念与执行，使它最终发展成为一家地产、建筑两翼协同的大型综合性企业集团。

▲ 福晟集团创始人、董事局主席潘伟明

潘伟明：地产百年老店的行程

孙晓萌 / 文

1993 年，作为广东省从化市最年轻的镇长，潘伟明毅然辞去公职，与其兄一起创建了广州云星集团，一头扎进了房地产行业。凭借多个创新项目，让云星集团成为地产新星。

此后，潘伟明走出广州、进驻福建，成立了福晟集团。通过收购福建六建集团，采取"地产＋建筑"两翼协同模式，推动福晟集团稳健快速发展。

多年来，潘伟明心中一直深记并践行这句话："与战略伙伴共赢，与优秀员工共享。"潘伟明觉得，企业要想走得长远、打造百年老店，就必须找到一批志同道合、有活力、有战斗力、专业能力强、愿意跟着福晟去干一番事业的人。他认为，不管是刚起步的小企业还是中型企业，只要大家志同道合，有共同的追求和梦想，就一定能够达到目标。也正是这样的想法支撑着福晟集团发展成一家地产、建筑两翼协同的大型综合性企业集团。

辞任镇长投身地产行业

1992 年春天，邓小平发表了著名的"南方谈话"。不仅为中国改革开放带来了又一个春天，也再次掀起了官员下海的浪潮。

1993 年 3 月，潘伟明下定决心，拉着同为公务员的哥哥潘超文一同辞去了公职，联手创立了广州云星集团的前身"广州云星房地产开发有限公司"，自此踏入房地产行业。

在 2018 年福晟集团 25 周年庆上，潘伟明回忆道："福晟创业初期，我们的资金非常有限，但我们去购买钢材的时候，都是买质量最好的。在20 世纪 90 年代钢筋市场正从计划经济向市场经济转轨，大大小小的钢厂很多，钢材质量参差不齐。当时质量好的钢筋 2000 块一吨，质量差的每吨可以便宜 500 块。但是我都一定要求购买质量好的钢材，而且我还亲自去钢材市场买。那时候我晚上会亲自去工地施工现场看工人浇筑楼板到天亮。因为大家都知道楼板浇筑必须一气呵成，否则楼板就会出现裂缝渗水。我们宁愿自己辛苦一点，工程进度慢一点，也一定要保证工程质量，让百姓买到放心的好房子。云星和福晟就是这样一步一步地走过来的。"

地产与建筑并举

2004 年，潘伟明进驻福州并成立福晟集团，从此掀开了事业的新篇章。他将风行华南市场的建筑理念引入福州，实现异地创新，引领福州房地产市场。

潘伟明进入福州的第一个典范作品是福晟·钱隆世家，地处福州东区1 号地，是城市东扩的核心区。随后，潘伟明又在福州市中心推出钱隆天下、钱隆首府两个大盘，福晟的大名一夕之间传遍榕城。

不过潘伟明并未沉浸在既得的成就中，他意识到，要想把企业做大纯粹做项目开发远远不够。于是在 2006 年 12 月，潘伟明成功收购了福建六建集团，进一步拓展了福晟的产业链。

福建六建集团系建筑工程和市政公用工程施工总承包双特级企业，建筑和市政公用设计行业双甲级资质企业，是中国建筑业民营 10 强企业和国家 AAA 级信用等级企业。近 5 年来，福建六建集团共承建了 300 多项重点工程和大型项目，承建的工程屡获殊荣。

▲ 福晟·钱隆广场

作为国家 EPC 工程总承包施工试点企业，福建六建集团将地产板块所有项目的设计、施工全面采用 EPC 模式进行总承包运作。契合福晟集团发展战略，形成"地产＋建筑"两翼协同。六建与地产的协同优势也为地产业务高速增长提供强有力的支撑，重点体现在两个方面，一方面六建全国化布局为地产业务提供广泛的资源获取触角，另一方面福晟体系内部的业务协同确保地产业务的成本优势以及产品质量和工期的保障。

潘伟明常常会思考，如何才能做一番事业？"我来到福州之后感触更深，我认为必须要交一大批志同道合的朋友，让大家一起为社会创造价值来获得阳光下的收益，而不是用算计别人来赚钱。所以我们从找项目开始，到跟金融机构的合作均是真诚靠谱、寻求共赢的，充分考虑对方的合理诉求与利益，不欺诈，不蒙骗。福晟宁愿发展慢一点，都不能骗人、坑人、害人，不能做违背良心的事。"

如今，潘伟明和他的团队凭借 26 年深厚房地产开发经验，60 余年"六建"精工品质，已形成了一套成熟且稳健的项目操作经验，以快（速度）、准（精度）、狠（力度）的团队作风，创立了拿地后 3 个月开工、6 个月开盘、9 个月封顶、1 年收回本金的"3691"福晟特色开发模式。

同时，福晟集团始终坚持"美好生活，专筑为您"的品牌理念，不断提升自身的产品力、服务力、创造力。福晟集团住宅形成了"福和系""福悦系""福颐系""福臻系""福泰系"住宅"五福"产品线。福晟商业也形成了地标型城市综合体"福晟钱隆广场"、甲级／超甲级写字楼"福晟金融中心"、社区商业"福晟 MALL"、年轻时尚潮流街区商业"福晟里"和城市文化旅游商业街"福街"构成的商业"五福"产品系。

福晟还成立了福晟生活服务集团，立足资源运营、空间运营、物业管理三大业务板块，推动科技与物业服务相互赋能，在品牌、产品和服务上全面升级，福晟取得了显著成效。

习近平总书记在上海就加强城市管理和社区治理进行调研时强调，"党建工作的难点在基层，亮点也在基层。""城市治理的'最后一公里'就在社区"。物业公司作为千家万户不可或缺的服务企业，是城市现代化治理最基层的经济组织，它在为社区开展服务同时，还承担着一定的社会责任。打造"红色物业"意义重大，既顺应了人民群众之所盼，也是物业企业"提档升级"的难得机遇。

做好城市小区物业服务，直接关系到城市居民幸福指数。传统的物业服务存在形式单一、时效缓慢、无法跟进等问题，导致物业企业与居民矛盾不断。福晟物业党支部以"党建引领"为鲜明主线，以社区服务为重要载体，从"四红"（即"红"在党建引领、党员示范、三方联动、服务创新）入手，在全市率先打响"红色物业"第一炮。

将党的组织建立起来、党员身份明确起来、党的旗帜树立起来、党的口号响亮起来、社会责任担当起来。以党建为引领，联动街道、社区、业主力量，发挥党组织优势，融入社区治理；加强党员队伍建设，打造一支敢担当、讲奉献的优质服务队伍，不断创新，采取现代管理方式，提高物业科学化的水平。

以人为本的发展之道

不同于常规地产公司的人才战略，在福晟，人才是企业最大的资本、资源和财富。潘伟明认为，人才是第一资源，人才战略高于土地战略，人才储备重于土地储备。福晟集团也一直坚持"与战略伙伴共赢，与优秀员工共享"的理念，凭借"五福"（福帅、福将、福相、福鹰、福星）人才计

▲ 福晟·中央美墅

划组成强有力的福晟团队，并逐渐成长为一家广纳人才的幸福企业。

当初，福晟的土地储备并不多，但潘伟明觉得，企业要想走得长远、要想打造百年老店，就必须找到一批志同道合、有活力、有战斗力、专业能力强、愿意跟着福晟去干一番事业的人。他认为，不管是刚起步的小企业还是中型企业，只要大家志同道合，有共同的追求和梦想，就一定能够达到目标。

在潘伟明心中一直把员工当家里人，从来没有把员工当成打工仔。高管会议从来都是围绕如何解决问题、如何合作将一件事情做成，而不是大家互相拍马屁或者你争我斗。福晟内部从来没有派系，福晟只有一种追求——要共同铸造福晟宏伟事业，要创造财富和价值，并且一定要与所有员工共享发展成果。

作为福晟掌舵人，潘伟明坚持要用好人、分好钱。"我反复跟人力说，先要选好人，要把'好人'用好。而且这种人才理念每天都在提醒我、鞭策我，我希望能有更多智者、能人、达人加盟福晟，让他们在福晟不会感到失望，让他们在福晟感到幸福，让他们在福晟感到有奔头。"

福晟讲究的是放权和团队精神。有些民营企业惯有的老板一言堂色彩，在福晟并不浓厚。更甚于潘伟明允许高管们与之争论、争辩甚至争吵。

"平凡的福晟人，团结在一起，组成强有力的福晟团队，共同打造不平凡的福晟事业。"这就是福晟的平凡理论，强调需要一个伟大的团队，而不只是伟大的个人。

潘伟明的魄力还在于"用人不疑，疑人不用"，不仅送员工到大学进修，还经常亲自写教材给员工上课。同时，鼓励他们大胆创新，放手去干，即使做错，也不会过分追究，但需要吃一堑长一智。

作为一个成功的企业家，潘伟明有一个企业家的幸福理论。幸福的第一个要素是经营事业的热情和激情得以长久的保持；第二个要素就是责任与守正；第三个要素是良好的家庭氛围与真心的朋友，家和万事兴；第四个要素是良好的心态以及心态调整快速恢复的能力；第五个要素是控制欲望的能力；第六个要素是懂得感恩与敬畏。

写在前面

三十年逐梦，一百年筑梦。

从泉州一路走向厦门，再来到上海，于中骏而言，32 年的裂变，它已开始逐步向城市运营服务商的角色转换，不变的是对创造幸福生活的坚持。这是黄朝阳创业的初衷，也蜕变出了中骏的企业文化——创建智慧生活，让幸福触手可及。

他坚信一家企业能够生存下来，就一定能够做大。于是在他 51 岁那年，将中骏集团总部迁至上海，同年设定了"千亿级规模"以及"FUN+ 幸福生活"生态圈两大战略目标，并公开表示，到 2020 年，中骏要进入千亿元队伍。

"路选对了，路再遥远，都能达到目标。"这是他最喜欢的一句话。黄朝阳的年轮伴随着中骏的成长，在大踏步发展的路上，他一直在思考，中骏该做出怎样的改变？

▲ 中骏集团董事局主席黄朝阳

黄朝阳：中骏为更多人创造幸福

苗野 / 文

"路选对了，路再遥远，都能达到目标。"这是中骏集团董事局主席黄朝阳最喜欢的一句话。

他 21 岁在福建泉州创建中骏集团、30 岁成立中骏置业、47 岁带领中骏置业第一次破百亿元、51 岁将中骏总部移师上海、54 岁期待中骏进入千亿元队伍……如同小说《年轮》讲述横跨新中国四个重要时代、纠合了一代人成长中的拼搏与坚持的故事一样，黄朝阳的年轮伴随着中骏的成长。

"回想起来，一切都很顺利，按部就班地进行着。中骏从泉州一路走向厦门、香港、北京，再来到上海，坚守着建筑机械、电力设备、房地产开发这三个主航道。今年，700 亿元的销售任务完成起来是较为轻松的。"黄朝阳说。

时间是最大的革新家，有时候革新的甚至是一个时代。

对于中骏而言，32 年的裂变，它已开始逐步向城市运营服务商的角色转换，不变的是对创造幸福生活的坚持。这是黄朝阳创业的初衷，也蜕变出了中骏的企业文化——创建智慧生活，让幸福触手可及。

在大踏步发展的路上，黄朝阳一直在思考，中骏该做出怎样的改变。他深知，重复过去必将失去未来。除了传统的住宅销售，中骏的成长需要新方向。

于是，他在 2017 年将中骏集团总部迁至上海，并在同年设定了"千亿级规模"以及"FUN+幸福生活"生态圈两大战略目标。他公开表示，到 2020 年，中骏要进入千亿元队伍。根据战略发展，中骏将致力于成为未来全球领先的城市运营服务商。

著名纪录片导演萧寒为中骏集团执导的企业形象片，真实还原了中骏 30 年背后的故事。作为《喜马拉雅天梯》《我在故宫修文物》的导演，萧寒以匠人之心拍匠企，他说："社会越来越浮躁，人们就会越来越渴望真实的、经典的、厚重的东西，而在中骏身上我看到了中国企业最鲜活、最真实的那一部分。"

32 年前，中骏起家是因为黄朝阳想为家人创造幸福生活。32 年后的现在，中骏希望为更多人创造幸福。

从泉州到厦门再到上海，一切为了梦想

回首往昔，房地产行业黄金时代的高速发展，已造就了一批我们耳熟能详的品牌房企，它们是行业的标杆，亦是房地产行业真实的力量。今天繁荣依旧，但故事中的主人公不再相同。

从销售挖掘机配件到生产制造第一代挖掘机，黄朝阳起家于制造行业。

故事从黄朝阳北上闯荡开始。他说："1984 年 9 月底，高中毕业头一年，打工几个月后，我就开始到东北销售汽车配件，因为那时东北的厂矿比较多。"

那是他第一次出远门，第一次坐火车，第一次整天说普通话。坐在泉州开往东北的火车上，5 天 5 夜的旅途里，他对未来的宏大设想，最初只是赚钱回家盖套房子，跟恋人结婚，全家人幸福生活在一起。

这是黄朝阳的初心，也是中骏的根基。第一次创业没有空手而归，1987 年他从机械制造行业赚到第一桶金，这一年他创办了泉州汽车材料工业公司（中骏集团前身）。随着中骏集团在福建泉州起步，同年与他从小就

相识的恋人，成了黄太太。

出生于20世纪60年代的黄朝阳认为自己是幸运的一代，正好赶上了国家改革开放的大好时代，他正是改革开放的受益者。

此后，中骏开始从制造业逐步向房地产行业跨越。1991年再出发，黄朝阳将中骏搬至厦门，开始了新征程。他说，30年他们只做3件事，这是他的"所为"与"所不为"。1987年从机械制造行业起家，1992年进入电气市场，1996年深入房地产市场。

2010年对黄朝阳来说意义深远。2月5日那一天，黄朝阳站在香港联交所的聚光灯下，举起酒杯，宣布中骏置业正式挂牌上市。10多年的努力，使得中骏置业最终成功登上资本的舞台，完成了自己香港上市之梦。

"30年前创业，我是为了给自己盖房子、娶老婆。30年后中骏给千千万万的人盖房子。我们一直在用自己的产品、细节、服务来感动我们的客户，让他们有许许多多的幸福感。"黄朝阳回忆当时创业的那份初心，成为这些年排除万难一路向前的原动力。"30年来我们经历了无数的艰难困苦，也获得了许许多多的人间温暖和辉煌成就。中骏发展至今没打过官司，跟我创业的股东从没变过，这是我半生的骄傲。"

正是闽商身上的这种"爱拼才会赢"的精神，让黄朝阳在51岁时迈进了一个新城市。2017年，中骏将总部搬到上海，正式提出"千亿级规模"和"FUN+幸福生活"生态圈两大战略。2018年，中骏置业正式更名为中骏集团，加码多元化业务，进一步实施"区域聚焦，多业态发展"的战略。

截至2019年6月底，中骏集团总土储已达2901万平方米，主要布局全国5大经济圈、37个城市。在"千亿级规模"和"FUN+幸福生活"生态圈双轨战略驱动下，中骏集团于今年进一步明确了以地产开发为主体，以商业购物中心及长租公寓为两翼的"一体两翼"的核心业务发展模式，全面提升协同效能，致力于成为卓越的美好生活引领者。

▲ 中骏置业业绩发布会

一家企业能够一直生存下来，就一定能够做大

30 年逐梦，100 年筑梦。

15 年前，在与日本两家世界 500 强企业——住友重工、石川岛重工合作后，黄朝阳萌生了要做一家百年企业的愿景。

他总结企业管理的三大核心要素，即战略、流程和人力，主张"区域聚焦，多业态发展"。在发展过程当中，中骏有自己的节奏，内部有四个字叫"惧者生存"，敬畏自然、敬畏人、敬畏市场规律，这是中骏在风险管理上的坚持。在保证安全的边界情况下去追求规模，"一家企业能够一直生存下来，就一定能够做大"。

过去的 30 年里，黄朝阳抵住了很多诱惑。有人找他去开矿，也有人找他开 KTV，但他只聚焦于三件事情：建筑机械、电力设备和房地产开发。"中国的城市化进程尚未结束，城市化率仅为 59.6%，距离发达国家水平，至少还有 10 个增长点，预计还有 10 ～ 15 年的发展期。"黄朝阳说。

2019 年是中骏成立的第 32 个年头，全国化发展正式进入全面提速期，千亿计划也随之而来。从中骏交出的 2019 年"期中成绩单"来看，大部分数据均呈现出了同比上升态势。

"我们今年踩点踩得比较好。"黄朝阳笑称,2019年上半年,中骏新增27个项目,土地成本约为240.34亿元,总可建面积约527万平方米。以此换算,每平方米土地成本约为4561元。

"这一时期拿的项目盈利空间是很可观的,所以我们下半年的挑战是在销售,而不是投资。"黄朝阳表示,根据计划,中骏下半年将推出超过60个新项目,下半年预计可售货值达到900亿元。

"对中骏来说,如何相对稳健、适度地扩张,是我们考虑的重点。"黄朝阳说。在现金流管控领域,中骏集团的自身要求是比较高的,规模要上升到千亿元级别,但负债率不能上升,这一方面也很有效果,从过去两年财务上看,负债率从80%降到了60%。"中骏高周转能力是较强的,从拿地到开盘已经压缩到不足5个月,经营、管控全部以此为导向,才能使资金流动起来。"黄朝阳直言。

很多人问黄朝阳,为什么在51岁的时候还要去一个新的地方。

他给出了这样一个答案:"首先,因为5年前中骏置业做了一个聚焦战略,主打一二线城市开发,基于这个战略匹配,需要我们到更大的城市去发展。其次是人才也要匹配公司战略,上海是中国最好的人才高地之一,最重要的是,中骏集团经过了30年发展沉淀,经济基础、管理能力、人力资源积累丰厚,我们有能力,也有理想,应该向更大的平台去发展。"

一方面,后千亿元时代,强者恒强成行业定势;另一方面,楼市下半场,转型与多元化布局成趋势。对于这样的局面,黄朝阳认为,只有通过精细管理、多元布局,才能继续实现有质量的增长。

基于以未来决定现在的重要理念,中骏全面布局未来的新业务,集合长租公寓Funlive方隅、联合办公Funwork、超燃健身Funsuper及大健康等新型业务板块为一体,"FUN+幸福生活"生态圈诞生了。同时,中骏计划投资1亿元打造iFun人工智能系统,基于空间的人工智能系统,打通包括居住空间、办公空间、健身空间、医疗、教育在内的联动关系,满足未来智慧生活在衣食住行全方位需求。

按照黄朝阳的介绍，新新业务发展十分蓬勃，他对未来充满信心。"房地产市场要回归到根本，还是靠产品力。中骏看重的是未来价值，很多对产品力有益的事不只是为现在，还为以后的竞争力进行铺垫。"黄朝阳曾如是表示。

对于中骏的未来，黄朝阳还有很多期待，但规模仍是首位。"现在我们有 16 家城市公司，未来要发展到 20 家。每家做到 100 亿元，我们就能达到 2000 亿元。"。虽然并未确定哪一年能达到这一目标，但黄朝阳笑称，并不排除中骏做得好，周转得更快，很快就能够实现 2000 亿元。

既投身慈善，便持之以恒

落其实者思其树，饮其流者怀其源。2019 年，是中骏迈入公益新纪元后的第 3 年。在 2018 福布斯中国慈善榜排名中，黄朝阳以 5.25 亿元的捐赠总额位列第 7 位。

他说："公益是一个大课程，在这件事里没有一个人是局外人。我们每个人都应当尽自己微薄的力量，为善意和幸福发声，让更多的人参与进来。参与公益的人越多，越有意义。"

从中骏的发展壮大，开始有能力投身公益算起，20 多年来，中骏的慈善项目覆盖全国，包括教育、扶贫、医疗、文化、体育等各个领域，公益捐款总额已超 8 亿元。这充分体现了中骏集团对"回报社会，常怀感恩"公益理念的执着坚守。

"承担社会责任这件事对于中国企业家来说，是责无旁贷的。过去 100 多年来，对从福建走出来的大部分企业家而言，做慈善依然是一种传统。"黄朝阳说。

黄朝阳出生于福建南安，"在那个年代，我们家也比较贫困。在我们村，上初中的有 40 多个人，到了高中毕业只剩下 3 个人。当时很多家长都让孩子回家干农活，不读书了。我的父亲是印尼华侨，他知道教育可以改变命运，所以让我一直读到高中毕业，如果没有当初的坚持，现在我可能还在农村"。

他非常感恩父亲的这个决定，他所就读的福建南安华侨中学，正是源自创校校主、印尼华侨黄怡瓶先生的善举，他的父亲和太太都曾是华侨中学的学生。童年的经历磨炼了黄朝阳坚韧不拔的品质，慈善教育改变了黄朝阳和家人的命运，也给他的一生带来了巨大影响。

"公益慈善的另一面，是一个人如何看待这个世界、如何看待自己的认知问题，这个问题也是穷尽一生想弄清楚的问题，人生的意义、本质、责任和人性的考验，体现着个人和企业存在于这个社会的使命和价值观"，这是黄朝阳和中骏坚持投身公益的原因之一。

如果说，10 余年前，中骏联袂厦门大学管理学院设立中骏助学金，并连续多年捐助该院优秀贫困学子，是中骏教育公益的一次深度探索。那么自 2017 年开始，中骏集团和中华思源工程扶贫基金会每年一次的大型捐书行动，则是中骏教育公益从区域走向全国、汇聚更多力量的又一次积极尝试。

2018 年 2 月，中骏集团捐资 5 亿元成立了南安慈善总会中骏慈善基金，这笔慈善款将长期用于全国范围内的教育、扶贫、文化、医疗等各个领域。同年 12 月，黄朝阳再次走进厦门大学，参加 2018 年厦大管理学院中骏助学金的颁发仪式。这项坚持了 10 余年的公益慈善项目，目前依然薪火相传，源源不息，为厦大莘莘学子的梦想保驾护航。

黄朝阳把 2017 年定为中骏公益新纪元，除了持续有计划地做公益慈善外，他提议中骏所有的管理层都要亲自参与，身体力行去投身其中。"因为真正的教育公益不仅仅是捐钱捐物，而是俯下身倾听孩子的心声，用心和时间去感知他们内心最真实的感受并付出行动，才能帮其所急，帮其所盼。当一个拥有近 14 亿人口的国家基于爱而开始行动时，公益所产生的力量将远超我们的想象。"

如今，53 岁的黄朝阳在经营企业的同时，还在清华大学经管学院企业家学者项目课堂学习深造。于他而言，读书的终极目的在于改变自我认知、改善性格，进而改变命运。"在我人生的道路上，无论是家庭对我学习的支持，还是学校对我理念价值观的培养，都让我收获颇多。当年创业的初心是为家人创造幸福生活，改变家庭的命运。而现在，我考虑的是承担更多的社会责任，帮助更多的人，未来我也将更多地亲自参与到公益活动中去。"

"公益事业如同一场马拉松，既投身慈善，便持之以恒。" 黄朝阳有感而发。

写在前面

　　26 岁下海从商，39 岁成为上市公司掌舵人。他，睿智果敢立足于潮头，专注于对品质的追求，并将之刻入合景基因。他，敏于创新，用专业技术拥抱变革，打造城市智慧生活闭环。他，更以开阔的眼界和博大的格局，全面布局多元业务，助推合景泰富集团快速均衡发展。

▲ 合景泰富集团董事局主席孔健岷

"自在"孔健岷

曾冬梅 / 文

1995 年，"国 16 条"宏观调控政策进入实施的第三个年头，中国房地产行业尚未从上一波调控中复苏，地处广州核心区域的五羊新城在售新房，每平方米仅几百元。与此同时，一系列法律法规的出台，也在让无序的房地产行业变得更加法制化、规范化，市场从疯狂回归理性，并逐步走向健康发展。也正是这一年，26 岁的孔健岷顺应内心召唤，从银行业踏入房地产行业，创立合景泰富，成为这个大时代的弄潮儿之一。

南粤大地是改革开放的先行试验区和排头兵。粤派地产商也秉承了改革开放"敢为人先"的精神，创造了多个中国房地产之最：第一套商品房、第一次利用外资建房、第一个房产证、第一个社会居住模式等，堪称中国地产的黄埔军校。当时招保万金、华南五虎等粤派房企已崭露头角，并在随后的 20 多年里逐渐成为中国房地产行业的领军者、引路人。

在这一批房企掌门人中，孔健岷的年纪是最小的，他身上既有老大哥们专注务实、理性专业、开放兼容的特质，也兼具年轻人对时尚潮流、创新进取、发展机遇的敏锐触觉，这种兼容并蓄使得起步较晚的合景泰富依然能够在竞争激烈、百花齐放的房地产业谋得一席之地。他相信不积跬步无以至千里，从 1995 年扬帆起航，到 2003 年精准布局进军商业力推业态升级，2007 年崭露头角赴港上市于资本浪潮中搏击奋进，2009 年战略联盟携手共拓全国版图，再到 2016 年探索革新转型城市综合运营商，2018 年多元并进构筑全新发展版图。合景泰富迈着稳健而从容的步伐，从初创时期数十人的团队，发展成了 2018 年底拥有 8500 人的"中国房地产开发企业综合发展 10 强"；从上市初期 189.75 亿元的资产规模跃升至 2018 年底的 1845.37 亿元。用孔健岷的话说，这是水到渠成的结果。

历史车轮滚滚向前，经济活动在推动社会进步方面发挥着越来越重要的作用，企业家群体及企业家精神也得到了更广泛的关注。在孔健岷看来，房地产企业家的使命是品质、创新与担当。在推动企业规模化发展的同时，不能够舍弃对品质和产品力的追求；从人到产品到管理再到整个企业和社会，只有保持高创新，才能走得更远；而社会慈善公益是义不容辞的责任，企业家要更多地去做一些有意义的事情。

回望 24 年的创业历程，虽有艰辛、坎坷，但合景泰富集团董事局主席孔健岷依然觉得值得。在他看来，成功的要素，运气和勤奋缺一不可。所谓运气，代表着对时代的节奏的准确把握；勤奋，则需要个人不懈的付出和对创新的坚守。

商业·对话

"一切都是值得的"

中国房地产报：2019 年是合景泰富创立 24 周年，按照公司之前公布的计划，今年销售额可以达到 850 亿元。短短的 20 多年时间，中国的房地产行业以及合景泰富能够达到今天的成就，有没有超乎你创业时的想象？

孔健岷：说实话，刚创业的时候肯定没想到能实现今天的发展规模。改革开放以来，伴随中国经济快速发展、城市化进程深化和人民生活水平不断提升，合景在过往的 24 年里实现了资本积累、产品覆盖、人才孵化、

▲ 2007 年，合景泰富集团成功在香港上市，正式进入资本市场

管理提升、规模扩张等，取得今天的成绩也是一个水到渠成的过程。

这期间有几个节点是比较重要的。

一是 2006 年，这一年是公司走向规模化、规范化与高竞争力的一个极为重要的契机。在一次交流中，我偶然获悉香港可以上市红筹股的消息，并了解到上市优势。从做出决定到完成上市我们仅用了 11 个月时间，快速高效地把握住了当年上市机遇。

二是在上市后一段时间内，公司在整体规模上并没有急于快速迈进，而是用了 6 年时间，从战略思维角度去实现产品覆盖，为未来发展夯实基础。我们将强产品思维贯穿始终，要求团队锻造好各类产品。比如：上市前我们做住宅很好，如果做商场会怎样？做酒店和服务型公寓行不行？写字楼又能不能够做得更好？我们要求每一种产品推出市场，都必须具备行业代表性。现在我可以很自豪地说，公司产品覆盖已基本完成，不同产品业态的研发及运营团队也越来越专业，由此带来的是产品在市场上的高竞争力与溢价空间。

三是在 2016 年，我们提出了"城市综合运营商"角色定位，随着产品全面覆盖，合景泰富开始整合地产、写字楼、酒店、公寓等产品，并逐步涉足产城、教育、文旅、大健康板块，通过"未来＋"战略，整合资源实现产品力与服务力最大化，为人们打造美好生活生态圈。同时，顺应中国城市发展以及人居方式进化的趋势，从早年深耕一线城市、强二线城市，发展到向二三线城市进行空间布局。

中国房地产报：王石说，当年决定创业是因为看到了深圳当地渔民身上的大变化，深受触动；冯仑说逃出体制有一种自由感，创业有成就感。你当时也在体制内，是什么触动你放弃银行工作、辞职创业？

孔健岷：在创立合景泰富之前，我在银行工作了 3 年左右，早八晚五非常稳定。我觉得人的一生应该去做一些更加有意义的事情。走出体制、放弃"铁饭碗"需要勇气，但我更希望能够遵从内心，全心投入到所追求的事物上去。创业之初很辛苦，要熬过一个个艰难时刻，组建团队、筹集资金、运营项目、积累人脉等每一项都很困难，更不用说夜以继日不间断地工作。但是这段过程你必须去经历，当你回头再看的时候，会觉得一切都是值得的。

中国房地产报：当时中国房地产行业是一种什么样的发展状态？你为什么会选择房地产行业？

孔健岷：在 20 世纪 90 年代做房地产发展商很多都是借由一个偶然机会而进入到这个行业，我也是其中一个。1993 年、1994 年房地产也不是太景气，我记得当时五羊新城的房子卖几百块钱一平方米。1995 年，中国的房地产行业仍在消化着上一轮楼市疯狂带来的巨量库存，无论是商品房的施工、竣工面积，还是销售量的增长速度都在放缓。在很多人看来，这并不是一个很好的市场行情。但我们看到，在 1995 年随着一系列法律法规的出台，房地产行业变得更加法制化、更加规范，在这一年之后，中国房地产市场回归理性，并逐步走向健康发展。我觉得这是机会。

"我特别重视团队建设"

中国房地产报：在这 24 年的创业历程中，你印象最深刻的片段有哪些？如果再让你选择一次，还会走这条路吗？

孔健岷：24 年创业史有很多珍贵回忆，我印象比较深刻的还是我们住宅产品最高端系列——"誉峰系"在广州和成都入市给市场带来的震撼。

广州誉峰是一个很小的地块，但我们发挥了最极致的空间设计优化，将 200 平方米以上户型与园林、会所融入项目中；我们采用了在当时看来比较新颖的一个做法，将园林、会所全部呈现，项目也是在完成封顶后才开售，用完整的项目形态震撼到了客户。

成都誉峰是 2006 年刚进入成都市场的作品，它延续了广州誉峰的理念，但在设计上又更加大胆，以"一户一泳池"概念成为成都首例，在市场上引起了轰动效应，赢得了非常好的口碑，销售都排起长龙。

谈到对于创业的选择，我从来没有后悔过。就我个人而言，专注自信、做事果断，有困难没问题，克服它就行。

中国房地产报：对于目前的合景泰富，你作何评价？是否达到了理想中的状态？合景泰富有没有对标的企业？

孔健岷：在过去的这些年里，特别是自 2007 年上市以来，合景泰富实现了初步的全国布局、人才孵化、产品覆盖、资本积累和管理升级。过往的蓄力待发都是在为公司向更高量级规模跃进打下牢固基础，我始终觉

▲ 2007年，帆乘风势，拔地而起。IFP成为广州城市地标，也成为合景泰富集团总部所在地

得，合景泰富的未来更值得期待。

在当前，随着企业版图量级跃升，围绕多元化产业的战略布局，合景泰富对人才也提出了新的要求。我们更加注重企业文化构建，要求团队快速运转，协作进取，不断提升战斗力。对品质的追求是合景的基因，别人

▲ 多年来，合景泰富集团始终坚持以人为本的人才理念，重视人才孵化与团队成长

拿 80 分我们要拿 90 分，甚至 100 分，我们要以高标准来要求自身。

团队是企业的基石，创新是企业持续发展的动力。而创新力体现在产品的创新上。依靠土地增值为房地产行业创造价值的时代已经过去，回归产品设计本身将是房地产企业的核心竞争力。以前公司作品的设计理念很简单，就是把建筑做好。好的设计、好的装修，但就是少一些灵魂性的东西。我希望未来能做到的是将富有感染力和教育性的元素融入产品中，使产品更有生命力，性格更鲜明，为业主和客户带来更丰富和独特的体验。

持续学习力也是我们所重视的。合景泰富一直带着开放与学习的心态，国内外优秀的企业以及我们的合作伙伴，都是我们所学习和对标的对象。

中国房地产报：中国房地产行业经历了好几个周期，企业家们起起伏伏，有些人对规模、对行业地位很执着，一刻不敢松懈，恨不得工作到 90

岁。但你的心态很平和乐观，能否谈谈人生理想和规划？对于你来说，最重要的是什么？

孔健岷：我心态很好，看得开，很乐观。我的理念很简单，工作时全情投入，但同时也保有生活的空间。公司走到今天这个发展阶段，我个人觉得有运气的成分，但更离不开专注务实。有机遇没有勤奋，没有一个科学的管理思维，你很难成功。特别是企业做大以后，管理是非常难的一个学问。也正因为如此，我特别重视团队建设。从自己到团队，能够接受新的思想，新的思维，才能迎接新时代新趋势的考验。

中国房地产报：不少第一代企业家已经在着手培养"二代"接班人，在这方面，合景泰富是怎么考虑的？在管理机制上、公司业务布局上，你是否也已做好传承准备？

孔健岷：应该说我没有刻意去想这些，我认为这应该是一个很自然的事情。房地产是一个很难做的行业，我看到有些"二代"并不一定会喜欢去接这个班子，而是去做一些创新的行业。我觉得不强迫会更好，一切都会是最好的安排。

"规模与利润并进"

中国房地产报：地产行业已经进入白银时代，不少地产企业已开始寻求新的增长曲线，进行多元化尝试。对于合景泰富而言，最近几年在多元产业发展上又有怎样的思考和布局呢？

孔健岷：中国房地产行业正从高速增长向平稳有质量增长转变。在全新发展蓝图下，合景泰富因应战略升级，在 2018 年完成了从"合景泰富地

▲ 多年来，合景泰富集团始终坚持以人为本的人才理念，重视人才孵化与团队成长

产"到"合景泰富集团"的更名动作，对集团未来多元协同发展提出了全新的思考，并持续铺垫与积累。

这两年来，集团在深度发展地产板块的同时，赋能整合产城板块、精准布局教育板块、加快拓展酒店板块、全面进军长租公寓板块、快速推进文旅板块、积极探索大健康板块，并整合由物业管理、客户服务、会员管理、合景云平台四大体系组成的后服务端，面向全体业主和客户提供衣食住行全方位的一站式智慧服务，打造城市生活闭环。

中国房地产报：合景泰富的净利率一直保持在行业前列位置，在同行们都纷纷追逐高周转及规模效应的时候，为何你会坚持守住利润指标？规模与利润的天平，怎么平衡？

孔健岷：规模与利润并进是合景泰富近年来反复强调的战略目标。作为上市公司，我们需要对股东负责，为股东创造更大的价值，这也是合景泰富一直看重和坚守利润指标的原因。与此同时，蓄力发展的合景泰富也到了迈向规模化发展的新阶段。

目前，合景泰富已提速全国布局，全面覆盖粤港澳大湾区、长三角城市群、环渤海区域及中西部重要城市经济圈，并聚焦于一二线城市发展。截至2019年6月底，公司共拥有优质项目153个，分布于广州、北京、上海、香港等38个城市，拥有共计权益建筑面积约1772万平方米土地储备，可满足未来3～5年发展所需，也为企业未来高质量快速发展奠定了坚实基础。

在规模增长的同时，依靠美誉度佳的高质量高溢价产品、土地获取阶段严格的利润率准入筛选、工程施工阶段标准化的成本控制体系，我们也维持了行业内较高的利润率水平。同时，随着我们所布局的购物中心、酒店及商场在一二线城市的亮相和运营，经营性收入也逐渐步入成熟期和收成期，预计经营性收入将在未来两年大幅增长，为集团提供稳定的现金流。

"我们的使命是品质、创新与担当"

中国房地产报： 你在业内的人缘极好。今年5月，孔健涛先生还和李思廉、陈卓林、许荣茂、杨受成一起去云南考察，能否聊聊你跟这些业内同行的交情是何时建立的？有什么故事可以分享？华南的企业家之间是否有更多共同语言，对市场、对人生的态度也更为相似？

孔健岷： 好的口碑会传播，好的合作会成长，好的成长在未来会赢得更多的机会。优质的同行伙伴能为合作之路带来更出色的叠加效应。多年来，我们与品牌头部房企，特别是粤派和香港开发商都有着密切的合作关系，并与这些业内同行建立起了深厚友谊。正因为拥有这样优秀的合作伙伴，推动着合景泰富不断前行，铸就一个又一个精品项目。

低调、务实、重诚信是粤商的共同特点。在与这些同行合作过程中，以诚相待、公开透明、彼此信任是我们一直持有的态度和准则。开放合作是合景泰富企业文化里极为重要的部分，我们始终坚信好的合作关系是在彼此共同成长进步中获得共赢。我们希望合作伙伴由衷觉得合景泰富是一个非常好的合作对象，因此在公司内部，对于合作项目的关注、投入和支持都会给予资源倾斜，要求将合作效果做到极致。

中国房地产报：你有没有偶像？最欣赏的人是谁？陈卓林喜欢唱粤剧，还出了唱片，你有什么爱好？

孔健岷：我觉得所有对事业专注的人都值得我尊敬和欣赏。至于个人爱好，我喜欢一个人自在地逛逛街、散散步、看电影、做运动，我蛮享受这种自由的感觉。我觉得人生就是在全情投入工作后，享受这种自由自在、舒服的时刻。

中国房地产报：怎么理解企业家这个角色？在你看来，企业家的使命是什么？

孔健岷：企业家是企业远航的掌舵人，以前瞻眼光指明方向、以敏锐触觉判断市场、以缜密思维把控风险、以优质平台吸纳人才、以持续创新推动进步、以宽容坦诚携手共赢、以感恩之心反哺社会，才能最终引领企业向更高量级和规模跃迁。

对于房地产行业的企业家而言，我们的使命是品质、创新与担当。在推动企业向规模化发展的同时，不能够舍弃对品质和产品力的追求，从人到产品到管理再到整个企业和社会，只有保持持续创新才能走得更远。社会慈善公益是义不容辞的责任，企业家们要利用自己的平台和资源更多地去做一些有意义的事情。

中国房地产报：如果让你展望10年后的中国房地产市场，你认为会是什么样子？

▲ 合景泰富集团积极投身教育、扶贫等公益领域，2018 年再次向暨南大学捐资 2000 万元，打造"名校名企"合作典范

孔健岷： 在人口增长趋降、经济进入平稳增长、以"维稳"为主基调的楼市调控常态化等多重因素驱动下，中国房地产行业正从高速增长向平稳有质量增长的赛道转变。房企在规模发展上也将由原先的"快速扩张"升级为"有质量的扩张"。

未来 10 年的竞争将是整个管理体系的竞争，是创新的竞争，是服务与品质的竞争。应势而动、创新路径、差异发展成为房企在未来谋求转型升级与可持续发展的必由之径。而行业内开放合作、跨业态合作、持有型物业的有效增长、物业增值服务则将成为推动房企在未来发展赛道上加速迈进的四个增长点。

此外，在未来的竞争中，企业还应该积极拥抱科技，依托互联网与大数据，打造生态闭环，为客户提供二次及多次消费，最终实现从开发型企业向综合性服务型企业转变。

未来 10 年，我们值得期待。

写在前面

作为行业内为数不多的房企女掌门人，罗韶颖带领的东原成为行业内产品力和社区运营能力的佼佼者。

东原从来不是规模最大的，但却是房企中最独特的。从"童梦童享""友邻友趣"到"原聚场"，东原在产品端不断创新实践，塑造了多个社区创新品牌。

东原始终坚持着社区价值创新路径，保持社区运营理念不断迭代升级。作为中国排名第一的新社区运营领导者，东原追求设计出一套良性的生态系统，让业主真正热爱社区，实现从社区自治到社会协理的能力进阶。

▲ 迪马股份董事长总裁兼东原集团董事长罗韶颖

罗韶颖：与时俱进地服务好城市和人

付珊珊 / 文

"我现在最大的特征，就是作为一个曾经有很多兴趣爱好的人，现在与工作无关的爱好几乎都没了。"

以前，罗韶颖喜欢看院线大片，喜欢打泰拳，喜欢涉猎阅读一些文史科幻类书籍，会去商学院上课充电。而现在，罗韶颖的生活似乎只有工作，常规的一天被各种出差和会议占满，无论是忙碌时还是清闲时，罗韶颖的下班时间总是在"凌晨"。

"泰拳俱乐部经理以前还会提醒我去练拳，现在好像也终于绝望了，已经把我放弃了。"罗韶颖调侃道。

在她的带领下，东原集团从几十亿元规模发展到超过 500 亿元规模，2018 年在行业中的排名也跃升至 TOP50。

快速发展背后，东原的路走得也并非一帆风顺。在东原的发展奋斗史中，经历过两次"黑天鹅"事件，所幸在这种至暗时刻，罗韶颖带领东原熬过来了。

作为房地产行业少有的女性掌门人，罗韶颖具有女性天生的细腻和感性，但从其言谈中也能感受到更偏男性特质的豪爽和理性。尤其在谈到企业发展战略时，她的逻辑清晰，对公司脉络和发展方向熟稔老练。

细腻和豪爽冲撞交织，感性和理性相辅相成，这也造就了东原在众多房地产企业中独树一帜。作为一家"腰部"企业，东原不讲规模，讲得更多的是公益创新、对社群运营的探索。创新是东原的基因，创新也是东原在竞争日益激烈的房地产行业能够立足壮大不可或缺的因素。

站在 500 亿元规模之上回望东原的起步和发展，罗韶颖称，是偶然，也是必然。

商业·对话

从成立到厚积薄发

中国房地产报：今年是中华人民共和国成立 70 周年，房地产行业作为支柱性产业也同祖国一起经历了几十年风雨。回头来看，你当时为何选择房地产行业？其中有怎样的契机？

罗韶颖：我大学专业是金融，回国后在投行工作了几年。后来我的哥哥将特种车业务做到上市，建议我回重庆。当时我觉得换个角色，做甲方也挺有意思。

一开始主要负责与投资有关的业务，当时没想太多，觉得年轻应该多经历一些行业。第一年主要在特种车领域做一些战略和产品规划方面的研究和支持。

进入房地产是偶然，也是必然。回重庆的第二年，公司打算正式进入地产行业，但第一个项目前期遇到些问题。由于我大学里学过房地产金融，所以知道房地产和金融有非常强的关联性。当时一方面是对理论如何接驳现实有好奇，另一方面也是对新挑战有天然兴奋，所以我主动去地产公司帮忙，从接管东原的营销开始，一路把公司带到现在的状态。

事实上，一开始我并没有想过扎根房地产，而是打算帮业务推上轨道就回归投资，结果一扎进去就再也没有出来，到今天已经不知不觉 15 年

了。现在回想起来，2004年入行也是一个机遇，之后几年中国楼市有一波显著爬升，也算是房地产行业真正进入全面发展的起点。

中国房地产报：从几千万元规模到超过500亿元规模，东原是如何一步步发展壮大的？

罗韶颖：东原的壮大是一个厚积薄发的过程。

2004年东原在重庆开发了第一个项目，2007年进军成都和绵阳拿地。在经历过2008年的金融风暴后，东原在2009年迎来第一波大发展，实现7盘联开。2010年东原走出西南向长江中下游寻路，通过并购纳帕溪谷项目进驻武汉。2014年也是个幸运年，我们想进上海很久，一直不得其门而入，在行业低迷的这一年我们终于拿到在上海的第一块地，并开始筹备总部搬迁到上海，从而开始了东原真正意义上的全国化。同样在这一年，我们总算以重组的方式完成了地产板块筹备数年的上市，打通了一个重要的融资管道，成为迪马股份的一部分，随之而来的是第二波大发展的开始。

随着2017年东原总部正式搬到上海，以及我们继续加大服务板块占比、施行"营售并举"的策略，相信未来我们还会迎来下一个大发展期。

人才和战略

中国房地产报：一家企业能否做大做强，取决于人才和战略。那么东原的发展战略有哪些？如何看待人才？

罗韶颖：东原的战略有以下几个：

第一个是关于市场定位和城市布局的"精选深耕"战略，即精选深耕一线和强二线城市，精选是选择进入当下和未来都有更高天花板的城市，深耕则是立足长期，扎根于我们要与之共生长的城市，不纠结个别项目的得失和阶段性的市场起伏。

第二个是"以人为本"，内部对员工，外部对客户，都是一样。东原多次获选最佳雇主，同时产品创新和服务标准方面也不断有业内领先之作。说到底，员工的主观能动性和活力是最根本的内驱力，而客户的高认同度和高满意度是让我们坚持下去的外驱力。

第三个是最新明确的一个战略："营售并举"。因为东原有热心服务的基因，也有运营服务方面多年不懈的专业积累，所以 2017 年开始我们计划加大经营／服务型业务（如社区商业、养老、文娱等）的产值比例，这两

▲ 东原特色打造童梦童享 3.0

年已经有初步进展，未来 3 ～ 5 年，服务型业务与销售型价值贡献要并驾齐驱，我们要把两者做到能够等量齐观的程度。

其中，在人才方面，其实在东原，很少讲"人才"，更爱讲"团队"。有组织的人才是团队，有组织的价值观才是文化，而战略、文化、团队是东原"三位一体"的发动机。作为一家成长型企业，我们过几年就会刷新一下文化，最近两年的文化关键词是"进取、敏锐、合作"，我们把它们叫作"三原色"，并且把它们作为新阶段优秀东原人的必备文化特征纳入人才选择、培养和评价体系。同时，我们会适时调整组织架构，以创造更大的发展空间和平台。激励方面，在常规的方式以外，我们还先后推出两轮的股权激励方案，与核心员工实现充分利益共享。所有这一系列措施，都是为了要把"三位一体"通过机制和平台去落地而做出的努力，事实上，这种努力也已经换取了丰厚的回报。

总之，我相信，无论我们在什么时期、处于哪个阶段，在"简单、开放、包容"的东原文化底色上，我们都能够既让"老人不老"，让有能力有潜力的老员工继续跟公司一起成长和发展，同时又在不断吸引外部人才加盟的情况下，能够做到"新人不新"，让新人能够快速融入、尽展所长。

发展中的挑战：扩张、创新、"黑天鹅"

中国房地产报：俗话说，伟大都是熬出来的。从成立到现在，东原经历过哪些挑战？怎么熬过来的？

罗韶颖：挑战年年有，按来源可以划分为三类：扩张、创新、"黑天鹅"。

第一类是扩张。扩张带来的压力主要体现在团队储备和发展资金两方面。关于团队储备，经过这些年的积累，在管培生系统、内部选拔任用、培训的有效性方面，我们都有显著提升。另外，东原外部招聘力度也比较大，而且由于东原一直以来在薪酬激励和文化氛围方面都保持在行业里比较有吸引力的水平，所以外招效果一直比较好，新员工存活率比较高，解决了我们团队储备的很多问题。资金的需求基本上是所有要做大的地产公司共同的痛，大家的解法都差不多，不外乎选择激进一些或者保守一些。东原相对来讲会更偏稳健，负债率保持在行业里中等水平。

第二类就是创新的挑战。我们很喜欢琢磨客户的痛点和需求，这方面的"脑洞大"在行业里也算小有名气。"童梦童享""原聚场"等重度原创产品更成为网红型目的地，经常要接待同行们的参观考察。但如何把这些创新想法更快更好地转化为社会效益和经济效益，我们也经过了很多的摸索和试错。创新一开始都很难得到内部足够的理解和支持，而如果照搬管理理论，直接把创新业务独立出来，其实也很难。我们最终发现适合东原的解法是"温室孵化、样板带路"，即先把构思出来的原型交给对这个事情更有热情和理解力的一小部分同事，让他们小范围做个样板，过程中提供足够的资源和关注，等样板做出成绩，让其他同事看到创新的价值，那时再谈复制或者升级，大家的接受度就会大幅提升。但是，挑战真的是前仆后继，比如这两年，随着东原发展服务板块的策略逐步明确，这方面的商业模式创新就是我们要解决的新问题。

第三类是"黑天鹅"事件。东原的发展历程中经历过两只"黑天鹅"。一只是 2008 年金融风暴，另一只就是 2017 年。

2017 年，东原母公司迪马股份遭遇到大股东资金链危机，一开始特种车和地产两块业务均受到很大波及，当时感觉挺被动的，所幸重庆市政府果断采取了快速有力的帮扶措施，极大地减缓了外部不明真相的恐慌带来的冲击，让我们得以继续在一个相对市场化的环境里发展。如果没有重庆市政府的快速出手，事态的恶化可能很难挽回。另外，这次事件之后，我也深深感觉到，一个企业只要认真做事，总会有回报。

这次"黑天鹅"事件虽然让东原在顺境中尝到了逆境的苦楚，但所幸这两次都有惊无险。2008 年金融风暴后，东原更是迎来历史上第一波大发展，我希望 2017 年这次过后，东原也能迎来另一波大发展。

社群创新先行者

中国房地产报：在房地产企业中，东原的辨识度很高，尤其在社群发展方面的探索，能否具体讲讲东原在社群创新方面的发展情况？下一步东原还将做出哪些创新举动？

罗韶颖：东原的社群项目带有较强的试验性。

它们最有价值的部分不在于好用美观的硬件，而是这些硬件如何促进社群的建立与良性发展。所以，我们在筹划新的社群项目时，从没有停止过老项目的持续开发。

比如原聚场去年开始模块化，以应对不同社区的特点和配套空间的限制条件，今年开始，原聚场在尝试走出东原自己的小区，服务更大的社区。

"童梦童享"继3年前推出1.0版本后也在不断升级迭代，现在已经是3.0版本。我们的努力方向是将"童梦童享"的核心用户群与小区内外部其他社群进行更好的打通与融合。

出乎意料的是，我们的社群项目在客户中的受欢迎程度很高，这让我们信心倍增的同时，压力也倍增。

未来，东原将继续深入观察和研究客户对社群项目的使用以及用户之间的互动，从而不断改进和创新，让东原的小区不仅能满足业主强烈的归属感，更能成为业主积极共创的小社会。因为我们的社群发展和运营得到不少社区、民政事务部门以及业内同行的认可，所以我们正在探索输出服务的模式，如果模式成立，未来也不排除这种可能。

结语

房地产是一个男性色彩较重的行业，作为行业里少有的女性掌门人，罗韶颖很享受这个过程，因为她可以用不同的视角去做一些传统意义上别人不太会去做的事。女性企业家天然地更关注人，对人性理解更为敏锐，对生活体验更为敏感，更能给员工好的文化氛围，给客户更好的产品体验。

东原母公司迪马股份的 slogan 说，"为安心幸福的未来"。那么，是为谁的安心幸福的未来呢？罗韶颖说，对于东原，就是要为所在的每一个城市，为这些城市里的芸芸众生。

东原还在成长、还在变化，但如果说有什么是不会变的——"我想那应该是'与时俱进地服务好城市和人'。"

共和国地产印迹

下

中国房地产报社　著

作家出版社

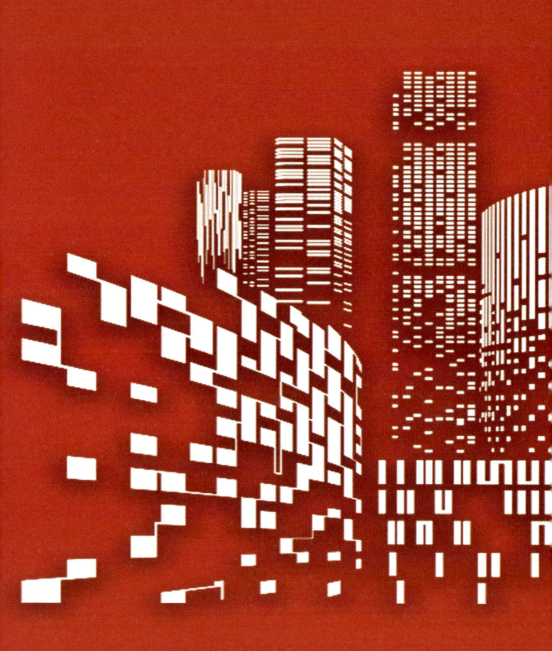

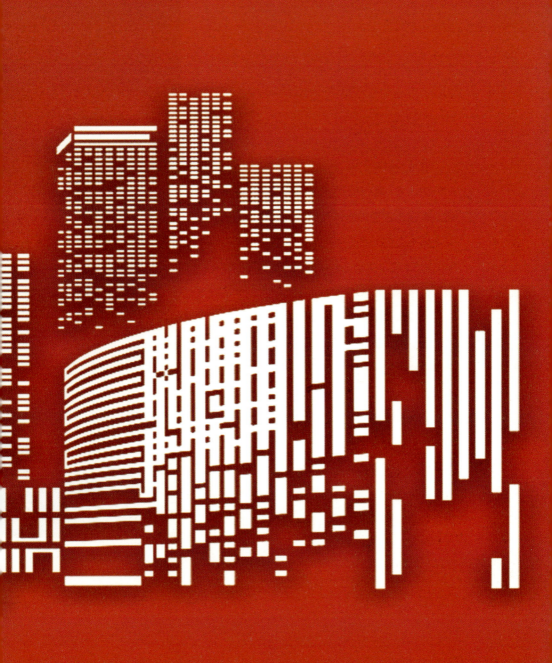

写在前面

他是一位实干者，也是一位理想家。

他认为，骏马是跑出来的，强兵是打出来的。在并不乐观的外部环境下，吴仕岩带领一支由施工企业转型而来的地产新军，"洗干净泥腿上岸"，边干边学，使中国铁建地产集团在央企地产中脱颖而出。

他强调"建造关爱人和自然的建筑艺术品"的品牌主张，也始终把遥远的理想和朴素的行为融进企业的命脉，呈现给外界一个踏实而奋进的央企地产担当。

2019 年，中国铁建地产集团即将迈入千亿元阵营，开启下一段新的征程。作为中国铁建地产集团现阶段的掌舵人，吴仕岩始终精神抖擞、乐观坚定，驾驭着中国铁建地产这条航船劈波斩浪，驶向更加广阔的海域。

▲ 中国铁建房地产集团有限公司党委书记、董事长吴仕岩

吴仕岩：躬身耕耘铸品牌

李燕星 朱国庆 / 文

"45 倍、34 倍、20 倍"，这些数字至今还深深印在中国铁建地产人脑海中，令他们感到自豪。

在中国铁建地产集团成立 10 周年品牌发布会上，中国铁建房地产集团有限公司党委书记、董事长吴仕岩慷慨激昂地宣读了这些数字："10 年来，公司共完成营收超 1200 亿元，由 2007 年的 6.7 亿元提高到超 300 亿元，增长 45 倍；实现签约额超 1500 亿元，由 2007 年的 11.49 亿元提高到近 400 亿元，增长 34 倍；企业资产总额达到 1044 亿元，由 2007 年的 51.78 亿元提高到 1044 亿元，增长 20 倍。"

10 多年来，吴仕岩带领中国铁建地产集团筚路蓝缕以启山林，把遥远的理想和朴素的行为融进企业的命脉，呈现给外界一个踏实而奋进的央企地产担当。这里是他事业的归宿和高峰，这里留下他激流勇进的睿智与果敢，这里深藏他的理想与热情，还游弋着他驶向远方的舵与帆。

初生者的非常考验

2007 年 3 月 8 日，中国铁建股份有限公司（以下简称"中国铁建"）做出一项战略性重大决策：推进结构调整，整合资源，优化重组，构建创

▲ 2009 年 10 月 20 日徐州人才家园项目竣工典礼，该项目成功上房标志着中国铁建地产集团正式开始盈利

效板块。中国铁建房地产集团有限公司应运而生，它被赋予的使命是在短时间内打造成新的经济增长点。

这个时候的中国铁建地产集团，是中国铁建前行的"舵"，承担着高产值、高增长、高利润的创效任务。当年 4 月 20 日，中国铁建房地产集团正式获得工商部门颁发的营业执照，注册资金 5 亿元，主要管理团队来自中国铁建系统内部施工单位。

成立之初，中国铁建地产集团面临的主要矛盾是"找米下锅"，扩充产能，形成规模。很快，它找到一套"快进快出接地气"的方法论。吴仕岩提出"不穿金戴银""要粗粮细作"的品质理念，以接地气的方式专注于产品使用功能、景观设计和居住体验的细节打磨。

即便在艰难的创业初期，时任中国铁建房地产集团总经理的吴仕岩也保持着对品质的敏感和执着，"在质量问题上不留情面，不留后路，全体员工要牢记没有质量就没有出路。谁断送企业的前程，我们就坚决砸他的饭碗"。时值企业成立初期，加上"限"字当头特殊调控时期，这种"刚"颇显可贵。

细节之处见风范。比如，位于北京繁华金融街腹地的西派国际公寓，是中国铁建地产集团打造的第一个项目，由国际建筑大师山本理显亲自主笔设计，前沿的"立体主义"风格，下沉式漫坡花园，随坡起伏的感性园林，深受金融界欢迎和好评。位于南宁的叠院建筑中国铁建·风岭山语城，"错、退、露、院"妙趣横生，项目内部坡地小镇更是当地网红的婚纱摄影基地；更值得一提的还有位于杭州的中国铁建·杭州青秀城，为了保障业主在多雨的江淮南岸享受珍贵阳光，项目不惜牺牲经济价值，保证户户南北通透，实现通风和采光最大化。

解了内忧，还有"外患"。2007年房地产发展过热，泡沫膨胀，2008年经济危机让地产行业转入低谷，2009年市场遭遇冰火两重天，2010年"限"字当头，被称为"最严调控年"。这几年，初生的中国铁建地产集团遭遇了"两波四折"的非常考验。

骏马是跑出来的，强兵是打出来的。在并不乐观的外部环境下，吴仕岩带领一支由施工企业转型而来的地产新军，"洗干净泥腿上岸"，边干边学。面对波涛汹涌的市场波动和日趋分化的市场格局，吴仕岩在摸索中逐渐形成清晰的战略思维：优选城市布局，从源头防控风险，占领价值高地。在2010年工作会上他果断指出，"目前公司所进入的长春、徐州、保定、贵阳等城市均为经济欠发达、地产开发价值不高的城市，公司拿地战略重心应尽快向北京、上海、广州、深圳等价值高地偏移，尽快调整城市布局"。

转移、取舍。随即，中国铁建地产集团果断决策，改变持地结构，迅速在广州、天津、武汉、上海和南京成立经营机构，完成"立足北京，在长三角、珠三角、环渤海落子"的目标。与此同时，从"机会拿地"转向"战略拿地"，发展重心聚焦经济发达的一二线城市，以少部分开发价值较高的三线城市为补充，逐渐形成"一个核心，两翼展开，西南联系，沿江布点"的全国战略布局。

在"十一五"期间，中国铁建地产集团总能够有效地踩准节奏，在市场行情高涨的时候组织项目大干快上，尽快出货上市；在市场行情低迷的时候积极按照战略布局拿地，补充土地储备，实现逆市中快速发展。截至2010年底，中国铁建地产集团不辱使命，销售额迈入百亿俱乐部，下辖22个运营单位，在全国超过10个城市布局19个项目，单纯住宅销售总额已经进入房企全国销售30强，在央企地产中排名第7位。

他，转了个视角

经过3年打前阵，中国铁建地产集团2011年初步实现从施工承包企业到房地产开发商的角色转换，但又迎来了提升市场份额和行业影响力的新挑战。

吴仕岩心里清楚，内功不深厚，单纯依靠股东增资输血把规模做大，既不可持续也大而不强。于是他在2011年度会指出，通过管理提升，培育房地产开发专业能力，提升公司治理规范和效率。

聚沙成塔，积水成渊。每年推进一项核心任务锻造企业核心竞争力，成了中国铁建地产集团"十二五"期间的新使命。

中国铁建地产集团2011年推行"品质建设年"，专注提升工程质量和产品品质。2012年推行"标准化建设年"，全面推行产品研发、业务流程、合约、操作规范和工作成果的标准化。2013年推行"信息化建设年"，大力推进企业信息化基础设施和业务系统建设。2014年推行"精细化管理年"，以标准和流程建设为途径，以信息化为手段，加大对土地经营、销售管控、财务工作、规划设计、工程管理、成本管控等多层面精细化管理。2015年推行"能力建设年"，加强土地经营能力，提高资金使用效率，瞄准重点开发环节提升能力，夯实内功。从单一能力提升到系统能力整合，中国铁建地产集团的市场竞争力越发强劲。

此外，随着房地产市场的成熟，吴仕岩也认识到，过去由土地溢价而

▲ 成都西派国际社区。该社区是中国铁建地产集团高端产品线——西派系的第一代作品。现阶段西派系已经升级到 3.0 版本，成为西南区域头部豪宅品牌

获得收益的粗放式开发模式将穷途末路，房地产开发的盈利重心将从土地溢价转向品牌溢价、管理溢价和服务溢价。在新的发展阶段，中国铁建地产集团对产品品质的追求进一步提升，有意识地精心打造高端产品，拉升品牌站位，改变企业在初创期所留下的只做中低端产品的刻板印象，提高品牌溢价。

如此，中国铁建地产集团前瞻性地提出"建造关爱人和自然的建筑艺术品"的品牌主张，这也是吴仕岩打造产品的座右铭。在一次室外工程管理策划培训班上，吴仕岩向学员们提问："试想，清晨你一觉醒来，窗外鸟语花香，清新的空气扑鼻而来，仿佛置身于公园之中，心情会是多么爽朗，你必然会对新一天的工作和生活充满信心与期待。反之，如果窗外老树枯枝，草坪斑秃，沙石裸露，路面塌陷，路牙破损，那将会是一种什么心情？各位都希望住在一个什么样的环境之中呢？我想，答案是肯定的：一个在公园里的家。"

基于这种理念，中国铁建地产集团在产品打造上逐渐跃出单纯产品建造的视角，转而从综合生活方式和生活品质营造的站位来彰显国匠精工的产品品质。比如，位于合肥庐阳区城市森林板块的中国铁建·合肥国际城，一改建设初期53万平方米的滩涂地及沟壑密布的恶劣环境，变成了两处橡胶堤坝和湿地、坝下两座生态公园。再比如位于贵阳太慈桥板块的中国铁建·贵阳国际城，同样从山石裸露、满目疮痍的窘态变成了宜人的城市记忆。

第一个吃螃蟹者的坚守

吴仕岩掌舵中国铁建地产集团期间，在做到公司净利润贡献连续8年稳居系统内第一的同时，还始终坚守央企社会责任，积极承担政策性住房建设。"做政策性住房'出力不出利'，机会成本太高，一般民企都会敬而远之，作为央企，我们必须响应国家政策，冲在前面。"他对心中的央企责任毫不迟疑。

早在2010年5月，为了抑制房价过热，北京市政府出让全国首个"限房价、竞地价"项目，中国铁建地产集团成为第一个吃螃蟹的企业，进而诞生中国铁建·（长阳）国际城。2011年4月，（长阳）国际城开盘均价仅12500元／平方米，低于周围同期同质楼盘4000～6000元／平方米，却解决了2394个中低收入家庭的住房问题。为了让业主尽快入住，在保证工程质量的前提下，中国铁建地产集团以额外工程成本为代价加速工期，比出让合同约定的竣工时间提前10个月交房，并将配套建设的幼儿园同时交付。

这样的故事在中国铁建地产集团内部并不鲜见。2011年，北京市政府再次推出全国首个"限地价、竞房价"项目试点，出让合同中规定项目建成后全部住宅部分最高售价不得高于13600元／平方米，远低于区域内其他项目18000～20000元／平方米的均价。该项目仅地价就20多亿元，在小公司"吃不下"，大公司不愿意接盘的情形下，中国铁建地产集团再次挺身而出，开发建成中国铁建·梧桐苑。

吴仕岩对政策性住房同样持有较高的品质要求，"中国铁建开发的房子代表着企业的责任和良心，政策性住房也是品牌的彰显，也必须让业主感受到舒适和体面"。

2016年12月25日，由中铁地产开发的通瑞嘉苑小区成功完成交付。这是中铁地产开发的迄今为止体量最大的保障房项目，包括2156套定向安置房，1497套自住商品房，558套限价商品房和450套公租房，几乎囊括了保障房的所有类型。

难得的是，通瑞嘉苑小区和周边珠江拉维小镇、东亚一品阁等商品房小区浑然一体，看不出一丝廉价的痕迹。小区的电梯选用上海三菱电梯，窗户采用断桥铝型材、三玻双中空玻璃，户门选用了四防钢制防火门；在公租房精装修工程方面，厨卫电器均选用海尔品牌。这个项目最终获得北京市"结构长城杯"工程金质奖证书。

时至今日，在住房资源稀缺、房价紧俏、地价高企的北京，中国铁建地产集团在北京落地的近30个项目中都包含政策性住房的"必修课"：北京青秀城承建保障房13万平方米，兴盛嘉苑承建保障房25万平方米，通瑞嘉苑承建保障房40万平方米……一个个数字背后承载着央企地产的责任担当。在全国，中国铁建地产集团承建的政策性住房更是不计其数。

人们常用"中流砥柱"来形容坚强独立的人在动荡艰难的环境中所起的支柱作用。在热得发烫的房地产市场中，也需要国企央企充当支柱，在利益追逐中逆势而为，保持定力。

十字路口的抉择

企业的成长宛如一棵大树，于中国铁建地产集团而言，根扎好了，枝丫丰满了，抵御风霜的铠甲有了，但却遇上了成长瓶颈。2015年底，它走到了新的十字路口：一方面，企业实现年销售金额近300亿元，营业收入超 200 亿元，净利润近 30 亿元，均创历史新高；另一方面，企业年复合增长率有所下滑，发展受到资源和环境的约束，步伐日益沉重。

"面对房地产市场不景气的现状，房地产集团犹如一台沉重的'老爷车'，正在疲惫地负重前行，动力不足。"吴仕岩在 2015 年年中工作会议上表现出一丝担忧。

2015 年，整个房地产行业达成"黄金时代进入白银时代"的共识，行业平均毛利润持续走低；另外，房地产行业集中度不断提高，到了 2016 年，房地产开发企业前 10 强销售总金额约占 500 强销售总金额的 35%，销售面积总计约占 38%。

马太效应日趋显现。吴仕岩判断，虽然中国经济长期向好的基本面没有变，但是中国的房地产发展进入新阶段，即从高速增长转向平稳收敛趋势，从数量扩张转向质量提升，从总量扩张转向"总量放缓，区域结构分化"。

反观中国铁建地产集团自身，随着规模扩大，国有企业特有的机构臃肿、人浮于事、流程复杂、效率低下的"大企业病"开始显现。集团公司内部发展不均衡，下辖的 18 个城市公司，多数城市公司停留在项目公司阶段，营收结构单一、业务模式单一，区域深耕不足，金融创新不足，比较优势不足的瓶颈亟待突破。

加之国资委对央企地产要求日益严苛，中国铁建对中国铁建地产集团提出更高要求：要在不增加注册资本金、减少未分配利润积累、限制融资规模的情况下实现规模扩张，创造更多利润。

一场内外压力催生的裂变呼之欲出。2015 年 8 月，在多轮深入调研、科学论证、充分沟通的基础上，吴仕岩提出"4+6+X"组织体系改革模式，并迅速获得领导班子和全体员工认可。2016 年 4 月，中国铁建地产集团组织体系改革落地，将原有的公司架构重新调整，成立北方、华东、华南、西南区域公司，商业地产、物业公司、设计咨询、创新投资、投资管理、海外地产 6 家专业公司和贵州、南沙等大型项目公司，实现产业结构的全面调整，形成多业态布局、多轮驱动、多细胞分裂的新型增长格局。

组织体系改革落地不到一年，改革活力便开始释放。2016 年底，中国

▲ 中国铁建·莫干山语项目山居生活馆。该项目是中国铁建地产自主创新、打造全新山居生活方式的代表性标杆作品

铁建地产集团主要生产经营指标取得新突破，企业总资产突破 1000 亿元，新签合同额首次突破 400 亿元，销售金额首次突破 300 亿元，并抵近 400 亿元，营业收入首次突破 300 亿元，净利润首次突破 30 亿元，销售面积 287.86 万平方米。

刀过竹解的同时，面对一路水涨船高的地市楼市，中国铁建地产集团开始了对外合作和协调经营双轮驱动，目的是进一步破解资源与环境束缚。

2015 年起，中国铁建地产集团开始与万科、保利、碧桂园等多家知名房企合作项目，总数超 30 个，并在多个项目中争取操盘权，获取土地权益投资超 200 亿元。此外，在协同经营上也硕果累累，比如 2015 年 7 月，中国铁建地产集团与中国铁建第十二局集团合作，成功获取太原市万柏林区中医学院地块，以微小代价成功进入太原市场，并实现滚动发展。同年 12 月，借助中国铁建股份公司全产业链优势，以产业导入的方式成功获取南沙总部基地项目，并成立南沙投资大型项目公司，实现滚动开发。

赢得一张未来的船票

党的十九大召开之后，房地产行业的发展进入新的政策周期，"房住不炒"的总基调进一步加快了房地产企业转型升级的步伐。

"做中国最具价值的美好生活服务商。"这是吴仕岩在 2018 年工作会上为企业锚定的新愿景。这个新主张是吴仕岩在习近平新时代中国特色社会主义思想的指引下，基于对社会主要矛盾变化的遵循、对房地产行业转型升级的洞察、对股东发展要求的分解所作出的战略决策。

新愿景如何在企业落地？吴仕岩心中有两条清晰的思路。

在宏观层面，他提出要长期坚持并深化"多轮驱动、多细胞分裂、多业态布局"的发展模式，在业态布局上将从传统住宅开发为主转向持有经营物业运营业务为主；在盈利模式上将由相对粗放的依靠销售盈利转向精耕细作靠服务盈利。2018 年，吴仕岩推动中国铁建地产集团对组织体系深化调整，将"4+6+X"升级为"7+7+X"，新增华中、中南和东北区域公司，进一步对聚焦传统住宅开发的区域公司进行细分，激发内部竞争活力；新增文旅专业公司，成立公寓管理公司，重点孵化文旅旅游、健康养生、长租公寓等创新业务，持续对专业公司的定位优化调整，培育核心运营能力。

在微观层面，他提出要持续提升产品和服务品质，建造绿色、健康、智能、舒适的产品，不断提升客户满意度。无论环境如何变化，吴仕岩始终没有忘记开发商的"产品制造商"身份。他在全集团范围内不遗余力地呼喊着"诚信是企业基业长青的唯一出路""物业服务是品牌建设的另一半""像呵护自己的眼睛一样呵护我们的品牌"等价值理念，并且花费更多的精力推进产品线升级，开展社区品质提升，强化承接查验，不断捋顺开发公司和物业公司在服务业主美好生活中的角色定位和合作路径。

船到江心奋楫者还在操桨。2019 年，中国铁建地产集团即将迈入千亿阵营，开启下一段新的征程。作为中国铁建地产集团现阶段的掌舵人，吴仕岩始终精神抖擞、乐观坚定，驾驭着中国铁建地产这条航船劈波斩浪，驶向更加广阔的海域，更美好的明天。

写在前面

"夫天地者，万物之逆旅；光阴者，百代之过客。"

在白驹过隙、稍纵即逝的时光中，建筑是人类最好的庇护所，我们借此在天地之中安居。也由此，在中华民族漫长的历史和建筑文化中，从河姆渡时期的干栏式榫卯木架房屋，到秦砖汉瓦万里长城，再到明清飞檐斗拱巍峨宫殿，中国人从来不乏对理想居所的向往和追求。

在高速发展和人口的压力之下，使现代中国在"居者有其屋"的民生使命上疲于奔命，付出了巨大代价。从改革开放算起，在短短的四十年中，中国建筑工业已走完了发达国家需要上百年才能走完的历程，尤其是近十年来中国城镇化进程的快速推进，引发了与资源、环境、能源的尖锐冲突。

浮躁如当下，中国楼市更是无数众生的浮世绘。人们孜孜以求的房子，魂牵梦萦的居所，有足以让人高山仰止的标杆，也有泥沙俱下的遗憾。加之调控的呼啸而来，给市场中所有参与者带来巨大的改变，也考验着房地产每一个参与者的能力与水平。

时代裹挟之下，我们回头看中国的房地产发展，有一批有理想、有情怀的房企掌舵人，有所敬畏，有所坚守，带领企业走出一条独特的发展路径；打磨出的产品，不但成为当时的建筑经典，也在行业发展史上留下独特印记。

▲ 朗诗集团董事长田明

田明与朗诗：绿色筑迹

焦玲玲 / 文

18 年前，田明毅然辞去公职下海，误打误撞进入了地产行业，一手创办朗诗。在那个粗放经营赚快钱的时代，他选择了做绿色和科技住宅，走可持续的稳健经营，带领朗诗走出了一条差异化的发展之路。他认为，造什么样的房子是世界观的问题，而自此他也找到了这件让他有幸福感的事业。

那时候的田明和朗诗，还没有成为如今的绿色科技地产先行者。南京朗诗国际街区、南京朗诗钟山绿郡项目阶段，朗诗还属于模仿借鉴者。后来经历了熙华府，直到乐府产品，朗诗才开始真正进入自主研发阶段。朗诗在绿色差异化产品之路上做了大量研发：户式化系统、布鲁克被动房、帕多瓦住宅，包括目前的改造项目上海朗诗绿色中心、朗诗新西郊等，这些试验结果标志着中国没有落后于世界在绿色建筑领域的探索。朗诗也从懵懂探索逐渐走向产品技术研发的自由王国。

中国绿色建筑界对朗诗的评价是"务实"二字，"朗诗在科研方面的投入比较大，而且实际工作多于噱头"，朗诗的布鲁克被动房、朗诗绿色中心，技术和个性很鲜明。

这些探索、成果和评价都得益于在田明掌舵下，朗诗绿色战略的"一以贯之"。中国绿色地产业界认为，企业创始人或一把手的理念或"情怀"，在企业绿色发展战略的确立中至关重要，企业绿色发展战略也由此被认为是"一把手战略"。

2017 年 7 月，朗诗集团在北京发布朗诗首份企业社会责任报告，田明作为集团董事长亲自面向社会发布，并且对报告的各个部分如数家珍，这在中国的房地产行业内并不常见。

2018 年 4 月，田明正式就任中城联盟第 10 届轮值主席；2018 年 6 月，在田明主导下，中国房地产行业的绿色供应链行动正式启动，推动行业绿色变革。田明说："我希望我是一个企业家而不是商人。"

这位理想主义者谦和、健谈，但也时常言辞犀利。在一次行业大会上，田明面对同行抛出了"我们受人尊敬吗""值得尊敬的开发商中国房地产还没有一家"的质疑，不可谓不振聋发聩。

仰望星空和脚踏实地并不矛盾。在田明的带领下，朗诗散发着理想主义者的气息，但理想主义者并不只停留于对明天的向往，田明和他的绿色

▼ 朗诗绿色中心

公司，用 18 年的实践告诉我们，脚踏实地是对理想最大的尊重。

2019 年 8 月，全国多家标杆房企工程条线高管齐聚上海，参访朗诗城市更新典型项目：朗诗新西郊和朗诗绿色中心。朗诗新西郊项目是朗诗将第三阶段的绿色建筑产品在旧楼改造住宅项目上的落地。上海朗诗绿色中心则是作为全球首个按照"LEED+WELL 双铂金 + 绿建三星 +DGNB 四认证"改造类办公建筑，是朗诗在绿色建筑新领域上的又一次探索。据田明透露，南京紫金山地块正在规划朗诗地产总部基地，未来计划做成中国唯一的具有使用功能的"增能建筑"。未来，田明带领下的朗诗将继续为行业的绿色转型赋能助力，为中国房地产绿色发展留下印迹。

从角色转换到项目问世
"有时候把事情做成最需要的是用心"

2001 年，田明创办朗诗，注册资金 1000 万元。在此之前，40 岁的田明是政府的一个公务员。18 年后的 2019 年，在田明的带领下朗诗已经发展成为中国绿色地产的领军企业，横跨中美市场、打造绿色生态体系。

田明说，真的很庆幸自己经历过那个年代，"那质朴而又昂扬的时代，定格了我的理想主义"。

2001 年 12 月 24 日，朗诗成立；同年 12 月 28 日，朗诗签署了第一块土地协议。这是朗诗的第一个项目，即后来的朗诗·熙园。2003 年 6 月，朗诗首个项目朗诗·熙园正式开盘，一炮打响，获得 2003 年南京房地产市场销售金额冠军。

2003 年 6 月，朗诗完成股份制改革。从 2001 年到 2003 年，朗诗用 3 年时间完成了一个"新生儿"的降生，经历了第一个项目、团队的组建，以及必要的股权结构方面的调整，开始向一个现代企业转变，迈出了自己独有的第一步。

在筹备企业期间，经常开会，朗诗开会的习惯在那时候养成了。当时，田明跟大家谈得最多的三个词是：忠诚、团结、学习。时至今日，这三个词仍然是朗诗企业内部的重要行为准则。

回过头来，我们看，朗诗经过 3 年的沉淀，不鸣则已，一鸣惊人，靠的就是朗诗人做事的用心和认真。"有时候把事情做成最需要的是用心"，这是田明带领之下朗诗人做事和成功的秘诀之一。3 年时间打磨出来的朗诗·熙园的成功，给了朗诗以信心和坚持品质的理念。

不过，首个项目的成功并没有使得朗诗故步自封，2003 年，朗诗成立研发部，率先在国内建筑行业中进行绿色建筑的实践。

艰难创业，企业的绿色发展战略落定
"把企业做好最重要，所有人都是赢家"

朗诗初期的创业，无疑是十分艰难的。朗诗于 2001 年创立，是一个十分年轻的企业，比起同期的万科、万达和恒大等规模很大的地产开发商，朗诗的各方面都远远不够。

田明发现，朗诗要和大地产商抗衡，只有梦想和热血是不行的。因此面对强敌环伺的房地产市场环境，田明决定朗诗要选择走差异化战略的道路，并瞄准了国内的绿色建筑市场。

2004 年，朗诗的第二个项目——南京朗诗国际街区开始涉足绿色建筑。为了在市场上能够取得差异化的竞争优势，朗诗选择做了一款高舒适度、低能耗的住宅产品，也就是后来被大家称作"恒温恒湿恒氧"的三恒产品。这个项目是当时国内规模最大的绿色建筑，项目覆盖 35 万平方米，采用地源热泵作为能源供给方式，能源消耗大大低于普通住宅，综合节能率达到 80% 以上，并且实现了温度、湿度都控制在人体舒适范围内。

如今说起朗诗，业界至今还有人提起南京朗诗国际街区项目，"项目品质很好，绿色建筑，客户认可度很高"。

在南京朗诗国际街区项目之后，田明决定以绿色科技地产，作为朗诗

▲ 朗诗第一个绿色科技住宅——南京朗诗国际街区

的战略选择，"这是逼出来的"。

其实，朗诗刚开始做南京国际街区项目时，对绿色科技产品并不了解，这个产品完全就是舶来品，技术发源于西欧。要将国外先进的技术、先进的产品落户到中国很困难，那个阶段田明和朗诗的全部精力都用于把一个舶来品学会如何落地。部品部件、生产环节全部都放到中国来研究，让它能够在长三角落地，并且要控制成本。

目标坚定之后，在南京朗诗国际街区成功实践的基础上，朗诗迅速进入了苏州、无锡、杭州、常州、上海等长三角的重点城市，完成了快速复制。2005 年，朗诗提出绿色差异化战略，从此之后，朗诗一直没有离开绿色环保这条道路。

田明回顾说，现在看当初所做的努力，那些创新的想法虽然很质朴，有时候很幼稚，但是正是由于一项一项部品部件、技术的创新，逐步积累，才有了朗诗今天在绿色地产领域的地位。

朗诗的庆幸在于绿色差异化战略的一以贯之。"当一个企业聚焦于战略，所有的资源、精力都围绕着战略展开时，一年两年看不出来，但时间长了就可以发现战略带给企业的好处，这一点是机会主义者所得不到的。"田明说。

田明坚持一个观点："在产品不可知的情况下，客户相信我们，买了我们的房子，我们必须要把事情干好，必须心存感激。"

带着"为人造房"的使命，2006年朗诗初步完成了第一阶段的艰难创业期，跨出南京，布局长三角。

以企业的"深绿"发展，推动绿色地产成长
"企业靠产品说话，产品即营销"

"学习"是田明给员工谈得最多的三个词之一。朗诗在2001年公司筹备期间，在非常小的一个会议室墙上，就贴了一个口号"善于学习的团队更具竞争力"。现在，朗诗各城市公司甚至项目部，基本上都能在会议室墙上看到这个标语。

在距离2006年朗诗初步完成第一个阶段的创业期后，时间来到了2011年，朗诗在南京钟山绿郡项目上做了朗诗科技住宅的第二代产品，实现了更多新技术的应用，更健康、更环保、更舒适、更节能。这个项目也见证了朗诗从最初学习借鉴国外绿建技术转变为具备自主研发体系和能力。

在钟山绿郡项目中有两栋楼是朗诗的帕多瓦建筑。在意大利北部地区靠近威尼斯的地方有一个古老的小城叫帕多瓦，田明曾带着公司管理人员、技术人员、外部专家在一次欧洲考察之后，在这个地方开过一个会，开会时给朗诗定了一个方向：争取做比原来的"恒温恒湿恒氧"的产品更健康、更环保、更节能、更舒适的新建筑。因此就在钟山绿郡项目中拿出两栋做尝试，这两栋建筑因此得名"帕多瓦"。

做帕多瓦建筑的两栋楼刚做出来时并没有马上销售，而是把房子全部建成，调试好觉得没问题后才开始销售。在这两栋建筑上，朗诗做了大量

的探索和尝试，最终将成果在实际项目中落地应用。

在帕多瓦建筑之后，朗诗继续向欧洲学习。在另外一次欧洲考察时，到了阿尔卑斯山下一个叫作因斯布鲁克的城市，该城市是奥地利的第五大城市。在这个城市田明一行考察了被动房，也见到了被动房之父沃尔夫冈·菲斯特教授。菲斯特教授一句话让田明印象很深，"绿色建筑不要做复杂的科技系统，不要做高科技，要因地制宜，要根据当地的气候条件。真正的绿色理念是考虑到当地的气候条件、当地人们的生活习惯，因地制宜。用简单实用的技术实现目标，而不是高科技系统。"田明说，"当时听了这番话后，对我来说，犹如醍醐灌顶。"

回来之后，朗诗在长兴太湖边买了一块地，作为自己的绿色建筑研发基地，这个基地是住建部第一批的四个研发基地之一，也是长江中下游地区唯一一个绿建研发基地。在太湖基地朗诗做了一个内部的小酒店，相当于汽车厂商的"概念车"，用来展览各种新的趋势和方向，集新技术达成的建筑，这个小酒店就是朗诗的布鲁克项目。布鲁克项目严格按照欧洲被动房标准建造，是一台"概念车"，是亚热带长江流域地区，甚至是全球夏热冬冷地区的第一座被动式建筑，也是我国第一个获得德国绿色建筑委员会和被动房研究所双认证的金级项目。

这时候的朗诗已经从一个学习者阶段进入到了自主研发阶段，并且在拥有了"概念车"之后，以后任何商业上的应用，要做一台"商用车"，对朗诗来说都很简单了。

2015 年朗诗加快了产品更新迭代的速度，推出了第三阶段即第三代的朗诗住宅产品，"健康"成为第一诉求，并且第一次在朗诗的建筑体系中提出了"被动式建筑"的概念。第三代产品的代表项目是朗诗熙华府。

也有业界会质疑朗诗做了这么多普通开发商不去做的事情，对技术的追求是不是剑走偏锋误入歧途？

事实是，朗诗的绿色差异化产品恰恰得到了市场的认可。朗诗的产品市场表现一直非常好，几乎所有的项目新房都高过周边的竞品；到了居民手上的二手房的房价，根据网上的公开交易信息，价格明显高出；三手房价，也就是租金价格，朗诗房子的租金高出同等条件下隔壁楼盘租金价格的一半以上。并且朗诗老业主的重复购买率一般在50%～70%。这反映出了朗诗的产品不仅叫好也叫座。

田明在论述朗诗的产品和营销时说："我们展销除了朗诗的技术之外，我们还展销了什么？名声。其实最重要的名声是什么？名声是假的，最重要的是我们的产品，在市场上能够有更好的销售，客户花钱买单，这个名声是非常重要的名声，比我们花钱去打广告、写软文要管用得多。"

很多人都会问，绿色技术研发投入大、成本高，做绿色地产能赚钱吗？田明自豪地称，如果说朗诗对中国的绿色建筑、绿色房地产有一定意义，主要在于朗诗不是亏本做绿色，也不是不顾经济效益做绿色，朗诗做绿色能够有更高的赚钱效率，在商业是成功的。

在田明的带领下，朗诗正成为房地产行业绿色转型的带头者、推动者和行动派。

近年来，朗诗绿色科技产品进阶的速度越来越快。朗诗第三代产品之后，2018年3月很快推出了第四代产品，代表项目是朗诗乐府，该项目是

▼ 朗诗新西郊

朗诗自主研发的创新型产品，是朗诗差异化产品的集大成者。如今朗诗依然坚持研发以求创新，"让建筑懂人"，数字化时代，要让智能技术与建筑有机结合，让房子懂人，根据不同的生活场景，智能地为大家提供更好的环境品质。

正是由于朗诗在绿色环保产品方向上的坚持，才让朗诗从懵懂的探索逐渐走向产品技术的自由王国。

推动行业的绿色变革，做社会的良性细胞
"我希望我是一个企业家而不是商人"

田明曾坦言，"我希望我是一个企业家而不是商人"。商人逐利，只会为了追求利益而做事。而企业家比商人要多的就是社会责任和对自身产品和理念的坚持。企业家比商人多的一点就在于企业家要带领这个社会前进，因此，企业家会敦促自己和企业不断前进。

朗诗本着"为人造房"的使命，致力于成为一家可持续发展的"百年绿色公司"。不仅如此，朗诗重视绿建供应链的开发培育，与绿建供应商共同成长，利用中国的世界工厂的特点，有效控制绿色建筑成本，降低了经营难度。十八载的绿建探索经验，成就了朗诗绿建行业引领者地位。

朗诗一直践行绿色环保的建筑理念和健康的人居环境。2016 年 6 月 5 日，朗诗与阿拉善 SEE、中城联盟、全联房地产商会、万科共同发起"房地产行业绿色供应链行动"。从正式启动加入绿链的 48 家房地产企业，到今天的 100 家房地产及相关企业，这些企业销售额为 2 万亿元，约占行业总规模的 20% 左右，涉及产业链的相关企业有 2000 家以上，绿色采购标准已扩充至 7 个产品品类。这一行动持续带动地产行业坚持绿化整个供应链条，提高环境效益和资源利用效率，为社会发展、环境保护承担起自己的责任。

结合自身的探索实践，朗诗也参与了相关行业标准的制定工作，如发布第四代人居产品标准、《绿色产品指引》、绿色供应链方面的《供应链企

业环境合规性方案》等，以此助力房地产行业的绿色转变，助力国家的绿色发展。

朗诗自成立以来，一直在积极地履行自身的社会责任。2008年四川汶川大地震、2011年青海玉树大地震发生后，朗诗承诺为孩子们建一所"震不倒"的希望小学，朗诗"山鹰队"在董事长田明的带领下，前往灾区实地考察，先后投入2600万元，为"朗诗五权希望小学""拉布朗诗希望小学"援建总面积达11707平方米的校舍。此外，自2008年起至今，朗诗通过"朗诗绿苗助学"计划，十年间共帮助逾千名偏远地区贫困家庭的学生完成读书梦。

2016年，朗诗集团携手朗诗公益基金会共同发起"绿色蓓蕾抗霾幼儿园公益行"，为幼儿园提供新风换气、高效除霾、智能监控、节能降耗、超低噪声五大功能的除霾方案，已落地北京、天津、上海、苏州、南京等10个城市，共计12家机构，其中两家为弱势群体专业服务机构。

对于朗诗来说，企业越大，责任越大，朗诗也正在用社会责任的世界语言，续写属于朗诗的绿色篇章。

结　语

田明是情怀与时代共同成就的企业家。"情怀与商业"并不矛盾，我们看到，像朗诗这样有社会责任感的企业，它们会在引领社会的产业发展中获取自身的利益，朗诗的利益和社会绿色节能的利益在某种层面是重合的。因此，朗诗这样的企业会为了实现自身的价值来推动社会的发展。朗诗是一个由企业家执掌的真正的企业。对整个社会来说，朗诗，越多越好。

2019年8月底，由田明带队的朗诗地产开发和地产金融团队开始美国的考察之旅，横跨东西海岸，拜访各知名开发及投资公司，与苹果公司讨论家居智能化，分别与斯坦福大学和麻省理工学院教授讨论新材料新技术的商业应用。这正应和了朗诗公司会议室墙上的那句标语"善于学习的团队更具竞争力"。

写在前面

1997 年，他创建的鑫苑集团从河南起家，经历了 22 年的发展，鑫苑已经走向全国甚至全球，并在中国房地产界创造出多个"首家"：第一家在纽交所上市的中国房地产企业、第一家在美国购买土地独立开发住宅项目的中国房地产企业等。可以说，他延伸了中国房地产的边界，让世界听到了来自中国房地产的涛声。

如今的他，仍然敢为天下先，将"成为国际化科技地产生态的引领者"作为企业愿景，紧握时代发展脉搏，不断创新拓展，打造新平台、新生态。展望未来，他表示，鑫苑将以更加昂扬的斗志、更加饱满的热情，由优秀走向卓越，由卓越走向伟大！

▲ 鑫苑中国置业有限公司董事长张勇

鑫苑张勇：从郑州到世界

李叶 / 文

"房子是一个家的基础，我一直想我们并不是盖房子，而是创造一个家。"回顾企业发展的 22 年，鑫苑集团董事长张勇透露了自己创办鑫苑时的想法。这份朴素的初心也推动着张勇紧跟时代发展的脚步，不断自我颠覆，赋予了鑫苑开阔远大的视野和源源不断的动力。

从 1997 年鑫苑集团成立，到 2007 年纽交所上市，再到成为第一家在美国购买土地独立开发住宅项目的中国房企，国际开发业务涉足美国纽约、洛杉矶，以及英国伦敦、马来西亚等地。可以说，张勇的战略布局和集团发展脉络延伸了中国房地产的边界，让世界听到了来自中国房地产的涛声。

如今，社会发展日新月异，传统的经济模式是否还能适应当前的需求？人工智能、云平台等新技术产品的出现又让未来的想象空间无限延展。面对不断出现的新挑战，如何成功取得对未来的主动权，对社会作出应有的贡献，成为张勇思考的问题。

2017 年鑫苑集团提出"共生共赢，合作分享"文化机制，打造事业合伙人平台，同时开启了地产开发、融资代建、产城运营、智慧科技、商业管理、物业管理等业务，用技术创新解决行业发展运营痛点，用智慧创新构建社区生活新生态，用信息化创新推动地产企业效率提升。

他表示，在未来的 3 ~ 5 年里，鑫苑将在"新平台、新生态、新赋能"的战略框架下，主业做强，辅业做大，逐步成为国际化科技地产生态的引领者。

新的征程即将起航，张勇和他的鑫苑集团还有许多故事可以讲。

一个倔强的河南晋商

"董事长是很好、很亲和的人。"当有鑫苑员工介绍张勇时，这句话的出现频率最高，语调柔和，温和的笑容也是许多媒体人对他的印象。与人们"眼中的张勇"相反，他认为自己的性格是"倔"的，不过这份"倔"并不是说他性格执拗，而是"认准一件事，一定要干出个样子"的坚毅。

这与他一直都十分自豪的身份认同有关。

"可以这么说，河南的晋商不仅多，而且大多保留山西的风俗习惯和思维模式。"作为一名在河南创业发展并最终走向世界的山西籍商人，张勇坦言，与全国晋商相比，河南晋商更加内敛、含蓄，而他本人就是其中之一。

他说："对于盖房子，北方人尤其是山西人有着更深的理解，因为房子是一个家的基础，我一直想我们并不是盖房子，而是创造一个家。"也因如此，张勇将"创建美好家园是我们的共同心愿"作为企业宗旨，20多年来未曾变更。

除了"倔"，诚实、踏实、坚韧，这些鲜明的个性特征，张勇也将其归结为山西人普遍的品质。而作为一个商人或是一个商业团队的领袖，张勇更愿意将晋商的精神总结为"敢为天下先"的创新精神，而这种精神也潜移默化地影响着他的商业判断。

在鑫苑的发展初期，时常被同行视为"异类"。因为，"别人都在囤地，只有我们不囤地、不捂盘"。张勇表示，"我们的发展模式把房地产做成轻资产，不以土地为盈利，土地作为原材料而不是资本呈现，这也是鑫苑的主动选择"。

"赚该赚的钱，不义之财虽多而不取。"张勇说道，在鑫苑，多层建筑

9 个月封顶，高层建筑 12 个月封顶，这样的苛刻要求，在不少人看来并不"划算"。

与之对应的是，囤地房企在土地增值后赚取了不少利益。不过，这种情形在国家加强房地产市场调控之后，开始受到冲击。而鑫苑一直秉承的"零库存"战略就显现出特有的优势，并被模仿。

这种"敢为天下先"的理念，让鑫苑一次次开创先河。2007 年鑫苑在纽交所上市，成为第一家在美国上市的房企。2008 年，鑫苑走出郑州，将总部迁至北京。此后，苏州、成都、徐州等地纷纷出现鑫苑的旗帜。

2017 年，鑫苑继续敢为人先，提出"共生共赢，合作分享"文化机制，打造事业合伙人平台，引领鑫苑再成长。

与此同时，鑫苑也一直积极追求科技创新。22 年间，凭借自身的不懈努力和科技创新不断发展壮大，累积发明专利及著作权超过 60 项。

从郑州到世界

一个行业的发展，反映着时代洪流奔腾向前的节奏。

回看郑州乃至中国地产行业的发展史，正是如此。

1992 年，邓小平的南方谈话给中国的房地产市场吹来了一阵春风，郑州房地产市场元年也就此开启。

1993 年，河南郑州金水花园项目破土动工，成为国内最早的一批按揭房屋，采用了让郑州人耳目一新的销售模式，"买房可以贷款，10 年还能回本"。这一年，也是张勇从中州大学工民建专业毕业的第 8 年，8 年的时间里，他积攒了丰富的经商经验，对于房地产行业，他跃跃欲试。

到 1997 年，亚洲金融危机，东南亚房产泡沫破灭，房价一溃千里。中国的房地产市场却呈现出不一样的景象，出于对行业的看好，张勇在这一年创建了鑫苑集团的前身——河南鑫苑置业有限公司。与此同时，郑州房地产迎来第二波小高潮。

2006年，河南鑫苑与鑫苑（中国）拆分，鑫苑正式开启迈向全国的步伐。

一年之后，鑫苑中国成功在美国纽约证券交易所上市，成为中国房地产业唯一一家在美上市公司。

这一年国内房地产行业的大环境并不乐观，回忆起这一标志性的时刻，彼时的张勇在接受中国房地产报记者采访时曾透露心声，"当时国际国内形势'极为不利'，我们也是逆市而上。不过，我们公司清晰明确的商业模式，合理的股东构成，以及中国经济的快速发展和巨大的房地产市场，都为投资者看重"。

"在美国上市，可以帮助我们把自己的核心竞争力、核心能力、盈利模式梳理好，同时也能更好地利用国际资本市场。"张勇表示，上市不仅让鑫苑获得了国际资本的垂青，更让他意识到创新思维的重要性。

业绩方面，从1997年到2007年的10年时间里，鑫苑年复合增长率在86%，资金周转率达到行业平均水平的两倍以上，还取得了非常高的内部投资收益率。2004年到2007年3年更是平均达到100%。

2008年，鑫苑中国总部迁至北京，此后，苏州、成都、徐州等地纷纷出现鑫苑的旗帜，远在大洋彼岸的美国，鑫苑也已经成功建设多个项目。同时，鑫苑还开创了中国企业在美国购买土地，独立开发住宅项目的先河，同时也积累了丰富的海外开发经验。

2016年，在科技与金融的双杠杆驱动下，鑫苑全面推动企业的国际化、产业化、智慧化发展，朝着"国际化的科技地产综合运营商"迈出了坚实的步伐，并取得了一系列显著成果。

来到2017年，美国纽约时代广场广告屏被鑫苑强势"承包"，一时之间风头无两。截至目前，鑫苑国际开发业务已涉足美国纽约、洛杉矶，以及英国伦敦、马来西亚等地。

这家从郑州走出的房企，在世界各地打上了属于自己的地产印记。

新的征程

道家认为："以其不自生，故能长生。以其无私，故能成其私。"

2017 年，鑫苑提出"共生共赢，合作分享"文化机制，打造事业合伙人平台。这种创新的文化机制并不是突发奇想，2007 年，张勇就曾对中国房地产报记者表示，"自 1997 年成立以来，我们就以可持续发展的眼光做企业，致力于成为一个公众公司"。

20 年之后，这个愿景得以实现，全新的体系将对鑫苑的业务格局产生深远的影响，包括项目的拓展渠道、开发形式和资本运作等方方面面，孕育出无数种令人翘首以盼的精彩可能。

"如何打造一个永续常青的基业"，成为接下来张勇需要持续探索的话题。

他认为，企业的社会责任感促使鑫苑清醒地认识到，企业不能止步于对城市肌理的改造，更要通过对现行商业模式的变革和颠覆，给人们的生产生活带来质的飞跃。

当前，随着房地产调控持续深入，中国房地产行业已经全面进入转型期，房企的竞争也由规模和利润之争，转向服务和生态的竞争。

张勇坦言，在房地产后时代，不思进取便被淘汰，转型是大势所趋。从增量阶段转变至存量和增量共同发展的阶段，在这一阶段，科技必将深度渗透房地产行业，谁先拥抱科技，谁就将获得先发优势，在未来的竞争中占得一席之地。

在科技赋能地产、重构地产方面，鑫苑集团先行一步。2016 年，鑫苑集团便开启了科技化转型之路，以地产为主业，以科技和金融为战略两翼，大力推动科技与地产的融合，让科技成为企业创新转型的核心推动力，拓展出地产开发、融资代建、产城运营、智慧科技、商业管理、物业管理等"一主五辅"的产业生态。

"目前，科技与地产结合的趋势和格局已经非常清晰。从硬资产方面而言，中国拥有 300 万亿至 400 万亿元存量房资产，未来的盘活使用和金融化都将是巨大的市场。从软资产方面而言，家庭、社区乃至城市的场景体验都是非常广阔的空间，将依托大数据和人工智能等技术打造解决方案。"在张勇看来，房地产智慧科技领域市场前景巨大。

一系列的转型与探索也预示着鑫苑的发展进入了一个新的征程。在新的旅途中，这位从河南走出的、有点"倔"的山西男人，会以何种方式继续书写属于他的未来篇章？鑫苑又将带给地产界怎样的惊喜？

我们充满期待。

写在前面

他是扎根在本土房地产行业的"缔造者",也是更广阔的商业世界"链接人"。在 20 世纪 90 年代把控住了行业发展的金色曙光,在 21 世纪初树起了精品标杆,在近 10 年向多元化综合集团转型——24 年间,吴旭带领的协信集团踩稳了每一步阶梯,与时势如此顺应,又如此特立独行。

如今,在旁人眼里,吴旭自带"渝派三强"等诸多光环;而在他自身看来,协信的成功莫过于把控住了每一次新思路与新机遇。未来,等待协信的是赋予全产业链资源整合的"协信+",以及永恒不变的创新。

▲ 协信控股集团创始人兼董事长吴旭

"八爪鱼"协信+

万小强 / 文

协信集团曾是渝派地产三强，以"商业综合体、精品住宅和产业地产"闻名，曾经创造出阿卡迪亚、协信城、协信公馆、星光68等标杆性的住宅与商业地产项目，也早早开始了其凌厉的全国化扩张。

然而，从2015年开始，协信一阵多元化的转型，产业横跨不动产、金融、科技、物业、汽车、教育、农业，与启迪控股、南山集团、正泰集团、绿地集团、平安等企业成立合资公司。根据重庆协信远创发布的业绩公告，2019年上半年营业收入38.15亿元，同比增长9.55%，其中房产销售占34.2亿元，同比增长17.36%。协信远创2018年销售额为272.5亿元，位居地产销售百强榜单第88位。正如协信集团所说："协信已经成功从一家立足重庆的区域性房地产公司，转型成为以不动产投资、运营、管理专家和金融资产、科技资产多元化发展的投资控股集团。"

协信可以说是地产企业中转型最早也最彻底的企业之一。这家企业从1994年成立，至今已有25年历史，作为渝派地产最具代表性的企业之一，在历史上留下了浓墨重彩的印记。如今，协信转型的成功经验，也值得业界研究和学习。

作为协信的创始人和掌门人，吴旭也是极有个人色彩和其独到之处，对房地产行业的模式和进化也作出了不可磨灭的贡献，值得一书。

商业地产先行者

在渝派地产企业的老板中，吴旭是少见的高学历者，而且是建筑与房地产科班出身。1984年，吴旭毕业于重庆建筑大学。毕业后就进入公务员行列，在重庆市建委工作，随后在多个政府机关和大型国有企业中任职。

1992—1994年，第二轮改革开放掀起了公务员和国企员工的下海浪潮。身在"体制内"的吴旭也坐不住了，做一番大事业的心开始萌动。吴旭很快决定丢掉铁饭碗，下海创办了重庆协信实业总公司。

在广告、装饰、驾驶培训等行业尝试了一遍之后，吴旭终于瞄准了当时仍在萌动之中的房地产行业。

1994年，国务院发布《关于深化城镇住房制度改革的决定》，明确城镇住房制度改革的基本内容，提出建立与社会主义市场经济体制相适应的新的城镇住房制度，实现住房商品化、社会化；加快住房建设，改善居住条件，满足城镇居民不断增长的住房需求。尽管当时尚未完全取消福利分房，住房贷款制度也未全面启动，人们的心理仍然倾向于等待单位分房，商品房市场仍然在襁褓之中呼之未出。但国务院这份文件的改革方向已经确立，房地产市场的"黄金时代"就在地平线之下露出微曦。

多年政府机关工作经历，让吴旭对政策的方向把握十分敏感，他决定将行业发展方向放到自己熟悉的房地产开发。

1995年，吴旭决定从商业地产入手。他看中重庆作为长江中上游商业和航运中心的机会，于是大手笔投资1.5亿元在重庆的商业中心朝天门地区建了朝天门协信商厦，建筑面积5.8万平方米。随后又在江北的观音桥建了观音桥农贸小商品批发市场协信城。

最开始的商业地产基因奠定了协信未来发展的路径。尽管后来协信也开发了大量的住宅，其主要的销售收入来源也长期来自于住宅开发。然而，协信更强调其商业地产的基因，称自己是专注于城市商业综合体的公司。2002年，协信自主开发了第一个产业园项目西部汽车城，预示了协信早期的多元开发探索。其后多年，协信开发和运营的星光68、星

▲ 重庆观音桥星光

▲ 协信重庆总部城

光天地、星光广场等"星光系"购物中心达 70 多个，成为重庆和全国的商业地产标杆。

"渝派三强"的高光时刻

1997 年重庆直辖以及 1998 年福利分房的结束，成为重庆房地产市场新的启动时刻，龙湖、金科、华宇等后来重庆地产的本土强豪，均是从 1998 年前后起步，在重庆楼市乃至全国房地产市场中掀起巨浪。协信也不例外。

这一段时间，协信确立了在建筑科班出身的吴旭掌控之下，聚焦"精品住宅、商业地产、产业地产"三大产品线。提出"永不制造建筑垃圾""品质地产、品位生活""让建筑具有生命"的高品质开发理念，以及"珍惜资源、对历史负责、为现实服务、替未来着想"的商业理念。在重庆，协信凭借其"精品地产"成为地产界的一面旗帜。

从 1999 年在重庆第一个开设样板房、创重庆酒店式公寓之先河的协信时代天骄，到重庆首个实现人车分流的协信天骄俊园，再到十佳住宅小区协信 TOWN 城、现代主义江山别墅协信阿卡迪亚、中央公园岛居别墅协信彩云湖 1 号、北城中央城市综合体协信中心等在业界堪称精品的项目，几乎每一个项目都有可圈可点的创新，形成了从高层豪宅、别墅到城市商业综合体全线产品链。

2010 年，协信开始启动全国扩张战略。在大本营重庆之外，协信开始不断在苏州、无锡、成都、三亚等城市拿地，迎来跨越式发展。此后，其还涉足北京、上海、大连、西安、贵阳、镇江、杭州等城市。在重庆大本营，旗下阿卡迪亚、协信城、协信公馆壹号等多个项目在同年集中发力，并成为重庆市场上具有代表性的一批行业标杆项目。

此外，以"星光 68"广场为代表的星光系产品也被打造为重庆规格最高、品牌最多、最具时尚代表性的购物中心。随后，在全国化扩张过程中，"星光系"模式也在全国进行复制。凭借优异的空间规划设计能力、商业运营管理能力和强大的招商能力，截至目前，协信旗下星光商业在全国近 10 个城市成功布局，开发和管理超过 70 个城市综合体，带动当地城市及区域发展。其中有代表性的商业项目包括重庆观音桥·协信星光 68 广场、重庆南坪·协信星光时代、重庆金开·协信星光天地、上海中环·协信星光广场、重庆解放碑·协信星光广场、上海虹桥协信中心、青岛 WFC 协信中心星光里等星光系列产品。

回顾协信集团早期的发展历程，我们看到的不仅是一个不懈追求的理想主义者，还是一个脚踏实地始终坚持自己理想的践行者：不管是最早的时代天骄，还是天骄年华、协信 TOWN 城、天骄城、阿卡迪亚，都沿袭了品质至上的精品理念。

重组转型

2015 年这一年，在房地产行业攻城略地多年的协信开始重组转型，以前以住宅地产与商业地产见长的协信同年开始转型产业地产，涉足金融、科技、教育、农业，触角伸向教育小镇、农业小镇、资产管理、长租公寓等领域。

这一切源于吴旭 2015 年首次提出"不动产是基础，金融是桥梁，科技是未来"的蓝图，在"商住产一体化"的指导下，协信率先突破单一的房地产开发逻辑，进行多元化突破。

2015 年，协信启动业务重组和外拓合作，先后成立启迪协信、南信控股、天骄爱生活、协信远创地产等业务平台，展开多边资源合作。

2016 年，在"协信 +"理念下，致力于"平台的平台"这一战略定位，与绿地集团、平安集团、启迪控股、中原银行、南山集团、正泰集团、九星集团、哈罗国际、ONYX 酒店集团等国内外企业全面展开包括股权在内的合作，产业横跨不动产、金融、科技、物业、汽车、教育、农业等领域。

2016 年 12 月，绿地集团收购重庆协信远创 40% 股权。

在转型的 3 年时间里，协信布局了多条业务线，包括汽车公园、总部城等产业项目，与清华启迪合作，以科技园区为载体，辐射网络覆盖 30 多个城市和地区，形成科创服务平台、园区运营平台和金融资产平台。引入绿地作为大股东，并托管其部分商业与产业项目等。

同时，协信布局长租公寓领域。2017 年底开始，协信在上海、深圳、广州、北京、成都、重庆、杭州、南京、苏州、天津、无锡和厦门这 12 个重要城市展开，首先亮相的是上海协信莎玛长风服务式公寓和上海协信莎玛虹桥服务式公寓。另一方面，在租赁市场，协信开启了自身的公寓品牌——协信家（SincereHub）。

协信在特色小镇方向有两个突破：一个是 2018 年初协信收购多利农庄，致力于把农庄做成特色小镇 IP，有机农业加美丽新乡村，同步在全国选点复制。目前，多利农庄形成了两个田园综合体项目：成都郫都区红光

▲ 协信家服务式公寓

镇的多利农庄有机小镇、重庆巴南一品镇的一品幸福田园小镇。一个是跟哈罗公学合作开发特色教育小镇，目前重庆项目已经落址两江新区龙兴，长沙和南京也在选址。

到现在，经过3年多的转型，协信已经成功从一家立足重庆的区域性房地产公司，转型成为以不动产投资、运营、管理专家和金融资产、科技资产多元化发展的投资控股集团。

"这一切得益于改革开放为企业发展提供的新思路、新机遇、新未来。新时代的本土企业如何在改革开放浪潮中保持高质量发展，从而在助力整个城市高质量发展的道路上扬帆奋楫。"吴旭这样回答协信的重组转型。吴旭表示："协信是在改革开放的大潮中成长起来的民营企业，成立24年来，始终跟党走、听党话，不断创业创新。"

从协信商厦起航，到房地产开发商、城市综合运营商，再到多元化发展的投资控股集团，可以说，协信通过全产业链资源整合的"协信＋"的转型路径和结果已经初露峥嵘。

写在前面

作为一家百强房企的掌舵人，他是地产界颇具传奇色彩的人物，在各个领域都深谙其道；对于房地产项目、绿色地产开发、人力资源战略、绿色建筑规划设计、融资并购、营销与品牌管理等，他都能完美驾驭；房地产圈有人将他比作常山赵子龙，"低调远征，却高调亮相，无人看好，却一战成名，稚诚未脱，却除魔除妖"。

▲ 当代置业执行董事兼总裁张鹏

当代置业张鹏：忍得孤独，迎得繁华

卢泳志 / 文

"在不远的未来，没有绿色智能家居系统的住宅会像不能上网的住宅一样不合潮流。"比尔·盖茨曾在 1995 年出版的《未来之路》中这样描写未来的房子。20 多年之后，当代置业正在让绿色科技住宅从理想走向现实。

从打造绿色建筑本体、绿色住区，到倡导绿色生活方式、打造绿色城市，房地产行业的绿色发展已经从"浅绿"走向"深绿"。作为中国领先的绿色科技地产运营商，当代置业在绿色科技健康领域方面的探索，已经走过近 20 个年头。

如今，几乎没人怀疑绿色建筑是一块超级"蛋糕"，尽管面临着投入大、模式粗放、技术革新难等发展尴尬。无疑，当代置业是绿色建筑的预见者与先行者。

作为当代置业执行董事兼总裁，张鹏是地产界公认的才子。记者出身，跨界成为 HR，再一路做到上市房企总裁，张鹏不断跨界的职业生涯，已足够让年轻人热血沸腾。

如今，张鹏依旧保持着写作的好习惯，可是说起"清洁能源、天棚辐射、地源热泵"这些在文科生看来陌生的建筑物理技术，张鹏更是侃侃而谈。"绿色科技"是当代置业的标签，也是张鹏的企业家标签。

回顾自己的奋斗历程，张鹏感慨地说，这是一个孤独到繁华，繁华回孤独的过程。人的一生都是在繁华和孤独交织中度过，繁华是形、是色、是音，孤独是心、是律、是体，繁华是经历一切酸甜苦辣后的，在那个阶段的能量辐射，孤独是体验过一切悲欢离合后的，在那个阶段的内省；繁华要与人分享，孤独却孑然自省。繁华也可以素淡雅致，孤独也可以丰盈圆满。忍得孤独，迎得繁华！

商业·对话

中国房地产报：您能否结合中国房地产行业绿色建筑的发展历程，介绍下当代置业的绿色产品？在这个过程中，当代置业是怎样在绿色建筑方面有所建树的？

张鹏：当代置业的绿色科技产品发展，主要经过三个阶段：第一阶段是 2000—2010 年，我们称之为"绿色建筑"。所谓"自绿"就是无论一个社区还是建筑，无论是被动节约能源的绿色还是主动，凡是绿色的建筑就一定舒服舒适，凡是不绿色的建筑就不舒适。第二阶段是从 2011—2017 年，我们称之为"绿色住区"，强调不仅仅要关注绿色建筑，而且要把视野放到整个社区里面，社区需要环境友好，需要绿色人居环境。第三阶段是 2017 年以后，我们称之为"绿色全生命周期"，走向全生命周期的绿色发展道路，绿色科技需要去匹配全生命周期的生活方式。

当代置业首先是精于此道，以此为生，就是坚持绿色不变；其次是创新谋变，突破进化，不断地技术创新，模式创新，领域创新。所以，绿色全生命周期，一方面是做产品全生命周期，是硬件，每一处都是绿色的，绿色建筑、绿色住区、绿色城市；一方面是做服务全生命周期，是软件，每一个场景也都要是绿色的，教育、文化、医疗、办公等场景都是绿色。

从一个单体建筑需要科技赋能到一个生活家园和产业家园的绿色科技属性，再到整个城市的生活越来越美好，是逐步升维的过程。从一个城市的整体规划到一个社区的温暖点滴，再到建筑的数字互联，是从整体到细节落位的过程。当代置业之后要做的就是这两方面的事儿，从人的需求到建筑到家园到城市，从国家战略到城市到家园到建筑。

中国房地产报：发展绿色建筑最大的障碍是什么？当代置业在深入绿色发展的过程中有没有遭遇很大的困境和阻碍？是怎样克服与解决的？

张鹏：认知差异其实是最大的阻碍，到现在为止，消费者也没有对绿色科技建筑有很清晰的认知，当然绿色意识逐年在加强，摆在绿色发展前面的道路会有几条，而且也在逐条解决。

在过去，消费者总会认为绿色建筑是不是在产品成本上会有增加，其实要从两个方面去认知。第一，成本在于适配，而不是高配。因为当代置业的绿色科技住宅是分不同产品线不同能源系统配置的，一般刚需的产品我们也能卖到和周边竞品相同的价位。第二，成本在于整体，而不看局部。每一家企业都有自己的护城河，每一家企业也会把成本用在自己最擅长的领域，此消彼长之间的平衡，其实大家的成本差距并不大。

认知最终依然是要靠全民的绿色化宣传与教育。发展顾虑其实还是在消费者的接受程度上。从客户思维出发，宣传健康舒适还省钱。强调绿色能带来的居住体验，健康体验。当然我们看到政府对于绿建的鼓励措施越来越多，倡导也越来越多。新提出的绿色化也是政策的倡导之一。政府正在积极地推动绿色化改造，消费者也越来越能接受绿色建筑。这是一个很好的互相促进，久而久之，绿色建筑会更为普及。

中国房地产报：如何看待房地产行业近年的发展，对规模与质量有怎样的评价？您如何定位当代置业？对未来有怎样的战略规划？

张鹏：中国正在从投资社会转向消费社会，国内中产阶级群体规模不断增大。这部分人群对于品质升级、消费升级和美好生活的向往十分强烈，

▲ "度量当代时光——当代 MOMA 焕新城市发布会"发布最新企业 slogan 以及最新产品线

将来拥有广阔的市场空间。过去大家一味追求以住宅来高周转、快去化、快回款的模式，不再是唯一的选择。多元化的产业发展是摆在地产商面前的一条道路。产业化发展更需要房企具备综合的运营能力、资源能力、资本能力与开发能力。

目前不同房企各有各的路径选择，也有发展预期。第一类，规模扩张型房企，它们的打法十分清晰，就是依然延续拿地＋开发＋销售的老模式，不过在拿地模式上规模扩张型房企会有新的路线，多种拿地模式并举，只要能拿到合适的地就一定不惜一切代价。规模是企业的生命线，以规模跑赢利润，以长线补给短线。第二类，生态发展型房企，在业务上有所转型，进入持有型市场，在特色小镇布局，在内部项目孵化上均有涉猎，从单一的房地产开发，已经到整个房地产价值链条的整合。这一类的企业把单一的商品房买卖变成长期获利的行为，并进行美好生活相关的布局。

当代从科技建筑、绿色家园到城市向美，一步步向城市深层肌理推进，城市能够因为 MOMA 产品而产生更多活力，产生更大的城市势能，我们是城市的建设者，建设的过程就是自我约束、自我循环和自我进化的过程。当代置业始终倾注于足够的低碳、生态和正影响城市的全价值链，始终最大限度的降低能耗，提高建筑的舒适度，满足能源、舒适、环境的协调。绿色科技＋舒适节能＋数字互联的全生命周期产业家园，是我们的愿景。

中国房地产报：业界普遍认为房地产行业的黄金时代已经结束，如何看待房地产行业的未来之路？企业要想生存下去，您觉得该如何调整？接下来当代置业在规模追求和销售策略上有没有具体的调整性动作？

张鹏：任何企业不单单要追求规模扩张，快速周转。也要放在历史长河中去评估一个企业的价值。在这一点上，我们企业很早就形成了这种"孤独的远见"。在高速度发展到高质量发展的过渡期，企业的绿色科技优势就会凸显。

当代置业成立18年来一直在做绿色科技地产，18年前谁做绿色科技地产很容易被认为是另类。而当代置业当时坚持了这个"高于财务目标的理想和坚持"。目前，中国真正做绿色科技地产的企业没有几家，就是因为做绿色科技建筑前期得有一个超越财务的理想，得静下心来把各种系统梳理清楚，开始需要投入资金，后期也要持续投入。

未来企业与企业之间的竞争，都将是生态链与生态链之间的竞争。当代置业就是要一份生态的土壤，我们通过四创委员会机制、标准孵化机制、股权激励和受限制股票单位计划等，让整个企业的创业环境更加具有活力。能够在野蛮生长的市场内，保持始终如一的方向，惯以为之。同时要开辟新的赛道，以差异化核心竞争力而独到。保持一颗纯真的心，比谋略更重要。在这个房地产生态圈的航道上，只有开始，没有结束。

中国房地产报：由于房地产前景不乐观，很多职业经理人开始面临压力和焦虑，而企业发展的核心就是人才。您能否介绍下当代置业的人才战略？

张鹏： 当代置业人才战略是基于人力资源价值链管理来实现的，以自组织、等边三角形模式来激发团队和人才活力，实现价值创造；以结果导向、积分制实现人才和组织的价值评估；以智业合伙制、股权与期权激励，实现价值分享。

基于集团人才战略和价值链管理，当代置业形成"五才战略"，即选对人才（严进慎出）、培育人才（绿色科技地产学院）、用好人才（人岗匹配）、留住人才（职业生涯、智业合伙）、流动人才（双重价值）。

中国房地产报： 最近两年，仿佛所有房企都开始出现钱紧的现象，整个行业的负债也开始走高。您能否介绍下当代置业目前的资金情况，以及对资金管控方面的思路和举措？

张鹏： 当代的负债一直在 70% 左右，在房企中比较普遍。负债只是一个动态数额，从报表上看有的企业是高负债，却也正常运行，有的企业负债并不高，却岌岌可危。更重要的是看一个公司的债务结构。避免短债长投，控制短期债。

当代一直保持稳健均衡的发展速度，自 2018 年以来，随着整个金融环境的收紧、宏观经济环境的下行，我们提前关注到此市场变化，因此在去年公司更多地以现金流安全为主，更加注重周转速度和现金还款速度，因此在去年上半年由于经营活动现金流的大幅提升和负债的持续下降，使净负债率有所下行。

我们首先以现金流管理为第一要务，在这个前提下，会积极获取周转速度快、现金流安全的项目，并保持一定的增长速度，负债率会继续控制在 80% 或以下的水平。而且我们内部也提出业绩预控的口号，不单单要看销售额，销售额只是报表上的一个数字。也会更多关注营业收入，净利润以及负债率。如果想突然把规模发展起来，提升负债就好了，但是这显然不是我们这家企业的追求，我们并不想靠着输血一下子把自己输成一个胖子，那样会很不健康。

中国房地产报：在您看来，当代置业的取胜之道是什么？和同行业相比，当代置业的优势和劣势在哪？

张鹏：首先，以取暖制冷的独特解决之道＋空气质量的独特解决之道＋能耗运行费用降低的独特解决之道为核心竞争力。公司将始终坚持绿色科技的核心竞争力，不断深化将新技术应用到产品之中，对产品线进行全面升级。

其次，当代置业作为母体，具有独特的先天优势，子体可以利用这样的优势而更好地发展。当代置业引力加速体是由母舱孵化子舱，子舱独立运营，子舱反哺母舱的机制所实现，以地产开发为母舱，孵化出40余个创业自组织单元包括绿民投产业基金生态等。

最后，当代多年来的运营形成了一个缜密的管理体系。当代置业构建以客户需求和客户服务为体系支撑，以战略经营目标为目标计划，以五书为策略手段，通过一、二、三级流程与运营实现组织执行，通过八个模型实现标准考核和激励问责，以业务流、管理流、信息流为手段，最终实现流程与运营的专业化、标准化、闭环化、信息化。公司的任何工作和问题都能在流程与运营中找到方法和答案。

中国房地产报：2000年至今，当代置业马上就走过20个年头了，这期间您觉得当代置业最大的变化是什么？作为参与者和见证者最大的感触是什么？

张鹏：每一个房企都会面临困难的阶段，当代置业不同于其他企业，因为我们在一开始就很难。19年前做绿色科技地产很容易被认为是另类，而当代置业当时坚持了这个"高于财务目标的理想和坚持"。19年后的今天，当代的绿色产品因为先发优势，别人已经很难在短期内模仿。从设计开始，把所有的理念、技术、软件、硬件，和建筑的实际情况结合在一起。结合在一起就是系统，这套系统就是当代绿色技术的核心竞争力。

挫折一定是很多的，企业发展过程中，都是曲线上升的过程。更何况我们创变生态，就是我们一开始选择的就是一条充满挫折的道路。有时候，我深深感到，每到一个可以选择的关口时，路都有很多条，走到容易的那条路上时，总有强烈的畏惧、不安全感，因为，容易的路，都是没有进步、成长缓慢的路。而选择最难的那条路，无疑是自讨苦吃，可是，无限地接近困难，就摸清了它的脉络。

一旦走到一条最艰难的路，走到一条看上去自讨苦吃的路，去做能力暂时达不到的事情、不熟悉的事情、突破合理极限的事情、冒一点险的事情，度过最难熬的初始阶段，自己开始快速成长，发现原来也没有想象的那么苦、那么难，不断地分享经验，激励别人，然后去寻找更大的挑战。这个苦功夫、笨功夫，也许就是修行吧。

中国房地产报：进入行业这么多年，您觉得自身最大的改变是什么？您是否方便介绍下自己的个人兴趣、工作态度和管理技巧？

张鹏：成长与改变，就像是佛语里面说的九住心一样，内住、续住、安住、近住、调顺、寂静、最极寂静、专注一趣、等持，是由浅入深、由表及里、从陌生到纯熟、从专注到无所障碍的过程。用我们熟悉的语言，就是从"见山是山，见水是水"，经过"见山不是山，见水不是水"，走向"见山还是山，见水还是水"的修行过程。

现在很多年轻人都很浮躁，每个公司都有不同的问题，年轻人一看有问题，就觉得与他的理想主义、完美主义背道而驰，于是就跳槽。我的职场观很重要一点是，坚持比选择更重要。选定一家公司，有足够的平台发展，公司文化各方面都是健康的，那一定就坚持下去。每条道路都有顺的下坡路，也有不顺的上坡路，越是走得艰难，其实证明自己正在上坡。

写在前面

在中国房地产发展史中，星河湾是一个不可或缺的名字。

它体量不算特别大，也不是上市公司，却被誉为地产界的"劳斯莱斯"，备受关注与推崇。在争相追求规模的行业大潮中，它独树一帜，引领着中国高品质住宅的潮流，创造了行业的奇迹，影响深远。

黄文仔和他的企业，用品质赢得了社会和行业的尊敬。而这背后，黄文仔精心构建的星河湾方法论体系，更值得深入探究与借鉴。

▲ 星河湾集团董事长黄文仔

黄文仔：价值塑造影响力

李红梅 / 文

一个规模并不算特别大的房企，为何能在中国房地产发展史上留下浓墨重彩的一笔？

带着这个疑问，在珠水之滨，记者采访了星河湾集团董事长黄文仔。他是伴随着改革开放成长起来的第一代民营企业家，追求完美、充满激情、深刻犀利，言辞中闪耀着理性与智慧。

"在高质量发展时代，社会的关注点已经不限于企业的规模，而是关心它的影响力，以及影响力来自何方。企业影响力的来源，不在其体量大，而在它们对价值创造的贡献之大。"

如何解读黄文仔这段话呢？一位业内资深人士，为记者列了一条"星河湾价值等式"——$V=SQ^2$。

"$E=mc^2$ 是爱因斯坦提出的能量公式，其中 E 代表能量，m 代表质量，c 代表光速。借鉴这条公式，演绎出星河湾价值等式 $V=SQ^2$，V 代表企业的价值，S 代表企业的规模，而 Q 则代表品质。这意味着，通过品质的提升，就能让企业的价值得到平方级的增长。"

或许，正是这种独辟蹊径的算法，让黄文仔选择了一条以品质为核心的发展路径，"房子不能出口，必须慢慢来，沉住心，做好它"。

他的目光更为深远："我们如何为这个城市的未来和中国的未来担负起应有的责任？"这，是他眼前思考的中心。

星河湾的道路：从 1.0 到 4.0 时代

千淘万漉虽辛苦，吹尽狂沙始到金。

回望长路，星河湾在发展过程中产品持续迭代升级，对行业发展产生了积极的推动作用，在几个时间节点表现尤为明显。据此，黄文仔将星河湾的发展历程分为从 1.0 到 4.0 四个阶段。这也是中国房地产业从品质启蒙到全国化快速发展的过程，无论行业风云如何变幻，黄文仔对于"高品质"的追求始终不变。

1971 年 6 月 8 日，放下书包和锄头，黄文仔满怀期待地走向工作岗位，吃国家粮，月工资 28 元。那一年，他未满 18 岁，端着人人羡慕的"铁饭碗"。

"1983 年 2 月 22 日，大年初九，我毅然放弃'铁饭碗'下海创业，才有了今天的星河湾。"在步入而立之年时，黄文仔选择了另一种生活方式，下海经商，从事钢材贸易。

在 20 世纪 80 年代，企业"三角债"问题比比皆是。但黄文仔坚守信用、守法经营，一步一个脚印，用诚信赚得人生第一桶金。"1984 年我就拥有过百万元了，那个时候万元户才刚开始出现。"

1994 年，黄文仔创立宏宇企业集团，由建材贸易转入房地产开发领域。首个项目是位于广州海珠区的宏宇广场，于 1996 年推向市场。这算是黄文仔正式进入房地产市场，尽管当时这个项目市场反响很好，但却没达到他心中的"完美"。

2001 年，星河湾第一个高品质住宅项目广州星河湾开盘。优美而独特的建筑风格、如画卷般的园林环境、美轮美奂的室内装修，还有配套完善的社区设施，一面世就震撼了整个广州城，12 天内用光了 26 万双鞋套，吸引了 18 万人前来参观、学习和购买。星河湾就此崛起于群雄林立的华南板块，一举奠定了行业地位。

"品质"二字成为星河湾最深刻、最亮眼的印记。

广州星河湾一期，黄文仔将其定义为星河湾 1.0 时代。在这个时代，媒体评价星河湾"完成了对中国房地产行业品质化的启蒙"。

▲ 星河湾半岛项目

　　星河湾的 2.0 时代，是中国房地产的大发展时代。2005 年，北京星河湾实现了新的飞跃。当时，北京星河湾距离市中心区较远，很多人都不看好。但黄文仔铁了心"进京赶考"，立志拿不到状元就走路回广州。

　　南北巨大的气候差异，导致建筑工艺、材料选择时都不能沿袭过往经验，尤其是园林种植，难度就更大。很多过往的经验都不能延续，黄文仔率领团队克服了难以想象的困难，最终北京星河湾获得了市场一致认可，这更加坚定了黄文仔以"工匠精神"走高品质发展之路的信心。

　　在 2.0 时代，星河湾从地方知名品牌，迈入到全国高端品牌行列，星河湾的品质得到了社会的认可，成为"中国好房子的标准"。

　　2009 年，浦东星河湾面世，拉开了星河湾 3.0 时代的序幕。媒体曾这样评价："浦东星河湾缩短了中国与世界顶级豪宅的距离。"至此，星河湾集团完成了北京、上海、广州这样一个"金三角"战略布局，形成一个跨越中国三大核心城市的影响力圈层。

在 3.0 时代，房地产行业同步迈入快速发展通道，一些企业的规模迅速扩张，"工匠精神"四个字首次出现在政府工作报告中。而星河湾拒绝规模的诱惑、坚守品质、步履稳健，树立了房地产企业高质量发展的标杆。

2018 年，随着以星河湾半岛项目为代表的系列产品日益成熟、日趋完善，无论是整体环境、设计理念还是工艺细节，都达到了一个新的高度，星河湾的 4.0 时代拉开序幕。

"去年年底，经过慎重考虑，我做出指示，编制《星河湾 4.0 标准》。我们要将星河湾过往做产品的成功经验整理汇编成册，我们的定位是全行业最高品质标准。"黄文仔说。

星河湾的产品方法论

业界流传着许多星河湾打造产品的故事，"黄文仔尺度""星河湾标准"已成为脍炙人口的品质标签。

很难想象，黄文仔这样一位集团企业的掌舵者，对产品各个环节的细节竟然如数家珍。他笑言自己是星河湾的"总工程师"。毫无疑问，他是星河湾这本高品质住宅教科书的灵魂。

"三分设计，七分现场"，黄文仔反复强调现场的重要性，"很多问题在图纸上很难发现，必须到现场去感受"。他用这种务实的方式研究和思考产品。

星河湾产品对细节的完美处理，素来为业界所称道。在黄文仔看来，打造产品有很多因素要考虑，是不是足够人性化，是不是满足需求，有没有造成浪费，比例对不对，颜色衬不衬。所谓事无巨细，看似一些小节、小事，而最终呈现时却处处以小见大，需要用心、细致。

当然，只有每项工艺都完美，才会让细部的精致得以实现，所有相关工艺彼此作用，每个精致的细部相互联系，方取得整体环境效果。因此，黄文仔认为，工艺技术是建筑发展的必要条件。

"挖掘工艺技术的表现力，这是一项极其耗费心血的工作，却会收获令人惊喜的高品质"，星河湾选择这种实现高品质的路径，确实令人肃然起敬。

"高品质不一定是要通过高成本来实现"，对此，黄文仔非常肯定：高标准、好工艺、严管理之下，用普通材料也能做出好产品。

通过工艺升级，充分释放要素能量，这本是高质量发展的要义。

在地产圈内，星河湾各个板块的负责人，尤其是产品线的人才，一直是众多猎头公司高度关注的对象。但在黄文仔心中，星河湾产品的优势不是体现在某个部门或某个人，而在于综合管理能力。所以，一些在星河湾表现突出的员工，往往离开之后变得平庸，原因就在于他失去了整个产品团队的支撑。

"如果没有团队支持，你就是把我黄文仔挖过去，也难做出同样优秀的产品。"黄文仔笑称。

"工匠精神"近年来成为一个热词，作为极具代表性的企业，星河湾则用其独特的方式来诠释"工匠精神"内涵。

"我们有两个最基本的要求。"黄文仔解释，一是关注度，规定每个总经理必须至少有 50% 的时间都在工地现场，以保证对产品的关注；二是熟悉度，在项目图纸上任意指定一个点，总经理必须能够准确说出，方圆 5 平方米之内所有的设施设备、地形标高，以保证对产品的熟悉。"这是对总经理考评的硬指标和及格线，我会随时抽查。"

听到这个要求，估计不少房地产公司的总经理会吓一跳。但在星河湾，员工都口服心服，因为作为老板的黄文仔已经做到了。他在亲自监管广州、北京、上海项目时，对现场的一草一木都烂熟于胸。

"我粗略算了一下，这么多年以来，我去工地现场检查超过 3000 次，我亲手修改的图纸超过 1 万张，我亲自指挥种植的树木过万棵！"星河湾的项目并不是特别多，去工地 3000 次，意味着 20 多年来黄文仔几乎"泡"在工地现场。

黄文仔曾这样形象地比喻："工匠"的"匠"字怎么写？一个"口"加一个"斤"，意思是，在有限空间里面"斤斤计较"——在有限的资源下，在有

限的时间和空间内，充分运用好各种条件，通过合理安排将各种元素完美融合。所以，项目管理人员必须对现场条件非常熟悉，才能做到有效调动资源。

作为知名企业家，黄文仔对"工匠精神"的理解，显然区别于个体手工艺者。他更看重"工匠体系"的构建，他希望让工匠精神转化为组织的一种系统而持续、能够创造价值的能力。

"我们需要创立难以被轻易复制、但可稳定实践的先进工艺，我们需要设定代表业界最高水平的产品和服务标准，我们需要设立经过缜密计算、严格精确的协同机制，我们还需要打造一片传承和创新的沃土，让我们的理念、技能得以有序传承、不断改进、广泛传播。"（节选自黄文仔在星河湾集团年会上的发言）

受人尊重的黄文仔

星河湾从创办之初就以品质为立身之本，黄文仔对品质的坚守成就了星河湾，也对整个地产行业的发展产生了深刻的影响。

2018 年年初，在一次首都举行的庆祝改革开放 40 周年活动中，黄文仔应邀写下《致未来的一封信》：

致未来的一封信

未来的朋友们：你们好！

给你们写这封信的时候，我们正在回顾中国改革开放 40 周年的光辉历程，我们正在迎来中华人民共和国成立 70 周年的伟大华诞。

在我们这个时代，中华民族取得了举世瞩目的成就，每一位中华儿女，都在为实现中华民族伟大复兴的中国梦而努力奋斗。

在我们这个时代，中国房地产行业蓬勃发展，城市面貌和居住环境焕然一新。在这个时代，我们怀着对美好生活的向往，怀着对未来的期许，潜心钻研、精雕细琢，努力让许多年后展现在你们面前的城市依然美丽，努力让一砖一瓦、一钉一卯都铭刻上我们这个时代的记忆。

未来的朋友们，你们一定会看到，我们这个时代所留下的历史印记。你们一定会感受到，我们这个时代对梦想的执着。

祝愿我们的未来、你们的现在更加美好！

黄文仔

当天，在现场采访的记者看到，黄文仔在活动中很受关注和尊重，活动结束后仍然有很多人不停拉着他合影。

从经济体量上来说，星河湾并不算很大。之所以能有这样的影响力，得到大众的尊重，无疑是因为星河湾的高品质。

记者发现，星河湾在全国各地的诸多项目所在地，多数在项目伊始时并不是很好的地段，甚至是远离市区。但当星河湾的新项目开盘时，因为品质之高，每每都形成"满城尽说星河湾"的盛况。而后，星河湾项目往往又成为所在相对偏远片区发展的有力驱动。

▲ 星河湾半岛项目景观——古亭

据媒体报道，北京星河湾建成时，14 个国家的外交大使慕名而来参观。他们惊叹北京星河湾的品质，说了"三个想不到"。第一是，想不到在市区范围内，会有一个如此美丽的社区；第二是，想不到如此高标准的作品，只用了 16 个月建成，如果是在欧美国家，至少要 7 年左右；第三是，想不到完全由中国人设计、中国人建造的项目，会达到如此完美的水平。

2005 年，北京市规划委员会、北京市城市建设综合开发办公室、北京城市规划学会等部门联合出版《解读广州星河湾》《走近北京星河湾》，向地产企业推荐星河湾的高品质产品。官方为企业出版书籍，意味着政府充分肯定了星河湾对房地产行业高质量发展的带动作用。

接下来的几年中，在全国各地，有许多同行企业开始学习甚至模仿星河湾的产品，这个现象一直持续至今。无论是项目合作方，还是承建商、供应商，都对星河湾标准予以高度认同。星河湾标准，也是他们对产品、对员工要求的最高标准。

很多承建商、供应商表示，对星河湾是"又爱又怕"。"爱"的是，星河湾很讲究诚信，不会拖欠款项。最重要的是，与星河湾合作之后，在日后的项目拓展时，会成为非常有说服力的工程案例。甚至可以说，拿到了整个行业的"通行证"。"怕"的是，星河湾的质量标准，已远超一般行业规范的要求。不少承建商、供应商看了星河湾的施工图纸和技术要求后，都蒙圈了。

"一个只会建房子、卖房子、做生意的企业，是不会有出息的！企业必须有使命感。"黄文仔的目光看向窗外。

"好的建筑，不仅是当代的地标，更能穿越时空，让后人回溯历史，传承记忆。那么，50 年、100 年之后，我们这个时代将为后人留下怎样的建筑，铭刻怎样的民族记忆。"黄文仔在沉思。

登上辽宁舰的那一刻

品质，没有捷径；完美，没有终点。

1953 年生的黄文仔刚过完 66 岁生日，他希望将星河湾打造成为"钻石级企业"。到现在，他依然坚持每天下工地，对各项目情况了如指掌，每周风雨无阻，必打 3 场高水平高对抗的网球……

20 余年，黄文仔用匠心创造着星河湾的企业价值，也用自己独特的方法论，铭刻了一个时代的品质记忆。

"一个好生意、好企业一定表达了为大众所接受的价值理念。"黄文仔说。

采访之后，记者有豁然开朗之感。企业的价值创造，企业的影响力，不仅来自收入、利润这些指标，也来自它的社会意义。在普遍追求规模的当下，企业通过提升品质而实现价值的飞跃，可以塑造出更加持久的巨大影响力。

在星河湾的作品中，有一个黄文仔极其看重的，那就是汶川第一小学。

2008 年 5 月 12 日汶川大地震发生后，星河湾集团全资捐建抗震设防烈度达九度的汶川第一小学。黄文仔当时强调，汶川第一小学要做到两个第一：建筑质量第一、教学质量第一。如今，该小学的教学质量在当地闻名，学校本身也成为当地地标。

▲ 黄文仔在汶川第一小学建设现场

10年间，星河湾对汶川第一小学的援助从未间断：星河湾出资，让汶川小学教师走出大山，来到星河湾番禺执信中学附属小学，进行专题交流；每年年底，星河湾集团都发动员工向汶川捐款⋯⋯

这只是黄文仔与星河湾实现企业价值的一个例子。背后，是黄文仔浓浓的赤子之心、家国情怀。他和他的企业用行动赢得了社会和行业的尊重，也收获了沉甸甸的荣誉。

2013年4月，黄文仔成为首个应邀登上辽宁舰的爱国企业家。站在甲板上，眺望万里海疆，他非常激动，似乎有一种情感从内心喷薄而出。那一刻，他"深切感受到身后有一种维系着个人生死存亡、前途命运和精神寄托的强大力量，那就是国家"。

"事业也许没有国界，但企业家有自己的祖国。我切身体会到，心中有祖国，爱才会更深；身后有祖国，胆才会更壮；做事为祖国，劲才会更大；奉献给祖国，人生才更有意义和价值。"

写在前面

　　她积极构建星河湾美好生活体系，创立全国首个社区生活方式研究与实践中心，从智、善、挚、美四个维度诠释美好生活。她用温婉和坚韧，为建筑空间意义上的"家"赋予更多文化和情感的内涵。她推动星河湾企业管理升级，用过人的智慧和担当，让星河湾走上现代企业治理之路。她以博大的胸怀与格局，实施星河湾人才战略。她是星河湾高品质发展最坚实的后盾。她首创"社区＋公益"新模式，让公益成为美好生活的一部分，让慈善成为社区的最大公约数，从而完成社区更大范围更深层次的价值连接，为业主提供了一个自我实现的时代舞台。

▲ 星河湾集团联席董事长吴惠珍

吴惠珍：让美好成为生活的日常

唐珊珊 / 文

"星河湾不仅代表了好房子，更代表了一种美好的生活方式。"20 多年的时间里，星河湾集团联席董事长吴惠珍赋予了"家"这个名字更多的意义和内涵。

从人民教师到企业家，她是星河湾高品质发展最坚实的后盾，她用温婉和坚韧，探索构建星河湾美好生活体系，让美好变成生活的日常。

9 月，记者在广州与吴惠珍面对面，在她与星河湾的故事中，逐渐勾勒出一位女性在改革浪潮中成长为优秀企业家的精彩历程。

从教书育人到商海闯荡

1978 年，改革开放的第一缕春风不仅给广东人打开了观察世界的窗口，更带来了市场经济的商业思维。这一年广州率先进行价格"闯关"，放开蔬菜、猪肉、水产品等主要副食品和缝纫机、自行车等大件商品的价格。在吴惠珍记忆中，此时的广州每天都涌动着新的讯息，街头巷尾的报刊栏前总有许多人驻足，对外界有着天然敏锐性的广州人，在每一条信息中寻觅着商机。

同年底，吴惠珍被分配进入某小学任教，每天备课讲课，日子简单而充实，教室外这场势不可当的大潮似乎与她毫不相关。

"那段教师生涯是我人生中非常宝贵的经历。"在吴惠珍看来，教书育人的同时也沉淀了自己，让她从一个单纯的姑娘，慢慢蜕变成遇事冷静、有耐心的青年教师，这对她日后在商海中的发展起到了很大的作用。

几年之后，在黄文仔的力邀之下，她毅然决定中止这种平静如水的生活，从教师岗位辞职，与黄文仔一起做钢材生意，接受新的挑战。

一时间，她从朝九晚五上班的教师，变成了起早贪黑的生意人；每天打交道的人，从单纯可爱的孩子变成南来北往的商人；上班的地方，也从窗明几净的教室变成了堆满钢材的码头。

这种转变曾一度使吴惠珍迷茫，但广州这个改革前沿阵地并没有给她太多迷茫的时间。初入商海，她便展露出自己过人的商业才华，逐渐游刃有余。

钢材生意中，吴惠珍一项主要的工作是卖货和资金管理。20世纪90年代初的钢材市场，没有银行转账，也没有电脑系统记账，全靠人工纸质单据。南来北往的生意人，都是带着大包现金来进货。钢材生意涉及的货款动辄上万，很多客人会先交订金，赊一部分货款进货，等年底结清账，赊账欠账全凭彼此信任，最多写个欠条，连中间担保人都很少见，这种颇具江湖气的交易方式让很多商家相当头痛，却又无可奈何。不给赊账，会失去很多客户，赊账，年底结账时一算，貌似红火的生意居然亏了本。因此，及时清账做好资金管理，对生意的成败起着非常关键的作用。

令人称奇的是，在其他商家为坏账头疼不已时，整个钢材市场唯独吴惠珍的账本上没有一笔坏账。她讲诚信、懂包容，具有强大的沟通能力，做事果敢而坚韧，让生意伙伴们心悦诚服。

1994年，黄文仔和吴惠珍看到广州全面放开建筑市场，施行招投标，他们判断房地产行业将会是更为宏伟广阔的事业，毅然决定从钢材行业抽身，转型房地产。

让同行们惊叹不已的是，很多进货客户在得知吴惠珍要转型时，未到年底，都主动来清账。原本计划要用1年半时间收尾的生意，在吴惠珍的操持下，仅用 3 个月时间就顺利收清。

在创业阶段，吴惠珍凭借自己的商业天赋与人格魅力，运筹帷幄，保障了企业的资金安全，为下一步的发展奠定了坚实的基础。

影响深远的管理品质

作为品质标杆，星河湾为外界所熟知的是高品质产品，但高品质产品离不开背后高品质企业管理机制的支撑。吴惠珍以过人的眼光与胸怀，不断提升星河湾的管理品质，成为星河湾高品质发展坚强的后盾。

1994 年，黄文仔在广州成立了宏宇企业集团，集团拿下的第一个项目是 20 多万平方米的宏宇广场，这个项目的成功也为后来的星河湾奠定了基础。

如果说宏宇广场是吴惠珍与房地产结缘的开始，那么广州星河湾则让她深深爱上这个男性征战的行业。她笑称自己是星河湾"002 号"员工，见证了星河湾从图纸上的框线架构变成矗立在江边的辉煌建筑群，也在星河湾开启了自己的企业家之路。

2001 年，宏宇集团推出了第一个高端住宅项目广州星河湾。项目一入市便惊艳华南，大理石拼花和手工穹顶的匠人工艺、清水养鱼和小桥流水的文心雅趣、木栈道和彩檐廊柱的园林写意……让星河湾圈粉无数，也让星河湾从群雄逐鹿的地产江湖成功突围。2005 年，星河湾一路北上，以北京星河湾奠定江湖地位。2009 年 8 月，浦东星河湾开盘，再次创造了中国地产的销售纪录。

随着企业规模的壮大，集团开始出现管理、人力等与新业务结构不匹配的问题。传统的纸质办公，以及不会使用电脑的老员工，在飞速发展的互联网时代显得力不从心。吴惠珍意识到，企业发展不仅要有好产品，还要有好人才和先进的管理，她决定再难也要推进智能办公系统全面上线，加快现有人员的培训，同时物色专业人才。

转型的过程充满阵痛，为了让老员工快速适应新的工作方式和管理制度，她将每周三和周五定为培训日，带领大家一起学习。学习之余，她开始频繁在全国奔走，为集团寻找"能兵强将"。

在她的主导下，星河湾陆续引入了一批职业经理人，一时之间，星河湾里百花齐放。但是，引进人才容易，如何让他们发挥最大的能力并且融入星河湾文化，才是难题。

职业经理人来自四面八方各行各业，有在外企工作的经理人，有从报社加盟过来的媒体人，有在传统国企工作的资深管理者，也有在其他房地产企业转投过来的从业者，他们的文化背景、职业习惯、行事方式都已有原先很深的烙印，让他们融入星河湾大家庭并发挥出应有的创造力，需要企业家具有相当的格局与智慧。一旦处理不好，损失的不仅是人才，更可能对星河湾带来巨大的冲击。

吴惠珍再次展现出她大气磅礴的胸怀、格局与过人的领导力。一方面，她包容并蓄，对外来人才尽量宽容，给他们足够的空间去发挥；另一方面，不断丰富发展企业的文化，将优秀的外来文化逐步吸收融入星河湾，成为星河湾企业文化的一部分。而她自己，则成为职业经理人坚实的后盾。

在吴惠珍的推动下，星河湾引入了外资进驻中国的首批国内人力资源管理者，对原有的管理制度进行大刀阔斧的改革，同时建立起全方位的人才培育制度。2015 年，星河湾采取产研结合的模式，与哈尔滨工业大学创建星河湾学院，定期为公司输送优秀人才之余，也为现有员工提供专业的技术学习和培训，保持行业技术的更新迭代。同时，星河湾通过人才测评和人才数据分析，建立起"高精尖缺"的研发人才和领导力较强的复合型人才两大人才方阵。

新鲜血液的注入和管理制度的迭代升级，使星河湾从广州番禺走向全国，创造了一个又一个业界奇迹，也赢得了市场与社会的广泛赞誉。在星河湾这个舞台上，也孕育出很多业内知名的经理人。

有人说是吴惠珍慧眼识珠才能觅得如此众多良将，但吴惠珍却认为：企业和职业经理人是互相选择和互相成就，因价值观契合走到一起，也因互相认同而共同成长。

用智善挚美诠释美好生活

"星河湾用品质征服了市场，但要赢得业主的心，服务也非常重要。星河湾不仅是一栋房子，它也是每个业主的家。家不仅需要优美的环境，还需要贴心的服务、艺术的涵养、情感的交流，以及价值的融通。"

源于这一想法，2009年，吴惠珍开始投入更多精力去探索和实践，致力于以更为丰富的形式和内涵构建星河湾的美好生活体系。

她着手打造一个让业主们"从邻居成为朋友、再到事业伙伴"的高品质社区平台。在她的推动下，2009年，星河湾业主文化平台——中国星河湾大会成立。这个平台的搭建，让业主们分享体验、展示才华、实现价值，感受优雅的文化气息，沉浸于美好的心灵交流，融入和谐的人文生态，体验源自美好生活方式的幸福，极大地增强了社区生活的参与度与归属感，让社区更有温度。

如今，中国星河湾大会已走过10年，一位星河湾业主颇为感慨地说："房子除了满足舒适、安全、高品质的居住生活基本需求之外，通过发展商、物业搭建起这种社交平台，让业主互相之间相识相知，共享信息和资源，会建立友谊、产生商机和增强社区幸福感。"

美好生活的内涵是多维度的，而且随着时代进步不断演变，对美好生活的探索是无限的，因此，这种探索应该建立在科学研究的基础之上，才对未来有指导意义。吴惠珍着手与学术机构联手，建立美好生活的研究框架。

2015年10月，星河湾与暨南大学生活方式研究院合作，联合成立了全国第一家社区生活学院——星河湾生活学院。这是全国第一个社区生活方式研究与实践中心，也是全国第一个社区生活方式体验与传播平台，以及全国第一个社区生活方式体验服务产品的开发中心。学院将作为基地，进行科研项目"中国高端人群生活品质的标准体系建设"的研究。

2017年，星河湾生活学院携手暨南大学生活方式研究院对外发布《中国高净值人群生活方式报告（2017）》，这是国内首次针对高净值人群的生活方式专业科研报告，对于优质生活方式的构建和完善具有极强的指导意义。

有了平台与科研机构，吴惠珍着手建立社区文化机制。星河湾生活学院创立了社区沟通官机制，形成社区沟通纽带；同时推动建立了上百个社团，构建有效的社区文化单元。

在实践中，星河湾大步向前，全力推动文化艺术进入社区生活。在星河湾，每年举办近千场社区文化活动，业主生活得到不断丰富。

2016 年，星河湾将顶级文化艺术引入社区，邀请来自社会多个领域的著名学者、文化大师、艺术泰斗担任"星河湾生活家"，成立"生活家空间"，为星河湾业主日常生活服务。同年 4 月，"李云迪生活家空间"签约落户星河湾，业主可以在这里学习音乐，这也是李云迪首个立体音乐教育生态。此后，星河湾又与"李云迪生活家空间"联手举办了每年一度的星河湾全国钢琴大赛，这也成为全国钢琴少年们每年最为期盼的盛会之一。

2017 年，星河湾再出大手笔，联手宝库中国，打造了星河湾宝库＆艺术空间，率先启幕私人保管箱服务社区，让业主拥有家门口的"宝库＋

▼ 吴董与李云迪共同为"李云迪生活家空间"揭牌

博物馆"。如今，这已成为星河湾社区的文化标配。

在吴惠珍带领下，星河湾探索美好生活的未来方向愈加清晰，步履愈加坚定。2019 年，星河湾首次发布了生活学院的未来规划。智·启未来——教育；善·达天下——慈善；挚·睦友邻——社群（圈层）；美·美与共——人文（艺术）这四个方面将成为生活学院未来发展的方向。

首创"社区＋公益"新模式

"慈善公益也应该是美好生活的一部分。"在吴惠珍看来，无论企业还是个人，在社会生活中，都如同树木与土壤之间，汲取养分同时也以绿荫回报。

2008 年汶川大地震，星河湾第一时间决定全资捐建汶川第一小学，汶川之行让吴惠珍看到了企业所肩负的更为深远的责任，她开始思考如何发挥社区的力量，让星河湾的业主也参与到公益活动中来。

2017 年，她带领星河湾开始探索"社区＋公益"新模式。并通过三大行动，让"社区＋公益"新模式成为令人瞩目并且争相学习的公益范本。

首先是搭建慈善平台。近两届中国星河湾大会的慈善拍卖，是"社区＋公益"模式创新的集中体现。在第 9 届、第 10 届中国星河湾大会上，设置了慈善拍卖环节，郎平、钟南山、江南春等明星业主鼎力支持，捐出慈善拍品，全国 8 个城市的星河湾社区、4000 多名业主踊跃参加，通过网络连线，同步进行竞拍，筹得的善款全部用于公益活动。此举将星河湾具有标志性意义的社区文化平台与社区公益无缝对接。

2019 年 4 月底，星河湾社区公益平台——梦想星力量小程序正式上线，成为一个社区公益的专属线上平台，实现线上线下融合。

其次，吴惠珍分三个阶段，着力推动社区公益组织建设。

第一阶段是培育。2017 年起，第 9 届中国星河湾大会首次尝试会上举

行慈善拍卖，取得了众多明星业主的支持并大获成功。无论是业主大会的现场拍卖，还是前往汶川参与"梦想课堂"，处处可见星河湾业主的身影。这些业主是宝贵的公益火种，为下一步发展"社区＋公益"提供了良好的社区土壤。

第二阶段是榜样。吴惠珍邀请中国女排主教练、星河湾业主郎平担任星河湾公益大使。郎平说："我们小区公益氛围特别好，人与人之间互助互爱，这是社区的感染力。"这种源自社区的感染力和号召力让郎平备受感动，并参与到社区公益活动中来。

第三阶段是组织。2019 年，星河湾公益大使郎平和 16 位星河湾社区公益先锋，共同启动成立星河湾首个社区公益组织——"星力量公益社"。这也标志着在探索社区公益新模式的道路上，实现了新的跨越。

连接了业主，如何开展社区公益实践呢？星河湾启动多场"梦想星力量"系列公益实践活动，星河湾业主先后奔赴汶川、汕尾、连南等地，助力孩子们追梦。

2018 年 4 月，"梦想星力量·星河湾汶川梦想守护计划"在汶川县第一小学举行，国际著名钢琴家李云迪作为梦想导师团团长，率领星河湾业主亲临汶川，为孩子们带去一场精彩的"梦想课堂"。在业主团前往汶川时，一位业主在 400 人的社团微信群中全程直播本次公益活动，随后各大社团、众多业主几乎打爆了星河湾的客服电话，强烈要求参与下次慈善活动。这一系列慈善活动在业主朋友圈刷屏，也引起媒体高度关注。媒体评论，一次社区公益，传播量过亿，可谓创新驱动公益！"梦想星力量"公益活动因此也入选年度 10 大公益传播事件。

2019 年 4 月，"2019 梦想星力量·星河湾汕尾公益行"在汕尾海丰县澎湃中学举行，星河湾公益大使郎平带领爱心业主向学校赠送签名排球，向学生们赠送运动包，现场指导学生打球技巧，通过分享自己的心路历程，勉励孩子们敢于有梦、勇于追梦、勤于圆梦。

9 月启动的"梦想星力量·星河湾连南留守儿童护航计划"，星河湾业主们探访连南留守儿童家庭，送去爱心礼包，与孩子们一同学习安全知识课程，增强他们的安全意识和防护能力，为留守在大山中的孩子送去陪伴与关爱。

"社区＋公益"新模式取得了巨大的成功，源于星河湾有着公益的土壤和基因，也源于业主有着强烈的个体自我实现要求。它传递了正能量，凝聚了社区力量，也感召着时代精神。在将社区公益的力量凝聚起来的同时，也进一步增加了业主对社区的认同感、归属感。

在吴惠珍看来，改革开放 40 年，房地产行业已从"好房子"走向"美好生活"时代，公益也是美好生活的一部分："我们希望把公益作为一种生活方式，通过搭建社区公益平台，倡导一种生活向上的社区文化价值观，带动更多人参与到公益事业中来。"

"社区＋公益"新模式的探索，不仅让业主们感受到了美好生活的内涵，更具有广泛而深远的社会意义。社区是社会的基本单元，是社会治理的"最后一公里"。在吴惠珍的努力下，星河湾通过公益这个核心价值观纽带，不仅实现了社区居民间更大范围、更深层次的连接，也让慈善成为社区最大公约数，在社区有效传递了正能量，从而激发出基层社会治理的活力。多年来，吴惠珍对公益慈善事业作出了巨大的贡献，2019 年，她获得了中华慈善总会颁发的"全国慈善会爱心企业家"。

在某种意义上，"社区＋公益"新模式树立了一个新时代社区治理的路径创新范本。

回首来时路，吴惠珍感恩时代给予的机遇；对于未来，她坚定前行："过去我们或许很成功，但我们仍需求变之心，仍需行动之力。坚持该坚持的，以求自立；改变该改变的，以求自新；唯创新者进，唯创新者强，唯创新者胜。"

写在前面

与改革开放同岁的中天金融，从房地产开发、旧城改造到贵州首家上市企业，再到城市地标"建设者"，深耕贵州 41 年。

在开启了"金融＋实业"的战略新征程后，如今的中天金融正逐步构建"绿色实业、精品地产"的发展格局。同时，投身"大扶贫"，打造精准脱贫样本，让"精神火炬"照亮乡村，助力乡村振兴。

▲ 401 米刷新贵州高度——位于贵州金融城的 ZTF 中心

我们与改革开放同龄

万小强 / 文

中天金融的前身是"贵阳市统建指挥部",诞生于 1978 年,从这一年算起的话,中天金融的历史已经有 41 年,与改革开放同龄。

作为"贵州概念股"的突出代表,中天金融集团是贵州省第一家上市公司,2017 年之前是中天城投集团,是贵州省最大的本土房地产企业,以开发中天·未来方舟、贵州金融城等绿色生态、产城融合项目闻名全国,位居全国房地产百强之列。2017 年至今,引金入黔、服务实业,扎实推进战略升级,上市公司中天城投更名为中天金融集团,作为房地产开发主体的中天城投集团则成为中天金融集团的控股子公司。

41 年发展中,中天金融经历了改制、更名、上市、战略升级。作为一家深耕贵州 41 年的企业,中天金融勇于承担社会责任,拥抱时代发展潮流,与贵州的高质量发展同频同向、同步共进,获得了快速的成长。尤其是近 10 年,得益于贵州的跨越发展,中天金融也取得了前所未有的高速增长。

每一步都与贵州同步。从城投模式、地产开发主体,到 1994 年改制上市成为贵州最早的上市企业,再到混合所有制转型,再到以绿色实业金融服务为方向的战略升级,中天金融的发展可以称得上中国经济体制改革和企业改革的教科书。

作为贵州省城市化进程和房地产市场的中坚力量,中天金融以一二级联动推动旧城改造和城市开发的"生态宜居、产城融合"的创新实践，在推动贵阳城市化建设和房地产市场发展方面作出了巨大贡献，堪称房地产行业经典案例之一。

贵州发展的缩影

中天城投前身是1978年贵阳市统建指挥部，真正成为一个企业是1980年在贵阳市统建指挥部的基础上成立的贵阳市城镇建设用地综合开发公司，1984年更名为"中国房地产建设开发公司贵阳公司"。接下来，1993年3月，中国房地产建设开发公司贵阳公司进行股份制改革，1994年1月8日贵阳中天（集团）股份有限公司正式挂牌成立。1994年2月，"黔

▼ 中天201大厦

中天"在深交所上市，成为首只登陆 A 股市场的贵州上市公司。1998 年，公司更名为"中天企业股份有限公司"，股票名称也随之更名为"中天企业"。2000 年 11 月，由于世纪兴业投资有限公司取得公司的实际控制权而更名为"世纪中天投资股份有限公司"，股票简称改为"世纪中天"。

2006 年 9 月，金世旗国际控股股份有限公司与世纪兴业签署了股权转让协议，由金世旗控股受让世纪兴业所持世纪中天法人股 1.099 亿股。2007 年 5 月 9 日完成股权分置改革。金世旗控股入主世纪中天后，完成了更名，股票简称改为"中天城投"。

产城融合、产城一体

2007 年之后，中天城投开启了后来闻名全国的"产城融合、产城一体"模式。

"深耕贵阳房地产市场 41 年，土地一级开发和一二级联动开发经验丰富，并以大体量、配套齐全的城市综合体为项目的主要开发形式，多年来保持在贵阳房地产市场的稳步扩张及较强的竞争实力。"这是中天城投对自己定位的评价。

2007 年以来，中天城投操盘的绿色生态、产城融合项目是中天·未来方舟和贵州金融城。中天·未来方舟占地面积约 15000 亩，建筑体量约 1300 万平方米，贵州金融城总占地面积 200 公顷，建筑体量 780 万平方米。

中天·未来方舟是绿色生态、生态宜居经典项目的代表，其后几年，贵阳相继出现了十几个体量超过 200 万平方米的大盘。

中天城投投资建设的未来方舟、贵州金融城项目均是体量超过 700 万平方米的成片整体开发项目。位于云岩区的未来方舟是居民超过 17 万人的超大型居住区，是中天旗下典型的生态新城综合体代表作，是全国首批 8 个国家绿色生态示范城区之一。位于观山湖区的贵州金融城是贵州省全力

494

打造的"引金入黔"战略的落地项目，被写入贵州省"十三五"规划，是中国西南地区最大的金融产业集群，是贵州省委省政府、贵阳市委市政府倾力打造的西南金融产业生态。

截至 2018 年底，中天城投累计开发规模达 5000 万平方米，开发项目达 50 余个，涵盖城市更新、产城运营、城市公建、精品地产项目等领域。形成了在贵州具有广泛影响力的中天住宅品牌，成为贵阳市场最具有竞争力和创新意识的城市运营商。

2011 年，国际会议展览中心、中天凯悦酒店的建成运营为贵阳城市建设增添了新的亮点，而公司总部大楼"201 大厦"也以独特外形成为贵阳新的地标建筑。

全周期城市建设及运营

在 41 年的发展历程中，除了住宅、写字楼的建筑外，中天金融旗下中天城投承担了道路、管网、公建配套、教育、医疗、商业、公园等部分配套的建设职能，以实际行动推动贵阳城市更新、产业升级、民生改善。深度参与城市化进程，积极响应城市需求，致力于城市更新，在城市建设实践中形成了以前期生态规划、中期高效建设、后期持续运营为特征的全周期建设及运营模式，也就是"全周期城市建设及运营"的"城市化运营"模式。

中天城投积极参与贵阳城市公建项目，41 年来在贵州建设了多个文化地标，如 16.07 万平方米的筑城广场、2 万余平方米的孔学堂、贵阳城乡规划展览馆等已成为贵阳城市标杆性公建项目及精神高地。此外，中天金融集团建设的贵阳国际生态会议中心成为生态文明贵阳国际论坛会议的永久召开地。

由于项目体量大，只能分段分期开发，项目整体开发周期持续数年，中天城投多年来一直承担着公共产品提供者和城市化管理者的角色，积累了体系化的城市化管理模式，也就是通过市政管理、城市配套管理、城市文化体系打造和区域开发管理，对所开发的项目进行整体化、规范化、品质化管理运营。

所谓市政管理，包括道路、管网、公交、BRT、路灯以及公建等部分。在建造1300万平方米的未来方舟的过程中，这些公共建设大部分是中天城投一手打造。为确保整个区域的景观和交通，中天城投在公共建设中投入巨资，将南明河边的道路由过去的4车道拓宽到了6车道。

此外，项目建设之初，未来方舟毗邻的"贵阳的母亲河"南明河段曾经是窄小的臭水沟。中天城投投资10亿元进行改造，建造了世界上最高的气动盾形闸门景观坝，清理了淤泥，拓宽了河道，建了沿岸截污沟，建设了城市垃圾处理系统，进行了噪声污染整治，有害气体、辐射污染治理。如今，项目面前7.2公里长的河段已经是南明河最亮丽的风景，被赞誉为贵阳的"小外滩"。

未来方舟是贵州第一个施行以可再生能源进行集中供暖的绿建项目，让入冬供暖成为贵州精品地产的标配和建造趋势，也是长江以南集中供暖引入大型社区的示范。

此外，中天城投在未来方舟布局了学校网络，拟建21个学校，包括从幼儿园到小学、中学的完整的教育体系，在未来还将引进全国排名50强以内的学校。文体娱乐配套方面，未来方舟成立了中天书画院、中天美术馆，项目内建造了省歌剧院以及西南地区最大的IMAX独立影城。医疗资源方面，项目内规划建设了一所三甲医院，目前正在与四川、北京、上海等著名医院进行沟通，引进省外优质的医疗资源。未来方舟还建立了公园网络，整个未来方舟有13个公园。未来方舟范围内所有的公交车站，都由中天城投出资，统一设计、建造。

中天城投的城市化管理体系中，城市文化价值的打造占了很大的比例。"我们有一句口号叫'修人文以润繁华'。"未来方舟颁布了《居民公约》《礼仪方舟》《情义方舟》《绿色方舟》《方舟问候语》等社区文明规范，还基于"路到哪里，文化就到哪里"的理念，对区域内所有的路名用"博学、尚礼、崇义、友邻"八个字进行重新命名，进行了沿路网关键节点的文化小品打造、公交站台打造，称之为"文化路网"，在未来方舟的组团区域划分上，划分为博学区、尚礼区、崇义区、友邻区。

共享经济：让市民成为城市的"股东"

在与贵州协力发展的历史进程中，中天金融通过推进共享理念与产业发展结合，实施贵铝生活区棚户区改造、贵州云岩区延安东路延伸线建设等项目，让更多企业职工、市民成为城市建设的股东，享受城市发展红利，形成政府、企业、百姓共商、共建、共治、共享的城市发展格局，实现社会治理与经济发展有机结合，加速贵阳的城镇化进程。

其案例之一即中天金融将与贵州铝厂有限责任公司共同实施"贵铝电解铝老工业区改造共享项目"，在土地资源开发、终端消费铝应用、资产经营、人力资源等方面开展深度合作，打造贵州金融城·北城。作为中天金融践行共享经济、积极参与城市更新的重要举措，项目本着"资源变资产、资金变股金、职工变股东"的原则开展合作，并通过后期资产运营，实现长期稳定可持续的收益。项目还将通过大数据金融产业的快速发展和金融业的溢出作用，助推贵阳市"十三五"期间大数据相关产业规模总量快速增长。

我们可以看出，中天城投与其他一些开发商做的有明显区别，在过程中创造了独特的全周期城市建设及运营模式。即通过城市化管理模式推动城市更新，一手打造城市基础设施和城市配套，在一片城郊的未开发的"荒地"上，在没有基础设施配套的情况下，进行资源的创造，推动商业的繁荣和产业的发展。其他开发商是在项目规划的红线之内打造项目的配套，而中天城投则是在对规划红线之外的城市公共空间进行基础配套的整体建设。

基于"全周期城市建设及运营"的品牌定位，近年来，中天城投形成了以地产为主营业务，文旅、市政、商业、物业、教育、体育六大板块共同支撑的多产业发展格局，致力于以多维度建设及运营经验，推动城市可持续发展。

除了在本土深耕细作，中天城投集团还通过城市建设及运营带动精品地产的全国拓展，重点布局以北京为核心的京津冀经济圈、以上海为核心的长三角经济圈、以粤港澳为核心的泛珠三角经济圈及云贵川渝经济圈，目前已在南京、泸州、珠海等地进行多个项目的投资合作及建设运营。

此外，中天城投全面聚焦科技引领、低碳节能的绿色建筑，率先实现了贵州绿色建筑零的突破，也是全国生态城区开发运营的引领者。截至2018年底，中天城投绿色建筑开发面积已逾1218万平方米，占十年来总开发规模的73%，获得高星级认证的绿色建筑占比达50%；其中，贵阳国际生态会议中心获中国绿色建筑三星认证、美国绿色建筑委员会LEED-NC铂金奖认证。旗下另有多所建筑获中国绿色建筑三星认证、LEED-NC金奖认证。

最坚定的转型：从中天城投到中天金融

为了化解西部地区金融事业发展不平衡、不充分的现实难题，针对贵州金融资源短缺、金融法人机构缺乏的现状，中天金融确立了引金入黔、补齐贵州金融短板的战略升级方略。

2014年以来，按照贵州省"十三五"规划提出的深入实施"引金入黔"工程以及贵阳市委、市政府"引金入筑"战略的总体要求，为解决地方法人金融机构发展与全省经济社会发展需求不相适应的矛盾，补齐贵州金融短板，中天金融积极布局金融业，先后收购或发起设立保险、证券等法人金融机构。

2017年3月，中天城投正式更名为中天金融集团股份有限公司。中天金融定位于"绿色实业金融服务"，以保险、证券为抓手向绿色实业金融服务进行战略升级，通过补齐贵州金融短板，拓宽贵州中小企业融资渠道，降低其社会融资成本，促进金融生态健康发展。顺应市场机遇，中天金融稳步推进"绿色发展、服务实业"的战略目标，以金融服务实体经济为宗旨，推动实体经济绿色转型，实现资源的优化整合和高效配置，助力贵州经济绿色发展与资源共享。

按照贵州省"十三五"规划提出的深入实施"引金入黔"战略的总体要求，中天金融全面践行"引金入黔"助力脱贫攻坚，以普惠保险强化民生保障、以普惠金融助推实体经济。积极推动旗下各金融企业将机构和服务下沉到贫困地区，引领金融市场力量，积极引导贫困地区利用金融产业促进当地社会经济内生式发展。

8 月 22 日，贵州证监局核准中天国富证券经纪、证券自营业务资格的批复，标志着中天国富证券向全牌照迈发步骤的加快。同时，2019 年中国证监会分类评级中，中天国富证券评级提升至 A 类，夯实行业第一梯队地位，项目数量不断递增，坚持打造精品投行。

中天金融旗下成员企业中天国富证券投行业务规模不断扩大，并购重组类项目上会数量、交易规模、承销金额进入行业第一梯队。友山基金持续加强内控外控双保险，实现业务收入稳步提升，跻身全国私募基金管理公司第一阵营。中融人寿加强公司治理，合规经营和风险管理水平大幅提升，2018 年规模保费同比增长 39.1%，一改连续两年亏损的局面实现扭亏为盈。

扎根贵州真扶贫

作为贵州的龙头民企，中天金融积极投身脱贫攻坚。秉持"根植社会、回馈社会"的企业公民责任感积极投身社会公益事业，2007 年至今脱贫攻坚、捐资捐建超过 30 亿元。

投身"大扶贫"，打造精准脱贫样本。2017 年 5 月中天金融入驻贵州

▲ 团结村曾经的荒山上建起了星级民宿星空木屋

省遵义市播州区平正仡佬族乡团结村，对口帮扶"时代楷模"黄大发的家乡，提出"践行三变、融合三产、振兴三农"的金融精准扶贫新模式，制定了党建扶贫、医疗扶贫、保险扶贫、结对扶贫、教育扶贫、旅游扶贫、产业扶贫、消费扶贫等 8 项措施。

党建扶贫，入驻团结村的第一时间便成立了党支部、团支部。党建统领、精准施策、精细帮扶。

医疗扶贫，对村医进行培训，组织专业医疗队对村民进行体检，建立健康档案，定期送医送药下乡。

保险扶贫，为 5430 名村民购买意外伤害险、意外医疗险，总保额 3.2 亿元，让贫困群众摆脱因病致贫、因病返贫的困境。

结对扶贫，中天金融集团经理级以上454名员工，与团结村454户贫困户结对子，制订并实施点对点、心连心的帮扶方案。

教育扶贫，出资3000万元设立教育公益基金，为团结村所有高中生、大学生提供全额教育资助。

旅游扶贫，中天金融出资3500万元，村集体以"大发渠"无形资产估值3000万元作价入股，成立大发旅游公司。200名来自旅游合作社的村民，分批次进入中天旗下的五星级酒店、物业管理公司，进行量身定制的跟岗学习培训。中天金融投入资金将村民房屋改造为星级民宿，经过职业培训的村民成为民宿服务员，可获得房屋租金收入、工资收入、年底分红三份收入。

产业扶贫。中天金融出资4000万元，团结村村集体以土地使用权作价入股出资1000万元，成立共同持股的大发农业公司。全村1540户，户户受益，其中700户有直接经济增收，户均增收两万元，最高户增收21万元。

消费扶贫。2018年7月，中天金融正式发布团结村农旅产品品牌"乐耕甜"，线上线下、销售推广"猪牛羊、蜂蜜、大米、挂面、菜籽油、蔬菜"等特色农产品。

2017年末，中天金融在贵州毕节赫章结构乡的"五个一"精准扶贫项目投入总计1个亿，教育扶贫与医疗扶贫并行，建设一所30个班的住宿制小学、一所18个班的幼儿园、一所卫生院，帮助当地2000多户居民改善入学难、上学难、看病难的现状。小学、幼儿园、卫生所均在2019年结构封顶，并在2020年投入使用。

2017年4月，中天金融旗下贵州金融城向息烽县西山镇联合村捐赠500万元，用于该村扶贫解困工作。中天金融旗下中天国富证券向织金县慈善会捐赠200万元，用于建设织金县熊家场镇（中天）农业服务中心，助力提升织金县熊家场镇基层组织综合治理能力，提高产业发展技术。

自2007年以来，中天金融集团旗下的教育系统——中天幼儿园、中天小学、中天中学，共同接纳了28位"蓝天孩子"，这些孩子将在中天的

▲ 时代楷模黄大发老支书亲自推销家乡的农业品牌"乐耕甜"

资助下修完大学学业，这即是中天金融集团发起的"助孤成才 蓝天计划"公益行动。

中国房地产报：作为 41 年历史的房地产开发企业和城市运营商，为什么要向金融转型？

中天金融：随着改革开放的深化和脱贫攻坚的紧迫，金融作为现代经济的核心，资源配置和宏观调控的重要工具，推动经济社会发展的重要力量，对贵州实现跨越发展的作用日益凸显。要完成贵州省全面发展的伟大事业，主要保障在于大力发展金融事业，只有通过金融的合规发展、适度发展，才能为实体经济尤其是贫困地区社会经济提供强大的支撑。

积极响应贵州省"引金入黔"战略，发挥金融对实体经济发展的推动作用，助力贵州省三大战略，我们积极布局金融领域，希望通过发展以保险和证券为核心的金融业务，推动实体经济向上向好，服务贵州社会经济发展。我们希望能在贵州发展的历史时刻，发挥企业作为市场主体的力量，回报多年来支持我们的贵州父老乡亲。

中国房地产报：中天金融41年的发展，最应该感谢谁?

中天金融：追根溯源，企业的发展离不开党的领导，离不开时代发展的潮流。我们将"感恩党、听党话、跟党走，按市场规律办事"确立为企业的发展价值观，这是与中国经济同步发展进程中积累的宝贵精神财富，是深耕贵州41年形成的光荣传统。

牢固树立"四个意识"、持续坚定"四个自信"、坚决做到"两个维护"，中天金融始终将加强党建统战与企业生产经营、员工队伍建设紧密结合，形成了"同发展、互促进、共提高"的良好政经生态，塑造了"讲政治、顾大局、守法规、求高效、勇担当"的社会形象。

中天金融是应改革而生的，中天金融的前身"贵阳市统建指挥部"诞生于1978年，与改革开放同龄。在41年发展中，中天经历了改制、更名、上市、战略升级。作为一家深耕贵州41年的企业，我们在每个关键的时间点，勇于承担社会责任，拥抱时代发展潮流，与贵州前进逻辑同步共进，才获得了快速的成长。尤其是近十年，得益于贵州的跨越发展，我们也取得了前所未有的高速增长。

正因为不忘初心，坚守商业的本质，遵循历史发展要求，顺应时代前进潮流，中天金融才能有今天的良好发展态势。41年来，中天金融的每一个足迹，都印证了我们在时代的洪流中，始终是区域经济现代化进程的重要参与者，是时代发展的弄潮者，是历史前进的见证者。中天金融的每一步，都与贵州发展同步。这些都是源于我们在党的领导下，勇于承担企业责任，积极主动响应国家、贵州、人民的发展需求。

当前，中天金融正处在发展的关键时刻，为了集中精力，轻装上阵，我们调整战略布局，朝着"服务实业、发展民生"迈出坚实一步，预示着中天金融发展步入新的阶段、新的目标、新的征程。这是中天金融主动顺应新时代中国特色社会主义新特点的要求；是中天金融不忘"让生活更美好，对贵州有贡献"之初心的需要；是中天金融对"在历史前进的逻辑中前进、在时代发展的潮流中发展"的实践。

中国房地产报：中天金融在贵州扶贫攻坚事业中做了很多可圈可点的事情，中天金融参与扶贫攻坚的理念和做法是什么？

中天金融：贵州是脱贫攻坚的主战场，作为在贵州成长起来的、根植贵州 41 年的本土企业，消除贫困、改善民生，打好脱贫攻坚战，中天金融责无旁贷。打赢脱贫攻坚战，有利于增强经济发展内生动力、提升劳动力素质、促进经济结构转型、推动经济发展更平衡更充分。中天金融一定在党的坚强领导下，坚决承担企业社会责任，为人民谋福利，为社会作贡献，全力配合中央和省市要求，坚定不移奋战在脱贫攻坚一线。

中天金融所做的，就是积极配合政府、市场、社会协同发力的大扶贫格局，发挥企业作为市场主体的优势，整合资源，创新扶贫模式，激发贫困群众的脱贫热情。中天金融在结对帮扶遵义播州区平正仡佬族乡团结村的过程中，积极探索可持续发展的金融扶贫、产业扶贫路径，创造性地提出了"以三变融合三产振兴三农"的金融精准扶贫新模式。通过"三变"与团结村村集体成立贵州大发农业发展有限公司和贵州大发旅游发展有限公司，推动团结村的资产股份化、土地使用权股权化，盘活农村资源资产资金，激发农民参与热情。通过公司化运作，推动"三产融合"，在"公司＋合作社＋职业农民"的合作模式下，加快团结村一二三产业融合发展，建设现代农业产业体系，吸引农民回乡就业创业。此外，我们结合团结村的资源禀赋，不搞大开发大建设，因地制宜选择适合当地生态发展条件的生态农业和山地旅游，先后成立生态猪养殖合作社、中华蜂养殖合作社、旅游专业合作社。经过一年的努力，我们的金融精准扶贫模式已经初见成效。大发农业公司以"乐道躬耕，先劳后甜"理念创设全新的"乐耕甜"农业品牌，通过打通产供销产业链，解决了农业产业扶贫中农产品品牌不响、质量不高、销路不畅的难题。

团结村农旅产业蓬勃发展，大发旅游公司把生态环境优势和红色老区人文优势转化为经济优势，对团结村进行生态美化，改造民宿，发展山地特色旅游。旅游一期开放后将达到年10万人次的接待量。

另外，值得一提的是我们积极践行普惠金融精准扶贫。旗下中融人寿为遵义市播州区平正仡佬族乡团结村村民购买了总保额近2亿元的意外保险。2015年，中天金融集团旗下中天国富证券与贵州安顺市合作，推动发行农业产业融合专项债；友山基金为贫困地区量身定做扶贫基金计划。

写在前面

　　他是一位默默耕作于城市大计的拓荒人，他是中国民营软件园开发第一人，他是我国慈善领域最高荣誉的获得者。热心慈善彰显博爱与大义，开辟"官助民办"产业园区模式，助力产城融合，深耕产业地产 20 余载，轻重结合确立亿达发展宏略。

▲ 亿达集团董事局主席孙荫环

孙荫环：产业报国是最大理想

苗野／文

从仰望星空到脚踏实地，民营企业家被历史大潮推到了时代前列。

他是一位默默耕作于城市大计的拓荒人，他是中国民营软件园开发第一人，他是我国慈善领域最高荣誉的获得者，他开辟"官助民办"产业园区模式，他深耕产业地产 20 余载，轻重结合确立亿达发展宏略。

他就是亿达集团董事局主席孙荫环。

曾经有这样一段文字描述民营企业家："身为弄潮儿的他们在激荡中前行，他们有的乘风破浪、有的豪情满怀、有的精于计算、有的勤恳坚毅、有的进退维谷。"对于 20 世纪 80 年代的创业者而言，正值改革开放初期，体制闸门放开后，一大批有志之士纷纷涌入创业大潮中。

一个时代的转变常常是从最小的变动开始，而最初只有很少的人能感觉到。1984 年，孙荫环带着大连市甘井子区红旗镇 50 多名刚刚从农民转型的建筑工人走向城市，从一个乡镇建筑装修队起家，通过大打质量牌迅速成长为当地一家知名的乡镇企业。随后趁势进军房地产开发行业，成为我国民营企业中最早进入房地产行业的企业之一。之后随着中国改革开放和大连的快速发展，亿达日渐成长为集房地产开发、园区开发、软件信息服务一体的现代化综合企业集团，孙荫环成为时代的弄潮儿。

如果把万科、招商地产、保利发展等企业放在一起寻找它们的共同之处，那就是这些房地产企业都出现在 1984 年。彼时，商品经济时代的魅力开始显现，推行住房商品化的思路日渐清晰。房地产公司从政企不分的混血儿过渡到完全企业化，就始于这一年。

孙荫环的过人之处，就在于他能精准地读懂政策的信号，踩准时代的鼓点，敏锐嗅出市场的讯息。1992年，他组建大连渤海机床厂，因从全国最著名的机床企业挖人，引发"大机和小机"的大讨论而名噪一时。

从亿达诞生那天起，他就提出"企业为社会而生存"的发展理念，并致力于提供最佳的生活空间和工作空间，致力于建设人与自然、产业与环境和谐共生的科技园区，致力于成为优秀的城市运营商。产、城、房、人，在孙荫环的大胆创新与运筹帷幄中紧密地连接在一起，为新型城镇化建设提供了先行样板。

对于未来，孙荫环相信行业会更好，人民会更好，国家会更好。他说："世界正处于百年未有大变局，中国正处于近代以来最好发展期，两者同步交织、相互激荡，中华民族伟大复兴的大幕正在徐徐开启。"

大连软件园，梦开始的地方

时间来到20世纪90年代。

正值大连城市改造的第一轮热潮，企业搬迁、棚户区改造带来了房地产开发的第一个黄金时代，亿达第一次跟上了城市发展的脚步，成为城市建设和发展的重要参与者与追随者。

从亿达承接的第一个项目大连景山宾馆工程，到亿达作为国内第一批具有出国施工资质的企业，在苏联远东地区承接了53个建筑和装修项目，再到中标被大火烧毁的凡尔赛宾馆修复工程而享誉远东，亿达始终坚持以质量求生存的经营之本。到了20世纪90年代中期，亿达已经发展成当地高品质的龙头房地产企业。"住亿达房子，过舒心日子"在当时几乎是家喻户晓。

在追随城市发展的过程中，亿达逐渐清晰认识到城镇化不是一个简单的物理过程，城镇化过程中最迫切要解决的是产业的植入。只有解决了产

▲ 大连软件园全景

业问题，人才能活跃其中，新城才能成为一座有活力可持续的城。

　　这时孙荫环开始思考几个问题，城市需要什么样的产业？如何将企业自身所具备的优势与一个符合未来社会发展、政府大力支持、对城市能够作出贡献的产业紧密结合起来？为此，亿达曾经尝试做传统工业园区，可是并不成功。但是孙荫环没有放弃，始终在寻找机会。

　　1997年底，大连市政府为了促进产业升级，决心大力发展软件产业，这让正在为刚获批的大连市郊星海湾畔那3平方公里的项目建设而发愁的孙荫环嗅到了商机，他立刻动身前往美国硅谷进行考察，并执意要在那片荒芜的棚户区建设一个能够带动高端城市化的软件产业园区。

孙荫环回忆道："记得当时的副市长夏德仁说软件和信息服务业将是中国未来产业发展的主流。那个时候虽然我对软件和信息服务业很陌生，但我朦朦胧胧地感觉到，这是个很有发展前途的产业。"

于是后来就有了"三只羊领着一头牛垦出一个软件园"的故事。那是1998年农历大年初三，孙荫环驱车从大连赶到沈阳，专程登门拜访东软集团总裁刘积仁，希望说服他与亿达联手兴建大连软件园。

"刘老师，我们要建软件园，在大连发展软件产业，想请您与我们一起发展。我本人对软件行业不熟悉，但是我会做到，您怎么定，我就怎么办；您往哪里指，我就往哪里走。"这是孙荫环见到刘积仁说的第一句话，也打动了刘积仁。同年4月，东软集团与亿达集团确定了战略合作伙伴关系，东软集团成为大连软件园第一家入驻企业。

"孙刘"的强强联手标志着中国发展最快、国际化程度最高的软件园区——大连软件园正式拉开了建设大幕。作为园区投资、建设和运营商的亿达集团在经历了15年的努力探索之后，就此走上了一条产城融合的新型城镇化践行之路。

大连软件园的发展犹如一支离弦之箭，以最初的3平方公里作为第一颗"细胞"，不断扩大、深入和蔓延，如今在大连旅顺南路软件产业带上，以大连软件园为起点，已经伫立起腾飞软件园、东软软件园、亿达信息谷、天地软件园、华信软件园等多家软件园。

如今，这片区域已聚集了包括简柏特、IBM、埃森哲、惠普等60余家世界500强企业在内的近千家软件企业，超过10万名软件人才，是大连单位GDP贡献度最高、能耗最低的绿色增长区。

▲ 孙荫环出席达沃斯论坛

官助民办，助力产城融合

作为一个行业，房地产是在 1984 年被命名的。作为共和国的同龄人，孙荫环最大的理想就是产业报国。用传统房地产业推动软件与科技产业融合发展，是亿达走出的一条创新轨迹，也是孙荫环打磨最硬核的实力。

《纽约时报》专栏作家托马斯·弗里德曼在《世界是平的》一书中提到："我必须亲眼去看看大连，中国的班加罗尔。大连不仅在中国很出色，摆在硅谷也会十分抢眼，有宽阔的林荫大道，美丽的绿色空间，林立的大学与技术学院，庞大的软件园区……"

弗里德曼所提及的软件园区，就是大连软件园，它已成为大连新的国际品牌形象。可以说，大连软件园完成了中国软件信息产业发展史上一次伟大的探索与实践。孙荫环也由此被誉为中国民营软件园开发第一人、中国产业地产重要开拓者。

软件园的成功，让孙荫环带领下的亿达集团逐渐从传统的房地产开发商升级为"城市运营商"。

2009 年，大连抓住东北老工业基地振兴和辽宁沿海经济带开发开放两大战略机遇，决定开发建设大连生态科技创新城，推进全域城市化进程。亿达承担起 15.26 平方公里核心区开发建设与运营的重任。

此处北面渤海湾、南拥四大望山、西临大黑石海滨、东连体育新城。根据大连整体规划，这里将建设一个"生态科技创新城"。当时的规划目标是，这座未来人口控制在 30 万的新城，5 ~ 10 年后将是大连乃至东北地区产业形态最高端、生态和智能环境最优越、城市基础设施最现代、优秀人才最集中的地方。

这也让亿达意识到，生态科技创新城不仅是给大连增加一个产业园区，而且是要为大连提供一个绿色文明、宜居宜业的高端综合生态开发样本。

从大连软件园到生态科技创新城，亿达的两次造城，恰恰暗合了中国当下的"城镇化"命题，也促使亿达集团坚定走"产城融合"的城镇化发展之路。

回忆这两段历程，亿达集团的许多"元老"感觉，整体是在雾中行走，谁也没有预见到能做成现在的样子，雾散了才发现走的是一条直线，而且是正确的路线，一下子走到了世界前沿，看到了最美的风景。

孙荫环说："大连软件园和生态科技创新城在建设之前，就从体制上做了一个创新，关键是有一个独特的'官助民办'的园区开发体制，这与政府投资主导城镇化完全不同。这一体制开创了中国高科技园区开发、经营、管理模式的先河，也使'产城融合'的新城建设模式得以顺利推进。"

所谓"官助"，就是政府部门不做投资，而是集中精力营造良好的投资、创业和发展环境，创造吸引资金、技术、人才的区位优势，对新城的运作放手让企业做，不予干涉。

"民办"，是由企业按照市场化的原则，设立整体开发投融资的平台，提供面向新城企业的专业服务。具体来说，亿达集团作为主体开发企业，负责新城的基础设施建设、环境建设、产业服务和区内综合管理。

"官助民办"调动了政府和企业双方的积极性。作为投资主体，亿达与政府、居民形成了伙伴关系，根据区域发展总体要求，参与到城区规划、开发、运营的全过程中，根据市场需求对产业、居住、商业、休闲娱乐等不同功能进行合理配比，由此带动城镇的产业升级、解决就业问题。

孙荫环说："民和官是有机结合的。市场能做的就交给市场，社会能办的就交给社会。政府充分发挥引导、支持和监管作用，来助推市场快速成长。两者有机结合，就没有办不好的事。"

轻重并举，砥砺前行

孙荫环葆有初心，并一以贯之。

一个最简单的例子，每月一期的《亿达》内刊，都有一篇孙荫环的署名文章，他时刻提醒员工"服务创造价值""做一个有价值的企业人"，这已成为亿达人不可或缺的精神财富。

回顾企业发展历程和个人成长经历时，孙荫环说："我始终心怀感恩，党和国家改革开放的大好政策，为我们提供了干事业的大好机会，我们必须全力以赴发展企业、服务社会，才能对得起时代，对得起党和国家，对得起支持、关爱我们的社会各界。"

从 2004 年开始，孙荫环把目光瞄向国内其他适合发展软件产业的城市，先后运营了大连腾飞软件园、武汉光谷软件园、北京中关村壹号、苏

▲ 孙荫环出席十二届全国政协第四次会议记者会

高新软件园等数个商务园区。从深耕大连、武汉开始，到重点布局京津冀、长三角、珠三角、中西部及其他经济活跃区，亿达已经在全国20多个城市经营40余个园区。

2014年，亿达集团将大连软件园公司、大连亿达房地产公司、大连亿达服务和大连亿达管理等40多家子公司放入亿达中国，并成功在港交所上市。

孙荫环说："民营企业家是改革开放的受益者，在新常态和转型升级的关键发展阶段，我们更是要心怀高远、脚踏实地、同心同德、再创佳绩。亿达不仅取得了令业界称赞的成绩，更获得行业的认可与首肯，但亿达从未停止开拓进取的脚步。"

尽管是产业园区"老兵"，但随着众多房地产企业纷纷入局产业地产，亿达也面临日渐白热化的竞争。仅靠重资产单轴驱动，已无法满足亿达开拓全国市场的步伐。

2015年，亿达提出了"轻重并举、以轻带重、以重促轻"的发展策略，组建轻资产运营团队，以管理模式输出和产业资源导入的轻资产运营模式作为下一步发展驱动力。

武汉光谷软件园便是一例。2006 年，亿达受武汉东湖高新区管委会的委托，参与建设、运营武汉光谷软件园。随后，亿达迅速完善软件园的配套设施，引入针对性的服务、专业的运营模式和丰富的客户资源。

资料显示，武汉软件新城目前已聚集包括 IBM、法国阳狮、飞利浦等世界 500 强企业，软通动力、中软国际、未来组等软件信息技术类行业百强企业。入园企业从业人员规模突破万人，武汉软件新城的新一代信息技术产业集群已初具规模，入驻企业 80% 以上为高科技企业。

按照亿达的发展规划，未来 3 ~ 5 年，公司运营的轻资产项目总规模努力达到和超过 3000 万平方米，努力把企业打造成中国领先的商务园区运营商和产业运营服务商，为国家经济转型和产业升级作出更大的贡献。

执着、宽容、接地气、大胆创新，是孙荫环身上的时代印记。从充当大连软件产业的使者角色出发，孙荫环带着亿达投身产城融合，创造了一个又一个奇迹。未来，他将继续带领亿达一如既往地在产城融合的道路上，深耕细作笃定前行，直至走向新的高度。

在一封《写给未来的信》中，我们看到了孙荫环对未来的坚定和信任。

亲爱的未来：你好！

当我这样呼唤一个不可预知的你，我并不觉得惊慌。我虽然看不见你的样子，但你就在历史中。昨天的今天就是你，今天的明天就是你。你就像一个踩着踏板的孩子，滑行在时间的长河中。

你会从一代代前人的错误中得到借鉴，从而使自己少走弯路；你也会从一代代前人的经验中获得启发，从而使自己变得越来越好；更重要的是，你会用自己的不断探索，延伸已有的路，开拓未知的征程。

你督促我们不停思考，召唤我们奋勇前行。你提醒我们：世界正处于百年未有大变局，中国正处于近代以来最好发展期，两者同步交织、相互激荡，英雄好汉、上台亮相，中华民族伟大复兴的大幕正在徐徐开启。

　　未来，我相信：行业会更好，人民会更好，国家会更好。

写在前面

有评论认为，一个人与一座城市的故事，历来属于韬光伟略的大人物。戚金兴以一己之力给一座城市、一个行业带来了一段佳话。

滨江尊崇品质住宅、景观住宅，坚守品质也是滨江一路走来的制胜之道。在戚金兴的经营哲学中，社会认可度、客户美誉度、员工满意度被他看作是滨江集团的最大价值。这样的经营理念使滨江名声在外。

戚金兴将个人与企业的发展归功于时代。他说："我们这一代企业家，真的要感谢党，感谢政府，感谢时代，这不是口号式的话，而是真的发自肺腑。"他也喜欢做慈善，他说："慈善做起来味道比赚钱还要好。"

▲ 滨江集团董事长戚金兴

戚金兴：用品质铸就千亿之路

周坚洪 / 文

在杭州，如果你说自己住在滨江开发的小区里，绝对会引来一片艳羡的目光，那意味着，你时刻在享受秀美的园林、湛蓝的泳池、豪华的会所，以及贴心的物业服务。

"创造生活，建筑家"，这是滨江集团的 Slogan，也是这家地产公司一直在兑现的承诺。27 年风雨兼程，不论是起步时的旧城改造项目，还是今天矗立在钱江新城的一线豪宅，每一个滨江品牌的楼盘，都鲜明镌刻着两个字：品质。

正是对品质的极致追求，让滨江这家 27 年前的区属房企一路成长为今天中国房地产的 TOP30 成员，并向千亿元奔袭。"做行业品牌领跑者、高端品质标准制定者"，董事长戚金兴带领下的滨江集团以更加优雅的"野心"向前发展。

初心：27 年峥嵘岁月稠

1992 年的春天，邓小平同志的"南方谈话"在中国大地上掀起了滚滚春潮。钱塘江畔，一家名为"杭州滨江房屋建设开发公司"的企业应运而生，刚刚迈入而立之年的江干本地人戚金兴，成为这家新公司的掌舵人。

▲ 2008 年滨江集团在深交所上市

　　万事开头难。这家新生的公司包括总经理戚金兴在内，当时只有 7 名员工，连作为启动资金的 8 万块钱，都是向相关部门借来的。

　　"没钱没人没土地，怎么办？合作建房？"回忆起初创期的奋斗点滴，戚金兴的话匣子一下子打开了。滨江选择跟企业合作，第一个代建项目是近江苑，就此迈出了前进的第一步。接下来，滨江又接连开发了金秋花园、南萧埠小区、景芳五区三期、濮家东村等小区。"东部时间，东部生活"，在城东旧城改造的浪潮中，滨江的名字开始频繁出现。

　　1996 年，杭州滨江房产集团有限公司成立；一年后，取得国家一级开发资质。1999 年，戚金兴带领滨江成为杭州第一家成功转制的房地产企业，"这是一个转折点，挣脱了体制的束缚，滨江有了更广阔的发展天地"。

　　完成转制后，戚金兴一方面对公司进行内部完善，另一方面则在等待外部时机。这个时机，终于在 2002 年 1 月 10 日出现。那一天，滨江以 4.3 亿元价格拿下了杭州上城区一宗钱塘江一线江景宅地，这是滨江第一次走出江干区。

3 年后，这宗地块上诞生的项目震撼了整个杭州，这就是滨江·金色海岸。凭借着这个精装修大户型豪宅，滨江一战确立了在杭州高端市场的领先地位，杭州楼市也因为金色海岸进入了豪宅精装修时代。

从 1999 年完成转制到 2008 年 5 月在深交所上市，这段时间是滨江的快速成长期，金色家园、金色海岸、阳光海岸、金色蓝庭、万家花城等楼盘陆续亮相，滨江成为整个杭州风头最劲的房企之一。回顾过去，戚金兴对这个时期评价颇高，给出了"优良"的评分，这些项目也都成为杭州楼市的一个个经典。

时间继续向前。滨江在发力奔跑的同时，也无法避免成长所带来的阵痛。对于经历过的挫折和弯路，戚金兴并不讳言："2009 年到 2014 年这一波，公司发展不咋样，在三四线城市拓展遇到了麻烦，主要有三个问题，一是拓展战略不够明确，二是高价拿地太多，三是合作项目太少。"他坦言，这"失去的 6 年"按他的说法，最多只能算及格。

荆棘丛里开出的花才更加明艳动人。尽管这段时间市场低迷，滨江仍有收获，完成了团队建设、品牌建设和服务建设，这也为 2015 年后的腾飞奠定了坚实基础。戚金兴在此间提出的"市场好的时候让股东多赚一点；市场不好的时候让业主多赚一点""不以成本论价格，而以市场论价格"等观点，以及用超高性价比打破市场坚冰的行动，更是俘获了无数购房者的心，"滨粉"的称谓从此响彻杭城。

2015 年，滨江集团开始走出浙江，进军一线城市上海。同时，走出国门，在大洋彼岸的美国落子开发。2016 年，楼市新一波行情到来，滨江积蓄已久的能量开始爆发，进入新一轮加速期。

27 岁风华正茂的滨江集团早已成为中国地产江湖的重要一极，连续12 年入选百强房企足以证明它的实力。如今，一直以品质引领行业标准的滨江集团，在规模上距离"千亿元俱乐部"也只剩临门一脚了。

匠心：坚守品质成就制胜之道

在采访戚金兴的过程中，他喜欢用历史上的经典战役做例子，来分析企业在发展中应该采取的战略。"一个企业能够在行业中把自己的优势淋漓尽致地发挥出来非常关键。"在他看来，坚守品质就是滨江一路走来的制胜之道。

滨江集团的品质开发之路，最早可以追溯到2001年的万家花园。作为一个以经济适用房为主辅以少量商品房的小区，在开发过程中戚金兴做了一个当时整个行业都无法理解的决定：引入国际知名景观设计公司香港贝尔高林，并由东方园林进行景观施工。整个项目，在热销的情况下，滨江总共追加了2000万元的景观投入费用。

"就像是爬山，再高的山只要有台阶，就能爬上去。做品牌也一样，不是一夜就能做好的，需要先一阶一阶铺设台阶。"戚金兴说道。

万家花园在园林上的大手笔投入，奠定了未来10多年滨江在园区环境营造上的基调。随后亮相的金色海岸，则开启了滨江乃至整个杭州豪宅精装修的新篇章。

无论从哪个方面来说，金色海岸都是杭州楼市发展史上的一个里程碑。2002年拿地后，滨江集团用了3年时间来思考如何打造这个项目。这

▼ 金色海岸

期间，戚金兴和他的员工们考察了国内国外许多豪宅项目，光是精装修方案就做了 3 个试点，第一个是戚金兴的总部办公室，第二个做了售楼部，第三个做到了实景房里。

最终，当 2005 年金色海岸正式亮相时，整个杭州沸腾了，它的江景与建筑的高度融合、高端精装修概念、世界顶级品牌的大量使用、豪华的五星级会所、热带风情的景观园林，每一项都无可挑剔。金色海岸，成了全杭州乃至全浙江的富人们追逐的珍藏品。

金色海岸的巨大成功为滨江赢得了空前的声誉，滨江也就此正式踏上品质开发之路。此后，滨江又推出了阳光海岸、城市之星、武林壹号、华家池公寓等高端项目，牢牢占据杭州豪宅的市场份额。

在大众系产品的打造上，戚金兴对于品质的要求同样严格。在金色家园、万家花城、万家星城、金色黎明等项目里，滨江引以为傲的园林、泳池、会所、物业无一缺少。多年以来，戚金兴一直保持了一个习惯，每个项目至少要去三次：开工仪式、样板房检查、交付验收。现在随着项目的增多，开工仪式这样形式意义更大一点的他就不去了，但是样板房检查和交付验收依旧雷打不动。他说，造房子不是什么高科技，关键在于对细节的把控、工艺的细致和认真决定了产品品质。

戚金兴对于品质的执着，推动着滨江在标准化道路上的不断前进。早在 2007 年，滨江就建立起了产品标准化体系，之后又慢慢完善了各项管理制度的标准化。

"只有实行标准化企业才能越做越久。"去年，戚金兴提出要深化产品标准化，从内在进一步提升产品品质。"还要年年有创新，创新主要在杭州，成功以后再复制下去。"戚金兴说道。

"行业品牌领跑者、高端品质标准制定者"，这是戚金兴给 27 岁的滨江确定的新目标。

诚心：尊重与关怀凝聚向心力

在戚金兴的经营哲学中，社会认可度、客户美誉度、员工满意度被他看作是滨江集团的最大价值。对员工的关怀，被他摆到了和客户同样重要的位置。

在房地产这个高流动性的行业，你很难找到像滨江集团这样稳定的员工团队。戚金兴说，要让员工能够长期分享企业发展的成果。他给员工提供高出行业平均水平的薪酬待遇，愿意为员工设置展现能力的平台，鼓励员工缔造更大的自我价值，并且给予员工足够的尊重。"滨江的人单个拉出去不一定是最强的，但组合起来一定是最强的，这就可以了。"戚金兴对自己的团队信心十足。

戚金兴的人格魅力是滨江拥有超强凝聚力的另一个原因。27 年来，他带领滨江成长至今，是整个团队的基石。同时，他又是一个极其自律的人，无形之中树立了榜样。比如，工作日他总是固定 8 点 30 分之前到达公司，多年以来，只有一次因为脚崴受伤，请了一天假。

在房地产这个快周转的行业，你也很难找到像戚金兴这样关怀员工的老板。他不希望公司员工加班加点，提倡每天正常上下班，一周不能少于一天休息。"每天正常工作 7 小时，5 个小时全力以赴，2 个小时用于沟通交流。"去年，戚金兴对一线销售员也提出了要求，除非开盘等特殊节点，平常的规定是"加一"：下午 5 点下班，最多只能加班一个小时。

在杭州业界，滨江的福利好跟它的房子好一样，同样声名在外。滨江不仅给房产员工在每个工地上都设置了食堂，而且要求每个交付小区也要给物业员工设立食堂，这在业界是非常罕见的。戚金兴会关心食堂伙食，他要求菜品"有底线，但不设上限"。滨江几乎每年都会组织全体员工出国旅游，这两年的足迹已经遍布全球。戚金兴认为，一个企业，只有把员工所有的后顾之忧考虑好，所有的生活都照顾好，员工才会全心做好各种工作。

戚金兴喜欢锻炼，20年前37岁的时候他就制订好了自己的锻炼计划，可谓严苛：30多岁的时候一礼拜锻炼7天，40多岁一礼拜6天，50多岁一礼拜5天，以此类推，直到80多岁。"多了不还，少了要补。"他希望，自己的员工也能重视锻炼，保持身心健康。

野心：做强企业之后的社会回馈

常年以来，滨江集团一直都处于杭州楼市的第一梯队。这两年，滨江抓住时机采取稳健有进的发展战略，强化在杭州及省内各大城市的落子布局，腾飞之势已经跃然纸上。

目前，滨江集团的区域布局战略是"聚焦杭州、深耕浙江、辐射华东，关注大湾区和中西部重点城市"。

在刚刚过去的2019年上半年，滨江集团销售金额为516.7亿元。据克而瑞统计数据，位列全国第27位，集中杭州地区流量销售、权益销售、拿地金额三项均为第一。按照这个趋势，全年销售过千亿元应该不是难事。

在即将跨入更高门槛的同时，戚金兴不时也在思考滨江集团将来的路。在他的设想里，未来滨江的发展将是"1+5"布局："1"当然是做优、做精、做强，并保持规模做房产；"5"指的是物业、租赁、酒店、养老和产业投资。"房产开发不是万万年的，但物业服务可以是的。"戚金兴说。2019年3月，滨江服务已经成功在香港证券交易所上市。租赁业务由写字楼（商业）租赁和长租公寓两部分组成。对于长租公寓，戚金兴是有规模要求的，"过去储备下来的已经有34万平方米，今年开始每年再拿16万平方米，包括留用地、自持部分和老厂房改建等多种模式，计划10年租赁收入能和房产收入各占半壁江山"。酒店方面，滨江目前有3个酒店已落成，两个正在建设，戚金兴期待未来10年可以再做8个酒店。

养老方面计划明年建立团队，2021年开始运营；产业投资方面主要是为年轻人创造条件，让他们有创业基础。

▲ 2018 年滨江集团在四川凉山建学校

　　伴随着滨江集团的发展壮大，如何承担更多的社会责任，成了戚金兴思考的又一个问题。他说，做好企业做好产品，保持企业的健康发展，跟与企业发展相吻合的社会回报，都是社会贡献。

　　2013 年，滨江成立了阳光公益基金会，开始系统性推进慈善公益事业，每年投入至少 2000 万元用于捐助希望小学或帮助有需要的人。从 2017 年开始，戚金兴每年都亲自带队前往四川大凉山，参加在那里捐建的学校的奠基仪式，滨江在大凉山一共要捐建 25 所类似的幼儿园。

　　"其实慈善做起来，味道比赚钱还要好，这种幸福指数不会比做好企业、做好产品来得少，是我人生事业的一个重要方面。"说到这里，戚金兴的那种幸福感溢于言表。

在杭州楼市的历史长河中，滨江集团并不是最早诞生的那批"幸运儿"。不过，在戚金兴这位自律、公正的船长带领下，滨江集团紧紧把握住了城市和楼市的发展脉络，明确将"品质"作为企业的核心竞争力，用极致的产品，铺就了属于自己的"千亿元之路"，实现了社会认可度、客户美誉度、员工满意度的高度统一。

商业·对话

中国房地产报： 在滨江集团 27 年的发展过程中，您个人的主要作用是什么？

戚金兴： 作为企业的负责人，我认为根据各个时间段国家的政治、经济、行业、市场的情况，来判断以滨江的实力，在市场中能扮演什么角色，应该做什么事情，我总体把握得还可以。

中国房地产报： 2008 年滨江正式在深交所上市，对于企业发展有什么影响？

戚金兴： 因为上市，一个是让我在内部实现了管理标准化、产品标准化、财务标准化，上市过程中，内部的自我约束、自我鞭策、自我规范，都是以后滨江能够走得远的关键；外部则是打开了融资渠道，扩大了品牌影响力，让更多人不用通过广告就知道滨江。

中国房地产报： 您个人有什么业余爱好吗？

戚金兴： 一个是锻炼，要想健康必须要锻炼，而且要保持一定的力度和强度，能够对工作和团队产生影响和带动作用。还有一个是旅游，让自己走出烦琐的工作和区域，可以对过去进行回顾，对未来进行展望。

中国房地产报：您如何诠释改革开放之于您本人与企业的意义？

戚金兴：我开始工作是在 1980 年，我真正是在改革开放中，实现了个人成长、事业成长、企业成长，我们这一代企业家，真的要感谢党，感谢政府，感谢时代，这不是口号式的话，而是真的发自肺腑。

写在前面

踏平处起，择高处立，寻深处往，向宽处行。他毕业于清华大学水利水电工程建筑专业，为我国交通和城市建设领域作出突出贡献，成为国务院政府特殊津贴专家，他是理想主义的实干家，也是现实主义的冒险家。

从南通工程建设辗转全国城市经营，从商海游弋转战地产挥毫，从改变个人命运到心怀家国天下，他的身影留在了共和国新时代城市欣欣向荣的脚步里。

春华秋实 30 载，他点亮了无数个城市的灯火辉煌，他是与共和国之子中交同成长的一代人。如今，他执掌中交房地产集团，矢志"美好生活营造者"，为我国城市综合开发、特色小镇、美丽乡村建设等领域投资开发建设运营提供"中交样本"。

▲ 中交房地产集团党委书记、董事长赵晖

赵晖：春华秋实三十载

李燕星/文

1990 年，党中央作出关于上海浦东开发开放的决策，对外开放进一步扩展，东部沿海初露方兴。这一年，在江苏南通轰隆隆的工地上，一位 23 岁的年轻人给他的大学老师写了一封信，希望寄一本《土木工程英语词典》。刚刚走出清华校园的他，依旧埋头读书、低头苦干，还没有人知道，这样的奋斗命运会在未来日新月异的时代更迭中逐渐燃起。

时光呼啸而过，共和国日渐兴盛。2019 年，长三角一体化已上升为国家战略，曾经街头满是手风琴铰链公交车的南通市 GDP 也首次突破 8000 亿元大关。

8 月 20 日，记者在北京德胜门外的中天大厦见到曾经的那位年轻人。从南通工程建设辗转全国城市操盘，从商海游弋转战地产挥毫，从改变个人命运到心怀家国天下，他的身影留在了共和国新时代城市欣欣向荣的脚步里。

他是中交房地产集团董事长赵晖，既是一个理想主义的实干家，又是一个现实主义的冒险者。这一天，身着黑西装、白衬衫的他，向中国房地产报记者娓娓道出 30 年的商道之经，一幅与共和国同成长共命运的时代画卷徐徐展开。

踏平处起

踏平处起，他是时代改革宏大叙事中的平凡注脚。

少年时代的赵晖，称自己"一心只读圣贤书"。他出生于安徽霍山，父母都是教师，从小浸长在校园里，除了喜欢读书，还涉猎篮球、羽毛球、乒乓球、象棋、围棋等多项爱好。尽管生长环境普通而传统，但他却"样样通"。"从小到大没太多区别"，是赵晖对少年、青年时代的简要综述。他幽默道："初中三年学习委员，高中三年班长，终于从技术型班干部转型行政型班干部了。"

读书，是属于他的特别时光，这为他日后管理企业奠定了深厚的理论基础，搭建了完善的知识构架，培养了持续的学习习惯，尤其大学时代。1985 年，18 岁的赵晖考取清华大学，就读水利水电工程建筑专业，毕业时精心准备本想考取五道口国际金融学院研究生，不巧当年研究生考试被暂停。1990 年 8 月，走出清华校园的他被分配至交通部第三航务工程局三公司，公司坐标南京，工程项目处设在南通。与那个时代许多刚出校门的大学生一样，他带着满腔热血投身于伟大祖国的现代化建设。

"大学毕业参加工作都是惯性，我们赶上了改革开放的伟大时代，个人奋斗精神与国家命运息息相关。国家在改革大潮中蒸蒸日上，我们对工作充满激情与干劲，个人生活也一步步一年年改善。正值国家处于非常好的上升期，我们这代人在这样的环境中受到各级领导关心，有幸为企业和社会作出贡献。"这是赵晖踏入社会时的"初心"。

1992 年，邓小平视察南方谈话，提出"改革任重道远"，"胆子更大一点，步子更快一点"，成了无人不知的标语。这次讲话激发很多体制内出来闯荡者的信心，房地产行业也因此出现一批"92 派"。那时的赵晖，虽未与房地产产生直接联系，但他同样细细学习了"南方谈话"。

赵晖记忆犹新，"除了勤奋工作之外，我们更多的是发自内心对改革开放拥护，觉得改革开放应该继续下去。我们这一代人站在新旧时代交替的潮流中，对国家命运、国家政治很关心，邓小平南方谈话让我们年轻人对改革、对开放寄予很大期待"。

立身以立学为先，立学以读书为本。即便在条件艰苦的工地上，赵晖依旧写信给老师，希望寄来《土木工程英语词典》。此后，他还陆续自学商务英语等，这些都为他的蝶变埋下伏笔。1990年到2013年，赵晖从三航局三公司一个普通的施工员做起，参与一大批国家重点项目建设，成为项目经理、分公司经理，一路成为三航局最年轻的副局长。期间的2002年到2008年，他再次深造港口、海岸及近海工程专业，获得博士学位。

择高处立

择高处立，他在城市变迁的时光隧道中仰望星空。

在南通，赵晖奉献了10年青春。2013年10月，他被调往中国交建华东区域总部，从工程建设转为政企高端对接。华东区域总部是中交集团"五商中交"战略之一，当时中交集团发展体系为"三驾马车"，区域总部是其中一驾，主要任务是代表中交集团统筹区域经营，做增量发展。在这里，赵晖开始了城市综合投资开发的实践。

华东区域是我国市场经济发展程度较高地区，公开数据显示，2016年GDP生产总值28.8万亿元，占全国的38.7%，昭示这里是一片大有可为的土地。在这里，赵晖与他的团队成功培育两大国家级新区，一个是占南京市域面积37%的江北新城，另一个是青岛西海岸新区。"经营城市"是其核心理念。

"我们在江北新区投资150亿元进行大型城市基础设施片区开发，使它成为第13个国家级开发区；我们在青岛西海岸新区投资350亿元建成地铁13号线，对整个西海岸基础设施提升，特别是交通便利带来很好的效果。这也是中交集团长期致力于TOD发展的实践。"赵晖回忆起这两件大事来颇感开心与自豪。

这些挥斥方遒更广阔的意义在于，当时全球经济危机趋缓，我国经济

▲ 2015 年，中交房地产集团成立

复苏仍乏力的情形下，这样一群勇敢的年轻人，以纵深时空观，探索出一套城市投资运营的理想模式。

脚踏实地的积累，给了赵晖更多仰望星空的机遇，他曾经储藏的大投资大金融知识，在接下来转战中交投资的工作中产生了裂变式力量。而中交投资，不仅是赵晖实践城市综合投资开发的另一个新高地，更是他初次与房地产项目发生直接接触的起始。

2016 年 1 月，赵晖调任中交投资，担任董事、总经理。中交投资以基础设施投资为主，业务分成三大块，一是为政府提供优质公共产品，主要通过 PPP 为政府服务；二是城市综合开发，其最根本理念是进一步通过投资发挥城市潜在价值，为政府、企业、市民、普通消费者四方带来更大益

▲ 昆明中交·锦绣雅郡效果图

▲ 美国洛杉矶宏大广场项目效果图

处；三是房地产开发业务，通过基础设施拉动、商业模式创新、产融结合为土地红利、土地升值提供更大空间。

这期间，赵晖对 PPP 模式运用有着深入思考，"2013 年算是中国 PPP

元年。PPP 虽然引自国外用于国内，也是经济社会发展阶段性产物，更多体现在公私合营，在中国就是政企合作，政企合作的结果则是让企业的效率和政府公共产品有效衔接"。

在城市综合投资开发轨迹上，汕头东海岸新城和温州高铁新城是两个标志，其升腾的土地价值便是一把量尺。刚进入汕头，赵晖与他的团队围定一片 28 平方公里的土地，通过深度参与城市经营，提供最好的规划、设计、投资、建设一体化服务，打造区域价值。事实证明，他们开发的汕头新区后来确实成为汕头发展最好的区域；温州高铁新城，则通过城市更新高铁站片区，提升了老旧城区的城市价值。

赵晖回忆称："我们刚去的时候土地价格 300 万元／亩，综合改造后达到 1000 多万元／亩，土地价值提升反映的也是区位品质的提高。如果对一个城市投资后，土地价格纹丝不动，那么说明投资是没有价值的。所以，我一直强调价值投资和风险管控双并重理念。通过基础设施投资率先锁定开发土地，让土地升值红利反哺企业效益，实现多方共赢。"

毋庸置疑，这套商业模式不仅提升了城市价值与品质，也夯实了中交投资的盈利模式。又一个短短两年，依托中交集团强大资源优势，赵晖带领中交投资交出漂亮的成绩单，主要指标利润贡献连续突破 20 亿元和 30 亿元大关，连续获得中交集团经济效益最佳奖，成为行业标杆。

寻深处往

寻深处往，他审时度势对商业模式进行颠覆、精进、创新。

一切过往，皆为序章。2018 年 8 月，赵晖调任中交房地产集团董事长，完全踏进了房地产的大门，开始从服务政府更多地转向服务百姓。中交房地产集团成立于 2015 年 3 月，是中交集团为推进内部房地产板块整合，打造新的业务增长引擎，尽快实现"五商中交"战略目标而设立的专业化子集团。

不变的是，赵晖办公桌上依旧摆满了分门别类的各学科书籍，读书和学习是他长久以来的坚守。杰克·韦尔奇一本倾囊相授亲身管理实践与管理智慧的书籍——《赢》（winning）令赵晖受益匪浅，为他数年的企业深度管理与战略谋篇布局提供答案与能量。韦尔奇被誉为"全球第一CEO"，也是赵晖最为崇拜的企业家之一。

尽管过去中交投资也涉足房地产，但在赵晖看来，不同企业的文化内涵也不尽相同，"过去，我们在三航局是承包商角色，主要强调工程师文化、逻辑思维、精益和勤奋，把定型的东西做好；后来，投资公司更多的是工商结合文化；现在，房地产行业是典型的、高度市场化、金融属性强的商业文化，商业文化核心是创新，只有创新才能带来更好的产品。这种产品在没有出来之前是不确定的"。

上帝的归上帝，恺撒的归恺撒。落于实处，赵晖认为以前投资公司的房地产投资开发商业模式与如今中交房地产集团大相径庭，"投资公司的房地产业务是依靠基础设施投资带来的机会，通过土地升值来获得利润，开发节奏和专业度完全在另一个商业模式上"。

不同于过去"慢人有慢福"的房地产投资开发理念与节奏，中交房地产集团的商业模式更强调资本效率，更注重周转速度。赵晖清楚地认识到，"随着土地红利逐渐消失，房地产开发商业模式也在发生变化，更需要产品力、管理能力、品牌力，综合服务来取悦消费者，来实现自身发展、将房地产回归到消费属性。受广大消费者喜欢的开发商，才能可持续"。

这不仅是政策与市场形势倒逼下的商业模式创新与行业属性回归，更高度契合国家高质量发展的要求，以及行业粗放发展30年的内在转型需求。

聚沙成塔，集腋成裘，2018年是中交房地产集团的产品年，培育产品力与品牌力需要一个厚积薄发的纵深过程。为此，中交房地产集团提出，房地产产品创新是企业打造"美好生活营造者"义不容辞的责任。正如赵晖在中交房地产集团2019年工作会议上所言："我们在产品创新上任重道远，要进一步将'美好生活营造者'品牌定位落实到每一个产品与每一项服务中去，抓好精益化产品体系的全面落地与应用，并长期坚持精益化产品体系的创新与升级，推动项目持续做好产品与服务。"

尼采说，"上帝独独只把天使的语言留给了法国人"，这是其五大产品系列之"中交·香颂"城市品质寓所的诗意描绘。在京津冀、长三角、珠三角，在成都、重庆、昆明，中交房地产集团不断用"风雅颂美中"的产品点亮城市的身姿与气魄。

"创新是企业家的核心精神，是一种动态思维，创新精神要靠市场和结果检验。同时实干务实精神也值得崇尚，该干的、能干的一定要去做，不能畏缩不前，不切实际的、干不成的就不要去做"，这是赵晖所秉持的。

向宽处行

向宽处行，他在激流勇进的变革浪潮中乘风破浪。

2019 年 8 月，正值赵晖履新中交房地产集团董事长一年，相比初来乍到的挑战重重，这位掌舵者有了更多思考与经验。作为中交房地产这艘大船的领航员，他强调文化的合力。

在中交房地产集团品牌文化展览馆里，有一条赵晖亲笔画的"时间轴"，记录了多年来企业的交融与成就。时间轴右侧，有两幅 1981 年时任国务院总理李鹏与副总理谷牧的亲笔手书批示，其中李鹏写道："我国的房地产业要为经济发展和对外开放服务，为住房制度改革作出贡献，特别要为改善人民住宅条件多做工作。国有大中型房地产企业要发挥带头作用。"

总理们的批示是给 1981 年经国务院批准组建的中国房屋建设开发公司，后者于 1993 年 1 月更名为中国房地产开发集团公司，并于 2010 年 8 月整体并入中交集团，成为中交集团全资子公司。因此，1981 年也被视作中交房地产集团的前身或起点。

与中交房地产集团发展同样重要的一笔是，2015 年 3 月 27 日，中交集团以 11.46 亿元收购绿城中国 5.24 亿股股份，后于 2015 年 6 月 4 日再以每股港币 11.46 元收购绿城中国 1 亿股股份，成为绿城中国单一最大股东。

经过融合，中交房地产集团应运而生。中交房地产集团控股绿城中国和中交地产两家上市公司，大力发展国内房地产业务；以中交海外房地产有限公司作为海外房地产开发平台；以中国房地产开发集团有限公司和中交鼎信股权投资管理有限公司为主，分别打造资产运营平台和房地产金融支持平台。

"刚来的时候，公司处在改革遗留问题消化期和历史遗留问题消化期两期叠加状态，工作确实面临较大压力，但是我们在不长的时间里，进行了发展体系的重塑、适应性组织的建设，实践证明效果很好。"赵晖表示，"中交房地产集团已经进入非常好的发展阶段。经过长期的改革和整合，我们的业务发展目标清晰，产品定位差异化明显，利用中交集团战略协同的优势逐渐得到完善和发挥，这些都为中交房地产集团未来发展创造了非常好的内外部条件。比如产品力，绿城中国产品定位更高，中交地产定位宽度更广，中房集团从一二级联动到政策性住房都有非常大的优势，其资产运营和经营能力极具潜力。"

改革成效立竿见影。截至 2018 年底，中交房地产集团资产总额达到 3482 亿元，同比增长 18%；净资产 654 亿元，同比增长 26%；全年实现销售合同额 1734 亿元，同比增长 47%；营业收入 744 亿元，同比增长 40%。

对于中交房地产集团未来的发展，赵晖给予年轻人更多的期望："尊重个体，尊重个人价值发挥，是用人核心。房地产行业人才流动性大，职业化程度高，最优秀的企业核心团队一定要自家培养。我们提出'五星人才'计划，培养骨干队伍，只有价值观相同、目标相同的队伍才可以可持续发力。这个价值观指企业价值观，也是过去所说的'感情留人、待遇留人、事业留人'背后所暗含的逻辑。未来，我们要为有梦想有追求的年轻人创造宽松的成长环境与自我实现的平台。"

百尺竿头，更进一步。目前，中交房地产集团正以国务院"双百

▲ 中交房地产集团向定点扶贫地区资金捐赠仪式

行动"为契机，制订改革工作方案，推进混合所有制等改革。赵晖提出"五五战略"，和"绿城中国"品牌一起，打造具有中交特色、国内领先、海外协同发展的"中交房地产"，成为行业内更具规模、更具责任、更具影响力、基业长青的优秀企业。

写在前面

　　中铁置业坚定信仰"信任源自责任"发展理念，生动实践"营造美好空间、造福社会大众"发展愿景。在行业形势风云变幻的大背景下，中铁置业党委书记、董事长郑勇十多年来团结带领一班人"不忘初心、牢记使命"，肩负铸造我国房地产行业名企、强企的重任，劈波斩浪，栉风沐雨，从无到有，从小到大，持续为企业健康发展筑牢基础，为企业转型升级谱写新篇，带领中铁置业踏上高质量发展新征程。

▲ 中铁置业集团公司党委书记、董事长郑勇

郑勇：不忘初心迎挑战　牢记使命谱新篇

倪凤友 / 文

2007 年，中国中铁作为国务院国资委确定的房地产主业中央企业，成立中铁置业集团有限公司担当房地产业务"龙头"，次年，郑勇加入中铁置业，与一班人携手同心、共同努力，为做大做强做优中国中铁房地产板块开辟草莱，奠基立础，攻坚克难，一路踏平坎坷发展成为我国房地产行业的一支"劲旅"。

"初生牛犊"纵横四海

初生之时，中铁置业以股权收购等方式获取项目，顺利"起家"，2007 年当年组建当年赢利。彼时，我国房地产行业处于黄金时期，房企如雨后春笋一般冒出并迅速掘得第一桶金，"小富即安"。中铁置业一班人清醒地认识到企业发展必须"居安思危""居逸思劳"，要真正地、迅速地把房地产板块做成中国中铁的主业，成就行业标杆和"百年老店"，必须及时抓住形势利好做大做强，果断为企业确立"打造一流城市发展综合运营商"的发展定位和目标，随即开启了全国性市场布局和全产业链构建。

2008 年，中铁置业大力实施区域开发战略，提前半年完成市场开发任务。获取北京"翰庭"项目，中铁置业在北京市场成功亮相登场，为企业未来在北京获得共有产权、棚改等 10 多个项目打下了良好基础；获取当时山东省体量最大的单体综合性建筑"青岛中心"项目，表明了中铁置业在房地产市场的异军突起，建成之后的"青岛中心"已经成为青岛地标和亮丽风景；获取贵阳金阳新区"逸都国际"项目，土地面积达 1592 亩，至今为企业提供长期、稳定的开发收益；通过中国铁路工程总公司自有土地市场化交易获取"石家庄中铁广场"项目，为系统内部自有土地开发建设做出了很好的探索。到这一年年底，中铁置业从无到有，在手处于开发阶段的大项目达到 10 个，开发规模的猛增令业界侧目。也是在这一年，中铁置业组建起建筑公司、物业公司、成本管理专业公司，初步形成上中下游协调并进、各产业组织相互补充的产业结构布局。

2009 年，中铁置业通过市场化渠道获得沈阳"人杰水岸"、上海"中环时代广场"和三亚"子悦薹"等 3 个项目 4 宗土地，新增土地 583 亩，完善了企业在东北、长三角、华南区域市场布局。

2010 年，中铁置业充分发挥区域滚动开发优势，通过市场化运作和竞争优势，获得成都"中铁西城"和"水映青城"、青岛"华胥美邦"、厦门"元湾"等 12 个新项目，土地面积较上年增长 303%；正式进军土地一级开发市场，获取安徽蚌埠滨湖新区项目，开发面积 5313 亩，总投资 30 亿元。

2011 年，进一步扩大已有发展区域的市场份额，新增土地 862 亩，尤其通过"城市更新改造"方式，获取深圳"诺德公馆"项目，市场开发模式获得突破。

2012 年，中铁置业优化市场布局，获取 5A 级超高层写字楼"西安中心"，以及占地面积达 5000 多亩的贵阳"阅山湖"等 5 个项目；土地一级开发业务挟蚌埠项目高歌猛进之势，获取安徽亳州北部新城项目，开发面积 7574 亩，总投资 40 亿元。

2013 年，中铁置业优化机制，市场布局在实现全国性基础上转向区域深耕，管控模式从两级转向三级，获取 5 个新项目，新增土地面积 1477 亩；在上海成立投资公司，土地一级开发由做项目升级到做企业、做品牌，更加专业化、更加可持续，"城市综合运营商"名副其实。

▲ 中铁置业打造的贵阳中铁逸都国际，获联合国人居署生态宜居范例奖

▲ 中铁置业打造的"青岛中心"成为青岛市地标建筑和亮丽风景

2014 年，中铁置业跻身北京保障性住房主力军，北京首个职住平衡项目"中铁西城"得到北京市高度认可；土地一级开发再获"超级项目"，山东滕州高铁新区开发面积达 14736 亩，总投资达 51 亿元，中铁置业开发业态由单一的住宅逐步向商业地产、旅游地产等领域拓展，多业态经营格局基本形成。

"二次创业"勇攀新高

中铁置业创业发展的第十个年头，中铁置业新班子誓言坚持责任担当，恪尽职守，不负使命，全力推进企业持续健康发展；坚持解放思想，勇于开拓创新，为中铁置业良性运转打下坚实基础；坚持加强团结，发挥班子合力，切实当好企业创新发展的"火车头"。

过去 10 年，中铁置业从无到有，资产规模增长 15 倍，营业收入增长 40 倍，归属母公司净利润连续 4 年排名中国中铁二级公司第一阵营，公司领导班子自 2008 年起连续 6 年获中国中铁"四好领导班子"称号，"中国中铁置业"成为我国房地产行业响当当的品牌。

中铁置业 7 年创业发展，市场开发规模以年均 70% 逐年递增，营业收入增长 27 倍，利润总额增长 24 倍，归属母公司净利润增长 32 倍，企业总资产增长 11 倍，各项指标相当于再造一个中铁置业；先后在全国 21 个中心城市开发项目，开辟了环渤海、珠三角、长三角等 7 个区域市场，形成了较为完善的市场布局；建立了一系列规范化、系统化的企业管理制度，业务规模、盈利能力和市场竞争能力大幅提升；在全国 22 个城市开发的 45 个项目先后获得 9 项国际大奖、13 项国家级大奖、92 项省市级大奖。在此企业发展形势欣欣向荣之际，中铁置业一班人却清醒地看到，随着规模扩张和内外环境变化，企业发展面临前所未有的新考验。

在中铁置业首次党代会报告中，郑勇基于中国中铁成立、发展中铁置业的"初心"，基于自身担任企业党委书记的使命，指出中铁置业发展已步入增长方式的"转型期"，能否在当前变局出现之时不至被动，不出危险，不被淘汰，并力争能够弯道赶超，是一个重大考验；正处在规模发展的瓶颈期，能否实现从高负债求发展向快周转求发展转变，从外延式增长向内涵式增长转变，是一个重大课题；正面临矛盾积累的凸显，增强企业竞争实力，持续提升干部队伍素质能力和作风面貌，是一个重大问题；已迎来任务繁重的攻坚期，打好企业发展攻坚战，是一个重大任务。

中铁置业以此发起"全面深化改革、推进二次创业"，全体干部员工以创业精神、改革勇气、坚定信心、务实举措，在公司治理现代化、商业模式多元化、产品设计标准化等10个方面取得新突破，实现体制机制、发展方式"两大转变"，实现资产运营质量，精益化开发、精细化管理及盈利水平"两大提升"，实现发展再上新台阶、打造板块龙头企业、建设行业一流企业"三大目标"，在新的起点上打造企业"升级版"，推动中铁置业持续快速健康发展。

2016年11月，中铁置业审时度势，着眼于更加持续健康发展，毅然以"一转两调三升级"为目标，开启转型升级新征程，创造企业新未来。此后，中铁置业坚持把转型升级作为企业发展的根本驱动力量。转变角色定位，加快向新的产业领域布局开拓，成功斩获江苏南通苏通科技园、江苏无锡综合改造、北京海淀西北旺、山东菏泽高新区等多个重型项目，并大举进入广州、武汉、太原等市场布局目标城市，布局全国主要经济区域和中心城市的战略，基本实现。果断调整优化业务结构，把"地产＋"作为未来主要业务；在继续做好住宅类开发和土地一级开发传统业务的同时，由"吃住行"转向"游养娱"，由"短平快"转向"常稳慢"，由"做产品"转向"做内容"，大力向文化旅游地产、养生养老地产和新型产业园地产进军。

2017年，我国房地产行业形势相比中铁置业成立的2007年已经发生"今非昔比"的巨大变化，中央为国有企业提出了深化改革"培育具有全球竞争力的世界一流企业"的新要求。中铁置业一班人打破常规、承压奋进、乘势而上，聚焦发展目标，脚踏实地奋斗，伴随"跨越式大发展"这

▲ 中铁置业打造的青岛中铁世界博览城随处可见中国传统文化与现代科技的完美融合

一响亮并贯彻上下的主旋律，牢牢把握坚持党的领导、坚持战略引领、坚持固本培元等"10个坚持"，着力谋求管党治党责任落实、提速振兴发展、构建开放立体经营格局、优化产品结构、推动转型升级等"10个新突破"，企业向着"一流城市发展综合运营商"目标迈出更大步伐。

2018年，中铁置业共计获取二级开发项目14个、棚改项目4个，二级开发流量土地投资超年度计划一倍以上，土地权益投资猛增至此前8年之总和，二级开发销售同比增长205%，归属母公司净利润同比增长92%，主要经济指标创历史新高；新增去化率创历史最好水平，二级销售完成额在全国百强房企排行晋升22位。各项数据显示，中铁置业2016年正式启动的"转型升级、提质增效"战略，两年来推进顺利，成果彰显。

2018 年 9 月，中铁置业规划投资约 500 亿元开发建设的中铁青岛世界博览城，应"东亚海洋合作平台"青岛论坛等系列国际会议和东亚商品展览之举办，盛大亮相，得到中央部委、地方政府、新闻媒体和知名企业等各界的广泛赞誉，在第八届中国房地产品牌价值高峰论坛上，获评"中国会展地产品牌 NO.1"，赢得"会展航母"之称，在业内奠定了中铁置业作为房地产开发企业在新兴产业领域的铁军地位，极大增强了企业品牌影响力。项目开发建设过程中，中铁置业推行"以会展拉动传统地产、以传统地产收益反哺会展"，实现了经济效益与社会效益的双丰收，探索出了会展＋地产的"中铁世博城模式"。正式启用之后各类大型展览接连举办，成为青岛市和西海岸新区城市建设新名片、高端服务业发展新引擎。"中铁世博城模式"受到多个省份重点城市青睐，湖北、江苏、四川、福建多个地市正在与中铁置业进行合作洽谈。

"初心"使人自强，"使命"催人奋进。面对跨越式发展的顺利推进，2019 年年初，中铁置业提出牢牢把握坚持党的领导、坚持解放思想、坚持抢抓机遇等"4 个必须"，全面提升投资经营、项目运营、成本控制等"8 个质量"，号召强力推进稳增长、快周转、保回款、降负债，进一步推动质量、效率、动力等"3 大变革"，中铁置业从此开启"高质量"发展新阶段，以 500.8 亿元的品牌价值，荣登"2019 中国房地产企业品牌价值 TOP100"第 27 位，较 2018 年 202 亿元排名第 37 位大幅攀升。

发挥政治优势　保障改革发展

在党委书记这个关键岗位上，郑勇把坚持党的领导、加强党的建设作为企业的"根"和"魂"，坚持把党建工作摆在推动企业发展的战略位置，为企业发展引领方向、保驾护航，与中心工作交融渗透、同步推进，实现了政治优势与市场机制的有机结合，在加强党建工作中促进了企业快速健康发展，在企业发展中展现了党建工作风采。

把握党建规律，夯基础、建机制。中铁置业党委一直认为，做好党建工作必须有人、有制度、有动力。在这一观念指导下，中铁置业"项目开发到哪里、党组织建设到哪里"，从企业组建初期推行基层单位党政"一肩挑"，到逐步配齐区域公司、专业公司专职书记和专职工作人员；以书记和党群部门负责人为对象，持续开展培训；从机关党群部门选取联系人，对口指导帮扶基层单位党建工作，促进了基层党建水平提升；建立健全党建工作制度体系，促进了党建工作制度化、规范化、流程化管理；实行党群工作考核评价，通过科学的指标体系、严格的考核程序、公允的考核标准，定期开展考核评价，调动了基层党组织党建工作热情。

着力做强做大，抓大事、谋大局。"党建工作只有紧紧围绕企业发展中心，才能展现作为。"这是郑勇常对公司各级党建工作人员说的话。中铁置业党委始终把做强做大企业作为党建工作着力点，坚持抓统一思想、提升素质、改进作风不放松，致力于将班子建设成为引领企业发展的火车头；把议大事、谋全局作为党组织发挥领导作用的关键环节，紧紧抓住事关企业发展的重大问题，参与决策，把关定向；坚持做好企业决策研究，组织专题研讨会分析市场变化，明确应对思路，为企业正确决策提供保证；实施"文化兴企"战略，确立"家文化"企业文化建设核心，逐步形成"爱满家园、和谐发展"的良好氛围，企业先后被国务院国资委、中华全国总工会命名为首批"中央企业企业文化示范单位""全国模范职工之家""中央企业先进集体"，独具特色的企业文化日益成为吸引人才、留住人才的强大磁力和凝聚力量、激励士气的重要动力。

关注发展难点，做实功、求实效。郑勇告诫各级党组织负责人"抓住重点难点，解决实际问题，党建工作才有价值"。中铁置业党委坚持把党建工作与企业发展紧密结合，积极推动解决企业发展的重点难点问题，着力提高服务发展水平。公司组建伊始，公司党委确立市场化选人用人思路，坚持开放式选才，迅速缓解了人才压力；坚持竞争性用才，一大批优秀人才脱颖而出，通过竞聘走上领导岗位；基于房地产行业特点、企业竞争策略和内部能力现状，提出"9大核心能力"目标，企业核心竞争能力快速提升；深入开展经常性形势任务教育，围绕创业发展、调控应对、管理加强、战略提升等主题开展员工大讨论；注重对员工思想引导，科学分析机遇与挑战，坚定员工信心，公司经历多次考验，员工始终保持旺盛斗志；紧密结合实际，高起点、高质量推进党的主题实践活动，有效加强和改进了党的建设，有效汇聚了干事创业的巨大力量。

2016 年全国国有企业党建工作会议召开之后，中铁置业党委在新形势下积极贯彻落实中央和上级党委部署和要求，领导中铁置业党建迈向新的更高的起点。及时研究采取 10 项措施，加强党内监督、规范党内政治生活，要求、指导各级党组织制定采取 90 余项具体措施，全公司重党建、抓党建、强党建的机制进一步健全、氛围进一步浓厚；坚持从严执纪，严明纪律规矩，加大惩处力度，形成有力震慑。

2017 年，中铁置业党委在坚持月度党委办公会制度基础上，创新性建立党建工作季度例会制度，全面掌握情况、及时改进提高，推动全公司党建扎实有效开展；推进党委书记、执行董事"一肩挑"，新增一批专职党务人员，有效解决了党的建设"四化"问题。党的十九大召开后，公司党委结合实际提出"把握 10 个根本、实现 10 个新突破"思路要求，以党的十九大精神引领企业发展实践；推出新版《党支部建设标准化工作手册》，深入开展"争先锋、强堡垒、党旗红"主题实践活动，建立支部分类考核排队、动态管理晋级和党员定星评级机制，推动全面从严治党落实到基层，全公司党建工作声势加大、效果提升。

2018 年，以深入学习贯彻落实党的十九大精神为统领，中铁置业党委围绕"房住不炒"总定位，坚持学用结合，研究制定《未来 5 年改革及战略发展报告》，坚定战略导向；坚持把关定向，组织开展 14 个专项课题调研，主攻经营发展热点难点；坚持从严治党，制定实施全面从严治党向基层延伸"五个一"要求，将党建工作季度例会延伸，定期召开基层党建工作现场会，做到"两个责任"层层压实、"一岗双责"落实有力、"党内监督"掷地有声；坚持党员教育和队伍建设，全年党员学习受训全覆盖，子分公司专职政工干部与项目党支部书记逐步配齐完善，年轻干部队伍结构进一步优化，青年干事创业激情迸发；坚持服务发展不偏离，深入开展"跨越式发展"大讨论，"两学一做争先锋、提质增效作贡献""六抓六争""党建＋经营""支部＋项目""比创、夺擂""党建引领工程"系列特色活动，推动党建融入中心常态化、服务中心精准化。

安居才能乐业。"不断实现全体人民住有所居目标！"是习近平总书记发出的指示和嘱托，更是中铁置业一班人追梦路上的宗旨和信条，从"布局全国"实现"跨越式大发展"迈入"高质量发展"，步履铿锵13年，凡是过往，皆为序章。

发展未有穷期。中铁置业"营造美好空间、造福社会大众"初心不变，打造"国内一流城市发展综合运营商"使命在肩，以信心凝聚力量、以实干谱写华章，万里鞍马犹未歇，今天战鼓又催征。

写在前面

他，低调自律，信奉"一个人可以骑行得更快，一群人可以骑行得更远"。

因为喜欢，一脚踏入房地产行业，在五矿地产工作至今。

从最初的小规模地产，到并购、投资、收购上市公司、整合分散业务等，五矿地产持续稳健成长，逐渐形成了"一个平台、一个品牌、一个团队、一个体系"。

他牢记央企责任，一直率领团队把精品战略放在首位。希望公司成为领先的城市运营商，在央企地产中居于前列。

▲ 五矿地产董事长、党委书记何剑波

何剑波：一群人可以骑得更远

李红梅 / 文

"你最崇拜的偶像是谁？"

"邓小平。"2019 年 8 月中旬，在接受中国房地产报记者专访时，五矿地产董事长、党委书记何剑波对这个问题没有丝毫犹豫。

1992 年，邓小平南方视察，拉开了中国改革开放的大幕。也正是这一年，从北京大学毕业的何剑波正式加入中国五矿。先后出任中国五矿集团总裁办公室主任、战略研究室主任、五矿建设总经理，以及五矿地产总经理、董事长、党委书记。

"当时有一个机会，可以选择从管理部门转到传统业务部门或新业务部门工作。对我来说，我更倾向于有挑战性的工作，也愿意尝试新鲜事物。所以，最后就选择了去五矿地产工作，一路走到今天。"何剑波回忆当初的选择，"当时我觉得地产既是自己喜欢的行业，也有很大的发展空间。它不仅受到社会关注，更贴近每个人的生活。"

后来，国务院国资委批准中国五矿集团可以将房地产作为主业，成为首批 16 家地产主业央企之一，这更坚定了何剑波的选择。

五矿地产从最初的小规模地产，到并购、投资、收购上市公司、整合分散业务等，逐渐形成了"一个平台、一个品牌、一个团队、一个体系"。何剑波亲历了房地产行业发展的起起伏伏，始终保持理性、审慎的态度。"行业规模还在，但暴涨、大涨的情况基本不会出现。暴利时代已过，房企需要追寻新的发展空间，企业在预期上也要回归现实，理性、平和地去对待房地产市场。"

起步：1984 年与嘉里集团合建香格里拉饭店

追溯五矿地产的发展历史，也是源远流长。在何剑波看来，1984 年应该是五矿地产发展历史上的第一个重要时间节点。

"五矿地产业务起步很早。早在 20 世纪 80 年代国内房地产业还未兴起时，五矿就走出国门，在世界各地设立了很多分支机构。"何剑波说，那时候很多海外公司因地制宜，寻找机会做房地产业务，且在英国、德国、澳大利亚、新西兰、美国等国以及中国香港地区都有涉足。不过那时可以算是萌芽期，并没有想过做成产业，业务也较为分散。

1984 年，改革开放后，北京急需建立一批五星级酒店。那时作为外贸企业，有很多外宾和外商来跟五矿集团谈生意，但苦于没有好的酒店来接待他们，所以就想建一家高档酒店。刚好遇见了嘉里集团，其董事长郭鹤年也想在北京建造香格里拉酒店。双方一拍即合，共同合资建立了位于北京紫竹桥的第一家五星级酒店——北京香格里拉饭店。

这也是五矿集团首次在北京涉足房地产行业。不得不说，五矿集团房地产业务底蕴深厚，彼时的业务开拓也走在行业前列，甚至可以说是"第一个吃螃蟹的人"。

"2018 年，我前往香港拜访 95 岁高龄的郭鹤年先生，他虽然年事已高，精神却很好。他还给我详细讲述了当时与五矿的合作过程，如何一起建成的酒店、遇到了哪些困难、当事人的情况怎么样等等。"何剑波说。

在 20 世纪 90 年代，五矿集团也做了一些房地产项目，只是这些项目有些零散，没有当成产业来做。这和当时的历史原因有关，在那个时代不具备条件，中国房地产行业真正的发展是在 1998 年房改过后，住房商品化。在那之前，只是企事业单位建造宿舍楼作为福利分给员工。

直到 2000 年，五矿集团进行了业务重组，实施新的发展战略，形成有色、黑色、金融、地产等 6 大业务板块。地产板块的地位也逐渐明晰。

发展：成立专业地产板块，收购香港红筹上市公司

在成立业务板块之后，五矿也开始做一些房地产项目，初期投入并不大。过程中，也在并购、投资新企业，并获得了一些发展机会。2004 年，五矿集团收购了香港红筹上市公司东方有色，并改名为五矿建设，作为香港业务的发展平台。另外在地方上也收购了其他企业，去做房地产业务。直到 2008 年，地产业务开始扩大，并计划进行业务整合，形成新的板块。

"收购上市公司过后，我们拥有了一个难得的境外上市平台。实际上，当时在 2006—2008 年，有大量内地的房地产企业在香港上市。大家都意识

到，房地产是一个重资产行业，需要与资本市场连接。"何剑波说。五矿在收购上市公司之后已具备这样的条件，对五矿的业务发展打下了很好的基础，机会难得。收购之后从 2008 年开始进行注资，将部分非上市业务注入上市公司，不断做大。

五矿地产给自己定的目标是要成为领先的城市运营商，提出的业务格局是"一核两翼三支撑"，即以房地产开发为核心，产业地产综合运营、多领域建筑安装为两翼，资产管理、地产服务和地产金融业务为支撑。

五矿做产业地产业务时间也很早，2006 年在营口做了产业园，30 平方公里；2012 年在汕头做了五矿物流新城的项目，近几年也在拓展新的产城业务，成都的产城项目已经落地；与广州市、沈阳市等地的多个产城项目也在逐步落地。另外，商业地产、持有性物业也是其重要的资产来源。

在何剑波看来，五矿地产做城市综合运营商有几大优势。首先，五矿地产是一家历史悠久的开发企业，对城市建设有很强的专业能力。其次，五矿地产过去十几年在产业新城规划、招商、运营方面有丰富的经验积累。第三，有建安业务的优势。在城市综合运营中离不开工程建设，加上管廊建设、设计院等方面优势，共同支撑五矿去做综合性开发。第四点就是五矿有较强的产业背景，背靠五矿集团，产业涉及金属、矿产等多领域。此外，五矿集团还有 22 个国家级实验室，在新材料、新能源方面科技力量雄厚。第五就是金融方面，五矿资本拥有经营全牌照，包含银行、证券、期货、信托等等，可以更好地与地产相结合。

可以说，这是一个根基深厚，集众多优势于一身的企业。但作为央企，在决策、管理方面不可避免会受到一些体制上的约束。

"因为我们有严格的招投标管理制度，要走公开招投标流程。在物资采购、成本支出、成本控制等方面比起其他企业要花的时间可能会更多一些。所以要发挥优势，扬长避短。"何剑波解释。

▲ 何剑波视察项目工地

壮大：一体化管理，走到央企地产前列

从 2007 年何剑波出任五矿建设总经理时，五矿集团就曾明确提出要把五矿建设作为五矿集团房地产业务的香港上市旗舰平台。这个定位在五矿建设发展中起到了决定性作用，也为后来五矿地产品牌的统一打下了基础。

在这个基础上，五矿集团开始对内部的房地产业务进行整合，将旗下分散的房地产资产择机逐步注入上市公司里，以此打通资本通道，获取资金来支持集团房地产业务的发展。

从 2008 年年初确定这个战略之后，虽然经历了很多资本市场的波动、房地产市场反复的调控，但五矿集团一直在坚定不移地推进这个战略。

直到 2015 年，将非上市业务全部交给上市公司进行托管，形成了一体化管理，即"一个平台、一个品牌、一个团队、一个体系"。

"从股权方面来看还没有完全统一在一起，因涉及资产条件是否成熟、资本市场的时机是否成熟等方面因素，这也是我们目前在做的事。但最终目标是要达成股权、管理权统一，形成一个完整的平台。"何剑波说。

整合的成效也日渐明晰。2017 年 12 月，五矿地产正式对外发布六大业务组合——房地产开发、产业地产、建筑安装、资产管理、地产服务和地产金融。

除了传统的地产开发业务，五矿地产将目光聚焦到资产管理与地产服务上——在资产管理方面，打造了商业综合体品牌"LIVE"、社区商业品牌"幸福里"，以及长租公寓品牌"拾贰悦"，并在北京、香港等多个城市的核心地段运营酒店、写字楼等高端物业。在地产服务领域，五矿地产则构建了具有自身特色的 37°C 生活服务体系。

五矿地产还正式发布了其产品价值体系——VIP-LIFE。VIP 是价值精选（Valuable choice）、智慧营造（Intelligent building）、人性化社区（Personalized community）英文首字母的组合，VIP-LIFE 即为幸福生活价值体系。

何剑波认为，每个人都有对理想生活的独到见解，而五矿地产不仅是建设城市，更是创造生活。"资源是有限的，土地是有限的，环境是有限的。但生活是无限的，社会价值是无限的，社会责任也是无限的。"

五矿地产已经进入了新的跑道，正处于加速发展的阶段。"展望未来，公司将聚焦开发、协同创新，成为最具创新力的、可持续发展的房地产企业，力争进入领先的央企房地产行列。"

商业·对话

在 2011 年专访何剑波时，他曾说作为经营者，应该要有足够的风险意识，不能赌市场，要时刻储备一些"过冬"的粮食。具体来说，一是要保持资产的流动性，加快周转速度；二是要量力而行，避免负债过高。到 2019 年，作为央企管理者，他依然保持这份审慎和理性，带领团队稳步前行，这与他的性格不无相关。

中国房地产报：对当下的房地产形势，你怎么看？

何剑波：党的十九大报告中指出："中国特色社会主义进入了新时代。"国家对发展的理念有了很大的变化，不再盲目追求规模的扩张，而更重视发展的质量。所以作为央企之一，五矿也将高质量发展作为内在要求。除了周转率、利润率要高，还要做高质量的产品和服务，满足人民对美好生活的向往，这也是央企的社会责任所在。

所以我对我们团队、公司的要求就是一定要做高质量产品，让客户满意。

中国房地产报：作为企业决策者，在速度与质量之间你如何取舍？

何剑波：我们希望实现发展速度和发展质量的平衡。发展的速度和规模决定了一个企业的行业地位，而质量是企业可持续发展的内在要求。一是要更好地把握行业发展的规律，二是要更加注重企业与政府间的互信和互动，实现优势互补，在更大范围、更高层次上实现资源配置。

中国房地产报：你怎么进行转型升级？

何剑波：对于五矿地产来说，作为专业的房地产企业，我们提出的是要进行房地产业务模式、经营模式的升级，我们首先考虑的是怎样把这件事做得更好，而非轻易地转到不熟悉的领域。

一是加强与政府合作，拓展城市综合运营和产业新城项目。这建基于传统房地产业务，但超越了单纯的房地产业务，综合了房地产开发、城市规划、城市建设、地产开发、产业导入等各方面。这也是我们未来努力的方向。

二是更加重视客户服务。过去是简单的建房、卖房模式，而现在要更加重视客户体验和服务。我们搭建了"37℃生活服务体系"，给社区提供配套的维修服务、管家服务、幼儿托教服务、养老服务等。

三是从产品来说，我们走的是精品战略，要做"绿色、环保、健康"的产品。今年，我们与美国的 WELL 建筑研究院（IWBI）共同建立"WELL 健康建筑标准"，在香港和广州等地的项目已经开始实施这个标准，下一步将在全国推广。

中国房地产报：物业板块是否有上市打算？

何剑波：从资本市场角度来看，是很欢迎物业公司进入的，因为物业公司收入稳定。不过目前我们物业这块仍在发展中，还需要建立良好的管理体系、服务标准，规模还在继续扩大。当达到一定规模后也会考虑走向资本市场。

中国房地产报：五矿地产城市布局的重点在哪儿？

何剑波：主要是六大区域，京津冀、长三角、大湾区、华中（湖南、湖北）、以辽宁为重点的东北地区，以及成渝地区。

中国房地产报：五矿地产现在是什么样的拿地节奏？

何剑波：基本上以在公开市场拿地作为主要方式，不拿地王、避免市场高位拿地，同时要掌握节奏，主要是城市选择、地块属性、地块规模和拿地时机。

现在的市场情况与过去不同，过去十几年房价一直是单边上涨的趋势，现在是强调"房住不炒"，不可能再重复过去房价一路上涨的历史。另外，政府调控态度十分坚定，商业逻辑、游戏规则和政策环境都在发生变化。

中国房地产报：能否用一句话描述一下你们的团队？

何剑波：我们是一个市场化、专业化的团队。团队成员 90% 都是从市场招聘来的，拥有丰富的专业经验。

中国房地产报：五矿地产在引进人才、留住人才方面有何措施？

何剑波：我认为，首先企业要有发展前景。用事业留人是第一位的，作为一家央企地产公司，有好的平台、好的发展前景，自然可以吸引很多专业人士、优秀人才加入。

第二，我们要有市场化薪酬、激励机制，与市场接轨。一方面薪酬水平要有竞争力，另一方面，考核机制要科学。

第三，我们对业务骨干进行长期培养，着眼于长远。我们有一套系统的人才培养机制，我们称之为"四金"，即淘金、熔金、铸金和淬金。还在 2016 年成立了五矿地产"80"班，在"80 后"业务骨干中选拔出优秀人才进行为期两年的培训，目前已经开展到第二期了。包含业务管理、团队文化、业务考察、与行业的交流等方面，大多数人经培训后都进入了重要的管理岗位。

我们是一家十分注重员工成长的企业，希望员工能长久地为企业服务，将它作为自己事业的平台、生活的平台、人生的舞台。

中国房地产报：在日常管理中，你会比较严厉吗？

何剑波：我个人认为在管理当中，上级与下级之间的信任非常重要。

▲ 何剑波在 2017 年五矿地产品牌会上讲述"幸福的味道"

如果信任缺失，管理成本会很高。所以作为管理者来说，很多时间是在考虑能否发现合适的人才，这个人又能否用在合适的位置上，并观察他是否称职。

正所谓"用人不疑，疑人不用"，这个人如果合格的话，就放手让他去做。但要在管理的过程中设定底线，在这个底线之内可以给机会去调整。

在企业内部，最重要的是塑造良好的价值观、文化、理念，其次才是制度，因为制度无法涵盖方方面面，单凭制度的话管理成本会非常高。

中国房地产报：五矿地产人的价值观是什么样的？

何剑波：借用一句话来说，就是"一个人可以骑行得更快，但一群人可以骑行得更远"。我觉得五矿就应该是这样一群志同道合的人，大家有共同的追求，有共同的理念、价值观，有共同追寻的目标。每个人都不仅仅是为了自己，一起发挥更大的作用，实现更大的事业。

▲ 何剑波与队友在昌平骑行合影

中国房地产报： 你是骑行爱好者?

何剑波： 对。我们五矿地产成立了骑行协会，有很多爱好者，每年还会组织很多次活动，到郊区去骑行。也去过很多地方，去过内蒙古与河北交界的塞罕坝，最远的还去过青海湖。骑行不仅仅是员工的业余爱好，现在已经发展为我们的一个品牌活动，连续几年在各个城市和客户、业主一起举办"幸福乐骑"活动，传递企业积极健康的价值观。

不仅是骑行，我们还有徒步协会，羽毛球、篮球、乒乓球、网球协会、瑜伽协会，我鼓励员工工作之余都要有自己的爱好。

中国房地产报： 能否简单介绍下你的一天。

何剑波： 我每天的时间安排得很紧凑，也很有规律。如果不出差，每天早上6点20分起床，6点半开始跑步，跑半个小时，然后洗漱。7点半出门，8点到公司，在公司吃早餐。8点半在办公室，听汇报、开会，直到中午12点半吃午饭，下午2点开始工作，直到晚上6点半。晚上11点钟准时睡觉。

中国房地产报：平时喜欢看什么类型的书？

何剑波：我的阅读范围很广，政治、外交、历史、文学都很喜欢。也看一些最新的包括人工智能、网络科技、建筑学方面的书。一般看到喜欢的书会先买下来，然后在出差途中、周末在家都会看，特别好的书会反复看，甚至做做笔记。

中国房地产报：感谢你这么多年一直坚持参与我们《房地产职业经理人信心指数》调查。当下，你对房地产行业未来发展信心如何？

何剑波：行业规模还在，但暴涨、大涨的情况基本不会出现。暴利时代已过，房企需要追寻新的发展空间。企业在预期上也要回归现实，理性、平和地去对待房地产市场。

写在前面

　　一份坚持，淬炼出居住的品质；一份责任，打磨出情怀的精致。他们被称为"共和国长子"，是中国经济改革的最重要一环。在房地产领域，他主动担负起央企责任，牢筑"根"与"魂"：一方面，与时俱进，用前瞻的视野，打造出绿色地产"黑科技"，积极引领行业进步，做高价值地产引领者；另一方面，精益求精，用"大国工匠"精神，把每一个房子都当成作品来建，不断改善百姓居住，做美好生活的传承者。

　　它是国资委批准的16家地产主业央企之一——中国葛洲坝地产。今天，我们走近中国葛洲坝集团房地产开发有限公司党委书记、董事长何金钢，看他如何率领团队，选择了一条有门槛的路。

▲ 葛洲坝地产党委书记、董事长何金钢

何金钢：地产"5G"时代锻造者

李红梅 / 文

《宋记·岳飞》中有云：谋定而后战，故所向克捷。

在两军交战时，谋划定夺而后出战，军队就能以少胜多、所向披靡。在激烈的市场竞争中，企业唯有认清形势、果断作为，才不会在优柔寡断中错失成功的良机；唯有深谋远虑、行且坚毅，才能在变幻莫测的市场中纵横捭阖、胜人一筹。

这是中国葛洲坝集团房地产开发有限公司（以下简称"葛洲坝地产"）掌门人何金钢所思、所为。对于葛洲坝地产来说，正因有这样的长谋远虑，让他做出了影响企业长远发展的两个重要决定：一是从宜昌迁至北京，另一个则是在北京创立了"5G 科技"产品战略。

"葛洲坝地产决定将总部从湖北宜昌迁至北京，讲究先有战略后有战术。"何金钢解释。所谓战略，即当时决定走出葛洲坝集团发源地——宜昌，同时还对北京、上海、广州、深圳等地进行了考察，最后选择了中国的政治中心——北京；战术方面，葛洲坝从大坝建设到如今进入地产行业，一直不忘初心，坚持做高品质、品牌、口碑，并在葛洲坝地产的住宅产品线上分设国府系、紫郡府、公馆系和兰园系四大产品系。

进入北京后不久，便遇上了逐渐加深的房地产市场调控。作为央企，一方面要讲政治、顾大局，另一方面要沉下心来研究客户需求、做好产品，当市场单边快速上涨、行业整体快速扩张时期结束时，敏锐寻找并抓住新的增长点。葛洲坝地产选择了一条有门槛的路，一头扎入"5G 科技"。

在我国供给侧结构性改革深入推进、房地产行业消费不断升级，以及节能减排的大环境下，国家对绿色建筑和工业一体化建筑提出了更为明确的政策要求下，"5G 科技"体现了改革者敏锐的战略眼光。

"当企业发展到了特殊阶段，就必须要以'无变革，毋宁死'的精神来进行企业管理变革。"何金钢将这种变革的决心贯穿到全员上下，落地到企业的产品、服务之中。他的一句口头禅是："人家用一辈子的血汗钱买房子，我们不拿出最好的产品，怎么对得起自己的良心。"

谋定后动：抢先注册"5G 科技"商标

成立于 2004 年的葛洲坝地产隶属中国葛洲坝集团股份有限公司，今年刚满 15 岁。从年龄来看，葛洲坝地产在整个地产行业正是一个蓬勃成长的少年。

从公司早期的成长和品牌认知度来看，葛洲坝地产还的确是有得天独厚的优势，生来便"背靠大树"。因为母公司建造了当今世界最大的发电工程——三峡大坝。

葛洲坝地产 2010 年启动面向全国发展的战略，将项目重点布局在以北京、上海、广州为主的京津冀、长江经济带、泛珠三角经济和社会发展的前沿地带。同时，践行中国企业"走出去"，公司积极聚焦"一带一路"建设，积极开拓广州、三亚等核心城市。

进入一线市场，葛洲坝地产果断采取了与品牌房企的合作战略。2010年 10 月，葛洲坝地产与绿城开展合作，控股葛洲坝绿城·北京京杭广场项目，拉开了与标杆房企合作帷幕。此后，葛洲坝房地产公司先后与融创中国、龙湖集团、方兴地产（现中国金茂）、保利集团合作，获取上海臻园、北京西宸原著、北京金茂逸墅和广州广钢二期等项目。也是在与房企大品牌的合作过程中，葛洲坝地产得到了快速成长，从最初合作项目的财务投资变成合作在项目中操盘，譬如近期面世的上海玫瑰公馆、武汉江悦蘭园、南京鼓印蘭园，无不体现了葛洲坝地产在行业及市场上获得的一致认可。

2014年初，葛洲坝地产将总部迁至北京，面向全国发展的战略更进一步。可见，葛洲坝地产在一开始便将一线城市作为狩猎的核心目标。"来到北京有利于企业发展，北京人才济济，我们可以学到很多东西。"何金钢回忆最初的决定时多次谈到了"学习"二字。

他说，因为北京城传统建筑较为厚重、威严，想以此为起点做产品，一方面，许多优秀的地产公司总部都在北京，企业间可以通过高位嫁接或高层对话相互学习；另一方面，类似故宫、颐和园这样的中国传统建筑瑰宝凝聚了前人的高超技艺，也值得我们来学习。

面对行业的激烈竞争，作为央企的葛洲坝地产如何让市场真正接受，何金钢思考了很多，最终决定着力打造集绿色、健康、智慧为一体的产品战略——"5G科技"产品战略，并注册了"5G科技"的商标，这可以看作是葛洲坝地产从战略战术，到产品品牌，再到产品价值的不断完善进化的具体体现。"面对不可复制、不可再生资源，葛洲坝地产决定将品质摆在第一位，用高品质的产品回馈业主。"何金钢果断地说道。

项目落地："5G科技"C位出道

来到北京后的前几年，葛洲坝地产一直相对低调，直到葛洲坝地产独立拿下北京西南三环樊家村地块，轰动全国。该地块也就是目前在地产圈内大家熟知的葛洲坝北京中国府项目。

作为葛洲坝地产TOP系产品，北京中国府是葛洲坝地产在北京落地的首个绿色科技项目。遵循"5G科技"体系标准，并获得德国DGNB金级预认证，这也是用绿色科技践行央企社会责任的典型体现。

据了解，葛洲坝北京中国府的整体设计都有一套严格的产品标准。项目由三大世界顶尖的大师团队联袂参与，世界排名第一的酒店室内设计

▲ 葛洲坝北京中国府实景图

事务所——HBA、世界顶尖设计事务所——CCD、世界园林大师——BENSLEY 三者共同发力。

有人形容葛洲坝地产推"5G 科技"是打出了地产圈的"王炸"。在正式推出项目前，"5G 科技"一直蒙着一层神秘的面纱。其实从拿下樊家村地块那一刻开始，葛洲坝地产已经下定了做出住宅珍藏品的决心。

在 2016 年，葛洲坝地产正式对外公布了一个新概念——"5G 科技"，即以"绿色健康、国匠精工、工业集成、智慧互联、服务增值"为核心的"5G 科技"体系，研发并集成了一系列专业技术系统，为高品质建筑提供成套解决方案。

"'5G 科技'集成了多维度的绿色科技技术，是一个非常完善的绿色健康住宅体系。"何金钢说，为了加速这一体系的落地，葛洲坝地产集合专家学者成立了"5G 科技"专家委员会，一方面为"5G 科技"体系落地实施提供智慧驱动，另一方面也为我国制定健康建筑行业标准作出先行示范。

通过"5G 科技"专家委员会，葛洲坝地产引进科学院院士、行业技术专家组成专家顾问团队，与清华大学、中国城科会、中国建筑科学研究院、德国 DGNB 等知名高校、科研机构和国际协会合作，紧盯房地产行业科技发展前沿，在"新风除霾"、建筑节能等领域加强合作研发，参与制定多项相关国家标准。

厚积薄发，体系渐成。2017 年，葛洲坝地产正式对外发布了六大产品线，分别是国府系、府系、公馆系、兰园系等四大住宅产品线，和国际广场系、国际中心系这两大商业产品线。

目前，葛洲坝地产已在北京、上海、广州、南京、苏州、杭州、武汉、合肥、成都、重庆、三亚等一二线重点城市进行了项目开发，涵盖高档住宅、高档写字楼、城市综合体、旅游复合地产等多种业态。

产品先行：好产品是获得市场认可的基石

作为责任央企，葛洲坝地产镌刻着"大国工匠"的情怀，最终靠产品赢得了口碑和用户。距北京 2455 公里之外的三亚，葛洲坝地产在海棠福湾项目中创建了"5G 科技"的研发基地，也是"十三五"国家重点研发计划试验项目。

"即便从当下来看，葛洲坝地产也存在多方面压力，但面对压力仍坚持做到不降产品品质。"何金钢说，"即便面对限竞房也要尽量将装修做到一步到位，始终把企业责任、品质摆在第一位，坚持做到'一生之宅'，只住不炒。"

质朴的语言充满力量，也传递着葛洲坝地产人内心的声音：要建造高品质、高质量的房子，成为地产行业的产品标杆。

好产品是获得市场认同的基础。何金钢认为，目前葛洲坝地产针对不同需求的目标客群，优化配置了四条不同的住宅产品线。例如国府系，它作为葛洲坝地产的标杆型产品线，在各地的落地产品都结合了当地文化特色和客户需求，做到"定制化"的标签产品，显示着葛洲坝地产近年来强大的产品打造能力。在市场上，北京、合肥、南京推出的国府系均得到了业内认可。何金钢强调："不论是住宅还是商业，我们讲'产品先行'，产品设计应该占到 70%，这一点是很重要的。"

以中国府项目为例，在具体的打磨上，葛洲坝地产进行了许多的创新与探索：根据对中国古建筑形态进行了深度分析，从中提取了大量元素，将中式建筑与 Artdeco 建筑风格进行创新融合，塑造了建筑整体的仪式感和尊贵感。凝练素雅的色彩和简练的线条，搭配现代东方意境的一砖一瓦、一石一木，呈现一个属于国人自己的东方文化符号，以中国式美好寓意着现代化中国蓬勃国运下鲜明的时代张力。

"何总对产品设计的要求近乎苛刻，他几乎参加了大大小小所有的设计环节。"一位葛洲坝地产管理层对此深有感触。就像北京中国府的设计过程，仅建筑立面部分就经历大大小小 50 余轮调整，最终才实现今天呈现的风貌。为了做到在建筑品质和生活品质上至臻完美，何金钢几乎亲自踩遍了全国的名盘。在他的带领下，葛洲坝地产既重视引进国际知名建筑、室内和园林大师的前沿设计，又整合运用国内一流建筑企业的精雕细琢，同时还不断吸纳融合企业专业成熟人才的聪明才智，只为了能拿出最好的产品。

2019 年 2 月，由葛洲坝地产与嘉佩乐酒店集团合作的三亚嘉佩乐度假酒店在三亚海棠福湾揭幕，更是直接为三亚顶级度假酒店树立了新标杆。一经开幕就获得如此好评的度假酒店在三亚并不多见，这离不开何金钢对产品细节的匠心追求。在三亚嘉佩乐度假酒店，有许多产品设计细节引人瞩目。酒店为了尊重宾客的私密性，在客房内专门设计了一个贴心的洗衣筐，当宾客有需要换洗的衣服，直接从衣柜内打开一扇小柜门，将衣服放入洗衣筐，按下洗衣灯。服务人员收到讯息后，直接从衣柜另一侧的外部开门，将洗衣筐中的衣服取走，不会上门取衣服打扰到宾客。

"我们设计的不仅仅是一处房间，更是提供一种生活方式，如今度假酒店更是承载着一种文化。客户在这里放松身心、享受生活，而我们作为场所的提供者，需要考虑到每一处人性化细节，营造出最舒适最放松的生

▲ 三亚嘉佩乐度假酒店实景图

▼ 三亚嘉佩乐度假酒店实景图

活方式；同时，让客户在度假的过程中潜移默化地感受到东方文化，甚至海南当地的文化。"何金刚对于三亚嘉佩乐度假酒店的打造如是说。

对于一个企业来说，领导者的思想高度往往决定了团队和企业的高度。在规模和品质之间，何金钢毫不犹豫地将品质放在了首位。这样一个匠人情怀的领导也聚集了一批同行业的优秀人才追随。

付出就有回报，成绩是最好的证明。葛洲坝地产一直主张的"高价值地产引领者"价值观与社会高品质生活的美好追求，形成深度契合。高价值认同形成深度契合。葛洲坝地产先后蝉联"中国房地产公司品牌价值十强""中国房地产百强企业"，荣获"中国品牌地产企业""中国房地产诚信企业""最具战略聚焦的实力央企"等荣誉，其开发的项目所获得的奖项更是不胜枚举。

"越来越理解葛洲坝地产的企业属性，就是做好产品的品质、质量。葛洲坝集团对地产板块的指导性要求是健康发展，而非寻求单纯规模化的扩张。"一位葛洲坝地产人士说。

商业·对话

中国房地产报：你什么时候拥有自己的第一套住宅？怎么看现在的消费升级？

何金钢：我在20世纪90年代拥有了家庭的第一套房，那是红砖楼房，是企业分的职工房。和如今商品房的客户对比来看，对生活的要求、对房屋品质的追求都是不同的。在当时，哪怕分到一间20平方米的房子人们都是很开心的。随着人们的生活质量提高了，消费也日趋理性，开始更关注房屋品质、居住环境及生活品质，这是生活标准发生了转变。

中国房地产报：如何理解中央提出的"房子是用来住的、不是用来炒的"?

何金钢： 从企业层面来说，要以身体健康、回归自然、享受家庭生活为需求点，从无到有、从有到富、再从富返回平淡的生活的角度来进行房地产宣传。抓住"房子是用来住的、不是用来炒的"的价值观，以做到"百年住宅"为大方向。

中国房地产报： 回顾葛洲坝地产历史，你认为哪些对葛洲坝地产来说是重要的时间节点？

何金钢： 重要的转折点有两个，一个是数年前，公司决定将企业从湖北搬到北京；另一个则是 2016 年，公司决定研发"5G 科技"产品体系，为客户提供绿色、健康、科技的居住环境。

中国房地产报： "5G 科技"投入应不少吧，葛洲坝地产做绿色科技的过程中，如何平衡经济效益、企业社会责任、品质？

何金钢： 即便从当下来看，葛洲坝地产也有成本或收益上的压力，但我们仍需要坚守品质，即便是做"限竞房"，我们也尽量精装交付，争取做到"一步到位"，葛洲坝地产始终把企业责任、品质摆在第一位，坚持做到一生一宅，只住不炒。

中国房地产报： 国府系产品的设计团队是什么样的？

何金钢： 国府系产品线的设计实际是总部"操刀"，从概念到方案，都是在总部确定的。一个好产品打造，设计是很重要的一环，当时我们在设计北京中国府时，就讲究在产品上做到"五独"创新，即独门、独户、独院、独立电梯、独立车库。对设计要求很高。

中国房地产报：作为掌舵人，对葛洲坝地产的愿景或预期是怎么样的？

何金钢：希望葛洲坝地产是一家将品质追求放在第一位的企业。未来，以健康住宅、品质住宅作为发展方向。

中国房地产报：如何看待房企的多元化转型？

何金钢：葛洲坝地产一直以来都聚焦住宅业务，对葛洲坝地产来说，它的转型就是从此前的粗犷型住宅开发转成更健康、更精细化的开发，将住宅产品提升一个档次。另外，多元化并不意味着颠覆此前做法。

写在前面

2018 年 12 月底，中国建筑-中建三局联合体承建的北京第一高楼——"中信大厦"如期移交。528 米的中信大厦作为全球用时最短、品质最优的超高层建筑如期交付，国之重器傲立华夏之巅，是 2018 年全球唯一实现移交的超过 500 米的工程，成为献礼改革开放 40 周年的最新成果。这座从中国传统礼器"樽"的形状中汲取灵感的建筑，有着优雅的弧形轮廓，上下宽度渐变，具有庄重的东方神韵，528 米的结构高度刷新首都天际线。

65 个月，北京"中信大厦"项目建设者披星戴月、栉风沐雨，攻坚克难、勇于创新，其建造速度超出同类型超高层建筑 30% 以上，创造中国乃至世界超高层最快封顶、最快竣工的纪录，彰显了"中国建筑、筑国之尊"的荣耀与担当。

▲ 竣工后的中信大厦

中信大厦：缔造北京建筑奇迹

刘晓霖　许金山 / 文

"中国的长城享誉全球，可以说'中信大厦'是和长城一样伟大的工程。"2018 年 10 月 11 日，来华参加第四轮中日企业家和前高官对话的日本经济团体联合会副会长、大成建设株式会社社长山内隆司站在 528 米高的"中信大厦"项目参观时感叹道。

现在，在北京，无论是在三环、四环、五环，甚至六环外，无论是晴天、下雨、雾霾、晚霞、朝阳下，都能经常在朋友圈里，甚至在电视、电影中看到"中信大厦"的身影。建都 800 多年的北京，因为这项举世瞩目的工程进入拔节期。"中信大厦"也取代国贸 3 期成为北京新地标。工程位于北京市朝阳区 CBD 核心区，由中信集团投资兴建，总建筑面积 43.7 万平方米，高 528 米，地下 7 层，地上 108 层，集甲级写字楼、会议以及多种配套服务功能于一体，是世界上第一个在抗震设防烈度 8 度区建造的 500 米以上超高层大楼。

2017 年 8 月 18 日，"中信大厦"主体结构如期封顶，成为国内 500 米以上超高层中最快封顶的工程。回首开工以来的纷繁往事，中建三局副总经理、"中信大厦"项目经理汤才坤表示：这是一场真正的"马拉松"赛跑，5 年的时间，"中信大厦"创造了 10 项世界纪录、15 项中国纪录，最快 3 天施工一层楼、速度是同类工程的 1.3 倍。

"中信大厦"项目在国内 500 米以上的超高层建筑中工期最短，仅为

65 个月。这么高的摩天大楼，这么短的工期，从开工之日起，工程就开启了一段把一个个不可能变成可能的创造奇迹之路。

技术创新：从深圳速度中继承发扬

说到"中信大厦"创造的 3 天一层楼的施工速度，就不得不提到一项高科技。这项技术被称为超高层建筑智能化施工装备集成平台技术，是中建三局自主研发的第三代钢平台技术。40 年前，中建三局在深圳创造的深圳速度爬模技术，正是这个技术的第一代。

但是，由于造价需要 3000 万元左右，平台安装调试需要大概 1 个多月的时间。同时平台安装好之后，如何高效使用也是一个很大的难题，开始时顶升一次要用十几个小时。同时，各个工序之间磨合不够，需要七八天才能施工一个结构层。项目部硬是带领团队，通过摸索，编写顶升手册，总结出三维流水"工厂式"施工流程,最快实现了 3 天就能完成一个结构层。

"这是我们自主研发、世界房建施工领域面积最大、承载力最强的平台。平台上有两台塔吊和平台一体化结合,这在全球也是首次尝试。"面对纵横交错的钢架迷宫,"中信大厦"项目副总工程师许立山自豪地表示。

除了钢平台技术,"中信大厦"还使用了大量的创新技术,全球首创服务高度超 500 米的跃层电梯、全球范围内首次将正式消防系统在结构施工阶段临时使用;还使用了中国"智造"的永磁同步变频双工况冷水机组,采用装配式预制立管、超高层高压垂吊式电缆、新型窗台一体化风机盘管、变风量空调等一系列先进技术。这些技术的应用在践行绿色安全施工理念,提高施工效率的同时,构成了中国建筑千米级摩天大楼的综合建造技术。

当下,BIM 技术逐渐成为建筑市场上的宠儿,应用程度和范围不断拓展。有专家预言,BIM 技术在建筑设计和施工中的运用,将决定未来建筑企业的核心竞争力。

走进"中信大厦"项目 BIM 管理部办公区,每个桌子上两台高端工作站首先映入眼帘,它们每天要处理各种"大数据"。其中,包含构件的外形与尺寸,现场施工管理所需的材料性能、造价等各种信息。之后通过对 BIM 模型的更新管理,为现场施工动态管理的实现提供了可靠的技术保障。

在"中信大厦"项目,BIM 技术与现场履约进行着高效互动。主要分三步:第一步是按照项目的施工工序,进行模型、动画设计,在保证建模精准度的前提下,充分考虑施工过程中的各种不利因素,以合理规避风险;第二步是现场完成建模以及动画设计后,对现场施工人员进行可视化交底,指导施工;第三步是现场施工阶段,BIM 团队到现场对施工人员进行指导,大大提高了履约效率。可以说,在"中信大厦"项目,每一个新纪录的诞生,都伴随着新技术的推广和应用。"中信大厦"项目部连续 4 年荣获国家级 BIM 大赛一等奖。

"中信大厦"最前沿的施工技术,也吸引了来自世界 40 多个国家的近3 万参观者。他们透过"中信大厦"了解到中国建筑的实力,说得最多的话就是"不可思议"。

▲ 2014 年 5 月 15 日，钢结构首吊

精细管理：精心打磨每一个细节

在"中信大厦"项目创中国纪录的 56000 立方米底板浇筑一次性浇筑期间，由于基坑深度达到近 40 米，无法直接用溜槽进行浇筑，而用泵管浇筑效率太低。项目部全体技术人员与一线劳务班组共同探讨，通过多方论证和深入分析，创造性地提出了在深基坑混凝土浇筑中首次使用串管＋溜槽的方式进行浇筑，最终实现在 93 小时内完成底板浇筑，创造了北京的建筑纪录。

在具体的管理中，项目遵从精细管理的理念。"中信大厦"项目的工期任务细化到了天，最后细化到了小时，并随时根据工程进展优化进度安排。项目部每天下午 4 点，都要为当天下午 6 点至次日下午 6 点间塔吊的使用排个班。塔吊每天的使用数据都有专人记录、分析，并据此提出整改意见。项目采取流水段作业控制，4 台大型动臂式塔吊和 4 部高效的跃层电梯使用效率超过 85% 以上，单月最大吊装量达到 10800 吨，确保高峰期 3000 多名工人在半小时内输送到作业面。

在"中信大厦"进入竣工决战阶段，由于装饰单位、机电单位等多专业交叉施工，项目执行经理曾运平通过深入调研，创新地将管理学中事业部制和矩阵式组织结构的管理方式创新地结合起来，在项目中实施项目小组的管理架构，将"中信大厦"项目地下室、设备层、空中大堂、结构收尾等 7 个重难点管理区域单独划分出来，成立管理小组，每个小组由党员先锋岗的带头人担任组长，项目部赋予他们更多的管理和协调职能，极大地提高了施工效率。

项目的结构边线即为建筑红线，工期紧张，大量物料集中进场，因此，做好计划和平面管理非常重要。而负责整个项目计划和平面管理的是项目的两位未满 30 岁的年轻员工。虽然很年轻，他们却通过攻坚克难，一位探索出了基于总承包管理的计划管控体系，把施工计划具体到小时。另一位在项目零场地的情况下，高效协调，总结了一整套"立体"平面管理体系，化解了施工困局。

孙晓亮是"中信大厦"钢平台操作员，负责大楼钢平台中控室的平台顶升。孙晓亮的工作，是帮大楼"升级"。早在项目初期，公司便拟在技术人员中，挑选钢平台"驾驶员"。在当时，符合条件的年轻技术工人超过百位。彼时，孙晓亮还是一名电工。经过一轮轮遴选最终脱颖而出。2014 年 11 月，孙晓亮被送到钢平台液压设备生产厂家培训后，成为"中信大厦"的"驾驶员"。

3 毫米，这是孙晓亮每次顶升需要面对的数字。他负责项目顶部钢平台的 4 座塔吊，12 个接触点在抬升过程中，几乎都要做到平行，相互误差不能超过 3 毫米，否则会造成失衡。整个钢平台可承重 4800 吨，目前总重 3600 吨，如果有接触点失衡，则后果不堪设想。因此，这项工作不仅需要对操作技术熟练，也需要极强的心理素质。2016 年 8 月 31 日，国务院国资委主任、党委副书记肖亚庆到"中信大厦"项目调研，在中控室，他握着孙晓亮的手说："操控这么先进的钢平台，堪比高铁驾驶员！"

使命担当：为首都建起百年地标

在"中信大厦"项目的微信群里，几乎每天都有人发布当天走路的步数排行榜。通过微信来计算一个人一天走了多少步，很多人每天一万步就会在微信里晒出来。而在"中信大厦"项目的微信群里，现场管理人员平均每天都超过 2 万步。项目的安全总监李晓明，手机微信经常显示每天的行走步数都超过 3 万步，相当于每天在工地里走 10 多公里。

之所以大家都这么拼，能够充分发挥争先精神和钉钉精神，把一个又一个看似不可能完成的任务变成现实。就是因为在加强履约，助推施工生产的同时，项目既讲争先故事，也讲情怀，努力为社会增添更多的正能量，为员工、为农民工兄弟、为合作伙伴拓展幸福空间。项目贯彻"合作共赢"理念，善待合作伙伴，提倡利益共享，极大地提升各专业分包的工作积极性和创造性。

项目利用互联网＋定期组织特色活动，为农民工建设标准化生活区，安排大巴接送农民工上下班，为他们免费体检，带领优秀农民工子女游北京，参加企业歌大家唱等活动。主动与所在地政府对接开展志愿服务，为西部地区捐款、定期无偿献血，为抗战胜利 70 周年阅兵、APEC 会议、"一带一路"峰会提供志愿服务。

项目设立了"CBD 讲坛"培训平台，定期组织职工开展总承包管理、科技、投融资、外语培训，进行人才梯队建设，把骨干发展成党员，并输出骨干人才。5 年来，"中信大厦"项目在现有管理团队的基础上，孵化出 3 套工程总承包管理团队，分别赶赴河北衡水，以及由项目团队牵头组成的中国建筑联合体以投资人的身份中标的雄安新区第一个建设项目——雄安市民服务中心。

写在前面

　　在"92派"地产人中，"万通六君子"如同那个时代最鲜明的注脚，而他则是六君子中最低调的一位。在冯仑眼中，他是个有大智慧的人；在王功权眼中，他是"万通六君子"遇到困难可以最先爬起来的人；在潘石屹眼中，他是可以在朋友危难时给予精神支柱的人。海南一别，他回到北京以散发着青春阳光气息的"阳光100"开辟一方新天地，也在激流之中毅然转舵，成功打造了街区综合体、喜马拉雅服务式公寓和阿尔勒小镇。如今的他，正带领阳光100奔向新的赛道。

▲ 阳光 100 董事长易小迪

易小迪：君子不惑，向阳而生

唐珊珊 / 文

"当一种崇尚物欲、炫耀财富的生活方式成为时尚时，我们却坚守简朴的、自然的、自由的、青春的生活方式，并为之感到自豪。当大多数人把地产当作一种地方化、阶段性的产物时，我们仍然坚持走全球化与标准化的道路。"在阳光 100 的员工手册开篇有这样一句话，起草这份员工手册的正是阳光 100 董事长易小迪，也是当年的"万通六君子"之一。

1991 年，年轻的易小迪与冯仑、潘石屹等人一起在海南成立了万通集团，那一刻，他便与地产开始了宿命般的联系。1999 年，"万通六君子"分家，易小迪回到北京创办了阳光 100。2004 年，一座跃动着青春气息的国际公寓在北京 CBD 拔地而起，自此开辟北京建筑设计新纪元。

谦逊、温和、爱笑，在这位儒雅的企业家身上，很难看到商人的锋芒。"很多开发商是吃肉的老虎，我就是一只吃草的羊，我吃草也要长身体，吃草也要跑得快。"正是这样一位"吃草"的企业家，在众人角逐千亿元规模、分食传统住宅这块蛋糕时，毅然决定开辟新赛道，成为房地产行业里为数不多以非住宅为主轴产品的企业。如今，55 岁的易小迪正带着弱冠之年的阳光 100 开启一条全新的征程。

缘起海南

1988 年，刚从人大计划系研究生毕业的易小迪意外收到一纸信函，当时的海南省委体改委正在招兵买马，来招人的正是冯仑。当时的海南体改委是双向选择，冯仑劝易小迪不要在体制内找前途，而是要跳出体制找前途。对于易小迪来说，这种时髦的说法非常新颖，冯仑开阔的思路和他所描述的海南一下子就打动了他，易小迪决定南下，相比留在北京的稳定，去海南唯一的福利就是报销来回火车票。

1988 年 4 月，广东省撤销海南行政区，设立海南省和海南经济特区。"海南将是下一个深圳特区，是未来改革开放的前沿！"在这一愿景下，一群带着海南梦、淘金梦的热血青年拥向海南。同年底，21 岁的易小迪第一次踏上海南这片热土。"当时冯仑的朋友借给我们 500 万元，利息是 25%，还要分一半利润给他。我们又去找了三亚信托，最后双方共出资 1500 万元，终于迈出了在海南的第一步。"易小迪回忆说。也是在这段时间里，他认识了王启富，两人一起被试用，创业初期很辛苦，但易小迪相信这其中有命运的安排。

本以为在海南开疆拓土的日子就这样开始了，但风云突变，单位改制，很多员工要下岗重新分配工作，冯仑已经去了南德，他也要重新找工作，在海南的日子瞬间变得没有了着落。因为是省委出来的，很多企业不敢接，后来终于有一家公司接收了他，但当他发现那个老板是让他写假报告去银行贷款时，耿直的易小迪怒而离开。那年的海南看似遍地机会，却对他这个漂泊异乡的年轻人吝于开启大门。

20 世纪 90 年代初的海南，犹如甘霖之后的沃土，万物正开始一场充满野性的生长。每天都有从全国各地来海南开公司的人，在满地散发的广告单中，易小迪看到了商机。于是跟朋友借了 5 万块钱，雇了十几个人，开起了印刷厂。因为没有社会关系，他做得很辛苦，每天挨家挨户去推销自己的产品，骑着三轮车挨家送货，也是那时他结识了开砖厂的潘石屹。开印刷厂的那两年，用易小迪的话来说："虽然那时在海南很多人都赚到了钱，我没赚到什么钱，但至少没亏损，做了一年多也很高兴。"

1991 年下半年，冯仑来到海南，在易小迪的印刷厂车间里，两个故友决定开始一场新的创业计划。在冯仑号召下，刘军、王启富等人也陆续来到海南，在一栋租来的破旧农民房里，海南农业高技术开发投资有限公司宣布创立。1992 年，砖厂倒闭的潘石屹也加入其中，担任总经理助理兼财务部经理。公司成立之初颇有江湖义气之势，合伙人之间利益分配采用的是水泊梁山的模式——"座有序，利无别"，职务有别，但利益平均分配。谁也没有想到，这六个面带青涩的年轻人日后会成为叱咤中国地产圈的风云人物。

1992 年，邓小平南方视察，房地产热潮开始席卷整个海南，万通也不可避免地投身其中。在汹涌迷乱的海南，这 6 个有着政府部门从业经历和高等教育背景的人，显得游刃有余。很快，公司就有了第一个项目。1992 年，通过运作海口"九都别墅"项目，"农高投"赚得了"第一桶金"。此后，"农高投"又陆续操作了"莲怡庐"等项目，在海口、三亚等地逐渐有了规模。公司经济条件宽裕后，很多老员工都拥有了"四个一"，即一套房子、一万块钱存款、一部电话和一部摩托车。

"当时的海南已经热得一塌糊涂。"回忆起当时的情景，易小迪颇为感慨。在他记忆中，从 1990 年开始，每年都有 10 万大学青年渡海淘金，之后热浪席卷全岛，而首先遭到爆炒的就是房地产。在 1991 年 6 月之前，海口的公寓房售价是每平方米 1200 元左右，到 1992 年 6 月，售价已上涨到每平方米 3500 元。炒卖地皮成为最快的暴富手段，一些从北京南下的人，靠政府背景拿到一块地，仅凭一纸批文就可以获利上千万元，让人看得心惊胆战。

也是那时起，易小迪和其他五人嗅到了危机的味道。一年以后，六人撤离海南，冯仑和潘石屹回到北京，在阜成门盖起了万通新世界广场；而易小迪则只身一人去了广西。

君子不惑

初回广西的日子，诱惑很多，改革开放之初的广西到处流传着炒期货、股票一夜暴富的消息，但是他未曾动心，在他看来，赚钱也好，投资也罢，一切都没有捷径。

那年，他用总部给的500万元创立了广西万通。随后，踏踏实实开发了南宁万通空中花园、新万通购物广场、新万通宾馆等项目，不到两个月的时间，就给总部寄回了400万元。这些项目的成功也为日后"阳光100"的创立奠定了坚实的基础。

在万通的格局中，易小迪一直以来扮演着任劳任怨的实干者角色，他更像是一个职业经理人，对安排的事情总能超出预期完成。冯仑称他是"智者"；在潘石屹眼中，易小迪是在他困难时最先想到的人，是能够在朋友困难时给予力量的人；在王功权看来，易小迪是他们六人之中，心理抗挫伤能力最强的人，假如某天大家都失败了，易小迪也会比别人更早站起来。

1995年，"万通六君子"分家，那一刻易小迪开始从职业经理人角色向企业掌舵人转型。在分家后的很长一段时间里，他陷入了对未来的困惑，仿佛一艘被突然抛向大海的小船，海很辽阔，却不知该驶向哪里。

那段时间里，他遭遇了人生最低谷的时刻。"1996年，我们做的一个商场，有笔2000万元的贷款还不起了，刚好农行成立了资产管理公司，这个行长现在还是我的好朋友，他就告诉我把那笔资产转到资产管理公司去，不需要还了，就当不良资产处理掉了。我请他给我宽限一年，当时想着不能因为自己企业没做好，而使自己的信用产生污点。第二年我想尽一切办法把这笔钱还了。"在回忆那段日子时，易小迪很庆幸当时自己做了正确的选择。1997年当他的企业需要一笔资金启动新项目时，农行审查了他的个人信用，没有发现一笔不良记录，最后给了他们公司15亿元的综合授信，正是这笔资金帮助易小迪和他的公司走出了事业低谷。

也是那时起，易小迪意识到：其实这个世界上什么都有，只是不知道什么是真正的商业机会，当方向没有确定的时候，任何风都有可能是逆风。这一年，他做了两个选择：第一专注房地产；第二走出广西。1999年，易小迪回到北京，创立了"阳光100"。同年，位于北京CBD的阳光100国际公寓项目开始动工。2004年，项目落成后，惊艳了京城，红橙黄相间的外观，极富时代感的建筑立面，张扬的生命力，在一片规格式样统一的肃穆建筑群中，阳光100如同穿透城市的一束阳光，开启了城市建筑年轻派风格的新纪元，也开启了易小迪人生中新的篇章。

向阳而生

2014年3月，在易小迪的推动下，阳光100在港交所成功挂牌。这一年，阳光100开始由传统住宅开发商向街区综合体、服务式公寓等转型。2017—2018年正式确定三大核心产品线：街区综合体、喜马拉雅服务式公寓和阿尔勒小镇。截至2019年，阳光100已经成功运作6个喜马拉雅，6个阿尔勒，10个街区综合体项目，其运营模式主要是通过租售结合获取收益反哺运营服务平台。这种商业模式一度引来行业内质疑，毕竟在传统住宅高速发展的大好光景里，将金钱和精力投入到需要大量前期投入，周转回款又慢的商业街区、文化小镇中，无异于舍本逐末。

对于外界不同的声音，易小迪却很笃定。在他看来：当年的转型虽然可能失去了住宅的机会，但从公司的长远发展及行业的未来进程来看，住宅行业已经结束了高利润的时代，非住宅市场才是未来的机会。

对于未来，易小迪有着更为长远的规划。一是在聚焦新兴白领目标客户的前提下，继续保持公司在二三线城市为主的扩张战略，使项目布局每年增加3～4个城市点。在项目扩张中，坚持已经成功的项目：城市中心的建筑综合体（阳光100城市广场）及城市近郊大型住宅项目（阳光100国际新城）。并坚持快速推进、快速销售、积极应对市场的态度。二是转变增长的方式，加大产品创新、项目创新的力度，提高土地使用效益，向内部挖潜，提升企业盈利水平与竞争力。一是逐渐加大阳光 100 建筑综合体项目比例，以及加大非住宅项目开发比例，比如社区商业、城市商业、SOHO 产品、服务型公寓等产品比例，以规避纯住宅开发带来的成本上升压力，保证产品平均盈利水平不断上升。二是逐渐扩展产品线种类。三是提升品质管理及客户服务水平，以进一步强化阳光 100 在目标客户群中的美誉度。

在易小迪的这份发展计划书里，蕴藏着三条相辅相成却又各自可以释放出不同能量空间的路径。以阿尔勒小镇为代表产品的郊区大盘，负责输出销售现金流，是阳光 100 的传统主力；而街区综合体与喜马拉雅却是走进城市核心区面向未来的产品，以运营提升品牌溢价，以租售结合模式换取利润。这些项目有一个共同点，那就是土地获取成本低，其中街区综合体是以和政府合作获取优质低价土地，而喜马拉雅则是通过收购改造，从阳光 100 的整个产品体系来看，已经将成本控制在安全系数范围内，这也意味着未来运营的提升可以为其带来可观的盈利空间。

"每一个建筑既是独立的存在又是属于城市的，既是现在的又是未来的。无论我们在城市中心建造高楼大厦，还是在城市郊区开发大型社区，这些新式建筑群落是一个城市在今天走向繁荣与富裕的象征，也必将在明天成为这个城市的历史记忆。今天中国一个城市 20 年的大发展决定了未来 200 年的格局，所以我们必须牢记这个时代、这个城市赋予我们的社会责任。"回首来时路，易小迪写下这样一句话。

写在前面

　　从 2006 年开始，厦门市充分发挥经济特区先行先试的政策优势，大力推进社会保障性住房建设，并率先在 2009 年出台了全国首部地方性法规《厦门市社会保障性住房管理条例》。13 年里，通过一系列法规的实施与配套文件推进，基本形成了以保障性租赁房、公共租赁住房、保障性商品房等分层次、全覆盖、租购并举的住房保障政策体系，基本实现了厦门市中低收入住房困难家庭逐步得到应保尽保，非中低收入住房困难家庭适度保障，环卫、教育、卫生等行业一线职工和"新市民"的住房困难问题较好解决。截至 2019 年 8 月，厦门市累计分配各类保障性住房约 8.45 万套，保障人数超过 20 万人。

▲ 郭俊胜局长调研马銮湾地铁社区

厦门市住房保障：
两个"夹心层"与它的解决思路

马琳 / 文

"厦门住房保障体系全覆盖、多层次，能够让不同类型人群都找到相应的保障渠道，让外来务工人员到厦门能够有比较舒适、安定的居住环境。"厦门市住房保障和房屋管理局局长郭俊胜表示。

8月14日晚，中央电视台《新闻联播》以《住房保障：给困难群众一个幸福的家》为题，报道了党的十八大以来住房保障工作成效，主要介绍了厦门市住房保障情况、常州市住房保障情况，在接受中央电视台采访时郭俊胜表达了上述观点。

厦门市住房保障情况如何？来自厦门市住房保障局的相关文件显示，截至2019年8月，厦门市累计分配各类保障性住房约8.45万套，保障人数超过20万人。

从2006年开始，厦门市充分发挥经济特区先行先试的政策优势，大力推进社会保障性住房建设，并率先在2009年出台了全国首部地方性法规《厦门市社会保障性住房管理条例》。13年里，通过一系列法规的实施与配套文件推进，基本形成了以保障性租赁房、公共租赁住房、保障性商品房等分层次、全覆盖、租购并举的住房保障政策体系，基本实现了厦门市中低收入住房困难家庭逐步得到应保尽保，非中低收入住房困难家庭适度保障，环卫、教育、卫生等行业一线职工和"新市民"的住房困难问题较好解决。

20 万人住房得到保障的背后，是厦门市住房保障和房屋管理局多年辛苦工作的见证与最好的奖励。

两个"夹心层"与它的解决思路

随着厦门社会经济的快速发展，以及城市化进程的不断加快，城市商品住房房价不断上涨，房价和收入增长水平的差距越来越大，原有的住房政策体系出现了覆盖面不能很好对应等新情况新问题：廉租住房针对最低生活保障线以下群体（低保家庭），覆盖面小，供应量有限；经济适用住房只售不租，且价格相对于许多中低收入家庭来说经济压力较大；市场商品住房由于价格居高不下，对于中等收入群体甚至刚参加工作的中高收入群体也一时难以承受。这样，就逐渐形成了住房政策的两个"夹心层"：

第一个"夹心层"，是不属于廉租住房申请对象，符合经济适用住房申请条件但又买不起经济适用住房的中低收入及以下群体；

第二个"夹心层"，是不属于经济适用住房申请对象（即中等及中等偏上收入家庭），又买不起市场商品住房的群体。

从 2005 年下半年开始，在厦门市委、市政府的统一部署下，市政府成立了工作小组，就如何解决住房"夹心层"群体的住房困难问题开展了调研。在考察了香港、新加坡等地的先进经验并结合厦门市实际情况的基础上，厦门市在全国首次提出了"社会保障性住房"的概念和解决住房政策"夹心层"问题的思路：

对第一个夹心层解决思路是：推出有补贴租得起的租赁型政策房，即保障性租赁房。

对第二个夹心层解决思路是：推出总价小买得起的销售型政策房，即保障性商品房。

郭俊胜表示，在这个过程中，对于保障房的"保障性"也进行过多次探讨，最后确定了"社会保障"概念。

时间回到 1998 年，彼时，国务院发布《关于进一步深化城镇住房制度改革加快住房建设的通知》（国发〔1998〕23 号），停止住房实物分配，同时建立了面向社会供应的廉租住房、经济适用住房制度，要求各级政府履行住房保障职能。

根据国家相关住房政策，厦门市组织对原有各种住房政策类型（如单位自管公房、直管公房、单位自建房、统建房、解困房、房改房、廉租住房、经济适用住房、安置房等）进行了逐一梳理、分析，经过数次讨论，结合住房制度改革中面临的问题，初步达成了共识，提出了"保障性住房"这一名称。在讨论中，有些专家提出，再进行政府的住房实物分配，是不是又会走回单位福利性分房的老路？为了更好体现政府履行住房保障的职责，厦门市又创造性地在"保障性住房"前加上"社会"二字，以示和原来的单位职工福利性分房制度作明确的区别，这一定义主要是基于原来的单位职工福利性分房政策国家已明确停止，而廉租住房、经济适用住房等

▼ 滨海公寓

是面向符合申请条件的社会不特定群体，并不具有原来单位职工分房的福利性质，强调其"社会"属性和保障属性，可避免引起概念混乱。因此，"社会保障性住房"这一具有深刻内涵和科学思考的名称就成为厦门的首创之举。

2009年，《厦门市社会保障性住房管理条例》的出台，表明厦门市社会保障性住房这一新的住房制度，以地方立法的形式确定下来，为厦门市大力推进保障性住房建设、依法管理和建立长效机制提供了法律层面的保障。通过立法，规定了社会保障性住房建设用地应当纳入本市年度土地供应计划，确保优先供应。通过立法，明确了社会保障性住房建设资金筹集渠道为：

年度公共财政预算安排的专项建设资金；

提取贷款风险准备金和管理费用后的住房公积金增值收益余额；

国有土地使用权出让收入中提取一定比例的资金；

中央和省级财政预算安排的社会保障性住房专项建设补助资金；

社会保障性住房建设融资款；

其他方式筹集的资金。

厦门市社会保障性住房体系的核心是将以往住房分配的"福利性"转变为"保障性"，着重保障中低收入住房困难家庭，通过不断扩大住房保障覆盖面，从保"最低"到保"低"保"中低"，并逐步将非中低收入住房困难家庭纳入住房保障范围，创新性地将社会保障性住房从"保低"向"保基本"转变，面向厦门市全体居民供应满足基本居住需求的具有保障性质的住房。

建立住房保障运营管理新模式

经过这几年的推进，基本形成了良性发展模式，并有了不错的成绩。

一是保障性住房建设方面。

▲ 后溪花园保障性住房

自 2006 年大力推进社会保障性住房建设以来，截至 2017 年底，已竣工交付保障性住房 23 个项目 7 万套。厦门市委、市政府提出了 2017 年到 2020 年新建 10 万套保障性住房的建设目标。

2017 年，厦门市瞄准群众切实需求精准发力，创造性地提出保障性住房"地铁社区"模式，即"地铁站点 + 保障性住房"。以"区位好、配套好、品质好、环境好、规模大"的"四好一大"理念为指导，一次规划、分期实施，全面推进地铁社区建设，进一步提升保障性住房功能品质。已策划生成的 4 个"地铁社区"，规划总用地约 1126.5 公顷，建成后将提供保障性住房约 6.8 万套。

二是创新发展，建立住房保障运营管理新模式。

近年来，厦门市不断探索创新保障性住房管理体制机制，探索建立"政府主导、企业运作"的住房保障运营管理新模式，成立了保障性住房国有专营企业厦门安居集团，负责实施公共租赁住房投资、建设、运营和管理及接受政府委托承担保障性住房企业化运作工作，通过多种渠道加强规范管理，从"住得进"到"住得好"不断下功夫，让人民群众最大受益。

三是定向分配，实现不同群体精准保障。

首先是基本保障，分类分批试行精准配租。在根据《厦门市社会保障性住房管理条例》规定对低保家庭予以优先分配；对孤寡、残疾、重点优抚对象予以适当优先分配；对危房侨房拆迁对象实行单列分配的基础上，试行单种房型批次配租，有效提高配租成功率；并专门开展面向含有70岁以上老人的申请家庭、曾经参加过意向登记三次摇号未中的家庭配租，有针对性地解决不同群众的刚性住房需求。

其次是精准定位，定向保障一线困难职工。优先保障环卫、公交、教育、卫计等城市公共服务领域、特殊艰苦岗位一线住房困难职工的居住需求，为1600多名公交、环卫系统和1200多名教育系统、卫计系统、基层公安民警一线住房困难职工提供了宿舍型房源。立足城市发展，推出专门批次定向保障本市各类重点发展产业职工的住房需求，扶持重点产业、重点领域，为高科技、航空、光电等重点行业的住房困难职工定向提供公共租赁住房。2016年8月至今，共开展59个批次集体宿舍型配租，为1.21万名在厦稳定就业的无住房职工解决了居住问题。在产业园区周边推出公共租赁住房，就近定向保障产业园区就业的住房困难职工。

四是科学管理，提升保障房小区管理服务水平。

首先，运用科技手段加强监督。依托建设保障房精细化监管系统、人脸识别系统等，及时发现长期空置、转借转租等违规使用行为，加强小区安全管理，并实现远程关注孤寡、残疾等特殊群体，及时予以人文关怀，营造安全稳定的居住环境。人脸识别系统已成为厦门市保障性住房的"标配"。

其次，开发信息系统提高效率。通过开发公共租赁住房信息管理平台，进一步加强运营管理。管理平台涵盖申请审核、选房分配、合同管理、费用缴交、入住巡查、退出等业务，实现从申请、审核、公示、轮候、选房、入住、监管、退出全过程信息化管理。同时，建立全市公共租赁住房的"大数据"管理机制，实现承租人信息、资产信息等的精细化管理。

再次，建立咨询专线便利群众。建立咨询专线968383，同步建立维修维护平台、客户服务平台等，实现客服管理、报事报修、政策咨询、租金催缴、发布通知等联动功能，逐步形成"统一客服、统一维修派单、统一结算"的客服中枢。通过多个平台联动机制，促进运营企业切实抓住群众最直接的需求，提供更加便捷高效的服务。

第四，完善生活配套提升品质。为了提供全方位的居住体验，满足住户日益增长的美好生活需要，针对公共租赁住房不同群体，提供更贴近市场需求的生态圈小区服务，推出"安居公舍"系列产品，涵盖健身、社区

▼ 杏北锦园居住区

便利店、咖啡馆、公共厨房、公共洗衣房、贴心管家等，努力打造"安心居住、优质服务、共享空间、智慧管理"的公共租赁住房新社区。

第五，打造服务标准规范管理。从小区环境、配套设施、客服品质、企业建设、社区文化、人才管理等六个方面，对标商品房小区一流物业管理，编制《厦门市社会保障性住房小区管理服务规范》，作为地方标准列入课题，《规范》主要包括保安、保洁、维修、客服、人员配备等物业服务标准，以及业主职责、监管机构、住户自我管理、考核标准等内容。

通过上述策略的实施，按照"政府主导，企业运作"的原则，进一步发挥保障性住房运营企业在保障性住房领域供给侧结构性改革的主体作用，逐步探索、构建市政府决策协调、住房保障行政主管部门指导监督、企业按市场化机制进行投融资建设运营管理的新机制，优化资源配置，提高运作效率。

建立完善"低端有保障、中端有支持、高端有市场""租购并举"的住房政策体系，促进住房制度发挥长效作用。

搭建全覆盖的住房保障政策体系

随着住房保障体系的完善，郭俊胜表示："厦门市希望打造一个既符合中央提出的'完善租购并举制度''房子是用来住的、不是用来炒的'精神，又符合本地实际的分层次、全覆盖的住房保障政策体系。"

经过多年的探索和实践，厦门市保障性住房主要分为三种类型，包括以配租方式保障的保障性租赁房、公共租赁住房和以配售方式保障的保障性商品房。今年以来，为加强招商引资，更好地吸引和留住人才，先后完善了《厦门市高层次人才安居政策》《厦门市高技术高成长高附加值企业骨干员工住房保障若干意见》等政策文件。目前，厦门市住房保障分两大体系：保障性住房和人才住房。其中，人才住房专指面向厦门市 A+、A、B、C 类高层次人才配售；保障性住房包括：保障性租赁房、公共租赁住房和保障性商品房。

在保障性租赁房方面，主要面向本市户籍低收入、中等偏下收入住房困难家庭租赁使用，以申请量最多的 2 ～ 3 人户为例，低收入家庭年收入不高于 6 万元，中等偏下家庭年收入不高于 10 万元。对符合条件的申请家庭按家庭年收入情况予以 90%、80%、70%、40% 四个档次的分档租金补助，对符合条件的低收入家庭予以 40% 的物业服务费补助（其中，低保家庭予以 80% 补助）。

在公共租赁住房方面，包括市级公共租赁住房和区级公共租赁住房。市级公共租赁住房主要面向本市户籍家庭年收入为中等收入、中等偏上收入的住房困难家庭，未享受政府其他住房优惠政策且在厦无住房的各类人才，在厦稳定就业的其他无住房职工等三类租赁对象租赁使用。符合条件的人才和在厦稳定就业无住房职工不设户籍和收入限制，由单位集体申请。按市场租金标准计租，原则上由运营企业按市场租金标准的 30% 予以优惠。根据"三高"企业的成长性和贡献，各区人民政府（园区管委会）可通过单独批次切块分配一定数量的公共租赁住房给"三高"企业，由企业配租给符合条件的骨干员工、新就业大学毕业生租住。

在保障性商品房方面，主要面向本市符合条件的无住房家庭配售，销售价格原则上按市场评估价的 45% 确定，保障性商品房交付使用 5 年内不得上市交易，满 5 年可上市交易，交易时的增值收益应按优惠比例补缴土地收益等价款。其中，本市户籍无住房的骨干人才可单独批次配售。保障性商品房中，根据"三高"企业的成长性和贡献，通过单独批次配售方式，由行业主管部门切块分配一定数量的保障性商品房给"三高"企业，再按有关流程审核公示后，配售给符合条件的骨干员工（家庭）。

在人才住房方面，对符合条件的厦门市高层次人才单独批次配售人才住房。根据最新完善的高层次人才安居政策标准，符合申请条件的 A+、A、B、C 类高层次人才的住房面积控制标准分别提高至最高 200 平方米、150 平方米、120 平方米、100 平方米，并新增了 A、B、C 类高层次人才的人才住房交房入住 10 年且人才在厦工作满 10 年后可按年赠送 5% 增值收益比例等具体条款。

另外，在面向厦门市户籍的中低收入住房困难家庭配租保障性租赁房方面，会按市场租金标准计租，由政府按不同家庭收入标准分别给予房屋租金90%、80%、70%、40%的租金补助。实行精准配租，低保家庭予以优先分配，对孤寡、残疾、重点优抚对象予以适当优先分配；对居住在危房、侨房的申请对象或不符合安置的拆迁对象实行单列分配，在政策上确保"应保尽保"。经摸底调查，目前需要住房保障的中低收入住房困难家庭约还有5000户，其中对申请住房保障的城市低保和特困人员家庭已实现"应保尽保"。未来，厦门市还将通过提高中低收入家庭收入（资产）标准上限，不断扩大保障性租赁房的保障覆盖面，每年预计新增5000户中低收入住房困难家庭纳入保障性租赁房保障范围。

写在前面

　　他，有野心、有抱负、有追求、有梦想，总是想怎么样能把事情做得更大一些、更好一些。

　　从过去以批发主导到连锁零售，再到全面转型互联网。创业至今，他始终保持着一种追求事业的创业热情和激情。以"执着拼搏、永不言败"的精神感染着每一位苏宁员工。

　　发展至今，逐渐形成苏宁易购、苏宁物流、苏宁金融、苏宁科技、苏宁置业、苏宁文创、苏宁体育、苏宁投资等多产业协同发展的格局。

▲ 苏宁控股集团董事长张近东

张近东：事在人为，坚定向前

孙晓萌 / 文

在 30 年的发展中，对苏宁控股集团来说，苏宁置业是集团最重要的产业融合线下平台和智慧零售流量入口。

2002 年，随着连锁模式的成功，苏宁对实体连锁自建店和自建物流基地的需求也在提升。在围绕苏宁控股集团董事长张近东提出的"租、建、并、购、联"并举的商业连锁发展战略下，苏宁顺势进入综合地产领域，并希望将苏宁置业打造成为一流的不动产运营商。

据张近东回忆，苏宁进入地产行业时，正好也是中国房地产市场形成规模化开发之时。尽管当前房地产行业进入平稳发展阶段，但张近东认为，房地产行业依然有新的机会，他表示："中国未来城镇化还会提速，城市群、都市圈、特色小镇都面临新的发展机会，甚至更多的机会会出现在下沉市场。"

张氏苏宁的创业突围路

1984 年，张近东大学毕业，正是改革开放掀起创业热潮的时候。在那波热潮感召下，1990 年，张近东辞掉了稳定的工作开始创业，用 10 万元自有资金，在一间不足 200 平方米的铺面中成立了苏宁交电，专营空调销售。

▲ 苏宁集团最初的样子

▲ 1999 年，首家自建店——南京新街口旗舰店成功开业，标志着苏宁从空调专营转型到综合电器全国连锁经营

　　起初，很多人以为苏宁是取"江苏南京"之义，实则不然。之所以取名"苏宁"，张近东坦言，其实当时没有考虑那么多，"去办执照的时候，工作人员问公司叫什么名字，我一愣，没有提前想好，就现想。因为我们的店位于南京市江苏路和宁海路的交界处，灵机一动，就叫'苏宁'吧。"

　　创业之初，店内人手少，张近东既当老板又兼销售，算账、送货、安装的工作也经常需要自己来做。或许那时的他并未想过会就此一头扎进零售行业，一干就是 30 年。

　　20 世纪 90 年代，苏宁作为小经销商，主要竞争对手是资本雄厚的国营商场，包括南京当地的经纬空调等俗称的"四大家族"。在竞争中，这些国营商场由于管理体制落后、服务能力欠缺，一步步离开了消费者的视野。而苏宁在竞争中不断创新规则、超越对手，以"小舢板"打败"联合舰队"，成为市场上新的翘楚。在他们眼中，苏宁的出现就好比芒刺在背。

　　1993 年，南京国营的"八大商场"联合发动了针对苏宁的围剿，对外宣称将统一采购统一降价，还要封杀为苏宁供货的品牌商，企图打击苏宁的供应链。当时的苏宁在这些国营商场组成的"联合舰队"面前，无异于一条小舢板，无论规模还是实力都处于下风，不占优势。

　　后来苏宁通过"淡季订货，反季节打款"的方式，在空调销售淡季进行采购，这样不仅解决了供货商淡季滞销的难题，更低的采购价格也为自身腾出了利润空间。这一步不仅让众多空调厂家与苏宁建立了紧密的合作关系，也帮助苏宁突出了重围。

这时的苏宁有批发资格，这个时候是人找货。但很快，随着供求关系的变化，批发的毛利空间开始逐步萎缩。"这个时候是你要求别人了，过去是人家请你吃饭，现在你得请别人吃饭了。批发不好做，你就得再往下捋，就要做连锁零售。"所以在张近东看来，做连锁是一个很自然的过程。

所以2000年秋天，"空调大战"一结束，张近东就和近百人的团队开了为期10天的封闭会议。这次会议，苏宁内部管理层对原有的批发业务依依不舍，当时张近东斩钉截铁地说："搞连锁的事就这么定了，不准再议论，谁要是再议论连锁的必要性、可行性，我就'拿掉'谁！"苏宁全国连锁经营的大策就此敲定。会后，苏宁宣布要在全国开出1500家家电连锁。这次会议做出连锁模式的决策，使苏宁一炮打响，从南京走向全国。

苏宁连锁模式最大的特色就是标准化复制，先有标准，然后才是连锁的扩张。加强执行力和控制力，成了苏宁兼顾扩张速度与单店效益的基础。在快速全国连锁复制的阶段，因苏宁有着严格标准化的管理体系，在价格和服务上有着巨大的优势，对区域电器卖场和一些相对落后的电器连锁企业有着无可比拟的模式优势。截至2005年，苏宁的全国布局网络已全面铺开，"买电器，上苏宁"成为苏宁身上最为耀眼的标签。

在这一阶段的苏宁，没有采用与同行一致的外延主导的扩张模式，而是聚焦在"看不见的后台"。正是这个"过硬的后台"，让苏宁在二次创业收官阶段营收全面赶超对手。

危与机的抉择和权衡

莎士比亚的戏剧《哈姆莱特》中有一句经典台词："To be or not to be, that is a question."确实，我们人生都会面临各种选择，徘徊其间，因为它们各自通往不同的方向。但不论前方路是荆棘满布还是一帆风顺，

▲ 2004年，深交所上市

始终要保持着执着拼搏、永不言败的精神。这也是张近东乃至整个苏宁团队一直以来藏于内心深处的坚定信念。

2009年，全国两会期间，张近东在北京参会不能回来，就在休会期间抽空跟集团高管开了一个视频会，从下午一直开到次日凌晨四五点钟。讨论是继续走粗放式发展的道路，还是利用新技术来提升企业；在采购以及用户方面进行精细化运营和服务方面，是继续简单地复制原来的线下连锁，还是走一个线上线下融合发展的路径。

最终提出的旗帜目标，是要用10年时间再造一个苏宁，将实体零售和网络零售结合起来。虽然苏宁自始至终都对互联网怀着一颗提防的心，提醒自己不要陷入互联网里面去。但在利用互联网方面，苏宁却又是比任何一个公司都更坚决。在苏宁的发展史上，这10年的互联网转型绝对可以算得上是浓墨重彩的一笔。

很多人并不理解，觉得苏宁已经做得不错了，为什么要转型、创新，寻求突破？一方面，金融风暴波及全球，中国经济发生深层次变化。另一方面，苏宁原有的发展模式已经到了天花板。在张近东看来，这个时间点有"危"肯定也有"机"，互联网转型势在必得。

转型提出的方法论是先独立孵化，再慢慢融合，包括技术融合、业务融合。据张近东回忆，当初做苏宁易购的团队实际上就两三百人。这些人清一色的都是大学毕业生，一门心思就干这个事。连办公都不跟大部队在一起。2009—2011 年，他们在做的同时，张近东也在观察，最初的时候每个季度都可以达到环比 200% 地递增，且数据都是按季度在递增。"这个时候根本不需要做动员了，大家都看出来了，就干这个了。"所以 2011 年之后，新 10 年战略就是做"科技苏宁，智慧服务"，全面转型互联网。

然而，选择转型拥抱互联网的苏宁在一段时间内发展得并不顺利。2013 年前后，更是苏宁发展过程中压力最大的时候。那时用户体验不是特别好，带来的就是财务状况的变化、利润状况的改变，甚至面临从一家高盈利的公司变为几近亏损的公司。尤其是用户对苏宁已形成"电器商"的既有认知，企业内部也已形成了健全的组织、管理体系。所以张近东认为，转型路上，苏宁的优势也是遇到的最大问题。"因为这个事情不是一个战略了之。不是调整一个组织，去定一个目标，确定一个奖励激励体系就去干，就可以成功了。它有一个重构的过程。"

2010 年，苏宁易购（suning.com）正式上线。2011 年，苏宁发布新10 年规划，明确"科技苏宁、智慧服务"的战略目标。2013 年，全面转型云商新模式，成立"一体两翼"三大总部（商品经营总部、连锁平台经营

▼ 2014 年苏宁易购大楼启用，标志加速集团互联网零售模式落地

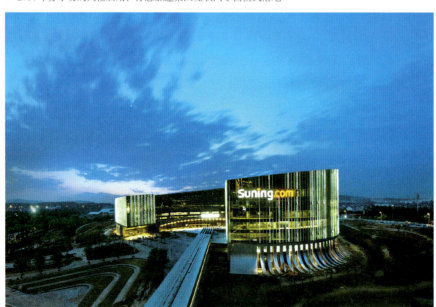

总部和电子商务经营总部），组建 28 个事业部，充分调动各业务单元的经营主动性、积极性。2015 年成立苏宁物流集团和苏宁金融集团，加速两大业务板块产业化发展、独立化运营的能力，全面提升行业竞争力，"一体两翼三云多端"模式成型。2018 年确立以零售为核心多产业融合布局的格局。围绕智慧零售战略下的产业协同，持续优化相对应的组织架构体系，助力数以千计的小团队成为各个细分领域的领先者。

张近东凭借着大胆的"创业"和改革，使苏宁成了今天中国零售行业的"引领者"和智慧零售的"开创者"。

为零售做基石，苏宁进入综合地产领域

事实上，不论是传统零售，还是当前的智慧零售模式，"人、货、场"，一直是核心要素。只是"场"的表现形式发生了变化。2000 年开启连锁模式后，为苏宁带来了高效益。且随着连锁模式的成功，苏宁对实体连锁自建店和自建物流基地的需求也在不断提升。在围绕张近东提出的"租、建、并、购、联"并举的商业连锁发展战略下，苏宁顺势进入综合地产领域，并于 2002 年成立苏宁置业。

据张近东回忆，苏宁进入地产行业时，正好也是中国房地产市场形成规模化开发之时。大量企业进入房地产领域，竞争逐渐加剧。也是这时，苏宁置业品牌起航，开启探索智慧地产模式，并以南京为起点，在商业、住宅、产城小镇、物流工业等地产领域布局。

成立后第二年，苏宁置业便成功摘得南京钟山国际高尔夫，布局首个大型文旅项目；2005 年，苏宁银河国际购物广场正式开业运营，开启智慧地产运营之路；2006 年，南京苏宁索菲特钟山高尔夫酒店、南京苏宁索菲特银河大酒店同日开业，苏宁置业进入高星级酒店运营领域。

2007 年，先后摘得南京新街口新华社地块、无锡人民路商业综合体、成都高新区商业综合体项目，加速智慧地产布局。2009 年，定位为"全球

▲ 2017 年，徐州苏宁广场开业场景

零售行业标杆"的新街口苏宁生活广场在南京新街口奠基。

2010 年开始，为加速助推苏宁易购线上线下融合，苏宁置业先后在石家庄、徐州、连云港、北京、汕头、无锡、福州等地布局苏宁广场商业综合体项目。

从定位来说，苏宁置业是苏宁控股集团最重要的产业融合线下平台和智慧零售流量入口，最终要打造成为一流的不动产运营商。从其公布的数据来看，2013 年至今，成功开业并运营的苏宁广场、苏宁易购广场已有 18 家。今后 5 年内，苏宁还将至少开业 17 家苏宁广场、苏宁易购广场。坚持 50 个苏宁广场，300 个苏宁易购广场，100 家高星级酒店和 60 个物流基地是苏宁的战略目标。

对苏宁而言，进入房地产领域是为了打造智慧零售的流量入口，本质还是为了零售，深耕场景互联网。

当下地产行业坚持"房住不炒"定位，落实房地产长效管理机制，房地产高歌猛进的时代已经结束，行业从成长期进入成熟期，市场趋于稳定。但张近东认为，拉动经济增长的新的红利将变成：新消费、新技术、新场景。房地产行业依然有新的机会。他表示："中国未来城镇化还会提速，城市群、都市圈、特色小镇都面临新的发展机会，甚至更多的机会会出现在下沉市场。"

奔跑中重塑再腾飞

当前，苏宁在经过 29 年发展、多次转型升级之后，已经在多方面建立起了自己的独特优势，打造了清晰的智慧零售发展战略。

张近东在很多年前就说过，未来零售一定不是简单的线上发展或者线下发展，一定会实现 O2O 融合，也就是线上线下融合发展，也是未来零售业的发展方向。

围绕着智慧零售，苏宁已经建立起了全场景的零售模式。线上，有苏宁易购、苏宁拼购等互联网平台，且发展势头都非常强劲。线下，在今年完成对万达百货和家乐福中国的收购以后，苏宁快速补足了优质线下场景资源，进一步完善了全场景全业态布局。目前，苏宁拥有 13000 多家互联网门店，已打造出"两大两小多专"的智慧零售业态族群，形成了对于城市和县镇市场的全覆盖。

此外，零售科技也是苏宁的独特优势，就像张近东经常说的，"苏宁不仅是一家零售企业，更是一家技术企业"。

2009 年，苏宁开启了互联网转型，并且提出了"科技苏宁、智慧服务"的新 10 年战略。如今，苏宁已经完成了数字化变革，进入了智慧零售时代。在全球范围内启动了数字化共享机制，助力大中小企业推进数字化转型，提升企业经营效益。

今年 8 月，苏宁第四代无人店落地。这是苏宁首家全场景应用的全数

▲ 美国时间2013年11月19日，"苏宁美国研发中心暨硅谷研究院"揭幕。苏宁全球首家海外研究院开始运行

字化视觉无人店，采用了全球最新的无人门店科技，依靠大数据、人工智能、物联网等技术，结合苏宁金融支付和风控平台等最新的科技实施落地，消费者可以实现即拿即走，同步支持单人单账户、多人单账户等支付方式。

　　而未来，苏宁要做的最核心的两件事情就是专业全场景和智慧供应链，与其他企业形成差异化。一方面通过产品，把场景之间的逻辑打通，打造智能供应链体系。提高产业制造效率、流通效率，提升用户体验。在最贴近用户的地方，让用户和苏宁成为一种非常重要的社交关系。另一方面，通过跟外部的合作，可以摊薄成本产生边际效益。

"在互联网时代，一个企业的价值不是你拥有多少，而是你有多少能为别人所用。未来的企业一定是你中有我、我中有你。"这正是张近东心中的大商之道。

苏宁经历了多次转型，每一次转型既是紧跟时代潮流，也是企业创新发展的必然要求。无论是初期空调批发、家电连锁时代，还是过去的电商初期阶段。在苏宁集团发展接近 30 年的时间里，很多同行不在了，或者转型，或者掉队了。有的人自己退缩了，有的人努力了，但被淘汰了。至今，苏宁可以转型成功，可以实现快速发展，这背后的核心就是张近东以及整个苏宁团队在创业路上始终保持着和当初一样的创业热情和激情。

"无论是人还是企业一定要有危机感，对市场又要很敏锐，同时对战略发展要有长期的重视，这几个因素都具备了，才能做出一个正确的决定。"张近东表示。

写在前面

　　伴随着深圳从改革开放之初发展至今，华侨城 30 余年间成长为中国旅游业的标杆与风向标，是"中国文化产业领跑者""中国新型城镇化引领者""中国全域旅游示范者"。这一个个标签，不仅成为这家企业与深圳的城市名片，还代表着中国旅游业发展的新高度。如今，华侨城集团正在积极以"文化＋旅游＋城镇化"模式进行新一轮的布局，积极参与中国新型城镇化建设。这是对过去华侨城"旅游＋地产"模式内涵进一步地丰富。

▲ 深圳华侨城旅游度假区（欧阳勇 摄影）

变革华侨城

秦龙 / 文

华侨城又一次站在了时代变革的最前沿。

2019 年 8 月 18 日，一个重磅性国家大计问世。中央发布《关于支持深圳建设中国特色社会主义先行示范区的意见》，赋予深圳"高质量发展高地、法治城市示范、城市文明典范"等全新的战略定位，并明确提出深圳"发展更具竞争力的文化产业和旅游业"等相关举措。

深圳，这座充满着中国改革开放最为形象和夺目的标志、符号的城市再次踏上了发展的新起点。在深圳这片土地上提到文旅产业，央企华侨城是一个不得不提的企业。伴随着深圳从改革开放之初发展至今，华侨城 30 余年间成长为中国旅游业的标杆与风向标。"中国文化产业领跑者""中国新型城镇化引领者""中国全域旅游示范者"，一个个标签不仅成为这家企业与深圳的城市名片，还代表着中国旅游业发展的新高度。

每个城市都有它的故事，深圳这座国际大都市从不缺故事。缔造深圳城中之城的华侨城，讲述了一个文旅市场的微观主体——华侨城从一片荒芜的滩涂起步开发，到建设运营遍布全国的文旅产业的励志征程。

▲ 东部华侨城大峡谷（欧阳勇 摄影）

迭代

华侨城是一个有着 30 余年发展史的央企。追溯历史，随着 1985 年 11 月 11 日，深圳特区华侨城建设指挥部宣告成立（华侨城集团前身），华侨城开始从一片 4.8 平方公里的滩涂开发。此后，业务产品从主题公园到特色小镇到全域旅游不断迭代更新战略，顺应时代的发展。

1989 年，深圳的"锦绣中华"开园引发业内轰动，主题公园开启了中国旅游的崭新模式；1991 年"中国民俗文化村"建成；1998 年，又一座主题公园欢乐谷问世，欢乐谷从众多旅游项目中脱颖而出，以产业连锁的态势蔓延到全国。

中国本无主题公园，而"锦绣中华"的出现，铸就了中国主题公园产业的一座里程碑。主题公园产业在欢乐谷连锁成型后，更让华侨城尝到了文化旅游业的甜头，并且坚定地把文化旅游业提升为公司的核心产业，这些举动确保了华侨城在激烈的市场竞争中长期占领主题公园产业高地。

如果深究华侨城主题公园的扩张模式，不难发现，长期以来，以"旅游＋地产"为核心、具有文化特色的成片综合开发模式，是华侨城的一个具有前瞻性的模式创造。这个模式诞生后10余年，被复制到全国各地的华侨城项目，成为企业快速扩张的利剑。

这个模式的出现也有不少故事性。1995年，在长沙一块非常好的地段，华侨城以深圳世界之窗为蓝本复制了一个主题公园。但这个公园的初期经营效果并不理想。在随后的考察中，华侨城发现，与他们合作开发该项目的湖南广电系统在主题公园旁边开发了别墅项目，销售异常火爆。湖南广电地产项目的成功，对华侨城人是一种启发：将地产和旅游连接成产业链，不是会同时提升这两项产业的附加值吗？

鉴于此，华侨城采用构筑产业链条、实现关联协同的方式，充分发挥了主题公园的"旅游乘数效应"。这种产业链条的延伸通过两条主线展开。其一，华侨城的旅游综合开发项目通过获得关联房地产项目开发的收益，用房地产运营的快速回报，支撑对主题公园的长期投资。其二，运用文化旅游业的主题化包装手法，对关联房地产产品进行品牌增值和包装运营，最终获得超越单纯地产产品的超额收益。

2000年，深圳华侨城第一个"旅游＋地产"的开拓性高端地产项目——波托菲诺小镇初步建成。此后10余年，在各地华侨城的架构里，"旅游＋地产"成为标配，规划、建设、运营越发成熟，逐渐成为市场及行业关注的焦点。很多企业纷纷推出旅游地产项目，"旅游＋地产"成为中国新型城镇化的典型样本和发展案例。

企业的发展需要不断创新与发展，"思变"是伟大企业的基础。华侨城这家做主题公园起家的企业，并不仅满足于"旅游＋地产"的经营模式，它有更大梦想与目标。

2014年3月16日，新华社发布《国家新型城镇化规划（2014—2020年）》。该规划分规划背景、指导思想和发展目标、有序推进农业转移人口市民化、优化城镇化布局和形态、提高城市可持续发展能力、推动城乡发展一体化、改革完善城镇化发展体制机制和规划实施。

顺应国家城镇化战略，2015年华侨城提出"文化＋旅游＋城镇化"的战略新构想，并将"旅游＋互联网＋金融"作为华侨城做大做强做优"华侨城旅游"的补偿模式。

新战略落地步伐加快，全国布局遍地开花；加快金融战略投资，构筑金融平台体系。2017年，华侨城集团与天津、郑州、西安、海口、烟台、扬州、珠海等地签署金额高达数千亿元的意向合作协议，战略布局由点到面，"文化＋旅游＋城镇化"创新发展模式进一步深化落实。并积极运用国开行、中保投共2200亿元的资金支持，成立12只总规模超过1000亿元的产业基金；以54亿元参与华能资本混改；以200亿元战略性投资光大银行。

▼ 海南三亚中廖村

▲ 深圳光明小镇欢乐田园（欧阳勇 摄影）

　　2018 年，华侨城深耕"文化＋旅游＋城镇化"创新发展模式，扩大在全国的战略布局，建设国家级文旅特色小镇。与北京、天津、广州、武汉、南昌、西安、太原、济南、郑州、南京、嘉兴、无锡、泉州、扬州、襄阳、常熟、惠州等地签署合作协议，新型城镇化战略布局遍及全国。

初心

华侨城并非一家典型房企，更为明确的定位是文旅企业。企业以盈利为目的，无可厚非。过去的20多年来，房地产业作为一个暴利的行业，吸引无数企业蜂拥而至。华侨城也曾在地产行业中尝到甜头，但其始终保持着做"旅游"的初心，践行着"地产服务旅游"的华侨城模式。

原国家旅游局专家王兴斌曾评价"华侨城模式"的三大创新：一、成功首创中国人自己建设的主题公园；二、提供了以主题公园带动房产地产开发、以房地产业支撑旅游业的案例；三、提供了以主题公园带动城区建设的案例。至于深圳的华侨城片区，也成为他们"造城实践"的起点、样板和重要的利润来源地。

华侨城集团旗下华侨城股份于1997年上市，在国内房地产与文化旅游行业中是最早上市的一批企业。在21世纪初，华侨城一度跻身于"中国房地产品牌价值TOP10"。

但在2008年之后，华侨城在地产行业的排名明显落后。第三方地产评选机构显示，2009年华侨城在全国房企的排名下滑到第18位，2010年进一步下滑到27名。及至近两年的2017年，第三方评选机构克而瑞公布的榜单，"华侨城股份"房地产销售"流量金额"为215.3亿元，排名全国84位；"权益金额"181.4亿元，排名全国90位。

从当年的"全国10强"，到如今的"70名开外"，华侨城在房地产方面的规模优势逐渐减少。华侨城在地产业务上为什么"越做越小"？外界解读为，华侨城在房地产行业的倒退与"文化旅游＋地产"模式所带来的"路径依赖"有关。

事实上，这或是一个"伟大"企业的取舍与智慧。华侨城集团提出产业终极选择永远是"旅游"。文化、房地产、金融、互联网都是集团做大旅游，保持"亚洲第一、世界第四"的手段和物质基础。

华侨城的初心与目标一直以来是"旅游"，房地产只是其做大"旅游"的手段与物质基础。伴随着近年来我国房地产业的深度整合，华侨城审时度势，开始更加聚焦旅游主业。

新型城镇化是中国经济增长的重要引擎和扩大内需的最大潜力。近年来，华侨城紧随新型城镇化国家战略，结合30余年"造城"经验，正以"文化＋旅游＋城镇化"创新发展的新模式，全国开拓布局，探索城镇化建设的新路径、新标准。

▼ 深圳华侨城洲际大酒店

华侨城集团未来将向何处走？在集团内部有统一的共识："旅游＋地产"的组合中，房地产深度调整，互联网对传统产业渗透，旅游业千军进发。一是继续推进"旅游＋地产"的创业模式；二是创新"旅游＋互联网＋金融"的补偿模式；三是深耕"文化＋旅游＋城镇化"的发展模式。在房地产深度调整、投资和出口都下滑的情况下，通过扩展华侨城文化和旅游产业边界，与互联网、金融结合起来，补偿"旅游＋地产"模式下市场空间和机会不足的问题。抓住国家大力推进新型城镇化的机会，以华侨城文化旅游产业的传统优势，深耕市场。

当前，华侨城集团正在积极以"文化＋旅游＋城镇化"模式进行新一轮的布局，积极参与中国新型城镇化建设。这是对过去华侨城"旅游＋地产"模式内涵进一步地丰富。根据目前的政治经济形势，新型城镇化是国家战略，但在全国来讲，尚未真正破题。华侨城努力在新的赛道上，以文化产业加旅游产业，实现新型城镇化的破题。

写在前面

潘石屹，当今中国最活跃、最具鲜明个性的房地产企业家之一。

他与妻子张欣共同创立 SOHO 中国，在商业地产领域独树一帜，成就了一段商业传奇；在中国历史上最大规模的城市化进程中，他的每一个建筑作品也都以城市标志性符号引领城市的建筑潮流。

他是"地产娱乐大师"，创新与娱乐精神共存，拍电影、出书、跨界摄影，镜头下有中国富豪，也有建筑工人；重操旧业做木匠，做一匠人，修一匠心。

他乐观、机变与坦率，人生无不欢喜。

▲ SOHO 中国董事长潘石屹

潘石屹：做一匠人　修一匠心

曹冉京 / 文

　　陕北、甘肃一带风大，出门戴帽子是必要的生活习惯。1979 年，潘石屹戴着父亲从自己头上摘下来的一顶破帽子离开了天水，走出了山村，走向了外面更广阔的世界。临行前，父亲交代他："你要出门了，不管在什么时候，没事不要惹事，有事不要怕事。"

　　从放牛娃成长为如今的百亿身家地产商，潘石屹始终践行着父亲说过的话。潘石屹，似乎天生就有商人的敏锐与精明，他善于把握国家发展的经济大势，并快速做出反应，这在他下海以后的经历中体现得淋漓尽致。

　　1992 年的春天，邓小平在南海边的谈话，将人们从"姓社姓资"的思想禁锢中解放出来，经济的寒冬冰雪消融，掀开了新一轮改革大潮。"要抓住机会，现在就是好机会"。这一年，国运兴衰与个人浮沉从未如此紧密地捆绑在一起。

　　时代赋予了每一位追求梦想的年轻人开疆拓土、实现梦想的历史机遇。彼时，29 岁的潘石屹在中国改革开放大潮排头兵的海南省初入房地产行业。但创业注定是一个艰辛的过程，从创业之初的颠沛流离，到勇闯海南的惊险刺激，再到后来"万通六君子"的分道扬镳……一路，历经艰险。

　　在商海沉浮的这些年里，潘石屹不妥协宿命的安排，用智慧打下了一片属于自己的江山。他与冯仑、易小迪等五人并称为"万通六君子"，成立万通地产，赚到了人生的第一个百万元；他建立了 SOHO 中国，并带领

SOHO 中国完成三次公司转型；他带领下的每一个建筑作品都以城市标志性符号引领着城市的建筑潮流。

如今，"退休后"的潘石屹爱好众多，拍电影、出书、跨界摄影、做木匠……不断解锁人生新技能，活成了众人眼中不平凡的一生。

苦难童年

潘石屹爱读路遥的《平凡的世界》，被称为现实版的孙少安。1963 年，他出生于甘肃省天水市潘集寨村，父亲被划为"右派"，家境穷苦。11 岁时，潘石屹的母亲便瘫痪在床，仅靠父亲一人的劳力和收入拉扯五个子女。潘石屹从小就生活在对贫穷的恐惧中，对钱有特别大的渴望。儿时的他认为，有了钱就可以给妈妈治病。

上学时，寒冷的冬天，潘石屹也只能光着膀子穿棉袄，棉袄里没有内衣，穿着穿着，袄袖会越来越短，袄会越来越薄，里面的棉花都"跑"掉了。但潘石屹自知知识改变命运的道理，成绩一向优异，这也和他家是村里的"读书门庭"有很大关系，太爷爷是秀才，爷爷上过黄埔军校，父母都毕业于大学。但学生时代的潘石屹由于出身的束缚，在他人眼中很少发言，低调处世。

潘石屹在学生时代还有一段灰色的记忆，在一次采访中他说："记得小学三年级时，我在一位同学，也是我好朋友的面前炫耀说我爷爷是国民党的军官，他去过外面许多城市。这位同学把我的话告诉了老师。老师在班上开我的批斗会，一连开了好几天，还让同学们往我脸上吐口水，女同学吐的是口水，男同学把鼻涕擦到我的脸上。我的脸像痰盂一样有泪水、有鼻涕、有口水。开完批斗会，我就在小河边上把脸洗干净回家。这件事我从来没有告诉过家人。"

苦难的童年，让潘石屹很早就开始思考人生，并且对外面的世界充满好奇。当时，每当潘石屹在山上放牛时，总是长久地盯着远方的隧道，听到火车的汽笛自远而近又自近而远地响起，告诉自己，你一定不能一辈子待在这个小山村里，你一定要走出去！只要坐上火车，你就可以到宝鸡，到河南，到北京，到一个美丽而广阔的世界里去！

或许正是对贫穷的深刻认知与对外面世界偏执的好奇，让潘石屹走出了小村庄的山洞，一直走到世人的面前。

人生第一桶金

改革春风下，企业掌舵者们纷纷破茧重生。而在体制内，一场大规模的弃官从商浪潮也奔涌而来。

1981年，潘石屹考上中国石油管道学院。大专毕业后，他被分配到廊坊石油部管道局经济改革研究室。3年后，"不安分"的潘石屹辞职，变卖家当带着多年后外界描述的80元"创业资本"，第一次南下广州、深圳，开始了创业。

那时的深圳，需要边防证才能出入。潘石屹没有边防证，只能绕路而行。最后，没有办法的他，找了当地一位老乡，由他带路，在一处人烟稀少的地方，剪破铁丝网，才算进入深圳。但现实中的深圳并不像看到的那么美好。为了生存，潘石屹不久进了一家咨询公司，"其实就是皮包公司，电脑培训、给香港人当跑腿的、接待内地厂长经理旅游，什么能挣钱就干什么！"凭借自身的努力，潘石屹的业绩越来越好，最后被公司提拔为销售经理。

但是，潘石屹始终寻找着更大的机会。

上世纪80年代初，在开放深圳、珠海、汕头、厦门四个经济特区的同时，中央高层把目光投向了中国第二大岛海南岛。经过几年的酝酿和筹备，1988年4月13日，七届全国人大一次会议通过了国务院提出的关于设立海南省和建立海南经济特区的议案。

认为"不能错过历史机会"的潘石屹在"要挣钱，到海南"的口号下，主动南下海南。在海南，潘石屹陆续结交了冯仑、王功权、刘军、王启富、易小迪。此时潘石屹还是砖厂厂长，负责三百民工的生产生活问题。到了1991年下半年，海南省的经济正遭受第一次低潮，大部分淘金者都撤了，纷纷回到内地，潘石屹他们决定留下来碰碰运气，那时"万通六君子"都还处于举步维艰的境况。

即使如此，潘石屹也显示出了一个商人的灵活和聪明。砖厂办不下去，他动动脑筋，办起了电脑学习班。尽管他本人不懂电脑，但开始教别人学电脑，易小迪的印刷厂为其印刷电脑教材。草莽时代，潘石屹是什么时髦、什么能赚钱就干什么，他甚至还教过会计。

汤因比在《历史研究》一书中，曾认为是偶然创造着历史。如果没有邓小平的南方视察，潘石屹纵有天大的才华也会被淹没在海南的雨打风吹中。

1991年，潘石屹同冯仑、王功权、张民耕在海南省合伙成立了海南农业高科技联合开发总公司（万通前身）。第二年8月，成立万通公司，王功权是法人代表、总经理，冯仑和刘军是副董事长，王启富是办公室主任，易小迪则是总经理助理，潘石屹主管财务。凭借着商人的精明和非凡的数字能力，万通高息借贷1000多万元炒房地产，半年后，顺势在海南省第二波经济热潮中赚取1000多万元。

市场初开、商业体系有待建设、商业规范有待完善，在这一背景下，海南万通在划分权、责、利的时候采取了一种类似于水泊梁山相当江湖的处理方式——"座有序、利无别"（即：职务有差距，利益平均分配）。六人以一种充满江湖义气的方式成为最早的一批"中国合伙人"，颇有点"啸聚山林，野蛮生长"的味道。潘石屹也凭借着在海南炒房挣到了人生第一个100万元。

到了1992年下半年，海南楼市泡沫急剧膨胀，房价暴涨至5000元／平方米，即将失控。有人按当时的平均月薪算了一笔账，一个普通海南人不吃不喝地攒钱，买一套50平方米的房子要100年。

最先预感到要失控的是潘石屹。那年底，潘石屹用传说中的"5斤橘子"从海口规划局换来一组惊人的数字：海口本地人口不到 30 万，而当时人均住房报建面积却高达 50 平方米，是北京的 7 倍多。

感觉到"要出事了"的"万通六兄弟"聚头商量，决定快速抽离资金，分散风险，转战北京。事实很快证明，这是一次死里逃生的决定。

就在潘石屹等人逃离海南几个月后，国家出手整顿地产泡沫，大量房地产企业倒闭，留下 600 多栋烂尾楼、18834 公顷闲置土地和 800 亿元积压资金。

转战北京

1992 年，潘石屹等人在北京共同创立北京万通有限责任公司。同年与人合作共同创建了北京万通实业股份有限公司。一个偶然的机会，潘石屹得知北京市给了怀柔几个定向召募资金的股份制公司指标，但没人愿做，潘石屹抓住了这个机会。很快，北京万通实业股份有限公司开始进入设立程序。不久后，万通在北京开发了"新世界广场"项目。通过和香港利达行主席邓智仁的合作，万通新世界广场大获成功，卖到了当时市价的 3 倍。

万通新世界广场的成功，奠定了潘石屹地产大佬的"江湖地位"。

北京万通在潘石屹等六人的共同努力下发展得蒸蒸日上，但随着大家对公司未来路径分歧越来越大，1995 年 3 月，王启富、潘石屹和易小迪首先选择了离开；1998 年，刘军转身；2003 年，王功权也最终出走，万通从"六君子"共商天下变为冯仑独掌船舵。

1995 年，离开万通的潘石屹与妻子张欣共同创立了 SOHO 中国，首次将兼具办公及住家功能的"自由空间"成体系地引入，开发建设了 SOHO 现代城，总建筑面积 48 万平方米，创下了 40 亿元销售业绩的神话。

2007 年 10 月，SOHO 中国在香港联交所主板成功上市，初次融资 19 亿美元，创造了亚洲最大的商业地产企业 IPO。20 年来，其作品屡次获得美国《商业周刊》《建筑实录》中国奖等国际殊荣。

2012年，潘石屹曾经写下一篇题为《SOHO转型，告别散售》的文章，称"告别散售，持有北京、上海有价值的物业"，宣布SOHO中国从"销售"向"自持"物业转型，将战略重点放在租赁业务上。之后，公司陆续出售了SOHO静安广场、SOHO海伦广场以及凌空SOHO等项目。潘石屹表示，"SOHO中国已经完成转型。目前，SOHO中国拥有700多亿元的总资产，200亿元的负债，负债率比银行基准率还要低0.8个百分点，为4.1%。"

SOHO中国有"八大金刚"，支撑其业绩。指的是北京的望京SOHO、光华路SOHO II、前门大街、丽泽SOHO，以及上海的外滩SOHO、SOHO复兴广场、古北SOHO、SOHO天山广场。它们也是潘石屹眼中的"非卖品"，他说道："我可以非常肯定地说，这8个项目，散售的计划不可能有，散售太复杂。"

营收困境。自公司进行业务转型以来，营收几乎逐年下降，峰值出现在2010年，当年营收达到182.15亿元，至2014年后，SOHO中国营收再度跌破百亿元，近几年持续在20亿元左右徘徊。

谋变。3年之后的2015年，他主导了SOHO中国第二次转型，开始开拓共享办公领域，在SOHO中国自持物业中寻找空间开发3Q产品。在互联网上，潘石屹一直在学习、吸收，进而找到SOHO中国的企业目标，并为之努力。2015年做共享办公空间之前，他亲自跑到超过100家互联网企业进行学习。两年间，他频繁拜访互联网公司，参加年轻创业者聚会，也带领SOHO中国加速转型，发力共享办公的3Q。

"国内房子过剩严重，空置率很高。所以作为地产企业，SOHO中国要把重资产模式变成轻资产平台。"潘石屹说过，互联网时代和人工智能时代的到来是反房地产的，尽管被人认为是在唱衰房地产，但两年过去，潘石屹笑眯眯地说，"最近一段时间我们销售出去了300多亿元的房子。"

截至2018年12月31日，SOHO中国共享办公业务SOHO 3Q已拓展至北京、上海以外的其他城市及第三方物业，在全国7个城市拥有31个中心，合计超过 3 万个工位。

转型 7 年之后，"包租公"潘石屹再度拾起开发商的身份，下一步将目光转向土地市场。潘石屹表示，不会购买房地产资产，会买一块地，从头到尾建个房子，为社会创造价值，为自己也创造了价值。潘石屹称，"未来几年货币的宽松政策还会持续，所以在市场上能拿到比较便宜的钱，SOHO 中国目前的融资成本才 4% 左右，钱可能不值钱，我们的房子会很值钱。"

2019 年，SOHO 中国还将 5G 作为最重要的公司战略部署，同时与中国移动、中国联通、中国电信 3 家主要电信运营商合作，截至 2019 年 8 月末，已在 SOHO 中国建设的 13 个北京项目中率先完成 5G 铺设，成为全国第一批将 5G 引入商业办公领域的地产商。

SOHO 中国董事长潘石屹表示："地产虽然是一个传统行业，但在过去 20 多年来，我们一直探索将最先进的科学理念和技术引入到我们的大楼里来。进入移动互联网时代后，人们对办公环境的需求发生了变化，通信环境、带宽质量和手机信号成为最为迫切的需求，因此我们引进了 5G，这不仅提高了 SOHO 中国每平方米物业的价值，也为 SOHO 中国的客户带来了更优质更智能的服务。"

多面开花

潘石屹是一个很有戏的人。作为地产大佬，潘石屹跨界生活可谓丰富多彩，他玩微博、卖苹果、热衷慈善、做木匠，甚至还跨界影视。

潘石屹爱摄影，继拍摄了马云、李彦宏、刘强东、雷军等企业界大佬之后，镜头前的"模特"们变得更加丰富：有像郎朗、蔡国强这样的艺术家，有像王宝强、郭碧婷这样的演艺人士，还有像潘基文、陆克文这样的国际政界名流。

因为摄影，潘石屹还与郭广昌达成和解。潘石屹称，"原来很多不往来的朋友因为摄影成了好朋友，原来的仇人也变成了朋友，郭广昌因为外滩项目和我打了3年官司，一张照片，我俩化敌为友。"

对于爱上摄影这件事，潘石屹坦承："虽然我是一个业余的摄影爱好者，但我仍想用镜头、用心记录下他们，记录下他们眼神背后的快乐与艰辛，执着与坚持，坦荡与从容。通过照片，记录下这些影响时代的人。"

除了摄影，资深大V潘石屹也会关注环保，会做慈善，加入比尔·盖茨的新能源基金会，捐款给去哈佛、耶鲁上学的中国学生。

潘石屹总是能触摸到时代的潮流，勇于突破自己，学习新的东西。"成功的人做新的事，成功不了怎么办？"潘石屹当然自问过。他努力地让自己归零。在金振业所著《潘石屹的坎》一书的描绘中，除了勇敢与远见，倔强与坚持也是潘石屹取得成功的重要原因。

潘石屹对野心勃勃的年轻创业者们这样说："创业过程中，你所做的产品，你所提供的服务，一定是能够对他人、对社会有好处的、有贡献的，这是一个大方向。偏离了这个大方向，无论其他方向做得多好，都不会成功的。"

谁也不会想到，从甘肃天水市走出来的幼年瘦小的潘石屹，经历风雨后，如今，已是身价上百亿的地产大腕。就如《平凡的世界》中写道："我是一个平凡的人，但一个平凡的人，也可以过得不平凡。"

写在前面

他从事过"工农商学兵"几乎所有职业，做过战地记者和"猫耳洞"作家。于 1992 年创建今典集团，以今典花园、空间蒙太奇、苹果社区等一系列地产项目闻名业界。2007 年，他转型文旅，创建的红树林度假世界已成为中国领先的度假目的地品牌。他还创建了中国第一家民营非企业公益性美术馆——今日美术馆；并大力推动中国数字电影放映发展，被亚太影展授予"数字放映杰出成就奖"。

▲ 今典集团董事局联席主席、红树林品牌创始人张宝全

张宝全：从"苹果社区"到"红树林"的艺术人生

唐珊珊 / 文

在张宝全的朋友圈里，有刚完成的画作和新习的书法，有对喜欢的电影的感悟，有与战友聚会时的欢唱，也有柿子林夏末的荷塘，却鲜有和商业相关的信息。

在"92派"地产人中，张宝全一直是个另类的存在，做过木匠，当过兵，曾是荣获二等功的战地记者，在一次偶然的机会接触到电影后，这个年轻人便认定电影将是自己的终身事业，转业后的他报考了电影学院，成为著名导演谢飞的学生，通往电影人生的道路似乎就这样开始了。然而，当他的第一部电影因缺钱而被迫停机的时候，他意识到，梦想终究需要金钱来支撑。于是他毅然下海，去过改革开放之初的深圳，也曾从海南楼市泡沫中逃生，最终他闯入地产界成立了今典集团。从今典花园、空间蒙太奇到后来名噪一时的苹果社区、二十二院街，这个身上有着太多身份的人终于在那拔地而起的高楼中找到了属于自己的位置。

然而2000年与亚龙湾的一场邂逅，却意外地将他深藏心中多年的梦想重新点燃，那一刻，他知道：他的未来，事业的未来，生活的未来，都将以红树林的模样重生在海南。在淡出地产江湖的10年里，他创办了中国第一家民营非企业公益性美术馆——今日美术馆，创建了中国领先的度假目的地综合体品牌——红树林，并研发出中国第一款数字电影放映机蒙太奇－V8和全球规模最大的数字放映远程安全管理系统UCS-NOC，这个

▲ 今日美术馆

有着一颗稚童之心的传奇商人正带着他的红树林推动起一场全新的生活方式革命。

"苹果社区"一炮走红

　　在与张宝全的对话中，他提到最多的是"选择"和"创新"。"选择"让他从小木匠变成战地记者、导演、开发商，而"创新"则让他的每一次选择都成为最正确的决定。

　　相比以往，选择进入地产界的过程却显得并不那么顺利。1992 年，35 岁的张宝全为了筹集 50 万元的电影资金，毅然选择南下，在短暂的停留后，他意识到彼时人潮蜂拥的深圳已经没有属于他的机会。但那次南下却让他看到了"房地产热"，于是便动了做房地产的心思。1993年，张宝全回到北京，筹划启动了自己的第一个项目。

然而事情进展得并不顺利。在当时如果没有北京房地产开发资质，就必须和"本地有开发权的公司"联合开发，而张宝全合作的那家公司在项目投资了近2000万元，马上就要立项的时候，突然撕毁合同，一夜之间所有辛苦付诸流水。然而祸不单行，就在此后不久，张宝全遭遇了第二次毁约，这让年轻的张宝全第一次领教到市场不可预测的风险，也意识到如果要做房地产，就必须自己独立成立有房地产开发资质的公司。

1995年3月，北京安地房地产开发有限公司成立，两年后，他的第一个作品"今典花园"上市。如何打响在房地产市场的第一枪？张宝全决定在项目设计上"创新"，这也让他的绘画艺术特长有了用武之地。1997年的商品房，大多还只停留在简单实用的"灰土方"设计形态上，而"今典花园"却别出心裁地采用了"空间蒙太奇"设计手法，不仅增加了大开间设计，而且减少了传统户型中的承重墙数量，使业主可以根据自己的意愿随意改动户型空间，这一创新设计不仅为"今典集团"赢得了市场认可，也为张宝全赚得了第一桶金。

如果说"今典花园"是一次产品设计上的胜利，那么2004年面世的"苹果社区"则无疑是一次营销上的胜利。苹果社区是今典集团的第三个地产项目，但是直至开盘前几日，项目案名仍未有着落。就在大家几乎要放弃选择时，张宝全却灵光乍现，决定举办一场向"全社会征集案名"的活动，这次全民参与互动的活动瞬间引爆了市场，数以千计的年轻人寄来了自己想出的案名，并紧张地等待结果。在经过数轮评选后，"苹果PINGO"从数万个征集到的案名中脱颖而出，这一名字也成为今典集团的代表作品案名。这场"全民征名活动"不仅成为楼盘营销史上的经典案例，也使"苹果社区"未入市便获得了市场巨大的关注度，张宝全的"创新"再次创造了奇迹。

前卫、艺术、文化，这些个性鲜明的作品背后无不折射着张宝全强烈

▲ 北京二十二院街艺术社区

的个人色彩，也逐渐成为今典集团地产项目的标志性风格。此后，二十二院街的诞生无疑将这种带着超前艺术文化气质的设计风格推向新的高潮。2007年，一条独特的商业街区的诞生打破了传统商业地产模式，在北京CBD核心商业圈，国贸东南600米，朝阳区百子湾路32号苹果社区旁，张宝全勾画出了一条融合了美术馆、精品画廊、艺术家工作室、文化创意产品展示交易、艺术品拍卖、艺术传媒、餐饮等多类别业态的文化创意街区。

"不让苹果街区进入传统集中商业模式。"在张宝全的构想中，未来的苹果街区中将有4条呈双曲线状分部的商业街，使得600多个商铺全部朝街，面积均为80～100平方米，所有的铺面都可以蒙太奇式自由组合为200～3000平方米，西侧是四厅电影院和小剧场，东侧是今日美术馆，地下一层为超市，潜水俱乐部在传媒大厦中。这一创新的设计，将为经营投资者带来更大的灵活性，而其"铺铺朝街"独特形态，也使人在逛街时便可以完成买卖，形成人与空间的自然亲密感。这一设计打破了当时以西方商业建筑形态 MALL 为主流的集中商业模式，为商业地产带来全新的格局，至今，这里仍然是年轻人喜爱的聚集地。

无论是蒙太奇设计的今典花园，还是前卫的苹果社区，抑或是艺术商业兼容的二十二院街，1992 年到 2008 年，无疑是张宝全作为传统地产开发商最为高光的时刻。"当年苹果社区进驻百子湾板块、苹果派进驻朝阳北路板块的时候，区域内的开发商都如坐针毡，因为苹果的设计总是能赢得购房者更多的青睐。"一位开发商曾这样形容。

10 年打磨"红树林"

"如果当时继续将苹果社区、苹果街区做下去，今天会是怎样？"

"如果当时把 200 亿元全部投在房地产，现在可能会赚取更多利润，很多人都曾问我后不后悔，其实我觉得虽然错失了房地产领域的丰厚利润，但我们却用这 10 年的时间获得了一个未来。对于企业家来说，创新精神非常重要，创新的本质是对未来价值的发现。当年我们做红树林时没有人看好它，但是现在，随着人们生活方式和消费水平的改变，红树林的价值已经逐渐体现，政府也越来越多地重视，很多地方政府都来找我们合作。"在张宝全看来，用 10 年的时间换取一个未来比房地产短期带来的丰厚利润更为划算。

当年的海滩一梦，让这个已经在房地产领域获得成功的企业家看到了地产的另一种可能，在张宝全看来：红树林和房地产是不同的。房地产是卖房，而红树林是卖生活方式，在这里有时尚、艺术、休闲、文化、娱乐、购物，生活是另外一种状态；另外，房地产需要依靠周边配套而建，而红树林是改变周边，改变城市，甚至于改变一个更大的区域。

"很多经历过海南地产泡沫的人，都对海南这个地方心存忌惮，你也是那场泡沫的亲历者，是什么原因让你选择重回海南？"面对记者的疑问，张宝全略微思索道："海南对于我来说是梦想开始的地方，也是梦想实现的地方。1992年第一次见到亚龙湾的海时，我就被震惊了，那个画面至今仍在我的脑海里。2002年正好有一个机会，我就自然而然地回到亚龙湾，买下了亚龙湾红树林酒店那块地。

"当时决定拿下那块地并非一时冲动，最重要的原因是我觉得未来企业的核心竞争力就是要投资优势资源，就像中国制造业那样，有很多吸引人的东西。而海南这个地方，它有着独一无二的自然资源：气候、海岸、阳光、白云加绿树，买下地就等于买下了这里的资源。虽然我的爱好和自身素质都倾向于艺术，但商业有商业的规律，我最大的特点是能把商业和艺术分得很清。"

2003年，第一个红树林项目在海南三亚开工，当时红树林的定位还未成型，今典集团也还是一家地产商，而彼时的万科、顺驰们正在百亿赛道上加码竞跑。2008年，张宝全又陆续拿下了三亚湾和海棠湾两块地，此时的他已经萌生了向度假地产全面转型的想法。

2009年，今典集团在张宝全的带领下全面向度假地产转型。说起当年的这个决定，他回忆道："2009年应该是中国房地产的一个拐点，当时的中国房地产私有化率已经达到75%，全世界房地产私有化率不到60%，也就是说户均0.6套。中国现在当下户均0.75套。尽管当时我们的传统行业还在北京，但我一直在想，房地产开发这种模式还能够坚持多久或者能维持多久？

"后来的一件事也坚定了我们转型的决心，2009年时，我们给无锡新城做咨询规划。当时在做这个项目的过程中，我们发现一座城的核心资源是这个城市的自然资源和人文资源。2007年时，沪宁线一带城市的制造业非常发达，人均收入已经到了7000美金，但对于当时的无锡而言，硬性经济尽管现在很好，但从未来发展来看，软性经济才是这座城市的根本优势。在跟无锡沟通后不久，2008年金融危机到来，无锡的制造业瞬间下滑。

▲ 海棠湾红树林度假酒店 别墅
▼ 亚龙湾红树林度假酒店 海天一色大堂

"这件事也给了我很大的启发，让我意识到中国前 30 年是硬性经济的发展，而后 30 年应是软性经济的发展，其实就是进入文化消费和生活方式的阶段。而红树林要做的正是为人们提供全新的生活方式。"

如今的红树林经过 10 年的打磨，已然进入了 4.0 时代，它所营造的"商业空间""生活空间""1+X 度假生活方式"已经成为文旅行业中的标杆产品，在这里，张宝全所挚爱的电影、绘画、音乐、书屋、美食、艺术等都被接入红树林，未来红树林还将接入更多的资源，它就像一个可以无限扩容的内存，随着新的资源不断接入而不断迭代焕新。这个"大胆又浪漫的创新者"最终用 10 年的时间证明了自己当初的选择。

度过最艰难时刻　理想迎来转机

追求理想的路并非一帆风顺，红树林也在经济寒潮中遭遇挑战。2018年，对于张宝全来说，红树林经历了最为寒冷的时刻，甚至让他一度怀疑理想。还好，一切都过去了。

"去年可能是红树林最艰难的一年，金融调控带来的资金流动性困境，让一向怀揣理想奔跑的红树林被资本狠狠地绊了一跤。这也让我第一次开始认真审视红树林存在的问题。因为太过理想化，红树林的很多项目我们都是自持，比如：三亚湾当初拍卖是可以 100% 销售的，但我们只卖了15%。青岛红树林 80 万平方米，也是可以销售的，我们也没有卖。这些重资产的持有造成了资金流动性困难，一旦像去年那样金融政策发生变化，问题便全部暴露出来。"谈到过去一年的经历，张宝全仍心有余悸。

喝了一口咖啡，他沉思片刻后讲道："虽然我知道风险已过，但这次风险也让我意识到红树林到了新的转折点。以前我只专注产品和商业模式，但没有意识到这种重资产模式，如果没有强大的资本平台支撑，那么这个商业模式等于只有一条腿，是无法保持平衡的，这也是去年会出现问题的原因。所以从去年到现在，我开始把精力转向资本和运营。下一步红树林

▲ 青岛红树林度假世界

将通过资本的力量重新整合，提升运营、提升效率，完成从产品型到商业模式型的转变。明年，品牌输出会成为红树林的工作重点，这也将是红树林发展过程中的一个重要里程碑。"

"去年最危急的时刻，你怕吗？"

"怕，如果去年没有扛过去，我就是最穷的老板。因为我们没有做任何风险隔离，我名下除了公司股权没有任何资产。"说完，他笑了起来。

"但也是在那时，我才知道原来有那么多人看好红树林，在我最难的时候，来找我合作。"言罢，那张微黑的脸上露出少年般的骄傲神情，一瞬间，很难想象眼前的人已过花甲之年，也很难想象，在他的青春岁月里曾有过战火，有过电影，有过海南泡沫，也有过楼市掘金。

"在你身上一直有着很多身份，木匠、战地记者、猫耳洞作家、导演、开发商……这些身份哪一个是你最喜欢的？"

"其实很难说喜欢哪一个，因为今天的结果是所有过往经历的体现。

现在的我应该说是个生活家可能更贴切一点，是个生活方式提供商。生活方式涉及方方面面，包含艺术、设计、文学、电影，而我过往的经历，恰好可以在这个领域得到整合，成为我的独特优势。"

在张宝全看来，正是这些机缘巧合的经历和对爱好的坚持才成就了如今的他，才有了今天的红树林。

如果没有一手过硬的木工手艺，他便不会在那个秋日的下午去武装部部长家修地板，也不会遇见那个推荐他入伍的人；如果不是当兵，他可能也不会有机会拿起那台放映机，从此开始与电影的不解之缘；如果不是因为那部自己编导的电视剧，他便不会结识王秋杨，也就不会来到北京，也就没有了日后的今典花园、苹果社区；如果不是因为拍电影差了那50万元，他便不会毅然辞去工作走向1992年的海南，如果不是在亚龙湾的惊鸿一瞥，也就没有了如今这美丽的红树林。

有人说错失楼市黄金10年的张宝全是失败的，其实换一个角度看张宝全也是幸运的。在如今动辄千亿元规模的房地产商，有人负重狂奔，有人落败离去，有几人能如此从容地温一壶新鲜牛奶，摘一盘柿子笑谈理想。

回头望向来时路，这个南方小城走出的贫苦少年，人生中的每次转折都与那个时代密不可分，而他的每一次选择也都引领他离自己最初的梦想更近一步。如今的他，更多的时间会待在这个远离喧嚣的柿子林，在这里，他可以静心作画、工作、写字、研究电影，生活回到最本真的模样。谈到工作，他笑言自己现在做的工作是"贩卖生活"。"工作就是为了更好地生活，作为给别人提供美好生活的开发商，如果自己都不懂生活，那么怎么给别人提供美好生活。"

商业·对话

中国房地产报：2009年你决定全面转型，离开了当时一片繁荣的传统地产行业，有后悔过当初的选择吗？

张宝全：我不是一个好商人，一个好商人追求的是利益最大化，而我好像不是。如果 2009 年那会儿，我把 200 亿元继续投资苹果社区这样的项目，现在口袋里会有很多现金，但是我还是选择做了红树林，这大概是性格使然。

　　中国房地产报：在艺术家、投资人、战地记者、作家、开发商等这些身份中，你比较喜欢哪个身份？

　　张宝全：其实很难说喜欢哪一个，因为今天的结果，是过去所有经历和经验的体现。现在的我可能更像一个生活方式的制造商。我觉得非常幸运的是，现在我们所做的生活方式产业，可以将艺术、电影、文化都整合在这个产业中，而我过往的那些经历和经验成就了我的优势。

　　中国房地产报：你认为什么是真正的创新？

　　张宝全：这个行业的最大竞争力是创新，而创新的本质是对未来价值的发现。现在有很多新的事物和新的形态出现，但对于谁是真正的创新，其实并没有一个判断的标准。我认为创新的标准不是看其之前是否存在，而是看它在未来是否有价值。

　　中国房地产报：你怎么看今典集团的重要发展节点？

　　张宝全：今典集团从 1992 年成立至今，其实经历了两个阶段：一是 1992 年到 2009 年，这个阶段可以称为时势造英雄。改革开放之初，中国的房地产还没有完全市场化，大家都不懂，我们站在同一起跑线上，我们是时代的受益者。第二个阶段是 2009 年到 2018 年，2005 年时我们开始做电影，2009 年开始二次创业创始了红树林。明年我们要开始进入下一个阶段，文化品牌输出，将我们的 1+X 影院和红树林全面产业化。

中国房地产报：房地产行业所处的政策环境日渐趋紧，很多民营企业也走到了面临转型的关键时刻，你有什么想对他们说？

张宝全：现在转型对于地产企业来说很艰难，如果决定转型，首先要创新，但是创新要看清它是未来价值还是眼前价值，要明确自己的目的；第二，转型之前要看自己有多少优势，有多少资源，并不是仅仅因为看好它的未来就去做；第三，要有好的运营管理团队，很多企业在转型时最容易犯的错就是穿新鞋走老路。

写在前面

黄怒波，总是带着豁达的笑容，对人生充满敬意。

他"下海"创立的中坤集团曾经在商界广受赞誉，宏村项目更是举世闻名。但他也曾因经营不善面对不利质疑，最后都消沉于尘。

他是中国著名慈善家、北大优秀校友、诗人，骨子里始终有士大夫的气息，家国情怀。他始终对这个国家怀有饱满之情。

他喜欢海明威，他喜欢登山，他说："人生和登峰一样，重要的不是如何上山，而是如何下山。"

▲ 北京中坤投资集团董事长黄怒波

黄怒波的人生亮点

马琳 / 文

"不后悔！精彩！对于一个人来说，你有一个梦想就能实现它，只有在改革开放 40 年的大奇迹之中才能发生。所以要感谢这个时势造英雄的时代。"

中坤大厦，五层，丹曾人文学院的一处会客厅内，说起过去黄怒波难掩兴奋。

20 世纪 90 年代初，黄怒波从中宣部"下海"，投身到了改革开放的大潮。

起初，他什么都做；后来一个偶然的机会进入到房地产行业，与远洋集团的李明一起。几十年间，黄怒波与他创立的中坤集团在房地产行业留下浓重的一笔，他早早地就踏出了转型脚步，在文化旅游投资方面，进入安徽宏村、南疆、普洱，以及海外的冰岛；在商业领域，推出"第四代商业模式"的大钟寺广场，风头无两。

在这个过程中，他也多次被推到风口浪尖，冰岛投资因政治问题无疾而终、大钟寺广场因经营问题陷入停滞，旅游地产也因相关投资问题渐渐收缩；后来，中坤集团也隐没在房地产行业激情澎湃的大潮中。

这一切，在外界看来，往往被视作成功与否的象征。然而，黄怒波却并不这样认为："对于我们这一代人来说，没有对错之说，因为你根本没有走过，也没有办法去判断，但是我们经历了，是有收获的。现在，经过转型，中坤集团几乎是零负债；且未来我也不允许中坤集团高负债，它会很稳健地发展。""如果我没有'下海'，我的人生也不会有这样的精彩，也许现在只是一个普通的退休'老头'。"

他很感恩于这个时代。

对于这几十年的行业发展，他认为房地产行业最了不起，因为它完全是以民营经济为主导完善起来的。改革开放之初，资源类、金融类等行业均由国有企业把持，只有房地产行业政府把它推向了市场，打开了一条缝，但这条缝让中国企业家精神得到了释放。这个行业是民营经济对中国市场化改革存在的一个最好的证明。

"随着市场的成熟，未来房地产行业要理性稳健发展了，因为这是发展趋势，再也不会有暴利了。"黄怒波说。

黄怒波喜欢登山，尽管几次面临死亡之危，最后都安然度过。他也喜欢海明威，认为"那是一个男人""一个英雄"。实际上，某些时候海明威的某些段落似乎映射着他本人，"生活总是让我们遍体鳞伤，但到后来，那些受伤的地方一定会变成我们最强壮的地方"。

挣了 5000 万元

他总是乐观豁达，过去的苦难在他的身上并没有留下什么。

黄怒波的童年、青年饱受疾苦。小的时候，他经常挨饿，饿得从地上爬不起来；又因出身不好，更是备受欺负。在宁夏银川通贵乡，插队的知青生活也颇为清苦，他隐忍着生活了过来。对于生活的苦难，他从没有屈从，甚至改名"黄怒波"迎接它。

1977 年，高考恢复，这个被通贵乡视为"大才子"的黄怒波考上了北京大学，人生有了新的篇章。

"不敢想象如果没有参加高考，我会是什么样，也许真的是命运厚待了我。"提起那段过往，黄怒波说。

此后几年间，黄怒波都顺风顺水。大学毕业后进入中宣部，一板一眼地工作、生活。

但他总觉得生活中缺少了些什么，沉闷而又无所依附。彼时，正值1992 年前后，整个社会也处于这样一种状态中。

1992 年，邓小平到南方视察并发表"南方谈话"，提出要推动市场经济的发展，这个讲话瞬间吹向了大江南北。

"记得那个讲话使苦闷、彷徨的社会一下子沸腾了起来，尽管不知道明天能做什么，但人们都是热血沸腾的，每一个人都觉得终于有一番做事的机会了，从贩夫走卒到整个高层，充满了一致的愿望，都希望这个国家走向富强。"黄怒波说。

黄怒波也走出了中宣部的大门"下海"了。出来后的黄怒波并不知道能做什么，"当时是看到什么挣钱做什么，几乎是全民经商，到处充斥着机会"。

黄怒波成立了一个信息中心公司，起初就在北京中关村一带印名片、倒卖复印机，后来又倒卖钢材。一个偶然的机会使他进入了房地产领域。

1995 年，中坤集团成立。第二年报考了中欧国际工商学院 EMBA。

读 EMBA 期间，黄怒波拿到了一块地，经常在课上悄悄研究。这一举动吸引了另一个人的关注，现任远洋集团的总裁李明。课后，李明主动邀约黄怒波，两个人坐在一起开始研究这个项目，"当时什么都不懂，什么是物业，容积率也不明白"。后来，这个取名为"都市网景"的项目于1997 年推出，大获成功，成为北京当年销售最快的楼盘之一，黄怒波从中挣到了 5000 万元。

商业浮沉

有了 5000 万元在手，黄怒波开始接手总建筑面积 35 万平方米的长河湾住宅项目。当时圈内朋友都劝他放弃该项目，因为有很多拆迁户，京城没有一个开发商敢碰这个项目。

他没听劝告，钻了进去，最终项目一举成功，销售额接近 30 亿元。

2003 年，中坤集团又计划向市场推出被称为"第四代商业模式"的中坤广场，这个项目彼时红极一时。项目于 2004 年年底开工，预计 2006 年全部建成，2007 年年底入驻。

在黄怒波的眼里，这将是北京新的商业聚集地。"将来这里会有家乐福、酒吧、餐饮、夜总会、美术馆、涂鸦墙，有写生的、有民俗表演、有街头艺人、有旅游剧场。我们认为这个模式符合商业发展规律，开放的建筑模式、多业态的组合及统一的管理，建立在这些基础上的城市生活休闲中心代表了未来商业的发展方向。"黄怒波说。

这一新型模式在当时走在了商业前列。如今看来也是颇有新意，很多商业综合体已经演变成了一个集吃喝玩乐于一体的项目。

然而，计划赶不上变化。接二连三的外部变化令中坤广场的工期一延再延，再加上内部规划不当以及商业模式不清晰，中坤广场最终陷入了危局。经过这几年的资产处理，目前的中坤广场正在转型中，但黄怒波在商业领域领先的探索一直在行业内成为佳话。

实际上，在推动中坤广场建设的同时，中坤集团也将触角伸向了旅游地产领域。

1997 年，中坤获得安徽省黟县宏村、南屏、关麓 3 个古村落为期 30 年的开发经营权。随后 10 余年间，中坤将黄山项目打造成自己的标志性产品，其中涉及大型文化表演《宏村阿菊》、度假山庄、收费景区、精品别墅群、五星级酒店、禅修会所、高尔夫球场等，成为中坤运作古村落休闲度假项目上旅游产品最丰富、产品群概念最完整的样本。

随后，中坤的旅游地产遍及黄山、南疆、桐城、宁夏、云南、湖南、西藏以及北京的延庆、门头沟等地。2003 年，他跟新疆五地州签订合同，斥资 20 亿元打造南疆 120 万平方公里的旅游景区。2005 年，与北京门头沟区政府签订合作协议，开发明清古村落。一时间，中坤集团风头无两，成了旅游地产领域的 NO.1。2006 年，黄怒波以 50 亿元身价跻身福布斯中

▲ 黄怒波获得"世界文化遗产地皖南古村落——宏村荣誉村民称号"

国富豪榜前 36 位。

到了 2011 年，一则消息引发震动，黄怒波计划出资 890 万美元，购买冰岛 0.3% 的国土，开发旅游度假村，这则消息将中坤全球旅游版图的打造计划公之于众。消息传出后，舆论哗然。

但因政治风波因素，这一计划未能成行。

后来，这些投资大多偃旗息鼓。成功最大的是宏村项目，2000 年被联合国教科文组织列入世界文化遗产名录，宏村得到了全世界的认可。

虽然商业时有沉浮，但黄怒波表示"我没有遗憾"。"这不能认为我过去就不成功。原来做得也不错，我个人的能量就是如此。另外，我还是偏于保守的。其实，冰岛当时是有胜算的，但没想到会卷入那么大的政治风波中。这就是企业，你永远不知道明天会遇到什么。"黄怒波说。现在回过头来看，要感谢个人能量小、不对赌市场，也就没有在这个行业膨胀式的发展。在这个意义上，回头来看都没有错，即便是错了也没有错，那都是要犯的错误。

人生的另一面

这几年，黄怒波似有消沉，但消沉的背后却是另一番天地。

他创立了丹曾人文学院，这是一个普及通识教育的教育机构，它希望

人们放慢匆忙的身影，回转身来深思未来的发展。

其实，"诗与远方"一直是黄怒波所追求的。他很小就写诗，至今已出版《知青日记及后记》《绿度母》《不要再爱我》《第九夜》《都市流浪集》《拒绝忧郁》《小兔子及其他》《7+2登山日记》《流浪与还乡》等诗集。

写诗时常让他陷入沉思，思考社会与人生之路。

他生活的另一面是登山。2005年，他登上的第一座山是非洲最高峰、海拔5895米的乞力马扎罗山，白雪皑皑的山顶上黄怒波感慨无限。自此后，黄怒波用短短20个月时间，成功征服七大洲最高峰，外加南北极点，完成了"7+2"的壮举。

登山时，黄怒波多次目睹死亡，也屡次与死亡擦身而过。"2009年的一次登顶失败让我知道了人生有时要学会放弃，如果那次没有下来，我可能就再也上不去了。"黄怒波说。

2009 年 5 月 17 日，黄怒波从北坡登顶珠峰失败，泪流满面。2011年，黄怒波从北坡登顶珠峰，成功。他说，让人生和登峰一样，重要的不是如何上山，而是如何下山。

因年龄原因，黄怒波已作别登山。他目前新的理想是做好丹曾人文学院，以文化去影响一些人，一些思想。

"尽管如今的生活已经很好，但人们都抱怨，为什么？这就是市场经济带来的问题，精致的利己主义者，每个人想的都是'我'；为什么不怕，是因为市场经济培养人们的'狼性'。这个社会已经缺失了一大块，人活着的意义是什么已经丢失，整个社会没有因为经济的进步而幸福。"他说，"作为社会的受益者，作为从艰苦中走过来的人，我希望在文化上做些事情，改变一些东西。"

商业·对话

中国房地产报：今年是新中国成立 70 年，70 年砥砺奋进，我们的国家发生了天翻地覆的变化。对于这期间的变化与冲击，你有何感悟？

黄怒波：新中国成立 70 年、改革开放 41 年，作为个人，我总感觉像做梦一样，到现在我还在想，假如我没有生于这个年代那将是多么的遗憾。且我们这一代人赶上了最精彩的年份，几乎是经历了三个社会形态：一是传统社会，即改革开放前的社会，当时中国还是一个农业大国，它的社会特点是人口流动性小，乡村模式，人的思想也比较封闭。

二是市场化社会，即改革开放以后，它把中国社会变成了一个工业化社会，一个迅速城市化的社会。1977 年，城市化率才徘徊在 10% 左右，现在已经到了 63%；在这个意义上，社会变成了市场化社会，它强调的是企业家精神。

三是文化社会，即未来即将而来的社会，它将使人们在追求发展之余更尊重文化、精神，以及人为什么而活着。

所以，在新中国成立 70 年之际，第一要感谢出生在这样一个伟大的时代，第二要感谢中国共产党，第三要感谢国家的富强。在这些意义上怎么感慨都不过分。

中国房地产报：你认为我们的国家这几十年主要做对了什么，坚持对了什么？

黄怒波：做对了的是改革开放，从 20 世纪 80 年代起坚持向全世界打开大门，出现了"要想富先修路""不求所有但求所在"的发展口号，是勇于摸着石头过河。

坚持对了一条就是释放了企业家精神。企业家精神是什么，就是允许试错、摸着石头过河、破坏性创新。比如，当时我在中国市长协会工作，带着他们到各个国家学习，包括城市建设与环保。当时这些市长连城市规划是什么都不知道，好多市长都是穿着毛衣打着领带。但是勇于学习，仅仅几十年，我们的环保产业、城市规划水平已达到了世界前列。

像我这样的人，原来怎么会想能盖这么高的楼。但从体制出来后，只要有机会去做，就有可能成功。所以，下一步，我们还是要改革开放，要鼓励企业家精神，这是民族的命脉，是一定要坚持的。把民企积极性保护了，实际上是把社会上最有活力的一部分保护了，一直这样进行下去，这个社会是进步的。

中国房地产报：你如何评判这几十年房地产行业的发展？

黄怒波：中国的房地产行业是非常了不起的，这些年下来，因为改革开放，我们在短短几十年里把人均住房面积从不足 5 平方米提升到如今的39 平方米，人均自有住房比例也是逐年提高。在这个意义上，要看到 40年的巨变离不开房地产商，离不开房地产行业，也离不开政府对房地产行业一次次的及时把控。

另外，它最了不起的地方，完全是以民营经济为主导完善起来的。改革开放之初，资源类、金融类等行业均由国有企业把持，只有房地产行业是政府把它推向了市场，打开了一条缝，但这条缝让中国企业家精神得到了释放。这个行业是民营经济对中国市场化改革存在的一个最好的证明，尽管它出现了不停地调整，有不少争议，但它是企业家精神体现最充分的行业。企业家精神就是破坏性创新，摸着石头过河，恰恰因为这个行业没有规则，这些企业前仆后继进入发展了起来。

中国房地产报：尽管如今的生活已经很好，但人们都抱怨，包括抱怨房价太高，抱怨野蛮扩张，对此你怎么看？

黄怒波：对房地产行业有争论是正常的现象，哪个行业不被争论？"让灵魂跟上脚步"不仅仅是房地产行业的需要，整个社会都需要。

实际上，这个社会对于房地产行业总体还是认可的，只不过是导向的问题，这是发展中的问题。原因是什么？原因是我们发展得太快了，以至于来不及反思所有的问题；在某种意义上，整个社会都变成了"经济动物"。

"高房价"以及"对立情绪"的出现，实际上是房地产行业在背锅。为什么这样说，原因在于我们是土地财政，是谁把房价推高的？是地方政府。房地产企业是在给整个中国经济背锅，可以说是个"背锅侠"。

现在，人们为什么会焦虑？那是人们永远不满足，这是对的。但说房地产企业已"失去灵魂"的提法是个悲哀，它就是个企业，首先要活下来，要创造利润，要不它就不是企业。拿道德来绑架民营企业是不对的，这是社会发展的一个弊病。

中国房地产报：中坤集团目前渐渐淡出了行业视线，这是否代表着中坤过去的商业道路并不成功？

黄怒波：对于我们这一代人来说，没有对错之说，因为你根本没有走过，也没有办法去判断。但是，最大的走对是到后来没有迅速向别的企业那样高杠杆运作扩张，这让我今天可以转型。如果负债很高，企业是难以退出来的。

转型后，中坤集团几乎是零负债；且未来我也不允许中坤集团高负债。

中国房地产报：对于房地产行业的发展有何预测？

黄怒波：从美国来看，房地产行业是一个利润很低的行业，也是一个传统行业，会存在住房需求。但危机也在，因为杠杆率太高，所以会走向理性发展、利润平均化的情况。

这次中央政治局经济会议也已经明确，不将房地产作为短期经济的刺激手段，原因之一是仍将其作为拉动经济的手段会有可怕的后果，二是也拉不动了，市场的饱和度已经到了一定地步。也是给了市场一个信号，再也不能像过去那样通过拼命拿地、高负债式的发展了，那个时代不会再有了，这样的信号从长远看对于行业是一个福音；从短期来看是个信号，要先活下来。

写在前面

在时代浪潮中激流勇进的企业家群体中，冯仑是一个特立独行的存在。

他见证了房地产整个时代，是国内开发商中的先行者和最有勇气的创新者。无论海南生发，全国耕耘，还是解惑美国模式，肇始独立定制，追求立体城市，跨海台湾，攀登纽约世贸中心，乃至布局后开发时代的大健康不动产和房地产科技，无不于云霄处执子，始终站在未来安排现在，以战略领先从容应对市场和体制变革，确保企业持续稳健发展。

他是商界的舆论达人，高屋建瓴，富于哲理，却又把学者气息和创业激情共熔于一炉，书生意气，爱好讲段子，独创大白话写作，喜欢做自媒体，诙谐的言语背后蕴含深刻的思考与洞察。近花甲之年依然充满好奇心，发射私人卫星，信奉"不折腾，毋宁死"。

他拥有洞穿世事的大智慧，有着没有角色感的舒服通达，也有海底暗流的内在强大，在思想的跑道上左右逢源。曾经野蛮生长，始终理想丰满，他是房地产行业的建设者、民企的布道者、公益事业的倡导者。

▲ 万通地产创始人、御风资本董事长冯仑

冯仑和大健康不动产

方圆 / 文

邂逅改革：价值观的形成

1977年，改革开放前夕，高中毕业的冯仑恰好赶上恢复高考。18 岁的他看完母亲用蜡版给他复印的资料后，借来一辆自行车奔赴考场。"当时考场的课桌都是破破烂烂的，桌面高低不平，有时一写字就能把考卷戳出一个洞。"

1978 年 2 月，春节过后的一天，云低气晦，冯仑张望着走进西北大学，成为"文革"后第一届大学生。在新设立的政治经济学专业招收的 50 人中，他是最年轻的学生之一。

这一年年底，党的十一届三中全会召开，做出了将工作重心转移到经济建设上的重要决定，一个新的时代不知不觉启幕。这改变了整个社会的氛围，检讨过去、徘徊今天、追求希望，也让冯仑的求学生涯刻上了时代变革的烙印。1982 年，本科毕业的冯仑考上了中央党校的法学硕士。其间，他通过大量阅读，建立对外界的认知，尤其是对真实世界的了解。

改革之初，他懵懵懂懂地参与到了"吃瓜群众"行列。"20 世纪 80 年代的状态，特别兴奋，因为当时思想空前活跃。"冯仑回忆，30 岁以前，跟时代最大的连接，除了学习、工作，就是大量参加社会活动，只要跟改革有关，跟新思潮、启蒙这些理论研讨有关的，都特别积极去参与。"我内心产生了一种微妙的变化，开始研究改革当中可能会遇到的一些现实问题。"

研究生毕业后，冯仑带职下放，主动请缨到武汉搪瓷工厂做党办副主任，待了大半年时间，之后又去了武汉市经委综合处任副处长。从工厂到经委，每天都体会着工厂，乃至市场的细微变化，同时每天坚持观察、记录每个细节，每天都写日记，写了几十万字。

"我很认真地观察、体验、研究工厂企业里的党政机制改革，这些经历都形成了我对变动中的中国的看法，参与到变化中去。和纯学术研究不一样，我喜欢在变动中去观察它的制度。"冯仑回忆。

和那个时代的知识分子一样，年轻的冯仑思考的都是一些国家和民族的大事。对自己的人生规划，也和主流保持一致。如果不出意外，他会像前辈一样，沿着"理论对策化、对策政策化、学者幕僚化、幕僚官僚化"的路径走下去，这是知识分子参与社会改革的普遍路径。

转折点出现在1988年，海南正式建省。由于国家给予了前所未有的优惠政策，海南成了80年代中后期，知识分子和青年学生向往和憧憬的热土。29岁的冯仑第一次来到了海南，着手创办海南改革发展研究所。

不过，在海南的第一次冒险没有成功。当时，海南省体改所既没有财政拨款，也没有启动经费，随后被撤销。等冯仑回到北京，发现再也无法退回体制内。

"从车上被颠下来了，只好寻找新的生存和发展方向。而到体制外，才发现自己成了改革的对象，每一次改革都跟自己有直接关系。"他形容自己。

从海南开始，冯仑的人生拐了一个大弯。离开往前疾驰的列车，被甩到一个空阔的荒地上，坠落到市场经济这个新的海洋里。尽管重新寻找方向并不容易，所幸的是，这个在现实中不断探讨答案、推动现实改变并身体力行的年轻人已经做好了准备。

一段人生插曲是，回到北京后，冯仑误打误撞到了南德公司，成为

"狂人"牟其中的副手。书生气的冯仑和江湖气的牟其中注定无法成为同路人。1991 年，冯仑不辞而别，正式闯荡海南。

万通传奇的诞生

由于中央政府给予了新特区超乎想象的优惠政策，建省之初的海南激情四射，被认为是最有机会的地方。资金和淘金客一起疯狂地拥向这里。

看似"风马牛不相及"的六位年轻人冯仑、王功权、刘军、易小迪、王启富、潘石屹，从南北各地奔赴海南，通过朋友、工作甚至大巴车等机缘结识，聚到了一起。1991 年 6 月，六人共同创办了万通的前身——海南农业高技术投资联合开发总公司（简称"海南农高投"），选择了梁山好汉式的内部管理方式：座有序，利无别。一个响亮且富有诗意的名字——万通六君子就此浮出水面。他们的聚散和沉浮，成了那个时代的注脚。

万通赚到的第一桶金是典型的"空手套白狼"的故事，现在听起来非常疯狂，但在当时的海南却十分盛行。

1991 年，在只有 3 万元起步资金的情况下，冯仑找到一家信托投资公司谈合作：有一单项目，我出 1300 万元，你出 500 万元，我们一起做。游说成功之后，冯仑马上跑出去写文件，王功权骑着自行车迅速拿到钱，从银行贷出了 1300 万元，再以 1800 万元作为本金购入海口"九都别墅"项目 8 栋别墅，随后出手，赚取了 300 万元利润。

在商业规则一片混沌的海南淘金潮中，他们活了下来，并且初尝成功的滋味。1992 年底，海南农高投由皮包公司华丽转身，注册资金改写为5000 万元。

"早期很多海南民营企业管理就四句话：以老板为市场，以银行为客户，以贷款为收入，以笼络为管理。"冯仑说。真实的生存方式就是这样，但这些方法论对于以后做企业，都是致命的隐患。

依靠炒地炒楼完成原始积累的万通六君子，在疯狂游戏冲顶之前神奇地撤离了海南。1992 年，嗅到海南房地产泡沫破裂的气息，万通将资产抽离海南，转战北京。转年的 1993 年 6 月，海南迎来了全国第一份楼市调控文件，泡沫开始破裂。

1993 年初，万通在北京成立。当时在北京二环以内做房地产的民营企业，加上万通一共不过四家。"当时我们在保利大厦办公，直接住上面的 1401 房间。六个人吃住都在一起，睡地板，吃方便面，大概有一年半。那真是一个激情燃烧的岁月。"冯仑回忆。

万通在北京的第一个商业项目是联合香港利达行主席邓智仁共同开发的北京"新世界广场"。这一项目大获成功，奠定了万通在中国地产界的江湖地位。

不过，当 1995 年这个项目完工之际，万通六君子的分歧也逐渐无法弥合。

彼时的万通资产已经达到 70 亿元，触角已伸进房地产、通信、服装、商业、信息咨询、银行、保险、证券等多个领域，地盘扩及北京、海南、西安、沈阳、武汉等十几个城市。年轻的六个合伙人，每个人都有很大的梦想，眼里有无限多的目标。

"全国扩张太快，最大的分歧是到底我们该做哪些行业，在哪儿做？怎么赚钱？怎么管理企业？资源有限，沟通不畅，我们几个人分布在北京、海南、广西、深圳各地，他说他的事重要，我说我的事重要。大家都没有管理经验，每天都是冲突。"如今回忆起来，淡然的冯仑笑称，当时没有手机，是败给了通信手段。

巨大的理念分歧，让万通六君子最终从合伙人走向了散伙人。1995 年 3 月，王启富、潘石屹和易小迪选择了离开；1998 年，刘军转身；2003 年，王功权也最终出走。分道扬镳之后的六君子，从此开始书写各自跌宕起伏、精彩纷呈的人生。

"最后分成了六个公司，大都选择做房地产。盖了多少楼呢？不说外地，光在北京 CBD，一段时间里一半房子都是我们盖的。"

留守的冯仑带领万通在地产界拼杀，着力纠正之前发展中的错误。

1997 年，万通完成了"资本的革命"，成为股份制公司。随后的两年，万通一直在清理资产，提出聚焦房地产，开始做在北京的第一个住宅万泉新新家园。

之前的万通拥有几乎所有金融牌照，不仅包括银行、保险、证券、信托，连典当、信用社、租赁一应俱全。清理之后，只剩下民生银行股权，到 2003 年"非典"前后才减持掉。

值得一提的是，1999 年万通推出的"新新家园"品牌，是中国第一个实施注册的高档住宅品牌。2003 年底，万通地产资本金和年度营业收入双双进入中国房地产企业 10 强，这是万通的高光时刻。

从 1999 年运作了万泉新新家园等几个相当成功的项目之后，一直到 2015 年，万通选择聚焦房地产行业。但这个创新基因深入骨髓的企业并没有一成不变在规模的道路上奔跑，而是一直求新求变。让行业印象深刻的是：2003 年 10 月，万通地产扛起绿色环保大旗，发展绿色地产；2006 年，万通引入国企天津泰达，提出了"学先进、傍大款、走正道"；2009 年 12 月，冯仑提出在中国建一个中密度、紧凑型、节地的理想城市——"立体城市"构想。

应该说在 2012 年以前，主要做住宅的万通在行业里，无论是在规模、管理还是产品上尚属比较领先。到 2012 年以后，万通试图用住宅和商务不动产两条腿走路，在转型过程中，速度有所减慢。

冯仑自我评价，和其他民营企业相比，万通有三个特点，探索的比较自觉，经历过所有的生死考验，犯了所有民营企业犯过的错误。同时通过反省，探索，又及时改正了。

但一个现实是，放弃了万科等已称王的"大规模拿地开发"的快周转模式，而走"轻资产"路线，万通错失了地产黄金年代。这可能跟亲历过海南楼市泡沫有关。即使迎来真正的"黄金时代"，继续浸淫在行业中的那些逃离者也显得谨小慎微。

对于错失过的机会，冯仑曾有过反思："2002 年后，万通刚刚还完债，我们不想高负债，用高杠杆来撬动市场，结果万通失去了一段发展的好时期。"

如今的冯仑更为深刻地反思，教训有二。一是万通体制上的成本过高，太复杂。由于体制的不断变化，每一次调整，分散了资源，消耗掉巨大的精力和时间，导致在行业里不能持续快速发展。二是个人从研究出身，组织基因里狼性不够，导致执行上不够坚定执着，反应不够快速，好的战略没有得到好的执行。

2011 年，冯仑宣布卸任万通地产董事长，逐渐淡出万通实际控制人的角色。标志性事件是，2015 年 7 月 3 日，冯仑正式放弃万通地产控股权，曾是中国房地产市场化诞生的象征之一的冯氏万通时代终结了。

后开发时代的冯仑和大健康不动产

关于最后的守夜人冯仑为何减持万通？坊间一度也是雾里看花。

冯仑解释说，一个公司到 20 多年的时候，会出现整体老化，需要重新审视业务，考虑转型换代。

促成这一决定的背景是，他觉得房地产即将进入后开发时代。判断依据在于：人均 GDP 超过 8000 美元、城市的空间格局和交通格局基本确定；新房二手房成交比达到 1∶3（北京、上海的比例甚至是 1∶5）；人均住房面积已经超过了 40 平方米；一二线城市人口净增长放缓，多数城市已经趋近于零，等等。

他认为，如果说开发时代是以住宅产品为核心，以开发模式为主导，核心竞争力的重点在于成本、规模、速度，那么后开发时代则是全产品线、全价值链和全商业模式，核心竞争力的重点则转移到资产运营和管理。

实际上，在 2015 年之前一两年，万通就开始尝试做转型。起初是在体系内部转，但效果不好，不仅内部的积极性、业绩等方面没有明显的改善，而且增加了股东之间的分歧。

"谁都知道，转型就是拐弯，拐弯就得降速，降速就意味着业绩下滑。

众多的股东导致内部意见不统一，都不愿意看到转型带来的业绩下滑，企业开始摇摆。转型受挫，不得不另想办法重生。于是我主导尝试做一些改变，在业务上把旧的、传统的和新的彻底分开。"冯仑指出。

由于当时跨行业、跨区域、跨所有制"三跨"，公司没有绝对控股的股东，在混合所有制的模式下，股东层面、管理层面就出现了一些复杂情况。加之原来的大股东之一泰达后来也发生了很大变化，导致万通在治理上始终打转转，成为一个制度成本太高、战略执行力相对弱的企业，不能高效协调资源，聚焦在住宅一个产品上奔跑。

最后的结果早已广为人知，冯仑减持万通的大部分权益，放弃控股权，只做小股东，转过头开始重组御风集团（万通的母公司）。

这几年，冯仑把后台公司御风翻到了前台，有意识地进行改变。在股权上相对集中，个人都占到60%以上，价值观上，高度协调统一，提高执行效率。在组织上，适应互联网时代的特性，小组织，自驱动。围绕大健康不动产、房地产科技、大资管业务，重新布局未来。

冯仑将减持出来的一些资源（资金和人才），和御风旗下原有的非万通、非地产的业务，以及一些新发展的业务，在组织模式、人才结构、业务模式上重新做了梳理，形成了现在的御风。

一晃3年过去了，在外界看来淡出房地产的冯仑，其实一直在低头踏实耕耘，在大健康不动产方面已经建成了一批标杆产品，又一次走在了行业的前端。据悉，目前房地产还是占御风业务很大的比重。包括梧桐公寓（健康公寓）、三亚国寿嘉园、台北阳明·悦活（康养社区）、盈孚联合诊所（医疗MALL）和风马牛·不是居（疗愈系酒店）。此外，御风还有不动产投行（大资管业务）和房地产科技投资。

转型无疑是艰难的。在冯仑看来，业务模式转型、组织架构、组织文化的转型固然不容易，但关键是创办人的观念、对业务的理解要转型。"我们需要的是面向未来的组织和有活力的创造。"如今的御风信奉"自由、赋能、创造、共享"的价值观，形成了"小组织、自驱动、低成本、高回报"的企业组织系统和高效团队。

"经过这几年的转型，我们的架构梳理得很清楚，埋头做改变，已取得了明显进步，上了轨道了，接下来就是开跑了。"冯仑乐观表示，现在的大健康不动产算是老树发新芽，等它长一阵，三五年以后必定又是一棵参天大树。

专注在御风之后，冯仑能够真正按自己的想法去塑造一个自己喜欢的公司。"我们早期，六个人，得照顾六个人的想法。后来泰达、嘉华先后进来，最后这个公司变成了大家要不断妥协、有时还闹别扭的公司。规模是大了，但不是我自己最喜欢的。我认为理想的组织架构是小组织、自驱动。现在的自由与创造是我最喜欢的一种状态。"

"另外，做了这么多年公司，现在是债务最少，少到几乎没有债务的时候，相对也最轻松。"六十而耳顺的冯仑，对目标的期待也不一样了。

冯仑以他的健康公寓产品梧桐公寓举例说，这类产品不同于传统的地产开发——拿地、盖楼、销售。传统的开发还有可能涉及后期的造城、造镇、建园区，这一过程中资金沉淀时间长、政商关系复杂，制度性成本极高。

现在摆脱这一切，采用"极致化单品＋快速迭代"的模式，由公司的专业团队从其他公司进行项目收购，再针对其所在地，"靶向"定制出独具特色的产品，引进国际健康空间的标准（7大类115项指标），努力使健康空间的体验和服务做到极致和完美。"我们一栋楼、一栋楼地来，这样不仅降低制度性成本，还能有效地管控风险。我们每一个项目都有独特的财务模型，按照国际上通常的模型去做，十分安全。"冯仑称。

按照这一战略，御风还推出了康养社区（三亚、台北），疗愈系酒店（"风马牛·不是居"，包括禅＋时间、禅＋雨、禅＋沙、禅＋雪、禅＋声音、禅＋田等）和盈孚联合诊所（医疗中心）。在冯仑看来，这种"极致化单品"的策略风险可控、盈利可期。

冯仑补充道，无论是健康公寓、疗愈系酒店还是康养社区，任意1～2个系列都可以单独上市，未来都还能够利用品牌本身溢出的影响力，进一步拓展在品牌输出和资产管理费方面的收入。

从另一方面看，"我们一栋楼、一栋楼地来。万一其中哪一栋楼做得不好，那就直接扔了。谈不上壮士断腕，从大盘子来看，整体并没有多大损失。"冯仑坦言。

作为国内首倡房地产的"美国模式"第一人，冯仑的眼光还在于要由全能开发商转化为以细分领域能力见长的专业地产投资、开发和运营公司。

因此，"后开发时代的开发商们，将不再是人们传统观念里认为的'有钱人'，而是要成为'手艺人'。我们盖的房子能否卖得好，取决于这个固定的盒子空间能否最好地满足客户的需要，所以造房子是门手艺活，要做就得做出极致化的单品。"冯仑表示。

干了一辈子房地产，在冯仑看来，房地产虽然是一个传统的旧行业，但是围绕"房子"这个盒子，可探索的业务领域仍是星辰大海、一望无际。

地产思想家的斜杠人生

经历了房地产最长的行业周期，一直以行业创新者和开拓者的姿态著称的冯仑，因为对房地产模式的不断思考和折腾，收获了"地产界思想家"的称号。

"在我做企业前，工作是围绕改革做研究，读书是围绕着马克思主义的基本理论去学习。这两点在生命中对我影响比较大。"冯仑开玩笑说，自己是在企业界里，马克思主义原教旨主义者。

一直不满足于做传统的开发商跟曾有"书生报国"志向的成长基因有关。年轻时的冯仑就有很大一个理想抱负，当时叫改造中国，现在叫企业社会责任。这样的"理想化"让冯仑有别于任何一个踏实的开发商。

从这样一个维度思考问题，冯仑要做的是让企业做的事情有社会意义，有经济意义，有行业意义，有社会责任。

事实上，从万通成立伊始，这种仁者精神和理想主义气质就一直伴随着万通地产，深入血液。这也让万通地产的发展，成为中国民营企业的一个独特历史符号。

1992年9月13日，在公司创办一周年时，万通的六位合伙人开了一整天的会，就为了解决一个问题：为什么是我们几个一起创业，而不是别人？"当时面临最迫切的挑战是，我们是谁？为什么要聚集结合成一个特殊的企业群体？我们该如何讲述自己？"冯仑回忆，为了回答这个问题，他专门写了一篇文章叫《披荆斩棘，共赴未来》，副标题是《知识分子的报国道路》。通过反省，更加明确了在一起的使命、愿景和价值观，浓缩成一句话：以天下为己任，以企业为本位，创造财富，完善自我。

换句话说，在那个野蛮生长的年代，赚钱仍然不是他们的信仰，他们试图寻找更有意义的目标。

对于冯仑而言，最大特点似乎是从没有兴趣为企业的营销这类细枝末节而殚精竭虑，更有兴趣的是思考和探索企业与制度的发展，曾经提出很多关于房地产发展模式的构想。

他在国内首倡"美国模式"，即由全能开发商转化为以投资能力见长的专业的地产投资公司。一度还曾痴迷于自己的地产"理想国方案"，孜孜不倦地描绘并推行着"立体城市"的蓝图。按照其描述，立体城市将在一平方公里的土地上建造起500万平方米以上的建筑集群，运营商试图通过发展产业、提供医疗、社区服务等为数十万乃至百万人口构建一个完整的生态系统。

这是一个据称要花费5～7年、斥资500亿元打造的理想国，但这样一个需要持续的、大规模资金投入的计划显然会影响万通地产的业绩。于是，冯仑选择在上市公司之外进行自己的试验，但最终遭遇种种困难，进展一波三折。

这样的做法，让人不由自主地想起冯仑骨子里的家国情怀。

他在文娱圈越走越远，在《中国合伙人》里客串角色，录制节目"冯仑风马牛"，对于"传道解惑"这件事情，冯仑有很深的情结，先后出版了《野蛮生长》《理想丰满》《岁月凶猛》《行在宽处》等。他的前半段创业经历，以及最后的"六人分家，各霸一方"，都被写进了那本著名的《野蛮生长》。如今的冯仑正在撰写中国版的美国往事。

当我们捧读"冯仑语录"、冯仑著作时，跃然纸上的口号宏论，使房地产思想家的形象变得更加生动清晰起来。

相比他的大部头著作，他张口就来的"段子"影响了更多的人。在移动互联网时代，几乎没有哪个中国企业家像冯仑这样，积极而且热烈地拥抱自媒体。早在 2006 年，冯仑就在万通创办了《风马牛》电子杂志。2016年紧随新媒体发展趋势，上线了风马牛公众号，做起了脱口秀节目。冯仑的语言风格通俗、火辣、酣畅。

在 2018 年末，冯仑和崔永元合作了一场年终秀，名为《正常说话》。冯仑拿"房地产就像夜壶"的说法来举例，"内急了就拿来用一下，用完了就嫌骚塞回去"。这种并不文雅的表述，却让沟通能有效进行。财经作家吴晓波评价说，冯仑是中国企业家的"段子派"掌门，他的商业真相和管理智慧都在段子里。

更天马行空的是，2018 年 2 月 2 日，冯仑折腾了一件大事，将风马牛一号卫星成功送上太空，成为中国第一颗私人卫星的拥有者。他甚至希望，能够借助太空技术，探索一种全新的科技媒体商业路径。

写书、做自媒体、放卫星，在很多人看来，冯仑总是在不务正业。而对冯仑自己而言，他一直渴望打破边界，利用自己擅长的商业方式，去寻求人生更多的可能。

"人生没有不可能，每一个斜杠就是一种可能性。"这是冯仑对自己的概括。

对于外界贴给他的那些标签，冯仑比较认可的，还是房地产领域的连续创业者、民营企业的布道者、公益组织的创办人。

"这几十年，盖了一些房子，这个事是跑不掉的，所以第一身份一定是房地产领域的从业者或者连续创业者；第二，民营企业的布道者，因为我总爱说民营企业的事。所以这个称呼和我的身份在逻辑上是对的。另外，我是一些公益组织的创办人、制度的建设者，在这上面花的时间、精力都比较多。"

伟大都是熬出来的，这是冯仑曾经说过的一句话。花甲之年的他现在依然在身体力行，朝着未来的方向，连续地正向积累，我们期待他的事业迎来一个美丽的新世界。

写在前面

24 年前，她和丈夫从婆婆手中接过衣钵，从此，传承"秀兰精神"成为她一生的使命。

她每天平均工作超过 16 个小时，几乎全年无休；"依靠团队、顺势而为"，为的是把公司做成兼具良心和社会责任感的企业。在她的带领下，秀兰集团以"大爱无疆，善筑天下"为使命，不断向社会提供高品质项目，也推动了城镇化发展。

▲ 秀兰集团董事长郝海玲

郝海玲：传承"秀兰精神"是我的使命

刘伟 / 文

时光流转，20 多年过去了，通过一家两代人的不懈奋斗，当年河北保定的一支籍籍无名的建筑队，已经发展成为拥有多个产业板块的秀兰集团。

面对如今不断变化的市场环境，秀兰集团也在同步创新。郝海玲表示，她将带领集团"向大健康、养生养老以及文旅产业等方向逐步转型"。

赵秀兰其人

2019 年清明节，绿树青山环绕下的秀兰文化小镇，一场庄严肃穆的公祭活动正在举行。祭典的主人公，是已故著名捐资助教模范、优秀共产党员、秀兰集团奠基人赵秀兰同志。

1937 年，赵秀兰出生在河北省保定市的一户农家，她 10 岁成为中共地下党传送重要情报的小交通员，16 岁加入中国共产党。改革开放初期，赵秀兰自发干起了贸易和个人建筑队，在工地上，她和民工同吃同住，和工人们一起搬砖、和灰、筛沙子、垒墙……勤劳朴素的作风，影响着和感动着周围的人。

赵秀兰一生从事过多种活计，她拉石渣、赶大车、搞运输；她烧窑、背砖、炸果子、卖手擀面；她开烤鸭店、开贸易公司、办幼儿园、搞建筑……在承建天津南开项目时，她既是指挥员，又是战斗员，以身作则。

南开项目如期竣工，她顽强的精神、超人的毅力、过硬的技术和高超的指挥才能，获得了交口称赞。由此，赵秀兰建筑队在建筑市场脱颖而出。

赵秀兰常跟人说："要那么多钱干什么，死了都交党费。"她把个人的前途命运完全与党和国家的事业联系在一起，凭借她"大善若水、兼济天下"的社会责任感，主动去奉献。

1995年，赵秀兰看到山区的孩子没有教室上课，她决定倾尽毕生积蓄，捐资70余万元，为满城县石井小学盖一座高标准教学楼。当赵秀兰捐资盖教学楼的事传遍了石井，传遍了县城，传遍了保定……记者们纷至沓来，却到处找不到她的影子，她拒绝接受采访、报道，还嘱咐周围的人别告诉记者自己的行踪。乡里准备为她建一块简陋纪念碑，她也断然拒绝。

可能是上天开了一个玩笑，教学楼落成后，冬天来临，就在赵秀兰准备去学校安装取暖锅炉的当晚，在自家破旧的小平房里，赵秀兰因煤气中毒悄然离世，终年58岁。

赵秀兰去世后，1000多名石井乡的小学生眼含热泪，胸配白花，颔首为她送行，3里长街密密麻麻地摆满了147张供桌，听闻噩耗自发赶来送别的保定各界民众达3000人之多。

许多人写诗、撰文、著书、拍电视剧纪念她，满城县政协原主席王金魁曾这样写道："……你来时，出语惊人，建起一座高楼育桃李；你走了，惊雷乍起，留下一座不朽丰碑……"

当年赵秀兰同志捐建的石井学校的师生纷纷以赵秀兰为学习的榜样。如今，该校在德、智、体诸方面都得到全面发展，多次被评为市、县、乡先进学校。

传承"家训"

1995年，赵秀兰溘然长逝后，她的儿子康玉柱、儿媳郝海玲继承母亲的衣钵，开启了一段新的艰苦创业之旅。

实际上，赵秀兰在世时于 1984 年成立的耳七里店建筑队，为公司奠定了发展的基础。在郝海玲和丈夫的努力下，1997 年，保定市秀兰房地产有限公司（下称"秀兰地产"）正式成立，地址位于保定市建设南路 43 号。

秀兰地产先后完成保定市后屯、王七店、薛刘营、裕丰家园等小区的开发。后来开发建设的"秀兰家园""秀兰庄园""秀兰城市花园""富昌新城"等项目为秀兰树立了良好的品牌形象，并以独特的风格、上乘的质量、合理的价格、完善的服务，赢得市场的认可。

20 多年来，秀兰房地产集团公司已发展成为集地产开发、物业服务、商砼生产、酒店管理、旅游开发运营、金融投资等于一体的综合性产业集团。全国共拥有 65 家分公司、子公司，业务领域涵盖京津冀、山东、海南、湖南、吉林、贵州、福建、江西等地。

截至目前，秀兰地产总计完成地产开发面积 1300 万平方米，在建项目 400 万平方米。保定市区人口 120 万，仅秀兰服务的业主就超过 10 万人。2009 年，被国家行业协会评为"全国地产实力、品牌双百强企业"。

秀兰房地产集团继承"秀兰精神"，富而思源，富而思进，热心公益事业，真心回报社会。郝海玲表示，"'秀兰精神'对她而言更像是一种家训的传承。"多年来，秀兰集团为社会公益事业累计捐款、捐物 7200 万元。2010 年，秀兰集团被房地产协会评为"最具社会责任企业"。

2015 年 10 月 9 日，由秀兰集团捐建、以捐资助教模范赵秀兰名字命名的河北涞源县梁家庄"秀兰希望小学"落成。据了解，这是秀兰集团出资捐建的第二所秀兰希望小学。

2006 年合校并点后，梁家庄村里没有了学校，孩子们只好到邻村或乡中心学校就读。2015 年 5 月，秀兰投资集团得知此事后，立即与当地教育部门联系，投资 50 余万元，仅用 5 个月便高标准完成了从计划到小学落成。据相关负责人透露，秀兰集团未来还将在全国建 10 所秀兰希望小学。

多元发展

在秀兰集团 20 多年的发展历程中，其在河北省保定市留下了多笔浓墨重彩的痕迹。

2004 年 8 月 27 日，河北省当时规模最大的地下商城——秀兰购物广场开业迎宾。秀兰购物广场位于保定市军校广场地下，是河北秀兰房地产集团公司全资兴建的当时省内最大的集购物、休闲、餐饮、娱乐及地上观景于一体的综合型地下商场。秀兰购物广场的开业也开创了保定市零售商业的几个先河：它是保定市第一家民营企业自主开发、经营的大型零售商场；它是市内第一家真正集购物、餐饮、休闲、娱乐于一体的大型卖场；它开创了保定市夜场消费的先河。

继秀兰购物广场后，2005 年，当时保定市首家五星级饭店——秀兰饭店开业迎宾。保定秀兰饭店拥有设备完善的豪华商务客房，采用酒店智能化管理系统。酒店的会议中心可同时容纳 600 人，举行不同规模、类型的商务会议，酒店中餐厅可同时举行 600 人的大型宴会，并设有 3000 平方米的康乐中心、室内大型恒温标准游泳池、健身中心和网球场、大型保龄球馆。

近年来，秀兰地产的发展战略一直为深耕京津冀，主要针对环北京和环雄安来拿地。

8 月 14 日，河北省公共资源交易中心发布保定市自然资源和规划局满城区分局国有土地使用权招拍挂出让成交公示，公示显示，保定市满城区满 2019-24 地块成功出让，地块面积约合 10.36 亩，土地用途为居住用地，秀兰集团以 3027 万元成功竞得，延续了其一贯的拿地策略。面对不断变化的市场环境，秀兰集团也在不断地锐意创新。郝海玲称："根据集团发展战略，产业方向将向大健康、养生养老、文旅产业逐步转型。"

2016 年 9 月 27 日，秀兰集团成功中标湘西吉首矮寨奇观景区合作开发项目。吉首市天行健文化旅游投资开发有限公司将与秀兰集团组建"法人合资公司"，湘西吉首生态文化旅游产业，一直是海内外投资者眼中的宝藏，在未来 2 年内，将对吉首文化旅游项目直接投资 6 亿元，10 年内投资 30 亿元。

2017 年 11 月 6 日，麻栗坡县举行县人民政府与秀兰投资集团有限公司全域旅游开发合作框架协议签约仪式。秀兰投资集团副总裁马广巨表示，合作双方将围绕全县优势旅游资源进行优先开发，如英雄老山圣地项目、县城区旅游基础设施配套项目、天保口岸旅游基础设施配套项目等，展开项目策划、规划、设计、开发、建设和运营等相关工作，并积极推动"英雄老山圣地"景区成为国家 AAAA 级旅游景区的相关工作。

商业·对话

中国房地产报：能否谈谈你与房地产结缘的故事？

郝海玲：1995 年，我婆婆去世，留下了 57 万元的巨额外债，以及几个未完工的工程，我和我丈夫共同承担起了我婆婆留下的债务和工程，从而开始真正接触房地产。在 1997 年时成立了房地产开发公司，从获取土地到图纸设计再到工程施工最后销售都亲自参与其中，至此与房地产结下了不解的情缘。

中国房地产报：从接手负债 57 万元的建筑队，到逐步成长为以房地产开发为核心的房地产集团公司，让你最难忘的经历是什么？

郝海玲：传承"秀兰精神"。在 2016 年为涞源县捐建了一所希望小学，在看望希望小学孩子们的时候，我被孩子们发自内心真挚的笑容所感动，感觉自己不辱使命继承了"秀兰精神"，同时能为社会作出贡献也深感荣幸。

中国房地产报：你怎么理解婆母"全国捐资助学模范"赵秀兰女士终身为之奋斗的"秀兰精神"？对你来说，这意味着什么？你希望把秀兰最终做成一个什么样的公司？

郝海玲： 在我看来"秀兰精神"理解起来很简单，就是大爱、责任、无私奉献，回报祖国和社会。但是，实际做起来却是要倾尽一生为之坚持并努力才能做到的伟大事业。

"秀兰精神"对我来说像是一种"家训"的传承。希望把秀兰做成有良心、有社会责任感的，永远创业、永不守业，最健康的公司。

中国房地产报： 秀兰集团目前的产业布局是怎样的？你认为秀兰的独特优势体现在什么地方？在主业和多元化之间，如何保持平衡？

郝海玲： 主要有三大板块：地产、文旅、商砼。优势在于两点：第一点是"秀兰精神"，为集团提供了正确的发展方向；第二点是成本优势，集团产业链相对比较完整，有自己的施工和混凝土公司，在不降低任何质量的情况下，尽可能地节约成本。多元化是大趋势，但目前还是以主业为主，其他行业会根据大势和集团的发展情况审慎地做多元化设计。

中国房地产报： 你怎么看当下的房地产发展形势？

郝海玲： 房地产行业发展前途还是很可观的。虽然目前地产行业受国家经济宏观调控，但是我认为中国的城市化进程远远没有结束，未来还是会有很好的发展前景。

中国房地产报： 2019年是新中国成立70周年，在这个特殊的时间节点，请你谈谈对行业，或是企业家的寄语。

郝海玲： 新中国走过了70年的风雨历程，伟大的祖国正在改革开放中走向繁荣与和谐。让我们珍惜当下和平的环境，把握住发展的大好机遇，为社会为祖国贡献出自己的全部热忱。

写在前面

这是一部住房奋斗史,从老一辈不畏艰难自建房屋开始,到后代住"偏偏房",建草房、简易房、筒子楼,到终于购置电梯房,再到最终因儿子留京在京购房,一路走来,真实地记录了这个家族近百年来为建设美好家园而不懈努力的艰难历程,也体现了中国人重视居室建设与祖屋传承的优良传统。

在这个过程中,这个家族的新领头人又将目光与触角伸向了更广阔的天地,为更多人盖更温暖明亮的家园,这也充分展示了一位老共产党员立志为安居事业奋斗终生的拳拳初心。

▲ 成都房产开发协会会长、金房集团董事长王晓白

王晓白：蜗牛无憾戴屋行

佘园培 / 文

"老鹤高飞，一枝投宿，长笑蜗牛戴屋行。"

这是宋代爱国词人辛弃疾在《沁园春·再到期思卜筑》中，自嘲在江西铅山县期思镇为建房而辛劳奔波的名句。

蜗牛的特点，一是个小步慢，小到常常被人们忽视，慢到根本听不见它的脚步声；二是坚韧不拔，虽然身驮重负，却依然一步一步地向上攀登，即使跌落下来，又重新开始，继续前进。在成都房地产界，也有这么一位个头很小的老总，自1984年开始，35年来无论遭遇多少坎坷，他都如蜗牛一般，始终不懈地驮着"房子"前进，如今，年已71岁的他，仍坚持在房产事业的道路上跋涉。所以，我们要将"长笑蜗牛戴屋行"的诗句赠送给他。当然，这里的"长笑"，绝非嘲弄耻笑，而是向房地产行业这位初心不改的老共产党员致以的崇敬之笑！

一叠旧照，记录了四代人不懈追求的安居之梦

在关中平原陕西华县的渭河滩上，有一个名叫王宿镇的古老村落。王晓白的祖籍就坐落在这个村的西头。数百年来，经常泛滥的渭河之水，曾一次又一次地将他祖辈那用土坯墙而撑起的房屋淹没、泡垮。于是，能建

造一座经得起洪水冲刷与浸泡的砖墙瓦屋，便成了王家祖祖辈辈难以舍弃的共同追求。

大约是 1900 年前后，正是胸怀着这样的梦想，身背着一袋玉米面做的干粮，王晓白的祖父离开了自己的家园，从华县出发，绕道甘肃，翻山越岭，徒步走到了四川成都。他从当学徒做起，经过数十年打拼，终于成了成都提督街的一位商店老板。毫无疑问，有了钱之后要做的第一件事，绝非是在这被人们称为"少不入川"的天府之国享受安乐，而是立即返回故乡建房。于是，王宿村里便有了第一栋用青砖砌墙的王家老屋（见图 1）。此后的近百年间，虽是历经沧桑、屡遇洪水，但此屋始终是巍然屹立。

"树高千丈，落叶归根"，为了使儿子牢记故乡的祖屋，1923 年，王晓白的祖父携带身怀六甲的妻子，又一次历经千山万水，回到华县故里，并在位于照片右侧的这间砖房之中，生下了王晓白的父亲。但是，令老人未能想到的是，这种急于返乡的"建房立业"，虽赢得了"光宗耀祖"之一阵风光，但却抽空了成都商店的运营资金，导致王家在成都市中心的商业经营日益衰败，后竟以破产而告终。

祖父破产之后，王晓白的父母只有靠外出租房来自立门户。由于生活拮据，无能力租赁相对较好的住房，最终在成都锦江河畔下莲池街的夏家院子里，找了一间正房外墙边延伸而搭建成的"偏偏房"（见图 2）。因过于简陋，几乎是逢雨必漏，而天晴之夜则可坐在床上仰望天上的星星。1948年 9 月，在一个风雨交加的凌晨，王晓白便出生在这间"床头屋漏无干处，雨脚如麻未断绝"的破屋之中。这种场景，似乎也预示着王晓白这一生的命运，必将与"住房"二字紧紧地连在一起。

1958 年，王晓白的父亲从部队转业到陕西铜川。尽管全家 7 口人仅有父亲一人工作挣钱，但父亲还是咬紧牙关，尽自己的最大努力，总算在铜川的公路边购置了一间朝北的油毛毡房（约 20 平方米，见图 3）。此房虽然矮小狭窄，但毕竟是王家第二代完全凭自己的力量而取得的第一处"家业"。就是在这里，王晓白的父母（有一段时间还有祖母）和 4 兄弟一起挤了 10 年，直至王晓白下乡离开这里为止。

1968 年 11 月，年满 20 岁的王晓白与二弟一起来到四川省成都市金牛区龙潭公社保平一队插队落户当知青。由此开始，王家在成都修建家宅的重任，便自然而然地落到了作为长孙的王晓白身上。下乡初期，生产队腾出了半间牛圈房给他兄弟居住。就在这种左边是猪圈、右边是牛圈的老瓦房里，他们整整住了两年。由于此房背后就是水田，加上两侧猪粪与牛粪的堆积，导致室内蚊蝇成群、鼠蛇乱窜。1979 年春节，王晓白曾为此屋写下了一首题为《知青安乐窝》的打油诗，此诗的最后四句为：

> 东守猪八戒，
> 西驻牛魔王。
> 二将齐守护，
> 群妖休猖狂！

1971 年，历经千辛万苦，王晓白兄弟二人终于在下乡的生产队兴建了一栋草房，并在草房的屋后种植了许多竹木。这栋草房，也是全公社新知青中自己所建的第一栋房屋（见图 4）。

1981 年，即返城当工人的第三年，王晓白又在与单位临近的城乡接合部购得某生产队位于大粪水坑旁的旧房一间（一半青瓦、一半玻纤瓦，见图 5），并将退休回乡的父母接到一起居住。此后，王晓白又住过租用的筒子楼（既无厨房，也无卫生间，见图 6）和分配的福利房（见图 7）及购买的房改房（见图 8）等。直至 2004 年，全家人才开始入住本公司修建的一栋既有双卫又有电梯的单元套房（见图 9）。

2002 年，王晓白的儿子在中央音乐学院获得硕士文凭并留校任教。于是，在北京购房与安家立业的重任又开始转移到王家第四代的肩上。由于北京房价太高，儿子将自己课余教学生的收入全部拿出，父母也竭尽全力支持，却依然凑不够房款，只好通过向别人暂借的方式方才得以解决。这张照片（见图 10），便是儿子王春在北京爬上正在建设中的住宅楼上检查

图1

图2

图3

图4

图5

图7

图6

图8

图10

图9

施工质量时的留影。

"里仁为美","大哉居室","人因宅而立,宅因人而存,人宅相通,感应天地"。《论语》《孟子》和《黄帝宅经》中的这几句话,充分体现了中华民族高度重视居室建设与祖屋传承的优良传统。而王晓白珍藏的这10幅照片,则真实地记录了他们家近百年来(主要是新中国成立后的70年间)为建设美好家园而不懈努力的艰难历程。

一曲颂歌,唱出了金房人心系寒士的广厦情怀

国以民为本,

民以居为安,

房管职工何所求?

欲得广厦千万间。

排危双手黑,

建房一身汗,

能圆百姓安居梦,

再苦再累心也甜。

何惧难重重,

莫道路漫漫,

成就安居千秋业,

天下寒士俱欢颜。

这首题为《天下寒士俱欢颜》的歌曲,是王晓白于1995年所写的一首歌颂房管工人的赞歌(作曲者为四川著名作曲家陶嘉舟),也是金房集团为记录公司从事危房改造与住房解困工作的专题片《安居梦》和《安居情》的主题歌。

1984年,36岁的王晓白担任了成都高笋塘地区旧城改造办公室的主

任，从此也就跨入了房产行业。1993年，45岁的王晓白担任了成都市金牛区房管局局长，并组建了金房集团，开始了执掌金房帅印这27年的艰难历程。在此期间，王晓白利用业余时间在四川大学读完了为期3年的房产研究生课程，并结合行业实践在全国和省市报刊发表了近200篇房产论文，出版了相关诗文、专著等4部，共计约140万字。其中的《楼之思》一书，还获得了建设部杨慎副部长给予的"业界之光"的高度评价。正是这些业绩与论著，奠定了王晓白在四川房地产行业的位置。他被四川大学经济学院聘为"客座教授"，同时也成为最早荣获"四川省房地产资深企业家"称号的行业领军人物之一。

1993年的成都金牛区房管局，曾是当时成都市区几个房管局中经济收入最少、员工文化程度最低、职工居住条件最差、退休职工比例最高的"四最"穷局，内部管理也相对落后与混乱。"房地产热"来临之后，局内个别人竟将改革开放看成了大发横财的良机，一方面主张金房要走某些开发商的暴富之路，通过炒地、炒房赚大钱；另一方面，采用滥发奖金和假公济私等办法，使公司的大量资金流入了个人腰包和某些私人企业。

根据中共成都市金牛区委关于区房管局必须做好危房改造与内部整顿"两手抓"的指示，王晓白一来到金房，便一头扎进成都府河沿线的低洼棚户区去查看危房，并走访了局内众多的住房困难职工。两个多月的走访，使王晓白在思想上受到了极大的震撼，也促使他深藏于心底的那种为圆家庭"安居梦"的闪闪火花，迅速爆发为"寒士"们所共有的"安居梦"之熊熊烈火。在内部整顿之中，面对部分人自持"上面有人"，公然通过内外勾结来"名正言顺"地侵吞国有资产的猖狂行径，看似十分矮小而文弱的王晓白，竟不顾来自"上面"的巨大压力，拍案而起、挺身而出，率领局内7名党员干部，采用实名举报的形式冲破了难关，终于实现了以正压邪；在房产经营方面，他与集团其他领导一起确定了坚持走以危房改造为主，力争多为蜗居者雪中送炭的薄利之路。鉴于危改资金严重不足，王晓白在组织力量强行追回近4000万元的各类拖欠应收款的同时，还制定了金房集团一不盖公司大楼与兴建标志性建筑，二不在购豪华车和高消费方面与其他公司攀比，三不走通过行贿开路来谋求发展的潜规则之路的"三不"原则。

从这一年开始，他与公司班子一起，带领数百职工苦战在成都危房拆迁与旧城改造的第一线，先后承接拆迁项目（地块）47个，拆迁面积占到了全成都府南河整治工程危房拆迁总面积的一半。为了鼓励公司员工为安居大业而战，王晓白连夜创作了这首房管职工之歌，并组织全公司职工演唱。浓郁的新型企业文化，使"能圆百姓安居梦，再苦再累心也甜"，逐步成为大家的共同理想与前进动力，金房也荣获了"成都市危房解困工作先进单位"的光荣称号。

但是，任何事物都有它的两面性。由于企业确定的经营方向和王晓白自身在思想上偏于保守等局限，在取得这些成果的同时，虽然企业职工的收入与居住条件也得到明显改善，但企业却失去了通过快速扩张而实现"野蛮生长"之机遇，这也就使金房未能像后起的许多民营房企那样做强做大。为此，王晓白深感自己对不起公司股东与员工，并经常自嘲自己的确是"蜗牛戴屋行"。不过，也就在这种默默无闻地"爬行"之中，金房却获得了行业内和社会上的一致好评。经投票选举，王晓白当选为成都房地产开发企业协会会长，金房也先后荣获住建部、四川省和成都市政府及中国房协的一系列奖项，如"跨世纪优秀住宅小区""中国房产诚信企业"、成都市"纳税百强企业"、省、市"优秀房产企业"等，并成为四川房地产行业中的第一个"四川省文明单位"。2015年2月，中国房地产报社将"中国房地产业特殊贡献奖"颁发给了王晓白。

更值得金房人自豪的是，1997年在成都召开的全国房改工作座谈会上，金房从事危房改造的专题电视片《安居情》被会议安排为参会代表共同观看的视频，在会上进行了重播。片中的场景深深地感动了到会的朱镕基总理，他不仅对该片给予了好评，还强调指出："住宅建设，很得人心"。每当想到这一切，金房的同志们都为企业所选择的正确道路而深感欣慰与自豪！

一组小诗，吟出了老党员忠于职守的不变初心

2015年初，金房举办了公司成立30周年和王晓白从业30周年的文艺晚会，中国房协、中国房地产报、四川省房协的相关领导和成都市的本土及外来知名房企的老总们几乎全部到会。会上，金房集团的员工及成都电视台的主持人先后朗诵了王晓白创作的一系列房产诗。这些诗歌，充分展示了成都房产战线上的老共产党员们立志为安居事业奋斗终生的拳拳初心。

晚会朗诵的组诗之中，创作时间最早的是王晓白在1994年冒雨去低洼棚户区查看灾情后所写的《查危房归来有感》：

> 乌云滚，
>
> 雷声鸣，
>
> 狂风吼，
>
> 恶雨淫。
>
> 岂敢小楼听风雨，
>
> 冒雨迎风查灾情。
>
> 府河畔，
>
> 路泥泞，
>
> 低洼房，
>
> 水盈盈。
>
> 盆舀积水罐接漏，
>
> 滴答声声刺入心，
>
> 握手道别难启口，
>
> 愧对父老送我情。
>
> 房管工，
>
> 勤为民，
>
> 忙排危，

冒雨行。

雨水汗水难分辨，

点点滴滴安居情。

查灾回，

心难平，

班子会，

壮志明：

"目睹千家寒士苦，

危改万难不能停。

任期危房貌未改，

自摘乌纱当平民！"

　　在晚会现场的中国诗歌协会副主席、四川省作协副主席杨牧先生评价说："王总身上有着那位身居'草堂'而忧国忧民的'老杜'遗风。可以说，他的这组'危房诗'，就是《茅屋为秋风所破歌》的诗情现代化。"

　　本场晚会朗诵者同时登台人数最多的，是由成都女企业家协会会长米瑞蓉等四位老总共同创作和登台朗读的诗歌——《成都房产，有这样一位老兵》，诗中有这么一段：

在成都房产界的行列里，

有着这样一位老兵。

他个子虽小，但铁骨铮铮，

他年近古稀，却四季常青，

41 年的蜗居，使他十分清醒。

"大庇天下寒士俱欢颜"的诗句，

30 年间一直铭记于心。

任职协会，他敢担责任，

愿为合法权益而奋勇抗争。

身为会长，他强调自律，

使协会大旗始终闪耀着"诚信"。

他把"让良心融入建筑"

作为金房的企业理念，固守坚持；

他将"忽视质量，就是背叛"当成广告，

发布街头、登上报纸；

他把"换位思考，将心比心"

确定为金房的服务宗旨；

他将陆游"位卑未敢忘忧国"的诗句

化为自己的行动而奋斗不止！

……

听了这些诗歌，众多嘉宾都发表了感言。成都市城乡房管局局长何立祥的题词是："三十余年风雨路，而立之时盛业存！"四川大学原副校长杨继瑞的题词是："经世济民的儒商之情，川大经济学院的得意门生"；四川省房协会长、原省建设厅副厅长杨燕的题词是："四川房产的脊梁！"

将晚会气氛推向高潮的，是王晓白创作并自己朗诵的诗歌——《我是一个共产党员》。这首诗，写于2008年"5·12"汶川大地震的当天。那天晚上，当他把全身瘫痪的老母亲与15个月大的孙子从高楼转移到一间低层建筑的地下车库后，电视上播放的灾区惨景与成都不断感受到的余震恐惧使王晓白彻夜难眠。也就在这天晚上，他做出了立即向灾区捐款百万元的决定。同时，还根据自己家里的实情，写下了这首使他终生难忘的抗震诗篇。当他登上舞台，用朴实的四川乡音朗诵这首诗时，他流泪了，台下的许多嘉宾也听得热泪盈眶。

诗中写道：

瘫痪在床的老妈妈啊！

您的手怎么还在不停地抖颤。

一声不吭，

紧闭双眼。

您是在为高楼的剧烈晃动而震撼，

还是因儿子未及时赶来而埋怨？

母亲啊，您可知道，

上万业主安危的重担压在我肩，

儿子岂能擅离岗位，

不去查看灾情，部署安检。

母亲啊，您可曾知晓，

那一刻，道路堵塞、通信中断，

我恨不得插上双翅飞回家园，

立即把父亲扶下高楼，

快快抬老妈脱离危险。

但是，为了履行一位"老总"的职责，

请原谅儿子，

"忠孝不能两全"。

我可爱的小孙孙啊！

你为何一直睁着惊恐的大眼？

失去了往日的活泼，

不见了灿烂的笑脸。

是因为楼摇柜倒的巨响吓坏了你，

还是在责怪危急时爷爷未守护身边？

孩子，你可知道，

山摇地动的剧震过后，

我第一个想到的就是你啊，

那一刻，

热泪忽地涌出了爷爷眼睑。

孩子，你可相信？

如果真的成都也天塌地陷，

爷爷宁愿将自己矮小的身躯，

化成掩护宝宝安全无恙的巍巍大山。

孩子，幼小的你无法懂得，

面对突兀而来的民族灾难，

你爷爷和他的同事们都必须铭记：

"我是一个共产党员！"

诗歌的最后一句，王晓白是以自己力所能及的最大音量从内心深处迸发而出的。

"我是一个共产党员！"这雄壮浑厚而铿锵有力的八个字，在音乐厅的空间久久回荡。它，震撼着参加晚会的每位嘉宾，甚至可以说是震撼了整个成都房地产界。因为，作者所发出的吼声，不仅仅来自他自己和金房集团的党员同事，而且是整个行业共产党员的共同心声！

写在前面

　　她是中国最早"下海"的"弄潮女"之一；她是中国三线城市建设的拓荒者、参与者、见证者，更是行业发展的领跑者、助推者；28年，她擎着一盏"红灯"，照亮了自己和企业前进的道路，更为千家万户送去了一道温馨的光……

▲ 中国房地产开发集团肇庆百花园有限公司董事长谢跃辉

谢跃辉：擎灯者的逐梦人生

曾冬梅 陈翠虹 / 文

一盏红灯两面照　众手浇灌百花香

那是 1991 年的春天，中共肇庆市委、市政府、端州区委、区政府决定，以解决群众住房困难为抓手，切实为群众办好事实事，以综合配套住宅小区开发为示范，培育发展房地产业，推进城市建设；成立以市、区主要领导任总指挥，有关部门领导为成员的"肇庆市西江路住宅区开发建设指挥部"，建设 1000 套解困房、开发一个综合配套住宅区、打造"全国城市物业管理优秀示范住宅小区"（下称"三大任务"）。

借人借地借钱借势，取之于民用之于民。面对"一穷"（无专项资金）、"二白"（大规模"解困房"建设空白、小区开发空白）、"三无"（无人、无地、无规划），如何尽快完成"三大任务"？指挥部决定"借"——"借人"，从党政机关、相关公司借调了 13 名干部、工程技术人员组成办公室，具体负责"解困房"建设和小区开发；"借地"，从城市开发公司借地 30 亩建首期"解困房"；"借钱"，从建行贷款 500 万元作启动资金；"借势"，以"取之于小区、用之于小区，取之于民、用之于民"为原则，采取 6 条措施：1．"226"补贴出售（购房款政府补贴 2 成、"解困户"所在单位补贴 2

704

成，"解困户"出 6 成）；2. 减免"解困房"相关税费用作政府补贴；3. 用商品房赚的利润补贴解困房建设；4. 集全市顶级规划、设计师，为住宅区和"解困房"做总体规划、建筑设计，确保规划和设计的超前、示范效应；5. 全市有资质的建筑公司各负责建设一幢"解困房"，确保以最好的品质、最快的速度交付；6. 联合申购者所在单位、居委会、房管部门，对 3000 多户申请人逐一上门调查，实地量度住房面积，最终选出了 426 个无房户和人均不足 4 平方米的住房特困户，为首期 269 套"解困房"抽签对象。就此，肇庆市有史以来最大规模的"解困房"建设和全市第一个综合配套住宅区开发集结号吹响了。

时任中共端州区委办公室副主任、政策研究室主任的谢跃辉，被"借"了过来，负责指挥部办公室工作。

一盏红灯两面照，大家好才是真的好。按照百花园综合配套住宅区的总体规划，需要征地、需要配套幼儿园、小学、中学、市场、派出所、居委会、城监中队和 1000 套"解困房"，如何兼顾农民利益、社会效益、"三大任务"的完成和房地产业的培育？总指挥梅任骏书记说，凡事要"一盏红灯两面照"、"把农民的利益放在第一位"。于是，谢跃辉和同伴们当起了"三同户"，与村委干部一起宣传发动、做细致的思想工作，农民家中、村头大树旁、鱼塘、田头都留下了他们的足迹，在不违反政策前提下，不仅以农民最满意的征地补偿方式征地，更把百花园小区可盈利的配套项目全部返还农民，农贸市场项目更是连地带设计方案一并送给村委作为集体经济项目，让他们首先享受城市发展的红利，成为最早富起来的一批人。20多年过去了，偶尔在"百花市场"碰到当年被征地的农民，总会拉着谢跃辉的手，用一口的肇庆话说："多得你哋，多得百花园！"

凝心聚力为百姓，众手浇灌百花香。百花园的建设实现了两级党委政府切实为群众办好事实事的初心，得到了百姓的衷心拥护和大力支持，被市民誉为"爱民工程""示范工程"，先后两次入选"肇庆 10 件大事"，开创了"解困房"建设和小区开发、城市发展的先河，见证了一个时代的党和政府为民办实事的决心；

▲ 1992年2月17日，中共肇庆市委书记陈邦贵视察百花园一期工地（右二陈邦贵书记、右三梅任骏总指挥、左三谢跃辉）

1991年，肇庆市西江路住宅区开发建设指挥部成立；百花园第一期"解困房"破土动工；首期"解困房"抽签。

1992年，首批269户无房户、特困户喜迁新居；第二期"解困房"抽签；百花园住宅区商品房首次上市；肇庆市第一个物业管理公司"百花园管理服务公司"成立，百花园居委会、派出所、诊所同时挂牌；百花园解困房建设和小区开发被评为"肇庆市10件大事"。

1993年，"百花园幼儿园"开园；第二期"解困房"入住，第三期"解困房"抽签；肇庆市百花园房地产开发建设总公司成立，与西江路住宅区开发建设指挥部"两个牌子、一套人马"运作。

1994年，第三期"解困房"交付使用，第四期"解困房"抽签。

1995年，肇庆市第一次"业主大会"百花园业主大会召开，全体业主民主选举产生的"百花园第一届业主管理委员会"，同步成立"肇庆市城市管理监察大队百花园城监中队"；肇庆市第一张社区小报《百花园花讯》出版；"百花园小学"迎来了第一批学生；"百花园首届屋村文化节"开幕；

▲ 1992 年 9 月 16 日，百花园住宅区"二二六"补贴出售住宅抽签仪式

第四期"解困房"完成。

1996 年，百花园荣获"全国城市物业管理优秀示范住宅小区"；入选"肇庆市精神文明建设 10 件大事"。

1997 年，百花园住宅区一区开发建设基本完成，荷、桂、杏、李、菊、桃、梅、兰 8 个花苑建成，近 1000 户住房困难户和 2000 多户业主超 10000 人住上了全市第一个"小事不出大门、大事不出小区"的全综合配套小区；百花园总公司被中共广东省委、广东省人民政府授予"广东省先进集体""广东省文明单位"称号。

至此，被时任省市领导称为"伟大的创举"的百花园，完美地完成两级党委、政府交给的"三大任务"，"百花园，我的家"唱响了全肇庆。

勇立潮头　不改初心

个人命运与国家命运、民族命运紧紧相连，在百年未有的大变局、大改革、大开放、中华民族伟大复兴的浪潮中，每一次转变都是时代的转折点，国家如是，个人命运如是，谢跃辉亦如是。

"幸运的三班车"。1977年7月，刚参加完广东省中小学生乒乓球赛的谢跃辉，在怀集县一中高二（4）班的课室补考，因为集训和比赛错过了高中毕业考试，8月，她下乡到了诗洞护民林场当知青。不久，国家恢复高考，作为全县"学习训练两不误"标兵的谢跃辉，幸运地搭上了高考快车，成了恢复高考第一届的应届大学生；大学毕业，她又幸运地搭上了人生第二班快车，被分配到中共肇庆市委办公室从事政策研究工作，这是她"三观"确立的关键时期，为人生征途打下了良好基础；1991年，她身兼三职被"借"到指挥部办公室负责全面工作，被"下海"，又幸运地搭上了人生第三班快车，一趟改革开放、经济高速发展的快车。"一切都是时代的宠幸，好时代，成就了我的好命运，我非常感恩！"谢跃辉满怀感激之情对记者说。其实，我们知道，她有过许多选择，她符合"少女无知"的从政条件，她却在工作的第一年就递交了入党申请书；在政企脱钩时，被借来的许多人选择了回原单位，她却辞去了办公室副主任、政策研究室主任职务，留在了企业；当党委政府实施深化企业改革，转制需要有人带头示范时，她二话不说，率先按党委政府要求大胆尝试……当我们索要成为现在她的模样的秘诀时，她脱口而出"听党话、尽全力、不计较、肯担当"。难怪，在她众多的奖项中，她最看重的是中共广东省委授予她的优秀共产党员称号。

行业的领跑者。作为中国最早"下海"并进入房地产行业的"弄潮女"，28年的坚守、深耕，谢跃辉和她的团队，创造了肇庆房地产行业的"10个第一"：第一个用"226"补贴办法建成近1000套"解困房"，第一个开发建成全综合配套小区，第一个成立业主管理委员会，第一个获"全国城市物业管理优秀示范住宅小区"称号,第一个获"全国青年文明社区"称号,第一个被中共广东省委、省人民政府授予"广东省先进集体""广东省文明单位",第一个获"全国企业文化建设实践创新奖",第一个建设社区商业综合体,第一个引进合作开发千亩风景大盘,第一个打造文化旅游综合体。透过这 10 个第一,我们仿佛看到了一个城市的发展进程,找到了一个行业从培育、兴起、发展、壮大的印迹,也深深感受到谢跃辉领跑肇庆房地产行业发展的力量和初心。

致敬,企业家精神。作为深耕本土 28 年的"老字号"房企,是肇庆市城市建设与经济发展的一个缩影,是民营企业砥砺奋进的典范,是改革开放的参与者、见证者、贡献者和受益者。谢跃辉无论是企业的掌舵者还是人大代表,是规委会成员还是女企协创会会长,是支部书记还是侨联顾问,角色不同,但她身上企业家的担当、创新、奉献精神却在每一个角色中都闪闪发光。她以"企业家精神"的培育者、践行者、守护者为己任,把成就企业家的"担当意识""创新能力"与女企业家渴望成功、渴望活出孝女、贤妻、慈母、好媳的不同人生角色高度契合,携手女企业家们与时代同步撑起了一片天。在她当市女企协会长的 20 年里,会员从 17 人发展到 600 多人,年创税超百万元及以上的会员约占 20%,提供就业岗位超50000 个,18% 的会员当选各级党代表、人大代表、政协委员,先后有 100多人次受省、全国表彰,会员回馈社会、慈善公益累计超亿元,担当、创新、奉献成了女企协 20 年发展的主旋律。

赋能创新,做时代的企业

所有过往,皆为序章。进入新时代,一切的底层逻辑都在迅速改变,新技术广泛应用和极速迭代,思维模式和价值创造方式被颠覆,数字中国、数字政府倒逼企业转型,房地产行业步入新的发展周期,市场快速向规模优势的头部企业集中,逆水行舟,不进则退,活下去是硬道理,与时代同步，做时代的企业成了不二之选。为此，谢跃辉带领着她的团队开始了第三次创业。

重塑企业文化。文化是企业生存的根本基础，用文化的力量、文明的力量夯实企业根基，是百花园的优良传统和常用武器。28 年坚守"共创、共生、共享"的核心价值观，如大浪淘沙般的把"金子"留在了企业，成了企业核心竞争力。一位因病逝世的"创一代"老员工，临终前把他的积蓄全部投到公司的新项目，因为企业的价值观融入了他的灵魂；唱了 28 年"百花园，我的家"，转化为"勇于担当，用我必胜"的企业精神，才能涌现出如总工程师康华这般的"端州身边好人"；"知识赋能、创新进化、稳健发展"，"为客户、为员工、为股东创造美好生活"成为全体员工新时代的奋斗目标和使命；文化重塑、学习培训、创新实践，特别是结合党建、团建和文明单位创建，不断传承、光大企业文化，使员工把企业文化内化于心、外化于行，把爱党、爱国、爱家、爱企业意识融入员工的血液中。

赋能创新，数字驱动。创新是企业持续发展的第一动力，中国房地产行业从黄金时代到白银时代，时代在变、客户在变、市场需求在变，唯创新不变。"身居三线城市，在创新能力上更要与一二线城市、大企业同步，与时代同节拍，"谢跃辉说，"我要不停地折腾员工。"于是，越来越多的员工领到了"勇于创新奖"，创新意识和创新能力成为员工自觉的追求；重构创新型组织，激活个体，推行"10 化"建设，用数字驱动企业转型升级；用知识赋能产品、服务、品牌、管理，把学习培训与业绩考核挂钩，进化员工；激活商文旅产业，借旅游振兴、乡村振兴之力，重搭平台再出发；创新创造优质产品，高举"文化浸润家园，数字改变生活"大旗，再次进军县域经济，以优质产品、卓越服务、数字技术为当地百姓创造美好生活，擦亮新时代的企业品牌。

"创二代"苗壮成长。人才是企业发展的第一资源，虽身在粤港澳大湾区，但广州、深圳等一线城市对人才的"虹吸"现象使肇庆人才外流，严重制约了本土企业的发展。对此，谢跃辉探索出了一条培育人才、留住人才、使用人才的路子。一是改变"人才观"，每个员工都是人才，她把激

▲ 充满活力的百花园团队

活全员创新细胞作为重中之重来抓，把创新精神融入企业骨髓，内化为员工的自觉行动，用知识赋能员工。二是人才要与企业发展相匹配，让合适的人到合适的岗位，她认为合适企业的人就是最好的人才。三是走出去，让员工走进一二线城市，走进标杆企业，走进大学课堂，把三线人才变成一线人才。四是梯队培养，言传身教传帮带，"70后"的高级工程师伍云龙总经理，1998年大学毕业入职公司，他几乎在每个重要岗位上历练过，今天，以他为首的一批"70后"扛起了公司的大梁；以"海归"谢振天副总经理为首的一群"80后"最具执行力，是企业的中坚力量；"90后"们是企业最具活力的一群，正在你追我赶地成长，百花园的"创二代"们，正在以新时代奋斗者的姿态，投入到公司"第三次创业"中，"做时代的企业"已成为全体员工的共同心声和为之奋斗的目标！

对此，谢跃辉充满了自信和自豪。

写在前面

他踏实严谨，心怀天下，做企业坚持"以人为本"，坚持从购房者实际需要出发，开发建设符合品质生活的产品。他有承担敢作为，几十年的经营已使骏贤成为三四线城市的典型样本企业。

他也关心绿色建筑，将绿色发展理念一步步付诸实践，发扬"工匠精神"不遗余力。

面对如今的成就，他满怀感恩之心，"是改革改变了我的命运"。

▲ 广东骏贤集团董事长冯锦麟（左二）与开平碉楼研究专家张国雄（右一）、开平碉楼申遗领导小组副组长黄继烨（右二）等在"开平碉楼与村落"申遗成功 10 周年图片展览现场

冯锦麟的"言"与"行"

叶隽毅 / 文

广东开平既是华侨之乡，又是建筑之乡，在 20 世纪早期就有不少开平人从事建筑业，发展到现在，开平已拥有 45 家建筑企业 5 万多名建筑从业者。世代传承的建筑设计、施工工艺、传统知识和手工艺技能是开平能工巧匠的优势。从 1989 年开平县第三建筑工程公司承建的广州万宝冰箱三厂厂房工程荣获鲁班奖开始，开平建筑企业一共获得了 5 次鲁班奖。

2004 年 5 月 19 日，在开平市建设工作会议上，开平市委、市政府首次提出"加大力度，重振开平市建筑雄风"的号召。作为开平建筑房地产业界人，重振开平建筑业雄风，一直是广东骏贤集团有限公司（以下简称"骏贤集团"）董事长冯锦麟心中的期盼。

2016 年，借鉴广东省唯一世界文化遗产"开平碉楼与村落"传统建筑设计和创新发展的优秀理念，开发建设的广东省绿色住区开平市骏贤居小区荣获"2016 中国土木工程詹天佑奖优秀住宅小区金奖"殊荣，成为广东省江门五邑地区首个获此奖项的楼盘，更是 2016 年全国县域城市唯一获得的绿色环保科技创新含量较高奖项的楼盘项目。骏贤居小区虽然只有 10 多万平方米的开发建设规模，但以其现已建成的 35 幢楼房全部取得优质工程认定的一流质量应该是无愧于詹天佑这位中国著名铁路建设工程师。正如原建设部副部长、中国房地产业协会原会长宋春华在《开平碉楼文化与绿色住区发展研讨会》上所言："骏贤居虽然规模不大，但难能可贵的是做到精。"

▲ 骏贤居及开发商获得的部分荣誉奖状、奖杯

从只是承建工程施工的"泥水佬"，变身为城镇化建设项目的投资开发兼工程施工承包人及项目建成后的物业管理者，冯锦麟在其投资开发建设的骏贤居小区实践中有独到的见解。近日，笔者造访了骏贤集团，在与冯锦麟的交谈中，笔者深入了解到骏贤集团背后的故事以及冯锦麟这位民营企业家对建筑房地产行业的情怀。

从建筑商转型为开发商　骏贤集团探索发展路

"我们这些建筑行业从业人员，一直被人们戏称为'泥水佬'，这也形象地说明了我们的工作是与'泥'和'水'打交道的，在过去很长一段时间里社会地位并不高。现在的中国建筑已与过去不可同日而语，建筑施工企业不仅能承建包括港珠澳大桥等世界一流的超大型工程，连建筑工人做砌砖支模这些基本的工作都使用上了高科技的红外线仪器设备。作为建设行业人员，我们也有了从来没有过的自信。"冯锦麟说。

冯锦麟表示，改革开放的伟大国策推动建设行业突飞猛进发展，也让不少种田的农民转身从事起建设行业相关工作。"过去38年来，我亲身经历和体验了从建筑工程队财会预算、工程设计及施工，再到建筑企业经营管理者的不同岗位，让我对'泥水佬'的认识不断深化和提升。"冯锦麟表示。

20 世纪 80 年代，建筑企业曾因"僧少粥多"而吃香，每次搞工程建设，投资者都要请客吃饭，施工单位才开工。但好景不长，随着后来建筑市场供求关系的改变，施工方要登门拜访才能找到工程做。特别是与房地产商打交道，一旦出现资金紧张的情况，就会转嫁到建筑企业身上，从而很容易引发"三角债"纠纷。冯锦麟表示，自己也曾因为被他人拖欠工程款而导致发不出工资，被工人围困在办公室，"我们辛辛苦苦承建工程，到头来不仅无利可图，还因被拖欠工程款而使自己承受骂名。而房地产开发商只是凭一块土地就获取比我们高得多的收益，但当我们被逼拿起法律武器追诉维权，则又往往被理解为'好打官司'"。

冯锦麟告诉笔者，面对这样的社会现实，自己在经营策略上进行了积极探索和大胆调整，选择既做建筑商又做开发商。"但要做好开发商也不容易，庞大的资金问题曾使我望而生畏。为了突破资金的难关，我们首先选择与土地持有者合作，先是与江门市某单位签订由其提供土地、我们负责规划建设营销、再一起进行利润分成的合作协议。"靠着这个方法，冯锦麟和他的团队度过了当时因承建工程资金不到位而给企业带来的生存危机。"接着我们就自己拿钱买地开发商品房，不仅解决了企业员工的居住问题，也使公司迈上了从投资开发到施工建设一条龙的多元化经营发展之路。"冯锦麟说。

提高楼盘土地利用　完善小区配套设施

投身房地产开发领域后，骏贤集团看中了开平市金山度假村旁一块100.62 亩土地。该土地早在 1993 年开平县改市庆典活动时就举办了动工仪式，按照规划设计，这是一个开发建设 88 幢独立别墅的房地产项目。其后，恰逢开平碉楼申报世界文化遗产之机，冯锦麟积极加入了申遗代表团，借机前往新西兰参观学习了他国居住生活小区先进的规划设计理念，并从被联合国世遗专家誉为"可能是全世界最美丽村落"的开平碉楼马降龙村的规划建设中得到启示："马降龙村美观整齐，每户房屋大门朝巷内开设，

▲ 原建设部副部长宋春华等出席在骏贤居小区举行的"开平碉楼文化与绿色住区发展研讨会"

从而节约了住户大门庭院大量土地。"冯锦麟说。

回国后，冯锦麟放弃了受让该土地后马上开工建设就能赚取丰厚的投资回报的机遇，下决心将这个已定名为"开平山庄"的88幢别墅小区逐步修改为既有别墅更有高层洋房、让更多有需求人士居住、可建800多个居住单元的小区，并通过向社会征集，将小区更名为"骏贤居"。"我们在规划容积率许可的前提下，将小区开发建设的房地产居住土地利用率提高了近10倍，这是行业里针对宝贵土地资源进行节约集约利用的有益探索尝试。也是贯彻国务院原副总理习仲勋1988年视察开平时曾语重心长地对当地党政负责人提出'土地很宝贵，要倍加珍惜'指示的具体行动。"这就是冯锦麟这位企业规模不大的民营企业负责人的表白。

骏贤居小区的开发建设经历了10多年的艰辛。"首先，10多万平方米的小区开发资金的筹措就让我很是头痛。众所周知，中小企业的房地产项目很难得到银行贷款支持，虽然骏贤居在许多开平人眼中被视为风水宝地，也有不少人找我谈合作的事情，甚至有人愿意让我们净赚超过一亿元但前提是项目转让。我们还是按照自己的理念，坚持走从投资开发施工建设到项目建成物业服务管理一体化的路子，希望能亲手将其建成一个别具特色的宜居小区，满足更多人的居住需求。"冯锦麟说。

与业主协商、共同推进小区建设，是骏贤居成功开发的经验之一。2015年，骏贤居小区部分房屋竣工交付业主使用后，骏贤集团组织举办了"建设绿色小区研讨会"。"有业主提出小区应少建别墅、多建高层洋房，这样就可以分摊更多住户而减轻业主单元居住缴交物业管理费负担。根据骏贤居小区还有容积率可用的情况，我们接受该建议。不惜又一次对规划建设方案进行修改而放慢了投资回报速度，将重新调整的规划设计方案报政府主管部门，并已通过了社会公示。"冯锦麟说。

增加居住单元就必须考虑到居住业主小汽车停放的问题，虽然规划部门要求居住单元与小车位比例达到1：1即可，但随着人们生活的改善，不少家庭小车早已超出每户一辆的水平。为满足业主小车位的需求，骏贤居小区在规划设计中千方百计加大投入，包括将小区人工湖底也建设成小车库。"要建成宽敞、方便停放的小车库，每个车位就需占用到40平方米的建筑面积，仅工程造价就达10万元。这样的成本和小车位的售价无利可图，甚至是亏本的。但要建成一个能让业主安居生活的小区，如果连小车停放问题都不能解决，作为开发商，我认为至少是不够尽责的。"冯锦麟说。

冯锦麟还指出，根据骏贤居小区居住业主人群拥有的小车推算，将来每个单元2个小车位都有可能还是满足不了需求。所以，骏贤集团现在已经采取每单元只卖一个小车位，不足的就靠短租调剂使用办法来解决。作为投资者来说，其情怀和胸襟让人折服。

房企肩负社会责任　让购房者住得放心

冯锦麟认为，一个房地产投资项目赢利是前提，但如果只追求赢利而将建成的项目甩手推给社会，就会使投资开发者在项目规划设计时只注重销售回报而不需主动统筹项目建成的运营管理，对项目业主生活配套、小车停放等建设就会忽视。"投资开发者要承担起项目建成后的物业服务管理责任，以使项目建成后的运营管理更为顺畅，最重要的是让业主住得放心、住得舒心，这是房企树立形象、加快发展所必需的。"冯锦麟说。

骏贤居小区通过举办"业主好邻居"等活动及建立业主微信群的沟通方式，使业主分享到文明宜居的喜悦。同时，在已建成房屋基本售罄的情况下，主动投入数百万元建成原规划方案中没有的小区休闲公园，出资与水利部门合作修葺了小区前的镇海水渠，使水渠既满足灌溉排洪功能，又对小区起到护城河景观的作用。难怪有业主调侃说骏贤居小区的开发商是"不会做房地产生意的投资者"。

建筑及房地产业是国民经济的支柱产业。城镇化建设给房地产行业带来发展机遇的同时，又因这个行业低门槛、非理性的竞争环境而让不少人千方百计地参与其中。近年来，我国不少三四线城市出现了房地产库存积压较为严重的情况，一些城市还出现开发项目烂尾、开发商跑路等现象。

冯锦麟建议，在城镇化建设的房地产开发建设中，需建立"用户订单"制度，即房地产开发要有用户购房订单才能开工建设，促使开发商在项目拿地时就要以"谋居者谋百年也安逸"的负责任态度统筹项目的建设开发和运营管理，而不是在项目销售完成后就甩手抛给社会。地方政府在城镇化规划时，也应以"用户订单"的思维谋划出与市场需求相匹配的方案，而不要出现如唱"空城计"的城镇化规划，要以"谋城者谋万世之太平"的功成不必在我的胸怀和务实态度，让城镇化的规划蓝图变成美好的现实。这其实就是运用市场经济规律的内在要求在房地产领域实施供给与需求相匹配的应有举措。也完全符合"房子是用来住的、不是用来炒的"大政方针。

冯锦麟认为，衡量一个房地产项目是否真正成功，就是看能否让购房置业者欢心、投资开发商赚钱开心、社会和政府满意放心。作为开发商，项目开发建设赚钱后为社会作一些必要的捐助，固然能体现其社会责任，但探索实施投资开发、施工建设、物业服务管理一体化，让居民业主都能有"幸福感"、有更多的"获得感"，才是房地产企业最大的社会责任。

写在前面

　　财经作家苏小和这样定义刘晓光：刘晓光首先是一名官员，接下来才是一名企业家。这种身份的转变，带给他的是他愿意以企业的角度思考国家的命运。与此同时，他还是一名诗人，一名有着深刻趣味的文化人，这样的身份，又让他乐意站在文化的角度，站在国际化的角度去思考中国企业和技术发展的命运。

　　他曾经力推国企改革创新，2004 年试图在首创引入黑石、KKR 等外资投资者，想要完成公司产权多元化；他曾热衷于公益事业，发起创立了中国最大的环保 NGO 组织——阿拉善 SEE 生态协会；他梦想成为画家，热爱写诗，用诗词记录着他的人生足迹。他为人宽厚、温和、有担当，愿做永远燃烧的人。

▲ 首创集团开拓人、阿拉善 SEE 生态协会创始会长刘晓光

首创集团开拓人刘晓光

孙晓萌 / 文

人生历程充满转型

刘晓光出身于中层干部家庭。所有中层局级干部的子女，在那个年代更加奋进，这是一个规律。

但十三四岁时的刘晓光却是一个无拘无束、狂放、不断惹事的孩子。拿气枪打人家玻璃，把猫点燃扔到楼下，打架，什么都干过；吃冬天冻的北京的柿子，没钱，就把兜底下剪两个口，趴到卖柿子的三轮车上，一会儿拿俩、一会儿拿俩；每天做三棱刮刀，准备打架。甚至在上小学的时候，住校的学生们每礼拜回家，必须给他带东西，不然就打。

15岁时，刘晓光在父亲的安排下去当兵，从河南到兰州再到新疆。在刘晓光眼中，当兵很苦，一天四顿都是土豆，白面馒头，两顿玉米面。那时的刘晓光把馒头压在屁股底下，一次压10个放在军帽里，这样中午其他人吃玉米面的时候他还能吃到馒头。

在新疆当兵的时候，刘晓光读过《资本论》，读过《法兰西内战》《哥德巴赫猜想》，读过费尔巴哈，还有《红与黑》。虽然那时他还看不懂经济学的内容，但也算打下了经济学的底子。他知道如何用一把斧头换取3只羊，知道商品变成货币以后它的增值、剩余价值在哪里。例如有一年夏天，刘晓光把老乡的牛从山上推下来，用40块钱买下牛，50块卖了牛皮，白吃了一顿牛肉。

1975年退伍后，刘晓光回到北京，被分配到北京测绘仪器厂当政治处副主任、车间主任、车间党支部书记，那时他对整个中国的经济了解程度比别人要深得多。也是那时，刘晓光认识到，中国富裕只能走经济的道路，走产业报国的道路。因此，在1978年恢复高考后刘晓光选择报考北京商学院。

大学毕业时，刘晓光面临抉择，去美国留学还是留在中国？刘晓光心想，"国家还穷，应该使国家富强，报国"，所以最后选择在毕业之后进入北京市政府，先后担任了北京市计划委员会处长、委员、总经济师、副主任、北京首都规划建设委员会副秘书长等职务。

但刘晓光一直都想成为企业家，也曾想成立一个中国消费者公司，或者入职消费者报。据刘晓光回忆，"1992年那会儿我穿了一身红枫西服、一双破皮鞋，有人挤对我是大陆表叔。我把跟着我的三个人的钱收回来，买了一套真正的西服，买了莲花牌的鞋、衬衣、领带，还买了一块8000块钱的浪琴手表，就这样进入了资本市场。"

虽然成功进入资本市场，但刘晓光也曾面临着巨大的资金压力。当时为一只基金（ING北京基金）上市募集5.4亿元现金，花了很多费用，直到上市前两天还差2000万元，按照证监会的规定差一分钱也不能上市。面对着维多利亚海，刘晓光站在酒店的顶层，一根烟接着一根，甚至一度想跳楼。

其实回看刘晓光的人生历程可以说充满"转型、转变"，按他自己的说法就是，他"当过兵，上过学，做过工人，当过官，也下过海"。在他眼中，企业家一定是一种冲动，甚至可以说是一匹狼，眼睛是绿的，血是红的，但并不是每个人都能成企业家。

临危受命，建造"首创时代"

1994年，北京首都创业集团有限公司（以下简称首创集团）成立。1995年，首创集团重组，也是这一年，刘晓光开始创业，受命于危机之时，掌舵重组后的首创集团。这一年，也成为刘晓光人生中的一个拐点。

《岁月的甘泉》诗词集中收集了刘晓光从当兵到从政、经商期间大大小小的重要时刻。他在《我心中的首创集团》这首诗中写道：

那是 17 年前的春天，

一场暴风雨把我们拍打到市场经济的大海边。

头上是阴云，心中是迷雾，

我们开始摇动那还没有方向的旧船。

没有产业，没有资源，没有金钱，

只有一颗火热的心，只有一双紧握的拳。

正如诗中所描述的，那时候的首创集团，一无周转资金、二无盈利产品、三无核心产业。所以，刘晓光和首创集团的高层领导用了很长一段时间去探讨首创集团应该做什么。最终他们确定"以投资银行业务为先导，以产业为背景，用投资银行业务的血液去支撑产业的发展，用产业的利润支撑投资银行的发展，继续融资"，两个"轮子"一起动的发展理论。

首先从构造上市开始，打"金融牌"，证券、期货、担保、租赁，这些牌有的需要花一大堆钱，有的则需要走审批。这些都完成之后还需要确定产业带，从旅游、酒店、贸易、工业、金融这几块中筛选出 4 个产业，最终构建出一个上市公司载体，形成三角。一角是上市公司，一角是金融牌，底座是产业带。但刘晓光意识到，光有产业没有钱不行，随后他开始酝酿大规模的资本运作。

也正是因为这个定位，让首创集团比别的企业快了 20 年。在首创发展的第二个 5 年里，首创证券、首创股份、首创置业相继成立或上市。但在这期间，刘晓光面临着巨大的压力，而且常常因为压力过大而失眠。他甚至养成了一个睡前看恐怖片的习惯，因为他觉得这样可以减轻压力。

公司是上市了，但刘晓光依然心力交瘁。因为那时很多事情还不够规范。让刘晓光记忆深刻的一件事是："一个企业在他不知道的前提下投了十几亿买了一只股票，股价从 18 块钱跌到 7 块钱，七八亿元就没了，压力非常大。我从医院里拔掉输液管，直接飞到省里，想说服他们买断这个壳。"

之前在政府工作的刘晓光，曾调动过几十亿的大钱，几乎没有为钱的事发过愁。但做了商业之后却很惨，最惨的时候，刘晓光手里只有 1 亿元现金，大概分布在 112 个企业里头。刘晓光感慨，"那时候发不出工资，请人吃顿饭都觉得心里很紧张，拿一个大信封里面放 5000 块钱，一顿吃 5000 块，心里挺难受。那时候我向人借 1000 万元，我的朋友说刘晓光好自为之吧，我的眼泪很快出来了。"

但付出终有回报，20 年间，刘晓光带领首创集团走出惨淡经营局面，成为资产总值超千亿元的新型国有投资控股集团公司，旗下拥有 5 家上市公司。

刘晓光退休的那年，首创集团完成销售收入 309.95 亿元，同比增长 30%；利润总额 47.8 亿元，同比增长 21%；总资产由年初的 1780 亿元增加到 2232 亿元。拥有资本运作、产业协同、创新研发、国际合作等竞争优势，连续多年跻身全国 500 强，享有良好的品牌知名度、美誉度和社会影响力。规模和效益指标方面都取得了不错的成绩。

有风光，也有遗憾

经过 20 年的变革和发展，相比重组之初，如今的首创集团已经形成了环保产业、基础设施、房地产和金融服务四大主业，旗下拥有 5 家上市公司和 1 家新三板挂牌企业，连续数年跻身全国 500 强。特别是 2013 年以来，首创充分发挥融资并购优势，在国内外连续完成了一系列重大的并购，形成了包括水处理、固废处理和大气污染防治在内的完整的产业链条。

但受制于体制的桎梏，首创集团错过了好几个发展机遇，这也在刘晓光心底留下深深的遗憾。

2004 年，刘晓光提出拿出 150 亿元资金，派出 150 个人，奔赴 150 个城市，拿下 150 块地。此方案当年如果付诸实施，如今至少在地价方面就能升值 30 倍左右。这就意味着，当年投下的 150 亿元，如今净资产都在 2000 亿元左右了。但决策中有人提出反对意见，认为有风险，不得已就搁置下来了。

谈到失败的原因，刘晓光曾在接受采访时不免惋惜道，"决策过程当中有人提了反对意见，他说你要有风险怎么办？因为很多国有企业的体制在这一点上就没有办法，在决策过程中，集体讨论有人反对你也没有办法。我要是一个市场化的企业，你要反对我你就得滚蛋了。主要就是体制问题。"

而让刘晓光最为遗憾的还是国企改革和混合所有制，他认为，国企改革的未来就是走国际私募，跟国际资本来结合走混合所有制。在刘晓光心中，国际化的机制、国际化的资金、国际化的市场、国际化的营销管道和国际化的成本，在那个平台循环，才是真正的国际化。

因此，2004 年刘晓光尝试将首创进行所有制改革，与美国 KKR 和黑石合作，想要完成公司产权多元化、治理结构合理化、公司的市场化以及未来资产的证券化，但最终依旧功亏一篑。

"把首创拿出来，比如几百亿，他们占一半我们占一半，成为一个国际化的大公司，机制、人才、股权都让它国际化。本来谈得很好，当时上面都同意了，但后来失败了。为什么失败？我们有 5 个上市公司，上市公司的资产对价我是按照净资产加一倍来对价，比如我的上市公司值 30 亿元，净资产就是 60 亿元。按这个来计算，外方也同意了。结果国资委下了一个文件，要求我们按照上市公司市值的 90% 跟人家对价，市值那时候 20 多块钱，人家说我不跟你玩了，你不按照国际的规律来进行，所以我们失败了。"后来刘晓光曾在论坛上谈起此事，语气中透露着无限的惋惜与遗憾。

"如果这个公司当年成立了，一定是在中国改革史上最大的事件。这个我就后悔，后悔了一辈子。"他认为，当年东风汽车和日产汽车的合资仅仅是一个产业公司的合资，就获得了巨大的成效。而首创集团进行的是一个投资性金融性公司的大合资，不是一个局部的弄一点经营资产和现金的合作。这不是简单的资金问题，而是让中国企业迅速融入世界经济一体化之中的重大举措。"没有办法。我们的东西在国际上的资本链条上循环，成本链条上循环，价值链条上循环，太少太少了，出去一循环就得循环死了，这是中国下一步很大的东西。当时日本也有很多这样的例子。在一个国家的一个历史阶段，它有力量的时候，一定扶持它的企业到海外进行渗透，进行投资。如果没有具体的政策，肯定打不过人家，人家是有扶持的。"

体制，让刘晓光和首创集团羽翼日渐丰满，可体制，也禁锢了他们振翅飞翔的机会。"僵化的体制对已经成才的人是一种压抑，对于没有成才的人可能带来一种毁灭。"对于体制，刘晓光爱恨交织。爱的是首创拥有先天的资源禀赋、融资优势和政府资源，恨的是首创和刘晓光自身的发展和成就大打折扣。

愿做永远燃烧的人

提起刘晓光，除了他一手重建的首创集团外，还有他的公益事业阿拉善 SEE 生态协会。

2003 年 10 月，时任首创集团董事长刘晓光等企业家第一次来到阿拉善月亮湖。穿过西夏王陵，翻越贺兰山，面对黄沙滔天，刘晓光跪在沙漠里，仰天闭目。

"从来没有想到沙漠那么美，也没想到中国的生态已经被毁坏到这种地步。"当时，九汉天成有限公司董事长宋军在阿拉善治沙，打造月亮湖生态度假基地，希望为企业家们带来生态启蒙。刘晓光当即表示，"没有想到中国还有宋军这样的人，一个人跟沙漠搏斗，我们得帮帮他。"他要找一批企业家，帮宋军一起治沙。

也就有了 2004 年近百位中国企业家在广袤的腾格里沙漠里排成一道历史性的风景，中国首家以社会责任为己任，以企业家为主体，以保护地球生态为实践目标的 NGO(非政府组织) 公益机构——阿拉善 SEE 生态协会正式诞生。

作为发起人的 67 位企业家们承诺：连续 10 年，每年投资 10 万元，以减缓阿拉善的沙尘暴为起点，致力于保护中国的生态环境，促进人与自

然的和谐，促进人与社会的和谐，促进人与人的和谐。

可以说，在 1995 年到 2015 年这 20 年的时间里，刘晓光凭着敢想敢拼的精神，不仅把一家企业做起来，还为公益事业作出了很大贡献。2015年退休后，刘晓光说："我 60 岁估计干了别人 120 岁干的事儿。"也正因此，他的身体状况一直欠佳。

但是，刘晓光在自述中说道："我个人还有激情。我们的创业过程像电影一样在我脑海里翻滚。回顾这 20 年，如果再有机会，我还想再干。"

退休后的刘晓光，从心系首创变成了心系中国。

比如他会想怎么把阿拉善 SEE 做得更好，怎么把中国的城镇化做起来，让城镇居民变成城市居民。比如他会想如果在最贫困的地区，把土地的所有权变成 500 年，人们就会玩命干，这样配合着中国的新城镇运动。

再比如他会想现在中国大概有 6.6 万个家产在 1 亿元，有 1200 万个家产在 1000 万元的企业家，能不能动员他们 20% 的人，深入到中国没有发展的地区，去建立一种新的社会区域，拿出资金、知识来安排就业，循环产业。假如有 50 万人干这个事，一人扶植 20 人，那就是 1 亿人；假如有 100 万人，就是 2 亿人。那中国社会的进步会很快。

甚至他还在想未来的环保可能会大发展。他在想是不是还能再创建一些东西。

创业，让刘晓光激情满怀。"我总在想，我是在做一件大事，在为国家、为民族做这个事，自己可能带动一批人走上市场的道路。那时候每天都是心潮澎湃。我做过 7 个上市公司，做了很多融资的活动。这种激情我一直保持着，今天还保持着。我脑子里老想着我还是 40 多岁，还是想干这个干那个，还有雄心壮志。我不知道为什么，可能是由于过去的教育背景，也可能由于过去我自身向上的、激情的因素。我觉得人的生命很短暂，要在自己有限的生命里做得更好，更完美。我想一个人一生可能一共是一万多天，我们的人生只剩下三四千天或者四五千天了，每一天都要利用好。"

凭借这份燃烧的热情和这颗燃烧的心，刘晓光把自己的光辉都投射到社会进步、投射到企业发展、投射到公益事业里。

印　象

"人生苦旅踱步，终似一缕春风。"是他生前喜欢的一句诗。

联想集团董事长兼 CEO 杨元庆：

他曾当过兵，从过政，也曾把企业带上相当大的规模，又富有情怀，发起成立了阿拉善 SEE 公益组织，他的丰富经历和诗人情怀赢得了企业家们的爱戴与尊重。

万通控股董事长冯仑：

晓光是一个永远要燃烧的人，和那些在大时代背景下成长起来的杰出人物一样，他总会把自己的生命投射到外部世界，投射到他人身上，投射到企业身上，投射到自己关心的社会事务里，投射到时代的潮流里，并且在这个过程中展现出生命的光辉。

SOHO 中国董事长潘石屹：

我觉得晓光这只大鸟终于冲破了小笼子，他飞走了，让我们为他送行，让他飞得更高更远。善良、高贵的灵魂一定会飞得更高更远。

写在前面

刘万忠，一位扎实肯干勇于创新的行业带头人。

他于 20 世纪 80 年代大胆创新，开启了事业单位企业化发展的道路。他对外进行融资创新，使企业发展逐步从以政府投入资金建房为主转型升级为以自筹资金开发建设为主；对内进行管理创新，推行"经营承包责任制"，奖罚分明，不仅极大地调动了员工积极性，也使公司发展不断向前，获得了几任淮南市委、市政府领导的高度赞扬。

他热爱读书，喜欢京剧，广泛阅读了毛泽东、刘少奇、周恩来等中国老一辈革命家的传记故事，从中找寻到了人生的大意。他也一直重视舆论建设工作与行业交流，推动建立了《房屋开发报》（《中国房地产报》前身），受到业内好评。

他勇于挑战、工作勤恳，被员工称为"拼搏忘我工作的老总"。他用自己的勤奋和智慧，带领员工书写了中国房地产开发总公司安徽省淮南公司的辉煌历史。

▲ 原中国房地产开发总公司淮南公司总经理刘万忠

刘万忠：高级的人生应该精彩

李臻 / 文

在新中国成立 70 周年之际，我们回顾共和国房地产行业发展历史，梳理谁应该在这个历史中留下一笔时，不能不让人想起中国房地产开发总公司淮南公司总经理刘万忠。他在 20 世纪 80 年代大胆试验，开启了事业单位企业化管理公司的融资创新，解决了企业开发资金；他开创了行政月计划、日志考核，责任目标管理新模式，大大提高了机关工作效率；他支持创办《中国房地产报》，使中国房地产行业有了一份唯一的专业大报。

他身居三四线城市，责管一个不大的开发公司，但他在"困难没有办法多"的信念指导下，做出了一番大作为。

小开发企业的"融资创新"

安徽省中部有一个地级市——淮南市，它曾以在全国拥有五大煤矿之一的淮南煤矿在小学地理课中占有一席之地。这个以煤矿企业为主体建立的城市，大多数居民为煤矿职工和家属，居民区多为各企业建造的简易住宅，共用公厕和公共用水。据统计，1979 年全国城镇人均居住面积只有3.6 平方米，淮南市也一样，属于住房严重短缺城市。

1984 年 4 月，曾担任过淮南市经济计划组组长、市劳动局局长、城市中心区区长的刘万忠被抽调组建了具有事业单位性质的淮南市政府住宅统建办公室，负责淮南市住宅建设工作。

1984 年 5 月，公开发表了邓小平同志 1980 年 4 月 2 日关于建筑业和住宅问题的谈话，为解决城乡居民住宅问题指明了方向。

1984 年 9 月，国务院决定建立"城乡综合开发公司，对城市土地、房屋实行综合开发"，10 月，建设部出台了《关于城市建设综合开发公司暂行办法》。根据这些文件精神，淮南市政府住宅统建办公室转成了事业单位、企业化管理的公司——中国房地产开发总公司淮南公司，负责商品住宅开发工作。

公司成立后，逐步从以政府投入资金建房为主转型升级为以公司自筹资金开发建设为主。尤其是在传统体制下形成的由国家或者单位投资建房和购买房屋，对个人实行福利性实物分配的住房制度，居民缺乏消费动力，住宅消费不旺，资金不能形成良性循环，再开发建设就难以为继。

中小城市银行对企业贷款规模比较小、额度低、贷款年限短，资金短缺是困扰开发企业的主要矛盾，"开发企业没有资金万事皆休"。

为了解决资金问题，刘万忠想了很多办法，最后与建设银行合作，创新发行了还本付息企业债券；预付款优先购房、选房；万元以上债券的抽奖活动，公司留出几套房用于一等奖奖品，即一等奖的奖品为 65 平方米二室一厅商品住宅一套。这在当时的淮南市引发了几乎是全民关注商品房开发、全民关注中国房地产开发总公司淮南公司的热点事件。借用发达的金融信用机制和法律保障，极大地调动了居民购买债券，敢于拿出钱来买房的积极性。很短的时间，就从社会上募集了 1500 万元开发资金，成功开发、销售了柏园、前锋两个成套住宅商品房小区，奠定了中房淮南公司的财力基础。

起步最早的"经营管理创新"

作为事业单位、企业化管理的公司,公司逐步从需要政府划拨土地进行支持的公司建立起了自己完成土地征迁、工程设计、建筑、销售、管理一条龙的管理体系。为了实现企业现代化管理的目标,刘万忠经理亲自草拟,动笔修改有关制度,多次主持讨论修订公司各项管理制度会议,在1989年初形成了规范各部门、各专业、各岗位的系统完善的规章制度文件汇编。有力指导和加强了企业管理,企业管理工作的标准化、制度化、规范化也促进了企业经济工作目标的实现和经济效益的提高。

他积极探索作为事业单位、企业化管理公司如何提高工作效率的途径和方法,引进和推行在一般工业企业实行的"经营承包责任制",并且根据本单位实际,区别情况采取了实行独立核算、自负盈亏、分配和效益挂钩的"经营承包责任制";对业务技术、生产管理部门采取"工作目标承包责任制";对无法确定数据考核指标的科室采取"月行政工作计划责任制";对完成公司任务举足轻重的主要部门拿出数额不等的抵押金进行"风险抵押承包"。这些承包指标层层分解,按照岗位责任制落实到人,横向到底、竖向到边,签订《互保协议书》,一级保一级、一级包一级,年末按照承包合同严格兑现,奖罚分明,大力促进了承包指标的完成和新一年度承包合同的签订。

为了"经营承包责任制"有效推行,公司变干部"任命制"为"聘任制",本着"以才选能、举能用贤"的原则,采取"自荐、民评、领导审定""双向选择""月计划考核与年终民主评议相结合的考核约束机制""优胜劣汰的待聘制"一系列措施考核、聘用、处置中层干部,得到员工的赞成和拥护,也极大地调动了员工积极性。

公司成立5年后,就从需要财政拨款的单位,变成了上交地方财政收入近550万元、实现利润约800万元的单位。公司在1988年被安徽省委、省政府命名为"推行岗位责任制先进单位";1988年、1989年连续两年荣获安徽省建设厅、中国建筑工会安徽省工作委员会颁发的"创最佳经济效益""创优质服务、争一流水平"先进单位称号;1990年被淮南市委、市政府命名为市级"文明单位"。公司取得的成就得到了几任淮南市委、市政府领导的高度赞扬。

先后有来自香港、上海、浙江、福建、广西、东北三省等全国各地的公司到淮南市现场学习考察。

公司推行"经营承包责任制"的先进经验被收入了由新华社社长穆青题写书名、新华出版社 1990 年 6 月出版的《经营实践论》文集。

"创新行业意识"

随着国家住房制度改革的深化,房地产开发已经形成规模化发展。

1990 年 5 月,在有 100 多位全国各地房地产公司经理及代表参加的中国房协城市开发委员会召开的年会上,与会代表交流了各地房地产公司在城市综合开发建设上的经验,大家认为仅仅依靠一年一度的年会交流,已经不能满足各公司及房地产业界互相学习、借鉴、推广以及学习宣传党和政府有关政策的需要,有人提议办行业简报,并建议由中房淮南公司承办。刘万忠经理一直十分重视宣传舆论建设工作,对承办房地产行业简报的事情非常支持。他指示有关人员收集信息、编辑稿件,用公司的宣传经费支付印刷费用,出刊了对开四版的企业内刊《房屋开发报》。

内刊出版后,每一期都是用信封邮寄给全国各地的几百家房地产开发公司;《房屋开发报》内刊在业内取得了良好的反映。为了提高报刊稿件质量,刘万忠经理支持有关人员在黄山办了几期《房屋开发报》通讯员培训班,培训了全国各地房地产企业通讯员 400 多名,使报刊的稿件质量有了很大提高,报刊内容更广泛地宣传和反映了全国各地房地产企业的开发业绩和经验,受到了业内好评。《房屋开发报》在全国房地产业产生了广泛积极的影响,为促进房地产业的发展作出了贡献。

随后中房淮南公司企业领导班子发生重大调整,有关人员在刘万忠经理及安徽省淮南市委宣传部的支持下,抛开铁饭碗,坚持办报。

▲ 刘万忠陪同市委书记王乐平、人大主任洪志光参观企业展览

▲ 1990年10月，刘万忠主持召开《房屋开发报》出版座谈会

1993年1月《房屋开发报》正式向全国公开发行；1997年6月在国家新闻出版署、国家人事部及建设部有关领导和部门支持下，《房屋开发报》更名为《中国房地产报》，报纸成长为中国房地产行业唯一的专业大报，并且在国家商标局办理了商标注册。

"拼搏忘我工作的老总"

在公司成立后的 7 年时间里，刘万忠经理没有休息过节假日、礼拜天。他每年的日历上的每一天都写满了工作日程、工作设想、落实措施。除了参加上级的会议，组织单位的会议外，他都要到各个工地查看现场，及时解决小区工程建设中出现的各种问题，员工称其为"拼搏忘我工作的老总"。

节假日、礼拜天、晚上他就批阅文件或者读书、听音乐、听京剧。刘万忠经理爱读书，在哲学、政治经济学书籍外他看得比较多的是人物传记。他广泛阅读了毛泽东、刘少奇、周恩来等中国老一辈革命家的传记故事、中国历史人物传记；国际政治名人如斯大林、戴高乐、华盛顿；以及现代名人蒋介石、李嘉诚。

他爱好听音乐、听京剧，自己收集了 100 多张京剧及音乐唱片。他说京剧文化底蕴深厚，内涵深，听京剧、听音乐都是最好的休闲。

可以说刘万忠经理是用自己的勤奋和智慧带领员工书写了中国房地产开发总公司安徽省淮南公司的辉煌历史，以至于他离任多年后，企业仍然享受他在任时的经济积累福利；他建立的企业文化、企业精神依然是凝聚公司的重要因素。他的魂魄、他的精气神、他的个人魅力一直都影响着身边的人！

刘万忠经理退休后，淮南市房屋建设开发公司在 1997 年组建起了淮南市房屋建设开发集团，下辖 5 个分公司，但是由于人事、体制、机制管理等诸多原因，现在已经出现了经营危机。有许多有识之士分析说，可能最重要的原因是企业缺少了能掌握正确航向、引领航船劈波斩浪的舵手。

希望淮南市新一代房开人记住老经理刘万忠"困难没有办法多"的信条，满怀信心、勇于挑战、正视困难、努力克服，去创造美好的明天！

写在前面

王鹏，一位企业大家，他的过往在上海乃至房地产行业都留有浓重的一笔。

他几十年为企业呕心沥血，不畏艰难、勇于创新，推动事业蒸蒸日上；在经营企业过程中，他提出"遵纪守法出效益""中星品牌战略"等指导思想，使企业经营成为风范。

在国家提出全国大型房地产企业改制试点下，中星集团公司率先进入试点企业，成功进行改制，将一个计划经济体制下的事业单位，改制发展成为上海市最有影响的十大著名房地产企业之一。开发的典范住宅小区获得建设部试点小区评价综合金奖，在中国房地产开发历史上留有灿烂的一笔。

▲ 原中星集团董事长王鹏

王鹏：万千广厦作证奋斗路

李臻 / 文

飞机进入上海市上空，蔚蓝的天空下，一片片高楼映入眼帘，记者顿时产生万千感慨，自豪与伤悲一起涌上心头。自豪的是天空下这座座高楼记录和见证了在上海市房地产界赫赫有名的开发者、中星集团董事长王鹏同志为改善上海市居民居住条件开发建设了近 2000 万平方米住宅的开发业绩；伤悲的是王鹏同志在还不到 60 周岁的年纪，竟因病离我们远去。

王鹏同志在担任中星集团董事长十多年间，把握大局，富于开拓、不畏艰难、勇于创新，带领全体员工，经过许多坎坎坷坷，承受了无数艰辛磨难，推动公司的事业蒸蒸日上，从而有力地推动了上海的住宅发展。

上海市康乐小区是王鹏董事长领导下的中星集团开发的典范住宅小区。小区楼盘那海派新潮的设计、过硬的工程质量，获得建设部试点小区评价综合金奖，获中央四位常委领导同志的赞扬，在中国房地产开发历史上留下灿烂的一笔。

1997 年，国家提出全国大型房地产企业改制试点，中星集团公司率先进入试点企业，成功进行改制，将一个计划经济体制下的事业单位，改制发展成为全市最有影响的十大著名房地产企业之一。改制后，中星集团每年都以 80 万平方米的开工、竣工速度递增，为了企业发展，不论酷暑还是寒冬，他都骑辆自行车在公司开发建设的现场穿梭，33 个小区现场都留下过王鹏董事长的足迹。

他将房地产企业规范管理的概念付诸公司的管理和创新之中；他提出了"遵纪守法出效益""中星品牌战略""抓住机会、看准了就要上"等一系列企业发展的指导思想。在企业发展的每一个重要阶段，及时做出了重大决策，使得企业准确定位，规避了风险，中星集团得以顺利发展，一年一个样，年年都有新变化，年年都有新发展。中星集团公司连续 16 年蝉联上海市优秀公司的光荣称号，房地产销售量、销售额在上海市房地产界排序中始终名列前茅。2000 年，中星集团获得上海市房地产销售量、销售额两项第一名。

中星集团开发的虹桥美华村精品楼盘等小区，江泽民、朱镕基、吴邦国、黄菊等国家领导人都曾经前往视察、参观。

1993 年在本报创业初期，记者有幸结识了王鹏董事长，我们对出版发行房地产行业自己的报纸，传达党和国家房地产行业政策、宣传房地产行业为国民经济发展、城市建设所作的贡献的必要性和重要性有高度一致的认识。在谈到出版报纸所遇到的困难等问题时，仅仅交谈不到十分钟，王鹏董事长就立刻安排解决了本报驻上海市记者站的办公和住宿用房等诸多困难。

后来才知道，王鹏董事长每年开发交付的住宅都有上百万平方米，可是他自己却始终居住在只有一套房间的斗室之中。

1997 年 12 月，王鹏董事长来到北京石景山新建成的中国房地产报社综合楼会议室，与北京的房地产同行们谈起了房地产企业品牌战略，介绍中星集团树立"中星"品牌的实施经验，以及应该注意和避免出现的问题。他的发言在本报刊发以后，在房地产业界引起了很大的反响，全国有十几个省市的房地产开发企业的同行们到中星集团学习取经。

王鹏董事长在担任中国房协副会长期间，曾经到全国各地 20 多家有特色的房地产企业进行调研、学习，与业内同行探讨中国房地产业发展的方向和道路等重大问题。

▲ 王鹏工作照

2001年王鹏同志生病住院期间，记者两次专程去上海看望他。病床上，我们共同回忆起1992年《中国房地产报》萌芽、初办到目前的历程，王鹏董事长说，我们都为中国房地产行业的发展做了些工作！十分感谢王鹏董事长曾经给予的大力支持和帮助，推动了行业正能量的传播。他说，我们有共同的理想，同时友情是生命美丽的彩虹。"友情是生命美丽的彩虹"，王鹏董事长的朋友都知道这是王鹏董事长的"名言"。人生旅途最应该倍加珍惜的感情之一是"友情"，真正的友情除寻求心灵的契合，沟通的快意以外，别无奢求，不会计利益得失。

是的，上海的万千广厦作证，追悼会上来自全国各地朋友们的痛哭声作证：王鹏同志曾经竭力推动了上海市房地产业的发展，对中国房地产行业作出过贡献！王鹏同志是值得交往和信赖的朋友！

《中国房地产报》不断地发展壮大，正是由于王鹏等这样的朋友们无

▲ 2019 年 10 月,《共和国地产印迹》新书发布会,中国房地产报的老领导、老朋友们合影。左起:谢跃辉、于大海、马东升、单大伟、孙荫环、孟晓苏、刘志峰、顾云昌、刘岷、栗文忠、冯锦麟、田江、何剑波、肖勇、全忠

私地帮助。《中国房地产报》不会忘记他们,共和国房地产行业的历史中也会留下他们的印迹。

写在前面

陈劲松，国内领先的房地产综合服务提供商，世联行掌门人。

20 世纪 90 年代，他放弃香港稳定的工作来到深圳，和太太佟捷白手起家创业。房地产市场萧条，他用两个月，把一年无人问津的烂尾楼销售一空。

2009 年，在质疑声中他推动公司上市，成为 A 股首家房地产综合服务商；2014 年，去"地产"，更名世联行，打造中国不动产交易全链条的服务模式；2017 年，世联行业绩刷新历史，较上市时营收增长超过 10 倍；2018 年，他总结自己的创业经："不要挑市场火的时候创业，一定要在市场最艰难的时候创业。"

▲ 世联行董事长、创始人陈劲松

陈劲松：世联行是房地产行业发展的受益者

熊俊萍 / 文

陈劲松，世联行掌门人，一直以来，他坚持不拿地不盖房，坚定地专注于房地产服务业，收获了整个行业的尊重与认可。在深圳地产服务行业几乎为零的业态下，他开疆拓土，把世联行做成全国知名的地产行业服务商。

1993 年 4 月 13 日，带着光荣与梦想，世联房地产咨询服务（深圳）有限公司在深圳注册成立；同年 7 月，世联拿到深圳市政府为房地产咨询企业颁发的第一张正式批文。正是这张批文，开启了陈劲松长达 20 余年的房地产行业服务生涯。

多年以来，世联行的服务已渗透到整个房地产行业，专业的服务精神，负责任的服务态度，深深地影响和推动着地产行业的发展。如今，世联行的业务已布局全国多个城市，累计服务超过 2.7 万家开发企业、逾千万业主。回首往事，陈劲松只是说："世联只是做了最苦最累的活儿，才使自己强大起来的。"

顺应时代，行业会需要专业服务

很多人认为，中国房地产业赚大钱都是因为房价上升，其实有的企业根本没有进入到房地产开发里面，只是纯粹的服务行业，就像世联行，从一开始定位就是为房地产服务的，而非开发商，从来没有建过房。

要问创立世联行的故事，每年起码要讲50遍，但是当有媒体来采访，陈劲松仍然要讲："因为这代表着那个时代，像我们一样的知识分子的理想和情怀。"陈劲松出生于1964年，在同济大学念完建筑工程学士及工程管理硕士后，来到香港中国海外地产任职项目经理。

对于有心人来说，在各行各业都容易发现门道，陈劲松就是个有心人。在中海工作的期间，他发现行业内有一个非常有意思的现象：香港房子的装修、代理、物业管理等工作都是交由其他企业在承接，和开发商是分开的。那时的香港，可以说房地产业已经相对成熟，已经有了做得很成功的服务商，比如世邦魏理仕、戴德梁行、中原等。

而20世纪90年代初期的内地，房地产还处于萌芽阶段，直到1993年，邓小平南方视察后的第二年，改革开放的春风吹开了深圳这个小渔村通往国际化大都市的大门。这一年，深圳的房地产公司纷纷创立，买地开发建房的热潮汹涌。

此时，王石带领的"大哥"万科也在深圳逐渐发展壮大；深圳，已然成为中国房地产行业的窗口，引领着这个行业的标准建立与行业创新。

虽然彼时内地与香港的行业差距巨大，但是看到深圳的形势一片大好，陈劲松当时就觉得房地产从深圳萌芽发展到全国，中国将会成为世界上最大的房地产市场，以后一定需要专业服务。

陈劲松的太太佟捷1990年就来了深圳，她是做评估的，可以说是中国第一代评估师。于是，他与太太佟捷，太太的同学、同学的先生，拉上他们在市场上遇到的一位朋友，白手起家，开始在深圳创业。

这几位创始人与联合创始人为何会走到一起，主要源于大家有着相同的背景：几乎都是名校毕业，都有着共同理想，志同道合，并相信专业可以带来价值。因此，他们最终确定轻资产服务就是世联要做的。这便成为世联行创立的初衷。

最初创立世联行时，他们并没有多么大的愿景、使命和抱负，但却一直有种精神：拒绝提供对客户没有价值的，也引不起自尊的产品和服务。

从成立起，世联血脉里就流淌着一种理想主义，正是这种理想主义会集这批人，并支撑着陈劲松前进的脚步。谈起来是具体的业务，但骨子里都有要做对行业、对社会有意义、有价值的事业理想。

在理想与梦想交织之下，1993年4月13日，世联房地产咨询服务（深圳）有限公司在深圳注册成立；7月，世联获得了深圳市政府为房地产咨询企业颁发的第一张正式批文。那时，深圳地产服务行业的发展几乎为零，可以说，陈劲松和联合创始人是深圳乃至全国地产服务行业里资历最深的先行者之一。

正是这张批文，宣告了陈劲松地产服务商生涯的开始。

能创造价值，你就立住了！

世联行创立的第二年，恰逢房地产行业遭遇宏观调控，老百姓观望情绪严重，房子卖不出去，市场一片萧条，开发商的新盘出现大量积压。

在市场最艰难时，才是专业价值彰显的时候，这时，陈劲松料到世联的机会来了。

"可是，当时公司刚成立不久，面临的现实情况就是，业务范围窄，市场影响力弱，行业规范也没形成，别人不认可你，信任也还没有建立，在这样的状况之下，世联想去开拓业务、服务客户、帮助客户并不是那么容易。"

总之，万事开头难，但是腿已经迈出去，就无法收回，必须坚持下去，努力创造机会，赢得客户的认可和信赖，这是必经之路。

皇天不负有心人，这时，世联好不容易等来了一些小机会，当年在深圳罗湖的西武百货楼上有20套左右的现房需急卖，开发商委托给了世联代理。然而，这对于刚成立的世联来说，没有客户源，也没有经验，又该怎么办？于是，陈劲松把眼光瞄准了在罗湖东门做商贸生意的人。

当世联接手这批房子时，发现都是大户型不好卖，而陈劲松学过建筑工程，就将其改造成小户型，并把小户型集中起来做成地产展销会，在报纸上登广告，同时线下发传单。没想到，效果还真出来了。

可以说，那就是中国早期的房地产展销会之一。随着这个代理项目成果初现，世联在业内开始有了一点点知名度。

紧接着，世联又代理了深圳宝安广场项目，将一个一年一个单位都没有卖出去的楼盘，两个月销售一空，创造了深圳市场的销售奇迹，在业界进一步打响了世联的知名度。

随着一个个代理项目的成功，世联的专业名气在行业内逐渐打开。

世联靠着"专业的态度、服务客户的精神、规范经营企业的理念"获得了初步的成功，这种精神不仅凝聚了世联人，同时也吸引了有情怀有追求有需求的客户，因为他们也确实需要这样一家专业和规范的机构。

对于世联来说，通过几个项目的成功代理，也摸索到了靠谱的流程和成功的模式。此时，世联的代理和估价业务都开始稳定增长，三级审核制日趋完善。

回顾世联的初期阶段，从创立到摸着石头过河，摸索到一套独特的成功模式，并把业务发展起来，得到客户认可，整个过程虽然充满着酸甜苦辣，但也给陈劲松很多经验教训。总结经验，陈劲松认为："一定要在市场最艰难的时候创业，当市场最艰难的时候，你能创造价值，能服务和帮助客户，进而得到客户认可，那你就立住了。"

从卖烂尾楼开始，帮开发商消化积压库存，这也正体现了世联的价值。所以，世联才能在房地产行业占有一席之地。

陈劲松一直认为，中国房地产市场产品积压问题，并不是没有市场，而是产品是不是适销对路的问题。

"回首往事，我最想说的就是，世联只是做了最苦最累的活儿，才使自己强大起来的。"陈劲松直言。

A 股上市，业绩倍增

为了让全国更多人享受到更专业的服务，2004 年，世联确立"全国化"发展战略，明确代理和顾问两大主营业务；2009 年，世联地产登陆资本市场，成为 A 股第一家房地产综合服务公司。上市后，世联的业务迎来爆发式增长，从 2010 年到 2013 年，世联代理业务销售连续跨越三个大关，突破 1000 亿元、2000 亿元、3000 亿元，成为当时中国新房代理销售额最大的房地产服务商之一。

2014 年初，"世联地产"更名为"世联行"，开启祥云战略，探索 O2M 模式。世联以代理和顾问两大主营业务为基础，开始叠加资产管理、金融服务、互联网＋等新业务。去"地产化"转型，成为这一阶段世联的重点。到 2015 年，房地产存量市场越来越大，世联行进入租赁市场。当年，世联行的红璞公寓开始起步，紧接着，世联行进入了物管、办公空间等领域，并且一路走到了今天。

从发展阶段来看，世联可分为四个阶段：

第一阶段，找到世联在行业存在的理由。

当年代理宝安广场，是世联的重要发展历程之一。通过代理这个楼盘，世联找到了存在的理由，企业才有价值。降低交易费用，挖掘物业价值，这是世联进入房地产行业的基本价值。

第二阶段，确立以团队为强大的价值观，打造平台不败理念。

在研究了 CBRE 后，陈劲松发现，CBRE 不是创始人或几个英雄好汉很厉害，而是平台厉害。所以，陈劲松确立了世联的核心价值观——以团队为强大，世联是团队作战，这就是平台不败的理念。

第三个阶段，走向全国，让更多人享受真正的地产服务。

中国的房地产市场非常大，只聚焦于某个区域，会被区域波动影响，只有走向了全国，企业才能平衡。世联就这样义无反顾地确立了"让更多人享受真正的地产服务"的理念。

第四阶段，拥抱互联网，开启祥云战略。

在全国布局和全国客户资源基础上，利用互联网，叠加金融、装修等服务，后又进入租赁市场，接下来进入了物管、办公空间等领域，一直走到了现在。

使人和资产的连接更有效

每个企业都在转型，世联行的转型布局启动得很早，这与陈劲松一贯的危机意识相关。

在转型方面，世联行做了很多行业内所没有的服务。

首先，世联行成立了世联小贷，解决购房者买房之后的需求，比如装修需要用钱的痛点。世联就给这些购房者提供消费贷，这就是场景延伸出来的服务需求，所以下半场服务首先就是服务场景。

其次，满足装修的精准化需求。

再次，专业的物业托管和维修等服务。

陈劲松说，世联的转型实际上是中国不动产在不同场景下的集成服务，哪个能跑得出来，不知道，但是这个努力方向是一定的。"这是个具有重大发展前途的行业，是比房地产上半场还要波澜壮阔且前景更广的行业。"

但不管怎样转型，世联行一直不变的就是轻资产服务。中国是全球最大的不动产市场，中国房地产正处于中场到下半场转移中，如果说房子在上半场以金融属性为主导，下半场房子就要回归它的本质，就是为了住的，而不是为了炒，这个时候，其属性就开始向服务业转移。

因此，未来，世联行的目标是使人和资产的连接更充分、更有效，使物业的拥有者、使用者实现美好生活。

企业越大，社会责任越大

世联行是中国房地产发展的受益者，陈劲松认为，前30年房地产突飞猛进的受益者都必须正视在发展进程中，环境付出了惨痛的代价的现实。

企业要有社会责任感，并且企业的社会责任，应该随着企业能力的增长而增长。因此，7年前，陈劲松发起了深圳红树林基金会，还担任了阿拉善SEE生态协会第四届副会长的职务。

记得十几年前，中国的沙尘暴很严重，当时王石对陈劲松说，你去沙尘暴的源头阿拉善开个会吧。陈劲松过去后看到那个情景，感到很震惊。那里的环境跟深圳形成两极对比，当年的沙尘暴已经导致北方很多地方不适合居住了。

当时，陈劲松就感觉，环境肯定是中国人未来的大问题，否则城市做得再好，但天天沙尘暴，天天PM2.5暴增，那城市能生活吗？所以，企业不只要关注自己，也要关注环境，"关注环境就是关注我们的未来"。所以，陈劲松觉着世联应该要做点事情了。

此后，陈劲松一直实实在在做的就是对深圳红树林的保护。深圳红树林是个样板，事实上，世联行推动的是中国的湿地保护。深圳红树林基金会是一个公募基金会，在深圳市政府支持下成功地托管了深圳福田红树林湿地公园，让这个公园变成了人民公园人民管。

这样做在中国非常重要，为什么？因为这是个民间基金会，所以必须发动民间力量，最主要的作用是让更多人知道这个事跟自己相关。

深圳红树林自然保护区位于深圳湾北东岸深圳河口的红树林鸟类自然保护区，每年都有数以万计的水鸟在这里过冬，"我们红树林基金会努力6年，如今在深圳过冬的候鸟增加了3倍"。

世联行员工还自发成立了蔚蓝社，响应环境保护。当大家都关注了这件事，就会自动约束自己的行为。比如蔚蓝社成员去捡海洋垃圾，以后就不再随手扔垃圾了。员工带家庭、带孩子去观鸟，小孩就知道大自然跟他相关。"所以说，这是一件有意义的事，但这事儿跟公司赚钱没什么关系。"

学习星巴克，中国服务业的榜样

从服务行业里看，陈劲松一直觉得，中国的服务行业应该向星巴克学习。目前全球服务行业做得最好的，品质稳定、有追求，员工管理有效，又能拷贝的，那就是星巴克。

星巴克，给全球带来了新的内容和独到的价值主张，比如，星巴克的

▲ 公司上市敲钟

店铺成为自由职业者们的第三空间，很多创业者没有办公室，就在星巴克办公，星巴克给顾客营造了非常好的氛围和环境。

另外，星巴克还有不少短期兼职员工，为什么它能接收这样的员工并管理有效？因为有一系列的工具和方法。陈劲松认为星巴克有几点做得特别棒：第一，激发并创造人文关怀；第二，星巴克激发和创造人文关怀，到每个人、每杯咖啡、每个社区，星巴克进入社区成为社区的标志。

所以，星巴克应该成为中国服务业的偶像。

陈劲松一直认为，只有伟大的人才可能创造出一家伟大的企业，"我最崇拜的偶像就是星巴克的创始人霍华德·舒尔茨"。

"三十年为一世而道更"，中国房地产历经 30 年走到今天，基本规则就要开始发生变化，这个改变会在未来几年充分体现，充分认识道更，包括企业的内生动力、管理等。

因此，现在高负债、快周转、靠增量的模式会逐渐发生改变，中国的房地产正在走向下半场，将逐步走向为美好生活服务的现代服务业。

展望未来，世联行将发挥优势，主动拥抱变化，与外部资源合作共荣，这也是世联行突破传统代理瓶颈的关键。

写在前面

他是商业世界"沉稳的变革者"，更是房地产行业"科技的先行者"。

优异的教育背景和工作经历让他敏锐地把握住机遇，1999 年创办的房地产互联网公司"房天下"，在时代的浪潮中迅速成长为全球领先的房地产家居网络平台，并由传统的信息平台延伸至媒体平台、交易平台和金融平台，提供新房、二手房、租房、家居、房地产研究等多个领域的专业服务。

他始终坚信技术是第一生产力，房天下聚焦数据和技术优势，用新科技赋能房地产行业，致力于通过大数据和人工智能等新技术、新模式驱动自我变革，推动行业、市场及社会进入新的发展阶段。

▲ 房天下董事长、中指控股董事长莫天全

莫天全：房地产"科技先行者"

李叶 / 文

正值盛夏，站在位于北京丰台区的房天下大厦 15 层窗前向外望去，天气晴好，视野开阔，眼下车辆与人群川流不息的街道像是一台上足马力的钟表，不停运转。

在中国经济改革进程和房地产行业发展的巨大钟表上，房天下作为知名的房地产家居网络平台已经运转了 20 个年头，在这 20 年里，房天下聚焦数据和技术优势，用新科技赋能房地产行业，致力于通过大数据和人工智能等新技术、新模式驱动自我变革，推动行业、市场及社会进入新的发展阶段。讲述中国房地产互联网的发展史，就必然会提到房天下的创始人兼董事长莫天全。

他是商业世界"沉稳的变革者"，更是房地产行业"科技的先行者"。优异的教育背景和工作经历让他敏锐地把握住机遇，1999 年创办的房地产互联网公司"房天下"在时代的浪潮中迅速成长为全球领先的房地产家居网络平台，并由传统的信息平台延伸至媒体平台、交易平台和金融平台，提供新房、二手房、租房、家居、房地产研究等多个领域的专业服务。

把视线从窗外移回办公室内，可以看见陈列柜正中间摆放着一个 40 厘米左右高的钢铁侠模型，在奖状和书籍的衬托下，显得十分醒目。

这是莫天全的一位朋友送给他的，这位朋友形容他就像钢铁侠一样"打不倒"。这种形容十分贴切，纵观莫天全的整个创业生涯，正是这种

"打不倒"的精神，鞭策他不断在挑战中求新求变。

怀揣"改变世界"的初生牛犊

将时间拨回 1981 年，那是全国高考制度恢复的第 5 个年头，许多故事从这里开始。

这一年，刚满 17 岁的莫天全挤过千军万马的独木桥，不但考上了大学，还拿到了广西壮族自治区灌阳县 1981 年的高考状元，被华南理工大学机械工程及自动化专业录取。在华南理工大学的那段日子，莫天全每学期期终考试都是第一名，并且在学习之余，他花了大量时间参加武术队，学习武术和散打。以至于在其创业成功后每每被媒体提及并赞誉："他可能是最能打的董事长。"

仰望着头上的那片蓝天，莫天全开始寻思着早点离开学校去社会上一展拳脚。

就这样，大学二年级时他递交了一份跳级申请书——希望能够从二年级直接升到四年级，因为三年级的课程都被他自学完了。

恰逢上个世纪 80 年代鼓励年轻人大胆创新的风气很浓厚，校长也没怎么思索，干脆地抛下一句话："跳级可以，只要能在二年级的期终考试，同时考完二年级、三年级所有课程，并且每门功课成绩要在 80 分以上。"也许是初生牛犊不怕虎，也许是骨子里热爱挑战的性格使然，莫天全为自己留下了一个值得炫耀的纪录：华南理工大学历史上第一个成功跳级的学生。

这种不拘泥于现状、打破束缚的性格特点也为他后来创建房天下埋下了伏笔。

大学本科毕业后，莫天全被分到了天津机械部第五设计研究院。天天待在研究院里的他又开始琢磨怎样施展更大的抱负。"改变世界，做一番大事。"是那个年代诞生的企业家们相同的人生追求，莫天全也有着这样的理想。在青年时期的莫天全看来，想要实现抱负就得在懂技术的基础上懂经济、懂管理，于是工作两年后，莫天全考上清华大学经济管理学院的研究生，师从我国技术经济与技术创新学奠基人、创新理论界泰斗傅家骥教授。在 1988 年至 1990 年的两年时间里，他参与了国务院发展研究中心组织的中国产业组织政策研究课题，并因此获得中国经济学最高奖"孙冶方经济学奖"。

"清华人都是比较务实，大家都是踏踏实实做事，老老实实做人，要把事情做好。在清华经管学院的学习完全改变了我下半辈子的走向。"莫天全硕士研究生毕业之后，以对管理学科的热爱和严谨踏实的学术追求为目的，远赴美国印第安纳大学，继续攻读经济与管理双博士学位。

1990 年 12 月 28 日，莫天全踏上了去洛杉矶的航班。直到现在他仍记得那天下着漫天大雪的北京城，心里分外澎湃。这次漂洋过海的异国求学，也掀开了他人生的新篇章。

打不倒的创业"钢铁侠"

第一次创业就是在美国求学期间。

由于学习成绩突出，这位优秀的中国留学生每年都能拿到 1.8 万美元的全额奖学金。于是在毕业之前，莫天全利用积攒的奖学金和一位中东富商及印第安纳大学法学院教授合伙，在广西老家开办了一家葡萄酒厂，并利用回国探亲机会招聘了两名管理人员。可惜因疏于管理，酒厂经营不到 3 个月就倒闭了。好在这次经历没有浇灭他的创业热情，这次酒厂的倒闭反而促使莫天全思考起了创业的目的。

1994 年，他在机缘巧合下结识了美国著名商业信息公司道琼斯旗下子公司 Teleres 的负责人，并以此为契机进入道琼斯 Teleres 工作。

这份工作成为莫天全人生中的又一个转折点。

上个世纪 90 年代，以北美和日本为代表的全球房产经济正处在一个

▲ 陈列柜正中间摆放着一个 40 厘米左右高的钢铁侠模型，在奖状和书籍的衬托下，显得十分醒目

高速膨胀时期，很多商业信息公司都把房产作为重要的利润来源，道琼斯所组建的 Teleres 就是一个房地产信息全球化网络。

　　而莫天全在 Teleres 的工作就是对每天的房地产市场各种指数进行专业评估，以此预测市场走势，也是从这时开始，他与房地产行业结下了不解之缘。3 年之后，凭借出色的表现，莫天全被任命为 Teleres 亚洲及中国公司总经理。一个梦想也开始在他的心中酝酿，那就是要做一个中国的道琼斯。

　　1996 年，房天下的前身——宜鼎信息技术有限公司成立，梦想起航，劈波斩浪。

　　随着中国互联网时代的到来，加上房地产行业日益商业化，莫天全看准了时机，在 1999 年正式创立了搜房控股，决心用"房地产＋互联网"模式打造一个权威的信息平台。

　　如果记忆能像电影一样回放，我们会看见在北京定慧寺西大柳庄一个居民小区的三居室里一个忙碌的身影，招聘管理人员，购置服务器、电脑等设备，事无巨细，莫天全亲力亲为。彼时，附近的居民也不会想到，一个互联网房产帝国即将在这里诞生。第一笔天使投资来自 IDG 资本，没有 PPT、投影仪，也没有宽敞的办公室，就在跟 IDG 资本合伙人周全、林栋梁吃饭的饭桌上，莫天全拿起一张便笺纸就描绘起搜房控股的商业蓝图，或许是被这股热情感染，IDG 投资了 100 万美元，占 20% 的股份。

不过，创业始终不是一帆风顺的事。

搜房控股创立的第二年，全球互联网泡沫开始破裂。搜房控股的投入却迟迟没有产出，莫天全不得不飞赴各地找人融资，有时一天要走访七八个公司，参加七八次会议。然而，大环境不好的情况下，产业资本只会更加小心谨慎。责任背负在肩上，无论前路如何，都只能一往无前。

莫天全迅速思考下一步该怎么做，最终想到的方案是，收购香港、台湾、上海、深圳这四大城市最好的房地产网站，制订出搜房控股覆盖大中华的业务规划，再找投资商。这一次，结果如他所愿，"当时有很多人要投资我们，而且仅一个月之后，投资就已到位"。继原始投资商 IDG 之后进入搜房控股的大股东是高盛。

商业世界"沉稳的变革者"

2000 年，搜房控股先后买断搜狐、新浪房产频道，同年，北京、上海、深圳、重庆、香港、天津等分公司相继成立，搜房控股在中国房地产资讯领域的领先地位已然确立。面对成绩，莫天全仍然没有掉以轻心，因为时值互联网泡沫破灭后的低潮，所有互联网公司的压力都非常大。莫天全依稀记得当年互联网兄弟企业纷纷倒下的情景，"那个时期的确很难，但我们活下来了，而且活下来以后发展得很好"。

回顾搜房控股的发展历史，莫天全表示，有三个阶段是最难忘的，而创业之初的前 5 年就是其中之一，彼时的搜房控股不断在成长壮大。

2005 年，在中国房地产行业迅猛发展成为社会经济增长最重要的引擎

▲ 搜房控股于美国纽交所上市，莫天全和 27 位高管一起敲响了上市钟

之一的大背景下，房天下正式启动百城战略。同年 6 月，全球网站权威评测机构 Alexa 全球排名中，搜房名列 136 位，访问量甚至超越了道琼斯，成为全球访问量最高的房地产门户网站。

随着 2006 年到 2008 年，中国房地产进入高速发展通道，莫天全心里"最兴奋、最高兴"的一个阶段也来到了，成长壮大中的房天下备受资本市场青睐，陆续获得法国 Trader、澳洲电讯巨额投资。

2010 年 9 月 17 日，是搜房控股于美国纽交所上市的日期。上市当天，莫天全和 27 位高管一起敲响了上市钟，其优异表现创造了中国企业赴美上市的多项纪录。此后，经过 4 年的发展，搜房控股市值超过 10 亿美元，在中国互联网行业中名列前 5 位。

从 2019 年往前倒推 5 年，那是莫天全创业过程中最难忘的第三个阶段。

2014 年，莫天全希望搜房控股成为全心全意为购房者提供服务的平台，于是搜房控股开始了长达 5 年的转型和改革。2014 年 7 月，房天下启用全新 LOGO、全新域名 Fang.com，以及全新品牌房天下。房天下也由

1.0 时代的信息平台，延伸至媒体平台、交易平台和金融平台。

2014 年起，房天下连续两次荣登《财富》杂志评选的美股"100 家增长最快公司"排行榜，成为少数获此殊荣的中国企业之一。2015 年，中国互联网协会、工业和信息化部信息中心发布了中国互联网企业排行榜，房天下跻身中国互联网企业 10 强。

如今，房天下继续秉承着"赋能合作伙伴"的理念，全面回归核心业务，以前沿科学技术为背景，以大数据为基础，"充分开放平台，为合作伙伴提供最好的服务"。

在下一阶段，"房天下愿意不断赋能我们的合作伙伴，也愿意与政府、协会、合作伙伴一起共同探索出适合中国国情的 MLS（Multiple Listing System，多重上市服务系统），相互信任，房源联卖。"莫天全说。

房地产行业的"科技先行者"

对于莫天全的创业生涯来说，有一个在他看来的最大挑战，就是人才问题。他选择了大胆放手，把事业交给年轻人。目前，房天下的核心管理团队平均年龄 35 岁，多为"85 后""90 后"。

对于新一代核心管理团队的更迭，莫天全表态，"年轻人替代上了年纪的人，是回避不了的趋势。这群'85 后''90 后'新生代，不仅仅思维能跟上现在社会的发展，智力都是超群的，在房天下内部也是经过了各个方面的考验，被业界所认可。他们的接班，是对房天下未来发展的保障。"

如何让年轻一代的管理者快速成长，莫天全认为，"一要认真对待年轻一代的管理人员，真正培养他们，把老一辈所知所得传授给他们；二要给他们施展拳脚的机会，哪怕会犯错误；三要给他们施加一定的压力。"

除了人才，如何在市场竞争中一直保持优势，是莫天全每天要思考的另一个重要问题。莫天全认为，一个企业需要采用先进的技术手段提升效率，"房天下在此投入了大量的时间和精力，实际上这也是对行业在做贡

▲ 中指控股在纳斯达克上市，成为第一家 DPO 中国公司

献，因为我们做得越好，也就会引领这个行业走向更好的未来。"

20 年积累的数据和分析能力在莫天全眼里就是房天下较别人而言难以替代的优势，也是压力的来源。据透露，目前房天下在数据技术方面的投入达到总成本的 10% ~ 20%。

"我每天都在想怎么让我们的数据做得更全面一点，更及时一点，能够跟我们现在的技术，比如 VR 技术、航拍技术等结合起来。"莫天全说道。他对行业未来的发展仍然充满信心，认为市场机会庞大。除了刚刚上市的中指控股，房天下还在规划传统的互联网业务板块独立挂牌上市。

20 年前就坚信"技术是第一生产力"的莫天全，准备将对房地产行业"科技先行者"的诠释继续下去，与此同时，房天下也将继续坚持"开放大平台"的发展战略，以全方位服务合作伙伴为宗旨，与房地产家居行业同仁共享技术红利，推动市场向前发展。

▲ 莫天全与民族地区一线乡村教师的合影

不忘初心，回馈社会的"感恩者"

回顾 20 年的发展，在中国经济和房地产市场的发展大潮中，房天下犹如一艘巨轮，在掌舵人莫天全的引领下，乘风破浪前行，执着务实、勇于创新是这位领航人留给这个时代的印记。然而，更难能可贵的是，他依然保持一颗赤子之心，用实际行动回报养育他的家乡，支持偏远的少数民族乡村发展；怀有一颗感恩之心，回报培养他的学校，捐资助学；不忘初心，建言献策，履行自己身为一名全国政协委员的责任。

早在 2013 年，作为广西欧美同学会（广西留学人员联谊会）副会长的莫天全看到少数民族地区乡村教育发展的困难，乡村孩子们为了上学在泥泞中跋涉的背影刺痛了他的心，孩子们渴望读书的纯真眼神让他难以忘怀。于是，他捐资 1000 万元，从 2013 年至 2022 年，每年组织民族地区一线乡村教师到北京、上海、香港等地学校交流学习，旨在帮助他们开阔眼界，提高素质和教育教学能力，将更好的教育和外面的世界见闻带给乡村的孩子们。截至目前，该项目已培训乡村教师 600 余人，影响近 5 万名留守儿童。

曾经参加该项目的乡村教师在《致莫天全先生的感谢信》中这样说，

"感谢您一直以来对乡村留守儿童的关怀，感谢您一直以来对我们民族地区乡村教师的关爱，感谢您一直以来对家乡教育事业的关心。您的一颗呵护学生、帮助教师、支持教育的拳拳仁爱之心，不仅令我们肃然起敬，而且时刻激励着我们要继续为广西的乡村教育事业发光发热，更加精心地培养好祖国的下一代。"同时，作为从广西走出的企业家，他也热心资助当地的发展，捐助了"广西统一战线同心水柜"等项目，切实为广西偏远贫困地区的老百姓做些实事。

也许感恩于教育带给自己的成长，莫天全多次捐赠母校清华大学的建设，支持清华大学北美夏季论坛的举办等。莫天全对此表示，他与家人都与清华大学有深厚的感情，很高兴能有机会继续为母校的建设作出贡献，希望清华大学能够取得更大的成绩。

2018 年，当选全国政协委员的莫天全意识到，可以通过自己的经验，为这个行业和中国经济的发展作更多的贡献。在履职期间，他也提出了城市群建设、加强房地产监管、乡村教师关爱行动、释放民营企业生产力、发挥民营企业国际作用等提案，为房地产行业健康可持续发展、公益和民企营商环境等领域建言献策。他也受邀参加了民营企业座谈会、中华海外联谊会五届一次理事大会等会议，受到国家领导人的接见，他表示："习总书记的一番话振奋人心，不仅给民营经济注入了满满的活力，也给民营企业家增添了信心。我们作为与民生息息相关的企业，一定要跟着国家走，把房天下做大做强，创造更大的社会价值，为国家和人民作出贡献。"

商业 · 对话

中国房地产报：全球经济下行，楼市的调控仍在持续，你如何看待房地产行业未来的发展？

莫天全：房地产行业沉淀了大量财富也聚集了相当大一批优秀人才，

在中国国民经济当中仍是最好的行业之一，并且我相信未来 5 年、10 年都是。不管是对这个行业的从业者还是对消费者来说，都有很多机会。

我们国家的城市化进程还在继续，城市化会带动居住领域的大量需求，同时，已有房子的人也会有改善居住环境的需求。不论是在二手房、新房，还是租房、家居领域，市场空间都非常大。

中国房地产报：最终你希望把房天下办成一家什么样的公司？企业愿景和价值观是什么？

莫天全：我们的企业愿景是"全心全意为购房者和房地产业服务"，房天下会不断在房地产这个行业深耕，一方面为消费者提供最好的服务，另一方面为我们的合作伙伴提供更好的服务，推动行业的进步。

中国房地产报：人们对于房屋居住和服务品质的期待在持续提升，在您看来，什么样的房子是"好房子"？

莫天全：这没有统一的答案，但我相信每个人对好房子的判断，都是基于他在不同环境或者不同的时间节点上的不同认识，根据自己的经济实力选择适合自己的就是好房子。

中国房地产报：你平时都有哪些兴趣爱好？

莫天全：我觉得锻炼身体很重要，早上或者是晚上有时间的话，会去快走或者慢跑。

中国房地产报：你平时会看一些什么书？

莫天全：在有时间的情况下我会看一些人工智能或者大数据方面的

书，想了解这个产业发展状况，看看我们做的还有哪些差距。

中国房地产报：你有自己崇拜的偶像吗？

莫天全：其实，现实中有很多人都值得我们崇拜。比如说企业界的乔布斯等企业家，学术界的许多学术精英、教授，还有一些优秀的政治家等。

中国房地产报：与你创业之初相比，现在的市场环境有了翻天覆地的变化，在提倡大众创业、万众创新的营商环境影响下，不少年轻人对于创业跃跃欲试。对此，你怎么看？

莫天全：首先我持肯定态度。不过，创业是件很辛苦的事情，要想成功，需要具备天时、地利、人和等条件，可能90%～95%的创业结果是失败。对此，创业者需要事先预想是否能承受失败带来的风险。

同时，创新创业有着不同的做法，不一定非得辞职单干才是创新创业，公司内部也可以号召员工开拓创新想点子，内部创业。

中国房地产报：今年是新中国成立70周年，在这个特殊的节点，请你谈谈对行业的寄语。

莫天全：今年是新中国成立70周年，房地产在中国真正走向市场化只是过去30年的事情。从早期非职业化到现在越来越职业化，进步斐然。这个行业潜力巨大，机会非常多，竞争也很激烈。

我希望在与房地产行业同人们一起庆祝新中国成立70周年的同时，能做好现在，更期许未来。

写在前面

植根房产经纪，链家构筑起一条真房源、极致服务的国民品牌护城河；探索居住变革，贝壳加速起跑打开国人围绕"住"之需求的全部畅想空间。在衣、食、行领域均全面渗透互联网化、平台化的今天，扮演变革者角色的左晖，持续丰富着一家现象级公司的边界和可能。从链家到贝壳，坚持"做难而正确的事"信条，左晖向上、向善的价值观最终外化为商业文明与企业战略，全面推动中国居住服务行业健康化、规范化发展。

帮助百万居住服务者收获尊严，让中国两亿家庭未来住得更好，怀揣理想的人不知疲倦，始终走在创新的路上。逆流而上十八载，新居住元年再弄潮。

▲ 贝壳找房董事长、链家董事长左晖

左晖的变与不变

李红梅 / 文

70 年波澜壮阔，中国实现了人类历史上最大规模及最大相对速度的城镇化进程，了不起的变化亦深入国人居住领域，中国房地产整体从增量时代跨越到存量时代。一抹亮色是，这个居住服务领域总有那么一批破局者，引领着一批公司，通过不断突破革新提升了消费者的居住服务体验，从而在某种意义上改写了对居住服务从业者的固有傲慢与偏见。一部创新史，就是一部光荣与梦想史。

这是一个伴随着改革开放浪潮成长起来的企业家，坚持为中国居住服务行业的发展鼓与呼，为推动行业的健康、规范不止步。

"在行业多年，我一直非常痛恨两件事：第一是经纪人忽悠消费者，另一件是消费者不尊重经纪人。"关于经纪人群体的信用与尊严，这是贝壳找房董事长、链家董事长左晖当下思考最多的事情之一，"第一件事，我能想办法让组织和经纪人向好的方向变化，但第二件事，我一度感觉自己无能为力。"

从 1992 年大学毕业留守北京，左晖像千万个北漂一样，开始了自己的租房生活，直到 2004 年，左晖才买下自己在北京的第一套房子，结束 12 年的北漂生涯。这期间也被"中介骗过很多次"，而当他自己三十而立创立链家，一头扎入房地产经纪行业开始，左晖始终坚持与行业弊病做斗争，站在消费者的角度思考问题。

左晖的无奈正是他努力的方向。

"不吃差价、实行真房源标准、全国性拓展、线上化"，这些成为左晖眼中公司发展的标志性节点，支撑链家在成为行业先锋的前提下，创变型推出贝壳找房平台。"在这几次关键的成长中，我们始终有个原则是'对用户好''做难而正确的事'，公司的组织架构、产品和愿景，最终都体现了这个团队的核心价值观：帮助百万居住服务者收获尊严，让中国两亿家庭未来住得更好。"

机缘与使命：把握存量市场机遇

左晖生于 1971 年，陕西人，稳重，公司里熟悉的人喜欢称他"老左"。纵观左晖的创业经历，发现他总能敏锐地把握重点，追寻价值创造，对于房地产存量市场的精准判断，无疑是成就他创业的关键一点。

1992 年大学毕业时，左晖被分配到北京郊区一家工厂上班。这是普通包分配的一条寻常路。"兴趣不在于此"的他辞职跳槽到中关村一家软件公司负责客服工作。

日常高频接电话让左晖至今回忆起来耳朵里还是"嗡嗡作响"的声音。但也正是那个时候，左晖对于"好的服务"有了深刻认知，他更加认真地思考如何在自己擅长的领域激发最大的潜能。

在某个夏夜，左晖和两个大学好友约去看足球甲 A 比赛，聊起大学时代说过的"25 岁出来单干"的约定。一番商定后，每人拿出 5 万块钱，从原公司辞职、创立新公司，左晖任总经理，哥们仨一起做保险代理。

第一次创业 3 年，计算机专业出身的左晖，却因此成了资深保险专家。他们撤出保险代理市场时，获得的收益是当年投入的 100 倍。这让左晖赚到人生的第一桶金。

时光走到 1998 年。这一年，金融风暴摧残下的亚洲经济动荡，危机四伏。中央对房地产的政策做出重大调整，取消"福利分房"。实行住房分配货币化、商品化。

左晖敏锐地发现，自"1998 年房改"后，北京个人购房比例在加大，却没有一个可靠的购房服务平台，房产交易信息严重不对称。而他自己也是一个北漂，在北京租房被骗数次。综合动因，促使他开始琢磨着在房地产交易这个行业干些事儿。

2000 年 8 月，左晖成立了北京链家房地产展览展示中心，并与《北京晚报》合作，创建"房地产个人购房房展会"。至此，左晖在这个行业里坚定地走了下来，他常说这份工作是"使命所至"。

这份使命感让链家快速成长起来，最初只有 2 家店、37 名员工，次年就变成 6 家店、77 名员工；2004 年就达到了 30 家店、200 名员工。

"我们在入行的时候完全是门外汉，有一个理论是：'从全球的理论数据看人均 GDP 超过 8000 美元后不动产新增投资额会下降，房地产消费市场会转为以存量住宅交易为主体'。但这只是当年创业时候的认知，在过去的 20 年里亲身见证还是另一番感受。"

时间证明，这个选择是正确的。今天，从全国来看，二手房交易额已经迅速从 1998 年的不足百亿元扩大到如今的万亿元级别，率先进入存量时代的一线城市表现更为明显，北京二手房市场的累计 GMV（成交总额）为 5.1 万亿元，上海二手房市场的累计 GMV 为 6.6 万亿元。

左晖判断，房地产消费市场转向以存量住宅交易为主，这是一个不可逆的趋势，庞大的存量住宅交易市场，将为房产经纪行业奠定一个稳定的基本盘。

与存量市场对应的，是房地产经纪行业的成长。自 1998 年房改到现在，房产经纪行业从最初的二手房交易衍生服务逐渐迈向成熟和产业化，累计交易额突破了 30 万亿元。

▲ 链家地产全渠道 100% 真房源行动发布会

真正破局点：力推真房源，坚持"对用户好"

二手房市场催生并推动房产经纪行业逐步繁荣发展，围绕二手房交易产生的经纪公司品牌、佣金市场、广告市场和配套服务逐步完善，形成完整的二手交易产业链。

行业内企业也经历了快速发展，大浪淘沙，逐渐迭代，但整个行业的竞争环境在过去的这些年并没有发生明显优化，虚假房源泛滥、吃差价、恶性抢单等弊病根深蒂固，交易效率依然很低，行业消费者满意度还不到及格线，经纪人的职业化水平也不高。

"整个行业每一个部分都还有很大的改善空间。"对于左晖来说，公司成长的关键时刻清晰可见：不吃差价、实行真房源标准、全国性拓展、线上化。

在二手房交易市场刚起步时，"吃差价"几乎是所有房地产经纪机构赖以赚钱的手段，可以直观感受到消费者的愤怒。

"我们很早就开始反省和反思，好的商业应该提供品质服务，拒绝低层次的竞争。"左晖将这种正能量的价值观带到了企业的运营中。2004年，链家成为业内第一家推出签三方约、透明交易、不吃差价的经纪品牌。

早些年的"虚假房源"也是行业一大毒瘤。到2008年，链家开始建立真房源数据库，在行业内首推楼盘字典，启动了"真房源行动"，率先制定真房源标准，上线全流程验真系统，推出五重保障、四大安心服务承诺。真房源并非一蹴而就，需要足够的技术支持和坚决的推进机制。

左晖回忆，真房源行动刚推出时，链家经历了很大的压力，客户来电量锐减，来自经纪人的抱怨也有。但是这些流失的客户终究是回来了，成交之后还带来了大批新客户，"因为我们做的事情是真正对消费者好的，消费者是一个理性群体"。

2014年，"链家在线"更名为"链家网"，逐步构建了链家O2O能力，实现业务流程线上化、产品数字化。作为具备集房源信息搜索、产品研发、大数据处理、服务标准建立为一体的全价值链房产服务平台，链家推出了"房源验真系统""交易流程可视化""地图找房""房屋智能估价系统"等一系列大数据产品，重构交易服务流程，实现用户体验和交易效率的双提升。

到2015年，链家开启了全国性拓展进程，筛选并购了11家相对优秀的房产经纪机构，完成了真正意义上的全国化战略，织就了无法被替代的经纪人价值网。

"在与行业弊病做斗争时，链家始终选择站在消费者的角度上思考问题，就是因为我们相信消费者的眼睛是雪亮的，结果证明，消费者对我们建立了信任感，大批量的消费者为经纪人实现了正激励，最终行业正循环也推动起来。"左晖还记得几年前的某个周末，他到门店去找店长，那天天气很好，阳光洒下来。"我们的房地产经纪人正站在门口与消费者交流，那个瞬间深深打动了我。因为我能明显感觉到房地产经纪人与消费者之间眼神交流的透明和坦诚。虽然在第一次接触中，消费者不会轻易信任你，但只要你能向消费者证明你值得信任，那他一定会信任你。"

左晖希望当初那透明、坦诚的阳光能够照射进房地产经纪行业，他相信秉持"对用户好"的这一代房地产经纪人能够做到。

▲ 贝壳找房 APP 页面，业务涵盖二手房、新房、租房、装修和社区服务等众多类目

光荣与梦想：平台演绎品质居住生态

改革继续，梦想升级。在链家成为行业先锋的前提下，左晖推出了贝壳找房平台。

定位为"科技驱动的新居住服务平台"，贝壳找房和合作伙伴以真房源为底线，用品质服务提升消费者体验；以 ACN 为基石，实现多品牌合作，共赢共生；以互联网为工具，推动技术和数据驱动行业业态升级。房产经纪服务良莠不齐、痛点集中的现状被逐一打破，真正实现行业"正循环"。

2018 年初，位于北京海淀区福道大厦的链家网总部，被全部装点成"蓝色"。一个将近 1000 人的团队在这栋大楼里共同打磨一款叫"贝壳"的互联网房产信息平台。

"我觉得我们更应该是一个激励型的组织，让我们的 Agent（经纪人）得到消费者的激励。这些才是真正有价值的。"左晖解释。从产品层面来

▲ 贝壳找房 APP VR 看房功能页面

讲，过去很多年，链家在技术、运营、管理、服务标准等层面，都建立了自己的标准，但这种直营模式有些重。所以，管理层很早就意识到开放式、平台式的方向更符合未来，并会反过来促进链家整个组织的成长和进步。

另一方面，左晖认为，整个经纪行业确实一直处于比较低级的服务水平和竞争状态，处于信用损伤的囚徒困境，这是一个负循环。"所以我们把链家 18 年积累的东西，不管是技术的、管理的、作业服务标准的，都提炼出来，开放给也想这么玩但靠自己很难做到的同行，这就是贝壳的核心模式。"

正因如此，贝壳的管理是围绕着标准化、可提炼和复制的能力与模型来输出，管理模型也从纵向运营管理，到横向的标准输出与对品牌改造和赋能效果方面。

另外，在互联网的驱动力下，大数据、VR、AI、物联网等技术开始串联起从房屋生产、使用到流通的全链条，由于对产品和服务都在进行线上化变革，平台管理也围绕这方面提效。

"新居住时代是服务者价值全面崛起的时代，也是数字化价值全面崛起的时代，未来整个产业会从五个方面发生革命性的变化，贝壳找房也在这些方向上继续努力。"左晖目标明确，他希望职业化的服务者，从收入成长、认同感等方面被激励，达到长期留存，从而提供更好的服务体验，形成一个正循环激励链条。

当被问到"你的梦想是什么？希望人们以什么方式记住你？"，左晖回答道："为社会创造新的价值很吸引我。国内一些服务业的基础和标准都是不够的，我们欠账欠得太多了，需要有一批企业在这些领域里有所作为，这个时代的企业往往具有相似的宿命以及使命，即为国人的生活质量提供一些基本乃至更高阶的保障。"

"不要幻想能够青史留名，这个时代不存在那么多机会，这个国家也不需要永远追逐烟花的公司。我们这代人有责任做一些基础性的工作，去做烟花幕后的那些事，去做脏活儿、累活儿。新一代企业，要为填补这个时代的空缺，为真正创造价值而奋斗。"左晖说。

商业·对话

中国房地产报：你现在思考最多的是哪方面的问题？

左晖：一是品质正循环，从"成交为王"进化为"消费者至上"。这个行业在很长时间以来类似一个搏杀的丛林，消费者和经纪人互不信任。如果不做根本性改变，我们的事业便不可持续。因此，构建品质的正循环是行业存在的基础，而消费者的激励，是正循环的源泉。

二是经纪人主权，这是核心资产，而非易耗品。未来是经纪人主权的时代。我们真正需要关注的是3～5年内萌生在房产中介的变化。坦率地说，今天同行有些后知后觉。曾有人形容，"经纪人就像毛巾，拧干一条再换一条"，倒是形象地描述了经纪人的状态。

一个经纪人进到体系来，其职业规划到底是怎样？如果我们把这件事想清楚，我们所有的举措和思考都是围绕让经纪人能更好发展，能安身立命，能因为进入平台而使自己家庭和家族发生不一样的变化，那么，这个平台想做不好都难。

在保护消费者的权益前提下，经纪人有权力选择最尊严的方式执业，有权力不被窃取在一个服务中所付出的努力，有权力选择最符合自身的工作时间。我们的核心指标之一是经纪人行业从业时长，我们以此指标的持续改善作为经纪人职业化程度的度量标准。

第三是平凡人的协作，协作是我们的信仰。我们建立平台的价值就是保护每一个正向行为的权益，平台建立的基础是一笔交易中每一个角色的高效协作，这种协作是跨越品牌、跨越门店组织边界的。同时，经纪行业的复杂性，要求除了经纪人群体之外，还需要和产业链的其他岗位共同参与协作来服务消费者。

我们确信，ACN 的基础是整体最优大于个体最优，个体最优长期看和整体最优是高度吻合。我们保护私权的伸张，私权伸张的基础是平台的规则。协作依赖信任，信任依赖规则和承诺。这里有 super star，但更多的是有一批相信寻找到拥有共同价值观的伙伴，一起合作才能赢的平凡人。

我们鼓励培养人才，也鼓励人才跨组织的流动，鼓励人才不断追逐更大的事业。平台的机制是让培养与输出人才的人得到合理回报。

第四是科学管理，科学管理的精神和能力，是行业提升效率的唯一手段，提升效率就是数据改进的过程。科学管理就是用数据而非感觉说话，就是将服务全流程数据化和电子化，构建人、物、服务的标准，并针对薄弱环节持续改善和优化。科学管理最终是以满足消费者利益，是以服务好经纪人为基础的。

第五是中性的市场观，经纪人是追杀涨跌的反作用力。

第六是信用与尊严，这是经纪人群体的职业追求。我相信行业口碑提升，每位从业者都受益。保护经纪人的职业尊严，是行业所有人不可推卸的责任。

第七是社区友好，前提是提供价值。我们从事的是社区服务行业，一个社区友好的形象有助于我们的事业。经纪人及门店是社区服务体系的重要组成部分，应该是社区里最积极、最热心、最友好的成员。经纪人的价值来自于在社区居民中的口碑，这种口碑带来了信任。

除了标准的不动产服务之外，我们应该利用场所及人力提供力所能及的社区服务，即便是投入一定的成本。我们应该是社区公约的遵守者和践行者，成为社区居民的好邻居。

经纪人的价值来自于社区黏性，社区黏性来自于信任的建立，信任是由长期服务、热情友善、专业操守、适当投入带来的。

中国房地产报：你希望贝壳找房最终成为一个什么样的公司？

左晖：贝壳的核心是要为这个世界创造出一些新的价值，为消费者创造真正好的价值。

我们的使命是有尊严的服务者、更美好的居住，愿景是成为服务两亿家庭的品质居住平台。在这个过程中，以数字化手段重塑居住产业互联网，推动行业效率大幅提升，让消费者需求得到最大满足。

中国房地产报：有观点认为贝壳既是运动员又是裁判员，你怎么想这个问题？

左晖：开始做平台型的组织，对于企业来说，的确是面对更多的不确定。当然，肯定也面对更大的商业机会。只不过在这个时点，是不是要去做这件事情，是不是要做这种选择，大家一定会有不同的意见。

如果没有争论的战略应该不是一个好的战略。如果没有争论的战略一定是你做晚了。

如果要有一些争论的话，我们会具体倾听这些声音，有些声音是明白我们要做什么，可能它感觉我们对一些其他组织未来的发展是一些威胁，所以会发出不一样的声音；有的是不明白我们真的想做什么，我们就要把这个事逐步地传递得更清楚。

事实上，我们也看到，大多数人并没有真的明白我们想做什么。我们自己非常关注两个方面的价值，一是对 C 端，贝壳会带来什么明确的价值；第二个，贝壳到底会对中国 150 万到 200 万人的经纪人群体，对于他们的工作方式、未来生态，会不会带来什么根本性的影响。这是我们真正所关注的两个问题。

中国房地产报：每一家房地产经纪机构都号称自己是"真房源"，但市场并不这么看。你怎么看待真房源的本质？你认为经纪机构该如何打造真正的"真房源"？

左晖：中国的消费者在很多基础产品、基础服务的品质上都没有得到满足，60 分及格线的感受都没有达到，所以基础设施的建设很重要。

真房源的确是一件比较复杂的事情，但属于"难而正确的事"，是必须撬动的正循环。

打造真房源，不仅仅是团队的意愿、管理、激励问题，还包含大量的技术因素，需要基础、投入以及管理机制的跟进。

简单来说，我们打造真房源，需要三个基础：

第一个是"楼盘字典"。基于"楼盘字典"数据库，贝壳不仅为用户提供真实、透明的房价信息，还提供房源历史成交数据、价格变动区间、房间户型图等信息帮助用户有效决策。依托互联网对数据进行标准化管理，真正实现了信息的无差别共享，改变了房产行业中信息不透明、虚假房源等问题，为用户带来真实透明的购房体验。

第二个是，为保证房源长期、动态化真实，贝壳找房采用 7×24 全生命周期的真房源验真系统。

第三个则是平台严格要求、严格落地，把这个作为底线标准来约束平台上的经纪品牌和经纪人，并引入外部监督等，这是机制上的门槛。

中国房地产报：你平常读什么书？

左晖： 我们这个行业的书不多，我可以推荐一本《中间人经济》，它主要讲两件事：一是中间人的价值，事实上美国三分之一的经济都和中间人相关，金融的、地产的、用户服务的甚至政治的；二是互联网时代，中间人和中间经济不是越来越少，而是越来越多了。平台企业做好给中间赋能，就能做到很大、很好。这也是贝壳在做的事情。

中国房地产报： 你的梦想是什么？希望人们以什么方式记住你？

左晖： 为社会创造新的价值很吸引我。

国内一些服务业的基础和标准都是不够的，我们欠账欠得太多了，需要有一批企业在这些领域里有所作为，这个时代的企业往往具有相似的宿命以及使命，即为国人的生活质量提供一些基本乃至更高阶的保障。

不要幻想能够青史留名，这个时代不存在那么多机会，这个国家也不需要永远追逐烟花的公司。我们这代人有责任做一些基础性的工作，去做烟花幕后的那些事，去做脏活儿、累活儿。新一代企业，要为填补这个时代的空缺，为真正创造价值而奋斗。

写在前面

"我无为，而民自化；我好静，而民自正；我无事，而民自富；我无欲，而民自朴。"在万经之王《道德经》中，老子将道家的治国理念凝聚于四字，便是"无为而治"。

"无为而治"并不是什么也不做，而是不违背客观规律，不做过多的干预，顺其自然地发展。在古时，"无为而治"本是一种治国之术，但在今日，也有一人将"无为而治"的思想贯彻于企业治理。他成立的中原集团，开创了香港和内地中介代理行业先例，独领风骚 30 余载。

这个人就是施永青。

▲ 中原集团主席兼总裁施永青

"无为而治"施永青

付珊珊 / 文

1949 年，施永青出生于上海，这一年，是整个世界一个重要时间点，中华人民共和国在这一年成立，历史开始了新纪元。

他 4 岁迁居香港，目睹了贫富差距的巨大和很多社会不公，从在工人夜校教书，到在一家房地产公司负责影印文件，施永青的新纪元也在悄无声息地开启。

1978 年，29 岁的施永青和同学王文彦各出资 5000 元，共同创立中原地产公司，主做地产代理业务。那时，在别人眼中，做房地产代理就是一间小公司，大多是夫妻档、兄弟档，而施永青却特立独行将这一业务不断做大。

1992 年，趁着改革开放的春风，中原将业务做到了内地，并逐步确立了中原在内地中介代理市场的霸主地位。

对于中介代理，施永青一做便做了 40 年。曾经有人采访施永青时问道："如果再选一次会不会做中介?"对于这个问题，施永青的一声"会"答得斩钉截铁。

对中介代理行业的坚持源于施永青最早的一个理想，即改善社会分配问题。"马克思说过，人类社会是从必然王国走向自由王国。我的理想就是让更多人发挥自由意志，拥有更多自主空间。"在施永青心中，最大的理想就是让更多人实现财富与自由，而在这二者中，他更看重后者。在他看来，中介代理行业能给普通人提供赚钱机会，能让普通人活得更自主自由。

然而，实现理想的道路上并非一帆风顺。随着世界环境和社会发展的急速变化，中原在发展过程中也曾错失机遇，而面对随着互联网而兴起的链家、易居、爱屋及屋等互联网新兴对手，施永青也自嘲"我们都是被淘汰的对象"，坦言面对行业新品种，中原正在挣扎图存。

2018年，施永青已经69岁，这位地产中介行业的"常青树"已经在为自己的退休做谋划。2018年6月13日，中原集团旗下中介加盟服务品牌上海原萃信息技术有限公司开业，这意味着中原正式加入中介加盟领域，原萃是施永青退休前为中原提出的新业务。另一方面，2018年12月19日，中原集团宣布了两项人事任命，其中，施永青的儿子施俊嵘将出任中原集团副主席。二代正式接棒，随着新的接班人到来，中原也将被注入新鲜血液，开启新的篇章。

两份工作　一个巧合

每一种偶然的背后都可能藏着一些不经意的必然。

比如施永青说自己与房地产的结缘并不是刻意为之，只是一个巧合。虽然是巧合，但8年工人夜校的教书经历以及两年房地产公司影印文件的经历却是对施永青日后创办中原以及管理中原都产生了至关重要的影响。

在施永青幼年时期，全家就迁居香港，彼时的香港贫富差距居大，社会充满不公，在目睹这些之后，施永青的心里也隐隐萌生出改善社会分配问题的雄心壮志。那时的施永青满腔热血，读了大量的《马克思主义的三个来源和三个组成部分》等宣传共产主义的通俗读物，以及《钢铁是怎样炼成的》《牛虻》《红岩》《青春之歌》等革命小说，他称年轻时的自己是"共产主义者"。

1967年，香港发生"五月风暴"。这是一场由劳资纠纷引起的冲突，后愈演愈烈，影响深远，被广泛称为"六七暴动"，支持者则称之为"反英抗暴"。热血的施永青也一度参与其中，作为"革命者"，他希望能实现"平均分配财富"。因为参与社会活动过多，导致施永青无暇顾及功课，这一年施永青没能进入大学。

没考上大学的施永青在朋友的介绍下，进入一所工人夜校教书，一教就是8年。"香港当时很多人没有机会读书，他们很早就去工厂打工，我在工人夜校教书，其实是借向他们传授文化知识的机会去唤醒他们的阶级觉悟，从而去争取他们的利益。"讲到这段经历，施永青似乎又回到了那段慷慨激昂的"革命"岁月。

"这8年赚不到什么钱，但对后来做生意挺有帮助的。"

在施永青看来，当时的香港，参与工人运动争取权益有很大的风险，"被抓起来也有可能"。因此，说服别人牺牲小我，去为整个工人阶级的命运作斗争是很难的事，需要很强的说服别人的能力。"所以我在这段时间学了很多，怎么分析问题，怎么把问题讲清楚，对我以后办事，尤其是如何把未来愿景说清楚，很有帮助。"

然而，8年的时间，施永青渐渐发现，教书能唤醒人们的意识，但仍不能解决最初想要解决的问题，即解决社会分配问题，自己的生活越来越清苦，最后甚至要靠母亲的援助才能过活。

1976年，施永青从夜校辞职，开始四处寻找工作。由于学历不够，也无经验，施永青找工作困难重重，最终在一家房地产公司找到了一份实习生的差事，负责影印文件，并在各部门间传送。"当时并没有看得很清楚，也没有什么宏图大志，只是不教书之后我也需要生活。"施永青说。与房地产结缘就是一个巧合，碰巧因为生计找到一份工作，而这份工作碰巧又与房地产相关。

这份工作让施永青认识到自己与同龄人已经有了8年的差距，8年前自己的同学中已经有人工作，且经过8年的发展，很多人已经跃升至管理层。因此，施永青当时的想法就是要拼命学习，拼命追赶。

"我的工作就是两个方向，一个是送文件，一个就是复印。"

通过送文件，施永青慢慢知道哪些文件该往哪些部门送，由哪些部门执行，又由哪些部门监督，渐渐地，他了解了自己所在公司的组织架构和内部关系。有时候文件需要送到外部，借此机会，施永青了解到政府的土地招标文件可以随意取用，因此施永青在替公司拿文件的时候自己也会留一份，通过这些文件，施永青又了解了政府如何管理土地，如何管理开发商的要求。

两年间，施永青求知若渴地利用工作之便，阅读大量公务文件，包括合约、地契、保险等，习得不少地产专业知识，同时对公司运营有了一定了解。

施永青回忆说，在当实习生期间，有一件事让他印象深刻。有一次在他复印的文件中，有一张定价单有问题，施永青发现问题后上报了公司并帮助公司赚了不少钱，但事后，施永青得到的报酬并不匹配。"我替别人赚了几百万，但最后只给我加了几百块的工资。"这样的不平等再次让施永青认识到，给别人打工最大的问题就是"不可以分享成果"。

这种不甘心让施永青做了一个大胆的决定，也对中原日后薪酬管理制度的制定产生了深远影响。

始于香港　逐鹿中原

1978 年，29 岁的施永青决定下海经商，与同学王文彦各出资 5000 元开始共同创业。

回忆起当年的创业生涯，施永青也直言不讳。"老实说，当初创办中原的时候，对将来并没有太多奢望。只希望能够保本，赚钱比打工多一点就可以，算是胸无大志。"

20 世纪 70 年代末的香港，炒楼风气正炽，做地产代理的公司不多，专业公司更少，这让施永青看到了做地产代理的商机。在香港中环万宜大厦一个写字楼里，一张写字台，2 个合伙人，5 名员工，这便是中原最初的样子。

也正因为当时的香港不少人都专注于炒楼，这给了初创业做地产代理的两位年轻人更大的发展空间。

1981年，中原已经在北角开设了第一间分行。1983年，经过几年的发展，中原在德己笠街立菲大厦第一次拥有了上千尺的写字楼面。与此同时，中原在业务方面也加大了扩展力度，开始分区、分类别的业务。但此后不久，中原便遭遇重挫，由于香港回归问题提上日程，香港楼价出现大幅滑落，地产代理公司纷纷倒闭，中原苦撑硬挨才度过生死劫。

历经生死后的中原进一步发展，到1987年，中原迁入寸土寸金的中环新世界大厦，并租下第五层全层写字楼，发展势如破竹。

然而，对中原和施永青来说，最大的转折点在1992年。

这一年，因管理理念的分歧，老友王文彦退出中原，做了在野股东，施永青全面执掌中原。

这一年，罗大佑的《皇后大道东》唱遍了香港的大街小巷，"知己一声拜拜远去这都市，要靠伟大同志搞搞新意思"，施永青回忆说，歌里唱尽香港人对于回归祖国的期待。

于是，在这样的期待下，20世纪90年代初就已经将业务拓展至内地的中原在1992年正式北上至上海。

按照施永青的说法，当时的中原已具备在内地市场扩张的内在、外在条件。内在因素是当时的中原在香港发展覆盖面广，具备进一步扩张的规模，且当时中原在番禺的楼盘获得成功，对内地市场有了一定了解；外在条件则是内地改革开放，房地产的商品化与市场化为中原提供了更大的发展机遇。

"当时有一个为上海地铁引进法国公司做类似中介工作的朋友找到我，说上海开始'动'了，未来发展前景很好。他推荐我们来上海，在这样的机缘下，我们来了。"

初来乍到，水土不服在所难免。"1992年，上海的二手房市场还没有成熟，这是我们面临的最大问题。"施永青说，在香港，中原做二手房，因此到上海以后也想做二手房。但是，二手房市场的成熟是需要房地产市场商品化到一定程度。所以，中原在内地市场的发展是从帮助开发商做销售开始。

另一方面，初入内地的中原对内地的政治关系、交易程序都不熟悉，如果将香港模式生搬硬套，很多地方就不适应。在此情况下，中原也并未拘泥于固有模式，施永青向来倡导的"无为而治"再次发挥了作用。施永青决定任由员工各施各法地去尝试，然后交换心得，取长补短，这让中原很快找到了一套可以在内地生存下去的运作模式。

在上海站稳脚跟后，中原又逐渐进入北京、广州、深圳等地开拓业务，同样做到"地方有位"，让当地员工充分挖掘自身潜能，尽情发挥。当初，中原的总部在这几个城市的投资加起来还不到500万元，而现在这些城市每年的佣金收入已在亿元左右。

从零到一，从一到亿，中原的发展一方面得益于专业化的运作，每一步则离不开施永青推行"无为而治"的管理理念。"试问我一个人的脑袋所想的东西，怎能胜过许多个每日在前线作战统筹的人的脑袋呢？"施永青认为，员工应该有自主的空间，让他们自己做判断，自己做选择，即使有做错的风险，老板也不要怕下属出错，要给员工"试错"的机会。

此外，为了激励员工，加上此前做影印文件工作时遭遇的不公待遇，施永青在员工薪酬制度上，坚持以员工为企业作出的成绩为评判标准，大幅提高员工分佣的份额。在1997年中原生意最红火的时候，赚到千万元以上的员工就有10多个。

得与失　中原的图存

能够在腥风血雨的房地产市场屹立40年不倒的企业不多，中原是其中一个。漫漫40载，在中原的发展过程中也曾有过不少得与失，其中让施永青印象深刻的有两件事。

2008—2009年初期，金融海啸之后的房地产市场惨淡。后来，中央用"4万亿"资金支持经济，地方也开始加码救市，这其中释放出来的资金有相当部分流入了房地产市场，改变了当时市场下行的局面。在当时的环境下，施永青判断，西方以美国为首的金融体系的崩盘，影响巨大且强烈，由此他推测这次的金融海啸将持续很久，世界经济甚至会进入冰河时期。

"到现在看来，我错了。"

在那段时间，因为施永青的判断，中原采取了收缩战略，而中原的同行竞争对手们却趁机弯道超车。"倘若当时我们也把握住了机遇，那中原的市场地位将更加牢固。"施永青略带遗憾地说。

另一件印象深刻的事，就是移动互联网在内地的普及速度让施永青意想不到。

实际上，中原在香港从 20 世纪 90 年代就开始做网上数据，网上信息共享，但因为到内地后这些信息也用不到，所以中原来到内地市场以后并未重视互联网的发展，这是施永青的一大失误。

正是在这段时间，互联网在内地以燎原之势迅速成长，以链家为首的新兴中介如雨后春笋般涌现，借助互联网和资本的力量蓬勃发展并壮大，这给中原带来不小的冲击。

施永青认为，移动互联网的出现导致现阶段生产力变化，再加上资本的变化，造成的结果就是企业可能经得起周期考验，但经不起生态变化的考验。"我们现在是面对生态大变化，如果活下来，就能活到下一次生态变化。中原能不能活下来我不知道。"

但是，施永青却认定，即使有互联网的冲击，中介行业也一定会有它存在的价值，这其中最不可忽略的就是"人"在这个行业中的作用。

"从主观上来讲，房屋是大额交易的产品，有其独立性，且没有统一的标准化。比如每套房屋根据面积、地理位置、楼层、采光等不同都会呈现不同的面貌和价格，这需要中介人员在其中提供带看、介绍、谈判等服务，从而促成交易。另外从客观因素上来说，日后存量房市场会越来越庞大，存量房需要中介的参与共同消化，所以中介行业一定有其存在的价值。房屋交易、谈判的过程需要人的参与和推动，这些都是电脑无法解决和代替的存在。"

在施永青看来，中原已经不仅仅是一个个体，而变成一个品种。个体只能存活几十年，而品种则可以存在几千万年。为了让中原的品种得以保留延续，施永青在退休前提出，要做中原的中介加盟服务品牌——原萃，向外输出中原的基因。

"在某种程度上原萃是中原新的繁衍。一家公司经营久了除了有经验的累积也会有弊病产生，一家新的公司的优点在于能在延续基因的基础上，重新开始。另一方面，资本介入后，行业巨无霸诞生，中小中介的生存环境变得更加严峻，压力倍增。"

在这种情况下，原萃的推出能够为中小型房企提供技术层面的服务和支持，但不强求其加盟，原萃诞生的初衷就是防止行业垄断，保持多元化品牌及模式。

除了做原萃，施永青还想在退休前帮中原建立起新的领导班子。2018年12月19日，中原集团宣布两项人事任命，委任施永青儿子施俊嵘出任中原集团副主席；与此同时，施永青女儿施慧勤委任为中原集团子公司利嘉阁主席。

看似简单的两项人事任命，实际上却意味着中原的二代正式接棒，正式进入中原集团权力核心，属于施永青的中原时间开始进入倒计时。

对于新的接班人，施永青的评价是"做得比我想象中要好"。实际上，施俊嵘很早就已经涉足中原业务，正式接班是2018年底。目前，中原正在各地推行一些改革，而施俊嵘就是改革小组的成员。"他现在起码了解情况，能作出自己的观察和判断，当然要拿出办法是不容易的。"

在采访最后，中国房地产报记者问了施永青一个问题。

"如果满分100分，您给施公子（施俊嵘）目前的表现打分是多少？"

"78分。"施永青回答。

写在前面

　　谈创业、谈理想，他给出的关键词是果断，勇于纠正错误；谈站队、谈价值，他认清现状，相信自己，不畏竞争；面对创业者，他认为遍地皆机会，取决于你是否善于发现，是否愿意改变。他要求自己做到极致，喜欢全权在握，事必躬亲；他极度相信自己的直觉，敢于冒险和拼搏。他创立 58 同城已经 14 年，他完整经历了上市、并购、投融资、分拆独立子公司等一家公司走过的全部阶段，是十足的创业企业家。

▲ 58同城 CEO 姚劲波

58同城姚劲波：奋斗在千亿元目标的路上

卢泳志 / 文

　　将行业寒冬看作是企业蓄力、升级契机的58同城CEO姚劲波，是紧跟时代步伐成长起来的企业家代表。过去10余年，姚劲波创办的58同城已成为国内首屈一指的生活信息服务平台。

　　身为湘籍互联网企业家，姚劲波骨子里有着湖南人的"霸蛮"精神：执着、不轻言放弃。这也造就了在过去十几年里，他能够坚持不懈地带领58同城一步步向前：从发不出工资，到纽交所敲钟上市，再到合并激战10年的竞争对手，最终成为市值百亿美元、中国最大生活服务平台的掌门人。

　　近年来，姚劲波明显感到了变革压力，由此，他反复提出要"再造一个58"。在姚劲波的带领下，58同城不断扩大自己的生态圈，形成了房产＋招聘＋生活信息多领域的交易平台，在众多业态中，房产业务成为其最为看重的板块。

商业·对话

　　中国房地产报：大学毕业后，你很快就加入了互联网创业大潮，能否介绍下当时创业的经历？你觉得现在的创业环境和当初相比有怎样的变化？对于创业者，有没有好的意见和建议？

▲ 2006 年 2 月，获得软银赛富 500 万美元第一轮投资

姚劲波：14 年前，中国还没有非常主流的本地生活服务，我当时研究有什么服务在美国流量很大，同时在中国具有较大的发展机会。所以，我们成立 58 同城最核心的，是看到中国生活服务业一定会崛起，将会有大量用户使用生活服务。另外一方面，我 2000 年来到北京，第一次租房就被骗了，当时的中介当着我的面把押金条给撕了。我就在第一家公司内部创业了一个服务项目，用互联网把所有人的房屋租赁和双方需求的信息汇总，这两项信息服务结合就是 58 同城的前身。

我们在 2005 年初先上线了 58 同城的网站，到年底就注册成立公司了。当时我们发现，这种服务还是比较稀缺的，一出来就获得了用户的青睐，并且给我们留言说这个服务非常好。但经济环境的变化，也会对行业产生影响，在 2008 年到 2009 年，金融危机席卷全球，58 同城也不可避免地受到了影响，账面上一度只剩下 50 万元，盈利模式也没有非常清晰，还有 500 多个员工在等着领工资。为了融到资金，我奔波在北京、上海、香港三地，见了 20 多位投资人，投资人都说会跟我保持联系，却再也没有下文。很多人这时劝我另起炉灶。所幸，我们坚持下来了，终于在 2010 年春天等到了来自 DCM 的 1000 万美元融资。同时，竞争对手也在金融危机中批量退场，58 同城熬过了创业期的至暗时刻。

当下经济环境不容乐观，对很多行业和创业者的信心都会产生影响。我觉得在这个时候创业者要保持乐观，即便在绝望中也要看到希望，一个企业或者创业者如果没有经历过一个完整的经济周期，是不完整的。因为他的车只有油门，没有刹车。他经历的所有过程都是估值越来越高、客户越来越多、钱越来越充足，他就不会知道当面对困难情况、产能下降时，应该如何处理，就一定会犯错误。2009 年的金融危机，给 58 同城留下的经验和教训是：你的业务要能形成自有资金链；要储备足够的现金流、尽量不要负债；你要预设好最坏的情况是什么，并认为它一定会发生。另外，创业者一定要清楚创业领域不会因为资本市场的冷淡而冷淡，因为用户始终会关注好产品。

中国房地产报："58 同城，一个神奇的网站。"随着明星杨幂喊出这个口号，58 同城成为大街小巷的一个品牌符号。你认为 58 同城是依靠什么脱颖而出的？有哪些策略和"绝招"？

姚劲波：一直以来，58 同城始终将"用户第一"放在首位，用户需要互联网生活服务，我们就致力于把这个服务做好。我们聚焦于把一件事情做好，同时持续创新，因为 58 同城是跨品类、跨地域的，基本上所有的服务和创新都有广阔的空间。我们每天都在思考能不能通过创新和努力，做一些全世界还没有其他公司其他人做过的事情，来真正消弭市场、客户和用户的质疑，我想这就是 58 同城能够在各个品类都脱颖而出的底层逻辑吧。

我们深知生活服务平台模式不像商品的标准化，所以，58 同城致力于将平台服务做到比同行业标准更高，让用户的抱怨更少，让整个服务行业的现状变得更好、更有序。鉴于此，我们选择将注意力专注在下功夫把业务做深，把优势做出来，每年把一个行业做透。

中国房地产报：作为互联网创业公司，58 同城跟腾讯、阿里、百度、

▲ 2013 年 10 月 31 日，58 同城正式于纽交所挂牌上市，成为第一家生活服务领域的上市企业

美团都不太一样。在 58 同城成长的过程中，给你留下最深刻的回忆和感受是什么？遭遇过哪些挫折？

姚劲波：最大的挫折就是刚才在创业故事中提到的，在 2008 年到 2009 年，金融危机席卷全球，58 同城也受到了影响，账面上只剩下 50 万元，还有 500 多个员工在等着领工资。为了融到资金，我奔波在北京、上海、香港三地，见了 20 多位投资人，投资人都说会跟我保持联系，却再也没有下文，这个事情对我的打击比较大，但是所幸，我们坚持了下来。那次的危机，给我最深刻的感受和经验教训就是：你的业务要能形成自有资金链；要储备足够的现金流、尽量不要负债；你要预设好最坏的情况是什么，并认为它一定会发生。

中国房地产报：在发展的过程中，58 同城经历了上市以及与安居客、赶集网的合并。在你看来，这两件事对于 58 同城的发展各自有怎样的影响？

797

姚劲波：上市对 58 同城的资金、品牌和用户认可等方面都有帮助。在公司上市后，我接受采访的时候就讲过，很多人认为上市是及格，得了 60 分，但是我认为，上市只是 100 分走到了 10 分而已。第二件事，在合并之后，58 同城、安居客、赶集网构建了 3 网协同，形成了巨大的人口优势，协同效应带来了行业影响力。

中国房地产报：作为一家规模迅速增长的公司，你对企业未来的发展前景怎么看？下一步 58 同城有没有大的战略决策和改变？

姚劲波：大数据时代到来的今天，58 同城作为中国领先的生活服务平台，将会融合招聘、房产、汽车及本地服务事业群的发展，在生活领域市场中，通过大数据和共享经济协同彰显品牌核心价值，为用户提供更优质的生活品质，而互联网＋服务行业将成为主流商业模式。随着经济全球化深入发展，世界进入品牌经济时代。

我们也看到世界还在变，今天国内跟国外已经在一个起跑线上了，既有中国学习西方，也有西方学习中国。再往下的话，我觉得如果能够更好地利用人工智能、大数据、新型独创的商业模式，中国企业完全可以超过欧美企业，至少在我们所在的这个领域我是非常自信的，下一个 10 年我们一定是国际同行里面的领先企业。我们也要通过不断加强品牌建设，激发企业创新创造活力，引领消费需求，发挥需求对经济增长的拉动作用，打造国际竞争力。

中国房地产报：在过去的十几年中，你认为这个行业发生了哪些变化？58 同城及其竞争对手都发生了哪些改变？怎样看待行业内的竞争？

姚劲波：中国在今天这个时间段，互联网、人工智能等科技和资本市场的发展，都会给服务业插上新的翅膀，现在的服务业是品牌化、智能化、连锁化，跟资本结合的。服务业与人工智能的结合爆发出很大的生机来，无论对 58 同城还是竞争对手来说，都既是机遇，又是挑战。

中国房地产报：现在很多互联网行业都在大谈 AI 技术，在你看来，国内 AI 发展到了哪个阶段？AI 给 58 同城带来了哪些改变？对行业带来了哪些改变？

姚劲波：人工智能已成为产业升级和经济转型的主要驱动力，服务业正借助人工智能技术，给用户带来更好的服务，帮助企业平台变得更加"智慧化"。我们也在不断思考如何运用人工智能，实现更好的连接和更高效的匹配。希望 AI 能够成为 5 ~ 10 年以后，58 同城立足科技行业，抢占制高点的优势。AI 将助力 58 同城技术部门对各个事业群、对所有客户、对整个社会提供云服务，像自助客服、在线面试、在线答题等。

中国房地产报：如今市场、企业以及用户都在不断发生变化，对于 58 同城这样的行业巨头，你用什么样的机制和方式去保持创新？

姚劲波：58 同城一直是非常勇于创新、勇于探索、勇于拥抱新技术的公司。比如在组织建设方面，我提出要求，组织部 100 个人，每年下来平均年龄不变。这表示组织部成员要更加年轻化。我们要破格提拔一些有能力、价值观正的干部。要提拔有理想的年轻人，让这些人去驱动创新。

中国房地产报：作为一个优秀的创业者和 CEO，你会从哪些方面去提高自己？平时有哪些兴趣爱好？工作强度这么大，有什么缓解压力的方式吗？

姚劲波：我做了很多正确的事，也走了很多的弯路。但创业就是这样，只要最终走到了对的路上，就没有大的失误。2016 年我报名去湖畔大学学习，读书是可以学到东西的，我可以系统地了解阿里的发展过程、文

▲ 2017年9月28日，58集团党委成立

化以及一些思考问题的方法，湖畔大学里其他创业者身上也都有可以学习的地方。我可以向任何人学习，不论是阿里，还是小创业公司，这是我的人生哲学。

没什么爱好，周末陪陪孩子。我很少会感到焦虑，包括58同城和赶集打得最凶的时候，我每天都至少睡够8小时。

中国房地产报：有没有畅想过10年后会做什么？10年后的58同城会变成什么样？现阶段，你的目标是什么？

姚劲波：我希望58同城能够保持持续的增长，目标希望营收能够达到1000亿元，我也比较有信心能够达到这个目标。其实，只要路径是对的，只要我们坚持在为用户研发更易用、便利的产品，只要我们的组织在不断地演进，每个人都能够坚信愿景，通过一点一滴的努力，1000亿元的目标是否在朝夕能达到，没有那么重要。我们所在的生活服务领域，只要能确保在招聘、房产、二手车、本地生活等业务板块成为垂直行业最大的平台，再加上技术不断演进，为客户提供的服务不断深入，行业自然而然就会把我们推到领先的位置。我们还要再做一层，就是争取服务尽可能多的用户，当用户有抱怨的时候就去解决，去提供让用户愿意使用、传播的产品，让对手没有机会超过我们。这两年我更清晰地意识到一点，时间是我们的朋友。如果我们坚信自己所做的事情对用户有帮助，坚信我们在各自的细分领域都能数一数二，坚信我们有更大的发展空间，那就把一切交给时间，时间会把我们带到想去的地方。

关于58同城的未来，我有几点期望：第一，希望我们未来能够服务1000万个企业，真正深度地去了解他们的生意，在某个细分领域为企业提供互联网智能时代需要的各种组件，能够赋能他们，帮助他们更好地应对互联网、移动互联网、智能化带来的各种挑战。第二，希望我们的服务和产品对用户来讲可信、好用。这两点跟前面也是互相呼应的，当我们真正服务了1000万个企业，也更有能力为用户实现可信好用的服务和产品。第三，我希望我们能够更好地利用各种智能化创新，不断去推演各种边界。第四，希望每个人能够获得成长。

写在前面

他被誉为"中国房地产界的幕后推手""城市策划第一人"和"中国顾问咨询业的拓荒者"。

他所创办的王志纲工作室，25 年来深度介入中国市场化和城市化进程，为上千家企业、上百个城市进行战略策划。从碧桂园、星河湾的地产策划，到成都、西安、北京、丽江、烟台等城市区域规划的战略推动，他始终站在中国变革发展的风口浪尖。

同时，他笔走龙蛇，纵横捭阖。根据其自身的探索和实践出版的《大盘时代》《城市中国》《找魂》等专著，早已成为地产企业的必读书和国内许多城市决策者案头的教科书。

如今，国外也将王志纲工作室视为中国本土最有潜力的咨询顾问机构之一，而他的思考范围仍在不断突破、与时俱进。当下，他最关注的话题是关于中国发展。"未来 5~10 年，中国将经历一次至关重要的周期。"他说，"相信中华民族的伟大复兴将在我们这代人的手里完成，历史将会在我们面前爆炸。"

▲ 中国著名战略咨询专家、智纲智库创始人王志纲

丙方王志纲与他的"第三种生存"

李叶 / 文

时代的变迁幻化出无数种可能性，各种财富神话如烟雾般升腾的背后，有些人迷失了，有些人还在走。

王志纲属于后者。

下海之初，他一直在寻找一个既不依附于权贵，也不向金钱谄媚的"第三种生存"方法，凭借自己的智力和超强的把控能力，这种生存之道也终于被他实现。其创办的智纲智库（王志纲工作室）成立 25 年来，深度介入中国市场化和城市化进程，为上千家企业、上百个城市进行战略策划，也让市场经济承认了知识分子的价值。

作为当下中国顶端部位的战略策划师，从社科院到新华社，从碧桂园、星河湾的地产策划开创者，到成都、西安、北京、丽江、烟台等城市区域规划的战略推动者，他始终走在中国变革发展的潮涌之巅。

同时，他笔走龙蛇，纵横捭阖。根据其自身的探索和实践出版的《大盘时代》《城市中国》《找魂》等作品，早已成为地产企业的必读书和国内许多城市决策者案头的教科书。

成就必然带来相应的收益，对于财富，他却表现出一种超然的豁达，"把事情做好，金钱只是顺带的结果"。

9 月下旬，中国房地产报记者一行来到位于青年路星河湾朗园内的智纲智库北京分部，见到了这位内心豁达的财富推手。

此行虽说是采访，倒更像是一次茶话会。无须提纲和准备，坐落间，王志纲直接开启了话茬，一派轻松自在、挥洒自如，听他讲话的人却很难不被他话语间的感染力和说服力所吸引，以至于回过神来已经过去了 3 小时之久。

他善用深入浅出的方法把一件深奥的事解释得通俗易懂又不乏趣味性，谈话中时不时抛出一两个绝妙的比喻，引得人拍手称绝。

不过，最令人叹服的部分是他对大势的分析研判，对事物的独到见解和对自己过往经历的回顾。

透过他的讲述，一幅中国社会经济进程的"清明上河图"在我们眼前徐徐展开。

重整河山

对于改革开放前后的历史巨变，王志纲记忆犹新。

1955 年，王志纲出生在贵州省黔西县的一个书香人家，父亲在一所中学任职校长，属于当时县城里的第一知识分子，因而备受当地人尊敬。如果按照故事原本的发展，王志纲的童年和少年时代应该是安稳和平顺的，没承想，一夜之间，"文化大革命"来了，原先受人尊敬的父亲一下子就被打成了"牛鬼蛇神"，书香门第也成了"臭老九"。

这场浩劫愈演愈烈，以至于生产停滞、文艺凋零，就连学校也几乎停课，这样的经历对于年少的他来说犹如从天堂跌入地狱。然而，父亲在这番动荡岁月却依旧保持知识分子的风骨，"即使这样他也没有选择趋炎附势，反而仍是乐观的，对于知识仍是憧憬的。"回忆起父亲，王志纲说。

在王志纲十二三岁时，他的父亲由学校校长变成了给学校敲钟的钟匠，他的两个哥哥一个从事石匠的工作，一个做起了木匠。他的第一份工作则与建设有关，成了房屋的泥瓦匠。黑暗的生活里，父亲没有放弃希望，甚至开玩笑地感叹，"唉！我这一辈子育人无数，桃李满天下，到了我们家一门四匠。"

父亲的生活态度对于王志纲性格的形成起到了关键的作用。面对苦难的生活，有人会在黑暗中寻找光明；有人则会麻痹自己，甘当时代洪流中随波逐流的庸人。庆幸的是，王志纲成为前者。

十五六岁的他，已经非常关心政治，"在贵州大山深处闭塞的小县城中，成天竖着耳朵关注北京的新闻，因为政治和我们的命运太关联了"。终于有一天，一个在北京体育学院读书的老兄回来了，他从北京带回消息，"邓小平复出"。

1977 年，中共十一大宣布"文革"结束，中断了 10 年的中国高考制度得以恢复，光明照进了黑暗。

1978 年，党的十一届三中全会召开，揭开了中国改革开放的序幕，实现了新中国成立以来党的历史上具有深远意义的伟大转折。

横空出世

也在这一年，王志纲参加了高考。

"考大学时我就认为我是个当记者的好苗子，梦想能成为中国的李普曼。"所以在填报志愿时，北京大学新闻系成了他的首选专业。不过，虽然考分极高，但命运把他安排到了兰州大学的政治经济学系。求学的 4 年里，王志纲的心态由开始的抵触到接受，再到后来产生强烈的兴趣并从这门学科里找到了日后使他受益无穷的"秘密武器"——方法论，一种观察问题、分析问题的方法和能力。

毕业后，他直接进入甘肃省社会科学院工作。此时，正值中国社会科学界讨论中共中央总书记胡耀邦提出的一个课题：传统经济体制的理论基础究竟是什么？初出茅庐的王志纲勇敢地加入了这场关于改革大局的讨论。在《光明日报》用长期被"名人"和"权威"占用的版面，他这个无名小辈一篇论文《僵化经济模式的理论基础》得以刊发，并引起了学术界的关注。

这篇文章也成为王志纲命运的一个拐点：求贤若渴的新华社内蒙古分社社长张选国亲赴兰州邀请他加盟新华社。

1985 年 10 月，王志纲应邀来到呼和浩特，开启了他的记者生涯。

在新华社的日子里，王志纲的能量也引起了众人的注意。1986 年 8 月 25 日，《人民日报》在头版头条位置发表了王志纲题为《对外开放 8 年勇敢迎接挑战 广州经受 3 次冲击更有生气》的长篇报道并配发了评论员文章。

该文章一经发布，迅速在全国各阶层产生了一股强大的冲击波，国内外 30 多家报刊立即做了转载。凭着此文，已届而立之年的王志纲夺得了 1986 年新华社一等好稿奖。同年，新华社领导发话："好马，就要放到更广阔的天地里去驰骋。"他从偏远的内蒙古直飞中国改革开放的前沿阵地——广州。

到广州的第二年，他又取得了大面积丰收：《豆腐启示录》《放眼向洋看世界》两篇大通讯被评为新华社一等好稿，10 篇三等好稿，成了广东分社的"好稿专业户"。次年，他写下《中国走势探访录》，以惊人胆识向中央进言：治理改革环境，整顿改革秩序。这篇文章受到中央决策层的高度重视，被邀请进中南海专题汇报。这是王志纲的荣耀，也是新华社的荣耀。拥有这种荣耀的记者凤毛麟角，就是新华社历史上也屈指可数。

"这种轰动效应在新华社的历史上是史无前例的。"一位新闻界元老说起王志纲时不禁感叹道。

1988 年，横空出世的王志纲为中国新闻界赢得了足够的光荣与骄傲，这一年他刚刚 33 岁。

纪实电视片新潮流领导者

王尔德曾说过：节制是不幸的，适量就像顿普通的饭菜那么糟糕，过度才像一席盛宴那么尽兴。

王志纲做新闻的态度可以完美地对这句话做出诠释，一篇篇反映时代方向又针砭时弊的稿件连番轰炸，读下来又令人酣畅淋漓、欲罢不能。

当人们正对王志纲的现有的成就津津乐道的时候，他又一反常规，推出了独树一帜的对话新闻。

1990 年底，他与上海分社记者陈毛弟一番针锋相对的唇枪舌剑，成了一篇轰动全国的《广东与浦东的对话》，并在随后召开的全国人大代表会上掀起了不小的波澜。

不久，南方一家颇有影响的报纸又推出了王志纲的另一篇对话《珠江三角洲启示录》，人们争相阅读，报纸连续加印两次都被一抢而空。中央组织部致电广东省，索要几十份载有王志纲"对话"的报纸，以备"学习研究"。

这种文体很快被其他新闻从业者竞相模仿，他写而优则导演，开辟了新的领域。

1992 年春天，广东电视台决定拍一部反映珠江三角洲改革开放成就的专题片，一个涉及核心的问题却横亘在他们面前。这种时事经济的专题，台里的人很难把握好方向。想来想去，他们找到了对广东经济走势极具发言权的王志纲。

为了防止走入"主题先行"的误区，王志纲带领摄制组进入珠江三角洲采访时，不写脚本，不选场景，不搞彩排，而是采用现场抓拍、同期录音，一切都按生活实景进行。这种随机采访的工作方式，使得传统中那种靠背台词的主持人无法胜任，他便自己操着一口"贵州普通话"披挂上阵，当起了电视台主持人。

经过几个月马不停蹄的奔波，剧组拍下了几十盒"原汁原味"的素材，后从中剪辑出长达 8 集的片子，一部具有浓重的"写实主义"色彩的纪实片《大潮涌珠江》就此诞生了。

随着包括中央电视台在内的全国 20 多家电视台先后播出，连一些港澳电视台也纷纷前来洽谈购买该片的播放权。同年，《大潮涌珠江》获得了中国改革开放电视片一等奖，全国改革好新闻一等奖。

当《大潮涌珠江》在中央台热播之际，王志纲正奉新华社之命在山东做社会调查，热情的山东人恳请他为山东拍一部片子。这次，王志纲尝试用电视摄像机搞社会调查，对山东这块中国北方新崛起的经济高地进行一番开掘。3个月后，一部名为《北方的躁动》专题片出来了，中央台两次播出，《人民日报》破例刊登了该片的解说词。王志纲又一次名震电视界，《北方的躁动》获得中国电视长纪录片二等奖。

这些纪录片让王志纲成为中国纪实电视片新潮流的领导者，以至后来的《东方时空》《焦点访谈》都明显地承袭了王志纲的纪实风格。

潮水的方向

1992年，邓小平发表南方谈话，受讲话的鼓舞，许多有识之士纷纷下海，这一年里诞生了许多后来被人们熟知的企业和企业家。

此时的下海潮并没有影响到王志纲，他向往的仍是做中国的李普曼，"我当时在广东，被称作记者王，外面的人来了都要先找我帮他们牵线安排下海，但我一直把新闻当作事业，而不是职业。我跟大部分人不同的地方在于我不是要金钱和官衔，我是要充分地燃烧和释放自我。"

即便现在，他也仍真切地认为活出价值才是中国知识分子里面最高的追求和境界。

然而随着舆论口径的逐渐收紧，当内参也要讲主旋律的时候，新闻于王志纲而言，成了一种事业，而不再是职业。1994年，王志纲决定下海，为了生存，他策划和撰稿了纪录片《老板你好嘢》，另外的人拉了10个老板的赞助。他和参与制作的工作人员仅用了3个晚上就把片子录完了，该片在广东电视台播出后，当下就创造了开台以来最高的收视纪录。

王志纲也在这部纪录片里宣布自己已经离开了新华社。他给自己定位了三句话：自由撰稿人，独立制片人，市场策划人。并把这三个关键词印到名片上，花都的一个老板在接到这张名片时笑道，"又要挣钱，还要自由和独立，天底下哪有这样的好事？"

而王志纲通过此后的种种案例，证明了这样的好事，还真就被他做到了。

在王志纲工作室成立之初，顺德的一个包工头正在发愁。

1993年之前的杨国强，一直在"包工头"事业路上顺风顺水。不过在当年却遭遇了巨大的危机。银根突然收紧，宏观调控加强，耀眼的"经济泡沫"在阳光下开始破灭。而此时，杨国强的建筑公司为原开发商垫资建造了近4000套别墅，因后续资金缺乏，成为当时南方最大的烂尾楼。当杨国强向开发商索要工程所垫费用时，开发商却让杨国强销售已经盖好的别墅，以销售收入核销建筑成本。杨国强"无辜"地从造房者变成了卖房者。谁都没想到的是，这段干活干成老板的奇葩经历，成为杨国强地产传奇之路的起点。

于是这位包工头找到王志纲，起初他只是想请这位"记者王"给自己写一篇"大文章"，帮助自己卖房。

后来的事，大家就都知道了。

由王志纲一手策划的碧桂园项目销售一骑绝尘在当时造成了极大的轰动，彼时的包工头杨国强和策划人王志纲实现了双赢。"从碧桂园的凤凰Logo，到Slogan'给你一个五星级的家'，再到生活理念的打造、整合营销的设计，都是我一手操盘的。以至于过去了这么多年，再看，碧桂园还在沿用这些东西，就这样，他进驻的三四线城市的本地房开依然打不过他。"

碧桂园策划的成功，也打响了王志纲工作室的名气。

形形色色的房企邀约纷至沓来。

王志纲的理想也从"成为中国的李普曼"变成"打造中国最好的战略智库"。

翻开王志纲工作室合作过的房企名录，我们会看见许多熟悉的名字：星河湾、龙湖地产、合生创展、珠江地产、奥林匹克花园、宋城集团、万达集团……

这些成功案例让王志纲获得了房地产开发商"幕后推手"的赞誉，他却绝不认为自己是一个房地产策划人。"如果把王志纲还当作是一个房地产开发商策划人，那么只能说明他对我王某人并不了解。"

找魂

"受制于人，灵魂是跪着的。欲制于人，灵魂是坐着的。有独立人格的人，灵魂是站着的。"这是王志纲的感悟。

如何让"灵魂"站着，王志纲经过25年的摸索给工作室蹚出了一条路。

对于这个"魂"字，他也有自己的执念。在王志纲看来，不论是个人、企业、城市乃至国家的发展都离不开"魂"，有了"魂"，在充满变革和机遇的社会转型期，才能找到正确的方向，成为市场竞争中的强者。而王志纲和他的工作室就是负责"找魂"的。

多年来，王志纲在房地产行业"指点江山"，却从不踏进"江山"，恪守"战略策划"的角色。淡出地产后，他更是涉足城市、园区、文旅、健康等多个领域，从商业策划到打造民间智库，从影响江湖到推动庙堂，王志纲践行了下海时的初心，寻找官、商之外的第三种生存，给知识以尊严。

除了为企业找魂外，工作室更向区域战略规划进军，昆明世博会、丽江新城、天津滨海新区、河北廊坊、西安曲江新区、成都、广佛、重庆三峡、广西北海、乌昌一体化……众多城市的策划都出自智纲智库。

"他是商人师，赚策划钱，谋地产略；他是生活家，识高球经，助城市秀。他叠加了民间思想家和商业策划的双重身份，很少有商人具备他的政策性通盘思维，也少有城市首脑具备他对全国区域市场的体验认知。在城市运营、城市品牌、房地产开发、区域经济竞争等诸多层面，他是指点江山人。"这是《新周刊》10多年前对王志纲的评语。

10年前，西双版纳一个小企业的老板找到王志纲，想让智纲智库帮他的企业策划一个文旅项目。言谈间，这位老板提出一个疑问，"国外旅游发展起来之后，西双版纳的客源都跑到泰国去了，在西双版纳做项目是不是没有发展了？"在他的视野里，西双版纳已经失去了活力，他已经准备进军昆明或者北上广了。

王志纲否定了这个说法："以你现在的几千万身家，不用说北上广，单单昆明就能把你淹死，还掀不起一点水花，相反西双版纳才是大有可为，只欠缺一个魂，一个抓手。"

结果，经过一番深层次的整合和挖掘后，工作室让这个项目彻底颠覆了城市管理的规律，回归了少数民族原生态的风貌，开启了"家家摆摊、夜夜过年"的沉浸体验模式，"北上广深的游客哪见过这种阵势，都很兴奋"。最终，这个项目不但做起来了，还运营得很好，通过项目的成熟发展甚至带动了西双版纳的经济。"一下子把西双版纳从云南吊车尾，变成明日之星。这个老板也从一个小镇青年实现了事业的腾飞。"

近日这位老板感慨地说："王志纲老师当初给我的那句话——金三角枢纽、湄公河明珠，真是价值连城，不仅很多人从中受益，更让一片区域得到了新生。"

同样在当地经营着文旅项目的还有华侨城和万达，因为水土不服，"完全玩不动"。

王志纲解释，这就是"找魂"的作用。

"克隆、复制的模具式文旅项目是没有灵魂的，不符合人性，自然也不会带来好的结果。"他同时表示，靠着时代的风口站上了财富的巅峰地产商，面临转型和多元化业务时往往是失败得多。

当下，王志纲和他的工作室又有了新的方向，"找魂"的层面也从区域战略上升到国家战略。

牡丹江的中俄合作项目、乌（鲁木齐）昌（吉）一体化、北海的北部湾战略、云南的大湄公河流域战略、中国走进非洲建立海外经济特区，这些国家层面的发展战略制定过程中，王志纲和他的员工们也扮演了重要角色。

智纲智库也在这个过程走出国门，毛里求斯天利经济贸易合作区、斯里兰卡港口城、老挝万象新天地、磨憨磨丁经济特区……"一带一路"倡议的大势下，智库已经悄然入场。

光荣与梦想

从 1 到 10000 易，从 0 到 1 难。

在王志纲的创业生涯里，却实现了无数的从 0 到 1。"中国顾问咨询业的拓荒者""中国房地产界的幕后推手"和"城市策划第一人"是业界对他的赞誉。

到目前为止，王志纲工作室已完成上千个成功案例。"一年两年成功算是运气，三年五年还成功那是能力，十年二十年还成功那就是传奇喽！"做智库让他找到了不依附于官也不依附于商的"第三种生存"法。

站在时代潮涌之巅，冲浪 25 年，王志纲见过太多的前台与幕后、江湖与庙堂、偶然与必然、现象与本质，使得他有着常人难以企及的经历与阅历，对于时代有了深刻而独特的认识。去年是改革开放 40 周年，在喜马拉雅 FM 上，王志纲开了一个口述改革开放 40 年的专辑，无数企业大佬纷纷订阅。嬉笑怒骂，豪气洒脱的讲述方式，让这些生动的改革故事跃然眼前，一位企业家在听完其中某一章节后描述说"笑到打滚"。

除了音频外，王志纲还在财经自媒体大号正和岛上开设专栏，《邓公的遗产》等一系列稿件瞬间刷屏，点击量破千万，被称为纪念改革开放的压卷之作。今年他又开始讲述"一方水土一方人"的故事，集诙谐和恢宏于一体，挥笔间写就一幅关于吾土与吾民的"清明上河图"，《日鼓鼓的贵州》《上帝为什么钟爱浙江》《什么是河南》《百年风流 霸蛮湖湘》等一经发布，篇篇轻松突破 50 万阅读的行列。近日发布的《山东究竟错过了什么》，更是引发齐鲁大地一片探讨之声，成为现象级热文。

回首王志纲的经历，今年 64 岁的他，既是这个波澜壮阔时代的受益者，也是观察者、思考者，甚至是推动者。对他而言，这些故事不过是从肚子的存货里往外掏点罢了。他认为真正值得自豪的光荣是，让市场承认了知识的价值，到今天的中国至少有上百万人从事着策划的行业。由他一个人到一群人，再到一个时代，这群人开始了用自己的知识书写新时代。

王志纲金句摘要：

企业之间互为龟兔

太史公在《史记》里就曾说过："天下熙熙，皆为利来；天下攘攘，皆为利往。"商人逐利是天性，在他们的脑袋里，商业就是一场龟兔赛跑游戏，大家都想做聪明的兔子，不愿意当愚笨的乌龟。但说到底无非是互为龟兔。农业和工业相比，农业是乌龟，工业是兔子；工业与大众服务业相比，工业就成了乌龟，服务业成了兔子；服务业与房地产业相比，服务业是乌龟，房地产是兔子；在房地产之上是什么呢？是金融。比较之下，房地产业是乌龟，金融是兔子。

亏钱的买卖没人做，掉头的生意有人做，在这样的大背景下，出现那些无知者无畏的金控集团很正常，因为他们的脑袋里只有龟和兔，不当兔子就只能当乌龟，所以他们蹬着四条兔子腿使劲跑，成了中国跑得最快的人，跑到了产业链最高端，甚至成为地产企业的金主。殊不知，中国还有一句老话，叫作守株待兔。撞死的兔子，永远是跑得最快那只，这就是聪明人的悲剧。

高周转的四腿乌龟

在房企老板中，孙宏斌是跑得最快的兔子。即使房地产企业与金融相比较已经是乌龟，孙个人的胆识、气魄决定了他即使当乌龟，也要做一只有四只兔子腿的乌龟。保守估计，孙宏斌在这3年间拿地花了近2000亿元，就像我们花2000块钱一样轻松。但其实融创的高周转，就是乌龟必须要达到兔子的速度。看起来一骑绝尘，其实挺累的。

谈九二派

"九二派"这个说法源自一种掩饰。体制里面的精英，即使选择下海了，但骨子里却看不起商人，权衡再三，想到了炒作出一个概念来证明与众不同。尤其是所谓的六君子，更是让我啼笑皆非。当时的房地产，尚属于"政策密集型"的管制行业，腾挪于其中，既能有所斩获，又可以巧妙地避免了在纯市场化的行业里厮杀。用泰康人寿创始人陈东升自己总结的："用计划经济的余威，抢占市场经济的滩头。"本质就是如此，披了一件羽衣罢了。

谈地产圈

宋卫平和黄文仔有异曲同工的地方，他们虽然没有跳出地产的航道，但他们把这个行业做到极致了。在产品美学的层面上，他们是值得称道的。不过再往下走，他们也遇到了很大的困惑和挑战，社会变了，风向变了，消费者也变了，只会盖房子的人都将落伍，未来地产这个行道都会发生深刻的变化，小国八百、诸侯三千会走向春秋五霸、战国七雄，单纯住宅开发将会越来越少，如何继续走下去，实现升级换代是所有地产从业者都要考虑的问题。

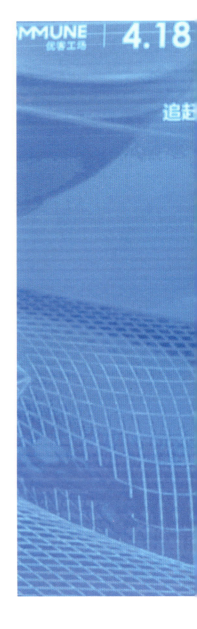

写在前面

他是马拉松爱好者。已跑完 100 场、跨越 7 大洲、17 个国家和地区的马拉松赛道。

他是文青作者。个人著书《永不可及的美好》《无处安放的童年》，译作《鞋狗》《为谁留的空椅子》，以及《凿开公司间的栅栏：共享时代的联合办公》《城市人居生活质量评价体系研究》等。

他是地产圈的 KOL。爱思考喜折腾，直言又健谈。最具代表性的事件，5 年前的那场关于看空北京楼市的著名内部讲话，最终被媒体热炒为万科高层间接回应的舆论公关事件。

他设计师出身，先后履职地产知名公司凯德与万科；到如今，创办了享誉国内的知名众创空间品牌——优客工场。

他永不满足，永远在路上。

▲ 优客工场创始人兼董事长毛大庆

毛大庆的新观念：创新并非发明

陈淑亚 / 文

"愚公移山，矢志不渝；道阻且长，行将必至。"跑完自己的第 100 场马拉松终点，毛大庆发了一则非常简短的朋友圈。这场从他 44 岁开始的承诺，横跨了 6 个年头，4219.5 公里，从国内 59 座城市 67 场，到海外跨越 7 大洲 17 个国家及地区 31 座城市 33 场。

人需要挑战一下自己不敢触碰的东西。

在个人兴趣爱好之外，另一个创业的马拉松赛道于 5 年前开启。2015 年，他毅然宣布离开万科集团，褪去明星职业经理人光环，开启从零开始的创业马拉松之旅。创业已经走过 4 年时光，毛大庆打造出了中国联合办公首个独角兽企业——优客工场。

"由空间服务到企业服务、平台服务的渠道入口。联合办公未来在私人办公、社区电商和数字营销等业务方面，核心在于发挥人、数量、流量的作用，从而做好'空间价差 + 服务价差 + 流量价差'的平台效应，从最开始的空间内容服务商在逐渐走向用户服务商转变，实现用户价值的二次、三次的变现。"

这与毛大庆过往的地产从业经验相通又不同。之前在做土地溢价时，比拼的是怎么能拿到更便宜的土地，或者更便宜的钱，即做土地溢价和金融溢价。然而，在当下做服务和轻资产类的地产内容创新的时候，更需要比拼的是房子价差、服务、流量、金融等。"这是以房子为生产资料，通过运营进行深度绑定和结合，最终通过用户创造更高更多的市场价值。"

"因为做了优客工场这个事情，感觉人生特别开阔。"在毛大庆看来，因此更加敬重那些所谓成功或者失败的企业家，以及更理解了企业家精神的不易与担当。"如果不是无数企业家的呕心沥血与孜孜以求，社会的进步则是无从谈起。"至于个人的得失与成败，不正是"定义自我时间的过程"吗？

离开万科这 5 年

一切似乎源于当时的那场对话，时过境迁再回首往事时。

"当时我和郁总在新加坡看 F1 赛事，铺天盖地的新闻，到处都是马云被刷屏的消息。"2014 年 9 月 9 日，阿里巴巴在美国纽交所敲钟上市，当天总市值达到 2314 亿美元，位列当时中国上市企业排名第三位，仅屈居"两桶油"市值之后，一举超越早他 30 年创业的万科总市值。

一个晚到了 30 年的企业刚一上市市值就超过了万科？这让时任万科副总裁、北京万科总经理的毛大庆非常诧异。"什么东西会比较具有颠覆性？只要你能制造出一个，把别人能弄来的东西，你就有机会颠覆。人是唯一的价值点。"当时，还是万科集团总裁的郁亮与毛大庆交流后得出了这样的结论。

第二年，毛大庆宣称离职万科。尊崇内心的选择，他向业内发出了"时代召唤、个人追求、生命完善"的个人宣言，扎根于办公空间的"弄人"道路上，一晃 5 年已过。

联合办公领域是一条没有任何前鉴的商业路径。打磨产品的时候，针对的是一座座空置闲置的陈旧楼宇和厂房如何改造，一群充满激情却犹疑的创业青年如何能够得到帮助，以及如何连接一家家创意迸发却资源匮乏的创新企业。

"之前在做土地溢价的时候，比拼的是怎么能拿到更便宜的土地，或

▲ 优客工场

者更便宜的钱，即做的是土地溢价和金融溢价。"然而，在当下做服务和轻资产类地产空间内容创新时，"更需要比拼的是房子价差、服务、流量、金融等资源，在以房子为生产资料的情况下，通过运营进行深度绑定和结合，最终通过用户创造更高更多市场价值"。

这对于过往 20 年的设计师＋地产人出身的毛大庆来说，又何尝不是他工作中的另一场更为艰难的马拉松。2013 年 5 月，在还不太了解马拉松的情况下，毛大庆在布拉格完成了自己的第一次全马，5 小时 10 分钟。回到酒店，他坐在浴缸里放声大哭了一场，"觉得人生还能如此美好，完全推开了一扇新的窗户"。

"大家发朋友圈展现的都是极为积极与正面的形象，跑完马拉松后谁苦谁知道。"创业 4 年，毛大庆的优客工场如今所展现在"朋友圈"的形象，已经跑赢了国内联合办公领域行业体量第一的成绩。

截至目前，优客工场已经在全球开设了约 200 个办公空间，如北京、上海、深圳、西安、杭州、中国香港、新加坡、纽约等城市，总管理面积超过 60 万平方米。聚集了数十万创新人群、上万家创新企业，搭建了一个赋能、链接、共享的办公服务平台。

"至于 GMV（成交总额）、日活、月活"，当年阿里巴巴那一套"弄人"术语，对于地产出身的毛大庆来说如今似乎也早已不在话下。

"核心在于发挥人、数量、流量的作用，从而做好'空间价差＋服务价差＋流量价差'的平台效应，从最开始的空间内容服务商逐渐向用户服务商转变，实现用户价值的二次、三次的变现。"提到优客工场的共享经济模型、未来盈利的可能性时，如今的毛大庆已全然是一副科技互联网人的话语体系。

名望"双刃剑"

因创业见识了太多牛人，尤其是那些能够洞穿未来的创新者与企业家，这些都让他极为珍视和欢喜，目前优客工场获得诸多投资机构的青睐。投资方阵容包括红杉资本中国基金、真格基金、创新工场等领先的投资机构。"对于企业家和企业家精神，有了更进一步的理解。"在接受采访时，毛大庆表示，"不能说验证成功，全世界也没有共识。只能说方向并没有错误。"

国内 4 年联合办公运作时间（国际上大概需要 8 年左右），还不足以评判一个创新事物的成功与否，"它犹如一个刚刚起步的幼儿。"毛大庆说出这番话的背景是：2014—2015 年，国内联合办公空间（含孵化器）的数量从 50 家发展到 2300 家，翻了 46 倍；最疯狂的 2016 年，数字超过了 4200 家。然而，近两年行业迅速降温洗牌。公开数据显示，2018 年至2019 年 3 月，联合办公品牌减少约 40 个，发展缓慢、濒临破产倒闭状态的联合办公空间品牌占比达 28.1%。

就连国际联合办公巨头 WeWork 也是在争议声中上市，国内联合办公行业似乎也正在被定义为"洋气的二房东"标签，而非所谓的"新经济模型"。"目前空间与服务并没有必然的直接联系，只不过是毛大庆这样的明星职业经理人创业，带动了这个行业的发展。"一位专注于产业投资的金融机构负责人对中国房地产报记者表示。

上述职业经理人口中的明星职业经理人背景，源于毛大庆过往优秀的大企业从业经历，以及个人家世背景。

毛大庆父辈们算是著名的知识分子家庭，在"文革"动荡中度过童年，少年时代迎来改革开放，在理想与激情的 20 世纪 80 年代度过了中学与大学时光。在中国迅速走向全球化的 20 世纪 90 年代初期选择了出国，后又作为海归重返北京。当年的毛大庆，作为新加坡凯德置地北京的首席代表，带着 2000 美元的开办经费，从王府井的地下室宿舍、13 平方米的办公室开始起步，一直到凯德置地在北京发展至数百亿元资产规模。

盛名之下，毛大庆被王石看上，最终进入北京万科接任北京总经理一职。进入万科的第二年，就把北京万科带到了北京市场第一的位置；6 年后，就把北京万科年营收从 43 亿元拉升到 200 亿元。其间，毛大庆带领北京万科相继开拓了商用地产板块，以及全面启动了产业地产、养老地产、社区商业等创新业务。其在北京万科期间，创建了代表北京万科的"长阳模式"，在万科成立 30 年之际，作为万科转型"城市配套服务商"的标杆之作，助力了万科集团战略的进一步落地。

欲戴王冠，必承其重。"'创新'是对传统已有事物的大幅度改造、改良甚至于颠覆乃至革命，而并非'发明'那么显性。"毛大庆在接受采访时也坦诚，头顶凯德、万科等大公司光环，出来创业这几年他也遭受了各式非议。他说："人是环境的产物，摆脱不了舆论，这很正常。因此，在传统事情上去缔造新价值，这仍是很有意义的创新。"

在毛大庆看来，赶上"双创"的时代大潮，作为一个成熟的职业经理人，与其观望不如体验更有价值，从而去推动社会进步和实现个人价值，而类似以下相关行业问题都值得人去探究。首先，如何发挥存量资产的再利用价值，比如办公服务、空间内容服务等，本来就具有办公等各种形态的房子；其次，什么样的服务能够满足新用户的需求；第三，如何能够利用新技术提供更便捷、更有效的服务？

未来发展与个人成败

"在地产圈干了 23 年，大概开发过有 13 ～ 14 种产品类型，包括房地产基金和金融。创业之初还独缺一块，即内容运营和创造，这更贴近用户的需求。"毛大庆用了一个词语"折腾"偏好，来形容过去自己的创业初心。

与此同时，多年房地产市场从业经历让他练就了对城市、人口、消费变化的深刻洞察与感悟。"城市的发展原来主要依靠以土地财政为主的发展模式，在我创业时期已经阶段性地走向衰退，并且新的消费方式正在增长，我总觉得对于城市的不动产经营和运营、新型的城市消费和消费人群，或者服务和空间服务，以及专业化团队正在出现。"

在最成熟和最有经验的时候能赶上一个创新时代的到来，这让毛大庆觉得优客工场赶上了时代的势能，他忐忑而又欣慰，这也是冒险。

"这个世界就是由探险者推动的，从大航海时期发现新大陆的那些人到如今互联网大潮下，各种艰难摸索的人都是冒险家。"毛大庆说。

"因为做了优客工场这个事情，感觉人生显得特别开阔。"在毛大庆看来，无论是成功还是失败都是值得纪念的，也是非常可爱的"时代弄潮儿"，他也因此更加敬重那些所谓成功或者失败的企业家，以及更理解企业家精神的不易与担当。"如果不是无数企业家呕心沥血与孜孜以求，社会的进步是无从谈起的。"

八千里路云和月

戴士潮（作者系中国房地产报总审读）

题记：

古人云："三十而立。"屈指算来，《中国房地产报》从创立内刊到成长为行业大报，也将近 30 年了。30 年辛勤耕耘，30 年风雨兼程，30 年拼搏进取，30 年推陈出新，30 年心想事成，30 年声名远播。报纸创刊至今所经历的过程，确似那"八千里路云和月"……

忘记过去，就意味着背叛。回望来路、小结过往；再认识、再提高，将有利于再出发。

一、春华秋实 30 载

1988 年 1 月，第一次全国住房制度改革会议召开，标志着中国住房制度的改革正式走上时代的舞台。

随着国家住房制度改革的逐步深化，全国性的房地产开发已经呈现出规模发展之势。

1990 年 5 月，在有 120 多位全国各地房企经理及代表参加的中国房协城市开发委员会召开的年会上，经过提议和讨论，决定开办一张行业报，旨在交流开发建设经验，推动房地产业的发展，同时把房企为国家的城市综合开发所作出的贡献宣传出去。在中房淮南公司经理刘万忠的支持下，创刊牵头人栗文忠带领秘书尹家来等人着手筹办行业内刊《房屋开发报》，每月 1 期，免费邮寄给全国 200 多家房地产公司。并先后在安徽黄山举办了 3 期《房屋开发报》通讯员培训班，使报纸的信息源更加广泛，报纸质量有了提高，受到了业内的好评。

1992 年开春之际，邓小平南方谈话公开发表，中国经济的发展步入了"快车道"，全国涌现出一大批房企，房地产行业开始唱响"春天的故事"。此时此刻，房地产业的高速发展，迫切需要一张"上情下达""下情上传"的"国"字头报纸，为企业发声、为行业代言、为民生呐喊、为国家相关部委制定行业政策建言献策，提供一手资讯。

基于此，中国房地产报的创业者们大胆放弃铁饭碗，放弃优渥的福利待遇，自力更生，白手起家，义无反顾地投身到创办《中国房地产报》的事业之中。

1992 年 9 月，在淮南市委常委、市委宣传部长丁志聪，"新闻三十论"的作者、高级编辑汪家驷同志，以及孙献光等领导同志的谋划、支持下，没要国家一分钱投资，自筹资金、自收自支、自负盈亏的《房地产开发报》正式创刊；经国家新闻出版署批准，在 1993 年 1 月正式出版，公开发行。

1992 年 10 月，在中房协城市开发委王平等同志的支持帮助下，报社第一个记者站——北京记者站宣告成立，时明华同志任站长。同年，北京记者站获北京市各地驻京记者站"好新闻"二等奖。时明华同志夜以继日，全身心投入工作，从 1997 年起先后任副社长、执行总编辑，为报社的基础发展做出了奉献。

1993 年 10 月，报社创刊人栗文忠决定自筹资金，以年租金 6.5 万元的价格租下了北京市崇文门 20 号楼一个建筑面积 700 平方米的地下室；购买了别人淘汰的旧桌椅；报社的工作人员自己租车装车搬运，把采编室、办公室、通联部安顿下来。

报纸正式出版以后，为了扩大发行量，报纸创刊人骑着自行车，4 天跑了北京几十家书店，买来全国各地的邮编工具书和单位名录；用有偿服

中国房地产报创刊 10 周年同仁合影留念

▲ 2003 年报社创刊 10 周年集体合影

▲ 2017 年报社 25 周年合影

务的方式，请了 9 个人写了 10 万个信封；组成了叠报、装报、写地址、糊信封为一条龙的流水线，整整干了 8 天，才把报纸寄往全国各地市县政府的主管领导、主管部门、房企、图书馆等单位，宣传报纸，征订报纸。

　　报纸创刊期间的首批人员，抛家舍业、吃百家饭，一专多能地承担起各项综合工作，可谓：走遍"千山万水"，吃尽"千辛万苦"，说尽"千言万语"。加强与行业主管部门的联系，及时宣传党和国家房地产业方针政策及行业管理的先进经验；组织专题报道宣传房地产业建设成就；帮助企业做宣传策划；树立行业、企业品牌等，踏踏实实地为企业、为行业提供服务，从而为这张报纸的良性发展奠定了基础。在报社创建10周年、25周年活动的照片上都能看到他们的身影。

1994年之后的十多年间，报社又陆续在上海、天津、辽宁、江苏、山东、安徽、江西、湖北、湖南、福建、河南、河北、四川、山西、陕西、甘肃、吉林、广西、云南、海南、重庆、深圳、珠海、大连等省区市分别建立了记者站。尹家来、时昶、陈海岚、赵斌、戴士潮、金妤、黄璐、戴志忠、沈斌、马慧芳、孙军、王一玫、唐军、倪凤友、卜凡中、柳枢、张杰、龚后雨、娄立平、马晓峰、刘明、张蕾、孟瑶、赵春林、翁醉、陈尚年、闫占斌、万小强等同志先后担任过全国各地记者站站长。

时昶同志辞去省重点中学团委书记的职务，进入报社参与创业工作。从创建上海记者站开始，1997年起先后任副总编辑、总编辑，为报社的发展大业付出了青春和年华。

经过多年的奋斗和努力，《房地产开发报》在全国房地产业产生了广泛、积极的影响，为促进房地产业的发展作出了贡献。

1996年5月，在建设部的支持下，经国家新闻出版署批准，《房地产开发报》更名为《中国房地产报》，报社整建制迁京，由国家建设部主管、中国房协主办。建设部副部长叶如棠为《中国房地产报》题写了报名，报社在国家商标局办理了商标注册。《中国房地产报》开始作为行业唯一的专业大报，开启了新的历史征程。

1998年前后，孙秀琴、侯乐芳、闻洪、王正娥、李文秀、王立军、何可信、苏志勇、康为等同志加入了报社二次创业的旅程。

2003年至2009年间，报社因改革而产生了内部人员的矛盾纠纷，继而公开化、白热化。上访、法院起诉、有关部门调查等等，陆续折腾了6年之久。在此期间，人世间最宝贵的友情消失在纷争之中。这期间，创业者们历经了诸多风风雨雨和严峻考验，有辛酸、有无奈、有斗争，也有教训和收获。

2005年，报社开展市场化经营机制试点，引入社会资本参与广告经

▲ 1998 年 5 月信息工作会议

营。单大伟总经理对此作了大量的探索、创新，付出了极大的努力。

2015 年 6 月，通过报社全体职工大会表决，引入经营合伙人机制，成立了"北京中房同创文化传媒股份有限公司"。报社的广告经营形成混合所有制发展模式，以风险共担、利益共享机制，自负盈亏，自主经营，保障融合发展的基本需要，谋求更好的效益和发展。中房同创公司创办、发展经历了一波三折。但是，栗文忠、时昶、时明华、单大伟、肖勇、韩慧文、廖金凤、滕艳琳等同志，还有全国各地事业部的同人，正在积极探索经营合伙制公司的运营之道。目前正广纳人才，实施"百城战略"，探索新的发展之路。

2018 年，肖勇同志加入报社，目前担任副社长、编审委员会常务主任。他带来新的理念与管理，开展了百城发展战略，大湾区长三角行动计划，推动报社朝着全面提升社会效益与经济效益的方向迈进。

近年来，报社"两委会"又充实了孙秀琴、陈海岚、赵斌、何可信、苏志勇、王晓伟进入领导班子；马淑艳、李红梅、樊永锋同志进入编审委

员会，担当编审重任。

"长江后浪推前浪，一代更比一代强"。目前一大批青年、中年骨干在日常工作中发挥了重要作用。苗野、许倩、李燕星、贾俊杰、崔军民、高拯坤、刘洋、王靖华、李臻、熊家乐、阮家建、曾冬梅、高中华、陈标志等同志经过历练，快速成长，正在承担起中坚力量，逐步挑起中国房地产报事业发展的大梁。

《中国房地产报》创刊至今先后已经有 400 多人在此工作、学习、奋斗、成长。

回顾近 30 年来的创业、创新史，报纸从试刊、正式出版发行到稳定发展，都得到了各级领导的热情关怀与大力支持。先后受到时任国务院副总理邹家华、全国人大常委会副委员长陈慕华、费孝通、彭冲、谷牧同志的赞扬；费孝通副委员长给报社题词："奋力开拓，大胆探索"；建设部部长侯捷、副部长叶如棠、宋春华、李振东、杨慎、肖桐、周干峙、刘志峰等领导同志都先后给报纸题字、题词，多方勉励。中国房地产业协会会长

▲ 社庆十周年栗文忠与参会领导合影

▲ 2017年栗文忠与老领导、老朋友们

　　肖桐、杨慎同志十分重视报纸的发展，多次亲自写稿、改稿，圈点本报文章。国家新闻出版总署副署长梁衡同志给予了宝贵的指导与重要的支持。

　　时任中房集团总裁孟晓苏同志，在报社的发展思路方面提供了高瞻远瞩的指导，在经济上予以了帮助；中国房协秘书长潘其源同志，中房联合集团总裁张文清同志多次来报社调研、指导工作；城市开发委主任王平同志、史玉华同志，建设部试点小区办主任奚瑞林同志，上海中星集团王鹏同志，大连房开集团郭涛同志，沈阳大开发邢同臣、丛连安同志，北京城市开发集团林峰同志、张家成同志、翟金学同志，中房太原公司卢新民等20多位同志都在报社发展初期给予了重要支持和帮助。

饮水思源，心存感激。感谢那些终生难忘的历史瞬间，感谢那些十分美好的流金岁月，感谢那些宛如家人的相伴时光，感谢那些曾经陪伴《中国房地产报》走过一程又一程、历经春夏秋冬的各级领导、各界人士、各位朋友……

二、制度创新抓管理

报社成立以后，首先建立了党组织；2004年9月又通过职工代表大会选举产生了社务管理委员会，通过"两委会"来领导、指导新闻工作。社委会下设编委会和经管会，在社委会授权范围内，编委会和经管会分别负责采编和经营两大系统日常事务的决策和管理。

严把政治导向，坚持正能量推广成为始终不渝的办报理念和方向。恪守"党管新闻""政治家办报"的原则，在出版发行的近30年间，报纸的新闻政治导向始终没有发生任何偏离。

报纸坚持原创，以"专业新闻"的职业操守和敬业态度，立足于生产优质、深度、独家的新闻产品和精品，内容为王，用户至上，打造中国房地产报品牌的核心竞争力，全方位提高报纸质量。

报社聘请了清华大学、北京大学、中国人民大学的专家、教授担任本报顾问；由相关行业领导、专家、学者组成了"中房智库团队"，促进了报纸质量和专业水准的提高。

在内部管理上，报社从成立之日起，就实行了事业单位企业化管理、人员聘用制、年度工作目标责任制；报社同时与中国房协签订了《工作目

▲ 2004 年第一届职代会

标协议》，确定了责、权、利关系。

报社先后制定、修改、完善了 10 多万字的管理条例和规章制度，如《中国房地产报社职工代表大会条例》《中国房地产报社社委会管理条例》《劳动纪律条例》《职工奖惩条例》《行政管理条例》《广告管理条例》《人事管理条例》等。修改完善了《员工手册》《报社管理工作流程》《采编人员定岗与考核办法》《中国房地产报稿件管理及出版规程》《采编人员考核奖惩实施细则》《采编中心出版流程管理及处罚规定》《关于经营活动管理的若干规定》等。

通过完善规章制度，落实"守土有责"；严格规范工作流程，明确"守土负责"；细化考评奖惩，促进"守土尽责"。

通过党组织领导、民主管理、制度约束、绩效考核，有力地调动了员工的工作积极性和创造性，增强了工作责任心。

近 30 年间，报社组织了"中国房地产成功经营模式推介"、"中小户型评选"、"品牌创新大会"等促进行业发展的活动；组织了数十个专题，

▲ 2001 中国房地产成功经营模式交流活动

▲ 2011 年首届保障房论坛

▲ 2016 年企业品牌价值排行榜活动

▲ 2017 中国房地产荣誉殿堂活动

如《积极稳妥推进城镇住房制度改革》；1992 年《房地产热的思考》；《全国房地产综合开发成就巡礼系列报道》；1994 年《百家房企签名支持北京申奥》；1997 年《房地产业成为经济增长点》；1999 年《消化空置房讨论》；

2000 年《如何建立二手房市场》；2002 年《规范整顿房地产市场》；2013 年策划了《工匠精神与商业文明 · "3·15"房地产行业质量报道》策划；《阻击资本大漂移》《房企半年报系列》《央企混改观察》；2018 年策划了《品牌战略讨论》《房企行业扶贫 · 最可爱的人》大型报道；2018 年成立了深度新闻部，以每周一篇的频次，对房地产行业中的热点话题和存在问题进行深层次的调查剖析；2019 年，《共和国地产印迹》《"壮丽 70 年奋斗新时代"——推动高质量发展调研行 · 中国房地产报特别策划》等大型系列新闻报道活动，这些新闻报道和活动引起全行业及社会的强烈反响，获得业内外广泛好评。

近 30 年来，《中国房地产报》已经成为有力宣传党和国家的大政方针，成为当年的建设部、而今的住建部代表国家制定、颁布房地产业重大政策的传播者与解读者；成为全国房地产业可持续发展思想的引领者和推动者；成为传达"国情""民情"的桥梁；深度聚焦民生住房保障、房屋工程质量、"中国好房子"建设、行业发展、房企转型升级、企业多元化发展、美丽乡村建设、特色小镇建设、房企投身扶贫攻坚战役等关键话题，尽心竭力地发挥"喉舌"作用。

中国房地产报社党组织十分重视企业文化建设，重视红色基因的传承。报社的党员们南湖边看红船、宝塔山下学党史、井冈山上磨意志、西柏坡旁知征程、国家博物馆走向新时代。在毕节看新一代最可爱的扶贫人，恒大精准产业扶贫创造的奇迹；走进碧桂园看教育扶贫，引领万千学子走向社会。用实际且生动的事例，激励党员发挥先锋模范作用。报社的编辑部党小组曾获得建设部直属机关党委"先进党小组"荣誉。

凝心聚力，实现共享共赢。制定员工激励机制。对有能力、顾大局、勇担责的员工，重点培养、提拔到领导岗位；鼓励创新，对作出突出贡献的创新工作者予以重奖；健全完善薪酬与绩效考核相匹配的绩效考核体系，严格实施监督和考核及考核兑现，利益分配向一线倾斜；鼓励员工长期在报社工作，职代会通过了在报社工作满 15 年以上，在报社退休时予以报社工龄退休补贴等有关规定。

▲ 南湖

▲ 延安

836

▲ 井冈山

▲ 房山霞云岭

▲ 郊区团建

▲ 娱乐活动

▲ 九华山庄团建

　　每年的团队建设活动，年会演出活动，连续多年举办的乒乓球、足球比赛活动等，都为增强报社凝聚力发挥着重要作用。

　　《中国房地产报》从白手起家、艰苦创业的过去，到如今拥有员工百多人的新闻采编团队；从一份行业内刊，到成为行业媒体内声名远播的知名大报；从偏安一隅的淮南市朝阳路到走上北京长安街；从一介纸媒到"报""网""号"、新闻客户端、视频、抖音齐全的全媒体新闻中心——这就是《中国房地产报》的"前世今生"，这就是《中国房地产报》的发展简史；这就是《中国房地产报》在近30年间所走过的风雨历程。

　　"不经一番寒彻骨，哪得梅花扑鼻香？"这是对《中国房地产报》诞生、成长，立足于有质量发展、高质量发展的最佳诠释。

　　诞生于改革开放大潮中的《中国房地产报》，自始至终与中国房地产业同频共振，同成长、共进步，攻坚克难，栉风沐雨。一路披荆斩棘，一路高歌猛进，一步步地走向了"诗和远方"。因为，改革开放的强大基因和不畏艰难的意志品格，早已深深植入了创刊领导人的脑海里，也决定了《中国房地产报》的明天与未来。

▲ 2017 报社 25 周年颁奖活动

三、重整平台再出发

自始至终坚持改革、开放、创新的理念，是《中国房地产报》得以生存、发展、壮大的原动力与加速器。在报社成立 10 周年之际，获首都新闻单位 50 强称号。

在报社第三届职工代表大会上，审议通过了《重塑中国房地产报行业影响力（2014—2023 年行动指南）》，推出了报社 10 年的发展规划和目标。

2017 年，社长、社委会主任栗文忠提出：遵照习近平总书记对新时代新闻工作的要求，报社要"重建平台，再认识、再提高、再出发"。以转型促发展，重新塑造新闻产品和服务理念；更加积极尝试在发展中注入更多开放、分享的元素；更加积极推动平台开放，关注产业链的和谐，以更好地承担起国家级大报的社会责任。

2018 年第四届职工代表大会上，审议通过的工作目标是：以党的十九大精神为指引，用习近平新时代中国特色社会主义思想统领一切工作，以中宣部、国家新闻出版广电总局、住建部指示为要，着力增强自身发展能力、原创新闻能力、提高新技术应用能力。立足当前、谋划未来、积极作为、善于行动，一步一个脚印实施"重建平台，再认识、再提高、再出发"。把公信力、影响力、引导力提高到行业报纸领先水平；树立中国房地产报权威、大度、谦和的新形象，实现中国房地产报转型发展的新成就。

在报社转型发展的新时期，报社主要领导一贯保持忧患意识、创新意识，坚持按照习近平总书记"发展是第一要务，人才是第一资源，创新是第一动力"的理念，积极鼓励记者编辑增强"脚力、眼力、脑力、笔力"。以"新闻专业主义"精神，努力生产源于基层、来自现场、带有"泥土"气息、富有生命力、鲜活的优质新闻产品，发自肺腑地、以情动人地认真讲述好新时代的"中国故事""行业故事""房企故事""人物故事"以及"民生故事"。

报社成立了全媒体新闻中心。在组织架构上不断完善，探索把全媒体作为报社融合发展的核心工程，打破原有采编机构的藩篱，在全社范围内打通策划、采访、编辑、发布、评价各环节，实现信息资源高度共享，新老媒体融合发展，互相促进。形成传统报道与新媒体传播并重的全媒体生产机制。

新媒体栏目和产品不断创新。目前，微信公众号从单一的图文形式已经发展为图文、动画、漫画、视频等多种表现形式。开辟了视频产品"房视频"，推出了"地产新闻联播""大咖说""短视频""视频直播"等多档视频栏目，内容丰富，形式多样。

在第三届中国产经媒体融合发展高峰论坛上，中国房地产报以两微一端、头条号以及官网表现最为优异，阅读量达报网融合前三名。同时荣获中国产经媒体"微信原创传播力指数TOP10"第二名，入围中国产经媒体"新媒体影响力指数TOP10"。

报社建立了中国房地产业一体化平台，立足于延展产业链，服务上下游。努力完善服务方法，提高服务水平，探索一条提供更有价值的、更加

▲ 2011 年中国房地产企业内刊主编年会

个性化服务的、新型的专业化为产业服务的新路。

连续两年，报社主要领导带队走进多个市县、十几家大型房地产企业去调研，奔波实践在一体化转型试点的路上。

改革未有穷期，创新还在路上，发展迫在眉睫。

自创刊以来，《中国房地产报》见证了房地产行业波澜壮阔的发展历程，见证了房地产业界同人奋斗与成长梦的践行。在一个"能做梦"的新时代，有一个"爱做梦"的"酷行业"，生长和包容着一个"敢做梦"并且"梦想成真"的新闻媒体。

《中国房地产报》新闻人真诚地感恩亲爱的祖国、感恩伟大的时代、感恩中国的房地产行业！

向多年来与《中国房地产报》志同道合、不离不弃、风雨同舟、一路同行的同事们、伙伴们、朋友们致敬！

——"把《中国房地产报》打造成中国财经媒体中最具影响力、传播力和公信力的首席新闻纸。"为此，我们将始终保持着"最美奋斗者"的青春姿态！

南宋诗人岳飞在《满江红》词中写道："三十功名尘与土，八千里路云和月。莫等闲，白了少年头，空悲切。"面对新时代、新使命、新征程，《中国房地产报》及中房同创全体员工会抖擞精神，勇敢面对困难和挫折，毫不懈怠，砥砺奋进，意气风发，驰骋远方。

致敬来时路，感恩再出发！《中国房地产报》又一次新的长征业已扬帆启航，《中国房地产报》的发展未来愿景清晰可期……

图书在版编目（CIP）数据

共和国地产印迹/中国房地产报社著. -- 北京：
作家出版社, 2019.12
ISBN 978-7-5212-0766-8

Ⅰ.①共… Ⅱ.①中… Ⅲ.①房地产业—经济发展—
研究—中国 Ⅳ.①F299.233

中国版本图书馆CIP数据核字（2019）第235796号

共和国地产印迹

作　　者：中国房地产报社
责任编辑：杨兵兵
出版统筹：启　天
装帧设计：高高国际
出版发行：作家出版社有限公司
社　　址：北京农展馆南里10号　　　邮　　编：100125
电话传真：86-10-65067186（发行中心及邮购部）
　　　　　86-10-65004079（总编室）
E-mail:zuojia@zuojia.net.cn
http://www.zuojiachubanshe.com
印　　刷：北京盛通印刷股份有限公司
成品尺寸：160×240
字　　数：762千
印　　张：53.75
版　　次：2019年12月第1版
印　　次：2019年12月第1次印刷
ISBN 978-7-5212-0766-8
定　　价：168.00元（全二册）